ŒUVRES

DE

WALTER SCOTT.

TOME XV.

IMPRIMERIE DE LACHEVARDIERE,
Rue du Colombier, n° 30.

Ch. XXVIII.

Publié par Barne, à Paris.

LE PIRATE.

(The Pirate.)

TRADUCTION

DE M. DEFAUCONPRET,

AVEC DES ÉCLAIRCISSEMENS ET DES NOTES
HISTORIQUES.

« Tout en lui de la mer annonce les ravages. »
SHAKSPEARE, *la Tempête.*

PARIS.
FURNE, LIBRAIRE-ÉDITEUR,
QUAI DES AUGUSTINS, N° 39.

M DCCC XXX.

AVERTISSEMENT.

Le but de l'histoire suivante est de faire connaître d'une manière exacte certains évènemens remarquables qui eurent lieu dans les îles Orcades, et dont des traditions imparfaites et des relations tronquées n'ont conservé que les particularités peu fidèles que je vais transcrire :

— En janvier 1724 — 1725, un bâtiment nommé *the Revenge*, armé de trente gros canons et de six d'un moindre calibre, commandé par John Gow ou Goff, ou Smith, aborda dans les îles Orcades ; les déprédations et les actes d'insolence que se permit l'équipage le firent reconnaître bientôt pour un pirate. Les habitans de ces îles éloignées, n'ayant ni armes ni moyens de résistance, se soumirent quelque temps à leurs oppresseurs, et le capitaine de ces bandits fut assez audacieux, non seulement pour se rendre à terre, mais pour donner des bals dans le village de Stromness : il réussit même à gagner le cœur d'une jeune personne qui possédait quelque fortune, et il en reçut la promesse de sa foi avant qu'on eût découvert qui il était.

Un bon citoyen, James Fea, jeune homme de Clestron, forma le projet de s'emparer du flibustier, et il y réussit en employant alternativement le courage et l'adresse. Une circonstance qui l'y aida beaucoup fut que le bâtiment de Gow échoua près du havre de Calfsound, dans l'île d'Éda, à peu de distance d'une maison où M. Fea demeurait alors. Celui-ci inventa différens stratagèmes, et les exécuta au risque de sa vie, pour faire prisonniers tous les pirates, qui étaient des hommes déterminés et bien armés. Il fut puissamment aidé dans cette entreprise par M. James Laing, aïeul de feu Malcolm Laing, auteur ingénieux de l'*Histoire d'Ecosse pendant le dix-septième siècle*.

Gow et d'autres hommes de son équipage reçurent, en vertu d'une sentence rendue par la haute cour de l'amirauté, la punition que leurs crimes avaient méritée depuis long-temps. Gow montra une audace sans exemple quand il comparut devant cette cour, et, d'après ce que rapporte un témoin oculaire, il paraît qu'on le traita avec une sévérité extraordinaire pour le forcer à répondre. Voici les termes du récit auquel j'emprunte ces détails : — « John « Gow ne voulant pas répondre, on le fit amener à la barre, « et le juge ordonna que deux hommes lui serreraient les « pouces avec une ficelle jusqu'à ce qu'elle se rompît; qu'on « la doublerait ensuite pour les lui serrer de nouveau, « jusqu'à ce que la double corde se rompît encore ; enfin « qu'on en prendrait trois, que les exécuteurs serreraient « de toutes leurs forces. Gow souffrit cette torture avec la « plus grande fermeté. » — Le lendemain matin (27 mai 1725), quand il eut vu les préparatifs qu'on faisait pour sa mort, son courage l'abandonna, et il dit au maréchal de la cour qu'il n'aurait pas donné tant d'embarras si on lui avait garanti qu'il ne serait pas pendu avec des chaînes. Il fut jugé, condamné et exécuté avec d'autres hommes de son équipage.

On dit que la jeune personne dont Gow avait gagné la tendresse se rendit à Londres pour le voir avant sa mort, et qu'étant arrivée trop tard, elle eut le courage de demander à voir son cadavre, lui toucha la main, et reprit ainsi la foi qu'elle lui avait donnée. Si elle n'avait pas accompli cette cérémonie, elle n'aurait pu, d'après les idées superstitieuses de son pays, éviter de recevoir la visite de l'esprit de son amant défunt, dans le cas où elle aurait donné à quelque amant vivant la foi qu'elle avait promise au mort. Cette partie de la légende peut servir de commentaire sur le conte de la charmante ballade écossaise qui commence ainsi :

> A la porte de Marguerite
> Un esprit vint pendant la nuit, etc.

La relation de cet évènement ajoute que M. Fea, cet homme plein de courage, grâce aux efforts duquel Gow avait été arrêté dans sa carrière de crimes, bien loin d'en être récompensé par le gouvernement, n'en put même obtenir aucune protection dans une multitude de procès injustes qu'intentèrent contre lui les avocats de Newgate, agissant au nom de Gow et des autres pirates. Ces poursuites vexatoires, prix de son courage, et les dépenses qu'elles lui occasionèrent, le ruinèrent ainsi que sa famille, et firent de lui un exemple mémorable pour tous ceux qui, à l'avenir, voudront se mêler d'arrêter des pirates de leur autorité privée.

On doit supposer, pour l'honneur du gouvernement de Georges Ier, que cette dernière circonstance, de même que les dates et les autres détails prétendus de cette histoire, sont inexacts, puisqu'on verra qu'ils ne peuvent se concilier avec la narration véridique qu'on va lire, et qui a été rédigée sur des matériaux qui n'ont été accessibles qu'à

L'AUTEUR DE WAVERLEY.

Ce 1er novembre 1821.

LE PIRATE.

(The Pirate.)

CHAPITRE PREMIER.

> « La tempête a cessé; déjà sur le rivage
> « Les flots en se brisant n'inspirent plus d'effroi.
> « Mais quelle voix, Thulé, s'écrie : — Est-ce pour toi
> « Que j'ai brûlé ma harpe en ce climat sauvage ? »
> MACNIEL.

CETTE île longue, étroite, irrégulière, vulgairement appelée *Main-Land*, c'est-à-dire le continent des îles Shetland, parce qu'elle est la plus grande de cet archipel, se termine par un rocher d'une hauteur effrayante, comme le savent fort bien les marins habitués à naviguer dans les mers orageuses dont est entouré le Thulé des anciens. Ce rocher, nommé le cap de Sumburgh, oppose sa tête nue et ses flancs stériles aux efforts d'un courant terrible, et forme l'extrémité de l'île du côté du sud-est. Ce promontoire élevé est constamment exposé aux lames d'une marée furieuse qui, partant d'entre les Orcades et les îles Shetland, et roulant avec une force qui ne le cède qu'à celle du frith[1] de Pentland, tire son nom du cap dont nous venons de parler, et s'appelle le roost de Sumburgh; *roost* étant le mot par lequel on désigne dans ces îles les courans de cette espèce.

Du côté de la terre, ce promontoire est couvert d'un

(1) Bras de mer; se dit aussi d'une embouchure de fleuve. — ED.

très court gazon, et descend rapidement jusqu'à un petit isthme sur lequel la mer a empiété par des criques qui, s'avançant de chaque côté, semblent tendre progressivement à opérer une jonction, et à faire une île de ce cap, qui deviendra alors un rocher solitaire, entièrement séparé du continent, dont il forme aujourd'hui l'extrémité.

On regardait pourtant, dans les anciens temps, cet évènement comme invraisemblable ou fort éloigné ; car jadis un chef norwégien, ou, suivant d'autres traditions, et comme le nom d'Iarlshof[1] semble l'indiquer, un ancien comte des Orcades avait choisi cette langue de terre pour y construire son château. Il est abandonné depuis longtemps, et ce n'est qu'avec difficulté qu'on peut en distinguer quelques vestiges ; car les sables mouvans, enlevés par les ouragans de ces parages féconds en tempêtes, ont couvert et presque enterré les ruines des bâtimens : mais, à la fin du dix-septième siècle, il existait une partie du château du comte encore habitable. C'était un édifice d'une architecture grossière, construit en moellons, et n'offrant rien qui pût satisfaire l'œil ou exalter l'imagination. Un large et antique manoir, avec un toit escarpé couvert en dalles de grès, serait peut-être ce qui en donnerait l'idée la plus juste à un lecteur de nos jours. Les croisées, peu nombreuses et basses, étaient distribuées sans le moindre égard pour les lois de la régularité. De moindres bâtimens, dépendances du château, et contenant les offices ou appartemens destinés à la suite du comte, avaient été autrefois contigus au corps-de-logis principal ; mais ils étaient tombés en ruine : on s'était servi des solives pour faire du feu ou pour d'autres usages ; les murs s'étaient écroulés en bien des endroits, et, pour compléter la dévastation, le sable, pénétrant déjà

---

(1) Iarlshof, *baie du comte*. — Ed.

dans ce qui servait jadis d'appartemens, y formait une couche de deux ou trois pieds d'épaisseur.

Au milieu de cette scène de désolation, les habitans d'Iarlshof avaient réussi, par un travail soutenu, à conserver en bon état quelques verges de terre qu'ils avaient entourées d'une clôture pour en former un jardin ; et comme les murailles du château protégeaient ce terrain contre le souffle redoutable des vents de mer, on y voyait croître les végétaux que le climat était susceptible de produire, ou, pour mieux dire, ceux dont les vents permettaient la végétation ; car on éprouve dans ces îles un froid moins rigoureux qu'en Écosse ; mais, sans l'abri d'un mur, il est presque impossible d'obtenir de la terre les légumes les plus communs ; et quant aux arbres, et même aux arbustes, on n'y pense pas, tant est terrible le passage des ouragans.

A peu de distance du château, et près du bord de la mer, précisément à l'endroit où la crique forme une espèce de port imparfait, dans lequel on voyait trois ou quatre barques de pêcheurs, s'élevaient quelques misérables chaumières, demeure des habitans du hameau d'Iarlshof, qui tenaient à loyer du seigneur la totalité de ce canton aux conditions ordinaires, conditions assez dures, comme on peut bien le penser. Ce seigneur résidait lui-même sur un domaine qu'il possédait dans une situation plus favorable, dans un autre canton de cette île, et il ne visitait que rarement ses possessions de Sumburgh. C'était un bon Shetlandais, simple, honnête, un peu emporté, résultat nécessaire de la vie qu'il menait au milieu des gens qui dépendaient de lui, et aimant un peu trop les plaisirs de la table, ce qu'il faut peut-être attribuer à ce qu'il avait trop de loisir ; mais il était plein de franchise ; bon et généreux pour ses gens, et remplissant tous les devoirs de l'hospitalité envers les étrangers. Il descendait d'une ancienne et noble famille de Norwège, circonstance qui le rendait plus cher aux classes inférieures, parmi lesquelles presque tous les individus ont la même origine, tandis que les lairds ou propriétaires sont en général de race écossaise; et à cette époque on les considérait encore comme des étrangers et des intrus. Magnus Troil, qui faisait remonter sa généalogie jusqu'au comte fondateur supposé d'Iarlshof, était surtout de cette opinion.

Ceux qui habitaient alors le hameau d'Iarlshof avaient éprouvé, en diverses occasions, la bienfaisance du propriétaire de leur territoire. Quand M. Mertoun, tel était le nom de l'homme qui occupait alors la vieille maison, était arrivé dans les îles Shetland, quelques années avant l'époque où commence notre histoire, il avait reçu chez Magnus Troil cette hospitalité sincère et cordiale qui fait le caractère distinctif de cette contrée. Personne ne lui demanda d'où il venait, où il allait, dans quel dessein il arrivait dans un coin si éloigné de l'empire britannique, ou combien de temps il avait dessein d'y rester. Il était complètement étranger à tout le monde, et cependant il fut accablé à l'instant d'une foule d'invitations. Il trouvait un domicile dans chaque maison où il allait faire une visite, pouvait y rester aussi long-temps que bon lui semblait, et y vivait comme s'il eût fait partie de la famille, sans qu'on exigeât de lui aucune attention, et sans devenir lui-même l'objet de celle des autres, jusqu'à ce qu'il jugeât à propos de s'en aller ailleurs. Cette indifférence apparente de ces bons insulaires pour le rang, le caractère et les qualités de leur hôte, ne prenait pas sa source dans l'apathie, car ils avaient leur bonne part de la curiosité naturelle à l'homme; mais leur délicatesse aurait cru manquer aux lois de l'hospitalité, en lui faisant des questions auxquelles il aurait pu lui être difficile ou désagréable de répondre; et au lieu de chercher, comme c'est l'usage dans d'autres pays, à arracher de M. Mertoun des confidences qu'il eût faites avec peine, les circonspects

Shetlandais se contentaient de recueillir avec empressement le peu de renseignemens que pouvait leur fournir le cours de la conversation.

Mais un rocher du désert de l'Arabie n'a pas plus de répugnance à fournir de l'eau, que M. Basile Mertoun n'en avait à accorder, sa confiance même pour des objets presque indifférens; et le beau monde de Thulé ne vit jamais sa politesse mise à une plus rude épreuve, que lorsqu'on s'y rappelait que le savoir-vivre lui défendait de faire des questions sur un personnage si mystérieux.

Tout ce qu'on savait alors de lui pouvait se résumer en peu de mots. M. Mertoun était arrivé à Lerwick, qui commençait à prendre quelque importance, mais qui n'était pas encore reconnue comme la principale ville de l'île, sur un bâtiment hollandais, accompagné seulement de son fils, beau garçon d'environ quatorze ans. Il pouvait lui-même avoir quarante et quelques années. Le maître du navire le présenta à quelques uns de ses bons amis, avec lesquels il avait coutume de troquer du genièvre et du pain d'épice contre les petits bœufs des îles Shetland, des oies enfumées et des bas de laine d'agneau; et quoique *Meinheer* ne pût rien dire de lui, si ce n'est: — Meinheer Mertoun a payé son passage comme un gentilhomme, et a donné un dollar pour boire à l'équipage, — cette recommandation suffit pour procurer au passager du Hollandais un cercle respectable de connaissances, et ce cercle s'étendit à mesure qu'on reconnut à l'étranger des talens et des connaissances peu ordinaires.

Cette découverte se fit en quelque sorte par force, car Mertoun n'était guère plus disposé à parler de lieux communs que de ses propres affaires. Mais il se trouvait quelquefois entraîné dans des discussions qui faisaient reconnaître en lui, presque en dépit de lui-même, le savant et l'homme du monde. D'autres fois, comme en retour de l'hospitalité qu'il recevait, il semblait faire un effort sur lui-même pour entrer en conversation avec ceux qui l'entouraient, surtout quand cette conversation était d'un genre grave, mélancolique et satirique, ce qui convenait le mieux à la tournure de son esprit. Dans toutes ces occasions, l'opinion universelle des Shetlandais était qu'il devait avoir reçu une excellente éducation, mais bien négligée sur ce point bien important, car M. Mertoun savait à peine distinguer la proue d'un vaisseau de sa poupe, et une vache n'aurait pu être plus ignorante dans tout ce qui concernait la conduite d'une barque. On avait peine à concevoir qu'une ignorance si grossière de l'art le plus nécessaire à la vie (du moins dans les îles Shetland) pût s'allier avec les connaissances qu'il montrait sous tant d'autres rapports. Tel était pourtant le fait.

A moins qu'on ne parvînt à le faire sortir de son caractère de la manière que nous venons de dire, M. Basile Mertoun était sombre et concentré en lui-même. Une grosse gaieté le mettait en fuite à l'instant, et l'enjouement modéré d'une société d'amis produisait invariablement sur son front un abattement plus profond que celui qu'on y remarquait habituellement.

Les femmes aiment toujours à pénétrer les mystères et à soulager la mélancolie, surtout quand il est question d'un homme bien fait, et qui n'a point encore passé le bel âge de la vie; il est donc possible que parmi les filles de Thulé, aux cheveux blonds et aux yeux bleus, cet étranger pensif en eût trouvé quelqu'une qui se fût chargée du soin de le consoler, s'il eût montré quelque disposition à recevoir ce charitable service; mais, bien loin d'agir ainsi, il semblait même fuir la présence de ce sexe auquel nous recourons dans toutes nos afflictions de corps et d'esprit pour en obtenir pitié et consolation.

A ces singularités, M. Mertoun en joignait une autre particulièrement désagréable à son hôte et à son principal patron, Magnus Troil. Ce magnat des îles Shetland, qui, comme nous l'avons déjà dit, descendait, du côté de son père, d'une ancienne famille norwégienne par le mariage d'un de ses ancêtres avec une dame danoise, était profondément convaincu qu'un verre de genièvre ou d'eau-de-vie était une panacée infaillible contre tous les soucis et toutes les afflictions du monde. C'était un spécifique auquel M. Mertoun n'avait jamais recours ; il ne buvait que de l'eau, de l'eau pure, et nulles prières ne pouvaient le déterminer à goûter une autre boisson que celle d'une fontaine limpide. Or c'était ce que Magnus Troil ne pouvait tolérer, c'était outrager les anciennes lois conviviales du Nord, qu'il avait, quant à lui, toujours observées si rigoureusement, que, quoiqu'il eût coutume d'affirmer que jamais il ne s'était couché une seule fois ivre, ce qui n'était vrai que dans le sens qu'il attachait à ce mot, il lui aurait été impossible de prouver qu'il se fût jamais mis au lit avec le libre et plein exercice de sa raison. On peut donc demander en quoi la société de cet étranger pouvait dédommager Magnus du déplaisir que lui causait son habitude de sobriété. D'abord il avait cet air d'importance qui indique un homme de quelque considération ; et quoiqu'on conjecturât qu'il n'était pas riche, ses dépenses prouvaient d'une manière certaine qu'on ne pouvait le regarder comme pauvre. Il avait d'ailleurs quelque talent de conversation, quand il daignait en faire usage, comme nous l'avons déjà donné à entendre ; et sa misanthropie, ou aversion pour les affaires et les relations sociales, s'exprimait souvent de manière à passer pour de l'esprit, dans un endroit où l'esprit était rare. Par-dessus tout, l'esprit secret de M. Mertoun semblait impénétrable, et sa présence avait tout l'intérêt d'une énigme, qu'on aime à lire et à relire précisément parce qu'on ne peut en deviner le mot.

Malgré toutes ces recommandations, Mertoun différait de son hôte en des points si essentiels, qu'après qu'il eut passé chez lui un certain temps, Magnus Troil fut agréablement surpris quand un soir, après être restés ensemble deux heures dans un silence absolu, à boire de l'eau-de-vie et de l'eau, c'est-à-dire Magnus l'alcohol, et Mertoun le liquide élément, Mertoun demanda à son hôte la permission d'occuper, comme son locataire, sa maison abandonnée d'Iarlshof, à l'extrémité du territoire nommé Dunrossness, et située au bas du promontoire de Sumburgh.

— Je vais en être débarrassé de la manière la plus honnête, pensa Magnus, et son visage de rabat-joie n'arrêtera plus la bouteille dans sa ronde. Son départ va pourtant me ruiner en citrons, car un seul de ses regards suffisait pour donner de l'acidité à un océan de punch.

Cependant le généreux et bon Shetlandais fit avec désintéressement des représentations à M. Mertoun sur la solitude à laquelle il allait se condamner, et sur les inconvéniens auxquels il devait s'attendre. — A peine se trouve-t-il dans cette vieille maison, lui dit-il, les meubles les plus indispensables; il n'y a pas de société à plusieurs milles à la ronde; vous ne trouverez d'autres provisions que des sillocks salés [1], et vous n'aurez pour toute compagnie que des mouettes et d'autres oiseaux de mer.

— Mon bon ami, répondit Mertoun, si vous aviez voulu me faire préférer ce séjour à tout autre, vous n'auriez pu mieux vous y prendre qu'en m'assurant que j'y serai loin de la société des hommes, et que le luxe ne pourra y pénétrer. Un réduit où ma tête et celle de mon fils puissent être à l'abri de l'intempérie des saisons, c'est tout ce que je désire. Fixez la redevance que j'aurai à vous payer, M. Troil, et permettez que je sois votre locataire à Iarlshof.

— La redevance ! répondit le Shetlandais; ma foi, elle ne peut pas être bien considérable pour une vieille mai-

---

(1) Petit poisson fort abondant dans ces parages. — Ed.

son que personne n'a habitée depuis la mort de ma mère, mais que Dieu lui fasse paix. Quant à un abri, les vieux murs sont assez épais, et peuvent encore soutenir plus d'un coup de vent. Mais, au nom du ciel, M. Mertoun, réfléchissez à ce que vous allez faire. Un homme né parmi nous qui voudrait aller s'établir à Iarlshof formerait un projet extravagant, à plus forte raison vous qui êtes natif d'un autre pays, que ce soit d'Angleterre, d'Ecosse ou d'Irlande, c'est ce que personne ne peut dire...

— Et ce qui n'importe guère, répliqua Mertoun d'un ton brusque.

— Je ne m'en inquiète pas plus que de la nageoire d'un hareng, répondit le laird; seulement, je vous veux du bien de n'être pas Ecossais, car j'espère que vous ne l'êtes pas. Ces Ecossais! ils sont arrivés ici comme une volée d'oies sauvages, ils y ont amené leurs petits, et s'y sont mis à couvert : qu'on leur propose aujourd'hui de retourner sur leurs montagnes stériles ou dans leurs basses terres, après qu'ils ont goûté du bœuf du Shetland et des poissons de nos *voes* [1]! Non, monsieur — (ici Magnus prit un ton plus animé, avalant de temps en temps un petit coup d'eau-de-vie, ce qui enflammait son ressentiment contre les intrus, et lui donnait en même temps la force d'endurer les réflexions mortifiantes qui se présentaient à son esprit) : — non, monsieur, nous ne reverrons plus les anciens temps de ces îles; leurs mœurs primitives n'existent plus. Que sont devenus nos anciens propriétaires, nos Patersons, nos Feas, nos Schlagbrenners, nos Yhiorbiorns? Ils ont fait place aux Giffords, aux Scotts, aux Mouats, gens dont le nom suffit pour prouver qu'eux et leurs ancêtres, ils sont étrangers au sol que les Troïls ont habité avant les jours de Turf-Einar [2] qui le premier apprit en ces lieux à brûler de la tourbe, et qu'un nom rap-

---

(1) *Voes*, lacs d'eau salée. — Ed.
(2) Turf-Einar, nom propre, *Einar de la Tourbe*. — Ed.

pelant sa découverte signale à la postérité reconnaissante.

C'était un sujet de conversation sur lequel le potentat d'Iarlshof était assez diffus, et Mertoun le lui vit entamer avec plaisir, parce qu'il savait qu'il ne serait pas obligé de contribuer à entretenir la conversation, et que par conséquent il pourrait se livrer à son humeur sombre, tandis que le Shetlandais-Norwégien déclamerait contre les changemens survenus dans les mœurs et dans les habitans. Mais à l'instant où Magnus arrivait à la fâcheuse conclusion que dans un siècle il existerait à peine un *merk* et même une *ure*[1] de terre entre les mains des habitans norses et de vrais *udallers*[2] des îles Shetland, il se rappela quelle était la proposition de son hôte, et s'arrêta tout-à-coup.

— Je ne dis pas tout cela, ajouta-t-il en s'interrompant, pour vous donner à entendre que je ne me soucie pas que vous vous établissiez sur mon domaine; mais quant à Iarlshof, c'est un endroit bien sauvage. N'importe d'où vous veniez, je garantis que vous direz, comme les autres voyageurs, que vous venez d'un climat meilleur que le nôtre, car c'est ainsi que vous parlez tous. Et cependant vous voulez vous retirer dans un lieu évité par les naturels même du pays! Ne prendrez-vous pas votre verre? (Ces mots du bon udaller doivent être considérés comme un *soit dit en passant*.) — Je vide le mien à votre santé.

— Mon cher monsieur, répondit Mertoun, tous les climats me sont indifférens, et pourvu que je trouve assez d'air pour le jeu de mes poumons, je m'inquiète fort peu qu'il vienne de l'Arabie ou de la Laponie.

— Oh! pour de l'air, vous en aurez assez, répliqua Magnus, vous n'en manquerez pas. Il est un peu humide, disent les étrangers; mais nous connaissons un correctif à

---

(1) *Merk, ure,* mesures de terre. — Éd.

(2) Les Udallers sont des propriétaires *allodiaux* des îles Shetland, qui possèdent leurs domaines en vertu des anciennes lois norwégiennes, et non d'après les lois féodales que les Ecossais ont introduites parmi eux. — Éd.

cet inconvénient. Je bois à votre santé, M. Mertoun ; il faut que vous appreniez à en faire autant, et à fumer une pipe ; et alors, comme vous le dites, vous ne trouverez aucune différence entre l'air des îles Shetland et celui de l'Arabie. Mais connaissez-vous Iarlshof?

L'étranger répondit négativement.

— En ce cas, vous n'avez nulle idée de votre entreprise. Si vous croyez y trouver une aussi bonne rade qu'ici, avec une maison située sur le bord d'une voe qui amène les harengs à votre porte, vous vous trompez, mon ami. Vous ne verrez à Iarlshof que les vagues se brisant contre les rochers, et le roost de Sumburgh, dont chaque vague court à raison de quinze nœuds par heure.

— Au moins je n'y verrai pas le *courant* des passions humaines.

— Vous n'y entendrez que les cris des mouettes et le mugissement des vagues, depuis le lever du soleil jusqu'à son coucher.

— J'y consens, mon bon ami, pourvu que je n'entende pas le caquetage des langues femelles.

— Ah! dit le seigneur norse, vous parlez ainsi, parce que vous venez d'entendre mes filles, Minna et Brenda, chanter dans le jardin avec votre Mordaunt. Eh bien! j'ai plus de plaisir à écouter leurs petites voix, que l'alouette que j'ai ouïe une fois à Caithness, ou le rossignol que je ne connais que par les livres. Que deviendront ces pauvres filles quand elles n'auront plus Mordaunt pour jouer avec elles?

— Elles sauront y pourvoir. Plus jeunes ou plus âgées, les femmes trouvent des compagnons ou des dupes. Mais la question, M. Troil, est de savoir si vous voulez me louer cette vieille maison d'Iarlshof?

— Bien volontiers, puisque vous êtes décidé à vivre dans une pareille solitude.

— Et quelle sera la redevance?

— La redevance! Hem! Il faut que vous ayez le morceau de terrain qu'on nommait autrefois un jardin, un droit dans le *scathold*, et un merk de terre, afin qu'on puisse pêcher pour vous. Croyez-vous que huit *lispunds* de beurre et huit shillings sterling par an soient une demande exorbitante?

M. Mertoun accepta des conditions si raisonnables, et depuis ce temps il demeura principalement dans la maison solitaire dont nous avons fait la description au commencement de ce chapitre, se résignant non seulement sans plainte, mais, à ce qu'il semblait, avec un sombre plaisir, à toutes les privations qu'une position si écartée et si sauvage imposait nécessairement à celui qui l'habitait.

CHAPITRE II.

« . . . . Dans ces déserts sauvages,
« Dans ces lointaines mers qu'agitent tant d'orages,
« Il éprouve, Anselmo, de secrets sentimens,
« Que lui refuseraient des climats plus charmans. »
Ancienne tragédie.

Les habitans peu nombreux du hameau d'Iarlshof n'avaient pas appris d'abord sans alarmes qu'un personnage d'un rang supérieur au leur venait fixer sa résidence dans cette demeure ruinée qu'on appelait encore le château. Dans ce temps-là (car tout est changé pour le mieux), la présence d'un supérieur qui habitait un château était presque toujours inséparable d'un surcroît de charges et d'exactions, dont un prétexte quelconque, fondé sur les coutumes féodales, justifiait la pratique. C'était par suite de maint privilége arbitraire que le redoutable et puissant voisin auquel on donnait le nom de *tacksman*[1] s'appropriait sans

---

[1] The *tacksman*, le fermier en premier. Voyez aussi le sens de ce mot dans les notes de *Waverley*. — Ed.

pudeur une partie des bénéfices précaires que le faible tenancier avait acquis par des travaux pénibles. Mais bientôt les tenanciers reconnurent qu'ils n'avaient pas à craindre d'oppression de cette espèce de la part de Basile Mertoun ; qu'il fût riche ou pauvre, sa dépense était au moins proportionnée à ses moyens, et la frugalité la mieux entendue était le caractère distinctif de ses habitudes. Son luxe consistait en un petit nombre de livres et quelques instrumens de physique, qu'il faisait venir de Londres quand il en trouvait l'occasion ; et pour ces îles c'était un signe de richesses extraordinaires. Mais, d'un autre côté, sa table et les dépenses de son intérieur n'étaient que celles d'un petit propriétaire de cette contrée. Les tenanciers s'embarrassèrent donc fort peu de la qualité du nouveau tacksman, dès qu'ils eurent reconnu que sa présence avait plutôt amélioré qu'empiré leur condition. Une fois la crainte de l'oppression bannie de leurs esprits, ils s'entendirent entre eux pour mettre à profit son insouciance, et se concertèrent pour lui faire payer un prix excessif les objets de détail nécessaires à son ménage. L'étranger fermait les yeux sur ce petit manége avec une indifférence plus que philosophique, lorsqu'un incident, qui fit connaître son caractère sous un autre point de vue, vint mettre un terme aux impôts qu'on tentait de lever sur lui.

M. Mertoun était un jour retiré dans une tourelle solitaire, occupé sérieusement à examiner un paquet de livres long-temps attendus, et enfin arrivés de Londres par Hull, Lerwick, et de là à Iarlshof, par un bâtiment baleinier, lorsque ses oreilles furent frappées du bruit d'une querelle qui s'était élevée dans la cuisine entre une vieille gouvernante à la tête de sa maison, et un nommé Sweyn Erickson, qui, dans l'art de manier la rame et de pêcher en pleine mer, ne le cédait à aucun Shetlandais. La dispute s'échauffa, et les clameurs en vinrent à un te point que la patience de M. Mertoun s'épuisa. Agité par une indignation plus vive que celle que ressentent d'ordinaire les personnes indolentes quand elles sont excitées par un évènement désagréable et en opposition violente à leur caractère, il descendit à la cuisine, demanda le sujet de la querelle, et insista d'un ton si bref et si absolu pour le connaître, que les deux parties tentèrent vainement d'éluder de répondre à ses pressantes questions et furent forcées d'en révéler la cause. — Il s'agissait d'une différence d'opinion entre l'honnête femme de charge et le non moins honnête pêcheur, sur le partage des cent pour cent au-delà du prix ordinaire que l'on voulait faire payer à M. Mertoun pour quelques morues que Sweyn venait d'apporter pour la consommation de la maison d'Iarlshof.

Dès que le fait fut bien éclairci et avoué, M. Mertoun fixa sur les coupables des yeux où se peignaient à la fois et le mépris et une colère qui présageaient une prompte explosion. — Ecoute, vieille sorcière, dit-il en apostrophant la femme de charge, déloge à l'instant de chez moi, et apprends que je te chasse, non parce que tu m'as menti, non parce que tu m'as volé, non à cause de ta basse ingratitude, mais pour avoir eu l'impudence d'élever ainsi la voix chez moi, et d'y faire un tel vacarme.

Et pour toi, dit-il en s'adressant ensuite à Sweyn, pour toi, misérable coquin, qui t'imagines que tu peux voler un étranger comme tu dégraisses une baleine, apprends que je n'ignore pas les droits que j'ai sur toi, et que m'a cédés ton maître Magnus Troil. Provoque-moi davantage, et tu apprendras à tes dépens qu'il m'est aussi facile de te punir qu'il te l'a été de venir ici troubler mon repos. Je n'ignore pas ce que signifient le *scat*, le *wattle*, le *hawkhen*, le *hagalef*, et les autres droits que vos seigneurs vous forçaient jadis à leur payer, comme ils le font encore de nos jours; et il n'y en a pas un de vous à qui je ne puisse faire maudire le jour où, non content de me voler, il s'exposera à troubler ma tranquillité par ces atroces clameurs norses, que je ne puis comparer qu'aux cris discordans d'une volée de mouettes du pôle arctique.

Sweyn stupéfait ne trouva pour le moment rien de mieux à répondre que d'offrir humblement gratis à Son Honneur le même poisson qui avait fait le sujet de la dispute, en le suppliant avec le même air d'humilité de vouloir bien oublier l'affaire. Mais, pendant qu'il avait parlé, la colère de M. Mertoun s'était encore accrue au point qu'il n'en était plus le maître. Il prend d'une main l'argent et le lui jette à la tête, tandis que de l'autre il saisit le poisson, et s'en sert pour mettre Sweyn dehors. Sweyn ne s'arrêta pas pour ramasser l'argent et emporter le poisson, tant il fut effrayé de l'excès de fureur tyrannique de l'étranger. Il se sauva à toutes jambes au village, alla raconter l'aventure à ses camarades, et les prévint que s'ils s'exposaient davantage à provoquer sa colère, ils auraient bientôt un maître aussi absolu que Pate Stuart [1], qui les vexerait et les enverrait à la potence sans jugement et sans pitié.

La femme de charge congédiée ne manqua pas d'arriver aussi pour prendre l'avis de ses parens et de ses amis (car elle était, comme Sweyn, native du village) sur ce qu'elle avait à faire pour rentrer dans une bonne place perdue si subitement. Le vieux Rauzellaer du pays, qui avait la voix la plus influente dans les délibérations des habitans, se fit rendre compte de tout ce qui s'était passé, et prononça gravement que Sweyn Erickson avait outre-passé les bornes en vendant son poisson à M. Mertoun à un prix si élevé; et quelque prétexte que le maître pût alléguer pour s'abandonner ainsi à sa colère, son véritable motif devait être le sou qu'on lui avait fait payer pour la morue

---

[1] Sweyn voulait probablement parler de ce Patrice Stuart, comte des Orcades, exécuté au commencement du dix-septième siècle pour sa tyrannie envers les habitans de ces îles éloignées. — Ed.

qui, au prix courant, ne valait qu'un demi-sou. En conséquence de cette sage et décisive résolution, il exhorta toute la communauté à renoncer à ces exactions, et à se borner à l'avenir à ne plus demander que vingt-cinq pour cent au-dessus du taux ordinaire. —A ce prix, ajouta-t-il, il ne pourra pas raisonnablement murmurer; puisqu'il est disposé à ne pas vous faire du mal, il faut s'attendre qu'il le trouvera modéré, et que sans difficulté il vous fera du bien. Vingt-cinq pour cent est un profit honnête, et cette modération vous assurera les bénédictions de Dieu et les bonnes grâces de saint Ronald.

Les dociles habitans d'Iarlshof, de l'avis du judicieux Rauzellaer, se réduisirent à ne plus tromper M. Mertoun que de vingt-cinq pour cent, taux modéré et très raisonnable auquel devraient se soumettre sans murmurer les nababs, les gouverneurs, les fournisseurs, les spéculateurs dans les fonds publics, et ces autres personnages qui, au moyen d'une fortune récente et rapidement acquise, se sont trouvés en état de s'établir dans le pays sur un pied splendide. Au moins M. Mertoun ne parut pas éloigné de cette opinion, car il eut l'air de ne plus guère s'inquiéter des dépenses de son ménage.

Les pères conscrits d'Iarlshof, après avoir ainsi arrangé leurs propres affaires, prirent ensuite en considération celle de Swertha, la femme de charge si brusquement congédiée : il leur importait que cette alliée non moins utile qu'expérimentée fût rétablie dans son poste de femme de charge, si la chose était possible; mais ici leur sagesse fut en défaut. Swertha, dans son désespoir, eut recours aux bons offices de Mordaunt Mertoun, dont elle avait gagné les bonnes grâces par quelques vieilles ballades norwégiennes, et par des contes lugubres sur les *Trows* et les *Drows* (nains des Scaldes), dont l'antiquité superstitieuse avait peuplé maintes cavernes isolées et maintes vallées sombres dans le Dunrossness, comme dans les autres districts des îles Shetland. — Swertha, lui dit le jeune homme, je ne puis faire pour vous que bien peu de chose, mais vous pouvez davantage par vous-même : la colère de mon père ressemble à la fureur de ces antiques champions dont parlent vos chansons.

— Ah! oui, oui, poisson de mon cœur, lui répondit la vieille d'un ton pathétique, les Berserkars étaient des champions qui vivaient du temps du bienheureux saint Olave, et qui avaient coutume de se précipiter aveuglément sur les épées, les lances, les harpons et les mousquets, de s'en emparer, et de les briser en pièces avec la même facilité qu'un requin traverserait un filet à harengs; mais quand l'accès de leur fureur était passé, ils redevenaient aussi faibles, aussi irrésolus que l'onde.

— Précisément, Swertha, c'est ici la même chose, répliqua Mordaunt. Mon père ne songe plus à sa colère quand elle est passée, et en cela il a beaucoup de ressemblance avec un Berserkar; quelque violente qu'elle ait été aujourd'hui, il l'aura oubliée demain. Il ne vous a pas encore remplacée au château; depuis votre sortie, il n'y a pas eu un mets chaud préparé, ni pain mis au four; nous n'avons vécu que de restes de viandes froides. Or je vous garantis, Swertha, que si, revenant hardiment au château, vous y reprenez la suite de vos anciennes habitudes, vous n'entendrez pas un seul mot sortir de la bouche de mon père.

Swertha hésita d'abord à suivre un avis si hardi. — M. Mertoun, répondit-elle, ressemblait plus dans sa colère à un démon qu'à aucun des Berserkars; ses yeux étaient étincelans, sa bouche écumante, et ce serait tenter la Providence que de s'exposer de nouveau à tant de fureur. Mais, sur les motifs d'encouragement que le fils lui donna de nouveau, Swertha se détermina à reparaître devant le père. Revêtue de son costume accoutumé, suivant la recommandation du jeune homme, elle se glissa dans le château, et y reprit les occupations variées et nombreuses dont elle y était chargée, avec toute l'apparence d'une femme aussi attentive aux soins du ménage, que si elle ne les eût jamais abandonnés.

Le premier jour de son retour, Swertha ne se montra pas aux regards de son maître; mais elle s'imagina que si après trois jours de viande froide elle lui servait un plat chaud préparé de son mieux, cette circonstance la rappellerait favorablement à son souvenir. Mordaunt lui dit que son père n'avait fait aucune attention au changement de nourriture. Elle avait remarqué elle-même qu'en passant et repassant devant lui en diverses occasions, sa présence n'avait produit aucun effet sur son singulier maître: elle commença à croire alors qu'il avait tout oublié; elle ne fut convaincue du contraire qu'un certain jour qu'elle commençait à élever la voix dans une dispute avec l'autre servante de la maison. M. Mertoun, qui en ce moment passait près du lieu de la scène, la regarda fixement, et lui adressa cette seule parole : — Souviens-toi! — d'un ton qui apprit à Swertha à mettre un frein à sa langue pendant plusieurs semaines.

Si M. Mertoun était bizarre dans sa manière de gouverner sa maison, il semblait ne pas l'être moins dans le système d'éducation qu'il suivait à l'égard de son fils. Il ne témoignait guère d'affection paternelle à ce jeune homme; cependant, dans ses jours de bonne humeur, les progrès de son fils semblaient faire le principal objet de toutes ses pensées; il avait assez de livres et de connaissances par lui-même pour l'instruire dans les branches ordinaires des sciences; comme instituteur, il était calme, aimait l'ordre, et il exigeait strictement, pour ne pas dire sévèrement, de son élève toute l'attention nécessaire à ses devoirs. Mais la lecture de l'histoire dont il s'occupait surtout, et l'étude des auteurs classiques, lui présentaient souvent des faits ou des opinions qui opéraient une impression subite sur l'esprit de M. Mertoun, et ramenaient soudain ce que Swertha, Sweyn et même Mordaunt s'étaient habitués à distinguer par le nom de *son heure sombre*. Aux premiers symptômes de cette crise, dont il sentait lui-même l'approche avant qu'elle se déclarât, il se retirait dans l'appartement le plus éloigné, et ne permettait pas même à Mordaunt d'y pénétrer. Là il restait enfermé pendant des jours et des semaines entières, ne sortant qu'à des heures irrégulières pour prendre la nourriture qu'on avait eu le soin de placer à sa portée, et à laquelle il touchait à peine. Dans d'autres temps, et surtout durant le solstice d'hiver, que chacun passe généralement renfermé chez soi dans les fêtes et les amusemens, ce malheureux solitaire s'enveloppait dans un manteau brun foncé, et errait çà et là, tantôt sur les bords d'une mer orageuse, tantôt sur les bruyères les plus désertes, s'abandonnant sans réserve à ses sombres rêveries, et exposé aux intempéries du ciel, parce qu'il était sûr qu'il ne serait ni rencontré ni observé.

A mesure que Mordaunt croissait en âge, il avait appris à remarquer ces signes particuliers, avant-coureurs des accès de mélancolie de son malheureux père, et à prendre des précautions pour empêcher qu'il ne fût interrompu mal à propos; car une pareille interruption ne manquait jamais de réveiller sa fureur : à ces précautions il ajoutait le soin de lui faire préparer et porter à propos ce qui était nécessaire à sa subsistance. Il avait aussi remarqué que s'il s'offrait à la vue de son père avant que la crise fût passée, les effets en devenaient beaucoup plus prolongés. Ainsi, par respect pour lui, et en même temps pour se livrer aux exercices actifs et aux amusemens qu'on recherche naturellement à son âge, Mordaunt avait contracté l'habitude de s'absenter d'Iarlshof, et même du canton, bien persuadé que son père, revenu à un état calme et ordinaire, ne songerait guère à savoir comment il aurait disposé de ce temps de loisir, et qu'il lui suffisait d'être sûr que son fils n'avait pas été témoin de sa faiblesse : tant était grande sa susceptibilité sur ce point.

Le jeune Mordaunt, dans l'impuissance de continuer son éducation sans interruption, profitait donc de ces intervalles pour jouir des amusemens que lui offrait le pays, et pour donner une libre carrière à son caractère vif, hardi et entreprenant. Tantôt il lui arrivait de prendre part avec la jeunesse du village à ces divertissemens périlleux, du nombre desquels — « le métier périlleux d'aller cueillir le samphire [1] » — ne leur présentait pas plus de dangers qu'une simple promenade sur un terrain uni ; tantôt il se joignait à ces excursions nocturnes où il ne s'agissait de rien moins que de gravir les flancs de rochers escarpés, pour y dénicher les œufs et les petits des oiseaux de mer ; et dans ces expéditions téméraires il déployait une adresse, une activité et une présence d'esprit qui, dans un jeune homme étranger au pays, frappaient d'étonnement les plus vieux chasseurs. D'autres fois Mordaunt accompagnait Sweyn et d'autres pêcheurs dans leurs longues et pénibles excursions en pleine mer, apprenant d'eux l'art de conduire une barque, art dans lequel les Shetlandais égalent tous les sujets de l'empire britannique, s'ils ne les surpassent point. Cet exercice seul avait des charmes pour Mordaunt, indépendamment de la pêche.

Dans ce temps, les vieilles ballades ou *sagas* de la Norwège n'étaient pas oubliées des pêcheurs, qui les chantaient encore dans l'idiome norse, langue de leurs ancêtres. Ces vieux contes de la Scandinavie avaient de quoi séduire une jeune tête, et les étranges légendes des Berserkars, des rois de la mer, des nains, des géans et des sorciers, que Mordaunt entendait raconter par les naturels de îles Shetland, étaient, selon lui, au moins égales

---

(1) Phrase de Shakspeare (*le Roi Lear*). *Samphire*, crête marine, espèce de fenouil ; herbe qui croît dans les fentes des rochers, et que l'on confit dans le vinaigre comme des cornichons. — Éd.

en beauté aux fictions classiques de l'antiquité, si elles ne les surpassaient pas. Souvent, voguant au milieu des flots, on lui désignait du doigt les lieux auxquels faisaient allusion ces poésies sauvages, à moitié chantées, à moitié récitées par des voix aussi rauques et aussi bruyantes que celle de l'Océan. Ici c'était une baie témoin d'un combat naval; là c'était un monceau de pierres à peine visible qui s'élevait sur une des pointes saillantes du cap, comme l'asile ou le château-fort de quelque puissant comte ou de quelque fameux pirate. Plus loin, dans un marais solitaire, une pierre grise indiquait le tombeau d'un héros; d'un autre côté on lui montrait, comme la demeure d'une fameuse sorcière, une caverne inhabitée contre laquelle venaient échouer sans se rompre de pesantes lames d'eau.

L'Océan avait aussi ses mystères, dont l'effet était rendu plus frappant encore à l'aide du sombre crépuscule par le moyen duquel on ne les apercevait qu'imparfaitement pendant plus de la moitié de l'année. Ses abîmes sans fond et ses cavernes secrètes, à en croire les contes de Sweyn et d'autres pêcheurs versés dans la science des légendes, renfermaient des merveilles que les navigateurs modernes rejettent avec dédain. Dans la baie paisible, éclairée par la lune, où les vagues à peine agitées à leur surface venaient doucement se répandre sur un lit de sable entremêlé de coquillages, on voyait encore la sirène glisser légèrement sur les eaux à la clarté de l'astre de la nuit, mêlant sa voix au souffle de la brise; et souvent on l'entendait chanter les merveilles souterraines et des prédictions sur l'avenir. Le kraken [1], cet animal, le plus énorme des êtres vivans, venait encore, du moins on le supposait, se montrer dans les gouffres les plus profonds de l'Océan du nord, et en violer le repos et le calme; souvent, quand

---

(1) Espèce de polype ou poulpe de mer gigantesque, qu'on supposait capable d'enlacer un vaisseau dans ses bras et de le faire sombrer. Ce Briarée de l'Océan est aussi fabuleux que le grand serpent mentionné ci-après. — Ed.

les brumes couvraient au loin la mer, l'œil exercé du batelier apercevait les cornes du monstrueux léviathan se balançant au milieu des flocons du brouillard ; et le marin effrayé faisait force de rames et de voiles, de peur que le soudain refoulement des eaux, occasioné par la descente précipitée du monstre au fond de la mer, ne livrât son faible esquif à la merci de ses innombrables bras. On connaissait aussi le serpent de mer, qui, s'élevant des abîmes, tend vers les cieux son énorme crinière, semblable à celle d'un belliqueux coursier, se dresse à la hauteur d'un mât, et semble épier de son œil brillant le moment de saisir ses victimes. Des histoires miraculeuses de ces monstres marins, et de beaucoup d'autres moins connus, étaient alors universellement admises parmi les habitans des îles Shetland, et leurs descendans n'ont pas encore cessé d'y ajouter foi.

De pareils contes ont cours partout chez le vulgaire ; mais l'imagination en est surtout affectée dans les mers du nord, au milieu de ces caps et de ces précipices qui ont plusieurs centaines de pieds de profondeur, et parmi tous ces détroits périlleux, ces courans, ces tourbillons, ces récifs presque à fleur d'eau au-dessus desquels l'Océan s'agite, écume et bouillonne ; ces sombres cavernes aux extrémités desquelles nul esquif n'osa jamais pénétrer, ces îles solitaires et souvent inhabitées, enfin parmi ces ruines d'antiques forteresses, vues imparfaitement aux faibles clartés d'un hiver du pôle arctique. Mordaunt avait un caractère romanesque ; — ces superstitions donnaient à son imagination un exercice agréable et intéressant : suspendu entre le doute et l'envie de croire, il écoutait avec plaisir les chants qui célébraient ces merveilles de la nature inventées par la crédulité, et racontées dans le langage grossier mais énergique des anciens Scaldes.

Cependant il ne manquait pas de ces amusemens plus doux qui auraient dû convenir davantage à l'âge de Mordaunt que ces contes extravagans, et tous ces pénibles et grossiers exercices que nous venons de décrire. Quand, dans les îles Shetland, la saison de l'hiver avait amené les longues nuits, et que le travail était devenu impossible, le temps se passait en plaisirs, en fêtes et en amusemens bruyans. Tout ce que le pêcheur avait su conserver de ses profits de l'été, il le dépensait souvent avec profusion dans ses foyers, en frais de joyeuse hospitalité; d'une autre part, les propriétaires et les riches, non moins hospitaliers, passaient leur temps dans les fêtes et les festins; ils peuplaient leurs maisons de convives, et oubliaient la rigueur de la saison par la bonne chère, le vin, la danse, les chansons, la joie, la plaisanterie et les amusemens de toute espèce.

Au milieu de ces divertissemens, et malgré la rigueur du climat et de la saison, nul jeune homme n'avait plus d'aptitude, plus de feu pour la danse, les plaisirs bruyans et l'enjouement, que le jeune Mordaunt Mertoun. Quand l'état moral de son père le rendait libre ou exigeait son absence, il courait de maison en maison, parfaitement accueilli partout où il se présentait. S'agissait-il de chanter, il unissait de suite sa voix à celles des chanteurs, et il n'était pas moins disposé à se mêler parmi les danseurs. Si le temps le permettait, il se jetait dans un bateau, ou souvent il montait sur un de ces petits chevaux qu'on trouvait partout errans dans de vastes marais, et il se rendait ainsi dans les diverses demeures de ces insulaires hospitaliers. Personne ne savait mieux que lui exécuter la danse de l'épée, amusement qui tirait son origine des anciens Norses. Il jouait de deux instrumens, le *gûe* et le violon, et s'accompagnait en chantant les airs mélancoliques et touchans qui sont particuliers à cette contrée. Il avait l'art de relever avec intelligence la monotonie de cette musique par d'autres airs plus vifs du nord de l'Ecosse. Était-il question d'aller en partie de mascarade visiter quelque seigneur voisin ou quelque riche Udaller, on concevait un bon augure de l'expédition si Mordaunt Mertoun consentait à être à la tête de la troupe, et à diriger la musique. Il était, dans ces occasions, d'une gaieté folle; il conduisait sa bande de maison en maison, portant l'enjouement et la bonne humeur partout où il entrait, et laissant des regrets quand il se retirait. Mordaunt se faisait ainsi connaître et aimer généralement dans la plupart des premières et des plus anciennes familles de Main-Land; mais c'était dans celle du propriétaire et du patron de son père, Magnus Troil, qu'il se rendait le plus souvent et le plus volontiers.

L'accueil cordial et sincère que lui faisait ce respectable vieillard, et l'idée où était Mordaunt qu'il était le patron de son père, n'étaient pas les seules causes de ses fréquentes visites. A son arrivée, le digne et ancien Udaller se levait de son énorme fauteuil garni de peau de veau marin, et dont le bois, de chêne massif, avait été sculpté par le ciseau grossier de quelque charpentier de Hambourg; la main était à l'instant reçue et serrée avec la même sincérité qu'elle était offerte, et la bonne réception était proclamée du même ton de voix qui jadis se serait fait entendre au retour d'*Ioul*[1], fête si célèbre du temps des anciens Goths. La maison de Magnus Troil renfermait un attrait plus doux : c'étaient deux cœurs plus jeunes, dont l'accueil, s'il était moins bruyant, n'était pas moins sincère que celui du joyeux Udaller. Mais ce n'est pas à la fin d'un chapitre qu'il faut entrer en matière sur ce sujet.

(1) La Noël.

CHAPITRE III.

« Connaissez-vous la charmante Bessie ?
« Connaissez-vous Marie aux blonds cheveux ?
« Préférez-vous ou Bessie ou Marie ?
« Elles sont belles toutes deux.

« Je regardais hier Bessie,
« Et croyais l'aimer à jamais ;
« Mais aujourd'hui j'ai vu Marie,
« Et je me rends à ses attraits. »

Chanson écossaise.

Déja nous avons nommé Minna et Brenda, filles de Magnus Troil. Leur mère était morte depuis quelques années ; elles étaient alors deux jeunes et jolies sœurs : l'aînée, qui pouvait avoir dix-huit mois de plus que Mordaunt Mertoun, entrait dans sa dix-neuvième année ; et la cadette n'avait que dix-sept ans. Elles étaient la joie du cœur de leur père, et ranimaient ses yeux éteints. Quoiqu'elles jouissent d'une liberté qui aurait pu mettre en danger leur bonheur et celui du vieil Udaller, sa tendresse indulgente et aveugle n'avait pas à se plaindre du moindre manque d'égards ni d'aucun caprice féminin. On remarquait à la fois dans les deux filles de Magnus une certaine ressemblance de famille, et une différence frappante dans leurs caractères et dans leurs traits.

Leur mère avait pris naissance dans les montagnes du Sutherland, en Écosse ; elle était fille d'un noble Chef qui, forcé de fuir sa patrie dans les troubles du dix-septième siècle, avait trouvé un asile dans ces îles paisibles, que leur pauvreté et leur solitude avaient laissées à l'abri des dissensions civiles. Saint-Clair, c'était le nom de ce noble Écossais, n'avait cessé, depuis son arrivée, de soupirer pour sa patrie, de regretter les champs qui l'avaient vu naître, les hommes de son clan, sa tour féodale, son autorité perdue ; et sa carrière s'était terminée après un assez court exil. La Beauté de sa fille, malgré son origine écossaise, toucha le cœur généreux de Magnus Troil ; il offrit ses vœux à la jeune orpheline, il en fut écouté. Mais la jeune épouse ne survécut que cinq ans à leur mariage, laissant son époux livré à la profonde douleur d'avoir vu s'éclipser si rapidement son bonheur domestique.

Minna avait la taille noble et majestueuse de sa mère, ses yeux et ses cheveux noirs, et ses sourcils bien dessinés ; elle semblait au moins de ce côté étrangère au sang de Thulé :

> Vantez la blancheur de son teint,
> Mais ne dites pas qu'elle est pâle.

Son visage était si délicatement coloré de rose, que le lis paraissait à bien des gens y avoir pris une part trop considérable ; mais, si cette fleur plus pâle prédominait, le teint de Minna n'avait rien de languissant ni de maladif ; la nature lui avait donné la santé et la fraîcheur, et ses traits avaient cela de remarquable qu'ils exprimaient un caractère rêveur et noble. Si Minna entendait raconter des traits d'injustice, d'infortune et de persécution, le sang colorait vivement ses joues, et montrait quelle devait être son ardeur, malgré son caractère généralement grave, pensif et réservé. Si des étrangers s'imaginaient quelquefois que ces beaux traits étaient rembrunis par une mélancolie dont son âge et sa situation dans le monde pouvaient à peine lui fournir un sujet, ils n'avaient besoin que de la mieux connaître pour être aussitôt persuadés que la cause réelle de sa gravité se trouvait dans sa paisible douceur, et dans l'énergie secrète d'une âme qui prenait peu d'intérêt aux évènemens ordinaires et communs de la société. La plupart de ceux qui avaient reconnu qu'un chagrin réel n'était pas la cause de sa mélancolie, et qu'elle prenait plutôt sa source dans un esprit occupé d'objets plus importans que ceux qui l'environnaient, auraient pu lui souhaiter tout ce qui pouvait ajouter à son bonheur, mais ils auraient difficilement voulu voir se changer en un extérieur plus gai son maintien plein de grâces naturelles et naïves, quoique sérieuses; en un mot, et malgré le désir que nous avions de ne pas employer ici la comparaison rebattue d'un ange, nous ne pouvons nous refuser à ajouter qu'il y avait dans la beauté grave de Minna, dans l'aisance mesurée et cependant gracieuse de ses mouvemens, dans la mélodie de sa voix et dans la sérénité de ses yeux, un je ne sais quoi qui semblait dire que la fille de Magnus Troil appartenait à une sphère plus élevée et plus pure, et que ce n'était que par hasard qu'elle visitait un monde peu digne d'elle.

Brenda, à peine moins belle, mais aussi aimable et aussi innocente, ne différait pas moins de sa sœur par ses traits et l'expression de sa physionomie, que par ses goûts et son caractère. Ses cheveux touffus étaient de ce brun pâle qui reçoit une teinte dorée d'un rayon passager de l'astre du jour, mais qui reprend sa couleur primitive quand le rayon a disparu. Ses yeux, sa bouche, la ravissante symétrie de ses belles dents, que souvent elle laissait apercevoir dans son innocente vivacité, la fraîcheur de son teint, dont un coloris délicat relevait la blancheur égale à celle de la neige, tout enfin retraçait son origine, et disait qu'elle descendait des anciens Scandinaves. Si elle était moins grande que Minna, elle avait en retour les formes d'une fée, et sa taille plus déliée était un modèle de proportions charmantes; sa démarche était pleine d'aisance, et ses pas avaient la légèreté de ceux d'un enfant. Ses yeux, qui voyaient toujours avec plaisir tout ce qu'ils rencontraient, preuve de son enjouement et de sa candeur, inspiraient en général plus d'admiration que les charmes de sa sœur, quoique peut-être celle que Minna faisait naître fût plus forte et mêlée de plus de respect.

Les goûts de ces aimables sœurs ne différaient pas moins que leurs traits. Cette différence n'existait cependant pas dans les douces affections du cœur, car elles se ressemblaient parfaitement à cet égard, et l'on ne pouvait dire que l'une fût plus attachée que l'autre à son père; mais l'enjouement de Brenda se mêlait aux petits détails domestiques, aux occupations de chaque jour, et semblait inépuisable. Sa sœur, plus réservée, paraissait n'apporter dans la société que le désir de s'intéresser à ce qui s'y passait, et d'en être satisfaite; mais elle se laissait entraîner aux distractions et aux amusemens sans songer à y jouer un rôle actif. Elle tolérait la gaieté plutôt qu'elle n'en jouissait, et les plaisirs d'un genre plus grave et plus solitaire étaient ceux qu'elle préférait. Les connaissances qu'on acquiert par les livres étaient hors de sa portée. Ce pays ne fournissait alors que fort peu d'occasions d'étudier les leçons

Que la mort lègue à la postérité;

et Magnus Troil, tel que nous l'avons peint, n'était pas un homme dans la maison duquel on pût acquérir de telles connaissances. Mais le livre de la nature était ouvert sous les yeux de Minna; ce livre, le plus noble de tous, dont les pages merveilleuses ne cessent de commander notre admiration, lors même que nous sommes incapables de les comprendre. Minna Troil connaissait les plantes de ces sauvages contrées, les coquillages disséminés sur les rivages, et, aussi bien qu'aucun chasseur, les nombreuses espèces de ces habitans ailés des airs qui fréquentent les rocs escarpés, et y viennent déposer périodiquement l'espoir de leur génération. Elle était douée d'un génie étonnant d'observation qui était rarement détourné par des sensations étrangères. Elle gardait profondément gravées dans sa mémoire heureuse les lumières qu'elle avait acquises par l'habitude de la patience et d'une attention soutenue. Elle avait aussi appris à élever son âme à la hauteur des scènes mélancoliques et solitaires, mais majestueuses, au milieu desquelles le hasard l'avait placée. L'Océan avec ses formes variées de sublimité et de terreur, les rochers et les précipices dont la vue glace d'effroi, et qui retentissent des éternels mugissemens des vagues et des cris aigus des oiseaux de mer, avaient pour Minna un charme particulier dans toutes les vicissitudes des saisons. Au caractère d'enthousiasme romanesque particulier au peuple dont sa mère descendait, elle joignait un véritable amour pour les sites et le climat de son pays natal; et cette passion non seulement occupait son imagination, mais l'agitait quelquefois. Sa sœur, spectatrice des mêmes scènes, les considérait avec un sentiment d'émotion ou de terreur; mais ces sensations n'étaient en elle que passagères, et s'effaçaient à son retour dans la maison paternelle; au contraire, l'imagination de Minna en restait long-temps frappée, dans la solitude et le silence de la nuit, comme dans le sein de la société. Quelquefois, assise au milieu d'un cercle nombreux, on l'eût prise pour une belle statue : ses pensées erraient sur les bords sauvages de la mer et sur les montagnes encore plus sauvages de son île natale; cependant, quand elle était rappelée à la conversation, et qu'elle s'y mêlait avec intérêt, il était rare que ses amis ne reconnussent pas qu'ils étaient plus redevables à Minna qu'à tout autre d'en avoir augmenté les jouissances. Bien que dans ses manières quelque chose semblât, malgré sa jeunesse, commander la déférence autant que l'affection, Brenda, si gaie et si aimable, n'était pas plus généralement chérie que la pensive et sérieuse Minna.

Les deux sœurs faisaient à la fois les délices de leur famille et l'orgueil de l'île, dont les habitans d'un certain rang avaient formé entre eux une communauté d'amis, par suite des distances respectives de leurs demeures, comme aussi par les habitudes d'une douce hospitalité.

Un poète errant, un peu musicien, qui, après avoir tenté la fortune dans diverses contrées, était revenu dans sa patrie pour y finir ses jours comme il le pourrait, avait chanté les filles de Magnus Troil dans un poème qu'il avait intitulé *la Nuit et le Jour;* et dans la description qu'il avait faite de Minna, on serait tenté de croire qu'il avait, quoique par une esquisse grossière, imité par anticipation ces beaux vers de lord Byron :

« Elle marche dans sa beauté, comme la nuit des cieux sans nuage et parsemés d'étoiles. Tout ce qu'il y a de plus beau dans l'alliance du sombre azur et des astres se retrouve dans son aspect et ses yeux. Telle est cette douce lumière que le ciel refuse à la splendeur du jour. »

Magnus Troil aimait ses deux filles avec tant de tendresse, qu'il eût été difficile de dire laquelle il préférait; cependant peut-être aimait-il davantage la sérieuse Minna dans ses promenades, et peut-être encore avait-il de la prédilection pour l'enjouée Brenda quand il était assis au coin du feu. C'est assez dire qu'il désirait la société de l'aînée quand il était d'une humeur sombre et triste, et celle de la jeune quand il était joyeux ; ou, ce qui revient au même, il préférait Minna avant midi, et Brenda quand la bouteille avait circulé dans la soirée.

Mais ce qui en apparence était encore plus extraordinaire, c'est que l'affection du jeune Mertoun, de même que celle du père, semblait se balancer et se partager avec la même impartialité entre les deux sœurs. Dès son enfance, nous l'avons déjà dit, il avait reçu avec son père l'hospitalité chez le respectable Udaller à Burgh-Westra, et depuis qu'ils étaient allés se fixer l'un et l'autre à Iarlshof, à près de vingt milles de distance, l'éloignement ne l'avait pas empêché de visiter fréquemment la famille : cependant le voyage était pénible, et même dangereux dans la saison rigoureuse de l'année ; il fallait gravir des montagnes et traverser des fondrières dans lesquelles on pouvait s'enfoncer à chaque pas. Le chemin était souvent coupé par des criques et des bras de mer qui se prolongeaient dans l'île de chaque côté, ainsi que par les lacs; cependant, dès que l'humeur noire de son père donnait à Mordaunt l'avis de s'absenter d'Iarlshof, il n'y avait point de difficulté, point de danger qui fût capable de le retenir, et il arrivait le lendemain à Burgh-Westra, après avoir employé à son voyage moins de temps que n'en aurait peut-être mis l'insulaire le plus actif.

Il était, comme de raison, considéré par le public shetlandais comme l'amant d'une des filles de Magnus Troil; on en doutait d'autant moins que le respectable vieillard ne dissimulait rien du plaisir qu'il éprouvait à le recevoir à son arrivée, et de la franche amitié qu'il lui portait; il était donc tout simple de croire qu'il pouvait aspirer à la main de l'une ou de l'autre de ces beautés, et obtenir une riche dot d'îles, de pays marécageux entremêlés de rochers, de droits de pêche, etc.; une dot, en un mot, telle qu'il convenait d'en donner une à une fille chérie; et la perspective de devenir un jour, par le décès du généreux Udaller, propriétaire de la moitié des domaines de l'ancienne maison Troil. D'après les probabilités au moins il y avait plus de vraisemblance dans la conséquence qu'on tirait des relations du jeune homme avec cette famille, que dans une foule d'autres conjectures qu'on admet souvent comme des faits incontestables. Mais hélas! le point principal avait échappé à la pénétration des observateurs, et ce point était de savoir à laquelle des deux jeunes personnes Mordaunt avait donné son cœur. Il semblait en général les traiter avec l'attachement et l'amitié d'un frère dont la préférence ne penchait pas plus d'un côté que de l'autre. Ou si quelquefois, et c'était ce qui arrivait souvent, l'une d'elles paraissait être l'objet de ses attentions, la cause en appartenait uniquement à des circonstances qui mettaient en évidence les qualités et les talens particuliers de celle qu'il semblait alors préférer.

Toutes deux excellaient dans la musique simple du Nord, et quand elles s'exerçaient à cet art délicieux, Mordaunt, leur compagnon d'étude, et souvent aussi leur précepteur, aidait tantôt Minna à apprendre ces airs sauvages, solennels et simples, sur lesquels les scaldes et les ménestrels chantaient jadis les exploits des héros; et tantôt on le trouvait également zélé à enseigner à Brenda une musique plus vive et plus compliquée, que la tendresse paternelle de Magnus Troil avait fait venir de Londres ou d'Edimbourg pour l'amusement de ses filles. Quand il conversait avec elles, Mordaunt, qui réunissait à l'enthousiasme le plus ardent la vive et impétueuse gaieté de la jeunesse, n'était pas moins prêt à entrer dans les visions poétiques de Minna qu'à écouter le babil vif et plaisant de sa sœur. En un mot, il paraissait si peu avoir un attachement de préférence pour l'une d'elles, que quelquefois on l'entendait dire que Minna n'était jamais plus aimable que lorsque sa sœur, d'un ton de légèreté enchanteresse, la sollicitait de se dépouiller pour un moment de sa gravité habituelle, ou bien que Brenda n'était jamais si intéressante que lorsque, assise et tranquille, et prêtant une oreille attentive aux accens de sa sœur, elle partageait ses romanesques émotions. Le public était donc en défaut, pour nous servir de l'expression du chasseur; et, après avoir long-temps balancé, n'étant pas plus en état de conclure laquelle des deux sœurs Mordaunt devait épouser, il en était réduit à attendre, pour prononcer, l'époque de la majorité du jeune homme, ou le moment qu'il plairait au vénérable et fier Udaller de le faire décider lui-même.

— Ce serait une chose fort plaisante, disait-on, que ce jeune Mertoun, étranger en ce pays, qui ne possédait aucuns moyens visibles d'existence, et qui n'était connu de personne, osât se permettre d'hésiter, ou affectât d'avoir le droit de choisir entre les deux beautés les plus renommées des îles de Shetland : à la place de Magnus Troil, on saurait bientôt à quoi s'en tenir. — Toutes ces remarques et d'autres se répétaient seulement tout bas ; car on connaissait le caractère emporté du vieil Udaller ; on savait qu'il était pétri de ce feu qui distinguait les anciens Norses, et il pouvait y avoir du danger à se mêler des affaires de sa famille sans y être invité. Telles étaient les liaisons de Mordaunt avec la maison de Magnus Troil à Burg-Westra, quand survinrent les incidens qui vont suivre.

CHAPITRE IV.

« . . . . Ma foi, pareil matin
« N'est guère favorable au pauvre pèlerin.
« Voyez-vous ce brouillard qui, sous un voile sombre,
« Met nos champs, nos vallons et nos coteaux à l'ombre ?
« Tel est le crêpe noir porté depuis deux jours
« Par veuve ayant perdu l'objet de ses amours.
« Mais je préférerais que la veuve en déboire
« Des vertus du défunt me fît la longue histoire,
« M'assaillit de soupirs et m'inondât de pleurs,
« Plutôt que de braver l'orage et ses fureurs. »
Le Double mariage.

LE printemps était déjà avancé, et Mordaunt Mertoun avait passé une semaine dans les amusemens et les fêtes à Burgh-Westra, quand il annonça à la famille qu'il était obligé de lui faire ses adieux pour retourner à Iarlshof. Les deux jeunes personnes combattirent sa résolution, et leur père surtout s'opposait décidément à son départ ; il n'en voyait nullement la nécessité. — Si votre père désire vous voir, lui dit-il (et, soit dit en passant, je ne le crois pas), qu'il se jette dans le bateau de Sweyn, ou qu'il monte sur un bidet s'il préfère venir par terre ; il trouvera ici vingt personnes qui seront bien aises de s'assurer qu'il n'a pas entièrement perdu l'usage de sa langue dans sa longue solitude; car il faut avouer, ajouta-t-il, qu'il en faisait peu d'usage tandis qu'il vivait avec nous.

Mordaunt ne pouvait nier la taciturnité de son père, ni son aversion pour la société; mais il disait que c'était pour cela même que sa présence était plus nécessaire à Iarlshof, attendu qu'il lui servait de moyen de communication avec les autres personnes de la maison; et il tirait de la seconde circonstance, c'est-à-dire de l'aversion qu'il avait pour la société, la conclusion de la nécessité de son propre retour, puisque son père n'avait pas d'autre société que la sienne. Quant à une visite de Mertoun à Burgh-Westra, on pourrait aussi bien s'attendre, dit-il, voir arriver le cap Sumburgh.

— Ce serait un hôte fort embarrassant, répondit Magnus Troil; mais vous resterez au moins à dîner avec nous aujourd'hui. Nous avons les familles de Muness, de Quendale, de Therelivoe, et je ne sais combien d'autres, outre les trente personnages qui ont passé ici cette charmante nuit. Nous aurons aujourd'hui autant de monde qu'on en pourra coucher dans les chambres, dans les granges et sous les hangars; et ce serait en ce moment que vous voudriez nous quitter!

— Et la danse de ce soir? ajouta Brenda d'un ton moitié grondeur, moitié boudeur: et les jeunes gens de l'île de Paba qui doivent exécuter la danse de l'épée, qui nous aidera à leur tenir tête pour l'honneur de Main-Land?

— Vous avez, répliqua Mordaunt, une foule de bons et d'aimables danseurs dans votre île, sans que j'aie besoin de me mettre du nombre; et, partout où il y a de tels danseurs, Brenda ne manquera jamais d'y trouver les plus habiles cavaliers. Pour moi, si je danse ce soir, ce sera à travers les sables de Dunrossness.

— Que dites-vous là? s'écria Minna, qui pendant la conversation avait regardé d'un air inquiet à travers la fenêtre ; au moins ne vous avisez pas de passer aujourd'hui par Dunrossness.

— Et pourquoi pas aujourd'hui aussi bien que demain? lui dit en riant Mordaunt.

— Pourquoi pas? Ne voyez-vous pas là-bas cet épais brouillard qui plane sur cette chaîne d'îles, et qui, depuis la pointe du jour, ne permet pas à l'œil de pénétrer jusqu'à la dernière montagne, le cap de Fitful-Head? L'oiseau de mer dirige son vol vers le rivage; à travers le brouillard, le canard semble ondoyer comme mon écharpe; voyez les mouettes fuir vers les rochers pour y chercher un abri.

— Et pourtant, dit le père, elles sont en état de supporter un coup de vent aussi bien qu'un vaisseau de roi. Leur vol vers les rochers est toujours un signe de tempête.

— Restez donc avec nous, dit Minna ; la tempête menace d'être terrible, ce sera un beau spectacle sans doute à contempler de Burgh-Westra, si nous n'avons pas d'ami exposé à sa fureur. Voyez comme l'air est lourd et étouffant, quoique la saison de l'été soit à peine arrivée, et que l'atmosphère soit si calme qu'il n'y ait pas un brin d'herbe agité sur la bruyère. Restez avec nous, Mordaunt, vous dis-je ; tout annonce la tempête la plus furieuse.

— Quoi! dit Magnus, vous nous quitteriez pour le nouveau Tacksman du nouveau chambellan, qui vient de nous arriver d'Ecosse pour donner des leçons à nous autres sauvages des îles Shetland! — Faites comme il vous plaira, jeune homme, si vous chantez sur cette gamme.

— Oh non, répondit Mordaunt, j'ai seulement la curiosité de voir les nouveaux outils qu'il a apportés avec lui.

— Oui, les nouveautés font tourner la tête à bien des jeunes gens, dit Magnus; je voudrais bien savoir si la nouvelle charrue tiendra contre nos rochers.

Le jeune homme, pour ne pas heurter les préjugés du vieil Udaller contre les innovations, dit que si ses présages se vérifiaient, il ne s'arrêterait à Stour-Burgh que le temps nécessaire pour éviter le plus fort de l'ouragan; mais que si ce n'était que de la pluie, il ne craignait pas d'être fondu, et qu'il continuerait sa route.

— L'orage sera autre chose que de la pluie, dit Minna; voyez comme les nuages épaississent à chaque minute; voyez ces rayons d'un rouge pâle et de pourpre qui divisent leur masse noirâtre.

— Je vois tout cela, répliqua Mordaunt, et j'en conclus seulement que je n'ai pas un moment à perdre. Adieu donc, Minna; je vous enverrai des plumes d'aigle, s'il y a un seul aigle dans l'île de Foulab. Adieu aussi, ma jolie Brenda : gardez-moi une place dans votre souvenir, dussent les jeunes gens de Paba danser aussi bien que vous le dites.

— Prenez garde à vous, lui dirent en même temps les deux sœurs, puisque vous voulez absolument partir.

Le vieux Magnus gronda ses deux filles de supposer qu'un jeune homme actif courût des dangers en s'exposant à quelques coups de vent sur mer ou sur terre; il finit cependant par donner sérieusement à Mordaunt l'avis de différer son départ, ou du moins de s'arrêter à Stour-Burgh :
— Car, lui dit-il, les secondes pensées sont les meilleures; et comme la maison de cet Ecossais est située sur votre route, en cas de tempête on entre dans le premier port qu'on trouve. Mais gardez-vous bien de vous imaginer qu'on vous ouvrira aisément la porte, quelle que soit la violence de l'ouragan; il y a de certaines choses en Ecosse qu'on appelle des verrous et des barres, qu'on ne connaît pas ici, grâces en soient rendues à saint Ronald, excepté la grande serrure du vieux château de Scolloway, que tout le monde s'empresse d'aller voir. Ces belles choses-là font peut-être partie des perfectionnemens que cet Ecossais

nous apporte. Allons, partez, Mordaunt, puisque vous le voulez. — Vous devriez boire le coup de l'étrier, si vous aviez seulement trois ans de plus; mais la jeunesse ne doit jamais boire qu'après dîner; ainsi donc je le boirai pour vous, car il ne faut pas perdre les bonnes habitudes, autrement il en arriverait mal. Voici une rasade à votre santé. — Et en même temps il vida un grand verre plein d'eau-de-vie avec le même sang-froid que si c'eût été un verre d'eau. Ainsi regretté et averti de toutes parts, Mordaunt quitta ce toit hospitalier, l'imagination remplie des agrémens qu'il y avait trouvés; et jetant un regard sur l'épaisse fumée qui s'élevait du faîte des cheminées, il se rappela d'abord la solitude inhospitalière d'Iarlshof, fit ensuite le parallèle de l'humeur sombre et mélancolique de son père avec la cordiale franchise des hôtes qu'il quittait, et ne put retenir quelques soupirs.

Les prédictions de Minna ne tardèrent pas à se réaliser. Il y avait à peine trois heures que Mordaunt était en voyage, lorsque le vent, qui avait été si calme dans la matinée, commença à faire entendre des sons plaintifs, comme s'il eût voulu déplorer d'avance les désastres que sa fureur allait causer, semblable à l'homme en démence dans l'état d'accablement qui précède ses accès de rage. Bientôt ces sons se changèrent en mugissemens avec toute la violence des tempêtes du nord. L'ouragan était accompagné de bourrasques, de pluie et de grêle qui semblaient fondre contre les montagnes et les rochers les plus voisins de notre voyageur. Son attention en était distraite malgré tous ses efforts. Il éprouvait une grande difficulté à se maintenir sur le chemin qu'il voulait suivre, dans une contrée où il n'y a ni route ni traces qui dirigent les pas de celui qui s'égare, et auquel de vastes étangs, des lacs et des lagunes opposent des obstacles sans cesse renaissans. Toutes les eaux de l'intérieur des terres se répandaient en larges nappes, dont la plupart, soulevées et emportées par les tourbillons, et agitées par les vents, étaient transportées loin des vagues dont elles avaient fait partie ; et même le goût salé des gouttes d'eau qui frappaient son visage prouvait à Mordaunt que l'Océan plus éloigné, partageant la fureur de la tempête, mêlait son écume jaillissante aux ondes des lacs et des rivières de l'intérieur du pays.

Au milieu de cet effroyable désordre de la nature, Mordaunt déployait une fermeté courageuse, comme si la guerre avec les élémens lui eût été familière ; et, en homme qui n'envisageait ses efforts pour les dompter que comme une preuve de résolution, il sentait, comme il arrive d'ordinaire à ceux qui éprouvent de grands désastres, que la réaction du courage est elle-même une sorte de triomphe élevant l'âme au sublime. Distinguer la route qu'il devait suivre quand les bestiaux avaient été obligés de fuir les montagnes, et les oiseaux le firmament qu'ils habitent, était pour lui la preuve la plus forte de sa supériorité. — On n'entendra pas parler de moi à Burgh-Westra, se disait-il à lui-même, comme on a parlé du vieux Ringan Ewenson, dont la barque coula à fond entre la rade et le quai. Je suis d'une autre trempe ; je ne crains ni le feu, ni l'eau, ni les vagues de la mer, ni les fondrières des marécages.

Mordaunt continuait ainsi sa route, sans cesse aux prises avec l'ouragan ; et les rochers, les montagnes et les promontoires étant enveloppés d'un sombre brouillard, il suppléait aux signes ordinaires qui servent aux voyageurs à diriger leur marche, par une sagacité d'instinct qu'aidait beaucoup sa connaissance intime des objets les plus minutieux de ces lieux sauvages. C'était donc, nous le répétons, au milieu de ce terrible conflit qu'il avançait lentement, quelquefois s'arrêtant pour respirer, quelquefois même obligé de se coucher au plus fort de la tempête ; et, quand ses fureurs se calmaient un peu, il s'ouvrait un passage rapide en suivant le courant; lorsqu'il ne pouvait y réussir, il imitait la manœuvre d'un vaisseau qui, par des viremens combinés, parvient à se mettre sous le vent; mais jamais Mordaunt ne cédait un pouce du terrain qui lui avait coûté tant de peines et de calculs.

Cependant, malgré son expérience et son courage, sa situation était devenue pénible et même précaire ; — ce n'était pas parce que sa jaquette de marin et ses pantalons, vêtement ordinaire des jeunes gens de ces contrées quand ils voyagent, étaient entièrement mouillés ; même sans orage, dans un climat si humide, il ne lui aurait pas fallu plus de temps pour éprouver un pareil inconvénient : mais il courait un danger réel que tout son courage ne pouvait pas toujours impunément braver, lorsqu'il lui fallait traverser des torrens qui dispersaient au loin leurs eaux, et s'ouvrir un passage à travers des terrains marécageux qui, noyés sous un déluge de pluie, forçaient à chaque instant le voyageur à faire un long circuit, inutile dans d'autres temps. Mordaunt luttait ainsi avec opiniâtreté contre les vents, la grêle, la pluie et la tourmente, lorsqu'enfin épuisé par la fatigue, et après s'être trompé plus d'une fois de route, il eut le bonheur de découvrir la maison de Stour-Burgh ou d'Harfra, car ces noms étaient donnés indifféremment à la résidence de M. Triptolème Yellowley. Ce personnage était le mandataire choisi par l'intendant des îles Orcades et de Shetland, grand spéculateur qui se proposait, par le moyen de Triptolème, d'introduire dans le Thulé des Romains des innovations dont l'existence, à cette époque encore reculée, était à peine connue dans l'Ecosse même.

Mordaunt parvint, non sans peine, à l'habitation de ce digne agriculteur, le seul refuge qu'il pût espérer de trouver dans un rayon de quelques milles. Il alla droit à la porte, dans la pleine confiance d'entrer à l'instant sans difficulté ; mais quelle fut sa surprise en voyant qu'elle n'était pas seulement fermée au loquet, ce que la rigueur du temps pouvait excuser, mais qu'elle était encore verrouillée, précaution qui, suivant la remarque déjà faite par Magnus Troil, était presque inconnue dans cet archipel! Appeler et frapper à coups redoublés avec un bâton et des pierres, c'était tout ce qu'avait à faire un jeune homme également impatienté par sa lutte contre l'orage et par les obstacles inattendus qui s'opposaient à son admission. Comme on le laissa quelques minutes épuiser sa patience et ses cris, nous allons profiter de ce court intervalle pour informer nos lecteurs de ce qu'était Triptolème Yellowley, et comment il avait reçu un nom si singulier.

Jasper Yellowley, père de Triptolème (quoique né au pied de Roseberry-Topping), s'était chargé, à la sollicitation d'un noble comte d'Ecosse, de l'exploitation d'une ferme dans les Mearns, où il est inutile de dire qu'il ne tarda pas à reconnaître que les choses étaient bien différentes des espérances qu'il en avait conçues. Ce fut en vain que le vigoureux fermier employa tous ses moyens et son expérience pour contre-balancer les désavantages d'un terrain froid et humide ; peut-être cependant en serait-il venu à bout, si son voisinage des monts Grampiens ne l'avait exposé continuellement aux visites des gentilshommes en plaid de la montagne, qui firent du jeune Norval un guerrier et un héros, mais qui ne purent que réduire le pauvre Jasper Yellowley à la besace. Cependant cette fatalité fut en quelque sorte balancée par l'impression que firent sur miss Barbara Clinkscale son teint frais et vermeil et ses formes robustes. Cette miss Barbara était fille du dernier Clinkscale, et sœur du laird actuel de ce nom. On jugea universellement dans le pays que cette union était peu naturelle, et même horrible, vu que la maison de Clinkscale était au moins aussi amplement pourvue de l'orgueil écossais que de la parcimonie proverbialement attribuée à cette nation. Mais miss Baby avait à sa disposition une assez belle fortune de deux mille marcs : c'était une femme de tête, et qui, depuis vingt ans, était majeure, et conséquemment *sui juris*, ainsi que le lui certifia l'homme de loi qui dressa le contrat de mariage. Aussi, bravant les commentaires et les conséquences, elle n'hésita pas à donner sa main au fermier du comté d'York. Son frère et ses plus riches parens s'exhalèrent en reproches violens, et désavouèrent formellement une parente qui venait de se déshonorer ainsi. Mais cette maison si orgueilleuse de Clinkscale, semblable à bien d'autres familles écossaises de ces temps-là, avait aussi dans sa parenté un nombre d'alliés qui ne furent pas si difficiles ; c'étaient des cousins au dixième et même jusqu'au seizième degré. Non seulement ils reconnurent la cousine Barbara après son mariage, mais même ils eurent la condescendance de manger avec le nouveau cousin ses pois et son lard (quoique le lard fût alors autant en abomination chez les Ecossais que chez les juifs); et ils auraient volontiers consenti à resserrer les liens de l'amitié et de la parenté par l'emprunt de quelque argent, si la bonne dame, qui connaissait le jargon, et flairait le piége aussi bien que la commère la plus déliée des Mearns, n'avait placé son *veto* absolu sur cette tentative à une plus étroite intimité. S'il lui arrivait d'héberger le jeune Deilbelicket, le vieux Dougald Baresword, seigneur de Bandybrawl, et autres, elle savait fort bien trouver l'indemnité de l'hospitalité qu'elle ne croyait pas devoir leur refuser, en se servant utilement d'eux dans ses négociations avec ces braves gens à main légère d'au-delà du Cairn, qui, voyant ceux qu'ils pillaient — devenus les alliés de leurs propres amis, et connus par eux à l'église et au marché, — se contentèrent, par une composition amiable, d'une somme modérée par année.

Ce succès éminent réconcilia l'honnête Jasper à l'empire

que sa tendre épouse commençait à prendre sur lui; et ce qui acheva de le consolider, ce fut qu'elle se trouva bientôt en bon chemin pour augmenter sa famille. En cette occasion, elle eut un songe remarquable, comme cela arrive souvent aux femmes avant la naissance d'un illustre rejeton. Elle rêva qu'elle mettait au monde une charrue tirée par trois paires de bœufs du comté d'Angus; et, habituellement curieuse d'expliquer de tels présages, elle convoqua ses commères pour examiner ce que ce rêve signifiait. Après beaucoup d'hésitation, le bon Jasper se hasarda de dire que cette vision avait plus de rapport au passé qu'au présent, et qu'elle pouvait avoir été occasionée par la vive impression que sa tendre épouse avait reçue en rencontrant près de sa maison sa grande charrue attelée de six bœufs qui faisaient l'orgueil de son cœur. Cette explication fit jeter les hauts cris à l'assemblée, au point que Jasper quitta précipitamment la salle des délibérations en se bouchant les oreilles.

— Écoutez-le donc, s'écria une vieille femme d'une taille masculine; écoutez-le, avec ses bœufs dont il fait une idole comme du veau de Bethel! Non! non! ce n'est point une charrue selon la chair, que ce bel enfant (car ce sera un beau garçon) se chargera de conduire; il s'agit d'une charrue selon l'esprit, et je suis sûre que nous le verrons un jour prêcher dans la chaire de la paroisse, ou tout au moins sur une montagne.

— Ce n'est rien que tout cela, dit la vieille lady Glenprosing, et je vous réponds qu'il pourra porter la tête plus haut que votre vieux James Guthrie dont vous faites tant d'étalage. Il s'élèvera plus haut, il sera ministre de la paroisse; et quand il deviendrait évêque, qui pourrait en être surpris?

Le gant ainsi jeté par la sibylle fut ramassé par une autre; la controverse s'échauffa, on n'entendit plus que cris; et de l'eau de cannelle distribuée parmi les délibérantes ne produisit d'autre effet que celui de l'huile jetée sur le feu : mais tout-à-coup Jasper rentra, tenant en main un soc de charrue ; sa présence, jointe à la honte de faire tant de bruit *devant l'étranger,* imposa une sorte de crainte et de silence.

On ne peut dire si ce fut par impatience de donner la lumière à un être voué à de si hautes destinées, quoique encore bien incertaines, ou bien si ce ne fut pas plutôt l'effroi que lui causa le fracas épouvantable qui avait eu lieu en sa présence ; mais la pauvre Yellowley tomba malade tout-à-coup, et, contre la formule d'usage, on dit qu'elle l'était beaucoup plus qu'on ne s'y attendait. Elle possédait cependant encore toute sa présence d'esprit, et elle en profita pour tirer de son digne époux les deux promesses suivantes : d'abord que, lors du baptême de l'enfant, dont la naissance allait probablement lui coûter si cher, on lui donnerait un nom qui rappellerait le songe dont elle avait été favorisée ; et ensuite qu'on lui procurerait l'éducation nécessaire pour qu'il pût entrer dans l'Église. Le fermier, pensant que sa moitié avait droit, dans un tel moment, de dicter ses volontés, souscrivit sans réflexions à tout ce qu'elle exigea. Un enfant du sexe masculin vit bientôt le jour ; mais l'état de la mère ne lui permit pas, pendant quelque temps, de s'informer si la première condition avait été remplie. Dans sa convalescence elle fit des questions, et on lui apprit que, comme on avait jugé indispensable de le baptiser sans délai, il avait reçu le nom de Triptolème, et que le curé, qui était un homme d'une grande érudition, avait jugé que ce nom renfermait une belle et classique allusion à la charrue attelée de trois bœufs, et vue par la mère dans un songe. Mistress Yellowley ne parut pas fort enchantée de la manière dont on avait satisfait à sa première condition, et ce ne fut qu'en murmurant un peu contre ce nom païen qu'elle prit son parti, comme dans le cas célèbre de Tristram Shandy, se réservant bien *in petto* d'en contrarier les effets, en donnant à l'enfant qui le portait une éducation qui élèverait son âme au-dessus de la pensée et des instrumens qui avaient rapport au servile métier de la culture des terres.

Jasper, en homme avisé, riait sous cape de ces projets, prévoyant bien que le petit Triptolème ne serait qu'un enfant de la balle, un jovial fermier, qui n'aurait que peu de chose du sang distingué, mais un peu âcre, de la fière maison de Clinkscale. Il remarqua avec une joie secrète que les sons qui réussissaient le mieux à endormir le marmot dans son berceau étaient ceux du sifflet des laboureurs, et que les premiers mots qu'il bégaya furent les noms des bœufs de son étable; de plus, le petit garçon avait un goût décidé pour l'ale brassée à la maison, de préférence à celle des cabarets, à deux sous la pinte; et il ne lâchait jamais le gobelet avec tant de regret que lorsque Jasper avait, par quelque manœuvre de son invention, mis dans les ingrédiens de cette ale une double dose au moins de la portion ordinaire de drêche que sa ménagère accordait avec parcimonie. Ajoutez à cela que quand l'enfant était dans ses accès de vagissemens, le bon père, pour le distraire, s'était avisé d'un expédient qui lui réussit à merveille; c'était de faire sonner une bride à ses oreilles, et tout-à-coup Triptolème se taisait et se calmait. De tous ces symptômes Jasper concluait avec assurance, mais en secret, que son héritier deviendrait un excellent fermier, et qu'il n'aurait que peu de chose de l'illustre sang de sa digne mère.

Cependant mistress Yellowley, un an après la naissance de son fils, mit au monde une fille que l'on nomma Barbara. On remarqua, dès sa première enfance, qu'elle avait le nez pincé et les lèvres minces, ce que les habitans des Mearns savaient fort bien être des traits caractéristiques de la famille Clinkscale; et, comme à mesure qu'elle avançait en âge on la voyait saisir avec violence et retenir avec obstination les joujoux de Triptolème, outre qu'elle le pinçait, le mordait, et égratignait les gens sans provocation, les observateurs attentifs jugeaient que miss Baby serait toute sa mère. Des gens malins allaient jusqu'à dire que le sang âcre de la maison des Clinkscale n'avait pas été en cette occasion adouci par celui de la vieille Angleterre, que le jeune Deilbelicket faisait des visites bien fréquentes à la famille Jasper ; et il leur semblait étrange que mistress Yellowley, qui, comme tout le monde le savait, ne donnait rien pour rien, fût si attentive et si empressée à garnir la table à l'arrivée du jeune homme, et à verser de l'ale à rasade à ce fainéant parasite qui n'avait rien à faire au monde. Mais en considérant la vertu austère et la bonne conduite de mistress Yellowley, on lui rendait généralement pleine justice, ainsi qu'au goût délicat de M. Deilbelicket.

Jusque là le jeune Triptolème avait reçu du ministre toute l'instruction que celui-ci pouvait lui donner; car, quoique la dame fût de la religion persécutée, son digne époux, édifié par la robe noire et le livre des prières, était toujours attaché aux usages de l'Église établie. On envoya avec le temps le jeune homme à Saint-André, pour y continuer ses études. Il y alla, il est vrai, mais, il faut le dire, de tendres souvenirs ramenaient ses idées vers la charrue de son père. La petite bière du collége ne le consolait pas de la perte des gâteaux et de la bonne ale du toit paternel. Cependant il fit des progrès, et l'on trouva qu'il avait un goût tout particulier pour les auteurs de l'antiquité qui avaient fait de la culture l'objet de leurs savantes recherches. Il entendait passablement les Bucoliques de Virgile, et savait les Géorgiques par cœur; mais, quant à l'Énéide, il n'y avait pas moyen de lui en inspirer le goût, et il montrait même une aversion prononcée pour ce vers célèbre :

Quadrupedante putrem sonitu quatit ungula campum,

parce que, suivant le sens qu'il attachait au mot *putrem*, il pensait que les combattans, dans leur ardeur inconsidérée, galopaient sur un champ nouvellement labouré et fumé. Caton le Censeur était son favori parmi les héros et les philosophes classiques de Rome, non à cause de l'austérité de ses mœurs, mais parce qu'il était l'auteur du traité *de Re rustica*. Il avait toujours dans la bouche cette phrase de Cicéron : *Jam neminem antepones Catoni*. Il aimait assez *Palladius* et *Terentius Varron*, mais Columelle était son livre de poche. A tous ces anciens écrivains il en joignait de plus modernes, tels que Tusser, Hartlib et autres, qui avaient écrit sur l'économie rurale ; il n'oubliait pas les Rêveries du berger de la plaine de Salisbury, et ces philomates plus instruits qui, au lieu de charger leurs almanachs de vaines prédictions politiques, dirigeaient l'attention de leurs lecteurs vers une bonne culture, moyen plus sûr de prédire de bonnes récoltes ; et qui, sans s'embarrasser de l'élévation ou de la chute des empires, se contentaient d'indiquer les saisons convenables pour semer et recueillir, avec l'indication présumée de la température de chaque mois ; comme, par exemple, de la neige en janvier, et des chaleurs en juillet.

Pour revenir à Triptolème Yellowley, le recteur de Saint-Léonard était en général fort satisfait des dispositions tranquilles et studieuses de son élève ; il le jugeait même digne de son nom de quatre syllabes d'origine grecque ; cependant il n'aimait pas du tout son attention exclusive à ses auteurs favoris. — Avoir continuellement l'esprit tendu vers les différentes natures du sol, le nez baissé sur le terreau, les engrais et le fumier, lui disait-il, cela sent trop la charrue ; — et il cherchait à élever son imagination jusqu'à l'histoire, la poésie et la théologie ; mais c'était bien en vain, Triptolème Yellowley était malheureusement entêté dans ses idées. S'il s'occupait de la bataille de Pharsale, c'était moins comme d'un évènement dont avait dépendu la liberté du monde, que comme ayant dû procurer une excellente récolte pour l'année suivante, dans le champ où cette bataille s'était donnée. Il n'était pas aisé de lui faire lire un seul vers de notre poésie ; il ne voulait connaître de tous nos poètes que le vieux Tusser, dont il savait par cœur, comme nous l'avons déjà dit, beaucoup de passages sur la bonne culture. Il avait acheté d'un colporteur, parce que le titre l'avait flatté, la *Vision du laboureur Piers* ; mais il n'en eut pas lu deux pages, qu'il jeta le livre au feu, comme un libelle politique, impudent et d'un titre menteur. Quant à la théologie, il se résumait à dire à ses professeurs que, depuis la chute de notre premier père, l'homme avait été destiné à labourer la terre, et à gagner son pain à la sueur de son front ; et que, pour son compte, il était résolu à remplir cette tâche de son mieux, laissant aux autres le soin de méditer comme il leur plairait sur les mystères les plus secrets de la religion.

Avec des vues si étroites et son unique penchant pour les travaux de la vie champêtre, il est douteux que les progrès que Triptolème avait faits dans ses études, ou plutôt que l'usage qu'il se promettait d'en faire, eût beaucoup satisfait les espérances ambitieuses de son affectionnée mère. Il est vrai pourtant qu'il ne montrait pas de répugnance à embrasser la profession ecclésiastique, qui convient assez bien à l'indolence habituelle des esprits spéculateurs. Il avait en vue, pour parler franc (et plût au ciel que cette vue lui eût été particulière), de cultiver la *glèbe*[1] six jours de la semaine, et de prêcher très régulièrement le septième : il aurait dîné ce jour-là avec quelque bon franklin ou laird campagnard, fumé sa pipe, bu à la ronde après le dîner, sans

---

(1) La glèbe est le nom qu'on donne en Angleterre aux terres qui dépendent d'un presbytère. — Ed.

oublier une conférence secrète sur ce sujet inépuisable,

Quid faciat lætas segetes.

Or, pour l'exécution de ce plan, qui d'ailleurs n'indiquait rien de ce qu'on appelle l'essentiel de l'affaire, il fallait posséder une *manse*, c'est-à-dire un presbytère, et de cette possession se tirait nécessairement la conséquence au moins d'un acquiescement à la doctrine épiscopale et aux autres questions hétérodoxes de ce temps-là. Jusqu'à quel point la manse, la glèbe, les dîmes, le salaire et l'argent auraient-ils prévalu sur les préjugés de la mère de Triptolème en faveur du presbytérianisme?—Son zèle n'eut pas le temps d'être mis à une épreuve si terrible : elle mourut avant que son fils eût fini ses études, laissant un époux chéri dans un désespoir dont il est aisé de se faire une idée. Le vieux Jasper commença par rappeler son fils du collége de Saint-André, pour le seconder dans ses travaux champêtres, c'était le premier acte de son administration domestique, car il était tout simple de supposer que notre Triptolème, appelé à mettre en pratique une théorie étudiée par lui avec tant d'ardeur, aurait été, pour nous servir d'une comparaison qu'il eût jugée brillante, comme une vache lâchée dans un champ de trèfle. Hélas! faux calculs et espérances trompeuses de l'humanité!

Un philosophe rieur, le Démocrite de notre siècle, comparait un jour la vie de l'homme à une table percée de trous, dont chacun aurait une cheville taillée pour en remplir exactement le vide : mais si vous vous pressez trop et placez les chevilles sans choix, vous causerez inévitablement les méprises les plus grossières : — car combien de fois, continue le philosophe, ne voyons-nous pas la cheville ronde placée dans le trou à trois coins!—Cette nouvelle manière de rendre compte des caprices de la fortune excita le rire des auditeurs, à l'exception d'un gros et gras alderman qui semblait s'appliquer le cas particulier cité, et prétendait avec force que ce n'était pas là une affaire de plaisanterie. Quoi qu'il en soit, pour appliquer ici cette excellente comparaison, il est clair que Triptolème était sorti de la roue de la fortune au moins cent ans trop tôt. S'il avait paru sur la scène du monde de nos jours, c'est-à-dire depuis trente à quarante ans, il n'aurait pas manqué d'occuper l'important emploi de vice-président de quelque éminente société d'agriculture, et d'en exercer toutes les fonctions sous les auspices de quelque noble duc ou seigneur, qui, comme cela aurait pu arriver, aurait ou n'aurait pas connu la différence entre un cheval et une charrette. Il aurait certainement obtenu un pareil poste, car il était versé dans ces détails qui, sans résultat dans la pratique, constituent le connaisseur dans les arts, et surtout dans l'agriculture. Triptolème Yellowley aurait donc dû, nous le répétons, ne figurer sur la scène du monde qu'un siècle plus tard; car, tandis qu'il aurait été, dans ce dernier cas, assis dans un fauteuil, le marteau en main [1] et la rasade de vin de Porto devant lui, offrant à la société le fameux toast à la prospérité et à la bonne éducation du bétail dans toutes ses branches, son père le mit à la tête d'une charrue, et le chargea du soin de diriger ses bœufs, sur l'excellence desquels il aurait, de nos jours, déployé ses talens oratoires, et dont, au lieu de piquer les flancs, il aurait découpé les croupions avec l'habileté d'un écuyer tranchant. Le bon Jasper se plaignait de ce que la ferme ne prospérait pas, quoique son savant fils (qu'il appelait toujours *Tolème*) parlât aussi bien que personne au monde de grains, de farines, de navets, de graine de navette, de jachères et de pâturages. Les affaires empirèrent bien davantage quand le bonhomme Jasper, accablé d'années, fut enfin obligé d'abandonner les rênes

---

(1) Attribut du président. — ED.

du gouvernement à la science académique de Triptolème.

Mais, comme si la nature lui en eût voulu, le terrain de la ferme qu'il exploitait dans les Mearns était si ingrat, qu'il n'y avait pas moyen de rien tenter de raisonnable ; il produisait tout, à l'exception de ce que le cultivateur voulait avoir ; car il y avait force chardons : ce qui indique une terre sèche ; — et force fougère, ce qui, dit-on, annonce une couche profonde de terre : enfin on ne manquait pas d'orties, ce qui faisait voir qu'elle avait été autrefois marnée et labourée à fond, même dans les parties où il était peu probable que la charrue eût jamais passé : preuve encore de la tradition populaire d'après laquelle ces mêmes terres auraient été anciennement cultivées par les Peghts[1]. Il y avait aussi abondance de pierres pour tenir le terrain chaud suivant la doctrine de quelques fermiers, et un grand nombre de sources d'eau pour le rafraîchir et provoquer la sève, suivant la théorie de quelques autres. C'était en vain que le pauvre Triptolème, agissant tour à tour d'après ces opinions diverses, cherchait à tirer parti des qualités qu'il supposait au sol ; il égalait en malheur le pauvre Tusser, dont les *cinq cents recettes de bonne culture*, si utiles aux agriculteurs de son temps, ne lui valurent pas à lui la somme de cent pence.

Dans le fait, si l'on en excepte une centaine d'acres de terres encloses, auxquelles Jasper avait reconnu de bonne heure la nécessité de borner ses travaux, il n'y avait pas un coin de la ferme propre à autre chose qu'à briser les instrumens de labour, et à tuer les bestiaux qu'on y aurait employés; et, quant à la partie qui était cultivée avec un profit certain, ce profit était bientôt absorbé, d'abord par la culture partielle, ensuite par les dépenses ordinaires de l'exploitation générale, et enfin par les essais que faisait Triptolème. Aussi quand il parlait de ses garçons de ferme et

---

(1) Les Pictes. — Ed.

de ses chevaux, avait-il coutume de dire en poussant un profond soupir : — Tout cela me dévore ; — conclusion qui pourrait bien s'appliquer au plus grand nombre de nos propriétaires fermiers, en faisant la balance de leurs livres de compte à la fin de l'année.

De nos jours, les affaires de Triptolème en seraient venues à une plus prompte terminaison. Il aurait eu un crédit sur une banque, et mis des billets en circulation ; il aurait travaillé en grand, puis le shériff n'aurait pas tardé à saisir récoltes, grains, bestiaux, fourrages, et tous les instrumens d'exploitation ; mais, dans ces vieux temps, il n'était pas si aisé de se ruiner. — Tout ce qu'il y avait de fermiers en Ecosse était au même niveau de pauvreté, et il y était extrêmement difficile de s'élever à une hauteur d'où, en tombant, on aurait eu l'occasion de se casser le cou avec quelque éclat. Les fermiers de ces temps-là étaient dans la situation de ceux qui, n'ayant aucun crédit, peuvent bien, il est vrai, être réduits à la misère, mais à qui il est impossible de faire banqueroute. Ajoutons, en revenant à Triptolème, que le mauvais succès de ses plans, et les dépenses qu'ils entraînaient, se balançaient en quelque sorte par la parcimonie extrême de sa sœur mistress Barbara, qui sur ce point n'avait point son égale. Elle aurait réalisé, si la chose eût été possible, l'idée de ce savant philosophe qui disait gravement que le sommeil était un besoin imaginaire, et la faim une pure habitude : ce philosophe paraissait avoir renoncé à l'un et à l'autre ; mais on fut désabusé quand, malheureusement pour lui, on découvrit qu'il avait des intelligences avec la cuisinière de la maison, qui lui donnait accès au garde-manger et qui partageait son lit avec lui. Mistress Barbara Yellowley était incapable de pareilles fraudes ; levée de grand matin et se couchant fort tard, elle donnait à ses filles de travail une tâche peut-être un peu trop forte, et elle ne les perdait pas plus de vue dans la journée que le chat à l'affût de la souris. Quant au manger, l'air paraissait être son unique régal, et elle aurait volontiers destiné le même ordinaire à ceux qui étaient sous sa direction. Son frère, indolent dans ses habitudes, mais qui du reste avait un fort bon appétit, n'aurait pas trouvé d'inconvénient à goûter de temps à autre une bouchée de viande, n'eût-ce été que pour savoir si les moutons de sa ferme étaient bons et bien engraissés; mais, s'il se fût aventuré à en faire la proposition à sa sœur, on aurait vu Barbara tressaillir d'effroi, comme s'il n'eût été question de rien moins que de manger un enfant; au surplus, comme Triptolème était d'un caractère assez simple, il n'eut pas de peine à se résigner à la nécessité d'un carême perpétuel, trop heureux quand il pouvait attraper à la dérobée un petit morceau de beurre pour en dorer son pain d'avoine, ou qu'il pouvait échapper à la nécessité de manger du saumon six jours sur sept, soit dans la saison, soit hors de la saison, car ils vivaient près de la rivière d'Esk. Mais quoique Barbara mît fidèlement en commun toutes les épargnes qu'elle devait à ses grands talens en économie pratique, et que les propriétés de la mère commune eussent passé, du moins en majeure partie, en d'autres mains pour des besoins extrêmes, on vit enfin approcher le terme où il deviendrait impossible à Triptolème de résister plus long-temps à ce qu'il appelait sa mauvaise étoile, et ce que d'autres appelaient le résultat naturel de ses absurdes spéculations. Heureusement, dans cette crise, un dieu descendant du ciel, comme dans nos opéras, accourut à son secours : pour parler plus clairement, ce fut alors que le noble lord, propriétaire de leur ferme, arriva à son château situé dans leur voisinage, dans son carrosse attelé de six chevaux, avec des coureurs, et dans toute la splendeur du dix-septième siècle.

Ce grand personnage se trouvait être précisément le fils du seigneur qui avait fait venir Jasper du comté d'York en Écosse; et le fils était, comme son père, un homme à projets et à plans bizarres. Il avait, au milieu des révolutions du temps, obtenu pour un certain nombre d'années, en paiement d'une certaine rente, la concession des terres qui appartenaient à la couronne dans les îles Orcades et Shetland, ainsi que leur administration sous le titre de lord chamberlayn, et il avait résolu d'en tirer le plus grand revenu possible, en recourant aux meilleurs moyens d'exploitation et d'amélioration. Comme il connaissait un peu notre ami Triptolème, il pensa assez malheureusement que c'était l'homme qu'il lui fallait pour l'exécution de ses plans. Il l'envoya chercher; la conférence s'engagea dans la grande salle du château, et il fut si édifié du génie de notre ami et de ses profondes connaissances dans tout ce qui concernait l'agriculture, qu'il ne perdit pas de temps pour s'assurer de la coopération d'un homme si précieux.

Les arrangemens se firent au gré de Triptolème; celui-ci avait déjà appris, par une longue et coûteuse expérience, que, sans déprécier son mérite, ni même douter un moment de ses talens, il ferait aussi bien de laisser tous les frais et tous les risques à la charge du propriétaire. Au fait, les espérances dont il avait flatté la crédulité du lord chamberlayn étaient si séduisantes, que le digne patron repoussa toute idée d'admettre son protégé à aucun partage des bénéfices; car, quelque peu avancée que fût alors l'agriculture en Ecosse, cet art y était déjà arrivé à beaucoup plus de perfection que dans les régions de Thulé. De son côté, Triptolème se piquait d'être initié dans ses mystères plus avant que tous ceux qui l'exerçaient dans les Mearns. L'amélioration, résultat de ses vastes connaissances, devait donc suivre la même proportion, pour ne rien dire de plus, et les bénéfices immenses appartenir au noble patron, sauf cependant un honnête salaire pour l'intendant, une maison, une ferme, et tout ce qu'il fallait pour l'entretien de sa famille. Barbara ne put cacher ses vifs transports de joie à une semblable nouvelle, car on se trouvait débarrassé de la ferme de Cauldshouthers qui menaçait de faire une mauvaise fin. — Si nous ne pouvions maintenant, disait-elle, fournir à nos dépenses de maison quand tout y entrera et qu'il n'en sortira rien, il faudrait être pires que des infidèles.

Triptolème ne tarda pas à jouer l'important et l'homme affairé; il marchait la tête haute, buvant et se régalant partout; donnant des ordres et faisant une provision des instrumens d'agriculture que devaient employer les naturels de ces îles dont les destinées étaient menacées d'une formidable révolution. Quels instrumens ! qu'ils paraîtraient étranges, s'ils étaient présentés aujourd'hui à une de nos sociétés d'agriculture ! Mais tout est relatif; l'ancienne charrue d'Ecosse semblerait plus étrange à un fermier écossais du temps actuel, que les cuirasses et les casques de l'armée de Cortès ne le seraient de nos jours pour les soldats d'un de nos régimens. Et cependant Cortès a conquis le Mexique; et sans doute ces vieilles charrues auront pu être une amélioration dans l'agriculture de Thulé. On est resté dans une ignorance forcée sur les causes qui avaient déterminé Triptolème à préférer d'aller fixer sa résidence dans les îles Shetland plutôt que dans les Orcades. Peut-être pensait-il que les habitans des premières étaient plus simples et plus dociles que ceux des autres; ou peut-être préférait-il la situation de la ferme qu'il devait occuper, ferme vraiment passable, au même établissement qu'il ne tenait qu'à lui d'avoir à Pomone, nom qu'on donne à la principale des îles Orcades. Triptolème s'établit donc en qualité de facteur, et avec toute l'autorité que donne ce titre, à Harfra, ou, comme on nommait cet endroit, à Stour-Burgh, nom dérivé des débris d'un ancien fort construit par les Pictes, et presque contigu à la maison d'habitation; il arriva résolu à honorer le nom qu'il portait par ses travaux, ses préceptes et son exemple, et non moins décidé à civiliser les habitans des îles Shetland, et à étendre leurs connaissances encore bornées dans les arts primitifs de la société humaine.

CHAPITRE V.

« Le vent venait du nord, et la bise était forte.
« Le bonhomme à sa femme, en soufflant dans ses doigts,
« Dit : —Lève-toi, ma chère, et va fermer la porte :
« — J'ai maintenant, dit-elle, à lier d'autres pois ;
« Si tu veux la fermer, vas-y toi-même, alerte,
« Ou bien elle pourra cent ans rester ouverte. »

Ancienne chanson.

Nous espérons que le lecteur indulgent n'aura pas trouvé trop ennuyeuse la dernière partie du chapitre précédent; à tout évènement, son impatience n'aura pas égalé celle du jeune Mordaunt Mertoun. Qu'on se le représente impatient d'entrer dans la vieille maison d'Harfra, frappant à coups redoublés à la porte, appelant à grands cris, tandis que les éclairs et les éclats du tonnerre se succédaient avec une rapidité effroyable, que les vents se déchaînaient avec fureur dans des directions opposées, et que, pour mettre le comble à cet épouvantable ouragan, des torrens de pluie venaient inonder l'infortuné voyageur. Il lui semblait difficile d'imaginer aucune circonstance qui pût faire excuser le refus d'un asile à un étranger, par un temps si affreux. A la fin, voyant que ses cris et le vacarme qu'il avait fait au dehors ne produisaient aucun effet, il s'imagina de reculer à une distance d'où il lui fût possible de reconnaître les cheminées; et quel fut son découragement quand, à travers la sombre obscurité d'un ciel orageux, il découvrit que, quoiqu'il fût près de midi, heure ordinaire du dîner dans le pays, il n'en sortait point de fumée;

ce qui aurait au moins indiqué qu'on préparait le repas dans l'intérieur.

Cette observation changea aussitôt son impatience en alarme et en compassion pour les habitans de la maison; car, accoutumé depuis si long-temps à la généreuse hospitalité des habitans des îles Shetland, il lui vint subitement à la pensée qu'il était arrivé à cette famille quelque étrange calamité; il se mit donc l'esprit à la torture pour découvrir quelque endroit par où il pourrait pénétrer dans la maison, afin de s'assurer de la situation de ceux qui l'habitaient, plus encore que pour y chercher un asile toujours plus nécessaire contre l'orage: cependant ses inquiétudes à cet égard étaient aussi inutiles que l'avaient été ses premières tentatives. Triptolème et sa sœur, qui avaient entendu le bruit, s'étaient déjà querellés pour savoir s'il convenait ou non d'ouvrir la porte.

Mistress Baby, telle que nous l'avons déjà peinte, n'avait pas des dispositions très prononcées pour la pratique de l'hospitalité. Elle avait été, dans la ferme des Cauldshouthers, dans les Mearns, l'effroi de ces hardis mendians qui courent de porte en porte, des colporteurs, des Egyptiens et des parasites de toute espèce; et parmi tous ces rôdeurs, pas un seul, comme elle s'en vantait, n'avait été assez adroit pour avoir jamais entendu le son du loquet de sa porte. Ignorant complètement l'honnête simplicité de toutes les classes des habitans des îles Shetland, où elle et son frère venaient de fixer leur domicile, Baby, par crainte, méfiance et parcimonie, avait adopté le parti de tenir la porte fermée à tout venant qui ne lui serait pas parfaitement connu. Pour Triptolème, c'était plutôt par peur que par tout autre motif, car il n'était ni méfiant, ni avare; il savait bien que les honnêtes gens étaient rares, et surtout les honnêtes fermiers, mais il avait une bonne dose de cette sagesse qui fait envisager comme la première loi de la nature le sentiment de sa propre conservation. Ces explications étaient nécessaires pour donner la clef du dialogue qui avait eu lieu entre le frère et la sœur.

— A présent tout va à souhait, dit Triptolème tout en feuilletant le vieux Virgile qu'il avait rapporté du collége de Saint-André. Voilà un beau jour pour l'orge :

Ventis surgentibus,

disait fort bien le poète de Mantoue ; — et puis les vents des montagnes, — leurs mugissemens, et le fracas des vagues venant expirer sur le rivage. — Mais où sont les bois ? Baby, dites-moi donc où sont les bois ; où trouverons-nous dans ce nouvel établissement le *nemorum murmur ?*

— Êtes-vous fou, mon frère ? lui répondit Baby tournant tout-à-coup sa tête d'un recoin noir de la cuisine où elle était occupée de ces travaux de ménage qui n'ont pas de nom.

Son frère, qui s'était adressé à elle plutôt par habitude que par intention, n'eut pas plus tôt vu son nez rouge et effilé, ses yeux gris et perçans, et les traits analogues de son visage ombragés par les mèches pendantes de sa bizarre et antique coiffure, qu'il s'aperçut que sa question ne lui avait pas été agréable ; et il eut une autre bordée avant de pouvoir remettre le même sujet sur le tapis.

La sœur Baby s'avançant alors au milieu de sa cuisine :— Pourquoi donc, M. Yellowley, lui dit-elle, m'interrompez-vous de la sorte, quand vous me voyez occupée des soins de votre ménage ?

— Ma foi, pour rien du tout, Baby, lui répliqua Triptolème ; je me parlais à moi-même ; je disais que nous ne manquions ici ni de mers, ni de vents, ni de pluies ; mais où est donc le bois, Baby ? répondez à cela.

— Le bois ! dit Baby ; si je n'en étais pas plus soigneuse, mon frère, il n'y en aurait pas plus à la maison qu'il ne s'en trouve sur la tête à perruque que vous portez sur vos épaules. Si vous voulez parler des débris de bois de naufrage que les garçons de ferme ont rapportés hier, j'en ai employé ce matin six onces pour faire bouillir votre *parritch* [1] ; quoiqu'un homme d'ordre, qui aurait voulu absolument déjeuner, aurait mieux fait de prendre un peu de *drammock*, que de gaspiller du bois et de la viande dans la même matinée.

— C'est-à-dire, répliqua Triptolème qui était quelquefois un peu goguenard, c'est-à-dire que, quand nous avons du feu, il faut se passer de manger, et que quand nous avons à manger, il faut se passer de feu, ces denrées étant d'un trop haut prix pour en jouir le même jour? C'est vraiment fort heureux que vous n'alliez pas jusqu'à proposer de nous faire crever de faim et de froid tout à la fois, et, comme disent les auteurs latins, *unico contextu*. Mais pour parler franc, ma sœur, vous ne parviendrez jamais à me faire manger du gruau cru détrempé dans de l'eau. Appelez-le drammock ou *crowdie* [2], mes alimens doivent passer par les épreuves de l'eau et du feu.

— Vous n'en êtes que plus sot, dit Baby; ne pourriez-vous pas, puisque vous êtes si délicat, manger votre gruau chaud le dimanche, et froid le lundi à votre souper? Il y a tant de gens qui vous valent bien qui se lèchent les lèvres après un tel régal !

— Grand merci, ma sœur, répondit Triptolème; à ce prix-là, adieu les champs; plus de charrue, plus de travail; il ne me reste qu'à attendre dans mon lit le coup de la mort. Il y a dans la maison plus de provisions qu'il ne s'en mange dans ces îles pendant toute une année, et vous me reprochez un malheureux plat de parritch chaud, à moi qui ai tant de besogne !

— Chut ! chut ! peste du babil ! taisez-vous, s'écria Baby

---

(1) Espèce de pouding écossais. — Tr.
(2) Nom écossais du gruau. — Ed.

en regardant autour d'elle d'un air effaré; il est bien prudent de parler de ce qu'il y a dans la maison, et vous êtes bien l'homme qu'il faut pour en avoir soin. Écoutez : j'entends frapper à la porte; oui, l'on frappe, aussi vrai que je vis de pain.

— Eh bien ! allez ouvrir la porte, Baby, lui dit son frère qui n'était pas fâché que quelque chose mît fin à la dispute.

— Allez l'ouvrir ! répéta Baby moitié en colère, moitié effrayée, et moitié triomphante de la supériorité d'intelligence qu'elle s'attribuait sur son frère; allez l'ouvrir ! Est-ce pour donner à des voleurs l'occasion de nous prendre tout ce que nous avons dans la maison?

— Des voleurs ! s'écria Triptolème, il n'y en a pas plus dans ce pays qu'il n'y a d'agneau à Noël : je vous l'ai déjà dit cent fois, Baby, il n'y a pas ici de montagnards pour venir nous tourmenter ; c'est une terre de tranquillité et d'honnêteté. *O fortunati nimium!*

— Et quel bien pourra vous faire saint Rinian ? lui dit Baby, prenant la citation latine pour une invocation catholique. D'ailleurs, s'il n'y a pas ici de montagnards, il y a bien des gens qui ne valent pas mieux. J'ai vu hier passer six ou sept jeunes vauriens qui n'avaient pas meilleure mine que ceux qui venaient d'au-delà de Clochnaben ; ils avaient en mains de ces vilains outils qu'ils appelaient des couteaux pour dégraisser les baleines ; mais ils avaient bien l'air de mendians; ils leur ressemblaient du moins par le costume : d'honnêtes gens n'ont pas de ces outils-là.

Mordaunt, durant cette dispute, continuait de crier et de frapper, et on l'entendait fort bien en dedans, quoique l'ouragan fût plus terrible que jamais. Le frère et la sœur étaient réellement alarmés, et se regardaient d'un air d'inquiétude. — S'ils ont entendu parler d'argent, nous voilà perdus sans ressource, dit Baby dont la frayeur avait fait changer le nez du rouge au bleu.

— C'est bien vous à présent, observa Triptolème, qui

parlez quand vous devriez vous taire. Allez tout de suite à la fenêtre, et voyez combien ils sont, tandis que je vais charger ma canardière d'Espagne; allez aussi doucement que si vous marchiez sur des œufs.

Baby s'achemina toute tremblante vers la fenêtre, et revint dire qu'elle n'avait vu qu'un jeune homme qui criait et faisait du tapage comme s'il était sourd; mais qu'elle ne pouvait assurer combien il y en avait qui ne se montraient pas.

— Qui ne se montrent pas! Sottise! dit Triptolème en mettant de côté, d'une main tremblante, la baguette dont il se servait pour charger son arme : je réponds qu'on ne peut ni les voir ni les entendre; c'est sans doute quelque pauvre diable qui aura été surpris par l'orage, et qui demande un abri et quelques rafraîchissemens; ouvrez la porte, Baby, vous ferez une action chrétienne.

— Une action chrétienne! mais en est-ce une, répondit Baby poussant un cri perçant, que d'entrer par la fenêtre? En effet, Mordaunt venait de forcer une fenêtre et d'entrer dans l'appartement, aussi trempé qu'une divinité des eaux. Triptolème, consterné et abattu, lui présentait l'arme meurtrière qu'il n'avait pas encore chargée, lorsqu'à l'instant Mordaunt s'écria : — Arrêtez! arrêtez! de quoi vous avisez-vous de tenir vos portes ainsi verrouillées par un pareil temps? et quel démon peut vous inspirer de menacer d'un fusil les gens qui vous demandent un abri, comme si c'étaient des veaux marins?

— Mais qui êtes-vous, l'ami, et que voulez-vous? lui répondit Triptolème en appuyant par terre la crosse de son fusil et reprenant ainsi l'usage de ses bras.

— Ce que je veux! s'écria Mordaunt : tout ce qui m'est nécessaire; à manger, à boire, du feu, un lit pour la nuit, et un cheval pour me conduire demain matin à Iarlshof.

— Et vous disiez, mon frère, dit Baby à demi-voix

d'un ton de reproche, qu'il n'y a dans ce pays ni vauriens ni voleurs? Et avez-vous jamais entendu un homme déguenillé du Lochaber dire plus effrontément ce qu'il veut et pourquoi il vient? L'ami, ajouta-t-elle en s'adressant à Mordaunt, ramassez vos quilles, et continuez votre chemin; c'est ici la demeure du facteur du lord chamberlayn, et non une auberge pour des mendians de votre espèce.

Mordaunt, riant de la simplicité de cette requête, lui dit : — Moi abandonner un abri par une telle tempête! vous me prenez donc pour un oison, puisque vous vous imaginez que vous allez me chasser d'ici en battant des mains et en criant à tue-tête comme une folle?

— Ainsi donc, jeune homme, dit Triptolème d'un air grave, vous vous proposez de rester chez moi *volens nolens*, c'est-à-dire bon gré mal gré?

— Oui, certainement! répondit Mordaunt; quel droit avez-vous de vous y opposer? Est-ce que vous n'entendez pas le tonnerre et la pluie? est-ce que vous ne voyez pas les éclairs? Vous ne savez donc pas que c'est ici la seule maison, dans un rayon de quelques milles, où je puisse me mettre à l'abri? Allons, mon bon monsieur et ma bonne dame, vos plaisanteries pourraient avoir cours en Ecosse, mais cette monnaie-là sonne mal aux oreilles dans nos îles. — Vous avez laissé éteindre le feu; mes dents claquent de froid; — j'aurai bientôt mis ordre à tout cela.

En effet, il se saisit des pincettes, remua les cendres du foyer, et rendit la vie à quelques restes de tourbe que la bonne ménagère avait calculé devoir conserver encore bien des heures les germes du feu sans les laisser paraître. Jetant ensuite les yeux autour de lui, il aperçut dans un coin la provision de bois, présent fait par la mer et les vents, dont Baby ne se servait qu'en le pesant; il en mit au feu deux ou trois gros morceaux. Le foyer, peu accoutumé à une telle fête, envoya dans la cheminée un volume de fumée tel qu'on n'en avait pas vu à Harfra depuis longtemps.

Tandis que cet hôte importun se mettait ainsi à l'aise sans avoir besoin d'attendre une invitation, Baby harcelait son frère, et le pressait de le mettre à la porte. Mais Triptolème ne se sentait ni envie ni courage pour une telle entreprise, et de plus, les apparences ne semblaient pas promettre qu'il aurait aisément le dessus sur le jeune étranger, s'il osait lui chercher querelle. Les membres vigoureux et les formes gracieuses de Mordaunt se laissaient apercevoir avec avantage à travers son vêtement simple ; il avait les yeux vifs, la tête bien faite, les traits animés, une chevelure noire, touffue et bouclée ; aussi formait-il un contraste frappant avec l'hôte chez lequel il était entré de vive force. Triptolème était un homme de petite taille, gauche, à jambes de canard, et son nez retroussé semblait annoncer, par la couleur de cuivre qui en ornait le bout, que l'honnête cultivateur n'était pas toujours ennemi de Bacchus. Les chances n'étaient donc pas égales entre deux champions si différens de taille et de force, et la différence d'âge n'ajoutait rien en faveur du plus faible ; d'ailleurs le facteur était au fond un honnête et digne homme, et dès qu'il eut reconnu que son hôte n'avait pas d'autre intention que de se procurer un asile contre la tempête, il aurait été le dernier, malgré les instigations de sa sœur, à refuser un service si raisonnable et si indispensable à un jeune homme dont l'extérieur était aussi prévenant. Il se mit donc à réfléchir comment il pourrait se revêtir du caractère de maître de maison ami de l'hospitalité, et se dépouiller de celui de grossier défenseur de ses dieux pénates contre un jeune homme qui s'était introduit chez lui sans son autorisation. Baby, qui avait d'abord été rendue muette par l'extrême familiarité du jeune homme, par son langage et sa conduite, prit alors la parole à son tour.

— Vous n'êtes pas honteux, lui dit-elle, de faire un pareil feu, et de vous chauffer avec notre meilleur bois? Il paraît que ce n'est pas de la méchante tourbe qu'il vous faut; vous ne voulez rien moins que le meilleur chêne.

— Vous avez eu ce bois à peu de frais, bonne dame, repartit vivement Mordaunt, et vous ne devriez pas me reprocher un feu dont la mer vous fournit gratis les matériaux. Ces bons morceaux de chêne ont fait leur devoir sur terre et sur mer; ils ne pouvaient plus rester unis sous les braves marins qui conduisaient le navire.

— Cela est vrai, dit la vieille femme en s'adoucissant, il ne doit pas faire bon sur mer à présent; eh bien, asseyez-vous, chauffez-vous, et puisque le bois brûle, profitez-en.

— Oh oui, dit Triptolème, c'est un plaisir de voir un si bon feu; cela ne m'était pas arrivé depuis que j'ai quitté les Mearns.

— Et nous n'en reverrons pas de sitôt un pareil, dit Baby, à moins que la maison ne prenne feu, ou qu'on ne découvre quelque mine de charbon.

— Et pourquoi, dit le facteur d'un air triomphant, ne découvrirait-on pas une mine de charbon aussi bien dans les îles Shetland que dans le comté de Fife, actuellement que le chamberlayn a un homme avisé et intelligent sur les lieux pour y faire les recherches nécessaires? La pêche n'est-elle pas également bonne des deux côtés?

— Il faut que je vous dise ce que je pense, mon frère, répondit la sœur, à qui l'expérience avait appris qu'il fallait se méfier des fausses spéculations de son frère; si vous mettez ces beaux projets dans la tête de milord, nous ne serons pas plus tôt établis ici, qu'il nous faudra en déloger; et si l'on vous parlait de la découverte d'une mine d'or, je connais quelqu'un qui se promettrait d'avoir des pièces de Portugal bien sonnantes dans sa poche avant que l'année fût finie.

— Et pourquoi non? dit Triptolème; vous ne savez peut-être pas qu'il y a dans les Orcades une terre qu'on appelle Ophir, ou quelque chose de semblable? Et pourquoi Salomon, ce sage roi des Juifs, n'y aurait-il pas envoyé chercher 450 talens dans ses vaisseaux, par ses serviteurs? Je m'imagine que vous avez foi à la Bible, Baby?

Cette citation de l'Ecriture sainte, quoique faite mal à propos, en imposa à Baby; elle se tut, et ne répondit que par un murmure de dédain; alors Triptolème s'adressa à Mordaunt:

— Vous verrez tous un jour quels changemens opéreront l'or et l'argent, même dans un pays aussi ingrat que le vôtre. Je gage que vous ne connaissez pas de mines de cuivre ou de fer dans ces îles? Mordaunt fit la remarque qu'il avait entendu parler de mines de cuivre près des rochers de Konigsburgh. — Eh bien, continua le facteur, il y en a aussi vers le lac de Swarna, jeune homme; mais vous autres jeunes gens vous croyez pouvoir lutter avec un homme qui a mon expérience.

Baby, pendant cette conversation, n'avait pas été une minute sans examiner de près Mordaunt. Tout-à-coup elle s'adressa à son frère d'une manière vraiment inattendue.

— Vous feriez mieux, M. Yellowley, lui dit-elle, de prêter à ce jeune homme des habits secs, et de voir ce qu'on peut lui donner à manger, au lieu de nous ennuyer de vos longues histoires, comme si un pareil temps n'était pas suffisamment ennuyeux; et peut-être ce jeune homme serait bien aise de boire un peu de *bland*[1] ou quelque autre chose, si vous aviez la politesse de lui en offrir.

Triptolème, qui était bien loin de s'attendre à une pa-

---

(1) Boisson faite avec du lait aigri. — Ed.

reille proposition, en resta stupéfait, et Mordaunt répondit : — Je serais charmé de changer d'habits et de linge, mais je vous prie de m'excuser, je ne boirai rien que je n'aie mangé quelque chose.

Triptolème le conduisit en conséquence dans un autre appartement, où il lui donna quelques vêtemens; et, après l'avoir laissé seul pour s'arranger lui-même, il reprit le chemin de la cuisine, fort intrigué et ne sachant comment s'expliquer à lui-même l'accès extraordinaire d'hospitalité de sa sœur; il faut qu'elle soit *fey* [1], dit-il; en ce cas, elle n'aurait pas long-temps à vivre, et quoique je sois son héritier, je serais réellement fâché de la perdre, car elle gouverne fort bien la maison; elle tient la sangle un peu trop serrée de temps en temps, cela est vrai, mais la selle n'en est que plus ferme.

Triptolème trouva ses soupçons confirmés, car sa sœur était occupée, chose inconcevable! à mettre au pot une oie fumée qu'elle venait de dépendre de la large cheminée où l'oiseau avait séjourné long-temps avec plusieurs autres; et elle disait entre ses dents : — Il faut bien la manger tôt ou tard, et pourquoi le pauvre garçon n'en aurait-il pas sa part?

— Que faites-vous donc là, ma sœur? lui dit Triptolème; une oie au feu! Quelle fête célébrez-vous donc aujourd'hui?

— Une fête semblable à celle que célébrèrent les Israélites délivrés de la servitude des Egyptiens. Vous ne savez donc pas qui vous avez chez vous en ce moment?

— Ma foi non, répondit Triptolème, je ne le sais pas plus que je ne reconnaîtrais un cheval que je n'aurais ja-

---

(1) Quand il se fait un changement subit dans l'état d'une personne; si, par exemple, un avare devient tout-à-coup libéral, ou une femme, de revêche qu'elle était, enjouée et gaie, on dit en Ecosse qu'elle est *fey;* c'est-à-dire qu'elle est prédestinée à une mort prochaine, dont de tels changemens sont considérés comme les signes certains. — Ed.

mais vu. Je prendrais le jeune homme pour un marchand forain, si ce n'est qu'il a trop bonne mine et qu'il n'a pas de balle.

— En ce cas, vous n'y voyez pas mieux que vos bœufs noirs. Mais si vous ne connaissez pas qui vous avez chez vous, connaissez-vous Tronda Dronsdaughter?

— Tronda Dronsdaughter! reprit Triptolème; et comment ne la connaîtrais-je pas, quand je lui paie par jour deux sous d'Ecosse pour travailler dans notre maison, et encore travaille-t-elle comme si l'ouvrage lui brûlait les doigts. J'aimerais mieux donner quatre sous anglais à une fille d'Ecosse.

— Voilà ce que vous avez encore dit de mieux dans cette heureuse matinée. Eh bien, Tronda connaît fort bien ce jeune garçon, et elle m'en a souvent parlé. On appelle son père l'homme silencieux de Sumburgh, et l'on dit que c'est un porte-malheur.

— Allons donc, sornettes que tout cela! mais voilà comme ils sont tous dans ce pays. Avez-vous besoin d'en obtenir un jour de travail, ils ont marché sur une herbe qu'ils appellent *tang*, ou ils ont rencontré quelqu'un qui leur porte malheur, ou ils ont tourné la proue de leur barque vers le soleil; et il faut qu'ils restent les bras croisés toute la journée.

— A la bonne heure, mon frère, à la bonne heure; si vous êtes si savant, c'est parce que vous avez attrapé quelques mots de latin à Saint-André; mais êtes-vous capable de me dire ce qu'il a autour de son cou?

— Un mouchoir de Barcelonne, qui était aussi mouillé qu'un plat qu'on vient de laver, et je viens de lui en prêter un des miens.

— Un mouchoir de Barcelonne! dit Baby élevant la voix et la baissant tout-à-coup, comme si elle eût craint d'être entendue; je vous parle d'une chaîne d'or.

— D'une chaîne d'or ! dit Triptolème.

— En vérité, une chaîne d'or. Qu'en pensez-vous? Il y a des gens qui disent, et Tronda le prétend aussi, que le roi des Drows l'avait donnée à son père, l'homme silencieux de Sumburgh.

— Je voudrais que vous parlassiez raison, ou que vous fussiez vous-même la femme silencieuse. Au surplus, la fin de tout cela, c'est que ce jeune garçon est le fils du riche étranger de Sumburgh, et que vous lui donnez l'oie que vous deviez garder pour la Saint-Michel.

— Mon frère, nous devons faire quelque chose pour l'amour de Dieu et pour nous faire des amis; et ce jeune homme, ajouta-t-elle, a une belle figure. Car elle n'était pas tout-à-fait au-dessus des préjugés de son sexe en faveur des jolis garçons.

— Vous laisseriez plus d'un joli garçon frapper à la porte de la maison sans la leur ouvrir, s'ils n'avaient pas de chaîne d'or, dit Triptolème.

— Sans doute, répliqua Barbara, sans doute. Seriez-vous content de me voir prodiguer ce que nous avons au premier vagabond qui passerait par ici un jour de mauvais temps? Mais ce jeune homme est bien connu; il est considéré dans le pays; Tronda dit qu'il va se marier avec une des deux filles du riche Udaller Magnus Troil, et que le jour du mariage sera fixé quand il aura fait son choix et qu'il se sera déclaré pour l'une d'elles; ce serait d'ailleurs compromettre notre réputation et notre repos que de le renvoyer sans l'avoir bien reçu, quoiqu'il soit venu sans invitation.

— La meilleure raison que je sache, dit Triptolème, pour garder quelqu'un chez soi, c'est de ne pas oser lui dire de sortir. Cependant, puisqu'il existe en cette île un homme de qualité, je vais lui faire connaître à qui il a affaire. Puis s'avançant vers la porte : *Heus ! tibi, Dave !* s'écria-t-il.

— *Adsum*, me voici, répondit le jeune homme en entrant dans l'appartement.

— Hem! dit l'érudit Triptolème; je vois qu'il a fait ses humanités; mais je vais l'éprouver encore. Connaissez-vous quelque chose en agriculture, jeune homme?

— Ma foi, monsieur, répondit Mordaunt, j'ai été élevé à labourer sur la mer, et à faire la moisson sur la crête des rochers.

— Labourer la mer! on fait là des sillons sur lesquels la herse n'a guère besoin de passer; quant à votre récolte sur les rochers, je suppose que vous voulez parler de ces *scowries*, n'importe comment vous appelez les herbes que vous allez y cueillir. C'est une sorte de récolte que le Rauzellaer devrait défendre positivement : rien n'est plus propre à faire briser les os d'un honnête homme. J'avoue que je ne conçois pas quel plaisir on peut prendre à rester suspendu au bout d'une corde entre le ciel et la terre; pour mon compte, j'aimerais autant que l'autre bout de la corde fût attaché à un gibet; je serais sûr au moins de ne pas tomber.

— Eh bien, je vous conseille d'en essayer, repartit Mordaunt; croyez-moi, il y a peu de situations dans le monde où l'on éprouve de plus grandes sensations que lorsqu'on est perché au milieu des airs, entre un roc escarpé et très élevé, et une mer mugissante, soutenu par une corde qui paraît à peine plus forte qu'un fil de soie, et le pied appuyé sur une pierre si étroite qu'une mouette pourrait à peine s'y reposer. — Savoir que vous courez tous ces dangers, et être pénétré de la pleine assurance que votre agilité et votre présence d'esprit suffiront pour votre sûreté dans cette périlleuse position, comme si vous aviez les ailes d'un faucon, c'est en vérité être presque indépendant de la terre sur laquelle vous marchez.

Triptolème stupéfait ouvrait de grands yeux à cette description enthousiaste d'un amusement qui avait fort peu de charmes pour lui, et sa sœur, non moins confondue, les yeux fixés sur les traits animés de Mordaunt, s'écria en admirant la noble contenance du jeune aventurier : — Sur ma foi, jeune homme, vous êtes un brave garçon.

— Un brave garçon! répliqua Triptolème, et moi je dis, un brave oison, volant et se trémoussant au milieu des airs, au lieu de rester *in terrâ firmâ*. Mais allons, voici une oie qui viendra plus à propos si elle est bien cuite; — des assiettes et du sel, Baby; mais au fait, elle sera assez salée; ce sera un morceau friand. Je crois que les habitans de ce pays sont les seuls au monde qui courent de tels risques pour attraper des oies, et les seuls qui songent à les faire bouillir.

— Oh certainement! reprit sa sœur, et c'était la première fois de la journée qu'ils étaient d'accord, on ne trouverait ni dans le comté d'Angus ni dans les Mearns une ménagère qui fît bouillir une oie, tant qu'il y aurait des broches au monde. Mais qui est-ce qui nous arrive encore? dit-elle en regardant avec consternation vers la porte. Ma foi, ouvrez la porte, et les chiens n'ont plus qu'à entrer. Et qui est-ce donc qui l'a ouverte?

— C'est moi, répliqua Mordaunt; vous ne voudriez pas qu'un pauvre diable restât par un temps si affreux à frapper à votre porte, qui s'ouvre difficilement, à ce qu'il paraît. Mais voici quelque chose qui va nous servir à entretenir le feu, ajouta-t-il en prenant une barre de chêne avec laquelle on barricadait la porte, et en la jetant dans le foyer. Dame Baby se hâta de la retirer.

— Ce morceau de bois est un présent de la mer, s'écriat-elle d'un ton indigné; il n'y en a guère d'autre ici, et il ne le ménage pas plus que si c'était un vieux morceau de sapin. Et qui êtes-vous, s'il vous plaît? demanda-t-elle au nouveau venu en se tournant vers lui; un mendiant aussi effronté que j'en aie jamais vu.

— Je suis un marchand forain, madame, répondit l'étranger qui s'était invité lui-même, homme qui avait l'air grossier et commun, et qui semblait être un colporteur, qu'on appelait un *Jagger* dans ces îles. — Jamais, ajouta-t-il, je n'avais voyagé par un temps si affreux; jamais je n'avais tant désiré de trouver un abri. Dieu soit loué de m'avoir procuré bon feu et bon gîte! Tout en parlant ainsi, il approcha du feu un vieux tabouret, et s'assit sans plus de cérémonie.

Baby le regardait comme un faucon regarde sa proie, et songeait à exprimer son indignation plus chaudement que par des paroles. L'oie qui était au feu lui semblait une bonne occasion, quand une vieille domestique, à moitié morte de faim, digne compagne des soins domestiques de Baby, et qui jusque là s'était tenue à l'écart dans quelque coin de la maison, entra en clopinant dans la chambre, et débuta par une exclamation sinistre, présage de quelque nouveau malheur. — O mon maître! ô ma maîtresse! furent les seules paroles qu'elle put articuler pendant quelque temps; mais elles furent enfin suivies de celles-ci : — Le meilleur de tout ce qu'il y a dans la maison, oui, le meilleur, tout ce qui s'y trouve, et il y en aura à peine assez; voilà la vieille Norna de Fitful-Head, la femme la plus redoutée de ces îles.

— D'où vient-elle? et où peut-elle avoir été? demanda Mordaunt, qui semblait partager en partie la surprise sinon la frayeur de la vieille domestique; — mais c'est une demande inutile à faire. Plus le temps est mauvais, plus il est probable de la trouver en voyage.

— Et que vient faire ici cette mendiante? s'écria Baby, qui était presque au désespoir en voyant arriver successivement tant d'étrangers. Je mettrai bientôt fin à ses courses, je vous en réponds, si le cœur d'un homme bat dans la poitrine de mon frère et s'il y a des carcans à Scalloway.

— Les fers qui pourraient lui servir de carcan, dit la vieille servante, n'ont jamais été forgés sur une enclume.
— La voici! la voici! Au nom du ciel, parlez-lui avec douceur et politesse, ou vous verrez une fameuse grêle.

Comme elle parlait ainsi, une femme assez grande pour que son bonnet touchât le haut de la porte entra dans la chambre en faisant le signe de la croix, et en prononçant ces paroles d'une voix solennelle :

— Que la bénédiction de Dieu et de saint Ronald repose sur ceux dont la porte est ouverte, et que leur malédiction et la mienne tombent sur l'avare qui tient la main fermée!

— Et qui êtes-vous, vous qui êtes assez hardie pour bénir et maudire dans la maison des autres? De quel pays êtes-vous, vous qui venez troubler le repos des gens chez eux, de sorte qu'ils ne peuvent être tranquilles une heure, servir le ciel et conserver le peu que Dieu leur a donné, sans être tourmentés par les importunités de rôdeurs et de vagabonds des deux sexes, accourant à la file comme une volée d'oies sauvages?

Le lecteur intelligent a déjà deviné que ce discours était prononcé par mistress Barbara, et on ne peut que conjecturer l'effet qu'il produisit sur la femme qui venait d'entrer; car la vieille servante et Mordaunt s'adressèrent en même temps à la nouvelle venue pour prévenir l'explosion de son ressentiment. La première lui parla en langue norse, d'un air suppliant; et le second lui dit en anglais :

— Ce sont des étrangers, Norna, et ils ne connaissent ni votre nom ni votre qualité; ils ne savent pas davantage les usages de ce pays; c'est pourquoi nous devons leur pardonner leur manque d'hospitalité.

— Je ne manque pas d'hospitalité, jeune homme, repartit Triptolème; *miseris succurrere disco*. L'oie qui devait rester pendue dans la cheminée jusqu'à la Saint-Michel est actuellement à bouillir dans le pot pour vous; mais nous en aurions vingt, que probablement nous trouverions assez de bouches pour en avaler jusqu'à la dernière plume. Il faut mettre ordre à cela.

— A quoi faut-il mettre ordre, vil esclave? s'écria Norna en se tournant vers lui avec un air de courroux qui le fit tressaillir ; à quoi veux-tu mettre ordre? Apporte ici, si tu le veux, tes socs de charrue de nouvelle invention, tes bêches et tes herses; change, si tu le veux, les outils et les instrumens de nos pères depuis la charrue jusqu'à la souricière ; mais apprends que tu vis sur une terre jadis conquise par les champions à cheveux blonds du Nord, et laisse-nous au moins leur hospitalité, pour faire voir que nous descendons d'ancêtres nobles et généreux. Je te le dis, prends garde à toi : tant que Norna, du sommet de Fitful-Head, parcourra de l'œil l'immense Océan, il restera dans ce pays des moyens de défense. Si les hommes de Thulé ont cessé d'être des champions, et de préparer des banquets aux corbeaux, les femmes n'ont pas oublié l'art qui fit d'elles autrefois des reines et des prophétesses.

La femme qui prononçait cette singulière apostrophe était d'un aspect aussi remarquable qu'elle était fière et extravagante dans ses prétentions et son langage. A considérer ses traits, sa voix et sa stature, elle aurait fort bien représenté sur la scène la Bonduca ou Boadicée des anciens Bretons, la sage Velleda, Aurinia, et toute autre des pythonisses qui conduisaient les anciens Goths aux combats. Ses traits étaient nobles et réguliers, et elle aurait pu passer pour belle sans les ravages du temps et de l'intempérie de l'air ; l'âge et peut-être le chagrin avaient un peu amorti le feu de ses yeux dont l'azur était si sombre qu'il approchait du noir ; la partie de ses cheveux échappée à sa coiffure, et que la violence de la tempête avait mise en désordre, commençait à prendre une teinte de neige. L'eau tombait de sa robe, d'une étoffe grossière de couleur brune, appelée *wadmaal*, alors beaucoup en usage dans l'Islande et dans la Norwège. Mais se dépouillant de cette robe, ou, pour mieux dire, de cette espèce de mante, elle laissa voir une petite jaquette de velours d'un bleu foncé, à laquelle était joint un corsage cramoisi, brodé en argent un peu terni. Sa ceinture était garnie d'ornemens d'argent, taillés suivant les formes des signes planétaires. Son tablier, avec une broderie de même genre, couvrait un petit jupon cramoisi. Elle avait une chaussure fort épaisse, faite avec le cuir à demi tanné du pays, et attachée par-dessus des bas d'écarlate avec des courroies qui ressemblaient aux brodequins des anciens Romains. On remarquait à sa ceinture une arme difficile à nommer, et qui, suivant l'imagination du spectateur qui voyait en elle une prêtresse ou une sorcière, pouvait passer pour un couteau à sacrifice ou pour un poignard. Elle tenait à la main une baguette de forme carrée, sur laquelle étaient gravés des figures et des caractères formant un des calendriers portatifs et perpétuels dont se servaient les anciens Scandinaves, et qui, aux yeux des superstitieux, aurait pu passer pour une baguette divinatoire.

Tels étaient le costume, l'air et les traits de Norna de Fitful-Head, qu'une partie des habitans de l'île traitait avec égard, qu'une autre partie craignait, et que presque tous regardaient avec une sorte de respect. Il n'aurait pas fallu, en Ecosse, autant de motifs de soupçons pour l'exposer aux recherches de ces cruels inquisiteurs alors investis de l'autorité que leur avait déléguée le conseil privé pour persécuter, mettre à la torture, et finalement livrer aux flammes ceux qui étaient accusés de sorcellerie ou de magie. Mais les superstitions de cette nature passent par trois degrés avant de s'évanouir entièrement. A la naissance des sociétés, ceux qui sont supposés posséder une puissance surnaturelle sont les objets d'une vénération religieuse. A mesure que la religion et les lumières font des progrès, ils inspirent la crainte et la haine, et ils finissent par être regardés comme des imposteurs. L'Ecosse se trouvait alors dans la seconde période. On y avait une grande crainte des sortiléges, et une haine violente contre ceux qui en étaient soupçonnés. Quant aux îles Shetland, elles formaient encore un petit monde séparé. La basse classe, la classe grossière y avait conservé toute l'ancienne superstition du Nord, et l'aveugle idolâtrie qu'elle avait reçue de ses pères pour cette science surnaturelle et cette puissance sur les élémens, qui composaient une partie de la croyance des anciens Scandinaves. Au moins, si les naturels de Thulé admettaient qu'une classe de magiciens exécutaient leurs sortiléges par le secours de Satan leur allié, ils croyaient dévotement que d'autres étaient en relation avec des esprits d'une classe différente et moins odieuse; c'étaient les anciens nains qu'on y appelle trows ou drows, les fées modernes et d'autres encore.

Cette Norna, une de ces femmes qu'on supposait liguées avec des esprits immatériels, descendait d'une famille qui depuis un temps immémorial avait eu des prétentions à un don si extraordinaire; c'était en honneur de sa puissance surnaturelle qu'elle avait pris le nom de l'une de ces trois sœurs chargées par le destin, dans la mythologie du Nord, de tisser la trame de la vie des hommes. Elle et ses parens prenaient le plus grand soin de cacher celui qui lui avait été donné lors de son baptême; car la superstition avait attaché de fatales conséquences à la découverte de ce nom. Le seul doute qui existât alors à son égard, était de savoir si elle avait acquis par des moyens légitimes le pouvoir qu'on lui supposait. De nos jours, on aurait pu douter si elle trompait les autres, ou si son imagination, profondément frappée des mystères de son art supposé, la trompait elle-même, en lui faisant croire qu'elle possédait réellement des lumières surnaturelles. Un fait certain, c'est qu'elle exerçait son art avec tant de confiance en elle-même, avec une telle dignité de maintien, avec une telle force de langage et d'expression, enfin avec une telle énergie, qu'il aurait été difficile au plus grand sceptique de douter de la réalité de son enthousiasme, malgré le sourire que lui auraient arraché les prétentions qu'il faisait naître.

CHAPITRE VI.

« Si ce fut ton pouvoir qui souleva ces flots,
« Que ton pouvoir les calme... »
SHAKSPEARE, *la Tempête.*

La tempête avait un peu ralenti sa fureur avant l'arrivée de Norna ; autrement il lui aurait été impossible de continuer sa route ; mais à peine était-elle entrée dans la chambre, à peine s'était-elle réunie, d'une manière si inattendue, à la compagnie que les circonstances et le hasard y avaient rassemblée, — l'ouragan reprit sa première fureur avec une telle violence, que ceux qui se trouvaient dans la maison ne furent plus sensibles qu'à la crainte de voir cette demeure s'écrouler sur leurs têtes.

Mistress Baby exprima ses terreurs par ces exclamations : — Que le Seigneur nous protège ! s'écriait-elle ; — ce jour est sûrement le dernier des jours ! quel pays de fourbes et d'aventurières est celui-ci ! Et vous, vieux fou, ajouta-t-elle, se tournant vers son frère, avec cette aigreur qu'elle montrait en toutes occasions, quel besoin aviez-vous de quitter cette bonne terre des Mearns pour venir dans un pays où d'effrontés mendians et d'impudens vagabonds viennent vous assaillir dans votre maison, pendant que le ciel vous menace de son courroux au dehors ?

— Patience, ma sœur Baby, patience, répondit Triptolème, tout cela changera, tout cela s'amendera, excepté, ajouta-t-il entre ses dents ; l'humeur acariâtre d'une méchante femelle, capable d'ajouter à la rigueur de la tempête.

Pendant ce temps, la vieille servante et le colporteur s'épuisaient en supplications auprès de Norna; mais, comme ils lui parlaient en langue norse, le maître de la maison n'y comprenait pas un mot.

Norna les écoutait d'un air dédaigneux et impassible; rompant enfin le silence : —Non, dit-elle d'un ton élevé et en anglais, non, je n'en ferai rien. Et qu'importe que cette maison n'offre aux yeux qu'un amas de ruines avant qu'un autre jour renaisse! quel besoin a l'univers du fou à projets et de la vieille avare qui l'habitent? Ils sont venus dans nos îles pour réformer nos usages; qu'ils apprennent ce que c'est qu'une de nos tempêtes! Que ceux qui ne veulent pas périr sortent de cette maison!

A l'instant le colporteur saisit son havre-sac et se mit en toute diligence à l'attacher sur ses épaules; de son côté la vieille servante se couvrit de sa mante, et tous deux semblaient se préparer à quitter la maison.

Triptolème Yellowley, un peu inquiet des dispositions qu'il voyait faire, demanda à Mordaunt en bégayant, et d'une voix qui annonçait son trouble, s'il croyait qu'il y eût quelque danger, c'est-à-dire tant de danger.

— Je ne puis le dire, répondit le jeune homme; je ne crois pas avoir jamais vu une pareille tempête. Norna peut mieux nous dire que personne quand elle s'apaisera, car personne dans ces îles ne se connaît au temps comme elle.

— Et c'est là tout ce dont tu crois Norna capable? dit la sibylle; tu vas apprendre que sa puissance n'est pas si limitée. Écoute-moi, Mordaunt, jeune homme venu d'une terre étrangère, mais dont le cœur est humain; quitte cette maison condamnée avec ceux qui se préparent à en sortir.

— Je n'en ferai rien, Norna, répliqua le jeune homme;

je ne sais par quel motif vous me donnez ce conseil, mais ces sinistres menaces ne me feront pas abandonner une maison où j'ai été bien accueilli pendant une tempête aussi épouvantable. Si les propriétaires sont étrangers à nos usages d'hospitalité sans bornes, je leur dois d'autant plus de reconnaissance de s'être relâchés des leurs en ma faveur, et de m'avoir ouvert leur porte.

— Voilà un brave garçon, s'écria mistress Baby, dont les menaces de la prétendue sorcière avaient réveillé les idées superstitieuses, mais qui, à travers un caractère aigre, égoïste et fâcheux, laissait quelquefois entrevoir des lueurs de sentimens plus élevés qui la rendaient capable d'apprécier le désintéressement et la générosité des autres, quoiqu'elle trouvât ces sentimens trop coûteux pour les adopter elle-même à ses dépens. — Voilà un brave garçon, répéta-t-elle, il mériterait dix oies, et je les lui donnerais bouillies ou rôties, si je les avais. Je garantis que c'est là le fils d'un homme bien né, et non d'un rustre.

— Suivez mon avis, jeune Mordaunt, dit Norna, et quittez cette maison. Le destin a de hautes vues sur vous. Il ne faut pas que vous restiez sous ce toit inhospitalier pour être étouffé sous ses ruines avec ses indignes habitans, dont la vie n'est pas plus importante pour le monde, que la joubarbe qui croît sur le chaume qui la couvre, et qui bientôt va se trouver écrasée ainsi que leurs membres mutilés.

— Je... je... je... vais sortir, dit Yellowley, qui, malgré son affectation d'érudition et de sagesse, commençait à être agité par la plus vive inquiétude sur la fatale prédiction ; car le bâtiment était vieux, et le vent en ébranlait les murailles d'une manière terrible.

— Et pourquoi donc? dit sa sœur ; je pense que le prince des puissances des airs n'a pas un tel pouvoir sur ceux que Dieu a créés à son image, et qu'une bonne maison ne tombera pas sur nos têtes, parce qu'une criarde (ici elle lança un regard de colère sur la magicienne) se sera vantée de la faire écrouler, et aura tenté de nous effrayer par ses vociférations, comme si nous étions obligés de faire les chiens couchans devant elle.

— Je voulais seulement, dit Triptolème, honteux du mouvement qu'il avait fait pour sortir, je voulais seulement jeter un coup d'œil sur mon orge que cette tempête doit avoir renversée; mais si cette brave femme veut rester avec nous, je crois que le mieux serait de nous asseoir tous ensemble tranquillement, et d'attendre que le temps change.

— Brave femme! répéta Baby, dites plutôt une voleuse; puis s'adressant directement à Norna elle-même : Partez, coureuse, lui dit-elle, sortez promptement d'une maison honnête, ou je consens à perdre mon nom si je ne vous jette ce maillet à la tête.

Norna lui adressa un regard de souverain mépris, puis s'avançant vers la fenêtre, elle se mit à contempler les cieux, et sembla profondément absorbée dans ses méditations. Pendant ce temps, la vieille servante Tronda s'approcha de sa maîtresse et la supplia, au nom de tout ce que l'homme et la femme pouvaient avoir de plus cher, de ne pas provoquer davantage Norna de Fitful-Head. — Vous n'avez pas, lui dit-elle, une femme semblable dans toute l'Écosse; elle peut voyager sur un de ces nuages aussi aisément qu'un homme sur un bidet.

— Je vivrai assez de temps, lui répondit sa maîtresse, pour la voir à cheval sur la fumée d'un baril de goudron, et voilà la monture qui lui convient le mieux.

Norna jeta de nouveau sur Baby en fureur ce regard de mépris que ses traits savaient si bien exprimer, et se retournant vers la partie de la fenêtre qui était au nord-ouest, et d'où le vent paraissait souffler avec furie, elle se tint pendant quelque temps les bras croisés et les yeux fixés sur le ciel couleur de plomb, tant il était obscurci par une masse épaisse de nuages qui, suivant l'impulsion terrible de l'ouragan, ne laissaient que de bien courts intervalles entre chaque explosion de la tempête.

Norna contemplait ce spectacle d'un œil qui semblait familier avec la guerre des élémens; cependant la sévère sérénité de ses traits avait quelque chose d'effrayant, et imposait par un air d'autorité. Son regard ressemblait à celui qu'on peut supposer que jette le cabaliste sur l'esprit qu'il a évoqué; en effet celui-ci, quoique le magicien sache comment le soumettre à ses enchantemens, intimide encore la faible humanité. L'attitude des hôtes de Triptolème exprimait leurs diverses sensations. Mordaunt, sans être indifférent au danger, éprouvait plus de curiosité que de crainte : il avait entendu parler de la puissance qu'on attribuait à Norna sur les élémens, et il attendait cette occasion pour en juger par lui-même. Triptolème était confondu de ce qui lui semblait passer les bornes de la philosophie; et pour dire la vérité, le digne cultivateur avait encore plus d'effroi que de curiosité. Quant à sa sœur, il était difficile de juger si ses yeux perçans et ses lèvres serrées annonçaient la colère ou la crainte. Le colporteur et la vieille Tronda, dans la confiance que la maison ne s'écroulerait pas tant que Norna y resterait, se tenaient prêts à partir du moment qu'ils la verraient se diriger vers la porte.

Après avoir passé quelque temps à contempler le ciel sans changer d'attitude, et dans le plus profond silence, Norna tout-à-coup, d'un geste lent et majestueux, étendit sa baguette de chêne noir vers cette partie des cieux d'où le vent soufflait avec le plus de violence, et tandis qu'il déployait toutes ses fureurs, elle se mit à chanter une invocation norwégienne que l'on conserve encore dans l'île d'Uist, sous le titre de chant de la Reim-Kennar, quoique quelques uns l'appellent le chant de la tempête. Nous en donnons ici une imitation, car il serait impossible de la traduire littéralement, attendu les ellipses et les métaphores particulières à l'antique poésie du Nord.

Puissant aigle du nord, qui lances le tonnerre,
Tyran de la mer et des cieux,
Qui, dans ton vol impétueux,
Soulèves l'Océan et fais trembler la terre;
Quoique tu causes plus d'effroi
Que les mugissemens de la mer courroucée,
Malgré ta rage aveugle et ta hâte insensée,
Je te l'ordonne, écoute-moi.

Les sapins de Drontheim nuisaient à ton passage,
Ton souffle les a renversés;
C'est lui qui les a dispersés
Ces vaisseaux qui voguaient sans crainte de l'orage;
On vit s'écrouler devant toi
La tour qui s'élevait au milieu des nuages:
Superbe destructeur, mets fin à tes ravages;
Je te l'ordonne, obéis-moi.

Le limier qui poursuit la biche fugitive,
L'autour qui fond sur la perdrix,
S'arrêtent confus et surpris,
Si mes chants ont frappé leur oreille attentive.
Et toi-même, superbe roi,
Tu te repais de sang, tu t'abreuves de larmes,
Les cris du désespoir sont pour toi pleins de charmes;
Mais Norna parle, écoute-moi.

Assez et trop long-temps, dans ta fureur sauvage,
Tu fis le malheur des humains:
Que de veuves, que d'orphelins
Redemandent un père, un époux à ta rage!
Cesse de répandre l'effroi;
Dans l'arsenal d'Odin remplace le tonnerre;
Laisse en paix l'Océan, ne trouble plus la terre;
Norna le veut, repose-toi.

Nous avons dit que Mordaunt aimait passionnément la poésie et les sites romantiques; il ne faut donc pas s'étonner s'il écoutait avec intérêt les chants sauvages adressés ainsi par la sibylle au plus impétueux des vents, avec le ton de l'enthousiasme le plus intrépide ; mais, quoiqu'il eût entendu parler beaucoup des vers runiques et des enchantemens du Nord dans un pays où il avait vécu si long-temps, il ne porta pas en cette occasion la crédulité jusqu'à croire que la tempête, qui commençait alors à se calmer, était subjuguée par l'incantation de Norna. Certainement l'ouragan semblait s'éloigner; le danger était passé ; mais n'était-il pas probable que la pythonisse avait depuis quelque temps prévu cet évènement au moyen d'indices imperceptibles à ceux qui ne demeuraient pas depuis long-temps dans ce pays, ou qui n'avaient pas donné assez d'attention aux phénomènes météorologiques? Mordaunt ne doutait pas de l'expérience de Norna, et cette expérience, selon lui, servait à expliquer ce qui paraissait surnaturel dans sa manière d'agir. Cependant la taille majestueuse et la figure de la magicienne à demi voilée par sa chevelure en désordre, la noblesse de son maintien et le ton de menace et d'autorité avec lequel elle s'adressait à l'esprit invisible de la tempête, lui auraient presque fait ajouter foi à l'ascendant d'un art occulte capable de dominer sur les puissances de la nature ; car si jamais il avait existé sur la terre une femme qui pût jouir d'une telle autorité, Norna de Fitful-Head, à en juger par son maintien, sa taille et sa figure, était née pour cette haute destinée.

Quant aux autres spectateurs, leur esprit était plus susceptible de crédulité. Tronda et le colporteur étaient depuis long-temps convaincus de toute l'étendue de la puissance de Norna sur les élémens. Mais Triptolème et sa sœur se regardaient d'un air surpris et alarmé; surtout quand le vent commença à baisser sensiblement, ce qui fut particulièrement remarquable pendant les pauses que Norna laissait entre les strophes de son chant magique. La dernière fut suivie d'un long silence; elle se remit ensuite à chanter, mais sur le ton plus doux d'une autre modulation :

> Tu m'as donc entendu ? Oui, tu fermes tes ailes ;
> Et dans l'antre obscur d'un rocher
> A ma voix tu vas te cacher :
> Le monde est à l'abri de tes fureurs cruelles.
> Docile et soumis à ma loi,
> Dors en paix, je le veux ; et lorsqu'à la nature,
> L'affreux destin voudra faire une autre blessure,
> Je le permets, éveille-toi.

— Ce serait une jolie chanson, dit tout bas le cultivateur à sa sœur, que celle qui empêcherait le grain de verser avant la moisson ! Il faut la prendre par la douceur, Baby ; peut-être nous cédera-t-elle ce secret pour une centaine de livres d'Ecosse.

— Une centaine de têtes d'imbéciles, répliqua Baby ; offrez-lui cinq marcs, argent comptant ; je n'ai jamais connu de sorcière qui ne fût aussi pauvre que Job.

Norna se retourna comme si elle eût deviné leurs pensées, et peut-être les avait-elle devinées. Elle passa devant eux en leur lançant le coup d'œil d'un amer dédain ; et, s'avançant vers la table sur laquelle étaient déjà les préparatifs du repas frugal de miss Barbara, elle prit une cruche de terre qui contenait une liqueur légèrement acide, appelée bland, composée de la partie séreuse du lait ; en ayant rempli une écuelle de bois, elle rompit un petit morceau d'un pain d'orge, puis, après avoir bu et mangé, elle se retourna vers ses hôtes et les apostropha ainsi : — Je ne vous remercie pas pour le rafraîchissement que je viens de prendre, car vous ne me l'avez point offert ; et des remerciemens à des êtres grossiers et avares sont comme la rosée du ciel tombant sur les rochers de Foulah, où il n'est rien que son influence puisse ranimer. Non, je ne vous remercie point, répéta-t-elle ; et, tirant de sa poche une large bourse de cuir qui semblait assez lourde, elle ajouta : — Je vous paie avec ce que vous estimez plus que la reconnaissance de tous les habitans d'Hialtland. Ne dites pas que Norna de Fitful-Head a rompu votre pain, a touché des lèvres à votre breuvage, et qu'elle vous a laissé le regret de vous avoir occasioné de la dépense. En parlant ainsi elle mit sur la table une petite pièce de monnaie antique portant l'effigie grossière et à demi effacée de quelque ancien roi du Nord.

Triptolème et sa sœur se récrièrent avec véhémence contre cet acte de libéralité, l'agriculteur protestant qu'il ne tenait ni cabaret ni auberge, et sa sœur s'écriant : — Cette vieille est-elle folle? Qui a jamais ouï dire que la noble maison de Clinkscale ait donné à manger pour de l'argent?

— Ou par charité, murmura son frère entre ses dents ; n'oubliez pas cela, ma sœur.

— Qu'avez-vous à marmotter, vieux coucou? lui dit son aimable sœur qui se doutait de ce qu'il voulait dire; rendez à la dame sa pièce de monnaie, trop heureux d'en être débarrassés. Demain matin ce ne serait plus qu'un morceau d'ardoise ou même quelque chose de pire.

L'honnête facteur prit la pièce d'argent pour la rendre à Norna ; mais il ne put s'empêcher d'être frappé d'étonnement quand il en vit l'empreinte, et il la passa à sa sœur d'une main tremblante.

— Oui, répéta la pythonisse, comme si elle eût pénétré les pensées et les causes de l'étonnement de l'un et de l'autre, vous avez déjà vu cette monnaie auparavant. Prenez garde à l'usage que vous en ferez ! Elle ne profite pas aux âmes lâchement vouées à un sordide amour du lucre; elle a été gagnée en courant des dangers honorables, et elle doit être dépensée avec une libéralité qui ne le soit pas moins. Le trésor caché sous un foyer, tel que le talent enfoui de l'Ecriture, déposera un jour contre ses avares possesseurs.

L'obscurité mystérieuse de ces paroles sembla porter au

plus haut degré l'alarme et la surprise de Baby et de son frère. Celui-ci essaya de balbutier quelques mots qui ressemblaient à une invitation qu'il voulait faire à Norna de rester avec eux toute la nuit, ou du moins de partager le dîner qui se préparait, car c'est ainsi qu'il voulait nommer ce modeste repas; mais jetant les yeux sur la compagnie, et comparant le nombre des personnes qui la composaient avec l'unique mets qui était sur le feu, il corrigea sa phrase en disant qu'il espérait qu'elle voudrait bien prendre sa part du peu qu'ils avaient, et qui serait sur la table en moins de temps qu'il n'en fallait pour détacher les bœufs d'une charrue.

— Je ne mange ni ne dors ici, répliqua Norna; mais ce n'est pas assez de vous débarrasser de ma présence, je veux encore vous délivrer d'hôtes que vous ne voyez qu'avec peine : — Mordaunt, ajouta-t-elle en s'adressant à lui, la tempête est finie, et votre père vous attend ce soir même.

— Allez-vous du même côté? lui demanda Mordaunt; je ne ferai que manger un morceau, et je vous accompagnerai, ma bonne mère; les ruisseaux sont débordés, et la route doit être dangereuse.

— Nous ne suivons pas la même route, répondit la sibylle, et Norna n'a besoin du bras d'aucun mortel pour l'aider. Je suis appelée au loin à l'est par des êtres en état d'aplanir le chemin que j'ai à parcourir. Puis s'adressant au colporteur : — Quant à toi, Bryce Snailsfoot[1], lui dit-elle, hâte-toi de te rendre à Sumburgh, une bonne moisson s'y prépare pour toi. Bien des marchandises y chercheront avant peu de nouveaux maîtres, et le marin, profondément endormi dans les abîmes de l'Océan, s'inquiète peu maintenant des balles et des caisses que les flots jettent sur le rivage.

---

(1) Mot à mot, *pied de limaçon*. — Tr.

— Non, non, bonne mère, répondit Snailsfoot, je ne désire la mort de personne pour en profiter ; je me borne à remercier la Providence des bienfaits qu'elle m'accorde dans mon petit commerce ; cependant il est bien certain que la perte de l'un peut être le gain d'un autre ; et, comme ces tempêtes détruisent tout sur la terre, il est assez juste qu'elles nous envoient quelque chose par mer. Ainsi je vais, comme vous l'avez fait, bonne mère, prendre la liberté d'emprunter ici un morceau de pain d'orge et un coup de bland, après quoi, disant bonjour et merci à ce brave homme et à cette bonne dame, je partirai pour Iarlshof.

— Oui, dit la pythonisse, les aigles accourent là où il y a eu du carnage ; et là où la tempête a porté des débris, le colporteur ne manque pas de se rendre, aussi avide à profiter des dépouilles que le requin à dévorer les cadavres.

Cette espèce de reproche, s'il était fait avec intention, sembla au-dessus de l'intelligence du marchand ambulant, qui, tout occupé de ses espérances de profit, prit son havre-sac avec le bâton qui lui servait d'aune et de canne, et demanda à Mordaunt, avec ce ton de familiarité permis dans les pays peu civilisés, s'il ne voulait pas s'en retourner à Iarlshof de compagnie avec lui.

— Je vais d'abord dîner avec M. Yellowley et miss Baby, répondit le jeune homme ; je me mettrai en route dans une demi-heure.

— En ce cas, dit le colporteur, je mangerai un morceau chemin faisant. Et, sans plus de cérémonie, il s'empara de ce qui, aux yeux intéressés de mistress Baby, parut être les deux tiers du pain, se versa du bland dans la même proportion, et après avoir pris une poignée de ces petits poissons qu'on appelle *sillocks*, et que la servante venait de placer sur la table, il quitta la chambre et la maison.

—Quelle faim et quelle soif a ce colporteur! dit mistress Baby; est-ce ainsi qu'on exécute en ce pays les lois contre les vagabonds? Ce n'est pas que je veuille fermer la porte à des gens décens et honnêtes, ajouta-t-elle en regardant Mordaunt, et surtout par un temps qui semble annoncer la fin du monde. — Mais voilà l'oie dans le plat, la pauvre bête!

Elle prononça ces dernières paroles avec un air d'affection pour l'oie fumée, qui, quoiqu'elle eût été longtemps suspendue dans la cheminée, devenait pour mistress Baby beaucoup plus intéressante dans cet état que quand elle faisait entendre son ramage dans les airs. Mordaunt se mit à rire, prit un siége, et se tourna pour voir où était Norna; mais elle avait disparu de l'appartement pendant que le colporteur prenait ses provisions.

— Je suis bien aise qu'elle soit partie, cette vieille grognon, dit mistress Baby, quoiqu'elle ait laissé cette pièce d'argent qui sera une honte éternelle pour nous.

— Chut! chut! mistress, pour l'amour de Dieu! s'écria à voix basse Tronda Dronsdaughter : qui sait où elle est à présent? Nous ne sommes pas sûrs qu'elle ne nous entende pas, quoique nous ne puissions la voir.

Mistress Baby tressaillit, et jeta les yeux autour d'elle; mais se remettant à l'instant, car elle était naturellement aussi courageuse qu'acariâtre et emportée : — Je l'ai déjà bravée en face, s'écria-t-elle, et je la brave encore; peu m'importe qu'elle me voie ou qu'elle m'entende, qu'elle soit près ou loin. Eh bien! imbécile que vous êtes, dit-elle au pauvre Yellowley, à qui en veulent vos grands yeux ouverts? Vous qui avez étudié à Saint-André, vous qui avez appris le latin et les humanités, à ce que vous dites, vous vous laissez intimider par le radotage d'une vieille mendiante! Dites votre bénédicité, et, qu'elle soit sorcière ou non, nous n'en mangerons pas moins notre dîner en dépit d'elle et de sa magie. Quant à sa pièce d'argent, elle ne me salira pas la poche, j'en ferai cadeau à quelque pauvre, c'est-à-dire je la léguerai après ma mort; jusque là je la garderai comme argent de *tire-lire*, et ce n'est pas là ce qu'on peut appeler s'en servir. Eh bien, M. Yellowley, dites donc votre bénédicité et dînons.

— Vous feriez mieux, dit Tronda, de dire un *oremus* à saint Ronald, et de jeter une pièce de six sous par-dessus votre épaule gauche.

— Pour que vous la ramassiez, ma mie? repartit l'implacable mistress Baby; il se passera du temps avant que vous soyez capable d'en gagner autant d'une autre façon. Allons, à table, Triptolème, et ne pensons plus à cette vieille folle.

— Folle ou non, répliqua Yellowley tout déconcerté, elle en sait plus que je ne le voudrais; c'était une chose bien prodigieuse que de voir la tempête se calmer à la voix d'une femme qui est de chair et d'os comme nous; et ensuite ce qu'elle a dit relativement à la pierre du foyer.... Je ne puis m'empêcher de penser....

— Si vous ne pouvez vous empêcher de penser, dit mistress Barbara d'un ton fort aigre, du moins vous pouvez vous empêcher de parler.

L'agriculteur ne répliqua rien, se mit à table, et fit avec une cordialité qui ne lui était pas ordinaire, les honneurs de son dîner mesquin à son nouvel hôte, le premier des intrus qui étaient arrivés dans sa maison et le dernier qui la quitta. Les sillocks disparurent en peu de temps, et l'oie fumée eut le même sort, si bien que Tronda, qui s'était attendue à en ronger les os, trouva la besogne faite ou à peu près. Après le dîner, l'hôte plaça sur la table une bouteille d'eau-de-vie; mais Mordaunt, qui était par habitude presque aussi sobre que son père, n'usa qu'avec une extrême modération de ce dernier don de l'hospitalité.

Durant le repas, la conversation roula beaucoup sur lui-même et sur son père, et Baby fut si charmée des détails dans lesquels il entra, qu'elle ne voulut pas qu'il remît ses habits encore humides, et qu'elle le pressa de rester avec eux jusqu'au lendemain matin, au risque d'ajouter les frais d'un souper à tous ceux que cette journée avait déjà occasionés. Mais les paroles de Norna avaient fait désirer au jeune homme de retourner chez son père; et d'ailleurs la maison, malgré l'hospitalité qu'on y avait exercée en sa faveur, n'offrait rien qui pût le tenter beaucoup d'y rester plus long-temps. Il conserva donc les vêtemens que lui avait prêtés le facteur, promit de les lui renvoyer et de faire reprendre les siens en même temps, enfin il prit congé fort poliment de son hôte et de mistress Baby; et celle-ci, quoique chagrine de la perte de son oie, ne put s'empêcher de penser que, puisqu'elle devait être mangée tôt ou tard, il valait mieux qu'elle l'eût été dans la compagnie d'un jeune homme si bien fait et d'une humeur si aimable.

CHAPITRE VII.

« L'enragé d'Océan ne fait rien à demi ;
« Il avale à la fois ami comme ennemi.
« Son estomac vorace, affamé de pâture,
« Offre aux pauvres marins trépas et sépulture. »
Ancienne comédie.

Il y a dix bons milles d'Écosse de Stour-Burgh à Iarlshof, et quoique notre jeune piéton ne rencontrât pas tous les obstacles qui embarrassèrent *Tam O Shanter* [1]; — car dans un pays où il n'y a ni haies ni clôtures, il ne peut y

---

(1) Tam O Shanter, un des héros les plus populaires de Burns, est obligé de rebrousser chemin, poursuivi par d'étranges apparitions. — Éd.

avoir ni trouées aux murailles, ni barrières; — cependant on peut dire que la longueur de son chemin fut à peu près doublée par les circuits qu'il fallait faire pour éviter le grand nombre de lacs et de marécages qui encombraient la route directe, et qui rendaient sa marche aussi pénible, aussi fatigante et aussi dangereuse que celle de la fameuse retraite d'Ayr. Néanmoins ni sorcière ni magicien ne traversèrent le chemin que Mordaunt avait pris. Les jours étaient déjà longs, et il arriva à Iarlshof sain et sauf à onze heures du soir. Le calme et l'obscurité régnaient autour de la maison de son père, et ce ne fut qu'après avoir sifflé deux ou trois fois sous la fenêtre de Swertha, que celle-ci répondit au signal.

Au premier coup de sifflet, Swertha, encore endormie, rêvait agréablement d'un jeune marin, employé à la pêche de la baleine, qui avait coutume de s'annoncer par un semblable signal à la fenêtre de sa cabane, il y avait une quarantaine d'années; au second elle se réveilla pour se rappeler que Johny Fea dormait profondément depuis ce temps sous les flots glacés du Groënland, et qu'elle-même était femme de charge de M. Mertoun, à Iarlshof; au troisième elle se leva et ouvrit la fenêtre.

— Qui est là, demanda-t-elle, à l'heure qu'il est?

— C'est moi, répondit le jeune homme.

— Et pourquoi n'entrez-vous pas? La porte n'est fermée qu'au loquet; il y a dans la cheminée de la cuisine du feu enterré sous la tourbe; vous trouverez des allumettes à côté, et vous pourrez allumer votre chandelle.

— A la bonne heure, répondit Mordaunt; mais je veux savoir comment va mon père.

— Comme à son ordinaire, le brave homme! Il vous a demandé, M. Mordaunt. Vous faites de bien longues promenades, jeune homme, et vous en revenez bien tard dans la nuit.

— Son heure sombre est donc passée, Swertha?

— Oh oui, heureusement; M. Mordaunt, votre père est vraiment d'aussi bonne humeur qu'il peut être, le pauvre homme! Je lui ai parlé hier deux fois sans qu'il m'eût parlé le premier ; la première, il m'a répondu aussi poliment que vous le feriez vous-même; la seconde, il m'a dit de ne pas le tourmenter; j'ai pensé ensuite que le nombre trois portait bonheur, et je me suis hasardée à lui parler encore: il m'a appelée vieille bavarde d'enfer, mais sans se fâcher, presque poliment.

— Suffit, suffit, Swertha, mais levez-vous, et donnez-moi quelque chose à manger, car j'ai fait un maigre dîner.

— Il faut donc que vous ayez été jeté à Stour-Burgh chez ces nouveaux débarqués; car il n'y a pas d'autre maison dans l'île où l'on ne vous eût donné la meilleure part de ce qu'on y aurait eu de meilleur. Avez-vous rencontré quelque part Norna de Fitful-Head? elle était allée ce matin à Stour-Burgh, et elle est revenue ce soir au village.

— Revenue! dites-vous ; comment a-t-elle pu faire trois lieues et plus en si peu de temps?

— Qui sait comment elle voyage! je l'ai entendue de mes propres oreilles, dire au Rauzellaer qu'elle avait eu l'intention d'aller à Burgh-Westra pour parler à Minna Troil, mais qu'elle avait vu à Stour-Burgh, ou plutôt à Harfra, car c'est le nom qu'elle donne toujours à cet endroit, ce qu'elle voulait voir, et que cela l'avait fait revenir à notre village. Mais entrez, allez à la cuisine, vous y trouverez de quoi bien souper; le garde-manger n'est pas vide, et encore moins fermé; car, quoique mon maître soit un étranger, il ne tient pas les cordons de sa bourse trop serrés, comme dit le Rauzellaer.

Mordaunt, en conséquence, entra dans la cuisine, où Swertha s'empressa de lui préparer avec soin un souper abondant, quoique simple, qui compensa la mesquine hospitalité qu'il avait reçue à Stour-Burgh.

Le lendemain matin, quelques ressentimens de la fatigue qu'il avait éprouvée la veille le firent rester au lit plus long-temps qu'à l'ordinaire, de manière que, contre sa coutume, il trouva son père dans la pièce où l'on mangeait, et qui leur servait à tous les usages, excepté de chambre à coucher et de cuisine. Le fils salua son père, sans dire un seul mot, et attendit qu'il lui adressât la parole.

— Vous étiez absent hier, Mordaunt? lui dit son père. L'absence de Mordaunt avait été d'une semaine et plus; mais il avait souvent remarqué que son père ne paraissait pas y faire attention tant qu'il était affecté de ses vapeurs mélancoliques, et il répondit simplement oui à cette question.

— Et vous étiez, je pense, à Burgh-Westra?

— Oui, mon père.

Mertoun garda alors le silence pendant quelque temps, marchant d'un pas grave, et semblant occupé de sombres réflexions qui paraissaient de nature à faire craindre qu'il ne tombât dans un accès de mélancolie. Cependant il se tourna tout-à-coup vers son fils, et, d'un ton qui ressemblait à une question, — Magnus Troil a deux filles, dit-il; elles doivent être à présent dans ce qu'on appelle le bel âge des femmes, et, comme de raison, on les trouve charmantes.

— Généralement, mon père, répondit Mordaunt un peu surpris de l'entendre prendre en quelque sorte des informations sur deux personnes d'un sexe dont on pensait qu'il se souciait fort peu; mais sa surprise augmenta beaucoup à la question suivante, qui ne lui fut pas adressée moins brusquement que la première.

— Laquelle trouvez-vous la plus belle?

— Moi, mon père, répondit Mordaunt avec quelque étonnement, mais pourtant sans paraître embarrassé, je ne suis réellement pas en état d'en juger. Je n'ai jamais pensé à examiner laquelle des deux est la plus belle : elles sont, à mon avis, toutes deux fort bien.

— Vous éludez, ma question, Mordaunt ; peut-être ai-je quelque raison particulière pour demander votre opinion à ce sujet. Je ne suis pas accoutumé à prodiguer mes paroles en vain. Je vous demande donc de nouveau laquelle des deux filles de Magnus Troil vous croyez la plus belle?

— Réellement, mon père, répliqua Mordaunt, je suis tenté de croire que vous plaisantez en me faisant cette question.

— Jeune homme, dit Mertoun, dont les yeux déjà étincelaient d'impatience, je ne plaisante jamais : je veux une réponse à mes questions.

— Eh bien, mon père, sur mon honneur, il m'est impossible de prononcer entre elles. Elles sont toutes deux fort jolies, quoique fort différentes l'une de l'autre. Minna est brune, plus grave que sa sœur, plus sérieuse, mais ni taciturne, ni sombre.

— Hum! répliqua son père, vous avez été élevé gravement, et cette Minna, je suppose, est celle qui vous plaît le plus.

— Non, mon père, je ne puis réellement lui donner la préférence sur sa sœur ; Brenda est gaie comme un agneau dans une matinée de printemps. Elle est moins grande que sa sœur, mais elle est si bien faite et elle danse si bien!...

— Qu'elle est la plus propre à amuser un jeune homme qui habite une maison triste avec un père mélancolique?

Dans toute la conduite de son père, rien n'avait jamais si fort étonné Mordaunt que l'opiniâtreté avec laquelle il paraissait vouloir donner suite à un sujet si étranger à sa manière générale de penser et à ses habitudes de conversation ; il se contenta de lui répondre encore une fois que les deux jeunes personnes étaient également admirables, et que jamais il n'avait eu la pensée de commettre l'injustice de moins apprécier l'une que l'autre ; que d'autres seraient peut-être plus disposés que lui à se décider sur une préférence quelconque à donner à l'une des deux sœurs, suivant le goût qu'ils auraient pour un caractère grave ou gai, ou pour un teint brun ou blond ; mais que pour lui il ne pouvait apercevoir une excellente qualité dans l'une, qu'elle ne fût balancée dans l'autre par quelque chose d'également attrayant.

Il est possible que Mertoun ne se fût pas contenté des explications que son fils venait de lui donner d'une manière si froide ; mais Swertha entra en ce moment avec le déjeuner. On se mit à table, et le jeune homme, quoiqu'il eût soupé fort tard la veille, fit ce repas avec un appétit qui dut convaincre son père que le déjeuner était pour lui d'une plus grande importance que le sujet de conversation qu'ils venaient d'avoir, et qu'il n'avait rien à ajouter aux réponses qu'il avait faites. M. Mertoun se couvrit le front d'une main, et resta quelque temps les yeux fixés sur son fils, qui n'était occupé que de son déjeuner. Il n'avait aucune distraction, et ne semblait pas se douter qu'il était observé. Tout était chez lui franc, naturel et ouvert.

— Son cœur ne s'est pas encore laissé surprendre, se disait Mertoun à lui-même. Si jeune, si vif, avec son imagination, avec un extérieur si agréable et une figure si séduisante, il est étrange qu'à son âge, et dans sa position, il ait échappé jusqu'à présent aux pièges dans lesquels se laissent prendre tous les hommes sans exception.

Quand le déjeuner fut fini, M. Mertoun, au lieu de proposer, comme à l'ordinaire, à son fils qui attendait ses ordres, de se mettre à l'étude et de s'occuper de quelque partie de son éducation, prit son chapeau et sa canne, et lui dit de venir faire une promenade avec lui sur le promontoire de *Sumburgh*. De cette hauteur, lui dit-il, ils contempleraient la plaine de l'Océan qui devrait être encore bien agitée, après la tempête de la veille. Mordaunt était à l'âge où les jeunes gens abandonnent volontiers des occupations sédentaires pour un exercice actif : il se leva sans hésiter à l'ordre de son père, le suivit, et au bout de quelques minutes ils gravissaient ensemble la montagne dont la rampe, du côté de la terre, était longue, escarpée et couverte de quelques herbes, mais qui descendait vers la mer par une pente si raide, qu'elle effrayait la vue comme un précipice.

Le temps était délicieux ; il n'y avait d'air que ce qu'il en fallait pour chasser doucement les nuages errans çà et là dans l'horizon. Ces vapeurs légères, en voilant par intervalles le disque du soleil, ornaient le paysage de cette variété de lumière et d'ombre qui prête, au moins momentanément, à une scène découverte et d'une vaste étendue, une espèce de charme approchant des couleurs des campagnes cultivées et plantées. Ces nuances fugitives d'ombre et de lumière se succédaient comme en se jouant sur les vastes marécages, les rochers et les bras de mer, dont le cercle s'étendait davantage à mesure qu'on avançait vers le sommet du promontoire.

Maintes fois M. Mertoun s'arrêtait pour contempler cette scène, et son fils croyait qu'il ne faisait ces pauses que pour mieux jouir du spectacle ; mais, comme ils montaient encore, et qu'ils approchaient de la cime du rocher, Mordaunt remarqua que sa respiration devenait plus courte et sa marche plus incertaine et plus pénible ; et ce ne fut pas sans quelque alarme qu'il s'aperçut que les forces de son père s'épuisaient, et que la montée semblait le fatiguer plus que de coutume. Il se plaça près de lui, et lui offrit en silence l'appui de son bras ; c'était à la fois un acte de déférence pour la vieillesse, et l'expression de sa tendresse filiale. Mertoun le prit sans mot dire, et s'y appuya quelques minutes ; mais ils avaient à peine fait une centaine de pas, que Mertoun repoussa son fils subitement, pour ne pas dire brutalement ; et, comme si quelque soudain souvenir eût ranimé ses forces, il se mit à gravir la montagne d'un pas si précipité, que Mordaunt, à son tour, fut obligé de faire des efforts pour le suivre. Il connaissait la singularité du caractère de son père ; de légères mais nombreuses circonstances lui avaient appris qu'il ne l'aimait pas, malgré les peines qu'il se donnait pour son éducation, et dans les momens où il semblait être le seul objet de ses soins sur la terre ; mais il n'avait jamais été frappé aussi vivement de cette conviction que par l'emportement avec lequel son père rejetait de la part d'un fils cette assistance que presque toutes les personnes un peu avancées en âge reçoivent avec plaisir des jeunes gens qui leur sont à peine connus, comme un hommage aussi agréable que naturel. Cependant Mertoun ne sembla pas s'apercevoir de l'impression que sa dureté avait produite sur son fils. Il fit halte sur une espèce de plateforme qu'ils venaient d'atteindre, et il s'adressa à Mordaunt dans les termes suivans, avec un ton d'indifférence qui, jusqu'à un certain point, paraissait affecté :

— Mordaunt, puisque vous avez si peu de motifs pour rester dans ces îles sauvages, je suppose que vous avez quelquefois le désir de voir un peu plus le monde.

— Sur ma parole, mon père, je ne puis dire que j'y aie jamais songé.

— Eh, pourquoi non, jeune homme ? ce serait, je crois, une chose bien naturelle à votre jeunesse. Quand je n'avais que votre âge, l'étendue de la Grande-Bretagne, toute belle et variée qu'elle est, ne put suffire à mon imagination et à mes désirs ; bien moins me serais-je contenté d'un pays étroit et resserré de tous côtés par la mer, qui ne présente à la vue que de la mousse et de la tourbe.

— Je n'ai jamais songé à quitter ces îles, mon père ; je suis heureux ici ; j'y ai des amis ; vous-même, vous vous apercevriez peut-être de mon absence. A moins pourtant que...

— Ne voudriez-vous pas me persuader, lui dit brusquement son père en l'interrompant, que c'est pour l'amour de moi que vous restez ou que vous désirez rester ici?

— Et pourquoi non, mon père? répondit le jeune homme avec douceur : c'est mon devoir, et je crois l'avoir rempli jusqu'à présent.

—Oh! oui, votre devoir! Votre devoir, répéta Mertoun du même ton de voix, comme c'est celui du chien de suivre le valet qui le nourrit.

— Et ne le suit-il pas? dit Mordaunt.

— Oui, dit son père en tournant la tête de côté; mais il ne flatte que ceux qui le caressent.

— J'espère, mon père, lui répliqua Mordaunt, que vous n'avez pas à me reprocher...

— Brisons sur cela, n'en parlons plus, dit Mertoun brusquement; nous en avons assez fait l'un pour l'autre, il faut que nous nous séparions bientôt. — Il le faut. Que cette nécessité nous serve de consolation, si notre séparation en exige.

— Je dois être prêt à vous obéir et à me soumettre à vos désirs, mon père, repartit Mordaunt qui n'était pas tout-à-fait fâché d'une circonstance qui lui faisait espérer de voir davantage le monde; je présume que vous jugerez à propos de me faire commencer par un voyage à la pêche de la baleine?

— La pêche de la baleine! ce serait là vraiment une singulière manière de voir le monde. Mais vous ne pouvez parler que de ce que vous avez appris. En voilà assez pour le moment. Dites-moi où vous vous êtes mis hier à l'abri de la tempête.

— A Stour-Burgh, chez le nouveau facteur arrivé d'Écosse.

—Dans la maison de ce pédant, de cet homme à projets et à visions bizarres! Et qui y avez-vous vu?

— J'y ai vu sa sœur, et la vieille Norna de Fitful-Head.

— Quoi! répliqua Mertoun avec un sourire moqueur, cette femme douée du charme tout-puissant qui a le pouvoir de faire changer le vent en tournant sa coiffe, comme le roi Erick avait coutume de le faire en tournant son chapeau? La dame voyage loin de chez elle. Comment fait-elle ses affaires? Fait-elle fortune en vendant des vents favorables à ceux qui veulent entrer dans un port?

— C'est réellement ce que je ne sais pas, mon père, répondit Mordaunt que de certains souvenirs avertissaient de ne pas trop entrer dans les plaisanteries de son père.

— Vous croyez donc la matière trop grave pour en rire; ou peut-être trouvez-vous sa marchandise trop légère pour vous en inquiéter? continua Mertoun avec un ton de sarcasme qui chez lui était ce qui approchait le plus de la gaieté; mais, ajouta-t-il, réfléchissez à cela davantage. Tout l'univers se vend et s'achète; hé! pourquoi le vent ferait-il exception, si celui qui en a de bon à vendre trouve des chalands? La terre est affermée depuis sa surface jusque dans ses entrailles; le feu et les moyens de l'entretenir se vendent et s'achètent couramment; les malheureux qui balaient avec leurs filets le furieux Océan, paient le privilége de s'y noyer : hé! quel titre a l'air pour être exempt de ce trafic universel? Au-dessus, au-dessous et autour de la terre, tout a son prix, ses acheteurs et ses vendeurs. Dans beaucoup de pays les prêtres vous vendront un petit coin dans le ciel, et dans tous on consent à acheter une bonne part d'enfer au prix de sa santé, de ses richesses et d'une conscience paisible : hé! pourquoi Norna ne continuerait-elle pas son trafic?

— Je ne m'y oppose nullement, répliqua Mordaunt; je voudrais seulement qu'elle se défît de sa marchandise en plus petite quantité, hier elle la vendait en gros, et quiconque a fait affaire avec elle en a eu pour son argent et plus.

— C'est la vérité, et les effets en sont visibles encore, dit le père en s'arrêtant au bord effrayant du promontoire, d'où l'œil pouvait apercevoir le précipice affreux dont la profondeur n'avait d'autre limite que celle d'un Océan en fureur.

La superficie de ce cap est formée d'une couche de cette pierre friable appelée pierre à sablon, qui, cédant peu à peu à l'action de l'atmosphère, se fend en larges masses suspendues sur le bord du précipice. Souvent détachées par la violence des tempêtes, elles se précipitent dans les eaux frémissantes qui viennent battre le pied du promontoire. Un grand nombre de ces énormes fragmens sont épars au-dessous des rocs dont ils ont fait partie, et la mer lance au milieu d'eux ses ondes écumantes, avec toute la violence qui l'agite dans ces latitudes.

Au moment où Mertoun et son fils regardaient du haut de ce rocher, les vagues, dans le lointain, conservaient encore une partie de leur agitation, car la tempête de la veille avait été trop impétueuse pour que les eaux fussent déjà calmées. Un courant rapide venait se briser contre le promontoire avec fracas, et menaçait d'une destruction soudaine tout ce qui serait entraîné par le flot. La nature, en tout temps, a dans sa magnificence, dans ses beautés et dans ses terreurs, un intérêt qui subjugue, et que l'habitude d'en contempler le spectacle varié peut à peine affaiblir. Le père et le fils s'assirent sur le sommet de la montagne pour porter au loin leurs regards attentifs sur la scène que présentait cette guerre déclarée par les vagues au rocher contre lequel elles luttaient avec une fureur indomptable.

Tout-à-coup Mordaunt, dont les yeux étaient plus perçans et probablement plus attentifs que ceux de son père, se leva rapidement, et s'écria : — Grand Dieu ! que vois-je ? un vaisseau dans le Roost !

Son père jeta les yeux vers le nord-ouest, et aperçut un bâtiment que ce courant redoutable entraînait. — Il ne porte aucunes voiles, dit-il ; et ayant pris une lunette d'approche, il ajouta : — Il est démâté, et ce n'est plus qu'une carcasse.

— Et il est emporté vers le cap Sumburgh, s'écria Mordaunt frappé d'horreur, il n'a pas le moindre moyen de le doubler.

— Il n'est pas manœuvré, dit le père ; probablement il a été abandonné par l'équipage.

— Dans une journée aussi affreuse que celle d'hier, ajouta Mordaunt, où il eût été impossible même aux marins les plus exercés de conduire à la rame une barque découverte, tous doivent avoir péri.

— Rien n'est plus probable, dit son père avec un sang-froid glacial; mais tôt ou tard tous auraient péri. Hé ! qu'importe que la mort, à qui rien n'échappe, engloutisse ses victimes toutes à la fois à bord d'un bâtiment tel que celui que nous voyons, ou qu'elle les saisisse dans ses serres l'une après l'autre et comme le sort les lui livre ? Le naufrage et le champ de bataille ne nous sont guère plus funestes que notre table et notre lit ; si nous évitons le premier genre de mort, ce n'est que pour traîner une existence pénible jusqu'à ce que nous arrivions au second. Plût au ciel que la dernière heure fût venue, cette heure que la raison nous apprendrait à désirer si la nature n'en avait pas profondément gravé la crainte dans notre cœur ! Vous êtes surpris de mes réflexions, Mordaunt, parceque la vie est encore neuve pour vous. Avant que vous ayez atteint mon âge, elles vous deviendront familières, et ne sortiront plus de votre pensée.

— Un tel dégoût de la vie, demanda Mordaunt,

n'est sans doute pas la conséquence nécessaire d'un âge avancé?

— Il est le partage de tous ceux qui ont le bon sens d'estimer ce qu'elle vaut réellement, répondit Mertoun; mais quant à ceux qui, comme Magnus Troil, obéissent si complètement à l'instinct animal qu'ils doivent tous leurs plaisirs à leurs sens, il est possible que, de même que les brutes, ils éprouvent du plaisir dans la simple existence.

Mordaunt n'aimait ni cette doctrine ni cet exemple. Son opinion était que l'homme qui, comme le bon vieil Udaller, remplissait ses devoirs envers les autres, avait plus de droits au bonheur dans le déclin de ses jours, que celui qui ne le cherchait que dans l'insensibilité. Mais il laissa tomber ce sujet, car il savait qu'entrer en discussion avec son père c'était l'irriter, et il en revint au vaisseau naufragé.

La carcasse, car il ne méritait guère un autre nom, était alors au milieu du courant, qui l'entraînait vers le promontoire sur la cime duquel ils étaient placés. Ils furent cependant quelque temps avant de reconnaître distinctement l'objet qu'ils avaient d'abord vu comme un point noir au milieu des eaux, puis, à une distance plus rapprochée, comme une baleine qui tantôt montre à peine ses nageoires au-dessus des vagues, et tantôt découvre toute son énorme queue. Mais enfin ils furent à portée d'observer plus distinctement la forme du vaisseau, car les vastes lames d'eau qui le portaient vers le rivage le soulevaient alternativement sur leur surface, et le poussaient dans de profonds sillons formant autant de gouffres. Il paraissait du port de deux ou trois cents tonneaux, et il avait été mis en état de défense, car on voyait qu'il était percé pour recevoir du canon. Il avait probablement été démâté dans la tempête de la veille, et livré à la violence des ondes qui l'entraînaient comme un tronc d'arbre. Il paraissait certain que l'équipage, après des efforts inutiles pour en diriger la course, ou pour faire jouer les pompes avec succès, avait fini par l'abandonner, et s'était jeté dans les chaloupes. Il n'y avait donc plus de raison pour s'alarmer sur les dangers que pouvait courir l'équipage dans une telle situation, et cependant ce ne fut pas sans se sentir saisis d'un sentiment qui les glaça d'effroi, que Mordaunt et son père virent la mer sur le point d'engloutir le vaisseau, ce chef-d'œuvre par lequel le génie de l'homme aspire à dompter les vagues et à lutter contre l'impétuosité des vents. Le volume du navire semblait grossir à chaque brasse qu'il parcourait. Il s'approcha, et ils le virent s'élever sur le sommet d'une immense lame d'eau qui continua de rouler avec lui sans se briser, jusqu'au moment où cette montagne liquide et la masse qu'elle portait furent précipités contre le rocher, ce qui acheva le triomphe des élémens conjurés contre ce bel ouvrage de la main de l'homme. Une vague, avons-nous dit, en élevant ce bâtiment dans les airs, l'avait montré tout entier, et quand cette vague se fut retirée du pied du roc, le vaisseau avait cessé d'exister : elle ne ramena avec elle, dans sa retraite, que des poutres, des planches, des tonneaux et d'autres objets semblables, qui, emportés au loin par le courant, devaient revenir avec la prochaine lame pour être derechef précipités contre le rocher.

Ce fut en ce moment que Mordaunt s'imagina voir un homme flottant sur une planche, ou sur un tonneau, et qui, évitant le courant, semblait porté vers une langue de terre couverte de sable, où les vagues venaient se briser avec moins de fureur. Reconnaître le danger, et s'écrier :
— Il vit, on peut encore le sauver! fut la première impulsion de Mordaunt; la seconde, après avoir jeté un coup d'œil rapide sur le front du rocher, fut de se précipiter, pourrions-nous dire, tant son mouvement fut rapide, du

haut de cette cime escarpée, et de commencer, en profitant des fentes, des crevasses et des saillies qu'il trouvait dans le roc, une descente qui, aux yeux de tout spectateur, aurait paru l'acte de la témérité la plus insensée.

— Arrêtez, jeune imprudent, je vous l'ordonne, s'écria son père ; faire une telle tentative, c'est vouloir périr. Arrêtez ! prenez sur votre gauche ; le chemin est sûr : mais Mordaunt était déjà complètement engagé dans son entreprise périlleuse.

— Et pourquoi l'en empêcherais-je ? dit le père étouffant un reste de sollicitude sous la sombre et insensible philosophie dont il avait adopté les principes.—S'il meurt maintenant dans l'élan de ses sentimens généreux et sublimes, dans son aveugle enthousiasme pour la cause de l'humanité, il est trop heureux de trouver la mort au moment où il déploie toute son activité morale et toute la force de la jeunesse. S'il meurt maintenant, n'échappera-t-il pas à la misanthropie, aux remords, à la vieillesse, au regret intérieur qui accompagne le dépérissement inévitable du corps et de l'esprit ? Cependant, je ne veux pas être témoin de ce désastre ; non, je ne le verrai pas ; non, je ne saurais voir s'éteindre le flambeau si récent encore de sa vie.

Mertoun se détourna donc du précipice, et, après avoir marché vers la gauche d'un pas rapide pendant plus d'un quart de mille, il se trouva près d'une fente pratiquée dans le rocher, et qu'on appelle dans le pays un *riva*. Cette fente, désignée aussi par le nom de *sentier d'Erick*, formait une espèce de sentier, ni sûr, ni facile, mais le seul par où les habitans d'Iarlshof avaient coutume de s'ouvrir un accès au pied du précipice.

Mertoun n'était pas même parvenu au point le plus élevé de cette pente, que déjà son courageux fils avait exécuté sa téméraire entreprise. En vain des difficultés qu'il n'avait pas aperçues d'abord l'avaient-elles détourné de la ligne droite de descente, il sut vaincre tous les obstacles. Ici il vit s'écrouler sous lui de gros fragmens de roc, au moment où il allait leur confier le poids de son corps, et ces fragmens se précipitaient dans l'Océan avec le fracas du tonnerre ; plus loin, à peine en avait-il retiré ses pieds, qu'ils se détachaient du roc après lui, et semblaient sur le point de l'entraîner dans leur chute. Il fallut à Mordaunt, pour réussir, toute la constance de son courage, la justesse de son coup d'œil, l'adresse de ses mains et la fermeté de ses pieds ; et en moins de sept minutes il eut achevé la périlleuse descente depuis la crête du rocher jusqu'à sa racine. Il se trouvait alors sur cette petite langue de terre exhaussée par des pierres et du sable, qui se prolongeait un peu dans la mer, dont les flots, sur la droite, battaient le pied du rocher, et, à gauche, n'en étaient séparés que par une petite partie de rivage jusqu'au bas de la fente appelée *le sentier d'Erick*, par où Mertoun avait proposé à son fils de descendre.

Quand la violence du choc eut brisé et mis en pièces le vaisseau, la mer engloutit tout ce qu'on avait vu flotter sur son sein, à l'exception seulement d'un petit nombre de pièces de bois, de tonneaux, de caisses, etc., que le reflux des vagues avait jetés sur le terrain où était alors Mordaunt. Son œil perçant avait aperçu parmi ces débris l'objet qui avait d'abord attiré son attention, et qui, en ce moment, vu de plus près, était en effet un homme, mais un homme dans la situation la plus critique. Ses bras étaient encore enlacés autour de la planche qu'il avait saisie lors de la catastrophe ; il l'embrassait avec une force presque convulsive, mais il avait perdu le sentiment et le mouvement ; et par la position de la planche, dont une partie était à sec sur le rivage tandis que l'autre flottait dans la mer, il y avait à craindre que le reflux de la première vague ne l'entraînât, ce qui aurait rendu inévitable la mort de cet infortuné. A peine Mordaunt avait-il fait ces réflexions, qu'il vit une vague monstrueuse s'avancer, et il se hâta de porter du secours au naufragé avant qu'elle l'eût entraîné en se retirant.

Se précipitant sur lui, il s'attacha à son corps avec la ténacité du limier qui saisit sa proie, quoique avec des sentimens bien différens. La vague lui opposa une force plus grande qu'il ne s'y était attendu. Ce ne fut pas sans une vigoureuse lutte pour sauver sa vie et celle de l'étranger, qu'il réussit à ne pas se laisser entraîner; car, malgré son adresse à la nage, il aurait pu aller se briser contre les rochers ou être emporté bien loin dans la mer. Il tint ferme sur le terrain cependant; et, avant qu'une seconde lame d'eau arrivât pour renouveler l'attaque, il attira sur la petite langue de sable et le corps de l'homme et la planche sur laquelle il continuait de se tenir fermement attaché. Mais comment rappeler à la vie un homme qui semblait près de rendre le dernier soupir? comment ranimer ses forces? quel moyen enfin de transporter dans un lieu plus sûr et plus commode un malheureux dans l'impuissance absolue de rien faire pour sa propre conservation? telles étaient les questions que se faisait Mordaunt à lui-même.

Dans cette perplexité, il leva les yeux vers le sommet de la montagne où il avait laissé son père, et l'appela plusieurs fois à grands cris; mais il ne put l'y apercevoir, et ses cris n'obtinrent d'autres réponses que les cris des oiseaux de mer. Il tourna de nouveau ses regards vers le malheureux naufragé. Son habit était galonné, suivant l'usage de ce temps; la finesse de son linge et les bagues qu'il avait aux doigts indiquaient un homme d'un rang supérieur, et sa physionomie, quoique pâle, avait encore de la beauté; mais son souffle était presque imperceptible, et sa vie semblait tenir à un fil si délié, qu'il y avait toute raison de craindre qu'il ne se rompît, à moins de prompts secours.

En ce moment les regards de Mordaunt se portèrent sur un homme qu'il vit s'avancer lentement et avec précaution le long du rivage. Il crut d'abord que c'était son père, mais il se rappela à l'instant que M. Mertoun n'aurait pas eu le temps de venir jusque là, attendu le circuit qu'il devait nécessairement faire pour descendre du rocher ; d'ailleurs l'homme qu'il voyait approcher était moins grand que son père.

Quand cet homme fut plus près, Mordaunt n'eut pas de peine à reconnaître le colporteur qu'il avait rencontré la veille à Harfra, et qu'il avait déjà vu dans mainte occasion.
— Bryce ! hé ! Bryce ! venez ici, s'écria-t-il en élevant la voix le plus haut qu'il lui fut possible. Mais le marchand était sur la plage tellement occupé à recueillir les débris jetés là par la mer, si empressé à les mettre en lieu de sûreté, qu'il ne fit que peu d'attention pendant quelque temps aux cris de Mordaunt.

Quand à la fin il s'approcha de lui, ce ne fut pas pour l'aider, mais pour lui reprocher comme une imprudence l'œuvre charitable qu'il avait entreprise. — Êtes-vous fou, lui dit-il, vous qui vivez depuis long-temps dans nos îles, de vous exposer à sauver la vie d'un homme qui se noie ? Vous ne savez donc pas que, si vous y parvenez, il ne manquera pas de vous faire autant de mal que vous lui aurez fait de bien ? Allons, M. Mordaunt, allons, venez m'aider à faire quelque chose qui sera plus utile que cela. Aidez-moi à porter plus loin deux ou trois de ces caisses avant que personne arrive, et nous partagerons en bons chrétiens ce que nous devons remercier Dieu de nous envoyer.

Mordaunt connaissait cette superstition inhumaine, reçue de toute ancienneté parmi le bas peuple des îles Shetland, et d'autant plus généralement adoptée peut-être, qu'elle servait à justifier le pillage des naufragés. Quoi qu'il en soit, l'opinion que celui qui sauvait un noyé s'exposait au danger d'en recevoir un jour quelque injure, formait un contraste bien étrange avec le caractère de ces insulaires, si hospitaliers, si généreux, et si désintéressés en toute autre occasion, et qui cependant se refusaient souvent à secourir des hommes réduits aux extrémités les plus déplorables par la violence des tempêtes, si fréquentes dans ces parages hérissés d'écueils. Il est doux cependant d'avoir à ajouter que les exhortations et l'exemple des propriétaires ont fait disparaître tout vestige de ce cruel préjugé dont la génération actuelle peut se rappeler avoir encore vu quelques traces. C'est une chose bien inconcevable que cet endurcissement du cœur dans des hommes constamment exposés aux mêmes périls et aux mêmes désastres que ceux à qui ils refusent leurs secours; peut-être l'habitude de voir le danger et d'y être exposé tend-elle à émousser la sensibilité de l'homme sur les résultats qui peuvent en être la suite, que ce soit lui-même ou des étrangers qu'ils menacent.

Bryce était particulièrement remarquable par son aveugle croyance à cette vieille superstition; il faut dire qu'il comptait moins, pour garnir sa malle de colporteur, sur les magasins des marchands de Lerwick et de Kirkwall que sur la violence des tempêtes et des vents du nord-ouest comme ceux de la veille; et comme il faisait, à sa manière, profession d'une grande dévotion, il manquait rarement d'en adresser de fervens remerciemens au ciel. On disait de lui que s'il avait employé à secourir les marins naufragés le même temps qu'il avait mis à les dépouiller, il aurait sauvé beaucoup de ses semblables et perdu beaucoup de marchandises. Il ne fit aucune attention aux instances de Mordaunt, quoiqu'il fût alors sur la même langue de sable que lui, place qu'il connaissait très bien pour être celle où le courant jetterait probablement à terre les dépouilles que l'Océan vomissait. Il s'occupait à mettre en sûreté tout ce qui lui semblait le plus portatif et de plus grande valeur. A la fin Mordaunt vit l'honnête colporteur fixer les yeux sur une assez grosse caisse que la mer avait jetée sur le rivage; elle était de bois des Indes, solidement fermée par des plaques de cuivre, et paraissait être de construction étrangère. Une forte serrure résistait à tous les efforts de Bryce, qui, impatienté, tira de sa poche un marteau et un ciseau, et se prépara lui-même à en forcer les gonds.

Mordaunt, perdant lui-même patience, et irrité du sang-froid et de l'assurance de cet homme, saisit un bâton qui était à ses pieds, et, après avoir placé doucement le naufragé sur le sable, s'approcha de Bryce avec un geste menaçant. — Misérable! lui cria-t-il, levez-vous à l'instant, aidez-moi à sauver ce malheureux et à le mettre à l'abri de nouvelles vagues, sinon je jure que je fais de vous une momie; et je vais informer Magnus Troil de votre brigandage, pour qu'il vous condamne à être battu de verges et chassé du pays.

Le couvercle de la caisse venait de sauter, et l'intérieur offrait aux yeux de Bryce des effets bien séduisans pour lui, entre autres des chemises, dont quelques unes garnies de dentelle, une boussole d'argent, une épée à poignée de même métal, et d'autres objets précieux dont le colporteur savait très bien qu'il trouverait facilement le débit; il était donc disposé à répondre à Mordaunt en dégaînant son petit couteau de chasse, plutôt que de renoncer au butin. De petite taille, mais robuste, et presque à la fleur de l'âge, il était d'ailleurs le mieux armé, et il aurait pu donner à Mordaunt plus d'embarras que n'en aurait dû avoir un chevalier si bienfaisant. Déjà Mordaunt lui avait répété avec énergie l'ordre de cesser son pillage et de venir au secours du moribond, quand il lui répondit d'un ton de défi : — Ne jurez pas, monsieur, ne jurez pas : je ne souffrirai pas qu'on jure en ma présence, et si vous mettez la main sur moi quand je prends la dépouille des Égyptiens, je vous donnerai une leçon dont vous vous souviendrez d'ici à Noel.

Mordaunt allait mettre à l'épreuve le courage du colporteur, lorsqu'une voix se fit subitement entendre, et dit : — Arrêtez! — C'était Norna de Fitful-Head, qui, durant la chaleur de la dispute, s'était approchée sans être observée. — Arrêtez, répéta-t-elle ; et toi, Bryce, donne à Mordaunt l'aide qu'il te demande, et cela te vaudra mieux, c'est moi qui te le dis, que tout ce que tu pourrais gagner aujourd'hui d'une autre manière.

— C'est de la toile de Hollande, dit le colporteur en jetant un coup d'œil de connaisseur sur une des chemises ; c'est de la toile de Hollande, et elle est aussi forte qu'elle est fine. Cependant, bonne mère, il faut exécuter votre ordre, et j'aurais obéi de même à M. Mordaunt, ajouta-t-il en faisant succéder à ses menaces le ton de déférence avec lequel il enjôlait ses pratiques, s'il n'avait pas prononcé de ces gros juremens qui me font tressaillir jusque dans la moelle des os, et me mettent hors de moi-même. Alors il tira un flacon de sa poche, et, s'approchant du corps du malheureux naufragé : — Voilà de l'eau-de-vie comme il n'y en a pas, dit-il, et, si elle ne le guérit pas, il n'y a rien qui puisse le guérir. Alors Bryce avala préalablement une bonne gorgée de la liqueur, comme pour en prouver la bonne qualité, et il allait en verser dans la bouche du moribond, quand tout-à-coup, retirant sa main en regardant Norna, il lui dit : — Vous m'assurez, bonne mère, que je ne m'expose pas à ce qu'il me fasse aucun mal, si je lui donne du secours : vous savez vous-même ce qu'on dit à ce sujet ?

Norna, pour toute réponse, lui prit la bouteille de la main, et commença à frotter les tempes et la gorge du malheureux naufragé, indiquant à Mordaunt la manière dont il fallait qu'il tînt sa tête, afin de lui faciliter le moyen de rendre l'eau de la mer qu'il avait avalée.

Le colporteur resta un moment simple spectateur; après quoi : — Sûrement, dit-il, il n'y a pas le même risque à le secourir à présent qu'il est hors de l'eau et couché en lieu sec ; mais cela fait pitié de voir comme ces bagues pincent les doigts enflés de cette pauvre créature, et comme elles rendent sa main aussi bleue que le dos d'un crabe avant qu'il soit cuit. Et en même temps il saisit une des mains froides du malheureux, qui venait de donner un signe de vie par un léger frisson, et il commença l'œuvre charitable de lui retirer des doigts ces bagues qui paraissaient être de quelque prix.

— Si tu aimes la vie, lui dit Norna d'un ton sévère, ne va pas plus loin ; sinon je ferai sur toi tel rapport qui pourra bien déranger tes voyages dans ces îles.

— Pour l'amour de Dieu, et par grâce, répondit le colporteur, je ferai tout ce que vous désirez, et comme vous le voudrez ; j'ai senti hier un rhumatisme dans les épaules, et ce serait une chose fâcheuse pour un homme comme moi de ne pouvoir plus faire mes courses accoutumées dans le pays, pour mon commerce, gagnant honnêtement quelques pauvres sous, et m'aidant de ce que la Providence envoie sur nos côtes.

— En ce cas, paix donc! lui dit Norna, autrement tu aurais à t'en repentir. Prends cet homme sur tes larges épaules ; sa vie est d'un grand prix, et tu seras récompensé.

— Cela ne sera que trop juste, dit le colporteur d'un air pensif en regardant la caisse ouverte et les autres objets qui étaient épars sur le sable, car sans lui j'aurais eu ici une aubaine qui aurait fait de moi un homme pour le reste de mes jours. Et maintenant il faut que tout cela reste là jusqu'à ce que la marée prochaine l'entraîne dans le Roost avec tout ce qu'il a déjà englouti.

— N'aie pas cette crainte, dit Norna, rien ne sera perdu ;

regarde, je vois venir là-bas des oiseaux de proie dont l'instinct est aussi sûr que le tien.

Elle disait vrai, car il arrivait en effet du village d'Iarlshof des gens qui hâtaient le pas le long du rivage, pour avoir leur part du butin. Le colporteur soupirait et gémissait en les voyant approcher. — Oui, dit-il, oui, voilà les gens d'Iarlshof ! Bonne affaire pour eux : ils sont bien connus partout pour cela ; ils nettoieront bien la place, et ils ne laisseront par une cheville pourrie. Ce qu'il y a de pire, c'est qu'il n'y en aura pas un d'eux qui ait le bon sens et l'honnêteté de remercier la Providence du bien qu'elle leur envoie. Voilà parmi eux le vieux Rauzellaer Neil Ronaldson ; il ne peut pas se traîner pour faire un mille quand il s'agit d'aller entendre le ministre à l'église, et il en fera dix s'il entend parler d'un vaisseau qui a péri.

Norna, cependant, paraissait avoir sur le colporteur un tel ascendant que, sans hésiter davantage, il chargea sur ses épaules l'homme dont la vie paraissait enfin se ranimer ; et, avec l'aide de Mordaunt, il s'achemina le long de la côte sans autre observation. Avant de quitter la place, l'étranger fit un signe en montrant la caisse, et tenta quelques efforts pour parler ; Norna lui répondit : — Soyez tranquille, elle sera mise en sûreté.

En avançant vers le sentier d'Erick, par où ils devaient monter le long de la montagne, ils rencontrèrent les habitans d'Iarlshof qui venaient d'un pas rapide dans la direction opposée. Hommes et femmes, à mesure qu'ils paraissaient, firent une révérence à Norna, et la saluèrent ; mais ce n'était pas sans une certaine crainte exprimée sur leurs visages. Elle les avait dépassés de quelques pas, quand, se détournant, elle appela à haute voix le Rauzellaer qui accompagnait ses concitoyens dans cette expédition de pillage autorisée par l'habitude, sinon par les lois.
—Neil Ronaldson, lui dit-elle, faites attention à ce que je

vais vous dire. Il y a là-bas un coffre dont le couvercle vient d'être détaché ; faites-le transporter chez vous à Iarlshof, dans l'état où il est. Prenez bien garde qu'on n'en détourne le moindre objet : malheur à celui qui en touchera, qui en regardera un seul ! il vaudrait mieux pour lui qu'il fût mort. Je parle sérieusement, et je n'entends pas être désobéie.

— Votre volonté sera faite, bonne mère, répondit Ronaldson ; je vous garantis que rien ne sera distrait du coffre, puisque vous l'ordonnez. Bien loin après les villageois venait une vieille femme se parlant à elle-même, et maudissant sa décrépitude qui la retenait en arrière des autres ; cependant elle se hâtait autant qu'elle le pouvait pour avoir sa part du butin. Mordaunt fut étonné de reconnaître en elle la vieille femme de charge de son père :
— C'est vous, Swertha ? lui dit-il ; eh ! que faites-vous si loin de la maison ?

— Je viens d'en sortir pour chercher mon vieux maître et Votre Honneur, répondit Swertha de l'air d'un coupable qui se sent pris sur le fait ; car dans plus d'une occasion M. Mertoun avait positivement exprimé combien de semblables excursions lui déplaisaient.

Mais Mordaunt était trop préoccupé pour faire attention au motif qui l'avait mise en marche. — Avez-vous vu mon père ? lui demanda-t-il.

— Oui, je l'ai vu, répondit Swertha, il avait peine à descendre le sentier d'Erick, qui n'est pas un bon chemin pour un homme de son âge ; je l'ai aidé à remonter, et je l'ai ramené à la maison. J'étais justement à vous chercher pour vous dire d'aller le rejoindre ; car, à mon avis, il n'est pas bien.

— Mon père est malade ! s'écria Mordaunt se rappelant la faiblesse qu'il avait montrée au commencement de leur promenade du matin.

— Il est loin d'être bien ; certainement il en est loin.

marmotta Swertha en branlant piteusement la tête. C'était bien à lui à vouloir descendre par ce vilain sentier!

— Retournez chez vous, Mordaunt, dit Norna qui avait entendu la conversation. Je vais veiller à tout ce qui est nécessaire à cet homme, et vous le trouverez chez le Rauzellaer quand vous voudrez en avoir des nouvelles. Il peut maintenant se passer de vous.

Mordaunt reconnut la vérité de cette observation. Il ordonna à Swertha de le suivre à l'instant, et prit le chemin qui conduisait chez son père.

Swertha suivit son jeune maître à pas lents et à contrecœur, jusqu'à ce qu'elle l'eût perdu de vue dans le sentier d'Erick. Alors elle revint sur ses pas en murmurant entre ses dents : — Oui vraiment, retourner à la maison! Croit-il que je veuille abandonner ma part des présens que la mer vient de nous faire? non vraiment. Pareille aubaine n'arrive pas tous les jours. Nous n'en avons pas eu une si bonne depuis que *la Jenny* et *le James* vinrent échouer sur nos côtes, du temps du roi Charles.

En parlant ainsi elle doubla le pas; et comme la bonne volonté remplace en partie le défaut de jambes, elle fit une merveilleuse diligence afin d'arriver à temps pour demander sa part du butin. Elle ne tarda donc pas à être sur le rivage où le Rauzellaer, tout en s'occupant à remplir ses poches, exhortait ses honnêtes compagnons à partager en conscience, et avec la charité qu'on doit avoir pour son prochain; il les engageait à faire la part des infirmes et des vieillards; ce qui, disait-il charitablement, ferait tomber la bénédiction de Dieu sur le rivage, et leur enverrait quelques naufrages de plus avant l'hiver.

CHAPITRE VIII.

« Les jeux, les ris suivaient sa trace :
« La panthère dans ses déserts,
« Le dauphin jouant sur les mers,
« Ne pourraient égaler sa grâce. »
WORDSWORTH.

Mordaunt, doublant le pas, arriva bientôt à Iarlshof. Il entra promptement dans la maison, car ce qu'il avait observé le matin coïncidait jusqu'à un certain point avec les idées que le conte de Swertha était de nature à lui inspirer. Il trouva cependant son père dans une pièce au fond de l'appartement, se reposant de la fatigue qu'il avait éprouvée dans sa promenade; et la première question qu'il se permit de lui adresser l'eut bientôt convaincu que la bonne femme en avait un peu imposé, pour se débarrasser de tous deux.

— Où est l'homme mourant que vous avez si sagement voulu secourir aux risques de votre vie? demanda Mertoun à son fils.

— Norna s'est chargée de lui, et l'on peut s'en rapporter à elle.

— La magicienne se mêle donc aussi de l'art de guérir? dit Mertoun. A la bonne heure, j'y consens de tout mon cœur; c'est une peine de moins. Pour moi, je m'étais hâté de me rendre ici pour chercher des bandages et de la charpie, car, à entendre Swertha, vous deviez avoir les os rompus.

Mordaunt garda le silence, connaissant assez son père pour savoir qu'il ne continuerait pas long-temps ses questions sur ce sujet, et ne voulant ni nuire à la vieille gouvernante, ni fournir à son père l'occasion de s'abandonner à ces excès de colère auxquels il n'était que trop enclin quand il jugeait à propos, contre son habitude, de faire attention à la conduite de ses domestiques.

Il était fort tard quand Swertha revint de son expédition. Elle était excessivement fatiguée, et portait avec elle un paquet contenant sans doute sa part du butin. Mordaunt courut aussitôt à elle pour la gronder des mensonges qu'elle avait débités à son père et à lui-même; mais la commère avait sa réponse toute prête.

— Sur ma foi, répondit-elle, j'avais pensé qu'il était temps de dire à M. Mertoun d'aller à la maison préparer des bandages, quand je vous avais vu de mes propres yeux descendre du rocher comme un chat sauvage; je croyais bien que vous finiriez par vous rompre les os, et que ce serait un grand bonheur si vous n'aviez besoin que de quelques bandages. Et, par ma foi! je pouvais aussi bien vous dire, M. Mordaunt, que votre père n'était pas bien, car il avait les joues si pâles! Non, quand j'en devrais mourir, — je ne vous ai pas dit autre chose, et j'aurais défié toute personne présente de dire autrement.

— Mais, Swertha, dit Mordaunt dès qu'elle eut cessé cette espèce de plaidoyer bruyant, et qu'il put parler, — comment se fait-il que vous, qui auriez dû rester ici à filer et à veiller à la maison, vous vous soyez trouvée dès le matin au sentier d'Erick pour y prendre de mon père et de moi un soin inutile et qu'on ne vous demandait pas? Et qu'y a-t-il dans ce paquet, Swertha? car je crains bien que vous n'ayez transgressé les ordres de mon père, et que votre sortie n'ait eu pour motif l'envie d'aller comme les autres piller sur le bord de la mer.

— Que le bon Dieu bénisse votre bonne mine, et que saint Ronald vous protège! répliqua Swertha d'un ton qui tenait à la fois de la flatterie et de la plaisanterie, vous ne voudriez pas empêcher une pauvre femme de profiter d'une occasion pour se mettre un peu à l'aise, en prenant une petite part dans de si bonnes choses que la mer pouvait reprendre. Oh! M. Mordaunt, c'est une si belle chose à voir qu'un vaisseau échoué, que le ministre lui-même n'y tiendrait pas, et qu'il quitterait sa chaire au milieu de son sermon pour y aller comme tous les autres : comment voulez-vous donc qu'une pauvre vieille ignorante y résiste, et qu'elle reste à sa cuisine et à son rouet? J'ai eu peu de choses pour ma peine : quelques guenilles en manière de mousseline, un ou deux morceaux de gros drap et autres choses équivalentes; ce sont les plus forts et les plus alertes qui ramassent tout dans ce monde.

— Oui, Swertha, reprit Mordaunt, et c'est d'autant plus dur pour vous, que vous aurez votre part de punition dans ce monde et dans l'autre, pour voler de pauvres marins.

—Hélas! mon jeune ami, qui punirait une vieille femme comme moi pour de pareilles vétilles? Certaines gens disent bien du mal du comte Patrice, mais il était l'ami du rivage, et il fit des lois sages pour empêcher de secourir les vaisseaux qui se brisent contre les rochers. Et n'ai-je pas entendu Bryce le colporteur dire que les marins perdent leurs droits du moment que la quille touche le sable? D'ailleurs les pauvres diables sont morts et trépassés; ils ne s'embarrassent guère maintenant des biens de ce monde; non, pas plus que dans le temps des Norses les grands comtes et les rois de la mer ne s'inquiétaient des trésors qu'ils enterraient dans des tombeaux. Ne vous ai-je jamais chanté, M. Mordaunt, la chanson où il est dit comment Olaf Tryguarson fit cacher avec lui dans sa tombe cinq couronnes d'or?

— Non, Swertha, répondit Mordaunt qui prenait plaisir à tourmenter la vieille pillarde; non, vous ne m'avez jamais chanté cette chanson-là; mais j'ai à vous dire que l'étranger que Norna a fait transporter au village sera demain assez bien portant pour vous demander où vous avez caché les effets que vous avez volés après le naufrage.

—Mais qui est-ce qui lui en dira un mot, mon cher monsieur? dit Swertha jetant un regard malin sur son jeune maître, surtout quand je dois vous dire que parmi les morceaux que j'ai rapportés, il y a un bon coupon de soie qui vous fera un joli justaucorps pour la première fête où vous irez.

Mordaunt ne put pas long-temps s'empêcher de rire de la finesse de la vieille femme, qui, pour qu'il ne parlât pas, lui proposait une part dans son vol. Il lui dit de préparer ce qu'elle avait pour le dîner, et retourna vers son père, qu'il trouva encore assis à la même place et presque dans la même situation où il l'avait laissé.

Aussitôt après leur repas frugal, et ils ne restaient jamais long-temps à table, Mordaunt annonça à son père l'intention qu'il avait d'aller au village pour voir si le marin naufragé ne manquait de rien.

Mertoun lui donna son assentiment par un signe de tête.

— Il doit s'y trouver fort mal à l'aise, ajouta son fils.— Un autre signe de tête du père lui fit entendre qu'il était encore du même avis. — Il paraît, à en juger par les apparences, poursuivit Mordaunt, que c'est un homme d'un certain rang, et, en supposant que ces pauvres gens fassent pour lui tout ce qui est en leur pouvoir, cependant dans l'état de faiblesse où il doit être...

— Je vous entends, dit son père en l'interrompant, c'est-à-dire que vous pensez que nous devons faire quelque chose pour lui. Allez donc le trouver; s'il a besoin d'argent, qu'il fixe la somme, et il l'aura; mais pour loger un étranger ici, et avoir commerce avec lui, c'est ce que je ne puis ni ne veux faire. Je me suis retiré à l'extrémité la plus reculée des îles de la Grande-Bretagne pour éviter les nouvelles connaissances et les nouveaux visages; personne ne viendra ici m'étourdir les oreilles de son bonheur ou de sa misère. Quand, dans une douzaine d'années, vous aurez appris à connaître davantage le monde, vos plus anciens amis vous auront donné des raisons pour vous souvenir d'eux, et pour vous faire éviter d'en chercher de nouveaux le reste de votre vie. Allez donc, pourquoi tardez-vous? Débarrassez le pays de cet homme. Que je ne voie autour de moi que ces figures grossières dont je connais bien la bassesse et la fourberie, mais que je puis endurer par comparaison.

Il jeta ensuite sa bourse à son fils et lui fit signe de partir à la hâte.

Mordaunt ne fut pas long-temps à gagner le village. Il trouva l'étranger dans la demeure sombre et noire de Neil Ronaldson, le Rauzellaer, assis au coin du feu de tourbe, sur la même caisse qui avait excité la cupidité du dévot Bryce Snailsfoot le colporteur. Le Rauzellaer était absent, occupé à partager avec la plus stricte impartialité entre les pillards du village, les dépouilles du vaisseau naufragé, écoutant tout le monde, faisant droit aux griefs de ceux qui se plaignaient de l'inégalité des lots ; et, comme si la chose n'eût pas été du commencement à la fin criminelle et sans excuse, jouant dans tous les détails le rôle d'un magistrat sage et prudent : car alors, et probablement dans des temps plus voisins de nous, les classes inférieures de ces insulaires conservaient l'opinion commune aux barbares habitans des parages semblables, que tout ce que la mer jetait sur leurs bords devenait incontestablement leur propriété.

Marguerite Bimbister, digne épouse du Rauzellaer, était seule à garder la maison, et elle introduisit Mordaunt auprès de son hôte, en disant à celui-ci sans grande cérémonie : — Voici le jeune tacksman ; vous lui direz peut-être votre nom, quoique vous n'ayez pas voulu nous le dire. Si ce n'avait pas été lui, il y a à parier que vous n'auriez pu le dire à personne de votre vivant.

L'étranger se leva, prit la main de Mordaunt, et la lui serra en lui disant qu'il avait appris que c'était à lui qu'il devait la conservation de sa vie et de son coffre. —Quant au reste de ce que je possédais, dit-il, il n'y faut plus penser, car les gens de ce pays sont aussi âpres à la curée que le diable dans un ouragan.

— Et à quoi donc vous a servi votre habileté dans la manœuvre, dit Marguerite, que vous n'ayez pu éviter d'aller chercher le cap de Sumburgh, car il se serait passé bien du temps avant qu'il fût venu vous trouver?

— Laissez-nous un moment seuls, bonne Marguerite Bimbister, dit Mordaunt; je désire avoir une conversation en particulier avec ce *gentleman*.

— *Gentleman!* dit Marguerite avec emphase; ce n'est pas qu'il ne soit assez bien, ajouta-t-elle en le mesurant une seconde fois de l'œil, mais je doute que ce nom lui convienne parfaitement.

Mordaunt regarda aussi l'étranger, et il fut d'une opinion différente. C'était un homme un peu au-dessus de la moyenne taille, et il était aussi bien fait qu'il paraissait vigoureux. Mordaunt n'avait pas encore beaucoup d'expérience du monde, mais il pensa que sa nouvelle connaissance joignait les manières franches et ouvertes d'un marin à un air de hardiesse, et à de beaux traits brunis par le soleil, qui semblaient prouver qu'il avait parcouru divers climats. Il répondit avec aisance, et même avec une sorte de gaieté, aux questions que lui fit Mordaunt sur l'état de sa santé, et l'assura qu'une bonne nuit ferait disparaître toutes les suites de l'accident qu'il venait d'essuyer; mais il se plaignit amèrement de l'avarice et de la curiosité du Rauzellaer et de sa femme.

— Cette vieille bavarde, dit-il, m'a persécuté tout le jour pour savoir le nom du vaisseau qui a péri. Il me semble qu'elle aurait pu se contenter de la part qu'elle a eue dans le pillage. J'en étais le principal propriétaire, et ils ne m'ont laissé que mes vêtemens. Y a-t-il dans ce pays sauvage quelque magistrat ou juge de paix disposé à secourir un malheureux au milieu des voleurs?

Mordaunt lui cita Magnus Troil, qui était le principal propriétaire, et en même temps le *Fowde* ou Juge provincial du district, et lui dit qu'il en obtiendrait probablement justice. Il regretta que sa jeunesse et la situation de son père, qui menait une vie extrêmement retirée, ne lui donnassent pas les moyens de lui offrir la protection dont il avait besoin.

— Quant à vous, monsieur, vous en avez déjà fait assez, dit le marin; mais, si j'avais seulement avec moi cinq des quarante braves qui sont à présent la pâture des poissons, au diable si je demandais à quelqu'un de me rendre une justice que je pourrais me rendre moi-même!

— Vous aviez quarante hommes! dit Mordaunt, c'était un équipage bien nombreux pour le port de votre vaisseau.

— Il ne l'était pas encore assez. Nous avions dix canons sans compter ceux de l'avant; mais nous avions perdu quelques uns de nos hommes dans notre croisière, et nous étions encombrés de marchandises. Six de nos canons servaient de lest.—Oh! si j'avais eu assez de monde, nous n'aurions pas fait un naufrage aussi infernal. Tous mes gens étaient épuisés de fatigue à force de pomper, et ils ont fini par se jeter dans les chaloupes, me laissant seul dans le vaisseau pour périr avec lui, ou me sauver à la nage. Mais les misérables en ont été bien payés, et je puis leur pardonner. Les chaloupes ont coulé à fond au milieu du courant; ils ont tous péri, et me voilà.

— Vous veniez donc, demanda Mordaunt, des Indes occidentales par la route du Nord?

— Oui; le vaisseau se nommait *la Bonne-Espérance de Bristol;* c'était une lettre de marque. Nous avions fait d'assez bonnes affaires dans les mers de la Nouvelle-Espagne, comme bâtiment marchand ou comme navire d'armateur; mais à présent tout est dit. Je me nomme Clément Cleveland, je suis capitaine, et, comme je vous l'ai déjà dit, propriétaire en partie de ce bâtiment. Je suis né à Bristol. Mon père était bien connu sur le Tollsell : c'était le vieux Clément Cleveland de College-Green.

Mordaunt sentait qu'il n'avait pas le droit de lui demander plus de détails, et cependant il lui semblait qu'il n'était qu'à demi satisfait de ce qu'il venait d'apprendre. Il remarquait dans l'étranger une affectation de brusquerie et un air de bravade dont les circonstances ne justifiaient pas la nécessité.

Le capitaine Cleveland avait souffert du brigandage des insulaires, mais il n'avait reçu de Mordaunt que des services, et cependant il semblait accuser indistinctement tous les habitans. Mordaunt baissa la vue et garda le silence, hésitant s'il devait prendre congé de lui ou lui faire de nouvelles offres de service. Cleveland eut l'air de l'avoir deviné, car il ajouta aussitôt avec plus de cordialité :
—Je suis un franc marin, M. Mordaunt, car j'entends dire que tel est votre nom; je suis ruiné de fond en comble, et cela ne donne ni bonne humeur ni bonnes manières; quoi qu'il en soit, vous avez agi envers moi en ami, et il est possible que j'y sois aussi sensible que si je vous en faisais plus de remerciemens. C'est pourquoi, avant de quitter cette maison, je veux vous donner mon fusil de chasse. Il est en état de mettre cent grains de petit plomb dans le bonnet d'un Hollandais, à quatre-vingts pas. On peut aussi le charger à balle, et j'ai renversé un buffle à cent cinquante verges. Mais j'en ai deux autres qui sont aussi bons, même meilleurs; ainsi gardez celui-ci en souvenir de moi.

— Ce serait prendre ma part du pillage, répondit Mordaunt en riant.

— Pas du tout, reprit Cleveland en ouvrant un étui ou boîte qui contenait des fusils et des pistolets. Vous voyez que j'ai sauvé mes armes ainsi que mes habits : cette grande vieille femme y a parfaitement veillé ; et, entre nous, cette caisse vaut tout ce que j'ai perdu, ajouta-t-il en baissant la voix et en regardant autour de lui. Quand je fais sonner aux oreilles de ces requins de terre que je suis ruiné, je ne veux pas dire que je le sois tout-à-fait et sans aucune ressource ; non, non : voici quelque chose qui vaut mieux que des grains de plomb à tuer des oiseaux.— Et tout en parlant il tira de la caisse un grand sac de munition étiqueté : — plomb de chasse ; et il s'empressa de faire voir à Mordaunt qu'il était plein de pistoles d'Espagne et de portugaises, nom qu'on donnait aux larges pièces d'or de Portugal. Non, non, continua-t-il en souriant, il reste assez de lest pour mettre à flot un autre vaisseau. D'après cela, accepterez-vous mon fusil ?

— Puisque vous voulez bien me le donner, répondit Mordaunt en souriant, de tout mon cœur ; j'allais justement vous demander au nom de mon père, ajouta-t-il en lui montrant la bourse, si vous aviez besoin de ce même lest.

— Je vous remercie ; vous voyez que je suis pourvu. Mais prenez, mon brave ami, et puisse-t-il vous servir comme il m'a servi ; mais vous ne ferez jamais avec lui des voyages comme j'en ai fait. Vous savez tirer, je suppose ?

— Passablement, répondit Mordaunt tout en admirant le fusil, qui était de fabrique espagnole, damasquiné en or, de petit calibre, plus long qu'un fusil ordinaire, et paraissant fait pour la chasse aux oiseaux aussi bien que pour le tir à la balle.

— Avec du petit plomb, continua le marin, jamais fusil n'a serré de plus près son gibier ; et avec une seule balle vous pouvez tuer un veau marin à cent toises en mer, du sommet de vos côtes les plus escarpées ; mais je vous le répèterai, jamais cette arme ne vous rendra les mêmes services qu'elle m'a rendus.

— Je ne m'en servirai peut-être pas aussi adroitement que vous, reprit Mordaunt.

— Ah, ah, cela est possible, répliqua Cleveland, mais ce n'est pas ce dont il s'agit. Quand on est sûr de tuer l'homme qui tient le gouvernail, en montant à l'abordage sur un bâtiment espagnol, que dites-vous de cela? C'est pourtant ce qui m'est arrivé. Nous nous sommes emparés du navire, le sabre à la main, et il en valait la peine; c'était un fort brigantin, *le Saint-François*, destiné pour Porto-Bello, avec une cargaison d'or et de nègres. Chaque petit grain de plomb nous valut vingt mille pistoles.

— Je n'ai pas encore ajusté de tel gibier, dit Mordaunt.

— A la bonne heure, chaque chose a son temps. On ne peut lever l'ancre qu'au départ de la marée. Mais vous êtes un beau garçon, jeune, actif, robuste, pourquoi n'iriez-vous pas à la chasse de pareils oiseaux? dit-il en mettant la main sur le sac rempli d'or.

— Mon père parle de me faire bientôt voyager, lui répliqua Mordaunt, qui, habitué à voir avec respect l'équipage d'un vaisseau de guerre, sentait son amour-propre flatté par cette invitation de la part d'un homme qui paraissait un marin consommé.

— Je sais gré à votre père de cette pensée, dit Cleveland, et je lui ferai ma visite avant de lever l'ancre. J'ai un *vaisseau-matelot* à la hauteur de ces îles, et je consens qu'il aille au diable; il saura bien me retrouver quelque part, quoique nous ne nous soyons pas séparés en fort bonne intelligence, à moins qu'il n'ait aussi été trouver Davy Jones[1]. Mais il était en meilleur état que nous, sa cargaison était moins lourde que la nôtre, il doit avoir résisté. Nous suspendrons un hamac pour vous à bord, et nous ferons de vous un marin, un homme comme nous.

(1) Expression proverbiale, *au fond de la mer.* — Ed.

— Cela me conviendrait fort, répondit Mordaunt qui soupirait de voir le monde plus que sa situation isolée ne le lui avait permis jusqu'alors; mais il faut que mon père en décide.

—Votre père? bon! repartit le capitaine Cleveland. Mais vous avez raison, ajouta-t-il en changeant de ton : j'ai vécu si long-temps en mer que je ne puis m'imaginer que personne que le capitaine ou le maître ait le droit d'ordonner; je le répète, vous avez raison. Je vais aller de ce pas voir le papa, et lui parler moi-même. N'est-ce pas lui qui demeure dans cette belle maison, bâtie à la moderne, que je vois à un quart de mille d'ici?

— Oh! non, dit Mordaunt; il habite au contraire ce vieux château tombant en ruines, mais il ne veut voir personne.

— En ce cas, il faut promptement décider cette question vous-même, car je ne puis rester long-temps dans cette latitude. Puisque votre père n'est pas magistrat, il faut que j'aille voir ce Magnus; comment l'appelez-vous? Il n'est pas juge de paix, mais quelque autre chose qui me servira tout autant. Ces coquins m'ont pris deux ou trois objets qu'il faut qu'on me rende. Qu'ils gardent le reste, et qu'ils aillent au diable! Voulez-vous me donner une lettre pour que je puisse me présenter à lui?

— Je n'en vois pas la nécessité, répondit Mordaunt; il suffit que vous ayez fait naufrage, et que vous ayez besoin de lui. Cependant je vous donnerai volontiers un mot de recommandation pour lui.

—Voilà, dit le capitaine en tirant une écritoire de son coffre, voilà tout ce qui vous est nécessaire pour faire votre lettre. Pendant que vous écrirez, puisqu'on a forcé les pentures, je vais clouer les écoutilles et mettre la cargaison en sûreté.

En effet, pendant que Mordaunt écrivait la lettre dans laquelle il racontait les circonstances qui avaient jeté le capitaine Cleveland à la côte, celui-ci, après avoir fait un triage de quelques habillemens et autres objets dont il remplit un havre-sac qu'il mit à part, prit un marteau et des clous, et ferma sa caisse aussi bien qu'aurait pu le faire le meilleur ouvrier; ensuite, pour plus de sûreté, il l'entoura d'une corde qu'il noua et attacha avec l'adresse d'un marin. — Je laisse le tout en votre garde, à l'exception de ceci, dit-il en montrant le sac d'or, et de cela, ajouta-t-il en prenant un sabre et des pistolets, qui me garantira du risque de me séparer d'avec mes portugaises.

— Vous n'avez pas besoin d'armes dans ce pays, capitaine Cleveland, lui dit Mordaunt; un enfant voyagerait sans risque, une bourse d'or à la main, depuis le cap de Sumburgh jusqu'au scaw d'Unst, sans que personne songeât à la lui prendre.

— C'est fort bien dit, jeune homme; mais il me semble que c'est en dire beaucoup, quand je considère ce qui se passe en ce moment.

— Oh! répliqua Mordaunt un peu confus, les gens de ce pays regardent comme leur propriété légitime ce que la mer envoie à terre avec le flux. On croirait qu'ils ont pris des leçons de sir Arthegal lui-même, qui s'exprime ainsi :

> Des biens dont une fois la mer s'est emparée
> Chacun a désormais droit de faire curée;
> Et ce qu'on lui confie à porter sur son sein
> Change à son gré de maître ou disparaît soudain.

— Ces vers, dit le capitaine, me donneront pour toute ma vie de l'estime et du respect pour les comédies et les ballades; et de fait, je les aimais assez dans mon temps. Voilà vraiment une bonne doctrine, et plus d'un marin peut déployer ses voiles à un pareil vent. Ce que la mer envoie est à nous, cela est assez sûr; mais si vos bonnes gens s'avisent de s'imaginer que la terre leur doit des épaves comme la mer, je prendrai la liberté de m'y opposer le sabre et les pistolets en main. Voulez-vous bien mettre mon coffre en sûreté chez vous jusqu'à ce que je vous donne de mes nouvelles, et par votre crédit me procurer un guide pour me montrer le chemin et porter mon sac?

— Voulez-vous aller par terre ou par mer? demanda Mordaunt.

— Par mer! s'écria Cleveland, quoi! dans une de ces coquilles de noix, et coquilles de noix fendues! non, non, la terre, la terre, à moins que je n'aie mon vaisseau et mon équipage.

Ils se quittèrent. Le capitaine, accompagné de son guide, partit pour Burgh-Westra, et Mordaunt prit le chemin d'Iarlshof en faisant emporter la caisse de Cleveland, qu'il déposa dans la maison de son père.

CHAPITRE IX.

« Ce colporteur paraît un homme honnête et sage;
« Vraiment, d'Autolycus il n'a point le langage,
« Ni ces brimborions frivoles et mondains
« Qui devraient chez Satan rester en magasins.
« Ecoutez ses propos : — à chaque marchandise
« Il attache un conseil qui vaut ceux de l'Eglise. »
Ancienne comédie.

Le lendemain matin, Mordaunt, questionné par son père, commença à lui donner quelques détails sur le naufragé qu'il avait sauvé des vagues. Mais il n'avait encore répété que quelques unes des particularités mentionnées par Cleveland, lorsque les regards de M. Mertoun se troublèrent: il se leva brusquement, et après avoir parcouru deux ou trois fois l'appartement dans toute sa longueur, il se retira dans son cabinet, où il se confinait quand il était sous l'influence de son humeur noire. Le soir il reparut sans aucune trace de son indisposition, mais on supposera facilement que son fils ne revint plus sur le sujet qui l'avait affecté.

Mordaunt Mertoun fut donc laissé à lui-même pour former à loisir sa propre opinion sur la nouvelle connaissance que la mer lui avait envoyée. Sans pouvoir s'en rendre compte, il fut surpris de ne pouvoir en penser très favorablement. C'était un homme bien fait, avec des manières franches et engageantes; mais il y avait en lui une certaine prétention de supériorité qui ne pouvait plaire à Mordaunt. Quoique chasseur assez ardent pour être ravi de son fusil espagnol, et quelque intérêt qu'il mît à le monter et démonter, en considérant minutieusement tous les détails de la batterie et des ornemens, toutefois il était enclin à concevoir quelques scrupules sur la manière dont il l'avait acquis.

— Je n'aurais pas dû l'accepter, pensait-il : peut-être le capitaine Cleveland a pu me le donner comme une espèce de paiement du léger service que je lui ai rendu. Cependant il eût été malhonnête de le refuser, de la façon dont il m'a été offert. Je suis fâché que ce capitaine n'ait pas davantage l'air d'un homme envers qui on aurait plus volontiers contracté des obligations.

Mais un jour de bonne chasse le réconcilia avec son fusil; et il resta assuré, comme la plupart des jeunes chasseurs en semblable circonstance, que tous les autres fusils n'étaient que des canonnières en comparaison du sien. Mais être réduit à tirer des mouettes et des veaux marins, quand il y avait des Français et des Espagnols à attaquer, des vaisseaux à prendre à l'abordage, des timoniers à viser, ne lui paraissait plus qu'une ennuyeuse et méprisable destinée. Son père lui avait parlé de quitter ces îles, et son inexpérience ne lui permettait de penser à aucun autre métier que celui de la mer, avec laquelle il était familiarisé depuis son enfance. Son ambition naguère n'avait eu d'autre but que celui de partager les fatigues et les dangers d'une pêche du Groënland, car c'était là que les Shetlandais allaient chercher leurs plus périlleuses aventures. Mais depuis que la guerre avait recommencé, les exploits de sir Francis Drake, du capitaine Mordaunt, et autres fameux aventuriers dont Bryce Snailsfoot lui avait vendu l'histoire, faisaient plus d'impression sur son esprit; et l'offre du capitaine Cleveland de le prendre à son bord se présentait souvent à son souvenir, quoique le charme d'un tel projet s'évanouît un peu quand il s'élevait en lui le doute de savoir si, dans une longue navigation, il ne trouverait pas des objections nombreuses contre son futur commandant. Il voyait déjà qu'il était obstiné dans son opinion, et qu'il pourrait bien être arbitraire, puisque même sa bienveillance était mêlée d'une affectation de supériorité; et par conséquent un instant d'humeur pouvait rendre ce défaut bien plus désagréable encore pour ceux qui naviguaient sous ses ordres.

Cependant, après avoir récapitulé toutes les objections, avec quel plaisir, se disait-il, s'il pouvait obtenir le consentement de son père, il s'embarquerait à la recherche d'objets nouveaux pour lui, et d'aventures extraordinaires dans lesquelles il se proposait de faire des exploits qui fourniraient matière à maints récits pour les aimables sœurs de Burgh-Westra ; récits qui feraient pleurer Minna, sourire Brenda, et que toutes deux admireraient !—Telle devait être la récompense de ses travaux et de ses dangers; car le foyer de Magnus Troil avait une influence magnétique sur ses pensées et ses rêveries, et c'était le point où elles se fixaient toujours.

Parfois Mordaunt songeait à rapporter à son père la conversation qu'il avait eue avec le capitaine Cleveland, et la proposition du marin ; mais l'entretien court et général qu'il avait eu à son sujet avec son père, le matin de son départ, avait produit un funeste effet sur l'esprit de

M. Mertoun, et décourageait Mordaunt d'y revenir même indirectement. Il serait temps, pensait-il, de lui faire part de la proposition du capitaine Cleveland quand son vaisseau-matelot arriverait, et qu'il lui répéterait ses offres d'une manière plus formelle, évènement qu'il supposait devoir être très prochain.

Mais les jours firent des semaines, les semaines des mois, et il n'entendit plus parler de Cleveland; il apprit seulement par les visites de Bryce Snailsfoot que le capitaine résidait à Burgh-Westra, comme s'il eût été un membre de la famille. Mordaunt en fut un peu surpris, quoique l'hospitalité sans bornes des îles Shetland, que Magnus Troil aimait à exercer plus que personne, lui eût fait trouver naturel que le capitaine demeurât chez l'Udaller jusqu'à ce qu'il eût disposé autrement de lui-même. Cependant il semblait étrange que ce Cleveland n'eût pas été dans quelques îles plus au nord pour s'informer du vaisseau qui naviguait avec lui, ou qu'il n'eût pas préféré résider à Lerwick, où des bâtimens pêcheurs apportaient souvent des nouvelles des côtes et des ports de l'Ecosse et de la Hollande. Et puis, pourquoi n'envoyait-il pas chercher le coffre qu'il avait déposé à Iarlshof? Bien plus, Mordaunt pensait qu'il aurait été poli de la part de l'étranger de lui transmettre quelque message comme marque de souvenir.

Ces sujets de réflexions étaient liés à un autre encore plus désagréable et plus difficile à expliquer. Jusqu'à l'arrivée de ce personnage, à peine une semaine se passait sans qu'il reçût quelque gage d'amitié et de souvenir de Burgh-Westra; jamais il ne manquait de prétexte pour entretenir des communications suivies; Minna avait besoin des paroles d'une ballade norse, ou demandait, pour ses diverses collections, des plumes, des œufs, des coquillages et des plantes marines rares. Brenda faisait passer une énigme à deviner, ou une chanson à apprendre.

Le vieux Udaller aussi, dans un griffonnage qui aurait pu passer pour une inscription runique, envoyait ses complimens affectueux à son jeune ami, avec un présent de provisions, et la prière de venir bientôt à Burgh-Westra pour y demeurer le plus long-temps possible. Ces gages de souvenir parvenaient souvent par un exprès, et en outre il n'y avait jamais de voyageur allant d'une habitation à une autre qui n'apportât à Mordaunt quelque preuve des dispositions amicales de l'Udaller et de sa famille. Dans ces derniers temps, ces relations étaient devenues de plus en plus rares, et aucun messager de Burgh-Westra n'avait visité Iarlshof depuis plusieurs semaines. Mordaunt observa avec chagrin ce changement, et il ne manqua pas de faire à Bryce toutes les questions que l'orgueil et la prudence lui permirent, pour s'assurer de la cause de la négligence de ses amis. Cependant il affecta un air d'indifférence en demandant au colporteur s'il n'y avait pas de nouvelles dans le pays.

— Des nouvelles! de grandes et beaucoup, répondit le colporteur. Ce facteur au cerveau fêlé va changer les *bismars* et les *lispunds*[1]; et notre digne Fowde, Magnus Troil, a juré que, plutôt que d'adopter de nouvelles mesures, il précipiterait le facteur Yellowley du haut du rocher de *Brassa*.

— Est-ce là tout? dit Mordaunt très peu intéressé.

— Tout! c'est assez, je pense, reprit le marchand forain : comment les gens vendront-ils et achèteront-ils, si on leur change les poids et les mesures?

— Cela est vrai, dit Mordaunt; mais n'a-t-on pas signalé des vaisseaux étrangers sur les côtes?

—Six dogres hollandais à Brassa, et, dit-on, une grande galiote, qui a jeté l'ancre dans la baie de Scolloway : elle vient sans doute de Norwège.

(1) Mesures d'origine norwégienne dont on se sert encore dans les îles Shetland. — ÉD.

— Point de vaisseaux de guerre, point de sloops?

— Aucun, depuis que *le Milan* est parti avec les hommes *pressés* ¹. Si Dieu le voulait et que nos hommes fussent dehors, je désirerais que la mer l'engloutît.

— Y avait-il quelque chose de nouveau à Burgh-Westra? Toute la famille y est-elle en bonne santé?

— Bonne, très bonne. On y est en train de rire et de danser toute la nuit avec le capitaine étranger qui y demeuré, celui qui a fait naufrage à Sumburgh-Head. Il n'y avait pas de quoi rire alors.

— Rire, danser chaque nuit! dit Mordaunt un peu mécontent. Avec qui danse le capitaine Cleveland?

— Avec qui il veut, je pense; il n'y a personne qu'il ne mette en train avec son violon; mais je m'en occupe fort peu, et ma conscience ne me permet guère de regarder des pirouettes. Les gens devraient se souvenir que la vie n'est qu'un tissu de mauvaise laine.

Mordaunt, aussi mécontent de ce que lui apprenait cette réponse que des scrupules affectés du colporteur, lui dit:

— Je crois que c'est de peur que les gens n'oublient cette salutaire vérité, que vous leur vendez des marchandises si mondaines.

— Vous me disiez que j'aurais dû me souvenir que vous aimiez vous-même la danse et le violon, monsieur Mordaunt, mais je suis un vieillard, je dois décharger ma conscience. Après tout, je vous garantis que vous serez au bal qui aura lieu à Burgh-Westra, la veille de Jean (ou Saint-Jean, comme les hommes aveugles l'appellent); et à coup sûr vous aurez besoin de quelques parures mondaines: bas, gilets ou autres. J'ai des marchandises de Flandre.

(1) Le sens de cet adjectif est clair pour ceux qui n'ignorent pas que la *presse* des matelots anglais est une conscription arbitraire par laquelle on enrôle à l'improviste les marins à la veille d'une expédition. — Ed.

Et à ces mots il plaça sa balle sur la table et commença à l'ouvrir.

— La danse! répéta Mordaunt; la danse la veille de la Saint-Jean? Vous a-t-on chargé de m'y inviter, Bryce?

— Non, mais vous savez assez que vous serez bien accueilli, invité ou non. Ce capitaine, comment l'appelez-vous? doit être le chef, le premier de la bande, comme on dit, je crois.

— Le diable l'emporte! dit Mordaunt impatienté.

— Cela viendra! reprit le colporteur; ne poussez le bétail de personne, le diable aura sa part, je vous le garantis, ou ce ne sera pas faute de le chercher. C'est la vérité que je vous dis là, quand vous me regarderiez encore davantage, comme un chat sauvage, avec de grands yeux; et ce même capitaine, quel est donc son nom? m'a acheté un de ces gilets que je vais vous montrer, rouge, avec une riche bordure et joliment brodé. J'en ai un coupon pour vous tout-à-fait semblable avec un liséré vert; et si vous voulez danser auprès de lui, il faut l'acheter, car c'est une étoffe qui est bien du goût des jeunes filles aujourd'hui. Voyez, regardez-la, ajouta-t-il en déployant le coupon dans tous les sens; voyez-le avec la lumière; voyez-le à l'endroit et voyez-le à l'envers. C'est une étoffe venue des Pays-Bas : elle vaut quatre dollars; et le capitaine en a été si satisfait qu'il m'a jeté vingt shillings Jacobus, en me disant de garder la différence et d'aller au diable! Pauvre profane, je le plains!

Sans s'informer si le colporteur témoignait sa compassion sur l'imprudence mondaine du capitaine Cleveland ou sur son manque de religion, Mordaunt lui tourna le dos, croisa les bras, et fit plusieurs pas dans l'appartement en se répétant à lui-même :

— Non invité! un étranger être le roi de la fête! mot

qu'il prononça tant de fois que Bryce en entendit au moins la moitié.

— Quant à ce qui est d'être invité, je me permettrai de vous dire, monsieur Mordaunt, que vous serez invité.

— A-t-on parlé de moi? demanda Mordaunt.

— C'est ce que je ne saurais dire précisément, répondit Bryce Snailsfoot; mais vous n'avez que faire de détourner la tête d'un air si farouche, comme un veau marin qui quitte le rivage; car, voyez-vous, j'ai entendu distinctement dire que tous les gens du pays seront conviés. Peut-on penser qu'on vous oublierait? vous, un ancien ami (Dieu vous réserve une meilleure louange dans son temps de miséricorde!); vous dont le pied est le plus agile de tous ceux qui ont jamais fait des cabrioles au son du violon, dans ces îles! Je vous regarde donc comme invité, et vous ferez sagement de vous pourvoir d'un gilet, car tout le monde sera brave à cette fête. Le Seigneur en ait compassion !

Il ne cessa de suivre de l'œil les mouvemens du jeune Mordaunt Mertoun, qui continuait à parcourir la chambre d'un air distrait que le colporteur interpréta mal probablement, car il pensait, comme Claudio, que si un homme est triste, c'est qu'il manque d'argent. C'est pourquoi, après une autre pause, Bryce l'accosta en lui disant :

— Il ne faut pas que cela vous inquiète, monsieur Mordaunt, car, quoique j'aie fait payer le capitaine au plus juste prix, cependant je puis vous traiter en ami, comme une pratique, et réduire le prix de l'article, comme on dit, à la portée de votre bourse; il m'est encore égal d'attendre jusqu'à la Saint-Martin ou même la Chandeleur. Je suis un homme honnête, monsieur Mordaunt; Dieu me garde de presser qui que ce soit, et encore moins un ami qui m'a déjà plusieurs fois acheté; ou bien je me contenterais de vous laisser l'étoffe pour sa valeur en plumes, en peaux de loutres ou toute autre espèce de pelleterie. Personne ne sait mieux que vous comment se procurer ces choses-là, et je suis sûr de vous avoir fourni la meilleure des poudres. Je ne sais si je vous ai dit qu'elle venait de la provision du capitaine Plumet, qui périt sur le scaw d'Unst avec le brick *Marie*, il y a six ans. Il était lui-même grand chasseur, et heureusement sa boîte à poudre parvint à sec sur la côte. Je n'en vends qu'aux bons tireurs. Je vous disais donc que, si vous avez quelque chose à donner en échange pour le gilet, je suis prêt à faire ce troc avec vous; car assurément vous serez demandé à Burgh-Westra la veille de Saint-Jean, et vous ne voudriez pas être mis plus mal que le capitaine; cela ne serait pas convenable.

— J'y serai du moins, invité ou non, dit Mordaunt s'arrêtant tout court et prenant l'étoffe des mains du colporteur; — et, comme vous le dites, je ne leur ferai pas honte.

— Prenez garde, prenez garde, monsieur Mordaunt, s'écria le marchand forain; vous la maniez comme si c'était une toile d'emballage, vous la mettrez en morceaux : vous pouvez bien dire que ma marchandise est fine. Rappelez-vous que le prix est de quatre dollars. Vous mettrai-je sur mon livre pour cela?

— Non, dit brusquement Mordaunt. Et prenant sa bourse il en tira l'argent.

— Dieu vous fasse la grâce de porter le gilet, dit le colporteur tout content, et à moi celle de faire valoir ces dollars! Qu'il nous préserve des vanités terrestres et d'une avidité mondaine! Qu'il vous envoie le vêtement blanc de la parabole, qui est bien plus à désirer que les mousselines, les batistes, les linons et les soies de ce monde! Qu'il m'accorde à moi les talens, qui sont plus utiles que l'or le plus pur d'Espagne ou des dollars de Hollande. Et... et... mais, Dieu assiste le jeune homme! pourquoi manier ainsi cette soie comme un bouchon de foin?

En ce moment, la vieille Swertha, la femme de charge, entrait dans l'appartement. Mordaunt, comme pressé de se distraire de ce qui l'occupait, lui jeta son emplette avec une espèce de dédain insouciant; et lui ayant dit de la mettre de côté, il prit son fusil qui était dans un coin, avec son attirail de chasse, et sortit sans faire attention à Bryce qui voulait entamer une autre conversation sur la belle peau de veau marin aussi douce que celle d'un chamois, — dont étaient faits l'étui de son fusil et sa bretelle.

Le colporteur, avec ses petits yeux verts que nous avons déjà décrits, continua pendant quelque temps à regarder le chaland qui traitait sa marchandise avec tant d'irrévérence.

Swertha le regarda elle-même avec quelque surprise.
— Le jeune homme est fou, dit-elle.

— Fou, répéta le colporteur; il sera comme son père. Traiter ainsi une étoffe qui lui coûte quatre dollars. Il n'y a pas de poisson aussi fou que celui-là, comme disent les pêcheurs de l'Eske.

— Quatre dollars pour ce chiffon! dit Swertha qui ne s'attacha qu'aux mots imprudens qui venaient d'échapper au colporteur; voilà un bon marché, ma foi! Je ne sais s'il est plus fou que vous n'êtes fripon, Bryce Snailsfoot.

— Je ne dis pas que cela lui ait coûté précisément quatre dollars; mais quand cela serait, l'argent du jeune homme est à lui, j'espère, et il est assez grand pour faire lui-même ses emplettes; et d'ailleurs la marchandise vaut bien l'argent, et plus encore.

— Plus encore! dit Swertha froidement, je veux voir ce que son père en pense.

— Vous ne serez pas si méchante, mistress Swertha, ce serait mal me remercier du joli fichu que je vous ai apporté de Lerwick.

— Et que vous vendez assez cher, car voilà où aboutissent vos complaisances officieuses.

— Vous fixerez vous-même le prix, ou vous me le paierez quand vous achèterez quelque chose pour la maison ou pour votre maître ; il servira à arrondir un compte.

— Vrai, bien vrai, Bryce Snailsfoot? Je crois que nous aurons besoin de quelque cotonnade : car il ne faut pas qu'on dise que nous savons filer comme s'il y avait une maîtresse dans la maison ; aussi nous ne faisons aucune espèce de toile ici.

— Et voilà ce que j'appelle vivre selon la sainte Ecriture, dit le colporteur : — Songez à ceux qui achètent comme à ceux qui vendent : — il y a beaucoup à gagner dans ce texte.

— Il y a plaisir à faire des affaires avec un homme sage, qui sait mettre tout à profit, dit Swertha ; et maintenant que j'examine mieux l'emplette de ce jeune fou, je pense qu'elle vaut bien quatre dollars.

CHAPITRE X.

« J'ai réglé le ciel et la distribution des saisons. Le
« soleil a écouté mes décrets et passé d'un tropique à
« l'autre, dirigé par moi; à mon commandement les
« nuages ont versé leurs eaux. »

RASSELAS.

LE même motif de réflexion pénible et humiliante qui, dans l'âge avancé, occasione une inactivité pensive et boudeuse, ne fait qu'exciter la jeunesse à un exercice violent, comme si, semblable au cerf blessé, elle cherchait à s'étourdir sur la douleur du trait fatal par la rapidité de ses mouvemens. Quand Mordaunt eut pris son fusil et fut sorti de la maison d'Iarlshof, il parcourut à grands pas la campagne sans aucun but déterminé, excepté celui d'échapper à l'amertume de son propre dépit. Son orgueil était mortifié par les propos du colporteur, qui s'accordaient exactement avec les doutes qu'il avait conçus d'après le long silence de ses amis de Burgh-Westra.

Si la fortune de César l'avait condamné, selon l'idée du poète, à n'avoir été que

> Le meilleur des lutteurs applaudis dans le cirque,

il est permis cependant de présumer qu'un échec dans cet exercice l'aurait autant humilié qu'aurait pu le faire la victoire du rival auquel il disputait l'empire du monde. De même, Mordaunt Mertoun, dégradé à ses propres yeux du rang qu'il avait occupé comme le premier des jeunes gens de l'île, était aussi irrité qu'humilié. Les deux jolies sœurs, dont chacun était jaloux d'obtenir le sourire, avec lesquelles il avait entretenu long-temps une amitié si intime que, sans que rien en altérât l'innocence, il s'y mêlait quelque teinte de tendresse indéfinissable, mais plus vive que l'amitié fraternelle; ces jolies sœurs aussi semblaient l'avoir oublié. Il ne pouvait ignorer que, dans l'opinion générale, il aurait pu prétendre à être l'amant préféré de l'une des deux, et maintenant, tout-à-coup, sans aucun tort de sa part, il leur était devenu si indifférent, qu'il avait perdu ce qui survit même à une liaison ordinaire. Le vieil Udaller, dont le caractère cordial et sincère aurait dû être plus constant dans son affection, semblait avoir été aussi léger que ses filles; et le pauvre Mordaunt avait perdu à la fois le sourire de la beauté et la faveur du pouvoir : c'étaient de tristes réflexions, et il doubla le pas pour s'en distraire s'il était possible.

Sans trop réfléchir à la route qu'il prenait, Mordaunt s'avançait à travers un pays où ni haie, ni mur, ni enclos d'aucune sorte n'arrêtent le voyageur, jusqu'à ce qu'il parvînt à un endroit très solitaire entouré de collines, au milieu desquelles était un de ces petits lacs communs dans les îles Shetland, et dont les eaux qui s'en échappent forment les sources des petits ruisseaux et des petites rivières par lesquels le pays est arrosé, et qui servent à faire mouvoir les moulins.

C'était un beau jour d'été ; les rayons du soleil, comme cela n'est pas rare dans les îles Shetland, étaient tempérés par une vapeur argentée qui, voilant l'atmosphère et détruisant le contraste frappant de l'ombre et de la lumière, prêtait même au jour de midi les douces teintes du crépuscule. Le petit lac, qui n'avait pas plus d'un mille de circuit, était dans un calme profond, et offrait une surface polie, excepté lorsqu'un des nombreux oiseaux qui glissaient sur son onde venait à s'y plonger un instant ; l'abondance des eaux lui donnait cette nuance de vert azuré d'où lui venait le nom de Green-Loch. Dans ce moment il formait un miroir si transparent pour les blanches collines qui se réfléchissaient dans son cristal, qu'il était difficile de distinguer la terre de l'onde. D'ailleurs, dans l'ombre douteuse causée par la brume un étranger aurait pu s'apercevoir à peine qu'une plaine humide s'étendait devant lui : on n'aurait guère pu imaginer le tableau d'une solitude plus complète, et dont l'impression était encore aidée par la sérénité de la saison, les teintes pâles de l'atmosphère et le silence solennel des élémens. Les oiseaux aquatiques eux-mêmes, qui fréquentaient le lac en grand nombre, ne prenaient point leur vol accoutumé, se gardaient de pousser leurs cris, et voguaient dans une tranquillité profonde sur l'onde silencieuse.

Sans viser aucun objet déterminé, sans presque penser à ce qu'il allait faire, Mordaunt mit son fusil en joue et fit feu sur le lac. Les plombs tombèrent sur la surface comme les gouttes d'une ondée ; les collines s'emparèrent du bruit de l'explosion, et le répétèrent d'échos en échos. Les oiseaux prirent leur vol, les uns en groupes, les autres en désordre, répondant aux échos par mille cris divers, depuis l'accent le plus grave du harle noir jusqu'à la voix plaintive de la mouette tachetée.

Mordaunt regarda un moment la troupe criarde avec un ressentiment que lui inspiraient toute la nature et tous les êtres, animés ou non, quelque peu de rapport qu'ils eussent avec la cause de son dépit secret.

— Oui, oui, dit-il, volez, plongez, criez tant qu'il vous plaira, et tout cela parce que vous avez vu quelque chose d'étrange et entendu un son inaccoutumé. Il y a bien des gens qui vous ressemblent dans ce bas monde; mais vous autres, du moins, vous apprendrez, ajouta-t-il en rechargeant son fusil, que des objets et des sons nouveaux, comme des connaissances nouvelles, ont aussi quelquefois leur danger. — Mais pourquoi ferais-je retomber ce qui me contrarie sur ces innocentes mouettes? dit-il après une réflexion d'un moment. Qu'ont-elles de commun avec les amis qui m'ont oublié? — Ah! je les ai tant aimés! Être ainsi abandonné pour le premier étranger que le hasard jette sur la côte!

Pendant qu'il était appuyé sur son fusil, livrant son âme au cours de ces pensées pénibles, sa rêverie fut soudain interrompue par quelqu'un qui le toucha sur l'épaule. Il tourna la tête, et vit Norna de Fitful-Head enveloppée dans les amples plis de son noir manteau. Elle l'avait aperçu du sommet de la colline, et était descendue vers le lac par un étroit ravin qui la cachait, jusqu'à ce que, s'approchant de Mordaunt sans bruit, elle le fit retourner en posant sa main sur son épaule.

Mordaunt Mertoun n'était naturellement ni timide ni crédule, et les bons livres qu'il avait lus avaient en quelque sorte fortifié son esprit contre les attaques de la superstition; mais il eût été un véritable prodige si, vivant dans les îles Shetland à la fin du dix-septième siècle, il avait possédé la philosophie qui n'existait pas encore généralement en Ecosse deux générations plus tard.

Il doutait en lui-même de l'étendue et même de l'existence des attributs surnaturels de Norna, ce qui était un grand effort d'incrédulité dans un pays où ces attributs étaient des articles de foi; mais son incrédulité n'allait pas au-delà du doute. Norna était vraiment une femme extraordinaire, douée d'une énergie supérieure, agissant par des motifs connus d'elle seule et très indépendans de toute autre considération humaine. C'est à l'impression de ces idées, dont il était imbu dès son enfance, qu'il faut attribuer l'espèce de sentiment d'alarme avec lequel il vit tout-à-coup cette femme mystérieuse paraître si près de lui et le regardant de l'air sévère et triste avec lequel on supposait que les *fatales vierges*, appelées par la mythologie du nord *Valkyriur* ou — *Choisisseuses de guerriers tués*, regardaient les jeunes héros destinés par elles à partager le banquet d'Odin.

On considérait en effet comme une circonstance malheureuse, pour ne rien dire de plus, de trouver Norna seule et dans un lieu éloigné de tous témoins. Elle passait pour être dans cette circonstance une prophétesse de malheur, autant qu'un funeste augure pour ceux qui faisaient une semblable rencontre. Peu d'insulaires, même de ceux qui étaient familiarisés avec son aspect dans les lieux fréquentés, auraient pu s'empêcher de trembler en l'abordant sur les rives solitaires du *Lac-Vert*.

— Je ne vous apporte aucun malheur, Mordaunt Mertoun, dit-elle en devinant peut-être dans les yeux du jeune homme quelque chose de ce sentiment superstitieux. Je ne vous ai jamais fait aucun mal, vous n'aurez jamais rien à craindre de moi.

— Je ne crains rien, dit Mordaunt, s'efforçant de bannir une crainte qu'il sentait être indigne d'un homme. Pourquoi vous craindrais-je, ma bonne mère? vous avez toujours été mon amie.

— Cependant, Mordaunt, tu n'es pas de nos régions; mais aucun de ceux qui ont dans leurs veines le sang shetlandais, — non, pas même ceux qui s'asseyent autour du foyer de Magnus Troil, les nobles descendans des anciens comtes des Orcades, ne peuvent m'inspirer des vœux plus tendres que ceux que je fais pour toi, bon et brave jeune homme. Quand je passai à ton cou cette chaîne enchantée, que chacun dans nos îles sait être le travail d'une main non mortelle, et l'ouvrage des drows dans les détours obscurs de leurs cavernes, tu n'avais que quinze ans; déjà pourtant tu avais porté tes pas sur le Northsnaven, qui n'avait jusque là été foulé que par les pattes membraneuses du *swartback,* et ta barque s'était engagée dans les profondes cavernes de Brinnastir, où le *haaf-fish*[1] avait jusqu'alors dormi dans un sombre repos. Voilà pourquoi je te fis ce noble don; et tu sais bien que depuis ce jour chacun dans cette île t'a regardé comme un fils ou comme un frère, le plus heureusement doué des jeunes gens, et le favori de ceux qui deviennent puissans quand la nuit succède au jour[2].

— Hélas! bonne mère, dit Mordaunt, votre présent a pu me donner la faveur, mais il n'a pu me la conserver. Qu'importe! j'apprendrai à faire peu de cas de ceux qui font si peu de cas de moi. Mon père dit que je quitterai bientôt ces îles; ainsi donc, mère Norna, je vous rendrai

---

(1) Le veau marin qui habite les cavernes les plus profondes. *Voy.* la description des îles Shetland, par Edmonstone. (*Note de l'auteur.*)

(2) Les *drows* ou *trows,* successeurs légitimes des *duergars* du nord, et un peu alliés aux fées, résident, comme cette dernière classe d'esprits, dans les cavernes des collines. Ils sont habiles ouvriers en fer et en toutes sortes de métaux précieux. Quelquefois propices et bienveillans pour les mortels, ils sont plus souvent capricieux et malveillans. Parmi le peuple des îles Shetland, leur existence est un article de foi universel; dans les îles voisines de Feroe, on les appelle *foddensheneand* ou *le peuple souterrain.* Lucas Jacobson Deby, très instruit de leur nature, nous assure qu'ils habitent dans des lieux profanés par l'effusion du sang ou l'exécution de quelque grand crime. Leur gouvernement paraît être monarchique. (*Note de l'auteur.*)

votre don enchanté, afin qu'il porte un bonheur plus durable à quelque autre qu'à moi.

— Ne méprise pas les présens de la race sans nom, dit Norna en fronçant le sourcil. Et changeant soudain son air de mécontentement en un ton de solennelle tristesse, elle ajouta : — Ne les méprise pas, mais, ô Mordaunt, ne les recherche pas. Assieds-toi sur cette pierre grise. Tu es le fils de mon adoption, je me dépouillerai autant que possible des attributs qui m'isolent de la masse commune des hommes, pour te parler comme une mère à son fils.

A cette emphase de langage se mêlaient ce ton plaintif et cette dignité de maintien qui captivent l'attention et l'intérêt.

Mordaunt s'assit sur le roc qu'elle lui montrait du doigt parmi d'autres fragmens épars à l'entour, et arrachés par les orages du mont escarpé au pied duquel ils étaient, sur le bord du même lac.

Norna s'assit sur une pierre à trois pas environ de distance, et ajusta son manteau de manière qu'on ne voyait plus que son front, ses yeux et une seule mèche de sa chevelure grise. Elle continua ensuite d'un ton dans lequel la gravité et l'importance, si souvent affectées par la folie, semblaient le disputer aux sentimens profonds d'une affliction extraordinaire.

— Je n'ai pas toujours été, dit-elle, ce que je suis maintenant; je ne fus pas toujours la sage, la puissante, la souveraine devant qui la jeunesse tremble abattue, et le vieillard découvre ses cheveux blancs. Il fut un temps où mon aspect n'imposait pas silence à la gaieté; je sympathisais avec les passions humaines, et j'avais ma part des plaisirs et des chagrins des mortels. C'était un temps d'abandon; c'était un temps de folie, un temps de larmes sans motif; le temps d'un rire frivole et sans objet : et cependant, malgré ces folies, ces chagrins et ces faiblesses, que ne donnerait pas Norna de Fitful-Head pour être encore la jeune fille heureuse et inaperçue de ses premières années! Ecoute-moi, Mordaunt, et plains-moi; car tu m'entends proférer des plaintes qui n'ont jamais retenti pour aucune oreille mortelle, et qui ne retentiront plus. Je serai ce que je puis être, continua-t-elle en se relevant comme en sursaut et étendant son bras flétri : je serai la reine et la protectrice de ces îles sauvages et négligées; je serai celle dont les vagues ne mouillent le pied que par sa permission; oui, même quand la mer est tourmentée de sa rage la plus terrible; je serai celle dont les vêtemens sont respectés par l'orage lorsqu'il découvre la toiture des maisons. Tu en as été le témoin, Mordaunt Mertoun. Tu entendis mes paroles à Harfra; tu vis la tempête s'apaiser. Parle, et fais entendre ton témoignage.

Contredire Norna dans cette veine d'enthousiasme aurait été cruel et inutile, quand bien même Mordaunt eût été plus convaincu qu'il ne l'était qu'une femme en délire, et non une sibylle douée d'un pouvoir surnaturel, était devant lui.

— Je vous entendis chanter, reprit-il, et je vis la tempête diminuer.

— Diminuer! s'écria Norna en frappant la terre de son noir bâton de chêne avec impatience; tu ne dis la vérité qu'à demi. La tempête s'apaisa soudain, et dans un plus court espace que l'enfant à qui sa nourrice commande le silence. Tu connais assez mon pouvoir; mais tu ignores, l'homme mortel ignore quel prix j'ai payé pour l'acquérir. Non, Mordaunt, jamais, quand il s'agirait de cette vaste domination, orgueil des anciens hommes du Nord, alors que leurs bannières flottaient triomphantes depuis Bergen jusqu'en Palestine, jamais, pour tout ce que contient le monde, ou pour un pouvoir égal à celui de Norna, garde-toi bien de vendre la paix de ton cœur.

Elle reprit sa place sur le roc, remit son manteau sur son visage, reposa sa tête sur ses mains, et par le mouvement convulsif qui agitait son sein, elle parut pleurer amèrement.

— Bonne Norna, dit Mordaunt, et il se tut, ne sachant trop que dire pour consoler l'infortunée. Bonne Norna, reprit-il, s'il est quelque chose qui trouble votre âme, ne feriez-vous pas mieux d'aller trouver le digne ministre de Dunrossness? On dit que depuis plusieurs années vous n'avez paru dans aucune assemblée chrétienne. Ce ne peut être bien. Vous êtes vous-même bien connue pour guérir les maladies corporelles; mais quand l'âme est malade, nous devons aller trouver le médecin de nos âmes.

Norna avait quitté lentement l'attitude penchée qu'elle avait prise; mais à la fin elle se releva debout, se dépouilla de son manteau, étendit le bras, et, l'écume sur les lèvres, l'œil étincelant, elle s'écria d'un ton douloureux :

— C'est à moi, à moi, que vous avez dit d'aller trouver un prêtre! voudriez-vous faire mourir le saint homme d'horreur? Moi dans une assemblée chrétienne! voudriez-vous faire tomber le faîte de l'édifice sur la congrégation, et arroser l'autel d'un sang peut-être coupable? Moi, chercher le médecin des âmes! voudriez-vous que le démon vînt réclamer ouvertement sa proie devant Dieu et l'homme?

L'extrême agitation de la malheureuse Norna fit un moment partager à Mordaunt la croyance généralement adoptée dans ces îles superstitieuses.

— Malheureuse femme! dit-il, si en effet tu t'es liguée avec le dieu du mal, pourquoi ne pas chercher le repentir? Mais fais comme tu le voudras; je ne puis, je n'ose, comme chrétien, demeurer plus long-temps avec toi. Reprends ton présent, dit-il en voulant lui rendre la chaîne. Le bien ne peut jamais en provenir, si même le mal n'en est pas déjà sorti.

— Silence! écoute-moi, jeune insensé, dit Norna avec calme, comme si elle avait été rendue à la raison par l'alarme et l'horreur qu'elle crut avoir inspirées à Mordaunt; écoute-moi, te dis-je. Je ne suis pas de ceux qui se sont ligués avec l'ennemi du genre humain, ou qui ont reçu de son ministère la science ou le pouvoir. Quoique les esprits aient été rendus propices par un sacrifice que des lèvres mortelles ne peuvent jamais déclarer, cependant Dieu sait que ma faute, dans cette offrande, fut semblable à celle de l'aveugle qui tombe dans le précipice qu'il ne pouvait ni voir ni éviter. Oh! ne me laisse pas, ne m'évite pas dans cette heure de faiblesse! Reste avec moi jusqu'à ce que la tentation soit passée, ou je me plongerai dans ce lac pour me délivrer à la fois de ma puissance et de ma misère!

Mordaunt avait toujours eu pour cette femme singulière une sorte d'affection qui prenait probablement sa source dans les égards qu'elle lui avait toujours témoignés ; il se laissa facilement engager à se rasseoir et à écouter ce que Norna avait encore à lui dire, dans l'espérance qu'elle surmonterait bientôt son agitation.

Il se passa peu de temps avant qu'elle eût remporté sur son trouble la victoire qu'attendait Mordaunt, car elle lui dit du ton ferme et impératif qui lui était habituel :

— Ce n'est pas de moi, Mordaunt, que je voulais parler, quand, vous apercevant du sommet de ce roc grisâtre, j'ai descendu le sentier pour venir à vous. Ma destinée est invariable, bonne ou mauvaise. Pour ce qui me regarde, j'ai cessé d'être sensible ; mais, pour ceux qu'elle aime, Norna de Fitful-Head conserve encore les sentimens qui la lient à l'espèce humaine. Observe bien ce que je dis : il est un aigle, le plus noble de ceux qui bâtissent leur aire sur ces rocs aériens ; dans l'asile de cet aigle s'est glissée une vipère; veux-tu me prêter ton aide pour écraser le reptile et sauver la noble race du prince des cieux du nord?

— Parlez plus clairement, Norna, dit Mordaunt, si

vous voulez que je vous comprenne et que je vous réponde. Je ne sais pas deviner les énigmes.

— En termes plus clairs, donc, vous connaissez la famille de Burgh-Westra; les aimables filles du généreux Udaller Magnus Troil, Minna et Brenda. Je veux dire..., vous les connaissez et vous les aimez.

— Je les ai connues, bonne mère, reprit Mordaunt, et je les ai aimées... Personne ne le sait mieux que vous.

— Les connaître une fois, c'est les connaître toujours, dit Norna d'un ton d'emphase... Les aimer une fois, c'est les aimer à jamais.

— Les avoir aimées une fois, c'est souhaiter pour toujours leur bonheur, mais rien de plus, reprit le jeune homme. Pour vous parler avec franchise, les habitans de Burgh-Westra m'ont totalement négligé depuis quelque temps. Mais indiquez-moi les moyens de les servir, je vous convaincrai que je n'ai pas perdu le souvenir d'une ancienne amitié, et que je sais oublier une indifférence récente.

— C'est bien parler, et je vous mettrai à l'épreuve. Magnus Troil a réchauffé un serpent dans son sein. Ses aimables filles sont livrées aux projets d'un lâche.

— Vous voulez parler de l'étranger, de Cleveland? dit Mordaunt.

— De l'étranger qui s'appelle de ce nom, reprit Norna; le même que nous trouvâmes sur le rivage, semblable à un monceau d'algues marines, au pied du cap Sumburgh. Quelque chose me disait que j'aurais dû le laisser là jusqu'à ce qu'il fût repris par le flot qui l'avait apporté au rivage. Je me repens de n'avoir pas obéi à cette idée.

— Pour moi, dit Mordaunt, je ne puis me repentir d'avoir fait mon devoir en chrétien; et quel motif aurais-je de le regretter? Si Minna, Brenda, Magnus et les autres préfèrent l'étranger, je n'ai aucun droit de m'en offenser;

bien plus, je pourrais faire rire à mes dépens, si je me mettais en comparaison avec lui.

— C'est bien, et j'espère qu'ils méritent ton amitié désintéressée.

— Mais je ne puis deviner, dit Mordaunt, en quoi vous me proposez de leur être utile. Je viens d'apprendre par Bryce, le colporteur, que le capitaine Cleveland est au mieux avec les jeunes dames à Burgh-Westra, et avec l'Udaller lui-même. Je ne me soucie guère de m'introduire où je ne serais pas bien accueilli, ni d'opposer mon pauvre mérite à celui du capitaine Cleveland : il peut leur décrire des batailles, je ne puis leur parler que de nids d'oiseaux ; il peut leur dire combien il a tué de Français, et moi je n'ai tué que des veaux marins ; il porte de beaux habits, il a une jolie tournure ; je suis mis simplement, plus simplement élevé. D'aimables étrangers comme lui peuvent prendre les cœurs de ceux avec qui ils vivent, comme l'oiseleur prend le guillemot avec ses lacets.

— Vous vous faites tort à vous-même, reprit Norna, tort à vous-même, et plus encore à Minna et à Brenda ; ne croyez pas les rapports de Bryce Snailsfoot, cet homme avide, qui plongerait dans l'eau pour la plus vile pièce de monnaie. Il est certain que si vous avez perdu dans l'opinion de Magnus Troil, ce fripon y a eu sa part. Mais qu'il prenne garde à ses comptes ! j'ai les yeux sur lui.

— Et pourquoi, ma mère, dit Mordaunt, ne répétez-vous pas à Magnus ce que vous venez de me dire ?

— Parce que ceux qui croient trop à leur sagesse doivent recevoir une amère leçon de l'expérience. Hier encore je parlai à Magnus; et que me répondit-il ? — Bonne Norna, vous vous faites vieille. — Et ce fut là tout ce que me dit un homme lié à moi par tant de nœuds..., le descendant des anciens comtes norses..., Magnus Troil...!

— à moi ! oui ; et en faveur de qui ? d'un homme que la mer a rejeté ici comme un débris de naufrage. Puisqu'il méprise les conseils de l'âge, il s'instruira par ceux de la jeunesse ; heureux encore de n'être pas abandonné à sa propre folie ! Allez donc à Burgh-Westra, comme à l'ordinaire, pour la Saint-Jean.

— Je n'ai point reçu d'invitation ; on ne me demande ni on ne me désire, on ne pense même pas à moi, dit Mordaunt ; peut-être ne me reconnaîtra-t-on pas si j'y vais ; et cependant, ma mère, à vous dire vrai, j'avais pensé à y aller.

— Bonne pensée qu'il faut suivre, reprit Norna : nous visitons nos amis quand ils sont malades, pourquoi ne le ferions-nous pas quand c'est leur esprit qui souffre, et que la prospérité leur est funeste? Ne manquez pas d'y aller... Peut-être nous y trouverons-nous. Mais nos routes sont différentes. Adieu, et ne parlez pas de cette rencontre.

Ils se séparèrent, et Mordaunt resta debout sur le bord du lac, les yeux fixés sur Norna, jusqu'au moment où sa grande taille disparut dans les détours du sentier qu'elle suivit. Mordaunt retourna chez son père, déterminé à suivre un conseil qui était conforme à ses propres désirs.

CHAPITRE XI.

« Je changerai tous vos anciens usages :
« Vous ne pourrez boire, manger, parler,
« Penser, agir, vous reposer, aller,
« Comme avant vous le faisaient tous vos pères.
« J'apporte ici des coutumes contraires :
« Rien n'y sera comme il était avant ;
« Et même au lit l'homme, dorénavant,
« Prendra le mur, la femme la ruelle. »
Il y a apparence que nous ne sommes pas d'accord.

LE jour de la fête approchait, et il n'arrivait pas d'invitation pour celui sans lequel, peu de temps auparavant, il n'y aurait pas eu de bonne fête dans toute l'île, tandis que partout il n'était bruit que de la faveur dont jouissait le capitaine Cleveland dans la famille du vieux Udaller de Burgh-Westra. De tels changemens faisaient secouer la tête à Swertha et au Rauzellaer, et ils employaient souvent des voies indirectes pour faire sentir à Mordaunt qu'il s'était attiré cette disgrâce par l'imprudente activité qu'il avait déployée pour sauver un étranger que le reflux de la première vague devait entraîner dans la mer. — Il faut laisser l'eau salée faire sa volonté, disait Swertha ; la contrarier ne porte jamais bonheur.

— Vrai ! dit le Rauzellaer, un homme sage laisse à la vague et à la corde ce qui leur appartient. Un homme à demi-noyé ou à demi-pendu porte toujours malheur. Qui est-ce qui a tué d'un coup de feu Will Paterson à la hauteur de Noss? c'est le Hollandais qu'il avait tiré de l'eau. Jeter une planche ou un câble à l'homme qui se noie, c'est peut-être agir en bon chrétien ; et cependant n'y touchez pas, vous dis-je, si vous ne voulez vous exposer à quelque danger.

— Vous êtes un homme prudent et un digne homme, Rauzellaer, dit Swertha en soupirant, et vous savez aider un voisin quand il faut, aussi bien que quiconque qui ait jamais tiré un filet.

— J'ai vécu plus d'un jour, répondit le Rauzellaer, et j'ai entendu ce que mes anciens disaient là-dessus. Personne dans nos îles n'en fera plus que moi pour rendre service à un chrétien sur la terre ferme, mais s'il lui faut du secours pour le tirer de l'eau salée, c'est une autre affaire !

— Et cependant, dit Swertha, penser que ce Cleveland s'est mis devant le jour de notre jeune maître ! et cela chez Magnus Troil, qui, à la Pentecôte dernière, le regardait encore comme la fleur de l'île; Magnus qui passe, quand il est à jeun, le brave homme, pour le plus sage comme le plus riche de tous les Shetlandais.

— Magnus n'y gagnera rien, répliqua le Ranzellaer en secouant la tête avec un air de sagacité; il y a des momens, Swertha, où les plus sages d'entre nous, et je confesse humblement que je suis de ce nombre, ne sont que de véritables oisons. Mais il leur est aussi impossible de gagner quelque chose par leurs traits de folie, qu'il le serait pour moi de monter au haut du promontoire de Sumburgh : cela m'est arrivé une ou deux fois dans ma vie. Mais nous verrons bientôt quel mal résultera de tout ceci, car il ne peut en résulter de bien.

— Non, non, répondit Swertha du même ton de sagesse prophétique, il ne peut en résulter de bien, cela n'est que trop vrai.

Ces funestes prédictions, répétées de temps en temps, ne laissaient pas de produire quelque effet sur Mordaunt. Il ne supposait pas, à la vérité, que les désagrémens qu'il éprouvait fussent la conséquence nécessaire de l'action charitable de sauver un homme prêt à périr dans la mer; mais il lui semblait qu'il était sous l'influence d'un charme dont il ne connaissait ni l'étendue ni la nature; qu'en un mot quelque puissance insurmontable exerçait un empire funeste sur sa destinée. Sa curiosité et son inquiétude étaient portées au plus haut degré, et il persista dans la résolution de se montrer à la fête prochaine, où un pressentiment semblait lui annoncer qu'il se passerait quelque évènement imprévu qui déciderait de son avenir.

Comme son père était alors dans son état de santé ordinaire, il était indispensable qu'il lui fît part de son projet d'aller à Burgh-Westra. Il l'en informa donc, et Mertoun voulut savoir quel motif particulier lui faisait désirer de s'y rendre à cette époque plutôt qu'à toute autre.

— C'est un temps de fête, répondit le jeune homme; tout le pays sera rassemblé.

— Et vous avez envie d'ajouter un fou à tous ceux qui

s'y trouveront. Allez-y, mais prenez garde à la manière dont vous marcherez dans le sentier où vous allez entrer. Une chute du haut des rochers de Foulah ne serait pas plus dangereuse.

— Puis-je vous demander la raison de cet avis? demanda Mordaunt sortant un instant de la réserve qui avait toujours existé entre lui et son singulier père.

— Magnus Troil a deux filles, répondit Mertoun. Vous êtes dans l'âge où l'on regarde de pareils jouets avec affection, pour apprendre ensuite à maudire le jour où on ouvrit les yeux à la lumière. Je vous dis de vous en méfier : car de même que la femme a fait entrer dans le monde le péché et la mort, ainsi ses regards tendres et son langage plein de douceur causent la ruine inévitable de quiconque lui accorde sa confiance.

Mordaunt avait remarqué plus d'une fois que son père avait une antipathie bien prononcée contre le sexe féminin; mais jamais il ne l'avait entendu la déclarer en termes si précis et si positifs. Il lui répondit que les filles de Magnus Troil n'étaient pas plus pour lui que les autres filles du pays; qu'elles étaient même moins, puisqu'elles lui avaient retiré leur amitié sans lui en apprendre le motif.

— Et vous y allez pour tâcher de la faire renaître? lui dit son père. Insensé papillon, qui, échappé à la flamme sans y laisser ses ailes, veut y retourner pour les brûler, au lieu de se contenter de l'obscurité qui fait son salut! Mais pourquoi perdrais-je mon temps à vouloir écarter de vous un sort inévitable? Allez où votre destinée vous appelle.

Le lendemain, veille de la grande fête, Mordaunt se mit en route pour Burgh-Westra, réfléchissant tour à tour sur les injonctions de Norna, sur ce que lui avait dit son père, et sur les présages de mauvais augure de Swertha et du Rauzellaer d'Iarlshof, non sans éprouver cette sombre mélancolie que tant de circonstances concouraient à faire naître dans son esprit.

— Je ne recevrai probablement qu'un froid accueil à Burgh-Westra, pensa-t-il; mais j'y resterai moins longtemps. Je ne veux que découvrir s'ils ont été trompés par ce marin étranger, ou s'ils n'ont agi que par caprice ou par le seul plaisir de changer de compagnie. Dans le premier cas, je me justifierai, et que le capitaine Cleveland prenne garde à lui! Dans le second, eh bien! adieu à Burgh-Westra et à ses habitans!

En rêvant à cette seconde alternative, sa fierté blessée, et un retour d'affection pour ceux à qui il supposait qu'il allait dire adieu pour toujours, firent couler une larme de ses yeux. Il l'essuya à la hâte en se reprochant cette faiblesse, et doublant le pas il continua son chemin.

Le temps était beau, le firmament sans nuages; et il marchait avec une aisance qui formait un contraste frappant avec les obstacles qu'il avait eus à surmonter la dernière fois qu'il avait fait cette route. Cependant il trouvait dans ses réflexions un sujet de comparaison moins agréable.

— Alors! se dit-il à lui-même, j'avais à combattre les efforts d'un ouragan furieux, mais tout était calme et tranquille dans mon cœur; je voudrais qu'il y régnât aujourdh'ui la même sérénité, eussé-je à résister à la plus redoutable tempête qui ait jamais grondé sur ces montagnes solitaires!

Ce fut en s'occupant de semblables pensées qu'il arriva vers midi à Harfra, où demeurait, comme le lecteur peut se le rappeler, l'ingénieux M. Yellowley. Notre voyageur, en cette occasion, avait pris ses précautions pour ne pas dépendre de l'hospitalité parcimonieuse des maîtres de cette maison, qui, sous ce rapport, avaient acquis dans l'île une réputation infâme. Il portait dans un petit havre-sac des provisions qui auraient pu suffire pour un plus long voyage. Cependant, soit par politesse, soit pour se distraire des idées qui le fatiguaient, il entra dans le logis, où il trouva tout en révolution. Triptolème lui-même, les jambes couvertes d'une paire de bottes fortes, montait, descendait, et adressait en criant questions sur questions à sa sœur et à sa servante, qui lui répondaient sur un ton aigre et perçant. Enfin mistress Baby parut; sa vénérable personne était affublée de ce qu'on appelait alors un *joseph* [1], c'est-à-dire d'un vêtement fort ample, jadis vert, mais qui, grâce aux efforts du temps et aux réparations qu'on y avait faites pour remédier à ses ravages, était devenu comme le manteau du patriarche dont il portait le nom, un habillement de différentes couleurs. Un chapeau en clocher, acheté il y avait bien long-temps, dans un moment où la vanité avait triomphé de l'avarice, surmonté d'une plume exposée au vent et à la pluie aussi souvent que celles qui couvrent l'aile de la mouette, complétait sa toilette. Ajoutons qu'elle tenait en main une cravache montée en argent et de forme antique. Cette parure, son regard décidé et son air d'importance prouvaient que mistress Barbara Yellowley se disposait à se mettre en voyage, et qu'elle voulait bien permettre, comme on dit, que chacun connût sa détermination.

Elle fut la première de la maison qui aperçut Mordaunt, et sa vue lui causa une émotion de nature mixte.

— Dieu me pardonne! s'écria-t-elle avant qu'il fût entré, voilà ce beau jeune homme qui porte un bijou autour de son cou, et qui a fait disparaître notre oie aussi promptement que si c'eût été une alouette! L'admiration de la chaîne d'or qui avait fait une si forte impression la première fois qu'elle l'avait vue, avait influé sur la première partie de son exclamation; et le souvenir du malheureux destin de l'oie fumée avait dicté la seconde. Aussi vrai que j'existe, ajouta-t-elle, le voilà qui ouvre la porte.

— Je suis en chemin pour Burgh-Westra, miss Yellowley, dit Mordaunt.

---

[1] Un costume d'amazone. — Ed.

— Et nous serons charmés de faire le voyage avec vous, lui répondit-elle. Il est de bien bonne heure pour songer à manger. Si pourtant vous vouliez un morceau de pain d'orge et un verre de bland... Mais il n'est pas sain de voyager l'estomac plein; et d'ailleurs il faut réserver votre appétit pour la fête, car tout y sera sans doute à profusion.

Mordaunt, tirant ses provisions de son havre-sac, expliqua à ses hôtes qu'il n'avait pas voulu leur être à charge une seconde fois, et les invita à les partager avec lui. Le pauvre Triptolème, qui voyait rarement un dîner à moitié aussi attrayant que ce qu'on étalait sous ses yeux, se jeta sur la bonne chère comme Sancho sur l'écume de la marmite de Gamache, et sa sœur elle-même ne put s'empêcher de céder à la tentation, quoique avec plus de retenue et avec une sorte de honte. Elle avait laissé éteindre le feu, dit-elle, parce que, dans un pays si froid, il fallait ménager les combustibles, et elle n'avait pas songé à préparer quelque chose pour le dîner, attendu qu'ils devaient partir de si bonne heure. Elle devait pourtant avouer que le pain de M. Mordaunt avait fort bonne mine, et elle était curieuse de savoir si on préparait le bœuf dans ce pays de la même manière que dans le nord de l'Ecosse. D'après ces considérations, mistress Baby mit à l'épreuve les rafraîchissemens qui lui étaient offerts, et auxquels elle était si loin de s'attendre.

Aussitôt après ce repas improvisé, le facteur devint impatient de partir, et Mordaunt put reconnaître que l'empressement avec lequel miss Baby l'avait accueilli n'était pas tout-à-fait désintéressé. Ni elle ni le savant Triptolème ne se souciaient de se mettre en route sans guide dans un pays presque désert qu'ils ne connaissaient pas. Il leur aurait été facile de se faire accompagner par un des journaliers qui travaillaient dans la ferme; mais le circonspect agriculteur fit observer que ce serait perdre au moins une journée de travail, et sa sœur ne fit qu'ajouter à cette crainte en s'écriant : — Une journée de travail ! dites plutôt une vingtaine. Que ces gens-là sentent l'odeur du pot-au-feu ou entendent le son du violon, et Dieu sait quand vous pourrez les rappeler à l'ouvrage !

Or l'heureuse arrivée de M. Mordaunt en ce moment critique, pour ne rien dire de la bonne chère dont il leur faisait part, le fit accueillir avec grand plaisir dans un lieu où, en toute autre occasion, rien ne faisait frissonner d'horreur comme la vue d'un étranger. M. Yellowley d'ailleurs n'était pas insensible au plaisir qu'il se promettait en détaillant à son jeune compagnon tous ses plans d'amélioration, et en jouissant de ce que le sort lui faisait rarement rencontrer, — un auditeur bénévole.

Comme le facteur et sa sœur devaient faire la route à cheval, il fallut en trouver un pour leur guide et leur compagnon de voyage, ce qui n'était pas difficile dans un pays où un nombre immense de *ponies* à tous crins, à longue croupe et à jambes courtes, errent en liberté dans de vastes pâturages qu'ils partagent avec les oies, les moutons, les chèvres, les pourceaux et ces petites vaches dont l'espèce est particulière aux îles Shetland. Ces bestiaux multiplient si vite, que souvent la végétation paresseuse fournit à peine à leur nourriture. Il existe à la vérité un droit de propriété individuelle sur tous ces animaux, dont chacun porte la marque de celui à qui il appartient ; mais quand un voyageur a besoin d'un cheval, jamais il ne se fait scrupule de monter sur le premier dont il peut s'emparer, et quand il a fini sa course, il le remet en liberté. — On sait que pour retrouver leur chemin, les ponies sont doués d'une véritable sagacité.

Quoique l'usage qu'on faisait ainsi de la propriété des autres fût un des abus que le facteur se proposait de déraciner avec le temps, cependant, en homme sage, il ne laissait pas d'en profiter en attendant, et il daignait même avouer que c'était une coutume assez convenable pour ceux qui, comme lui, n'avaient pas de chevaux dont leurs voisins pussent tirer le même avantage. On envoya donc chercher sur la colline trois petits chevaux à long poil, ressemblant à des ours plutôt qu'à des chevaux, et cependant vigoureux, pleins d'ardeur, et aussi capables de supporter la fatigue et les mauvais traitemens qu'aucun cheval au monde.

On avait déjà saisi deux de ces ponies, et on les avait harnachés pour le voyage. Celui qui était destiné à porter la charmante Baby était décoré d'une selle à usage de femme, d'une antiquité respectable : c'était une énorme masse remplie de bourre, formant un coussin d'où pendait de tous côtés, en forme de housse, une vieille tapisserie qui, destinée dans son temps à un cheval de taille ordinaire, couvrait le bidet sur lequel elle était étendue, depuis les oreilles jusqu'à la queue, et descendait jusqu'au paturon, de sorte qu'on ne lui voyait que la tête qui s'avançait fièrement comme celle d'un lion sortant d'un buisson dans un symbole héraldique.

Mordaunt souleva galamment la belle mistress Yellowley, et il n'eut pas besoin de faire de grands efforts pour l'aider à gagner le sommet de sa selle. Il est probable que, se voyant l'objet des attentions d'un tel écuyer, un sentiment secret de satisfaction vint flatter son cœur. Le plaisir de se contempler dans ses plus beaux atours y entrait pour quelque chose ; car c'était un évènement qui n'avait pas eu lieu depuis long-temps ; aussi ne put-elle résister pendant quelques minutes à certaines idées qui n'étaient guère d'accord avec ses habitudes à peu près exclusives d'économie. Son regard glissa avec complaisance sur son *joseph* fané, et sur la longue housse qui formait l'accompagnement de sa selle. — Ce serait un plaisir, dit-elle à Mordaunt avec un sourire fort agréable, de voyager par un si beau temps et en si bonne compagnie, — s'il n'en résultait pas tant de dégâts pour les vêtemens, ajouta-t-elle en arrêtant ses yeux sur une partie de son *joseph* dont la broderie avait un peu souffert.

Son frère monta lourdement sur son cheval; et comme, malgré la sérénité du temps, il lui plut de jeter un grand manteau rouge par-dessus ses autres habits, son petit cheval s'en trouva couvert encore plus complètement que celui de sa sœur. Il arriva en outre que c'était un animal vif, capricieux et opiniâtre; et malgré le poids de Triptolème, il faisait de temps en temps des courbettes qui ne permettaient pas à son cavalier de garder parfaitement l'aplomb sur sa selle; et comme le palefroi était entièrement caché sous l'ample contour du grand manteau de Triptolème, ces gambades, même à très peu de distance, avaient l'air d'être produites par les mouvemens volontaires de l'écuyer, sans le secours d'autres jambes que celles que la nature lui aurait données. Il aurait fallu une grande attention pour se convaincre du contraire; et pour quelqu'un qui aurait pu voir le facteur, avec cette persuasion, sa gravité et même l'inquiétude peinte dans tous ses traits auraient offert le plus plaisant contraste avec ses continuelles gambades.

Mordaunt marchait à côté de ce digne couple, monté aussi, suivant l'usage du temps et du pays, sur le premier cheval qu'on avait pu prendre, et sans autres harnais que la bride qui servait à le guider. M. Yellowley, voyant avec grand plaisir son guide pourvu d'une monture, résolut secrètement de n'abolir cette coutume grossière de se servir des chevaux des autres sans la permission des propriétaires, que lorsqu'il en aurait lui-même sur lesquels ses voisins pourraient exercer des représailles.

Mais Triptolème montra moins de tolérance pour les autres usages et abus du pays, et il fit essuyer à Mordaunt de longs discours, ou pour mieux dire d'ennuyeuses harangues, relativemeut à tous les changemens que son arrivée dans ces îles allait amener. Quelque peu versé qu'il fût dans l'art moderne d'améliorer un domaine au point de le faire fondre entre les mains du propriétaire; Triptolème réunissait en sa personne le zèle, sinon les connaissances, de toute une société d'agriculture; et il n'a été surpassé par aucun de ceux qui l'ont suivi dans ce noble zèle qui dédaigne de balancer les produits avec les dépenses, et qui pense que la gloire d'effectuer un grand changement sur la face de la terre est, comme la vertu, sa propre récompense.

Il n'y eut pas une seule partie de la région sauvage et montagneuse que Mordaunt lui faisait parcourir, qui ne fournît à l'imagination active du facteur quelque projet de changement et d'amélioration. Il établirait une route à travers ce marécage impraticable pour toute autre créature que les animaux à quatre pieds qui leur servaient de monture. Il substituerait de bonnes maisons aux *skeos*, ou hangars construits en pierres sans ciment, dans lesquels les insulaires faisaient sécher leur poisson. Il leur apprendrait à brasser de bonne bière pour remplacer leur bland; il leur ferait planter des forêts dans ces déserts où l'on ne voyait pas un arbre; il trouverait des mines précieuses dans un lieu où un *skilling* de Danemarck était une pièce de monnaie qu'on voyait avec une sorte de vénération. Tous ces changemens et beaucoup d'autres étaient résolus dans l'esprit du digne facteur, et il parlait avec la plus grande confiance des secours qu'il trouverait, pour l'exécution de ses plans, dans les grands propriétaires, et notamment dans Magnus Troil.

— Avant que nous ayons passé ensemble quelques heures, dit-il, j'aurai fait part au pauvre homme de quelques unes de mes idées, et vous verrez quelle reconnaissance il aura pour celui qui lui apporte des connaissances, — biens préférables à la richesse.

— Je ne vous conseille pas de trop y compter, lui dit Mordaunt par forme d'avis; la barque de Magnus Troil n'est pas facile à gouverner : il est attaché à ses opinions et à celles de son pays, et il vous serait aussi aisé d'apprendre au cheval que vous montez à plonger dans la mer, comme un veau marin, que de déterminer Magnus à abandonner un usage norse pour un usage écossais. Et cependant, s'il est invariable dans ses anciennes coutumes, il n'est peut-être pas plus constant qu'un autre pour ses anciens amis.

— *Heus tu, inepte!* dit l'élève de l'université de Saint-André; qu'il soit invariable ou inconstant, que m'importe? Ne suis-je pas un homme digne de confiance, un homme investi d'un grand crédit? Un fowde, titre barbare que ce Magnus s'attribue encore, osera-t-il mesurer son jugement contre le mien, peser ses raisons contre celles de l'homme qui représente le lord chambellan des îles Shetland et des Orcades?

— Malgré cela, je vous conseille de ne pas trop heurter de front ses préjugés. Depuis sa naissance jusqu'à ce jour, Magnus n'a jamais connu un homme au-dessus de lui, et un vieux cheval qui n'a jamais senti la bride la souffre difficilement. D'ailleurs, jamais il n'a écouté avec patience de longues explications; il est donc possible qu'il se révolte contre vos premières propositions de réforme, avant que vous ayez pu lui en démontrer l'utilité.

— Que voulez-vous dire, jeune homme? s'écria le facteur. Existe-t-il dans ces îles quelqu'un assez aveugle pour ne pas sentir tout ce qui y manque? Un homme, une bête même, ajouta-t-il avec un enthousiasme toujours croissant, peut-il jeter les yeux sur ce qu'on a l'impudence d'appeler ici un moulin à blé, sans frémir en pensant qu'il faut moudre son grain par un si déplorable procédé? Les malheureux sont obligés d'en avoir au moins cinquante dans chaque paroisse, où l'on voit chacun moudre son grain avec sa pauvre pierre meulière placée dans une machine pas plus grande qu'une ruche : quelle différence avec un noble moulin seigneurial dont on entendrait le bruit dans tout le pays, et d'où la farine tomberait par boisseaux à la fois!

— Oui, oui, mon frère, dit Baby, c'est parler comme vous le faites toujours. Plus une chose coûte, plus elle fait honneur : c'est là votre maxime. Ne pouvez-vous donc faire entrer dans votre tête si sage, que, dans ce pays, chacun moud la poignée de grains dont il a besoin pour son ménage, sans se mettre en peine de moulins seigneuriaux où l'on est forcé de porter son blé pour le faire moudre à grands frais? Combien de fois vous ai-je entendu vous quereller avec le vieux Edie Happer, meunier à Grindlebrun, et même avec son garçon, relativement au droit de mouture, au *lock*, au *gowpen*[1], et le reste qu'il exigeait! Et vous voudriez réduire aux mêmes inconvéniens de pauvres gens qui ont chacun leur moulin pour moudre leur grain sans qu'il leur en coûte rien?

— Ne me parlez ni de lock ni de gowpen, s'écria l'agriculteur indigné. Il vaudrait mieux donner au meunier la moitié de la farine, et avoir le reste moulu d'une manière chrétienne, que de jeter le bon grain dans un joujou d'enfant. Regardez un moment ce moulin à eau, Baby... La! la! maudit avorton! — Cette dernière interjection s'adressait au bidet, qui devenait impatient pendant que son cavalier s'arrêtait pour démontrer tous les défauts d'un moulin des îles Shetland. — Regardez-le, vous dis-je, il n'est que d'un degré au-dessus d'un moulin à bras; il n'a ni roue, ni dents, ni trémie, ni bluteau... La, donc! la! quelle vieille bête!... Il ne pourrait moudre un demi-boisseau de grain en un quart d'heure, et la farine serait plus propre à faire un picotin pour les chevaux que du pain pour les hommes. Ainsi donc... Encore! resteras-tu

---

(1) Termes écossais désignant de petites mesures, et la quantité du blé qui revient au meunier sur le sac à mettre en farine.

en repos? maudit animal!... Ainsi donc... Il faut qu'il ait le diable au corps.

Comme il prononçait ces derniers mots, son cheval, qui depuis quelque temps se cabrait, ruait et gambadait d'impatience, baissa la tête entre ses deux jambes de devant, et levant en même temps celles de derrière, jeta son cavalier dans le ruisseau sur lequel était établi le petit moulin critiqué. Après ce mauvais tour, l'animal fit volte-face, et s'enfuit au grand galop du côté du pâturage sur lequel on l'avait pris, en hennissant de joie et en ruant presque à chaque pas.

Riant de bon cœur de cet accident peu inquiétant, Mordaunt aida le facteur à sortir de l'eau, tandis que sa sœur le félicitait ironiquement d'être tombé dans un ruisseau des îles Shetland; il ne se serait pas tiré si facilement d'un des courans d'eau qui font tourner les moulins en Ecosse. Sans daigner répondre à ce sarcasme, Triptolème, dès qu'il se trouva sur ses jambes, secoua les oreilles, vit avec plaisir que son grand manteau l'avait empêché d'être complètement mouillé, et s'écria : — Je ferai venir des étalons du comté de Lanark, des jumens poulinières de celui d'Ayr : je ne veux pas qu'il reste dans ces îles un seul de ces avortons de chevaux pour rompre le cou des honnêtes gens. M'entendez-vous, Baby? je vous dis que j'en débarrasserai le pays.

— Vous feriez mieux de songer à tordre votre manteau, Triptolème, lui répondit sa sœur.

Pendant ce temps Mordaunt s'occupait à prendre un autre cheval dans une prairie peu éloignée; et ayant fait une bride de roseaux entrelacés, il plaça l'agriculteur déconcerté sur une monture plus paisible et moins volontaire que celle qui venait de l'abandonner.

Mais la chute de M. Yellowley avait opéré comme un véritable sédatif sur son enthousiasme, et pendant cinq grands milles à peine prononça-t-il une parole, laissar le champ libre aux exclamations mélancoliques et aux lamentations de mistress Baby sur la perte de la vieille bride que le bidet fugitif emportait avec lui. Il n'y aurait, dit-elle, que dix-huit ans à la Saint-Martin qu'on l'avait achetée, et maintenant on pouvait bien la regarder comme perdue. — Voyant que personne ne songeait à l'interrompre, elle commença une dissertation sur l'économie. Suivant l'idée qu'elle avait conçue de cette vertu, elle en faisait un système de privations qui eût fait honneur aux religieux de l'ordre le plus austère, mais qui n'était pour elle qu'un moyen d'épargner son argent.

Mordaunt ne chercha guère à l'interrompre. A mesure qu'il approchait de Burgh-Westra, il s'occupait plus à réfléchir sur l'accueil qu'il y recevrait des deux jeunes et jolies insulaires, qu'à écouter le bavardage d'une vieille, quelque éloquence qu'elle déployât pour prouver que la petite bière était une boisson plus salubre que l'ale, et que si son frère se fût foulé la cheville en tombant, du beurre et des simples connus d'elle l'auraient guéri plus tôt et à meilleur marché que les drogues de tous les apothicaires du monde.

Mais enfin les tristes marécages qu'ils avaient traversés jusqu'alors firent place à des sites plus agréables ; ils étaient sur le bord d'un beau lac d'eau salée, ou pour mieux dire d'un bras de mer qui s'avançait dans l'intérieur de l'île, entouré d'un terrain uni et fertile, produisant de plus belles récoltes que l'œil expérimenté de Triptolème Yellowley n'en avait encore vu dans ce pays. Au milieu de cette terre de promission s'élevait le château de Burgh-Westra. Une chaîne de montagnes couvertes de verdure le mettait à l'abri des vents du nord et de l'est, et il dominait le lac et l'Océan qui lui donnait naissance, les différentes îles et les montagnes plus éloignées. Des cheminées du château et de celles de presque toutes les chaumières groupées autour, sortait un riche nuage de fumée qui prouvait que ce n'était pas seulement au château qu'on faisait des préparatifs pour la fête, mais qu'on s'en occupait dans presque toutes les maisons du hameau.

— Sur ma foi, dit Baby, on dirait que tout le village est en feu. On sent d'ici l'odeur de leur gaspillage ; et un homme de bon appétit désirerait à peine un autre assaisonnement pour faire passer son pain d'orge, que la fumée qui sort de ces cheminées.

CHAPITRE XII.

« Tu me peins un ami qui se lasse d'aimer ;
« Crois-moi, Lucilius, quand l'amitié commence
« A se laisser aller à de l'indifférence,
« Au lieu de la franchise et d'un air cordial,
« Elle use des détours du cérémonial. »
SHAKSPEARE, *Jules César*.

Si la fumée qui s'élevait des cheminées de Burgh-Westra jusque sur les montagnes environnantes avait pu fournir une nourriture à la faim, comme l'avait sagement fait observer mistress Barbara, le bruit qui se faisait entendre aurait pu rendre l'ouïe aux sourds. C'était un mélange de sons de toute espèce, mais qui semblaient tous annoncer une cordialité franche. La vue était attirée par un spectacle non moins animé.

On voyait arriver de toutes parts des troupes d'amis dont les montures, dès qu'ils avaient mis pied à terre, partaient sur-le-champ pour regagner leurs pâturages : c'était le mode ordinaire, comme nous l'avons déjà dit, de licencier une cavalerie levée pour le service d'un jour. D'autres amis, demeurant dans les îles éloignées ou le long des côtes, débarquaient dans un petit havre fort commode, qui servait en même temps au château et au village. Ils s'arrêtaient souvent pour se saluer les uns les autres; nos voyageurs voyaient chaque compagnie arriver successivement au château, dont les portes s'ouvraient pour recevoir des hôtes si nombreux, qu'il semblait que cet édifice pourrait à peine les contenir tous, quoique le local fût digne de la fortune et du caractère hospitalier du propriétaire.

Parmi les sons confus qui redoublaient à l'arrivée de chaque nouvelle compagnie et qui annonçaient le bon accueil qu'elle recevait, Mordaunt crut reconnaître le ton et l'accent de bonne humeur du maître de la maison; et l'inquiétude de savoir si la réception flatteuse qu'il entendait faire aux autres lui serait également accordée, commença à le tourmenter plus que jamais. En approchant davantage, il distingua les joyeux instrumens des musiciens occupés à répéter les airs dont ils devaient égayer la soirée. On entendait aussi les cris des aides de cuisine et la voix de leur chef qui leur donnait des ordres ou qui les grondait; ce bruit n'aurait eu rien de bien agréable en toute autre occasion, mais se mêlant à d'autres sons, et réveillant quelques idées heureuses, il formait une partie assez satisfaisante du chœur qui précède toujours une fête champêtre.

Cependant nos trois voyageurs avançaient, chacun occupé de ses réflexions. Nous avons déjà parlé de celles de Mordaunt. Baby était presque suffoquée par un mélange de chagrin et de surprise en calculant la quantité de vivres qu'il avait fallu préparer pour nourrir toutes les personnes qu'elle entendait rôder autour d'elle; énormité de dépense qui, sans être aucunement à sa charge, lui agitait les nerfs, comme la vue d'un massacre fait frémir un spectateur qui n'a rien à craindre pour sa propre sûreté. En un mot, elle souffrait, à la vue d'une profusion si extravagante, ce que Bruce souffrait en Abissinie quand il vit les malheureux ménestrels de Gondar taillés en pièces par ordre de Ras Michaël.

Quant au frère de la parcimonieuse demoiselle, en arrivant à l'endroit où les instrumens grossiers et antiques destinés à la culture des terres étaient confusément épars, suivant un usage commun aussi à l'Ecosse, ses pensées se fixèrent à l'instant sur les défauts de la charrue à un manche; du *twiscar*, instrument dont on se sert pour creuser dans les tourbières; des charrettes qui servaient au transport des productions de la terre; en un mot, de tous les outils de culture différens de ceux qu'on employait en Ecosse. Le cœur de Triptolème s'irritait comme celui d'un brave guerrier qui voit les armes et les enseignes de l'ennemi qu'il est sur le point de combattre. Tout occupé des grands projets qu'il avait formés, il pensait moins à l'appétit que son voyage lui avait donné, quoiqu'il fût sur le point de le satisfaire par un dîner tel qu'il en trouvait rarement, qu'à sa grande entreprise de civiliser les mœurs et de perfectionner la culture des terres dans les îles Shetland.

— *Jacta est alea*[1], se dit-il à lui-même; ce jour va prouver si les Shetlandais sont dignes des travaux auxquels nous nous dévouons pour leur bonheur, ou si leur esprit n'est pas plus susceptible de culture que leurs tourbières. Cependant, agissons avec prudence, et saisissons l'instant favorable pour parler. Je sens, par ma propre expérience, qu'il convient, en ce moment, de s'occuper du corps plutôt que de l'esprit. Quelques bouchées de ce roastbeef, dont le fumet flatte si agréablement l'odorat, formeront une introduction favorable à mon grand plan pour améliorer la race des bestiaux.

Nos voyageurs étaient alors arrivés en face du château de Magnus Troil, qui semblait avoir été construit à différentes époques, et auquel différens bâtimens avaient été adaptés sans goût à l'ancien édifice, à mesure qu'une aug-

---

(1) Le sort en est jeté. — Tr.

mentation de fortune ou de famille avait fait sentir le besoin d'une habitation plus spacieuse. Sous un porche très bas et très large, soutenu par deux énormes poteaux, naguère ornemens sculptés de la poupe des vaisseaux qui avaient fait naufrage sur cette côte, Magnus lui-même s'occupait du soin hospitalier de recevoir les amis nombreux qui arrivaient successivement. Son vêtement, qui seyait bien à sa taille noble et à son air de vigueur, était d'une coupe antique, en drap bleu, doublé d'écarlate, et galonné sur toutes les coutures, ainsi qu'autour des boutonnières. Ses traits mâles avaient été brunis par l'habitude qu'il avait contractée de s'exposer aux intempéries de l'air. De vénérables cheveux blancs, tombant avec profusion de dessous son chapeau galonné en or, et négligemment liés avec un ruban par-derrière, annonçaient une constitution robuste.

Quand il vit nos trois voyageurs avancer vers lui, un nuage de déplaisir semblait obscurcir son front et arrêter un instant l'élan de gaieté avec lequel il avait accueilli tous ceux qui s'étaient présentés auparavant. En s'approchant de Triptolème, il se redressa comme s'il eût voulu joindre l'air d'importance du riche Udaller à l'accueil hospitalier que voulait faire à ses hôtes le maître de la maison.

— Vous êtes le bienvenu, M. Yellowley, dit-il au facteur, vous êtes le bienvenu à Burgh-Westra. Le vent vous a poussé sur une côte un peu dure; c'est à nous qui sommes les naturels du pays à l'adoucir pour vous. Voici, je présume, votre sœur? Mistress Barbara Yellowley, accordez-moi l'honneur de vous saluer en voisin. Et à ces mots, avec une courtoisie qui annonçait en lui un généreux dévouement aux lois de l'hospitalité, et dont personne ne serait capable dans ce siècle dégénéré, il toucha de ses lèvres les joues ridées de la vieille fille, dont la physionomie, lorsqu'elle reçut cette politesse, perdant l'expression d'aigreur qui lui était naturelle, laissa apercevoir quelque chose qu'on aurait pu prendre pour un sourire. Jetant alors un coup d'œil sur Mordaunt et le regardant en face, il lui dit sans lui présenter la main, et d'un ton qui trahissait une agitation qu'il s'efforçait de cacher : — Et vous aussi, M. Mordaunt, vous êtes le bienvenu.

— Si je ne l'avais pas cru, répondit Mordaunt naturellement offensé d'un accueil si froid, je ne serais pas ici, et il n'est pas encore trop tard pour m'en aller.

— Jeune homme, répondit Magnus, vous savez mieux que personne qu'on ne peut s'en aller d'ici de cette manière sans faire un affront au maître de la maison. Ne semez pas le trouble parmi les hôtes par des scrupules mal fondés. Quand Magnus Troil dit : Vous êtes les bienvenus, ces mots s'appliquent à tous ceux qui peuvent entendre sa voix, et vous savez qu'elle se fait entendre assez haut. Entrez, mes dignes hôtes, entrez, et voyons ce que mes filles ont préparé pour votre réception.

Il parlait ainsi de manière à s'adresser à tous ceux qui pouvaient l'entendre, de manière à ce que Mordaunt ne pût ni croire que cette phrase lui était particulièrement destinée, ni supposer qu'il ne dût pas s'en faire l'application. L'Udaller introduisit alors les nouveaux arrivés dans l'intérieur de sa maison, où deux grandes salles, servant au même usage qu'un salon moderne, étaient déjà remplies d'hôtes de toute espèce.

L'ameublement en était assez simple, et avait un caractère particulier à la situation de ces îles, patrie des tempêtes. Magnus Troil, comme la plupart des grands propriétaires du pays, était, à la vérité, l'ami du voyageur qui éprouvait quelque accident, soit sur terre, soit sur mer ; il avait souvent déployé toute son autorité pour protéger la personne et les biens des marins naufragés ; mais les naufrages étaient si fréquens sur cette côte dangereuse, et la mer y jetait si souvent tant d'objets qui n'étaient réclamés de personne, que l'intérieur de la maison offrait des preuves nombreuses des ravages exercés par l'Océan, et de l'exercice de ce droit auquel les jurisconsultes ont donné le nom d'épaves. Les chaises rangées le long des murs, et semblables à celles des vaisseaux, étaient la plupart de construction étrangère. Les glaces qui ornaient les appartemens, et les armoires, annonçaient par leur forme qu'elles avaient été destinées à être placées sur un navire, et une couple de ces armoires était même d'un bois étranger et inconnu. La cloison qui séparait les deux appartemens semblait avoir été construite avec des planches qui avaient servi au même usage à bord des bâtimens, maladroitement utilisées par quelque menuisier du pays. Pour un étranger, ces marques évidentes des misères humaines pouvaient, au premier coup d'œil, former un contraste avec la gaieté qui régnait dans cette enceinte ; mais la vue en était si familière aux habitans du pays, qu'elle n'interrompît pas un seul instant le cours de leurs plaisirs.

La fête parut avoir de nouveaux charmes pour les jeunes gens qui s'y trouvaient, quand ils virent arriver Mordaunt. Tous accoururent à lui et s'empressèrent de lui demander pourquoi il y avait si long-temps qu'on ne l'avait vu à Burgh-Westra ; question qui prouvait clairement qu'ils pensaient que son absence n'avait eu d'autre cause que sa volonté. Cet accueil soulagea en partie les inquiétudes pénibles du jeune homme. Il était évident que, si la famille de l'Udaller avait conçu des préventions contre lui, du moins ces préventions ne s'étendaient pas plus loin, et que lorsqu'il trouverait l'occasion de se justifier, il n'aurait besoin de le faire que dans le cercle d'une seule famille. C'était une consolation, et cependant son cœur battait encore bien vivement, dans l'incertitude de l'accueil qu'allaient lui faire les deux jeunes amies qu'il chérissait toujours, quoiqu'il ne les eût pas vues depuis long-temps. Donnant la mauvaise santé de son père pour excuse de son absence, il traversa différens groupes d'amis dont chacun semblait vouloir le retenir le plus long-temps possible, et se débarrassant de ses deux compagnons de voyage, qui s'étaient attachés à lui comme de la poix, en les présentant à une couple de familles des plus distinguées de cette île, il arriva enfin à la porte d'un petit appartement dans lequel on entrait par une des deux salles dont nous avons déjà parlé, appartement qu'on avait permis à Minna et à Brenda de décorer suivant leur goût, et qui leur était particulièrement destiné.

Mordaunt n'avait pas peu contribué à l'ameublement de cet appartement favori, et à la disposition des ornemens qui l'embellissaient. Pendant le dernier séjour qu'il avait fait à Burgh-Westra, l'entrée lui en était aussi libre qu'à celles qui en étaient les aimables maîtresses; mais aujourd'hui les temps étaient si changés, qu'il restait les doigts appuyés sur le loquet, sans savoir s'il oserait prendre la liberté de l'ouvrir. Il ne s'y détermina que lorsqu'il entendit Brenda prononcer le mot *entrez*; mais elle le fit de ce ton qu'on prend naturellement quand on s'attend à la visite d'un importun dont on désire se débarrasser le plus promptement possible.

A ce signal, Mordaunt entra dans le boudoir des deux sœurs, qu'on avait disposé pour la fête en y ajoutant quelques ornemens de grand prix. Il y trouva les deux filles de Magnus assises, et, à ce qu'il lui parut, en conférence sérieuse avec Cleveland et un petit vieillard à taille mince et légère, dont les yeux conservaient encore toute la vivacité qui l'avait soutenu au milieu des vicissitudes d'une vie agitée et précaire, et qui, l'accompagnant jusque dans sa vieillesse, lui donnait peut-être, malgré ses cheveux gris, l'air moins respectable; mais une physionomie plus grave et moins animée ne l'eût pas fait accueillir avec moins de bienveillance. Il y avait même un air de pénétration et de finesse dans le regard de curiosité qu'il jeta, en se retirant à l'écart, pour examiner la manière dont les deux sœurs accueilleraient Mordaunt.

L'accueil que celui-ci en reçut ressemblait beaucoup à celui que lui avait fait leur père; mais elles ne purent réussir à dissimuler aussi bien le changement qui s'était opéré en elles. Toutes deux rougirent et se levèrent sans lui présenter la joue, comme l'usage le permettait alors et semblait même l'exiger, et sans lui tendre la main. Elles se contentèrent de le saluer comme une connaissance ordinaire. Mais la rougeur de l'aînée ne provenait que d'une de ces légères émotions qui s'évanouissent aussi vite que l'idée passagère qui les a occasionées. Après un instant elle regarda Mordaunt avec calme et froideur, et lui rendit, avec une politesse contrainte, les complimens que le jeune homme s'efforçait de lui adresser en bégayant. L'émotion de Brenda, du moins à l'extérieur, semblait plus vive et plus profonde. Sa rougeur s'étendit sur tout ce que ses vêtemens laissaient voir de sa peau, d'une éblouissante blancheur, sur les contours de son cou et la partie supérieure d'un sein dont rien n'égalait la grâce. Elle n'essaya pas même de répondre aux complimens embarrassés que Mordaunt lui adressa avec timidité; mais elle le regarda avec des yeux qui annonçaient le déplaisir et le regret, et semblaient dire que le souvenir du passé n'était pas encore effacé de son cœur. Mordaunt se sentit en quelque sorte assuré à l'instant même que l'amitié que Minna avait eue pour lui était complètement éteinte, mais qu'il serait encore possible de rallumer celle de la sensible et douce Brenda; et telle est la bizarrerie du cœur humain, que, quoiqu'il n'eût fait jusqu'alors aucune différence entre ces deux sœurs, aussi belles et aussi intéressantes l'une que l'autre, l'amitié de celle qui semblait la lui avoir entièrement retirée parut en ce moment avoir le plus de prix à ses yeux.

Il fut troublé dans ces réflexions qu'il faisait à la hâte, par Cleveland qui, lui ayant laissé le temps nécessaire pour faire les complimens d'usage aux maîtresses du logis et pour recevoir les leurs, s'avança avec l'air de franchise d'un marin, pour saluer celui à qui il devait la vie. Il le fit avec tant de grâce, que, quoique l'époque à laquelle Mordaunt avait perdu l'amitié de la famille de Burgh-Westra coïncidât avec celle de l'arrivée de cet étranger dans ce pays, et de son séjour chez l'Udaller, il lui fut impossible de ne pas répondre à ses prévenances comme la politesse l'exigeait. Il reçut ses remerciemens d'un air de satisfaction, et lui dit qu'il espérait qu'il avait passé le temps agréablement depuis qu'il ne l'avait vu.

Cleveland allait lui répondre, mais il en fut empêché par le petit vieillard dont nous avons déjà parlé, qui, se mettant entre eux, et prenant la main de Mordaunt, se leva sur la pointe des pieds pour l'embrasser sur le front, répéta sa question, et se chargea d'y répondre.

— Comment s'est passé le temps à Burgh-Westra? s'écria-t-il; est-ce vous qui faites une pareille question, prince des rochers et des précipices? Comment y passerait-il, si ce n'est avec les ailes que lui prêtent le plaisir et la beauté pour accélérer son vol?

— Sans oublier l'esprit et la gaieté, mon ancien ami, répliqua Mordaunt d'un ton moitié sérieux, moitié badin, et serrant en même temps la main du vieillard : on n'a pas à craindre leur absence partout où se trouve Claude Halcro.

— Point de persiflage, jeune homme, répondit le vieillard; quand l'âge aura raidi vos jambes comme les miennes, aura glacé votre esprit comme le mien, quand il aura rendu votre voix...

— Ne vous calomniez pas vous-même, mon maître, s'écria Mordaunt qui n'était pas fâché de profiter du caractère original de son vieil ami pour amener une manière de conversation, afin de diminuer l'embarras dans lequel il se trouvait, et de gagner du temps pour faire des observations, avant de se faire expliquer le changement de conduite que toute la famille semblait avoir adopté à son égard. — Ne parlez pas ainsi, continua-t il ; le temps n'appuie sa main que légèrement sur les bardes. Ne vous ai-je pas entendu dire que le poète partage l'immortalité de ses chants ; certainement le célèbre poète anglais dont vous aviez coutume de nous parler était plus âgé que vous quand il mit la main à la rame, au milieu de tous les bons esprits de Londres.

Ceci faisait allusion à une histoire qui, pour me servir d'une expression française, était *le cheval de bataille* de Claude Halcro, et il ne fallait que prononcer un mot qui y eût rapport pour le mettre en selle et lancer son coursier dans la carrière.

L'œil du vieillard brilla de cet enthousiasme qui aurait fait dire aux habitans ordinaires de ce globe, qu'il avait le cerveau timbré, et il se garda bien de laisser échapper l'occasion de parler d'un sujet qui lui plaisait plus que tout autre.

— Hélas ! mon cher Mordaunt, s'écria-t-il, l'argent est de l'argent, et l'on peut s'en servir sans qu'il s'use ou se ternisse ; mais l'étain n'est que de l'étain, et l'on n'en peut dire la même chose. Il n'appartient pas au pauvre Claude Halcro de se nommer dans la même année avec le glorieux et immortel John Dryden. Il est vrai, comme je puis vous l'avoir déjà dit, que j'ai vu ce grand homme ; je l'ai vu dans le café des Beaux-Esprits, comme on le nommait alors [1], et j'ai même pris une fois une prise de tabac dans sa propre tabatière. Je dois vous avoir conté toute cette histoire, mais voici le capitaine Cleveland qui ne l'a jamais entendue. Il faut que vous sachiez d'abord que je logeais à Londres dans Russel-Street. Je ne doute pas que

---

(1) *Will's coffee house* : le café de Will ; dont on faisait *Wits coffee house*, le café des Beaux-Esprits. — Ed.

vous ne connaissiez Russel-Street, près de Covent-Garden, capitaine Cleveland?

— Je connais passablement cette latitude, M. Halcro, répondit le capitaine en souriant; mais je crois que vous m'avez conté hier cette histoire, et nous avons à nous occuper des affaires d'aujourd'hui; il faut que vous nous jouiiez l'air de cette chanson que nous avons à apprendre.

— Cet air ne peut plus nous convenir, dit Halcro, il faut en choisir un dans lequel notre cher Mordaunt puisse faire sa partie. C'est la première voix du pays, soit pour un solo, soit dans un chœur. Ce n'est pas moi qui toucherai une corde, à moins que Mordaunt ne soit du nombre des chanteurs! Qu'en dites-vous, ma belle Nuit? Qu'en pensez-vous, ma charmante Aurore? ajouta-t-il en s'adressant successivement aux deux sœurs, auxquelles il avait donné depuis long-temps ces noms allégoriques.

— M. Mordaunt Mertoun, dit Minna, est venu trop tard pour être des nôtres en cette occasion. C'est un malheur pour nous, mais il est irrémédiable.

— Comment cela? dit Halcro avec vivacité : vous avez chanté ensemble toute votre vie. Croyez-en ma parole, jeunes filles, les anciens airs sont les meilleurs, les anciens amis sont les plus sûrs. M. Cleveland a une belle basse, il faut en convenir, mais pour produire le plus grand effet, je voudrais que vous choisissiez un des vingt airs que vous avez si souvent chantés, et par lesquels vous nous ensorcelez quand le ténor de M. Mordaunt vous accompagne. Je suis sûr qu'au fond du cœur ma belle Aurore approuve ce changement.

— Jamais vous ne vous êtes plus trompé, M. Halcro, dit Brenda d'un ton de déplaisir et rougissant de nouveau.

— Ouais! Que veux dire ceci? dit le vieillard en les regardant tour à tour. Qu'avons-nous donc ici? une Nuit couverte de nuages et une Aurore toute rouge. Ce n'est pas une annonce de beau temps. Expliquez-nous tout ceci, jeunes filles ; qui vous a offensées ? Je crains que ce ne soit moi. — Quand les jeunes gens se chamaillent, on en rejette toujours le blâme sur les vieillards.

— Ce n'est pas vous qui êtes à blâmer, M. Halcro, en supposant toutefois qu'il y ait quelqu'un qui mérite de l'être, dit Minna en se levant et en prenant sa sœur sous le bras.

— Vous me donneriez à craindre, Minna, dit Mordaunt en faisant un effort pour prendre le ton de la plaisanterie, que ce ne soit le dernier venu qui vous ait offensé.

— Peu importe qui ait commis l'offense, dit Minna avec sa gravité ordinaire, quand ceux qui pourraient s'en plaindre ont résolu de ne pas la relever.

— Est-il possible, Minna, s'écria Mordaunt, que ce soit vous qui me parliez ainsi ? Et vous, Brenda, me jugerez-vous comme elle avec tant de sévérité, sans me donner un instant pour une explication franche et honorable ?

— Ceux qui ont le droit de vous la donner, dit Brenda d'une voix faible, mais décidée, nous ont fait connaître leur bon plaisir, et c'est à nous de les satisfaire. Ma sœur, je crois que nous sommes restées ici trop long-temps, et que notre présence peut être nécessaire ailleurs. M. Mordaunt voudra bien nous excuser, un jour où nous avons à nous occuper de tant de soins.

Les deux sœurs sortirent en se donnant le bras, après un effort inutile que fit pour les arrêter Claude Halcro, en déclamant d'un ton théâtral :

> Comment donc, jour et nuit ? c'est une étrange chose !

Se tournant alors vers Mordaunt : — Ces jeunes filles, dit-il, sont possédées de l'esprit de *variabilité ;* ce qui prouve, comme le dit fort bien notre maître Spencer, que

> Il n'est, soyez-en sûr, rien sous le firmament,
> Qui ne soit plus ou moins sujet au changement.

— Capitaine Cleveland, continua-t-il, savez-vous ce qui a pu déranger l'harmonie du ton de ces deux jeunes grâces?

— Ce serait perdre son temps, répondit le capitaine, que de chercher à savoir quelle cause fait changer le vent ou une femme. Si j'étais M. Mordaunt, je n'adresserais pas une seconde question à ce sujet à ces beautés orgueilleuses.

— C'est un conseil d'ami, capitaine, répondit Mordaunt, et, quoique vous me l'ayez donné sans que je vous l'aie demandé, je ne l'en regarderai pas moins comme tel. Mais le pratiquez-vous vous-même? Permettez-moi de vous demander si l'opinion de vos jeunes amies vous est aussi indifférente.

— Moi! répliqua le capitaine avec un air de franchise et d'insouciance, ma foi, je n'ai jamais pensé deux fois à ce sujet. Je n'ai jamais vu une femme qui valût la peine qu'on songeât à elle une fois que l'ancre était levée. A terre, c'est autre chose, et je rirai, danserai, chanterai, je jouerai même le rôle d'amoureux avec vingt filles, si elles le veulent, ne fussent-elles qu'à moitié aussi jolies que celles qui viennent de nous quitter, en leur permettant de ne plus songer à moi dès que le sifflet du maître d'équipage me rappellera à bord. Il y a deux à parier contre un que le souvenir qu'elles me laisseront ne sera pas de plus longue durée.

Il est rare qu'un malade aime ce genre de consolation qui consiste à traiter comme une bagatelle la maladie dont il se plaint. Mordaunt se sentit donc disposé à se fâcher contre Cleveland, tant parce que le capitaine avait fait attention à l'embarras de sa situation, que parce qu'il lui avait donné son opinion si librement. Il lui répliqua avec un peu d'aigreur que de pareils sentimens ne convenaient qu'aux personnes qui avaient l'art de gagner les bonnes grâces de ceux à qui le hasard les présentait, et qui ne pouvaient perdre d'un côté que ce qu'ils étaient sûrs de retrouver d'un autre.

Ce propos était une ironie; mais, pour dire la vérité, on voyait en Cleveland une connaissance supérieure du monde, un sentiment intime au moins de son mérite extérieur, qui rendaient son intervention doublement désagréable à Mordaunt. Comme le dit sir Lucius O'Trigger [1], Cleveland avait un air de triomphe qui était presque une provocation. Jeune, bien fait, plein d'assurance, l'air brusque et franc de sa profession lui était naturel, lui allait à ravir, et convenait peut-être particulièrement aux mœurs simples de la contrée éloignée dans laquelle il se trouvait, et où des manières plus policées auraient pu rendre sa conversation moins agréable, même dans les premières familles du pays. Il se contenta de sourire d'un air de bonne humeur du mécontentement visible de Mordaunt, et lui répondit :

— Vous êtes fâché contre moi, mon cher ami, mais vous ne pouvez faire que je le sois contre vous. Les belles mains de toutes les jolies femmes que j'ai connues pendant tout le cours de ma vie ne m'auraient jamais pêché au pied du promontoire de Sumburgh. Ainsi donc, ne me cherchez pas querelle, car je prends M. Halcro à témoin que j'ai encloué tous mes canons; et quand vous me lâcheriez une bordée, je ne pourrais faire feu sur vous d'une seule pièce.

— Oui, oui, Mordaunt, dit Halcro, il faut que vous soyez ami du capitaine Cleveland. N'ayez jamais de querelle avec un ami, parce qu'une femme est fantasque. Que diable! si elles étaient toujours de la même humeur, nous ne pourrions pas faire tant de vers sur elles. Le vieux Dryden lui-même, le glorieux John, aurait eu fort peu de chose à dire sur une fille toujours du même avis. Au-

---

(1) Personnage de la comédie des *Rivaux*, par Sheridan. — Éd.

tant vaudrait faire des vers sur l'eau qui fait tourner la roue d'un moulin. — L'esprit d'une femme est comme vos marées, vos roost, vos courans et vos tourbillons, qui vont et viennent, vous poussent et vous repoussent (Dieu me pardonne! je me sens prêt à rimer, rien que d'y penser). Connaissez-vous mes Adieux à la jeune fille de Northmaven? C'était la pauvre Betty Stimbister, que j'ai nommée Mary, parce que ce nom est plus poétique, de même que je me suis appelé Hacon, d'après un de mes ancêtres, Hacon Goldemund ou Hacon Bouche-d'Or, qui vint dans cette île avec Harold Harfager, et qui était son premier scalde. Mais où en étais-je? Ah! oui, — à la pauvre Betty Stimbister! ce fut elle, sans parler de quelques dettes, qui fut cause que je quittai les îles Hialtland, véritable nom des îles Shetland, et que je me lançai dans le monde. — Je l'ai bien couru depuis ce temps, capitaine; je m'y suis frayé un chemin, non sans peine, mais aussi bien que pouvait le faire un homme qui avait la tête légère, la bourse légère, et le cœur encore plus léger. J'y ai payé mon écot, c'est-à-dire en argent ou en esprit. J'ai vu changer et déposer des rois comme vous renverriez un pauvre tenancier avant l'expiration de son bail. J'ai connu tous les beaux esprits du siècle, et notamment le glorieux John Dryden. Quel est l'homme de nos îles qui puisse en dire autant sans mentir? J'ai eu une prise de sa tabatière, et je vais vous dire comme j'ai eu cet avantage.

— Mais la chanson, M. Halcro? dit Cleveland.

— La chanson? répondit Halcro en saisissant le capitaine par un bouton, car il était trop accoutumé à voir ses auditeurs disparaître pendant qu'il débitait ses vers, pour ne pas employer tous les moyens connus pour les retenir; la chanson? j'en ai donné une copie, ainsi que de quinze autres, à l'immortel John. — Vous l'entendrez, vous l'entendrez, vous dis-je, si vous voulez avoir un moment de patience. Et vous aussi, mon cher Mordaunt.

— Eh bien, qu'est-ce à dire? à peine vous ai-je vu un instant depuis six mois, et vous voulez déjà me quitter? Et en parlant ainsi, il saisit de l'autre main un bouton de l'habit de Mordaunt.

— Maintenant qu'il nous a pris tous deux à la remorque, dit le marin, nous n'avons pas autre chose à faire que de l'écouter jusqu'au bout, quoiqu'il file le câble assez lentement pour faire perdre patience.

— Maintenant un peu de silence, il ne faut pas que nous parlions tous trois à la fois, dit le poëte d'un ton impératif, tandis que Cleveland et Mordaunt, se regardant l'un l'autre avec une expression plaisante de résignation, attendaient avec soumission le récit de l'histoire qu'ils connaissaient déjà, mais qu'ils étaient irrévocablement condamnés à entendre de nouveau.

— Je vous dirai tout dans le plus grand détail, continua le poëte : je fus jeté dans le monde comme tant d'autres jeunes gens, faisant ceci, cela, et puis encore autre chose pour gagner ma vie, car heureusement j'étais propre à tout, mais aimant les muses autant que si les ingrates m'eussent fourni, comme à tant de niais, un équipage attelé de six chevaux. Au surplus, je me soutins sur l'eau jusqu'à la mort de mon vieux cousin Laurence Linklatter, qui me laissa une petite île peu éloignée d'ici, quoique Cultmalindie fût son parent au même degré que moi; mais Laurence aimait l'esprit, quoiqu'il n'en eût guère.
— Il me laissa donc sa petite île, qui est aussi stérile que le Parnasse. Eh bien! j'ai pourtant un sou à dépenser, un sou à mettre en bourse, et un sou à donner aux pauvres, et même un lit et une bouteille de vin à offrir à un ami, comme vous le verrez si vous voulez m'accompagner après la fête. Mais où en suis-je de mon histoire?

— Près du port, j'espère, répondit Cleveland. Mais Halcro était un narrateur trop décidé pour faire attention à ce sarcasme.

— M'y voici, reprit Halcro avec l'air satisfait d'un homme qui a retrouvé le fil perdu d'un récit. J'étais logé dans Russel-Street, chez le vieux Timothée Thimblethwaite, alors le maître tailleur le plus en vogue de tout Londres. Il travaillait pour tous les beaux esprits et pour tous les enfans gâtés de la fortune, et il savait s'arranger de manière à ce que les uns payassent pour les autres. Jamais il ne refusa de faire crédit à un bel esprit, si ce n'est par plaisanterie et pour en tirer une repartie. Il était en correspondance avec tout ce qui méritait d'être connu dans la capitale. Il recevait des lettres de Crowne, de Tate, de Prior, de Tom Brown, et de tous les *célèbres* du temps; on y trouvait de telles saillies d'esprit, qu'il n'y avait pas moyen de les lire sans rire à en mourir, et cependant le refrain de toutes ces épîtres était de lui demander du temps pour payer.

— J'aurais cru, dit Mordaunt, que le tailleur aurait pris ces plaisanteries au sérieux.

— Pas du tout, pas du tout, reprit le panégyriste. Timothée était né dans le Cumberland; il avait l'âme d'un prince, et il en laissa la fortune à ses héritiers. Mais malheur à l'alderman gorgé de tourtes qui lui tombait sous la patte après qu'il avait reçu une de ces lettres! car il ne manquait pas de lui faire payer le retard. Oui, ma foi! on croyait que Thimblethwaite avait servi de modèle au glorieux John Dryden pour tracer le caractère de Tom Bibber dans sa comédie du *Vert galant;* je sais qu'il a fait crédit à John, et qu'il lui a même prêté de l'argent, dans un temps où tous ses grands amis de la cour lui battaient froid. Il m'a fait crédit pareillement, car je lui ai dû jusqu'à deux mois de loyer pour une chambre au troisième étage. Il est vrai que, de mon côté, je l'obligeais autant que je le pouvais, ce qui ne veut pas dire que je l'aidais à tailler ou à coudre des habits, car cela n'aurait pas été très convenable pour un homme de bonne famille;

mais je... rédigeais ses mémoires, je... calculais ses livres, je...

— Et vous portiez sans doute aux beaux esprits et aux aldermans les habits qu'il leur faisait? dit Cleveland.

— Non ; fi donc! que diable! point du tout. Mais vous me faites perdre le fil de mon histoire. Où en étais-je?

— Que le diable vous aide à en trouver la latitude! s'écria le capitaine en donnant une secousse subite qui délivra son bouton captif entre le pouce et l'index du poète; quant à moi, je n'ai pas le temps d'en faire l'observation ; et au même instant il se précipita hors de l'appartement.

— Vit-on jamais, dit Halcro en le regardant s'éloigner, homme si grossier, si mal élevé, avoir tant de prétentions? Il n'y a pas plus d'esprit dans sa tête creuse que de politesse dans ses manières. Je ne conçois pas ce que Magnus et ses sottes filles peuvent trouver en lui. Il leur conte de longues histoires à perte d'haleine sur ses aventures et ses combats sur mer, dont je réponds que la moitié n'est que mensonges. Mordaunt, mon cher enfant, prenez exemple sur cet homme, c'est-à-dire que cet homme vous serve de leçon. Ne contez jamais de longues histoires dont vous soyez le héros. Vous êtes porté quelquefois à trop parler de vos exploits sur les montagnes et les rochers, ce qui ne fait qu'interrompre la conversation et empêcher les autres de pouvoir se faire entendre. Mais je vois que vous êtes impatient d'apprendre la suite de ce que je vous disais. Un instant; où en étais-je?

— Je crois qu'il faut la différer jusques après le dîner, M. Halcro, répondit Mordaunt qui cherchait aussi à lui échapper, quoiqu'il désirât ne pas le faire avec aussi peu de cérémonie que le capitaine, et qu'il voulût ménager la délicatesse de son vieil ami.

— Quoi! mon cher enfant, dit Halcro se voyant à

l'instant de rester seul, allez-vous aussi m'abandonner? Ne suivez pas un si mauvais exemple, et ne traitez jamais légèrement une ancienne connaissance. J'ai long-temps marché dans le chemin de la vie, Mordaunt; je l'ai souvent trouvé raboteux; mais je n'ai jamais songé à la fatigue quand j'ai pu m'appuyer sur le bras d'un ancien ami comme vous.

En parlant ainsi, il abandonna le bouton du jeune homme, et passant la main sous son bras, il s'assura ainsi de lui d'une manière plus certaine. Mordaunt s'y soumit sans résistance, un peu ému par l'observation du vieux poète sur le peu de complaisance des anciennes connaissances, défaut dont il était lui-même victime en ce moment. Mais quand Halcro en revint à sa redoutable question : — Où en étais-je? Mordaunt, préférant sa poésie à sa prose, lui rappela la chanson qu'il disait avoir faite lors de son premier départ des îles Shetland, chanson qu'il connaissait déjà; mais comme elle sera sans doute nouvelle pour nos lecteurs, nous l'insèrerons ici pour leur donner un échantillon des talens poétiques du descendant d'Hacon Bouche-d'Or. Ajoutons que Claude Halcro, d'après l'opinion d'assez bons juges, occupait un rang distingué parmi les faiseurs de madrigaux de cette époque, et qu'il était aussi en état d'immortaliser les Nancy de ses montagnes et de ses vallées, qu'une foule de chansonniers de la capitale. Il était aussi un peu musicien; et quittant Mordaunt pour prendre une espèce de luth, il se mit à l'accorder pour s'en accompagner, tout en continuant à parler, pour ne pas perdre de temps.

— J'ai appris le luth, dit-il, du même maître que le bon Shadwell, le gros Tom, comme on avait coutume de l'appeler. Il a été un peu maltraité par le glorieux John, comme vous pouvez vous le rappeler. Vous vous souvenez de ces vers, Mordaunt :

Ce moderne Arion, l'entends-tu? Sur ma foi,
Sous ses ongles crochus le luth tremble d'effroi;
Et ses longs hurlemens, de rivage en rivage,
Font redire aux échos le chant le plus sauvage.

— Allons, voilà mon luth passablement d'accord. Que vous chanterai-je à présent? Ah! je m'en souviens : la jeune fille de Northmaven. Pauvre Betty Stimbister! je la nomme Mary dans ma chanson. Betty va fort bien dans une chanson anglaise, mais Mary a ici quelque chose de plus naturel. A ces mots, et après un court prélude, il chanta d'une voix passable et avec assez de goût les couplets suivans :

MARY.

Adieu, pays que je regrette,
Adieu, havre qui m'assuras
Contre les vents une retraite;
Adieu, tempêtes et frimas :
Je pars demain avant l'aurore,
Si les vents nous ont entendus;
Et toi qui m'es si chère encore,
Adieu, Mary, nous ne nous verrons plus!

Adieu, bras de mer formidable,
Que pour Marie Hacon bravait
Lorsque l'Océan redoutable
Dans sa fureur se soulevait.
Ne jette pas sur ce Bosphore,
Mary, des regards superflus;
Car de l'amant qui t'aime encore
Le frêle esquif n'y reparaîtra plus.

Laisse-les dans l'humide plaine,
Ces vœux oubliés par ton cœur;
Au chant trompeur de la Sirène
Ils donneront plus de douceur.
Les voyageurs qu'elle dévore,
Par ces sermens seront déçus;
Mais il existe un être encore,
Un être, hélas! qui ne les croira plus.

Ah! s'il existait sur la terre
Un pays de tous ignoré,
Où par un sourire sincère

> L'amant se trouvât rassuré,
> Où la bergère qu'on adore
> N'offrit que des vœux ingénus,
> Pour moi l'espoir luirait encore...
> L'espoir, hélas ! je n'en conserve plus.

— Je vois bien que vous êtes attendri, mon jeune ami, dit Halcro en finissant sa chanson, c'est ce qui est arrivé à la plupart de ceux qui ont entendu ces couplets. J'ai composé la musique et les paroles; et sans parler de l'esprit qui s'y trouve, on y remarque une sorte de... Eh ! eh !... de simplicité, de vérité, qui va droit au cœur. Votre père même ne pourrait y résister, et pourtant il a un cœur si impénétrable aux charmes de la poésie, qu'Apollon lui-même ne pourrait le percer d'une de ses flèches. Il faut que quelque femme lui ait joué un mauvais tour dans son temps, et c'est pourquoi il a de la rancune contre les autres. Oui, oui, c'est là que gît le lièvre, mais à qui de nous n'en est-il pas arrivé autant ? Allons, mon cher enfant, je vois qu'on passe dans la salle à manger, tout le monde, hommes et femmes. Les femmes ! ce sont de vrais tourmens, et pourtant nous aurions de la peine à nous en passer. Mais avant de les suivre, faites seulement attention à la dernière strophe :

> Un pays de tous ignoré.

Oui, sans doute, ignoré, car jamais il n'a existé, jamais il n'existera un pays

> Où la bergère qu'on adore
> N'offrit que des vœux ingénus.

Vous voyez bien, mon cher ami, que je ne me suis pas traîné ici sur les traces du paganisme, comme Rochester, Etheredge et tant d'autres. Un ministre pourrait entonner ma chanson, et son clerc chanter le refrain. Mais j'entends cette cloche maudite. Allons, il faut partir; mais ne vous inquiétez pas : après le dîner, nous trouverons quelque coin bien tranquille, et je vous y conterai tout le reste.

CHAPITRE XIII.

« Au centre on voit briller la table bien polie,
« Du vin le plus exquis chaque coupe est remplie,
« Et des mets préparés chacun reçoit sa part.
« Mais pour prendre son hôte un instant à l'écart,
« Un convive prudent pense qu'il est plus sage
« D'attendre que la faim ait apaisé sa rage. »
L'Odyssée.

La profusion qui régnait sur la table hospitalière de Magnus Troil, le nombre de convives qui y étaient assis, la foule plus considérable encore d'humbles amis, de villageois, de pêcheurs et de domestiques qui se régalaient en d'autres salles, les pauvres accourus de tous les villages et hameaux à vingt milles à la ronde, pour profiter de la générosité du bienfaisant Udaller, tout ce que vit enfin Triptolème Yellowley le jeta dans une telle surprise, qu'il commençait à douter qu'il fût prudent à lui de proposer en ce moment à l'amphitryon d'un banquet si splendide et que son hospitalité rendait rayonnant de gloire, un changement radical dans les coutumes et usages de son pays.

Il est bien vrai que le sagacieux Triptolème se rendait assez de justice pour croire qu'il possédait en sa personne une sagesse bien supérieure à celle de tous les convives réunis, sans même en excepter son hôte, contre la prudence duquel la profusion dont il était témoin rendait à son avis un témoignage bien suffisant. Mais pourtant l'amphitryon où l'on dîne, exerce, au moins pendant le temps du dîner, une influence sur l'esprit de ses convives, même les plus distingués; et si le dîner est bien ordonné, et que les vins soient bien choisis, il est humiliant de voir que ni l'adresse, ni la science, nous dirions presque même ni le rang, ne peuvent, jusqu'après le café, réclamer leur supériorité naturelle et accoutumée, sur le distributeur de toutes ces bonnes choses. Triptolème sentait tout le poids de cette supériorité du moment, et néanmoins il désirait faire quelque chose pour prouver à sa sœur et à son compagnon de voyage qu'il ne s'en était pas fait trop accroire en leur parlant, le long du chemin, de la manière dont il ferait accueillir ses plans par Magnus; de temps en temps il jetait sur eux un regard à la dérobée pour deviner si son délai à proposer les grands changemens annoncés par lui comme nécessaires ne lui faisait rien perdre de leur estime.

Mais mistress Barbara était entièrement occupée à déplorer le gaspillage et à calculer la dépense qui devait résulter d'un festin tel qu'elle n'en avait jamais vu probablement. Elle avait peine à concevoir l'oubli des règles de la civilité dans laquelle elle avait été élevée, et de l'indifférence avec laquelle le maître de la maison voyait cette conduite. Maint convive se faisait servir d'un plat qui, n'ayant pas été entamé, aurait pu figurer de nouveau au souper. Le maître du logis, moins que personne, s'inquiétait peu si l'on ravageait ces plats qui, d'après leur nature, ne peuvent paraître deux fois sur la table, ou si l'on dirigeait un assaut, soit contre un pâté de venaison, soit contre un aloyau de douze à quinze livres, ou contre un de ces mets qui, suivant toutes les règles d'une bonne économie, doivent supporter au moins deux attaques. Selon mistress Barbara et ses idées du savoir-vivre, ces alimens substantiels auraient dû être réservés par les convives, comme Ulysse le fut dans l'antre de Polyphème, pour être dévorés les derniers. Égarée dans les réflexions auxquelles donnait lieu ce mépris évident des règles de la discipline qui doit régner dans un festin, et calculant que ce qui serait perdu de toutes ces viandes bouillies, rôties et grillées, aurait suffi pour entretenir sa table au moins pendant un an, mistress Barbara s'inquiétait fort peu si son frère tiendrait ou non tout ce qu'il avait promis.

Mordaunt Mertoun, de son côté, était occupé de pensées qui étaient bien loin d'avoir pour objet le prétendu réformateur des îles Shetland. Il était assis entre deux jolies personnes de Thulé. Ne conservant aucun ressentiment de la préférence qu'il avait accordée sur elles en toutes occasions aux filles de l'Udaller, ni l'une ni l'autre n'étaient fâchées que le hasard leur procurât les attentions d'un jeune homme si généralement recherché, et qui, ayant été leur écuyer à table, deviendrait probablement leur cavalier pour le bal. Mais tandis qu'il avait pour ses belles voisines tous ces petits soins qu'exige la société, Mordaunt n'en observait pas moins en secret ses deux jeunes amies qui semblaient avoir cessé de l'être. Le père lui-même, comme Brenda et Minna, avait une partie de son attention. Mordaunt ne remarqua rien d'extraordinaire dans la conduite de l'Udaller; il avait toujours ce ton de gaieté bruyante et cordiale qui mettait en train ses convives en semblables occasions; mais celle des deux sœurs était toute différente et lui donna lieu de faire des remarques bien pénibles.

Cleveland était assis entre elles, et Mordaunt était placé de manière à voir et même à pouvoir entendre, au moins en grande partie, tout ce qui se passait entre eux. Le capitaine partageait à peu près également ses attentions entre les deux sœurs, mais il semblait s'occuper plus particulièrement de l'aînée. La cadette ne l'ignorait peut-être pas, car plus d'une fois ses regards se dirigèrent vers Mordaunt, et celui-ci crut y remarquer quelque chose qui ressemblait au souvenir de leur première liaison et au regret de l'avoir interrompue. Minna, au contraire, n'était occupée que de son voisin, ce qui causait à Mordaunt autant de surprise que de ressentiment.

Oui, la sérieuse, la prudente, la réservée Minna, dont

l'air et les manières annonçaient tant d'élévation dans le caractère, Minna, préférant à tout les études qui exigent la solitude, Minna, dont toutes les promenades avaient pour but quelque source placée dans un lieu écarté; elle, l'ennemie d'une gaieté légère, l'amie d'un calme mélancolique et réfléchi, dont le caractère en un mot paraissait complètement opposé à celui qu'il aurait fallu supposer à une jeune fille pour qu'elle se laissât captiver par la galanterie hardie, entreprenante et grossière d'un homme tel que le capitaine Cleveland, Minna n'avait pourtant des yeux et des oreilles que pour lui; et elle lui accordait un intérêt, une attention, un sourire gracieux, qui prouvaient à Mordaunt, qui avait appris à savoir juger de ses sentimens, jusqu'à quel point il avait gagné ses bonnes grâces. Il observait tout cela, et son cœur se soulevait contre le nouveau favori qui l'avait supplanté, et contre la manière indiscrète dont Minna sortait de son caractère.

— Que peut-on remarquer en cet homme, se dit-il en lui-même, si ce n'est cet air de hardiesse et d'importance que lui donnent des succès obtenus peut-être dans quelques minces entreprises, et l'habitude du despotisme avec lequel il commande son équipage? Il entremêle ses discours de plus de termes de sa profession qu'aucun officier de marine que j'aie jamais vu, et ses saillies sont de telle nature que Minna ne les aurait jamais endurées autrefois, quoiqu'elle en sourie aujourd'hui. Brenda même semble prendre moins de goût à sa galanterie que Minna, à qui elle devrait souverainement déplaire.

Mordaunt se trompait doublement dans ces réflexions que le ressentiment lui inspirait. D'abord, il voyait le capitaine Cleveland, jusqu'à un certain point, avec les yeux d'un rival, et par conséquent il critiquait avec trop de sévérité sa conduite et ses manières, qui, sans être très raffinées, n'avaient rien qui pût choquer dans un pays habité par un peuple aussi simple et aussi peu avancé dans la civilisation que les Shetlandais. Ensuite Cleveland avait l'air franc et ouvert d'un marin, beaucoup d'adresse naturelle, une gaieté convenable à sa situation, une confiance sans bornes en lui-même, et ce caractère audacieux et entreprenant qui, sans aucune autre qualité recommandable, suffit très souvent pour procurer des succès auprès du beau sexe. Mais Mordaunt se trompait encore en supposant que Cleveland dût déplaire à Minna Troil parceque leurs caractères étaient opposés en tant de points importans. S'il avait un peu mieux connu le monde, il aurait remarqué que de même qu'on voit un grand nombre d'unions avoir lieu entre des personnes qui n'ont l'une avec l'autre aucun rapport quant au physique, on ne rencontre pas en moins grand nombre de ces époux dont les goûts, les sentimens et les dispositions n'ont aucune analogie; ce ne serait peut-être pas trop dire que d'assurer que les deux tiers des mariages se contractent entre des individus qu'au premier aperçu nous aurions cru ne devoir offrir aucun charme l'un à l'autre.

On pourrait en morale assigner une cause première à ces anomalies, en remontant aux vues sages et bienfaisantes de la Providence, qui a voulu maintenir, dans toute la société en général, un partage égal d'esprit, de sagesse et d'aimables qualités de toute espèce. Car, que deviendrait le monde, si ceux qui ont reçu l'esprit, la science, l'amabilité, la beauté, ne s'unissaient qu'à ceux qui posséderaient les mêmes avantages; et que les castes dégradées, condamnées à l'ineptie, à l'ignorance, à la brutalité, à la laideur, ce qui comprend, soit dit en passant, la plus grande partie du genre humain, ne pussent de même s'allier qu'entre elles? N'est-il pas évident que les descendans de ces dernières unions finiraient par subir une dégradation morale et physique qui en ferait de véritables orangs-outangs? Quand nous voyons de ces unions disparates, nous devons plaindre le destin de l'individu souffrant, mais nous n'en devons pas moins admirer la sagesse mystérieuse de la Providence, qui balance le bien et le mal moral de la vie, en assurant ainsi à des enfans rendus malheureux par le mauvais caractère de l'un des deux époux, une portion de sang plus doux et plus pur transmise par l'autre, et en leur conservant ainsi au moins les soins de l'un des deux parens que leur a donnés la nature. Si de semblables alliances, quelque mal assorties qu'elles paraissent à la première vue, n'avaient lieu fréquemment, le monde ne serait pas ce que la sagesse éternelle a voulu qu'il fût, un séjour où le bien et le mal sont également mélangés; un lieu d'épreuves et de souffrances, où les plus grands maux sont rendus supportables par quelques douceurs, et où le bonheur même porte avec lui un alliage qui empêche qu'il puisse devenir parfait.

Si nous examinons d'un peu plus près les causes de ces attachemens imprévus, nous avons lieu de reconnaître que ceux qui s'y livrent ne sont pas coupables d'autant d'inconséquences, et n'agissent pas d'une manière aussi contraire à leur caractère que nous pourrions le croire si nous ne faisions attention qu'au résultat. Les vues sages que paraît avoir eues la Providence en permettant cette fusion de caractères, de penchans et de sentimens, dans l'état de mariage, ne s'accomplissent pas en vertu d'une impulsion mystérieuse par laquelle, contre les lois ordinaires de la nature, les hommes ou les femmes seraient portés à une union que le monde peut regarder comme ne leur convenant aucunement. Le libre arbitre qui nous est accordé dans les évènemens ordinaires de la vie, comme dans notre conduite morale, est souvent, dans le premier comme dans le second cas, un moyen de nous égarer. Ainsi il arrive souvent, et surtout quand on a l'imagination vive et susceptible des écarts de l'enthousiasme, que, s'étant formé en esprit un modèle digne d'admiration, on se trompe soi-même par l'air de vraisemblance qu'on croit découvrir dans un être existant, et que l'imagination s'empresse de parer gratuitement de tous les attributs nécessaires pour en former *le beau idéal*. Personne peut-être, même dans le mariage le plus heureux, et quand on est uni à un objet véritablement aimé, n'a jamais trouvé dans l'être auquel il est lié toutes les qualités auxquelles il s'attendait. Il n'arrive que trop souvent au contraire qu'il reconnaît qu'il s'est trompé lui-même, et qu'il a construit son château aérien de félicité sur un arc-en-ciel qui ne devait son existence qu'à l'état particulier de l'atmosphère.

Mordaunt, s'il avait eu plus d'expérience, et s'il eût mieux connu le cours des choses humaines, aurait donc été moins surpris qu'un homme tel que Cleveland, jeune, bien fait, vif, audacieux; qu'un homme qui avait évidemment couru de grands dangers et qui en parlait comme d'un jeu, eût été doué, pour l'esprit romanesque de Minna, de toutes les qualités que son imagination active regardait comme nécessaires pour constituer un héros. Plus il montrait une franchise et une brusquerie peu conformes aux lois ordinaires de la politesse, moins elle devait le soupçonner d'en imposer; et, quelque étranger qu'il parût aux formes de la société, Cleveland avait reçu de la nature assez de bon sens et assez de savoir-vivre pour entretenir l'illusion qu'il avait créée, du moins pour tout ce qui ne tenait qu'aux dehors. A peine avons-nous besoin d'ajouter que ces observations s'appliquent exclusivement à ce qu'on appelle les mariages d'inclination; car si l'une des deux parties fixe son attachement sur les avantages substantiels d'une bonne dot ou d'un douaire considérable, elle ne peut se trouver trompée quant à l'objet qu'elle a eu principalement en vue d'acquérir, quoiqu'elle puisse l'être cruellement en s'étant formé une idée exagérée du bonheur qui devait en résulter, ou pour n'en avoir pas bien calculé les inconvéniens.

Ayant une sorte de partialité pour l'aimable brune dont nous parlons, nous nous sommes permis cette digression afin de justifier en elle une conduite qui, dans une histoire comme celle-ci, doit paraître, nous en convenons, absolument contre nature; c'est-à-dire l'estime excessive que Minna paraissait avoir conçue pour le goût, les talens et le caractère d'un jeune homme qui lui consacrait tout son temps et toutes ses attentions, et dont les hommages étaient enviés par toutes les jeunes filles rassemblées à cette fête. Si nos belles lectrices veulent descendre dans leur propre cœur, peut-être avoueront-elles que lorsqu'un individu dont le bon goût est reconnu, et dont les soins seraient agréables à tout un cercle de rivales, les réserve exclusivement à une seule femme, il a droit, au moins à titre de réciprocité, d'obtenir d'elle une part raisonnable de son estime et de ses bonnes grâces. Dans tous les cas, si le caractère de Minna paraît inconséquent et peu naturel, ce n'est pas notre faute, puisque nous ne faisons que rapporter les faits tels que nous les trouvons, et que nous ne nous attribuons pas le privilége de rapprocher de la nature les incidens qui semblent s'en écarter, encore moins celui de rendre conséquent ce qu'il y a de plus inconséquent dans le monde créé, le cœur d'une femme belle et admirée.

La nécessité qui nous enseigna tous les arts, nous rend aussi adeptes dans celui de la dissimulation; et Mordaunt, quoique novice, ne manqua pas de profiter à cette école. Il était évident que, pour mieux observer la conduite de celles qui fixaient toute son attention, il fallait qu'il soumît lui-même la sienne à quelque contrainte, et que du moins il parût tellement occupé de ses deux voisines, que Minna et Brenda pussent le croire indifférent à tout ce qui se passait. Les efforts qu'il fit pour être gai et amusant furent puissamment secondés par l'enjouement de Maddie et de Clara Groatsettars, qui passaient dans ces îles pour de riches héritières, et souverainement heureuses en ce moment d'être un peu écartées de la sphère d'influence de la vieille et bonne lady Glowrowrum, leur tante. La conversation ne tarda pas à s'engager entre eux; et, suivant l'usage, le jeune homme y paya son contingent en esprit, ou en ce qui passe pour de l'esprit, et les jeunes demoiselles s'acquittèrent du leur en sourires et en applaudissemens. Mais, au milieu de cette gaieté apparente, Mordaunt ne manquait pas, de temps en temps, d'observer, aussi secrètement qu'il le pouvait, la conduite des deux filles de Magnus, et toujours il lui semblait que l'aînée, uniquement occupée de la conversation de Cleveland, n'accordait pas une seule pensée au reste de la compagnie, tandis que Brenda, convaincue que Mordaunt ne faisait aucune attention à elle, se gênait moins pour jeter un regard inquiet et mélancolique sur le groupe dont il faisait partie. Il éprouva une vive émotion en voyant le trouble et la défiance que ses yeux semblaient exprimer, et forma en secret la résolution de chercher l'occasion d'avoir avec elle, dans la soirée, une explication complète. Il se souvenait que Norna lui avait dit que ces jeunes personnes étaient en danger; elle ne lui en avait pas expliqué la nature, mais il présumait qu'il ne pouvait avoir d'autre cause que l'erreur dans laquelle elles étaient sur le caractère de cet étranger entreprenant, qui savait si bien accaparer tous les suffrages, et il résolut secrètement de chercher tous les moyens de démasquer Cleveland, afin de sauver ses deux jeunes amies.

Tout en s'occupant de ces pensées, ses attentions pour les miss Groatsettars se relâchèrent insensiblement, et peut-être aurait-il oublié la nécessité où il se trouvait de paraître spectateur désintéressé de ce qui se passait, si Minna n'eût donné aux dames le signal de quitter la table. Elle salua toute la compagnie avec la grâce qui lui était naturelle et avec une dignité un peu hautaine; mais ses yeux prirent une expression plus douce et plus flatteuse lorsque, en faisant leur ronde, ils s'arrêtèrent un instant sur Cleveland. Brenda, avec la rougeur qui ne manquait jamais de couvrir ses joues quand elle avait à s'acquitter de quelque devoir qui l'exposait à la vue des autres, remplit le même cérémonial avec un embarras presque gauche, mais que sa jeunesse et sa timidité rendaient naturel et intéressant. Mordaunt crut encore remarquer que ses yeux l'avaient distingué au milieu de la nombreuse compagnie qui l'entourait. Pour la première fois il se hasarda à rencontrer son regard; Brenda n'en rougit que davantage, et son émotion parut mêlée d'un je ne sais quoi qui ressemblait au déplaisir.

Quand les dames se furent retirées, les hommes, avant de songer à la danse, se mirent, suivant l'usage du temps, à boire à longs traits et très sérieusement. Le vieux Magnus, joignant l'exemple au précepte, les exhorta à bien employer leur temps, attendu que les dames mettraient bientôt leur agilité en réquisition. En même temps, faisant un signal à un domestique à tête grise, qui était debout derrière lui en costume de matelot de Dantzick, et qui à d'autres occupations joignait celle de sommelier de l'Udaller : — Erick Scambester, lui dit-il, le bon navire, *le joyeux Marinier* de Canton, a-t-il sa cargaison à bord?

— Cargaison complète, répondit le Ganymède de Burgh-Westra, d'excellente eau-de-vie de Cognac, du sucre de la Jamaïque, des citrons de Portugal, pour ne rien dire de la muscade et des rôties; et il a fait sa provision d'eau à la fontaine de Shellicoat.

Les convives poussèrent de longs et bruyans éclats de rire en entendant cette plaisanterie en dialogue qui n'était pourtant pas nouvelle pour eux, car elle servait toujours de prélude à l'arrivée d'un bowl de punch d'une grandeur peu ordinaire, présent du capitaine d'un des bâtimens de l'honorable compagnie des Indes orientales, qui, à son retour de la Chine, ayant été poussé au nord par les vents, était entré dans la baie de Lerwick, et avait trouvé moyen de s'y débarrasser d'une partie de sa cargaison, sans se mettre en peine de payer bien scrupuleusement les droits dus au roi.

Magnus Troil, ayant été une excellente pratique, et ayant d'ailleurs rendu d'autres services au capitaine Coolie, cet officier, avant de mettre à la voile, lui avait témoigné sa reconnaissance en lui offrant ce vase splendide, si propre à répandre la joie vers la fin d'un festin; et lorsqu'on le vit paraître, porté par le vieux Scambester qui pouvait à peine en soutenir le poids, un murmure d'applaudissemens s'éleva de toutes parts dans la salle du banquet.

Cette mer de punch fut placée devant l'Udaller, qui en servit de grands verres à tous ceux qui se trouvaient dans ses parages; quant à ses hôtes des côtes plus éloignées, il leur envoyait un grand vase d'argent qu'il appelait facétieusement sa pinasse, qui distribuait ses trésors liquides jusqu'à l'extrémité la plus reculée de la table, et qu'on avait soin de remplir à la source dès que le contenu en était épuisé; ce qui donnait lieu à beaucoup de plaisanteries sur ses fréquens voyages. Le commerce des Shetlandais avec des navires étrangers et avec des bâtimens de la compagnie des Indes occidentales revenant en Angleterre, avait introduit chez eux depuis long-temps le généreux breuvage qui formait la cargaison du *joyeux Marinier* de Canton; et dans tout l'archipel de Thulé, il ne se trouvait pas un seul individu qui sût aussi bien combiner les divers ingrédiens qui le composaient, que le vieil Eric Scambester, à qui cette science avait valu le surnom de *faiseur de punch*, surnom sous lequel il était connu dans toutes ces îles. On avait suivi en cela une ancienne coutume des Norwégiens, qui donnèrent à Rollo LE MARCHEUR, et à d'autres héros célèbres dans leurs annales, des épithètes caractéristiques de la force, de la dextérité, en un mot de la qualité particulière qui les élevait au-dessus des autres hommes.

Cette liqueur ne tarda pas à produire ce qu'on devait en attendre; la gaieté devint plus animée et plus bruyante; plusieurs convives chantèrent avec grand effet des chansons à boire norses, afin de prouver que, si les vertus martiales de leurs ancêtres avaient déchu, faute d'exercice, parmi les Shetlandais, ils n'en étaient pas moins en état de goûter dans le Walhalla ce genre de félicité qui consistait à avaler les océans de bière et d'hydromel promis par Odin aux élus de son paradis scandinave. Enfin, à force de boire et de chanter, la timidité fit place à la hardiesse, la retenue à la loquacité. Chacun voulut parler, et personne ne se soucia d'écouter. Chacun monta sur son cheval de bataille, et cria à ses voisins d'examiner son agilité. Le petit barde, qui, après le départ des dames, était venu se placer auprès de notre ami Mordaunt Mertoun, se montrait déterminé à commencer et conclure, sans en rien omettre ni excepter, l'histoire de sa liaison avec le glorieux John Dryden. Triptolème Yellowley, la tête un peu échauffée, et secouant le respect involontaire que lui inspirait celui que chacun témoignait à Magnus, et l'idée d'opulence que faisait naître tout ce qu'il voyait autour de lui, commença à faire entendre aux oreilles surprises et un peu mécontentes de l'Udaller quelques uns des projets d'amélioration dont il avait parlé dans la matinée à ses deux compagnons de voyage.

Je renvoie au chapitre suivant les innovations qu'il suggéra, et la manière dont Magnus Troil les accueillit.

CHAPITRE XIV.

« Oui, nous conserverons nos coutumes antiques.
« Mais que sont donc les lois? des coutumes aussi.
« Et la religion? un usage établi
« Qui nous fait adopter le culte de nos pères.
« Tout est coutume enfin....... »
Ancienne comédie.

Nous avons laissé les hôtes de Magnus Troil au milieu des plaisirs bruyans et le verre à la main. Mordaunt, qui, comme son père, évitait la libation des festins, ne partageait pas l'enjouement que le *joyeux marinier* répandait parmi les convives à mesure qu'ils le déchargeaient de sa cargaison, et il n'était pas même indifférent aux excursions que la pinasse faisait autour de la table. Mais, par cela même qu'il semblait avoir l'esprit abattu, il en était d'autant mieux l'homme qu'il fallait au poète Halcro, pour lui débiter ses histoires ; le poète le regardait comme favorablement disposé pour devenir un auditeur passif. Il avait à cet égard l'instinct de l'oiseau de proie fondant du haut des airs sur la brebis malade qui se laisse patiemment déchirer. Ce fut ainsi qu'Halcro profita des avantages que la distraction de Mordaunt lui donnait, et de l'apathie qui l'empêchait de prendre des mesures de défense. Avec cette adresse familière aux impitoyables conteurs, il ne manquait pas de doubler la longueur de ses récits en les assaisonnant de digressions interminables, de manière que plus la narration semblait s'avancer avec rapidité, moins il était possible d'en apercevoir le terme. A la fin pourtant il était parvenu à raconter, avec les détails les plus circonstanciés, l'histoire de son obligeant propriétaire, le maître tailleur de Russel-Street, en y comprenant une esquisse de cinq de ses parens, quelques anecdotes relatives à trois de ses principaux rivaux, et enfin quelques observations générales sur le costume et la mode du temps. Là, si l'on peut s'exprimer ainsi, il avait atteint les ouvrages avancés de son histoire, et se trouvait parvenu au corps de la place, car on pouvait donner ce nom au café des Beaux-Esprits. Il s'arrêta cependant sur le seuil, pour expliquer la nature du droit que s'arrogeait quelquefois son propriétaire de s'introduire dans ce sanctuaire bien connu des muses.

— Il consistait, dit Halcro, en deux articles principaux : savoir supporter la plaisanterie et ne s'en permettre aucune ; car mon ami Thimblethwaite était lui-même un homme d'esprit, et il ne se fâchait jamais des railleries piquantes que les plaisans qui fréquentaient ce café lui lançaient comme des pétards et des fusées dans une nuit de réjouissance ; quoique quelques uns, j'ose même dire le plus grand nombre de ces beaux esprits, pussent avoir avec lui des comptes à régler relativement à son commerce, il n'était pas capable de mettre un homme de génie dans l'embarras en lui rappelant de telles bagatelles. Peut-être penserez-vous, mon cher Mordaunt, que ce n'était là qu'une politesse d'usage, parce que, dans notre pays, on ne sait guère ce que c'est que d'emprunter et de prêter, et que, Dieu soit loué, on n'y connaît ni huissiers, ni recors pour arrêter un pauvre diable et le jeter ensuite dans une prison ? Mais permettez-moi de vous dire qu'une douceur d'agneau, comme celle de mon pauvre et cher défunt Thimblethwaite, est vraiment très rare à Londres et dans ses environs. Je pourrais vous raconter à ce sujet bien des choses qui sont arrivées à moi et à bien d'autres avec ces maudits marchands de Londres, et qui vous feraient dresser les cheveux sur la tête.

— Mais que diable a donc le vieux Magnus ? Il pousse des cris comme s'il voulait jouter contre les sons aigus d'une bouffée de vent du nord-ouest. — Dans le fait, on aurait pu dire que le bon Udaller mugissait. Poussé à bout par les plans de réforme et d'amélioration que voulait à toute force lui suggérer le facteur d'Harfra, il ne lui répondait plus, pour nous servir d'une expression d'Ossian, que comme une vague à un rocher.

— Des arbres, monsieur le facteur! ne me parlez pas de vos arbres, quand même il n'y en aurait point dans toutes nos îles un assez grand pour y pendre un sot, je m'en inquiète fort peu. Nous n'aurons d'arbres que ceux qui lèvent leurs têtes dans nos ports. Les bons arbres sont ceux qui ont des vergues pour branches, et de bonnes voiles pour feuilles.

— Mais quant au dessèchement du lac de Bracbaster, dont je vous parlais, M. Magnus Troil, répondit l'opiniâtre agriculteur, je le considère comme d'une grande importance; il y a deux moyens d'y parvenir, ou par la vallée de Linklater, ou par le ruisseau de Scalmester. Or, après avoir nivelé le terrain des deux côtés...

— Il y en a un troisième, maître Yellowley, dit l'Udaller en l'interrompant.

— J'avoue que je ne l'aperçois pas, répliqua Triptolème avec autant de naïveté et de bonne foi que pourrait en désirer un railleur dans celui qu'il prend pour son plastron, — attendu qu'il y a au midi la montagne de Bracbaster, et au nord cette hauteur dont je ne puis me rappeler le nom.

— Ne nous parlez ni de montagnes ni de hauteurs, maître Yellowley. Il y a un troisième moyen de dessécher le lac, et c'est le seul qui sera tenté de nos jours. Vous dites que le lord chambellan et moi en sommes copropriétaires, à la bonne heure. Eh bien! que chacun de nous jette dans le lac une pareille quantité d'eau-de-vie, de jus de citron et de sucre. La cargaison d'un ou deux vaisseaux en fera l'affaire; qu'on réunisse tous les joyeux Udallers du pays, et je réponds que dans vingt-quatre heures le lac de Bracbaster n'offrira plus qu'une surface desséchée.

Une raillerie si bien appliquée au temps et au lieu excita le rire et les applaudissemens des convives au point de réduire Triptolème au silence. On proposa un joyeux toast, on chanta une chanson à boire, le *vaisseau* se déchargea d'une partie de sa cargaison parfumée, et la pinasse fit de nouveau sa ronde. Au dialogue entre Magnus et Triptolème, qui avait attiré l'attention de toute la compagnie, succéda un bourdonnement général qui annonçait la bonne humeur des convives, et le poète Halcro en profita pour reprendre sur l'attention de Mordaunt l'empire qu'il avait usurpé.

— Où en étais-je? dit-il avec un ton qui, plus encore que ses paroles, annonçait à son auditeur fatigué qu'il n'était pas encore sur le point de terminer son ennuyeuse histoire. Oh! je me le rappelle, nous étions à la porte du café des Beaux-Esprits. Il avait été établi par un...

— De grâce, mon cher M. Halcro! dit Mordaunt un peu impatienté, je désire que vous me parliez de votre rencontre avec Dryden.

— Quoi, avec le glorieux John? — C'est vrai. — Oui. — Où en étais-je? au café des Beaux-Esprits. — Fort bien. — Nous étions à la porte, les garçons étaient à me regarder, moi; car quant à Thimblethwaite, le brave homme, sa figure leur était bien connue. Je vais vous raconter une histoire à ce sujet.

— Pour Dieu! venez donc à John Dryden, dit Mordaunt d'un air à prouver qu'il ne voulait plus de digression.

— Oh! oui, oui, le glorieux John; où en étais-je? Ah! m'y voilà. Comme nous étions près du comptoir sur lequel deux garçons étaient occupés, l'un à moudre du café, l'autre à faire de petits paquets de tabac à fumer; car il faut que vous sachiez que la pipe et sa charge de tabac coûtent un sou ; ce fut alors, et ce fut en cet endroit que je l'entrevis pour la première fois. Un certain Dennis était assis près de lui. Ce Dennis...

— Halte-là ! ne pensons qu'à John Dryden. Quel homme était-ce? demanda Mordaunt.

— Un petit vieillard un peu replet, avec des cheveux gris, et habillé tout en noir ; ses vêtemens lui allaient comme un gant. L'honnête Thimblethwaite ne souffrait pas qu'un autre que lui travaillât jamais pour le glorieux John, et personne ne savait faire une manche comme lui, je vous en réponds. Mais il n'y a pas moyen de parler raison ici. Au diable l'Ecossais ! le voilà encore aux prises avec le vieux Magnus.

Cela était vrai, et quoique pour cette seconde fois le facteur n'eût pas été, comme la première, brusquement interrompu par une exclamation de la voix de stentor du digne Udaller, c'était une dispute serrée, soutenue par des questions, des réponses, des répliques, des reparties bruyantes qui se précipitaient et se confondaient les unes avec les autres, comme un feu roulant et soutenu de mousqueterie qu'on entend à une certaine distance.

— Ecouter la raison, monsieur ! dit l'Udaller ; nous voulons bien entendre la raison, et nous vous parlerons raison aussi, et si la raison ne vous suffit pas, nous vous donnerons de la rime par-dessus le marché. N'est-ce pas, mon ami Halcro?

Le poète, quoique arrêté tout court au milieu de sa meilleure histoire, si toutefois une histoire qui n'a ni commencement ni fin peut avoir un milieu, se redressa avec fierté à l'appel de l'Udaller, comme un corps d'infanterie légère qui a reçu l'ordre de renforcer les grenadiers; il prit un air de suffisance et d'orgueil, frappa la table de sa main, et se montra prêt à soutenir son hôte d'une manière convenable à un convive bien traité. Triptolème fut un peu interdit à ce renfort qui arrivait à son adversaire; il suspendit, en général prudent, l'attaque des usages et coutumes des îles Shetland, et il n'ouvrit la bouche que lorsque l'Udaller l'eut apostrophé par cette question insultante : — Eh bien! maître Yellowley, où est maintenant votre raison dont vous faisiez tant de bruit il y a un moment?

— Un peu de patience, mon digne monsieur, répliqua l'agriculteur, que pouvez-vous avoir à dire, ou quel autre homme sur la terre peut avoir quelque chose à dire en faveur de cette machine qu'on appelle charrue dans ce pays aveuglé par les préjugés? Oui certainement, les sauvages montagnards du Caithness et du Sutherland peuvent faire de meilleure besogne avec leur *gascromb*, ou toute autre machine, n'importe comment ils l'appellent.

— Mais en quoi vous blesse notre charrue? demanda l'Udaller. Qu'avez-vous à dire contre elle? Elle laboure notre terre, que voulez-vous de plus?

— Elle n'a qu'un manche! répondit Triptolème.

— Eh que diable! dit le poète qui visait à quelque chose de vif et de mordant, pourquoi vouloir qu'elle ait deux manches, lorsqu'elle est en état de bien faire sa besogne avec un seul?

— Ou bien apprenez-moi, reprit Magnus Troil, comment il serait possible à Niel de Lupness, qui a perdu un bras en tombant du rocher de Nekbreckan, de conduire une charrue à deux manches?

— Les harnais sont de peau de veau marin écrue et non tannée, ajouta Triptolème.

— Cela nous épargne la peine de préparer le cuir, répondit Magnus Troil.

— La charrue, dit l'agriculteur, est tirée par quatre bœufs chétifs, qui sont attelés de front; il vous faut deux femmes pour suivre cette misérable machine, et finir le sillon avec deux pelles.

— Buvez à la ronde, maître Yellowley, dit l'Udaller,

et, comme vous le dites en Ecosse, n'oubliez jamais de lever le coude. Nos bêtes de travail sont trop vigoureuses pour laisser l'une dépasser l'autre; nos hommes sont trop polis et trop bien élevés pour aller travailler aux champs sans avoir leurs femmes avec eux. Nos charrues labourent notre terre, notre terre produit de l'orge, nous brassons nous-mêmes notre bière, nous cuisons et nous mangeons notre pain, et nous le partageons de bon cœur avec les étrangers. A votre santé! maître Yellowley.

Ces dernières paroles furent prononcées d'un ton à trancher la question, et en conséquence Halcro dit tout bas à l'oreille de Mordaunt : — Voilà l'affaire arrangée, et maintenant nous allons continuer notre histoire du glorieux John : — il était donc vêtu entièrement en noir, et, soit dit par parenthèse, il y avait deux ans que le mémoire du tailleur était dû, comme l'honnête Thimblethwaite me l'a depuis assuré. Quels yeux il avait! Ce n'étaient pas de ces yeux étincelans et foudroyans que nous autres poètes nous donnons à l'aigle, c'étaient de ces yeux doux, pensifs et pourtant perçans, dont je ne crois pas avoir vu les pareils dans toute ma vie, si ce ne sont ceux d'Etienne Kleancogg, le violon de Papastows qui....

— Doucement donc! et John Dryden? dit Mordaunt en l'arrêtant, car, à défaut d'autre amusement, il commençait à prendre une sorte de plaisir à tenir le vieux poète dans les limites de sa narration, comme on serre de près un mouton rétif qu'on veut attraper. Halcro revint donc à son sujet avec sa phrase banale. — Oh oui! c'est vrai, le glorieux John : eh bien, il fixa des yeux, tels que ceux que je viens de décrire, sur mon hôte, et lui dit : — Honnête Timothée, qu'est-ce que tu as là? Et tous les beaux esprits, les lords et autres qui avaient coutume de s'attrouper autour de lui, comme les filles autour d'un colporteur à la foire, nous ouvrirent le passage, et nous pûmes pénétrer jusqu'au coin du feu, où il y avait une chaise qui lui était destinée. J'ai entendu dire qu'on la portait près du balcon dans l'été, mais ce fut au coin du feu que je la vis. Thimblethwaite arriva donc jusque là, en passant à travers toute la compagnie, hardi comme un lion, et moi je le suivis avec un petit paquet sous mon bras, que j'avais pris pour obliger mon hôte, parce que le porteur de la boutique était alors absent, et aussi afin qu'on crût que j'avais affaire là; car il est bon que vous sachiez qu'on n'admettait pas d'étrangers dans ce café, quand ils n'y avaient pas affaire. J'ai entendu raconter que sir Charles Sedley dit, à ce sujet, un bon mot qui...

— Vous oubliez le glorieux John, dit Mordaunt en l'interrompant; revenons à lui, s'il vous plaît.

— Oh oui! le glorieux John, comme vous pouvez fort bien l'appeler; on parle de Blackmore, de Shadwell, et de tant d'autres, mais ils ne sont pas dignes de délier les cordons de ses souliers. — Eh bien, dit-il à mon hôte, qu'avez-vous donc là? Et mon hôte le saluant plus bas qu'il n'aurait salué un duc, je vous le garantis, lui répondit qu'il avait pris la liberté de venir lui montrer l'étoffe que lady Elisabeth s'était choisie pour se faire une robe de chambre. — Et quelle est celle de vos oies, Timothée, qui porte ce paquet sous son bras? — C'est une oie des Orcades, n'en déplaise à Votre Honneur, M. Dryden, répondit Thimblethwaite qui avait les bons mots à commande, et elle a apporté une petite pièce de vers pour que vous vouliez y jeter un coup d'œil. — Cette oie est-elle amphibie? demanda le glorieux John en prenant le papier; — et il me sembla que j'aurais plutôt affronté une batterie de canons que je ne l'aurais regardé en face, lorsque j'entendis le bruit que fit le papier quand il l'ouvrit, et cependant il ne disait rien qui pût effrayer. Ensuite il regarda les vers, et il eut la bonté de dire d'une manière vraiment encourageante, et en vérité avec une sorte de sourire de bonne humeur qui brillait sur tout son visage, oui, certainement, pour un homme gras et un peu âgé ; — car je ne le comparerais ni à Minna ni à Brenda, — il avait le sourire le plus agréable que j'aie jamais vu. — Eh bien! dit-il, cette oie deviendra un cygne dans vos mains. Il souriait un peu en disant cela, et tous se mirent à rire ; mais personne ne rit de meilleur cœur que ceux qui étaient trop loin pour entendre le bon mot; car tout le monde savait que quand il souriait c'était pour quelque chose qui en valait la peine; c'est pourquoi on riait de confiance, et sans l'avoir entendu. Le mot passa ensuite de bouche en bouche parmi les jeunes étudians du Temple, les beaux esprits et les égrillards, et l'on faisait questions sur questions pour savoir qui nous étions. Il y avait un certain Français qui voulait seulement leur dire que c'était M. Thimblethwaite; mais il avait tant de peine à prononcer *Dumbletate* et *Timbletaite*, que je crois que son explication aurait duré....

— Aussi long-temps que votre histoire, je pense, reprit Mordaunt.

La narration fut à la fin coupée court par la voix forte et tranchante de l'Udaller. — Je ne veux plus rien entendre sur ce chapitre, monsieur le facteur, s'écria-t-il.

— Permettez-moi du moins de vous dire un mot sur la race de vos chevaux, répondit Yellowley d'un ton de voix qui semblait demander miséricorde; vos chevaux, mon cher monsieur, ressemblent à des chats pour la taille, et à des tigres pour la méchanceté.

— Quant à leur taille, répliqua Magnus Troil, ils en sont plus aisés à monter, et il est plus facile d'en descendre (comme Triptolème l'a éprouvé ce matin lui-même, pensa Mordaunt); quant à leur prétendue méchanceté, ceux qui ne sont pas en état de les gouverner n'ont que faire de les monter.

L'agriculteur se tut. Qu'aurait-il pu répondre, lui qui dans le moment même éprouvait une conviction intérieure? Il lança un regard suppliant à Mordaunt, comme pour le prier de garder le secret de sa chute. Et l'Udaller sentant son avantage, quoiqu'il ignorât l'aventure du matin, continua de le serrer de près et de le poursuivre avec l'air sévère et fier d'un homme qui n'avait jamais été accoutumé à essuyer de contradictions, et peu disposé à en souffrir.

— Par le sang de saint Magnus le martyr, lui dit-il, vous êtes fort plaisant, monsieur le facteur Yellowley! Vous arrivez de votre pays, d'une terre étrangère, vous ne connaissez ni nos lois, ni nos usages, ni notre langue, et vous voulez être le gouverneur de notre contrée, nous réduire à devenir vos esclaves!

— Mes élèves, mon digne monsieur, dit Yellowley, mes élèves! et c'est uniquement pour votre propre avantage!

— Nous sommes trop vieux pour aller à l'école, reprit l'honnête Shetlandais; je vous le dis une fois pour toutes, nous sèmerons et nous recueillerons notre grain comme l'ont fait nos ancêtres; nous mangerons ce que Dieu nous envoie, en continuant d'ouvrir nos portes à l'étranger comme ils le faisaient. S'il y a quelque chose d'imparfait dans nos usages, nous le corrigerons en temps et saison convenables; mais la fête du bienheureux saint Jean-Baptiste a été instituée pour des cœurs gais et des pieds alertes. Celui qui se hasardera à dire encore un mot de raison, comme vous l'appellerez, ou quelque chose qui y ressemble, avalera une pinte d'eau de mer. Oui, il l'avalera, j'en donne ma parole. Ainsi qu'on remplisse le bon vaisseau, *le joyeux Marinier* de Canton, en faveur de ceux qui ne veulent pas s'en séparer, et que ceux qui pensent autrement aillent rejoindre les violons que j'entends donner le signal de la danse. Je suis sûr que les pieds de nos jeunes filles sont en ce moment comme sur des charbons ardens. Allons, M. Yellowley, pas de rancune. Quoi!

est-ce que vous sentez encore le roulis du *joyeux Marinier?* Dans le fait, l'honnête Triptolème chancelait un peu quand il se leva pour suivre son hôte. Ne vous en inquiétez pas, continua Magnus, nous vous ferons retrouver vos jambes pour danser avec nos belles. Avancez, Triptolème, je vais vous prendre à la remorque de peur que vous ne couliez à fond. Ha! ha! ha!

Ainsi parlait l'Udaller en s'avançant majestueusement: tel qu'un vaisseau de guerre du premier rang souvent battu par les bourrasques et les tempêtes, il traînait Triptolème après lui comme une prise en remorque. La plupart des convives suivaient ce digne chef en poussant des cris de joie, tandis que quelques uns, buveurs intrépides, et profitant de l'option que leur avait laissée l'Udaller, restèrent dans la salle à manger auprès du *joyeux Marinier* de Canton, pour décharger sa cargaison nouvelle, portant de nombreux toasts à la santé de leur hôte absent et à la prospérité de son toit hospitalier, avec tous les autres souhaits qu'on pouvait imaginer pour se ménager l'occasion de renouveler les rasades.

La salle de danse se trouva donc remplie en un instant : c'était une vaste pièce digne de la simplicité qui régnait alors dans les îles Shetland. Les salons et les appartemens de parade étaient encore inconnus même en Ecosse, à l'exception de ceux qu'on pouvait trouver dans les maisons de la noblesse; à plus forte raison devaient-ils être ignorés dans ce pays. La salle de bal du bon Udaller n'était donc autre chose qu'un vaste et long magasin à provisions, irrégulier dans sa structure, dont le plafond bas, destiné à plus d'un usage, servait surtout de dépôt de marchandises ou de gros meubles; mais il était bien connu de la jeunesse de Dunrossness et autres cantons, comme la scène des joyeuses danses qui animaient toujours les fêtes données par Magnus Troil.

Les gens à la mode qui se réunissent pour des contredanses et des walses auraient été choqués à la première vue de cette salle de danse. Quoique le plafond en fût bas, comme nous venons de le dire, elle n'était qu'imparfaitement éclairée par des lampes, des chandelles, des lanternes de vaisseau, et des chandeliers de différentes sortes, qui jetaient une lumière sombre sur le plancher et sur les marchandises de toute espèce entassées tout autour. Quelques unes de ces denrées étaient des provisions pour l'hiver, d'autres étaient destinées à l'exportation; quelques unes aussi étaient un tribut payé par Neptune aux dépens des propriétaires inconnus de vaisseaux naufragés. Il y en avait enfin qui étaient le résultat d'échanges faits par le propriétaire pour du poisson et autres productions de ses domaines, car Magnus, de même que beaucoup d'autres, à cette époque, était négociant aussi bien que propriétaire. Afin de faire de la place pour la danse, on avait mis de côté et empilé les unes sur les autres toutes ces marchandises avec leurs caisses, boîtes et emballages, et les danseurs vifs et légers, comme s'ils avaient occupé le salon le plus splendide de Saint-James-Square, y exécutaient leurs danses nationales avec non moins de grâce et d'agilité que nos jeunes gens à la mode.

Le groupe de vieillards qui étaient là comme spectateurs représentait assez bien une troupe de vieux tritons occupés à regarder les jeux des nymphes de la mer. L'air âpre et dur qu'avait donné à la plupart d'entre eux l'habitude d'être aux prises avec la rigueur des élémens; leurs cheveux durs et hérissés comme leur barbe, qu'un grand nombre portaient à la manière des anciens Norwégiens, donnaient à leurs têtes le caractère de ces enfans supposés de l'Océan. D'une autre part, la jeunesse était d'une grande beauté, et l'on voyait partout de belles tailles et des formes parfaites. Les jeunes gens avaient la chevelure longue et blonde, et un teint brillant de fraîcheur que chez les plus jeunes la sévérité du climat n'avait pas encore altéré ; les jeunes filles avaient de plus cette fraîcheur et ce teint à la fois délicat et vermeil qui est si doux dans leur sexe. Leur bon goût naturel dans la musique secondait parfaitement les instrumens dont les accords et les airs n'étaient nullement à mépriser. Les vieillards, pendant la danse, étaient les uns debout, et les autres assis sur de vieilles caisses qui leur servaient de siéges, et ils critiquaient les danseurs, en comparant la danse actuelle avec celle de leur temps ; ou bien, exaltés par les vapeurs du breuvage généreux qui continuait à circuler parmi eux, ils s'amusaient à faire claquer leurs doigts et à agiter leurs pieds comme pour battre la mesure.

Ce n'était qu'avec des souvenirs pénibles que Mordaunt contemplait cette scène de joie universelle. Déchu de cette prééminence que lui avait jusque là acquise le rang de premier danseur et les fonctions d'ordonnateur de ces fêtes bruyantes, il voyait toutes ces dignités en possession de l'étranger Cleveland. Jaloux cependant d'étouffer ces souvenirs dangereux qu'il sentait bien qu'il n'était ni sage d'entretenir, ni digne d'un homme de laisser apercevoir, il s'approcha de ses belles voisines auxquelles il avait fait la cour pendant le dîner, avec l'intention d'inviter une d'elles à danser avec lui.

Mais la vénérable vieille tante, lady Glowrowrum, n'avait souffert qu'avec peine pendant le dîner l'accès de gaieté de ses nièces. Il lui aurait été impossible alors de s'y opposer ; mais elle ne se trouva pas disposée à permettre à Mordaunt de renouveler, par le moyen de la danse, une intimité qui ne lui avait pas plu. Ainsi, au nom de ses nièces, assises à ses côtés en gardant un silence boudeur, elle prit sur elle d'informer Mordaunt, après l'avoir remercié de sa politesse, que miss Clara et miss Maddie étaient engagées pour toute la soirée. Mais comme il resta à peu de distance pour chercher à découvrir quels étaient ces engagemens, il eut le désagrément de se convaincre que ce n'était qu'un prétexte pour se débarrasser de lui; car il vit peu de temps après les deux sœurs, devenues plus joyeuses, se joindre à la danse, conduites par deux jeunes gens qui venaient de les inviter à l'instant même. Irrité d'un tel signe de mépris, et ne voulant pas s'exposer à d'autres affronts, il prit le parti de se retirer du cercle des danseurs, et d'aller se confondre dans la foule des personnes de qualité inférieure qui étaient au fond de la salle, uniquement comme spectateurs : là, se croyant à l'abri de nouvelles mortifications, il chercha à digérer celle qu'il venait de recevoir aussi bien qu'il le put, c'est-à-dire fort mal, et avec toute la philosophie de son âge, c'est-à-dire sans philosophie.

CHAPITRE XV.

« Qu'on me donne une torche. — Et vous, belle jeunesse,
« Dansez, trémoussez-vous, montrez votre souplesse.
« Moi, suivant un dicton par le temps consacré,
« Je tiendrai la chandelle, et je regarderai. »

SHAKSPEARE, *Roméo et Juliette.*

La jeunesse, dit le moraliste Johnson, ne se soucie plus du cheval de bois de l'enfance, ni l'homme fait de la maîtresse du jeune homme. Aussi le chagrin de Mordaunt Mertoun, exclus de la danse, paraîtra léger à beaucoup de nos lecteurs qui croiraient pourtant avoir raison de se fâcher s'ils perdaient leur place dans une assemblée d'un autre genre. Il ne manquait pourtant pas d'amusemens pour ceux à qui la danse ne convenait pas, ou qui n'avaient pas le bonheur de trouver des *partenaires* à leur goût. Halcro, maintenant dans son élément, avait rassemblé autour de lui un nombreux auditoire à qui il débitait sa poésie avec tout l'enthousiasme du glorieux John lui-même, et il recueillait en retour les applaudissemens accordés aux ménestrels qui récitent leurs propres vers, du moins aussi long-temps que la critique ne peut élever la voix sans être entendue d'eux. La poésie était faite pour intéresser l'antiquaire aussi bien que l'admirateur des muses; car plusieurs de ces pièces étaient des traductions ou des imitations des sagas des scaldes, que chantaient encore les pêcheurs de ces îles, dans les temps très rapprochés de nous. Aussi quand les poèmes de Gray parvinrent aux îles Shetland, les vieillards reconnurent dans l'ode des *Fatales sœurs* les vers runiques qui avaient amusé ou effrayé leur enfance, sous le titre *des Magiciennes*, et que les pêcheurs de North-Ronaldsha et des autres îles chantaient encore lorsqu'on leur demandait un chant norse :

Mordaunt Mertoun, moitié attentif à la voix du poète, moitié absorbé dans ses propres pensées, se tenait près de la porte de l'appartement, en dehors du cercle formé autour d'Halcro, quand celui-ci chanta sur un air sauvage, lent et monotone, qui n'était varié que par ses efforts pour donner de l'intérêt et de l'emphase à certains passages, l'imitation suivante d'un chant guerrier du Nord :

> Le disque d'or du roi des airs
> Est voilé d'un sombre nuage :
> Entendez-vous dans les déserts
> Soupirer le vent de l'orage ?
> Du loup féroce, les échos
> Ont répété les cris de joie ;
> Levez l'étendard du héros,
> L'aigle aussi réclame sa proie.

> Au loin maint casque resplendit,
> Harold autour de sa bannière
> Voit les braves que réjouit
> Le son de la trompe guerrière.
> Au bruit des armes, des clairons,
> Vient se mêler l'hymne du barde.

Nobles chefs, aux combats volons;
Le dieu des héros nous regarde.

Plus de sommeil, plus de festins,
Jusques au jour des funérailles.
De la faux armez donc vos mains;
Voici la moisson des batailles.
En avant, guerriers, en avant!
L'univers est votre héritage;
Celui qui meurt, Odin l'attend;
N'écoutez que votre courage.

La fille d'Odin, de sa voix,
Vous invite aux jeux de la gloire;
Elle vous offre, à votre choix,
Richesses, honneurs et victoire,
Ou pour celui qui périra
Les coupes de l'ale immortelle...
Guerriers, le dieu de Valhalla
Lui-même aux combats vous appelle.

— Les pauvres païens! les malheureux aveugles! dit Triptolème avec un soupir qui aurait pu passer pour un gémissement. — Ils parlent de leurs éternelles coupes d'ale, et je doute qu'ils aient jamais su faire une gerbe d'orge.

— Ils n'en sont que plus habiles, Yellowley, dit le poète, s'ils font de l'ale sans orge.

— De l'orge, oui-dà! répondit l'agriculteur plus exact; qui a jamais entendu parler d'orge dans ces contrées? de l'avoine, mon cher, de l'avoine, c'est tout ce qu'ils ont: et je m'étonne comment ils peuvent en récolter un épi. Vous écorchez la terre avec une mauvaise machine que vous appelez charrue; vous pourriez tout aussi bien la retourner avec les dents d'une fourche. Oh! il faut voir le soc et le joug d'une véritable charrue écossaise, avec un gaillard robuste comme un Samson placé entre les deux branches, lui donnant assez de poids pour entamer un roc. Deux bœufs robustes et autant de chevaux à large poitrail vous tracent un sillon aussi profond que le lit d'un torrent. Ceux qui ont joui d'un spectacle semblable ont vu quelque chose de plus digne d'être raconté que ces vieilles histoires de combats et de carnage, dont ce pays n'a été que trop souvent le théâtre, quoi que vous puissiez chanter à la louange de ces œuvres sanguinaires, M. Claude Halcro.

— C'est une hérésie! dit le poète en se levant tout-à-coup, et se démenant comme si toute la défense de l'archipel des Orcades eût reposé sur son seul bras; c'est une hérésie de nommer seulement le pays natal de quelqu'un, si celui-ci n'est pas préparé à le défendre et à faire diversion sur celui de l'agresseur. Il fut un temps où, si nous ne faisions pas de bonne ale et de l'eau-de-vie, nous savions où en trouver de toute faite; mais aujourd'hui les descendans des rois de la mer, des champions du nord et des Berserkars, sont devenus aussi incapables de se servir de leurs sabres que s'ils étaient femmes. On peut bien vanter leur talent pour ramer, et leur agilité pour gravir les rochers; mais, bons Hialtlandais, que pourrait dire de plus, à votre louange, le glorieux John lui-même?

— Bravo, c'est parler comme un ange, noble poète, dit Cleveland, qui, dans l'intervalle d'une contre-danse, s'était approché du groupe au milieu duquel cette conversation se tenait. Les vieux champions dont vous nous parliez hier soir étaient les hommes qu'il fallait pour faire résonner une harpe, de braves gens, dignes amis de la mer et ennemis de tout ce qu'ils y rencontraient. Leurs vaisseaux étaient, je crois, assez grossièrement construits, mais, s'il est vrai qu'ils aient été jusqu'au Levant, je doute que jamais plus habiles marins aient su déployer une voile de perroquet.

— Oui, dit Halcro, vous leur rendez l'hommage qui leur est dû. Dans ces temps, aucun homme ne pouvait dire que sa vie et ses moyens d'existence lui appartinssent, à moins qu'ils ne fussent à vingt milles au-delà de la mer bleue. Dans toutes les églises de l'Europe on faisait des prières pour être délivré de la colère des hommes du Nord. En France, en Angleterre, et même dans l'Ecosse, quoiqu'on y lève la tête si haut maintenant, il n'était pas une baie, pas un port, où nos ancêtres ne fussent plus libres que les pauvres diables d'habitans. Maintenant, ma foi, il nous serait impossible de faire seulement venir de l'orge sans l'assistance des Ecossais. — Ici il jeta un regard d'ironie sur le facteur. — Ah! je voudrais revoir le temps où nous mesurions nos rames avec les leurs !

— C'est encore parler en héros, dit Cleveland.

— Ah! continua le petit barde, je voudrais qu'il fût possible de voir nos barques, autrefois les dragons marins du monde, voguer avec l'étendard du noir corbeau déployé au perroquet, et leurs ponts étincelans d'armes, au lieu d'être encombrés de *stockfish*. Il n'est plus ce temps où nous obtenions par nos vaillantes mains ce que le sol avare nous refuse, — vengeant tous les anciens mépris et les outrages récens, récoltant où nous n'avions jamais semé, abattant les arbres que nous n'avions pas plantés; vivant gaiement dans tous les climats, et quittant le monde en souriant quand notre heure sonnait.

Ainsi s'exprima Claude Halcro, peu sérieusement sans doute, ou ne possédant pas du moins tout son sang-froid. Sa tête, qui n'était jamais très forte, tournait, sous l'influence de cinquante sagas qui se présentaient à la fois à son souvenir, et de cinq rasades d'*usquebaugh* et d'eau-de-vie. Cleveland, d'un air moitié plaisant et moitié sérieux, lui frappa sur l'épaule, et répéta encore : — C'est parler en héros !

— C'est parler en fou, je pense, dit Magnus Troil qui avait aussi été attiré par la véhémence du petit barde. Où voudriez-vous croiser? et contre qui? nous sommes tous sujets d'un même royaume, à ce qu'il me semble; et je voudrais que vous vous ressouvinssiez que votre voyage pourrait vous conduire au lieu des exécutions. Je n'aime pas les Ecossais; excusez, M. Yellowley; c'est-à-dire je les aimerais assez s'ils voulaient se tenir tranquilles chez eux, et nous laisser vivre en paix au milieu de nos concitoyens, selon nos mœurs et nos usages : s'ils voulaient seulement rester chez eux jusqu'à ce qu'ils me vissent venir pour les chasser, comme un vieux Berserkar, je les y laisserais en repos jusqu'au jour du jugement. Avec ce que la mer nous envoie, et ce que la terre nous prête, comme dit le proverbe, et quelques bons voisins pour nous aider à consommer tout cela, je pense, saint Magnus soit loué ! que nous sommes encore trop heureux.

— Je sais ce que c'est que la guerre, dit un vieillard, et j'aimerais autant traverser le Roost dans une coquille de noix ou une barque encore plus dangereuse, que de m'y exposer de nouveau.

— Mais, je vous prie, dans quelle guerre s'est donc exercée votre valeur? dit Halcro, qui, bien qu'un sentiment de respect l'empêchât de contredire son hôte, ne voulait rien abandonner de son argument.

— Je fus pris par la *presse*, répondit le vieux triton, et forcé de servir sous Montrose, lorsqu'il vint ici, vers l'an 1651, et qu'il emmena plusieurs d'entre nous, bon gré mal gré, pour leur faire couper la gorge dans les déserts de Strathnavern. — Je ne l'oublierai jamais. — Nous eûmes bien de la peine à nous procurer des vivres : que n'aurais-je pas donné pour une tranche de bœuf de Burgh-Westra, ou même pour un plat de sillocks ! Lorsque nos montagnards amenèrent un troupeau d'excellens *kyos*[1], nous ne fîmes pas beaucoup de cérémonie, car nous les tuâmes à coups de fusil, nous les dépouillâmes et les fîmes rôtir et griller, selon que chacun le trouva plus commode. Mais à peine portions-nous le morceau à la

---

(1) Petits bœufs des montagnes d'Ecosse. — Ed,

bouche, que nous entendîmes le bruit de plusieurs chevaux, puis deux ou trois coups de fusil, enfin une salve tout entière. Alors, pendant que les officiers nous criaient de tenir bon, et que la plupart d'entre nous regardaient de quel côté on pourrait se sauver, tout-à-coup fondirent sur nous fantassins et cavaliers, suivis du vieux John Urry ou Hurry, ou n'importe comment on l'appelle, qui nous renversa ce jour-là, et nous tailla en pièces par-dessus le marché. Nous commençâmes à tomber aussi vite que les bœufs que nous avions abattus cinq minutes auparavant.

— Et Montrose, dit la douce voix de la gracieuse Minna, que devint-il? et de quel œil voyait-il cette défaite?

— Comme un lion qui a les chasseurs devant lui, répondit le vieux Shetlandais ; mais je ne regardai pas deux fois le chemin qu'il prenait ; le mien était droit à travers la colline.

— Ainsi vous l'abandonnâtes? dit Minna du ton du plus profond mépris.

— Ce ne fut pas ma faute, miss Minna, répondit le vieillard un peu déconcerté : je n'étais pas là de plein gré ; et d'ailleurs, à quoi pouvais-je être bon? tous les autres s'enfuyaient comme des moutons ; pourquoi serais-je resté?

— Vous seriez mort avec lui, dit Minna.

— Et vous eussiez vécu éternellement avec lui dans des vers immortels, ajouta Claude Halcro.

— Je vous remercie, miss Minna, répondit le simple Shetlandais; je vous remercie, mon vieil ami Claude ; mais j'aime mieux boire à vos santés avec cette bonne ale, comme un vivant que je suis, que de vous procurer le plaisir de faire des chansons en mon honneur, parce que je serais mort depuis quarante ou cinquante ans : mais au surplus, qu'on prît la fuite ou qu'on se battît, c'était la même chose. Montrose fut pris, le pauvre Montrose! malgré tous ses exploits; et ils me prirent aussi, moi qui n'avais fait aucune prouesse. Ils le pendirent, le pauvre homme! et quant à moi...

— J'espère que vous fûtes étrillé et fustigé, dit Cleveland impatienté du long récit de la poltronnerie du paisible Shetlandais très peu sensible à la honte.

— On fouette et on étrille les chevaux, dit Magnus. Vous n'avez sans doute pas la vanité de croire qu'avec tous vos airs de tillac vous pourrez faire rougir le pauvre voisin Haagen de ne pas s'être fait tuer il y a quelques vingtaines d'années. Vous avez envisagé la mort, vous-même, mon brave et jeune ami, mais c'était avec les yeux d'un jeune homme qui désirait faire parler de lui. Pour nous, nous sommes des gens paisibles, c'est-à-dire autant qu'on le sera avec nous et que personne n'aura l'impudence de nous offenser, nous ou nos voisins; car alors peut-être ne trouverait-on pas notre sang septentrional plus froid que ne l'était celui des anciens Scandinaves à qui nous devons nos noms et notre lignage.

— Allons, la danse de l'épée, afin que les étrangers qui sont parmi nous puissent voir que nos mains et nos armes ne sont pas tout-à-fait étrangères les unes aux autres.

On tira à la hâte d'un vieux coffre une douzaine de coutelas dont les lames rouillées prouvaient qu'elles sortaient rarement du fourreau; on en arma six jeunes Shetlandais auxquels se joignirent six jeunes filles conduites par Minna Troil. Les ménétriers commencèrent aussitôt un air approprié à l'ancienne danse norwégienne, dont les évolutions martiales sont peut-être encore pratiquées dans ces îles lointaines.

Les premiers pas étaient gracieux et majestueux. Les jeunes gens tenaient leurs épées levées, sans faire beaucoup de gestes; mais l'air et les mouvemens des danseurs devenaient progressivement plus rapides, leurs épées s'entrechoquaient en mesure, avec une vivacité qui donnait à cet exercice un air de danger aux yeux des spectateurs ; quoique la fermeté, la justesse et la cadence réglée avec lesquelles ils mesuraient leurs coups, les rendissent très peu à craindre. Ce qu'il y avait de plus singulier dans ce spectacle, c'était le courage des femmes, qui, tantôt entourées par les combattans, ressemblaient aux Sabines entre les mains de leurs amans romains, et tantôt marchant sous l'arche d'acier que les jeunes gens avaient formée en croisant leurs armes sur la tête de leurs jolies danseuses, ressemblaient aux Amazones lorsqu'elles se mêlèrent pour la première fois aux danses pyrrhiques avec les compagnons de Thésée. Mais celle qui parmi ces jeunes filles était la plus remarquable et se prêtait le mieux à l'illusion de ce tableau, était Minna Troïl, qu'Halcro avait surnommée depuis long-temps *la Reine des Épées*. Elle figurait au milieu des acteurs de ce jeu martial, comme si tous ces fers étincelans eussent été les attributs de sa personne et ses jouets favoris. Lorsque les danseurs tracèrent des *dédales* moins compliqués, lorsque le choc continuel des armes faisait tressaillir plusieurs de ses compagnes et leur arrachait des signes de frayeur, ses joues, ses lèvres et ses yeux semblaient annoncer qu'au moment où les sabres étincelaient et se choquaient le plus autour d'elle, elle était plus calme et dans son élément. Enfin lorsque la musique eut cessé, et qu'elle resta un instant seule d'après la règle de la danse, les combattans et les jeunes filles, qui s'éloignaient, semblaient les gardes et les suivantes de quelque princesse, qui, congédiés par un geste, la laissaient un moment dans la solitude. Son regard et son attitude, plongée, comme elle l'était sans doute, dans quelque rêverie de son imagination, correspondaient admirablement avec la dignité idéale que le spectateur lui attribuait ; mais, revenue bientôt à elle-même, elle rougit en sentant qu'elle avait été un instant l'objet de l'attention générale, et donna avec grâce sa main à Cleveland, qui, bien qu'il n'eût pas fait partie de la danse, prit sur lui de la reconduire à sa place.

Mordaunt Mertoun put remarquer, lorsqu'ils passèrent devant lui, que Cleveland dit quelque chose à l'oreille de Minna, dont la réponse fut accompagnée de plus d'embarras qu'elle n'en avait montré lorsqu'elle avait soutenu les regards de toute l'assemblée. Les soupçons de Mordaunt furent éveillés par ce qu'il avait vu. Il connaissait parfaitement le caractère de Minna, et savait avec quelle égalité d'âme et quelle indifférence elle avait coutume de recevoir les complimens et les galanteries que son rang et sa beauté lui attiraient journellement de toutes parts. — Est-il bien possible qu'elle aime réellement cet étranger? — Telle fut la pensée chagrine qui vint tout-à-coup s'offrir à l'esprit de Mordaunt. — Et si elle l'aime, que m'importe, après tout? — Cette seconde pensée fut immédiatement suivie d'une autre. Bien qu'il n'eût jamais réclamé d'elle d'autre sentiment que celui de l'amitié, et que ce sentiment lui fût refusé maintenant, il avait encore le droit, à cause de leur ancienne liaison, d'éprouver du chagrin et même de la colère, en la voyant accorder son affection à un homme qu'il en jugeait si indigne. Il est probable que, dans ce raisonnement, un peu de vanité mortifiée, ou quelque ombre de regret, pouvait bien prendre le masque d'une générosité désintéressée; mais il y a tant de vil alliage dans nos meilleures pensées, qu'il est triste de critiquer trop sévèrement les motifs de nos meilleures actions; ce qu'on peut faire de mieux, c'est de recommander à chacun de laisser passer celles de ses voisins sans trop chercher à les approfondir, quelque soin qu'il consacre à examiner la pureté des siennes.

A la danse des épées succédèrent plusieurs évolutions et des chansons, que les chanteurs firent valoir par leur enthousiasme, pendant que l'auditoire faisait chorus en répétant quelque refrain favori. C'est surtout dans ces occasions que la musique, quoique simple et même d'un caractère grossier, exerce son empire naturel sur les cœurs, et produit cette émotion que ne sauraient inspirer les compositions les plus savantes des premiers maîtres. Celles-ci ne disent rien à des oreilles non exercées, quoique sans aucun doute elles procurent un vrai ravissement à ceux que leurs facultés naturelles et leur éducation ont mis en état de comprendre et de goûter les combinaisons difficiles de l'harmonie.

Il était environ minuit lorsqu'un coup à la porte du manoir et le son du *gûe* et du *langspiel* annoncèrent par leur charivari l'arrivée de nouveaux convives, à qui, selon la coutume hospitalière du pays, les appartemens furent aussitôt ouverts.

CHAPITRE XVI.

« Oui, j'ai l'esprit troublé de noirs pressentimens :
« Ce jour sera suivi d'affreux évènemens,
« Que le ciel, par pitié, d'un voile couvre encore. »
SHAKSPEARE, *Roméo et Juliette.*

LES nouveau-venus, suivant l'usage assez généralement adopté dans tous les temps et dans tous les pays pour de semblables fêtes, s'étaient masqués de manière à représenter des tritons et des sirènes, êtres dont une ancienne tradition et la croyance populaire ont peuplé les mers du nord. Les premiers, que les Shetlandais nommaient alors *shoupeltins*, étaient représentés par des jeunes gens vêtus d'une manière grotesque, avec une étoffe grossière nommée wadmaal, d'un bleu verdâtre, et qu'on fabrique dans ces îles. De faux cheveux et de fausses barbes de filasse changeaient toute leur physionomie ; ils portaient des couronnes de corail, de coquillages, et d'autres productions marines qui ornaient aussi leurs manteaux. Claude Halcro, dont le goût classique avait présidé à cette mascarade, n'avait pas oublié de mettre une conque entre les mains de deux de ces tritons qui en tiraient fréquemment des sons aigus et discordans, au grand désespoir des oreilles de leurs voisins. Les autres étaient armés de tridens et d'autres emblèmes des divinités aquatiques.

Les sirènes qui les accompagnaient montraient en cette occasion, comme c'est l'usage, un peu plus de goût dans leur costume et leur parure que les dieux marins qui leur servaient d'escorte. Des vêtemens de soie et d'autres étoffes précieuses de couleur verte avaient été taillés au gré de leur fantaisie, de manière à répondre à l'idée qu'elles se formaient des habitantes de la mer, et surtout à faire valoir la taille, les formes et les traits des belles mortelles qui les portaient. Les colliers et les bracelets de coquillages qui ornaient le cou, les bras et le bas des jambes de ces jolies sirènes, étaient souvent entremêlés de perles fines; et au total elles n'auraient pas été déplacées à la cour d'Amphitrite, surtout en prenant en considération les longs cheveux blonds, les grands yeux bleus, le teint blanc comme la neige, et les traits agréables de ces charmantes filles de Thulé. Nous n'affirmerons pas qu'aucune de ces pseudo-sirènes eût porté l'exactitude de l'imitation aussi loin que les suivantes de Cléopâtre, qui, selon les commentateurs, ayant adopté la queue de poisson de sirènes véritables, n'en avaient pas moins la facilité de trouver des grâces dans tous leurs mouvemens [1]; il nous semble même que si elles n'avaient laissé leurs extrémités inférieures dans leur état naturel, elles n'auraient pu récompenser, comme elles le firent, la compagnie qui

---

(1) Voyez une admirable discussion sur ce passage, dans le *Shakspeare variorum*. *Note de l'auteur.*

avait bien voulu les admettre, en exécutant devant elle une très jolie danse.

On découvrit bientôt que ces tritons et ces sirènes étaient, non des étrangers, mais une partie de la société, qui, s'étant retirée quelque temps auparavant, avait pris ce déguisement pour varier les plaisirs de la soirée. La muse de Claude Halcro, toujours active dans ces occasions, leur avait fourni des chansons adaptées à la circonstance, et dont nous pouvons donner l'échantillon ci-après. Chaque couplet était chanté alternativement par une sirène et un triton, et chaque troupe formait un chœur qui accompagnait la principale voix et répétait le refrain.

UNE SIRÈNE.

Dans nos cavernes solitaires,
Dont la perle orne les lambris,
Nous chantons les héros, vos pères,
Les vieux comtes du temps jadis.
Le bruit des vents et du tonnerre
N'est pas pour nous plus alarmant
Que ne l'est pour une bergère
Le soupir d'un fidèle amant.
Mais quoique dans le sein des ondes
La paix règne toujours pour nous,
Nous quittons nos grottes profondes,
Fils de Thulé, pour danser avec vous.

CHŒUR DES SIRÈNES.

Mais quoique dans le sein des ondes
La paix règne toujours pour nous,
Nous quittons nos grottes profondes,
Fils de Thulé, pour danser avec vous.

UN TRITON.

Occupés après un orage
A dompter les monstres divers
Dont si souvent l'aveugle rage
Veut troubler le repos des mers,
Nous surveillons de la tempête
La naissance comme la fin,
Et du sort qui pour lui s'apprête
Nous avertissons le marin.

Mais quoique dans le sein des ondes
Mille travaux soient prêts pour nous,
Nous quittons nos grottes profondes,
Fils de Thulé, pour chanter avec vous.

CHŒUR DES TRITONS.

Mais quoique dans le sein des ondes
Mille travaux soient prêts pour nous,
Nous quittons nos grottes profondes,
Fils de Thulé, pour chanter avec vous.

UNE SIRÈNE ET UN TRITON.

De nos cavernes ténébreuses,
Nous avons entendu vos voix,
Car le bruit des fêtes heureuses
Jusqu'à nous perce quelquefois.
Nous sommes amis du courage
Qui sous nos yeux s'est signalé,
Et nul n'en montra davantage
Que les braves fils de Thulé.
Aussi de nos grottes profondes,
Vous le voyez, nous sortons tous,
Et nous quittons le sein des ondes,
Pour danser, rire et chanter avec vous.

CHŒUR GÉNÉRAL.

Aussi de nos grottes profondes,
Vous le voyez, nous sortons tous,
Et nous quittons le sein des ondes,
Pour danser, rire et chanter avec vous.

Les tritons portant des conques furent les seuls qui ne joignirent pas leurs voix à ce dernier chœur, mais ils ajoutèrent une sorte d'accompagnement qui, quoique un peu grossier, ne laissait pas de produire un assez bon effet. La poésie, la musique et la danse furent vivement applaudies par tous ceux qui prétendaient être en état de juger, et même par Triptolème Yellowley, qui pourtant ne put s'empêcher de dire tout bas à Mordaunt que c'était véritablement dommage d'avoir gâté tant de bon chanvre pour faire de fausses barbes et de fausses chevelures aux tritons.

Mordaunt n'avait pas le temps de songer à lui répondre : toute son attention était exclusivement occupée à suivre les mouvemens d'une femme de la mascarade, qui, par un signe, lui avait fait comprendre, en entrant, qu'elle avait quelque communication importante à lui faire. Cette sirène, qui, sans se faire connaître, lui avait pressé le bras, en accompagnant ce geste d'un coup d'œil expressif, était déguisée avec beaucoup plus de soin que les autres. Sa mante était lâche et assez large pour cacher entièrement sa taille, et son visage était couvert d'un masque de soie. Il remarqua en ce moment qu'elle s'éloignait peu à peu des autres masques; elle se plaça près d'une porte ouverte, comme si elle eût eu besoin de prendre l'air, le regarda encore avec un mouvement significatif, et saisissant le moment où l'attention de toute la compagnie se portait sur les autres sirènes et leurs compagnons, elle sortit de l'appartement.

Mordaunt n'hésita pas à suivre son guide mystérieux, car nous pouvons donner ce nom à la sirène; elle s'arrêta un moment, pour qu'il pût voir le chemin qu'elle prenait; marchant ensuite à grands pas, elle gagna les bords du voe ou lac d'eau salée qui était devant eux, et dont les eaux légèrement agitées réfléchissaient les rayons de la lune, alors dans son plein; aussi, avec le crépuscule qui règne dans ces régions pendant le solstice d'été, on n'avait guère à regretter l'absence du soleil, dont les traces étaient encore visibles sur les vagues du côté du couchant, tandis que l'horizon, du côté de l'est, commençait déjà à se parer des couleurs de l'aurore.

Mordaunt n'eut donc aucune peine à ne pas perdre de vue son guide déguisé qui dirigeait toujours sa course rapide vers les bords du lac, gravissant de petites collines, traversant quelques vallées, et faisant plusieurs détours entre les rochers. La sirène s'arrêta enfin dans un endroit où, aux jours de l'intimité de Mertoun avec la famille de Burgh-Westra, les filles de Magnus allaient souvent s'asseoir, quand le temps le permettait, sous un berceau abrité et solitaire. C'était donc là qu'il devait recevoir l'explication de cette conduite mystérieuse; car, après avoir hésité un instant, sa conductrice s'assit sur le banc de pierre. Mais des lèvres de qui allait-il la recevoir cette explication? Norna s'était d'abord présentée à son imagination, mais sa grande taille et son pas lent et majestueux ne permettaient pas de la confondre avec la sirène à démarche légère et à taille de fée qui l'avait précédé d'un pas si agile; en effet, on aurait pu la prendre pour une véritable néréide, qui, restée trop long-temps sur le rivage et craignant le déplaisir d'Amphitrite, se hâtait de regagner son élément natal. Puisque ce n'était pas Norna, il présumait que ce ne pouvait être que Brenda qui l'eût appelé ainsi à une conférence secrète. Mais, après s'être assise, elle ôta son masque, et se fit reconnaître.

Mordaunt n'avait certainement rien fait pour devoir craindre la présence de Brenda, mais telle est l'influence d'une timide retenue sur les jeunes gens vertueux des deux sexes, qu'il éprouva le même trouble dont il aurait pu être saisi s'il se fût trouvé devant une personne qu'il aurait injustement offensée. Brenda n'était pas moins embarrassée; mais comme elle avait elle-même cherché cette entrevue, et qu'elle sentait qu'elle devait être courte, elle fut forcée, en dépit d'elle-même, d'entamer la conversation.

— Mordaunt, lui dit-elle d'une voix tremblante, — pardon, c'est M. Mertoun que je devrais dire, vous serez surpris que je me sois permis une si étrange liberté.

— Ce n'est pas depuis ce matin, Brenda, répondit Mordaunt, qu'une marque d'amitié de vous ou de votre sœur pourrait me paraître étrange. Si je suis surpris de quelque chose, ce n'est pas de vous voir m'accorder une entrevue en ce moment, c'est de vous avoir vue chercher à me fuir depuis plusieurs heures. Au nom du ciel! Brenda, en quoi vous ai-je offensée? Pourquoi me traitez-vous d'une manière si extraordinaire?

— Ne suffit-il pas de vous dire, répondit Brenda en baissant les yeux, que tel est le bon plaisir de mon père?

— Non, Brenda, ce n'est point assez. Votre père ne peut avoir si soudainement changé d'opinion et de conduite à mon égard, sans avoir été cruellement trompé. Je ne vous demande que de m'apprendre quels reproches il croit avoir à me faire. Je consens que vous me rabaissiez dans votre estime au-dessous du dernier paysan de ces îles, si je ne puis prouver que ce changement n'a d'autre cause que la plus infâme calomnie, ou quelque erreur bien extraordinaire.

— Cela peut être, — je l'espère, — et la preuve que je l'espère, c'est le désir que j'ai eu de vous voir en particulier. Mais il est bien difficile... il est impossible que je vous explique la cause du ressentiment de mon père. Norna lui en a parlé hardiment, et je crains qu'ils ne se soient séparés fâchés l'un contre l'autre. Or vous savez qu'il ne faut pas peu de chose pour cela

— J'ai toujours remarqué que votre père accorde beaucoup d'attention aux conseils de Norna, et qu'il a plus d'indulgence pour ses singularités que pour celles de qui que ce soit, quoiqu'il ne paraisse pas croire au pouvoir surnaturel qu'elle s'attribue.

— Ils sont parens éloignés; ils étaient amis dans leur jeunesse. J'ai même entendu dire que le bruit avait couru autrefois qu'ils devaient s'unir plus étroitement; mais les singularités de Norna se manifestèrent immédiatement après la mort de son père, ce qui fit renoncer le mien à son projet d'hymen, en supposant qu'il l'eût jamais conçu. Il est certain qu'il conserve pour elle beaucoup d'égards; et puisqu'il s'est querellé avec elle à votre sujet, je crains que ce ne soit un signe que ses préventions contre vous sont profondément enracinées.

— Que le ciel vous récompense, Brenda! s'écria vivement Mordaunt; qu'il vous comble de bénédictions pour le mot de préventions que vous venez de prononcer! — Vous avez toujours eu un bon cœur : — vous n'auriez pu conserver contre moi l'apparence même du ressentiment.

— Il est bien vrai que ce n'était qu'une apparence, dit Brenda en reprenant insensiblement le ton familier auquel elle était habituée depuis son enfance ; jamais je n'ai pu croire, Mordaunt, croire bien sérieusement c'est-à-dire, que vous ayez pu dire quelque chose d'offensant pour Minna et pour moi.

— Et qui ose m'en accuser? s'écria Mordaunt en s'abandonnant à toute l'impétuosité de son caractère; qui ose m'en accuser et se flatter que sa langue sera en sûreté dans sa bouche? De par saint Magnus le martyr! je l'en arracherai pour en nourrir les corbeaux.

— Maintenant, dit Brenda, votre colère m'effraie, et va me forcer à vous quitter.

— Quoi! vous me quitteriez sans m'apprendre quelle est la calomnie dont on veut me rendre victime, et quel est le nom du calomniateur!

— Ce n'est pas une seule personne, dit Brenda en hésitant, qui a persuadé à mon père... je ne puis trop vous dire cela... mais bien des gens lui ont dit la même chose.

— Fussent-ils cent et davantage, pas un n'échappera à ma vengeance. — Saint martyr! m'accuser d'avoir parlé d'une manière offensante de ceux que j'estime et que je respecte le plus sous la voûte des cieux! mais je vais rentrer à l'instant, et il faudra que votre père me rende publiquement justice.

— N'en faites rien, pour l'amour du ciel! Mordaunt; n'en faites rien, si vous ne voulez me rendre la plus misérable de toutes les créatures.

— Dites-moi du moins si je devine juste en nommant ce Cleveland comme un de ceux qui m'ont calomnié.

— Non! s'écria Brenda avec vivacité : non; vous tombez d'une erreur dans une autre encore plus dangereuse.

— Vous dites que vous avez de l'amitié pour moi, je veux vous prouver la mienne. — Mais calmez-vous, et écoutez ce que j'ai à vous dire. Notre entrevue n'a duré déjà que trop long-temps, et plus elle se prolonge, plus elle m'expose à de nouveaux dangers.

— Dites-moi donc ce que vous désirez de moi, dit Mordaunt vivement ému par l'affliction et la crainte qu'il remarquait en la pauvre Brenda ; et croyez que si je ne le fais pas, c'est que vous me demandez l'impossible.

— Eh bien donc, ce capitaine... ce Cleveland...!

— Je le savais, de par le ciel! s'écria Mordaunt. J'étais convaincu que, de manière ou d'autre, cet aventurier se trouverait être la cause de ce malentendu et de tout le mal!

— Si vous ne voulez pas m'écouter patiemment, et garder le silence un instant, je n'ai plus qu'à me retirer. Ce que je voulais vous dire n'a pas rapport à vous, mais à un autre, à ma sœur Minna. Ce n'est pas du ressentiment qu'elle a conçu contre vous que j'ai à vous parler, mais je veux vous entretenir de l'inquiétude que me donnent les attentions que le capitaine Cleveland a pour elle.

— Elles sont trop évidentes, trop marquées ; et si mes yeux ne me trompent pas, elles sont reçues avec plaisir.

— C'est précisément ce que je crains. Et moi aussi j'ai été frappée de l'extérieur, des manières et de la conversation de cet homme.

— Son extérieur! A coup sûr, il est bien fait, ses traits sont bien ; mais, comme le dit le vieux Sinclair de Quendale à l'amiral espagnol, au diable sa figure! J'en ai vu une plus belle à plus d'un pendu! Ses manières pourraient le faire prendre pour un capitaine corsaire ; et quant à sa conversation, il ressemble au compère des marionnettes, car il ne parle que de ses propres exploits.

— Vous vous trompez, Mordaunt ; il ne parle que trop bien de tout ce qu'il a vu, de tout ce qu'il a appris. D'ailleurs il a voyagé dans beaucoup de pays éloignés; il a assisté à un grand nombre de combats, et il en parle avec autant d'esprit que de modestie. On croirait voir l'éclair de la foudre et entendre l'explosion du canon. Et il a bien d'autres sujets de conversation. — Les arbres magnifiques et les fruits délicieux des autres climats, — puis ces peuples qui, pendant toute l'année, ne portent pour tous vêtemens que des mousselines et les linons que nous portons à peine dans les plus grandes chaleurs de l'été.

— Sur ma foi, Brenda, il paraît connaître parfaitement l'art d'amuser des jeunes dames.

— C'est la vérité, répondit Brenda du ton le plus naïf. Je vous assure que d'abord il me plaisait autant qu'à Minna; mais, quoiqu'elle ait beaucoup plus d'esprit que moi, j'ai plus d'expérience du monde qu'elle, ayant vu un plus grand nombre de villes; car j'ai été une fois à Kirkwall et trois fois à Lerwick pendant que les vaisseaux hollandais y étaient, de sorte qu'il n'est pas si facile de m'en imposer.

— Et dites-moi, Brenda, quel motif vous a fait penser moins favorablement de ce jeune marin, qui paraît être si insinuant?

— D'abord, dit Brenda après un moment de réflexion, c'est que, quelque mélancoliques, quelque terribles que fussent les histoires qu'il nous racontait, il n'en était pas moins gai, et n'en riait ni n'en dansait pas moins.

— Et peut-être dansait-il alors moins souvent avec Brenda qu'avec sa sœur?

— Non, je ne le crois pas. — Et cependant je n'ai conçu aucun soupçon contre lui, tant que ses attentions se sont partagées également entre nous deux; car alors il n'était pas davantage pour nous, que vous-même, Mordaunt, que le jeune Swaraster, ou que tout autre jeune homme de nos îles.

— Mais pourquoi étiez-vous fâchée qu'il cherchât à plaire à votre sœur? il est riche, ou du moins il paraît l'être; vous le dites plein de talens, d'esprit et d'amabilité; pouvez-vous désirer quelque chose de plus dans un amant pour Minna?

— Vous oubliez qui nous sommes, Mordaunt, répondit la jeune Shetlandaise en prenant un air de dignité qui allait à ses traits aussi bien que le ton moins grave qu'elle avait pris jusque là. Ces îles sont pour nous un petit monde, peut-être inférieur à toutes les autres parties de la terre, si du moins il faut en croire les étrangers, mais ce n'en est pas moins notre petit monde; et nous, les filles de Magnus Troil, nous y tenons le premier rang. Il me semble donc qu'il serait peu convenable que les filles des rois de la mer et des anciens comtes consentissent à se jeter à la tête d'un étranger qui arrive sur nos côtes au printemps, comme un oiseau de passage, sans que personne sache d'où il vient; et qui s'en ira peut-être à l'automne, sans qu'on sache davantage où il va.

— Et qui cependant peut déterminer une belle colombe des îles Shetland à l'accompagner dans cette émigration.

— Je ne veux pas entendre parler avec un ton de légèreté sur un pareil sujet, dit Brenda avec une sorte d'indignation. Minna est, ainsi que moi, fille de Magnus Troil, l'ami des étrangers, mais le père des îles Hialtland. Il leur accorde l'hospitalité dont ils ont besoin; mais que le plus fier d'entre eux ne s'imagine pas qu'il peut, parce que tel est son bon plaisir, former une alliance avec sa maison.

Elle prononça ces mots avec beaucoup de chaleur, et ajouta d'un ton plus calme : — Non, Mordaunt, ne supposez pas que Minna soit capable d'oublier ce qu'elle doit à son père et au sang de son père, au point de penser à épouser ce Cleveland; mais il est possible qu'elle prête l'oreille à ses discours, de manière à détruire tout espoir de bonheur pour elle. Elle est d'un caractère à se laisser aller avec trop de confiance à certains sentimens. Vous rappelez-vous Ulla Storlson, qui montait tous les jours sur le haut du promontoire de Vossdale pour chercher à apercevoir sur l'Océan la barque de son amant? Quand je pense à sa démarche lente, à ses joues pâles, à ses yeux dont l'éclat s'obscurcissait peu à peu, comme la clarté d'une lampe qui va s'éteindre faute d'huile; quand je me représente l'air d'empressement et presque d'espérance avec lequel elle gravissait le rocher, le matin, et l'abattement du désespoir peint sur son front quand elle en descendait en pensant à celui qu'elle ne devait plus revoir,— pouvez-vous être surpris que j'aie des inquiétudes pour Minna, dont le cœur est formé pour conserver avec la même fidélité n'importe quelle affection qui parviendra à s'y introduire?

Brenda n'eut pas de peine à faire partager son émotion à Mordaunt; car, indépendamment de l'accent mélancolique de sa voix, la lune et le crépuscule donnaient assez de clarté pour qu'il pût voir la larme qui brillait dans ses yeux, tandis qu'elle lui traçait un tableau dont son imagination lui faisait craindre que sa sœur ne devînt la copie.

— Non, s'écria-t-il, je ne suis pas surpris que vous éprouviez les craintes que la plus pure affection peut inspirer; et si vous pouvez m'indiquer en quoi je puis seconder votre tendresse pour votre sœur, vous me trouverez prêt à hasarder ma vie, comme je l'ai fait tant de fois pour vous aller chercher des œufs d'oiseaux sur les rochers. Mais, croyez-moi, si l'on m'a accusé auprès de vous ou de votre père d'avoir seulement eu la moindre pensée de vous manquer de respect ou d'égards, c'est un mensonge que l'enfer seul a pu inventer.

— Je vous crois, dit Brenda en lui présentant la main, et mon cœur se trouve soulagé d'un grand poids, maintenant que j'ai rendu ma confiance à un si ancien ami. Je ne sais en quoi vous pouvez nous aider, mais c'est par l'avis, je puis même dire par l'ordre de Norna, que j'ai cherché à avoir cet entretien, et je suis presque étonnée d'avoir eu assez de courage pour le soutenir jusqu'au bout. Maintenant vous savez tout ce que je puis vous dire des dangers que court ma sœur. Surveillez ce Cleveland ; — mais gardez-vous bien de vous faire une querelle avec lui, car vous auriez trop certainement le dessous avec un soldat si expérimenté.

— Et pourquoi cela? Avec la force et le courage que le ciel m'a donnés, et avec une bonne cause à soutenir, ce Cleveland ne m'inspire pas plus de crainte qu'un autre.

— Eh bien, si ce n'est pas pour vous, du moins par égard pour Minna, pour mon père, pour moi, pour nous tous, évitez toute querelle avec lui. Contentez-vous de le surveiller, et tâchez de découvrir qui il est, et quelles sont ses intentions à notre égard. Il a parlé d'aller aux Orcades pour y prendre des informations sur le vaisseau-matelot qui faisait voile avec lui, mais les jours et les semaines s'écoulent, et il ne part point. Il tient compagnie à mon père à table, il conte à Minna des histoires sur des pays inconnus, des peuples étrangers, des guerres lointaines; le temps se passe ainsi, et l'étranger devient de jour en jour une connaissance plus intime, et semble faire une partie inséparable de notre famille, sans cesser d'être en même temps un inconnu, un étranger pour nous. — Adieu maintenant; Norna espère encore vous réconcilier avec mon père, et elle vous prie de ne pas quitter demain Burgh-Westra, quelque froideur que mon père et ma sœur puissent vous témoigner. — Et moi aussi, ajouta-t-elle en lui tendant la main une seconde fois, et moi aussi, je dois vous montrer l'apparence de la froideur, mais, au fond du cœur, nous sommes encore Brenda et Mordaunt. A présent, séparons-nous promptement, car il ne faut pas qu'on nous voie ensemble.

Mordaunt prit la main qu'elle lui présentait, et elle la retira avec une sorte de confusion, moitié en riant, moitié en rougissant, quand il voulut la porter à ses lèvres. Il s'efforça un instant de la retenir, car cette entrevue avait eu pour lui un charme qu'il n'avait jamais éprouvé dans aucun de ses tête-à-tête précédens avec Brenda ; mais elle se dégagea, et lui faisant un signe d'adieu en lui montrant du doigt un chemin différent de celui qu'elle allait prendre, elle courut vers la maison, et ne fut bientôt plus visible à ses yeux.

Mordaunt, qui l'avait suivie de loin le plus long-temps possible, se trouva dans une situation à laquelle il avait été étranger jusqu'alors. On peut marcher long-temps et avec sûreté sur le terrain neutre entre l'amour et l'amitié, mais quand celui qui s'y trouve est sommé tout-à-coup de reconnaître l'autorité de l'une ou de l'autre de ces deux puissances, il arrive bien souvent qu'après ne s'être cru qu'ami pendant bien des années, il se sent tout-à-coup métamorphosé en amant. On devait s'attendre à une révolution semblable dans les sentimens de Mordaunt, quoiqu'il ne pût lui-même en reconnaître exactement la nature. Il se voyait tout-à-coup admis avec une franchise sans réserve dans la confiance d'une jeune personne charmante qu'il croyait, quelques instans auparavant, n'avoir pour lui que de l'indifférence et du mépris; et si quelque chose pouvait rendre encore plus enivrant un changement par lui-même si surprenant et si agréable, c'était la naïve simplicité de Brenda, qui prêtait un charme enchanteur à toutes ses paroles et à ses moindres gestes. Le moment où cette scène avait eu lieu avait peut-être aussi ajouté à son effet, quoiqu'elle n'en eût pas besoin, car de beaux traits paraissent encore plus séduisans à la clarté de la lune, et une voix douce reçoit une nouvelle douceur du calme d'une belle nuit d'été. Mordaunt, de retour à la maison, se trouva donc disposé à écouter avec plus de patience et de complaisance un éloge du clair de lune que lui fit Claude Halcro. L'enthousiasme du poète s'était éveillé par suite d'une petite promenade en plein air entreprise pour dissiper les vapeurs que des libations fréquentes avaient fait monter à son cerveau.

— Le soleil, dit-il à Mordaunt, est la lanterne qui avertit le pauvre ouvrier qu'il faut se lever et reprendre ses travaux. Sa funeste lumière, dès qu'elle paraît à l'orient, est un signal qui rappelle à chacun ses devoirs, ses obligations et ses misères. Mais parlez-moi de la lune; sa joyeuse clarté n'inspire que la gaieté et l'amour.

— Et la folie, à moins qu'on ne la calomnie, ajouta Mordaunt, uniquement pour dire quelque chose.

— A la bonne heure, répondit Halcro, pourvu que ce ne soit pas une folie noire. — Mon jeune ami, dans ce monde où nous sommes condamnés à nous donner tant de peine, on attache souvent trop d'importance à avoir l'esprit bien sain. On m'a souvent traité de cerveau fêlé; eh bien, soit! en ai-je moins bien fait mon chemin dans le monde? — Mais, un moment; où en étais-je? Ah! je parlais de la lune. Eh bien, la lune est l'âme et l'essence de la poésie et de l'amour. Je parie qu'il n'existe pas un véritable amant qui n'ait fait au moins un sonnet à son éloge.

— C'est la lune, dit le facteur qui commençait à avoir la langue fort épaisse, qui fait mûrir les grains, du moins à ce qu'assurent les vieilles gens. C'est encore elle qui remplit les noix, ce qui est un objet de moindre importance. *Sparge nuces, puer.*

— A l'amende! à l'amende! s'écria l'Udaller qui était alors à son apogée; le facteur parle grec! Par les reliques du saint dont je porte le nom! il boira la pinasse pleine de punch, à moins qu'il ne nous chante une chanson!

— Trop d'eau noya le meunier, répondit Triptolème. Ma tête n'a pas besoin d'être arrosée davantage; c'est un lac au dessèchement duquel il faudrait plutôt travailler.

— Chantez donc, s'écria le despotique Udaller, car personne ne parlera ici d'autre langue que le norse, le hollandais, le dantzickois, ou du moins l'écossais. Allons,

Eric Scambester, amenez la pinasse, et qu'elle ait cargaison complète.

L'agriculteur voyant la pinasse bien chargée s'avancer vers lui, quoique lentement, attendu que Scambester lui-même n'était plus en état de manœuvrer avec beaucoup de dextérité, fit un effort inspiré par le désespoir, avant l'arrivée du redoutable vaisseau, et se mit à chanter ou plutôt à croasser une ballade des moissonneurs du comté d'York ; c'était la même que son père avait coutume de chanter quand il était un peu dans les vignes, sur l'air : — *Allons! Dobbin, pars avec ta charrette.* — La physionomie lugubre du chanteur et les sons discordans de sa voix formaient un contraste si burlesque avec la gaieté de l'air et des paroles, que l'honnête Triptolème procura à la compagnie le même amusement que procurerait un convive arrivant un jour de fête, paré des vêtemens de son grand-père. Cette plaisanterie termina la soirée, car le dieu du sommeil avait soumis à son influence la tête solide de Magnus Troil lui-même. Ses hôtes se retirèrent, comme ils le purent, chacun dans le logement qui lui avait été assigné, et bientôt le silence le plus profond succéda à la plus bruyante des orgies.

CHAPITRE XVII.

« Les barques vont partir: chacun saisit le fer
« Qui va percer le flanc des monstres de la mer.
« On change en dard mortel l'instrument pacifique,
« Et la broche combat à côté de la pique.
« C'est l'instant de prouver que vous avez du cœur.
« Armez vos bras nerveux pour l'amour, pour l'honneur.
« Voyez de ces rochers les cimes solennelles
« Couvertes de vieillards, d'aimables jouvencelles. »
La Bataille des îles Summer.

Il est rare que la matinée qui succède à une fête semblable à celle de Magnus Troil ait ce piquant qui assaisonne les plaisirs de la veille. C'est ce que peut avoir observé le lecteur à la mode, dans un déjeuner public, pendant la semaine des courses de chevaux dans une ville de province ; car, dans ce qu'on appelle la meilleure société, pendant ces momens où l'on ne sait que faire, chacun reste ordinairement dans son cabinet de toilette. On croira aisément qu'il n'existait point à Burgh-Westra de semblables cabinets; il fallut donc que les jeunes filles, les joues un peu pâles, les graves matrones, bâillant et clignotant, et les hommes, tourmentés de migraines, se réunissent trois heures après s'être séparés.

Eric-Scambester avait fait tout ce que homme pouvait faire pour fournir les moyens d'empêcher l'ennui de trouver place à la table sur laquelle était placé le repas du matin. Elle gémissait sous le poids d'énormes morceaux de bœuf salé et fumé à la manière du pays ; de pâtés, de viandes cuites au four, de poisson apprêté de différentes façons. On y trouvait même du thé, du café et du chocolat ; car, et nous l'avons déjà fait observer, la situation de ces îles y avait amené de bonne heure les diverses productions d'un luxe étranger, qui alors n'étaient encore que peu connues en Ecosse, où, à une époque moins éloignée de nous que celle dont nous parlons, une livre de thé vert fut cuite et mangée comme un plat de choux, et une autre servit à faire une sauce pour du bœuf salé : telle était l'ignorance de ceux à qui ce présent avait été envoyé comme une chose rare.

Indépendamment de ces préparatifs, la table offrait encore ce que les *bons vivans* appellent *du poil de la bête* : on y trouvait l'usquebaugh d'Irlande, la liqueur de Nancy, le véritable *schledamm*, l'eau-de-vie de Caithness, l'eau d'or de Hambourg, du rum d'une antiquité vénérable, et tous les cordiaux des îles. Il est inutile de mentionner ensuite l'ale brassée à la maison, le *mum* d'Allemagne et la forte bière de Schwartz. Nous dérogerions encore davantage à notre dignité si nous entrions dans le détail des différentes sortes de potages, de gruau d'avoine, de bland, et d'autres espèces de laitage, destinées à ceux qui préféraient des liquides moins généreux.

Il n'est pas étonnant si la vue de tant de bonnes choses ranima les hôtes fatigués et réveilla leur appétit. Les jeunes gens cherchèrent les belles avec qui ils avaient dansé la veille, et recommencèrent les petits propos qui leur avaient fait passer la nuit si gaiement. Magnus, entouré des vieux Norses ses amis, joignant l'exemple au précepte, encourageait à attaquer sérieusement tout ce qui se trouvait sur la table. Cependant il n'en restait pas moins un long intervalle à parcourir avant le dîner, car le déjeuner le plus prolongé ne peut guère durer plus d'une heure. Il y avait lieu de craindre que Claude Halcro ne se chargeât de remplir cette lacune en débitant quelque pièce de vers objet de terreur, ou en racontant tout au long l'histoire de sa présentation au glorieux John Dryden. Le hasard préserva la compagnie rassemblée à Burgh-Westra du fléau dont elle était menacée, en lui procurant un amusement conforme à ses goûts et à ses habitudes.

La plupart des convives avaient déjà recours à leurs cure-dents, tandis que d'autres commençaient à s'entretenir de ce qu'ils pourraient faire, quand Eric Scambester, l'œil en feu, et un harpon à la main, accourut à la hâte pour informer la société qu'une baleine était échouée, ou peu s'en fallait, à l'entrée du voe. Comment décrire la joie, l'empressement, l'agitation et le tumulte dont cette annonce amena l'explosion? Une troupe de gentilshommes campagnards prêts à partir pour aller à la chasse des premier coqs de bruyère de la saison, offrirait une comparaison qui ne rendrait que bien imparfaitement l'enthousiasme des convives et l'importance qu'ils attachaient à cet évènement. Une battue dans les taillis de la forêt d'Ettrick pour y détruire les renards; la levée en masse des chasseurs du Lennox, quand un des daims du duc sort d'Inch-Mirran; et même le joyeux rendez-vous des chasseurs de renards avec l'agréable accompagnement du son des cors et des aboiemens des chiens, ne sont rien, absolument rien, auprès des transports qu'éprouvèrent les vaillans enfans de Thulé en partant pour aller combattre le monstre que la mer leur envoyait si à propos pour les amuser.

Les magasins de Burgh-Westra furent aussitôt mis à contribution, et l'on en tira toutes les armes qui pouvaient servir en pareille occasion. Les uns se saisirent de harpons, d'épées, de piques et de hallebardes; les autres se contentèrent de fourches, de broches, et de tous les instrumens longs et pointus qu'ils purent trouver. Armés ainsi à la hâte, ils formèrent deux divisions, dont l'une, sous le commandement du capitaine Cleveland, partit sur les barques qui étaient dans le petit havre, tandis que l'autre se rendait par terre au théâtre de l'action.

Le pauvre Triptolème vit échouer ainsi un plan qu'il venait de former, et qui avait pour but de mettre à l'épreuve la patience des Shetlandais en les régalant d'une dissertation sur l'agriculture et sur le parti qu'on pouvait tirer des terres du pays. Le tumulte soudain qu'occasiona cette nouvelle fut une digue qui arrêta à la fois les vers d'Halcro et la prose non moins formidable du facteur. On peut bien penser que celui-ci prit fort peu d'intérêt au sujet qui agitait tous les esprits, et il n'aurait pas même daigné jeter un coup d'œil sur la scène animée qu'allait offrir le lac, s'il n'eût été stimulé par les exhortations de mistress Baby.

— Mettez-vous en avant, mon frère, lui dit cette sœur prudente, mettez-vous donc en avant! Qui sait où peut tomber la bénédiction du ciel? On dit que chacun aura part égale, et une pinte d'huile vaudra son prix quand viendront les longues nuits dont on parle. — Allons, allons, marchez. — Tenez, accrochez-vous à mon bras.

Jamais cœur timide n'a gâté celui d'une belle dame. — Et qui sait si la graisse de cette créature ne sera pas bonne à manger dans sa fraîcheur? cela épargnerait le beurre d'autant.

Nous ne savons si la perspective de manger de la graisse de baleine en place de beurre ajouta au zèle de Triptolème; mais il est certain que, brandissant en ce moment l'instrument champêtre dont il était armé, c'est-à-dire une fourche, il partit avec grand courage pour aller combattre la baleine.

La situation dans laquelle le malheureux destin de l'ennemi l'avait placé était particulièrement favorable à l'entreprise des insulaires. Une marée d'une hauteur extraordinaire avait porté la baleine au-dessus d'une barre de sables à l'entrée du voe ou lac d'eau salée. Dès qu'elle sentit la marée se retirer, reconnaissant le péril elle avait fait les plus grands efforts pour repasser par-dessus la barre; mais bien loin d'améliorer sa position, elle n'avait fait que la rendre plus précaire, parce que s'étant jetée dans une eau peu profonde elle n'en était que plus exposée aux attaques des Shetlandais. Ils arrivaient en ce moment. Au premier rang se trouvaient les plus jeunes et les plus hardis, armés comme nous venons de le dire, tandis que les vieillards et les femmes montaient sur les rochers dont la cime dominait le lac, pour être témoins de leur courage et en exciter les efforts.

Comme les barques avaient à doubler un petit promontoire pour arriver à l'entrée du voe, ceux qui étaient venus par terre eurent le temps de faire une reconnaissance de la force et de la situation de l'ennemi qu'on se préparait à attaquer par terre et par mer.

Le général, aussi brave qu'expérimenté, ne voulut s'en rapporter d'abord qu'à ses propres yeux, et dans le fait son équipage et son habileté le rendaient digne de commander cette expédition. Il avait changé son chapeau à galon d'or pour un bonnet de peau d'ours; son habit de drap bleu, doublé d'écarlate, et galonné sur toutes les coutures, avait fait place au justaucorps de flanelle rouge garni de boutons de corne noire, sur lequel il portait une espèce de chemise de peau de veau marin, brodée sur la poitrine d'une manière curieuse, et semblable à celle dont se parent les Esquimaux, et quelquefois même les marins qui s'occupent de la pêche sur les côtes du Groënland. D'énormes bottes à l'épreuve de l'eau complétaient son costume, et il tenait en main un grand couteau à baleine, qu'il brandissait comme s'il eût été impatient de dépecer l'énorme animal, c'est-à-dire d'en séparer la graisse de la chair et des os. Après un examen attentif, il fut obligé de convenir que l'entreprise à laquelle il avait conduit ses amis, quoique proportionnée à la magnificence de son hospitalité, présentait ses dangers et ses difficultés.

La baleine, qui avait plus de soixante pieds de longueur, restait dans un état d'immobilité parfaite dans la partie du voe où l'eau était la plus profonde, et semblait y attendre le retour de la marée, dont son instinct l'assurait probablement. On assembla sur-le-champ un conseil composé des harponneurs les plus expérimentés, et il fut décidé qu'on tâcherait d'entourer d'un nœud coulant la queue du léviathan engourdi, et qu'on attacherait les bouts du câble à des ancres placées sur le rivage, afin de l'empêcher de s'échapper si la marée arrivait avant qu'on eût pu l'expédier. Trois barques furent destinées à cette première entreprise difficile et dangereuse. L'Udaller prit lui-même le commandement de la première, et celui des deux autres fut destiné à Cleveland et à Mordaunt. Cette résolution une fois adoptée, on s'assit sur le rivage, en attendant l'arrivée des barques. Pendant cet intervalle, Triptolème Yellowley, mesurant des yeux le corps monstrueux de la baleine, se hasarda à dire que, dans son pauvre esprit, il pensait qu'un attelage de six bœufs, et même de soixante s'il s'agissait de bœufs du pays, ne serait pas en état de tirer sur le rivage une créature si énorme.

Quelque insignifiante que cette remarque puisse paraître au lecteur, elle tenait à un sujet qui ne manquait jamais d'échauffer le sang irritable de Magnus Troil. — Et quand cent bœufs ne seraient pas en état de la tirer sur le rivage, qu'est-ce que cela ferait? s'écria le vieil Udaller en regardant Triptolème d'un air sévère.

Le ton dont cette question était faite ne plut pas infiniment à M. Yellowley; il n'oublia pourtant pas ce qu'exigeaient de lui sa dignité et son intérêt. — Vous savez vous-même, M. Magnus Troil, dit-il, et quiconque est tant soit peu instruit doit le savoir, que les baleines d'une taille à ne pouvoir être tirées sur le rivage par un attelage de six bœufs, appartiennent de droit au grand amiral, qui est en même temps le noble lord chambellan de ces îles.

— Et moi je vous dis, M. Triptolème Yellowley, répliqua l'Udaller, et je le dirais à votre maître s'il était ici, que quiconque risquera sa vie pour s'emparer de cette baleine, en aura sa part conformément à nos bonnes et anciennes coutumes norses. Si, parmi les femmes qui sont ici à regarder, il y en a quelqu'une qui touche seulement le câble, elle sera admise au partage; et pour peu qu'elle nous donne quelque raison pour cela, l'enfant encore à naître partagera comme les autres.

Le strict principe d'équité qui présidait à ce dernier arrangement, fit rire les hommes aux éclats, et rougir quelques femmes. Cependant le facteur crut qu'il serait honteux de céder si promptement la victoire. — *Suum cuique tribuito*, dit-il ; je soutiendrai les droits de Milord ainsi que les miens.

— Oui-dà! s'écria Magnus; eh bien, de par les reliques du saint martyr! nous ne reconnaîtrons d'autres lois de partage que celles de Dieu et de saint Olave, qui étaient connues en ce pays bien long-temps avant qu'on eût entendu parler d'amiral, de chambellan, de trésorier et de facteur. Tous ceux qui coopèreront à la prise en auront leur part, et nul autre n'y touchera. Ainsi, monsieur le facteur, travaillez comme les autres, et estimez-vous heureux d'en avoir une part comme eux. Montez dans cette barque. — (Les barques venaient d'arriver en ce moment.) — Et vous, mes amis, faites place au facteur du lord chambellan; qu'il ait l'honneur de porter le premier coup à la baleine.

Le ton d'autorité, la voix forte et l'air impérieux que donnait au vieil Udaller l'habitude de commander, comme aussi la conviction intime qu'éprouvait Triptolème que, parmi tous les spectateurs, il n'en existait pas un seul sur lequel il pût compter pour le soutenir, lui rendaient fort difficile de résister à cet ordre, quoiqu'il fût sur le point de se trouver dans une situation aussi nouvelle pour lui qu'elle était dangereuse. Il hésitait pourtant encore, et cherchait maladroitement à déguiser sa crainte et sa colère en feignant de prendre l'ordre de Magnus pour une plaisanterie, lorsque sa sœur Baby, s'approchant, lui dit à l'oreille : — Allez donc ! avez-vous envie de perdre votre part de la graisse, quand nous allons avoir un long hiver pendant lequel le plus beau jour sera plus sombre que la nuit la plus obscure des Mearns?

Cet avis d'une sagesse prévoyante, joint à la crainte que lui inspirait l'Udaller, et à la honte qu'il avait de paraître moins brave que les autres, enflamma tellement le courage de l'agriculteur, que, brandissant en l'air la fourche qu'il tenait en main, il entra dans la barque tel que Neptune armé de son trident.

Les trois barques destinées à ce service périlleux voguèrent alors vers l'énorme cétacée qui était comme une île dans la partie du lac où l'eau avait le plus de profondeur, et qui les laissa approcher sans sortir de son état d'immobilité. Nos hardis aventuriers avançaient en silence et avec précaution ; après une première tentative inutile, ils réussirent enfin à entourer la queue du monstre, toujours immobile, d'un long câble dont ils rapportèrent les bouts à terre, où cent mains s'occupèrent à les fixer à des ancres. Mais avant que ce travail fût terminé, la marée commença à monter, et l'Udaller s'écria qu'il fallait se hâter de tuer la baleine, ou du moins de la blesser dangereusement avant que la mer la mît à flot, sans quoi il était probable qu'elle leur échapperait. — Qu'on l'attaque donc sur-le-champ, s'écria-t-il, mais qu'on laisse au facteur l'honneur du premier coup.

Le vaillant facteur entendit ces paroles, et il est bon de dire que la patience que le monstre avait montrée en se laissant entourer d'un câble avait diminué beaucoup la terreur de Triptolème, et singulièrement ravalé la baleine dans son opinion. Il protesta qu'elle n'avait ni plus d'esprit ni plus d'activité qu'une limace ; et se laissant entraîner par le mépris que lui inspirait un ennemi nullement méprisable, il n'attendit ni un nouveau signal, ni une meilleure arme, et enfonça sa fourche de toutes ses forces dans le corps de l'infortuné colosse. Les barques ne s'étaient pas encore éloignées à une distance suffisante pour commencer l'attaque sans danger, quand la première escarmouche eut lieu d'une manière si peu judicieuse.

Magnus Troil, qui n'avait voulu que plaisanter avec le facteur, et qui avait dessein de se servir d'un bras plus expérimenté pour lancer le premier harpon, avait à peine eu le temps de s'écrier : — Prenez le large, mes amis, ou nous sommes coulés à fond, — quand le cétacée reprenant son activité en sentant les deux pointes de l'arme de Triptolème, fit jaillir en l'air une énorme colonne d'eau précédée d'un bruit semblable à l'explosion d'une machine à vapeur, et se mit à battre les vagues de sa queue formidable. Le déluge lancé par la baleine retomba sur la barque que montait Magnus, et l'aventureux facteur, qui avait eu sa bonne part de l'immersion, fut si étonné et si épouvanté des conséquences de son acte de bravoure, qu'il tomba en arrière au milieu de l'équipage trop occupé à faire force de rames afin de s'éloigner du danger, pour faire attention à lui. Il y resta quelques minutes, foulé aux pieds de ses compagnons; mais enfin l'Udaller ordonna qu'on s'approchât du rivage pour y débarquer le maladroit qui avait commencé l'attaque d'une manière si malencontreuse.

Pendant ce temps les autres barques s'étaient aussi retirées à une distance convenable, et de là comme du rivage, on faisait pleuvoir sur le malheureux colosse des mers une grêle de harpons, de traits de toute espèce et de coups de fusil, enfin on employait tous les moyens de destruction auxquels il était possible d'avoir recours, et qui pouvaient l'exciter à épuiser sa force et sa rage en efforts inutiles. Quand l'animal eut reconnu qu'il était entouré de tous côtés par des bas-fonds, et qu'il sentit en outre les liens dont on l'avait chargé, les mouvemens convulsifs qu'il fit pour s'échapper, accompagnés de sons qui ressemblaient à de profonds et bruyans gémissemens, étaient faits pour exciter la compassion, et il fallait être habitué à la pêche de la baleine pour ne pas en éprouver. L'eau qu'elle continuait à faire jaillir commençait à être teinte de sang, et la mer, autour d'elle, prenait peu à peu la même couleur. Cependant les assaillans ne perdaient pas leur temps, mais Mordaunt et Cleveland se faisaient particulièrement remarquer, et semblaient se disputer à qui montrerait le plus de courage contre un monstre si redoutable dans son agonie, et à qui lui porterait le coup mortel.

Enfin la victoire parut sur le point de se déclarer pour les assaillans; car quoique la baleine continuât à faire de temps en temps quelques tentatives pour recouvrer sa liberté, ses forces paraissaient tellement épuisées qu'il semblait impossible qu'elle pût se sauver, même à l'aide de la marée.

Magnus fit un signal pour qu'on se rapprochât de la baleine, et s'écria en même temps : — Courage, mes amis ; courage ! elle n'est plus à moitié si furieuse. Allons, monsieur le facteur, songez à faire provision d'huile pour entretenir deux lampes pendant tout l'hiver à Harfra. A vos rames, mes amis, à vos rames !

Avant qu'on eût le temps d'obéir à cet ordre, les deux autres barques l'avaient anticipé, et Mordaunt, impatient de se distinguer au-dessus de Cleveland, avait enfoncé de toute sa force une demi-pique dans le corps du cétacée. Mais de même qu'une nation dont on aurait cru les ressources épuisées par des pertes et des calamités sans nombre, le léviathan réunit toutes les forces qui lui restaient pour faire un dernier effort, et cet effort lui réussit. La dernière blessure qu'il venait de recevoir avait sans doute pénétré au-delà de la couche épaisse de graisse dont sa chair était enveloppée, et atteint quelque partie plus sensible, car il poussa un mugissement terrible, lança bien haut dans les airs un jet d'eau et de sang, rompit comme un fil le câble qui le retenait, renversa d'un coup de queue la barque de Mordaunt, s'élança par-dessus la barre, aidé par la marée qui était alors à toute sa hauteur, et regagna la pleine mer, le dos chargé d'une forêt de traits de toute espèce, et laissant sur son passage un long sillon rouge sur les vagues.

— Voilà votre huile à vau-l'eau, maître Yellowley, dit Magnus; il faut que vous fassiez fondre de la graisse de mouton, ou que vous preniez le parti, cet hiver, de vous coucher dans les ténèbres.

— *Operam et oleum perdidi*, répondit Triptolème ; mais si jamais on me rattrape à la pêche d'une baleine, je consens qu'elle m'avale comme Jonas.

— Mais où est donc Mordaunt? s'écria Claude Halcro.

Et l'on s'aperçut que ce jeune homme, étourdi par un coup qu'il avait reçu quand la barque avait été renversée, flottait sur l'eau privé de sentiment, et hors d'état de regagner le rivage à la nage comme l'avaient fait ses compagnons.

Nous avons déjà parlé de la superstition étrange et barbare qui faisait que les Shetlandais, à cette époque, n'osaient secourir un homme qui se noyait dans la mer, quoique ces insulaires fussent fréquemment exposés à de semblables dangers. Trois individus s'élevèrent pourtant au-dessus de cette crainte puérile. Le premier fut Claude Halcro, qui, sans délibérer un instant, se précipita du haut d'un petit rocher dans la mer, oubliant, comme il le dit ensuite, qu'il ne savait pas nager, et que quand même il aurait eu la harpe d'Arion, il n'avait pas de dauphins à ses ordres. Mais il n'eut pas plus tôt touché l'eau qu'il se souvint de tout ce qui lui manquait pour accomplir sa généreuse entreprise, et remontant lentement sur le roc dont il était descendu si vite, il se trouva fort heureux de regagner le rivage après avoir pris un bain froid.

Magnus Troil, dont le bon cœur oublia la froideur avec laquelle il avait depuis peu traité Mordaunt, dès qu'il le vit en danger, fit aussi un mouvement pour se jeter dans le lac; mais Eric Scambester le retint par le bras.

— Arrêtez! arrêtez donc! lui dit ce fidèle serviteur. Le capitaine Cleveland tient déjà M. Mordaunt. Que ces deux étrangers courent le risque de se secourir l'un l'autre, rien de mieux; mais ce n'est pas pour eux qu'il faut risquer d'éteindre la lumière du pays. — Arrêtez donc! vous dis-je; on ne peut pêcher un homme dans le lac de Bredness aussi facilement qu'une rôtie dans un bowl de punch.

Cette sage remontrance aurait été complètement perdue, si Magnus n'eût reconnu de ses propres yeux qu'elle était fondée sur la vérité. Cleveland s'était mis à la nage pour porter du secours à Mordaunt, et il le soutint sur l'eau jusqu'à ce qu'une barque vînt les prendre tous deux. Le mouvement de compassion éprouvé par l'honnête Udaller ne dura pas plus que le danger qui demandait un si prompt secours ; et se rappelant les causes de mécontentement qu'il avait ou qu'il croyait avoir contre Mordaunt, il s'éloigna du bord de l'eau, et se débarrassant d'Eric Scambester : — Tu n'es qu'un vieux fou, lui dit-il, si tu supposes que je m'inquiétais que ce jeune étourneau surnageât ou coulât à fond.

Mais tout en faisant ainsi parade d'indifférence, Magnus ne put s'empêcher de regarder par-dessus les têtes des insulaires rangés en cercle autour de Mordaunt, et qui, dès qu'il eut été ramené sur le rivage, firent charitablement tous leurs efforts pour le rappeler à la vie ; l'Udaller ne put reprendre son air d'insouciance que lorsque ayant vu le jeune homme rendu à l'usage de ses sens, il fut certain que cet accident n'aurait pas de suites sérieuses. Alors, proférant quelques malédictions contre les spectateurs qui n'avaient pas l'esprit de lui donner un verre d'eau-de-vie, il se retira d'un air d'humeur, comme s'il n'eût pris aucun intérêt à ce qu'il deviendrait.

Les femmes, ordinairement excellentes observatrices de leurs émotions respectives, ne manquèrent pas de remarquer que, quand les deux sœurs de Burgh-Westra virent Mordaunt plongé dans le lac, Minna devint pâle comme la mort, et Brenda poussa des cris perçans d'effroi. Les unes branlèrent la tête, les autres clignèrent de l'œil, et quelques unes se dirent à l'oreille qu'on n'oubliait pas facilement une ancienne connaissance. Mais, au total, on convint généralement qu'il était bien naturel qu'elles donnassent de pareils signes d'intérêt quand elles voyaient le compagnon de leur enfance au moment de périr sous leurs yeux.

Au surplus cet intérêt qu'avait excité la situation de Mordaunt, tant qu'elle avait paru dangereuse, commença à se refroidir dès qu'il eut complètement recouvré l'usage de ses sens. Il ne resta près de lui que Claude Halcro et deux ou trois autres individus. Cleveland était debout à environ dix pas. Ses cheveux et ses vêtemens étaient encore dégouttans d'eau; et ses traits avaient une expression si particulière, qu'il fut impossible à Mordaunt de ne pas y faire attention. Ses lèvres semblaient vouloir laisser échapper un sourire en dépit de lui-même, son regard orgueilleux annonçait la satisfaction qu'éprouve un homme délivré d'une contrainte pénible, et quelque chose qui ressemblait au mépris. Halcro se hâta d'apprendre à Mordaunt qu'il devait la vie à Cleveland; et Mordaunt, n'écoutant plus d'autre sentiment que celui de la reconnaissance, se leva de terre, et s'avança vers le capitaine en lui présentant la main, pour lui faire ses remerciemens. Mais il s'arrêta de surprise en voyant Cleveland reculer d'un ou deux pas, les bras croisés sur la poitrine, et refuser la main qu'il lui offrait. Il recula, à son tour, d'étonnement en voyant l'air peu gracieux et le regard presque insultant du capitaine, qui jusqu'alors lui avait toujours montré de la cordialité, ou du moins de la franchise, changement qu'il ne pouvait concevoir à l'instant où il venait d'en recevoir un tel service.

— C'en est assez, dit le capitaine; il est inutile d'en parler davantage: j'ai payé ma dette, et maintenant nous sommes quittes.

— Vous êtes plus que quitte envers moi, M. Cleveland, dit Mordaunt, car vous avez risqué votre vie pour faire pour moi ce que j'ai fait pour vous sans courir le moindre risque. D'ailleurs, ajouta-t-il, voulant donner à la conversation une tournure de plaisanterie, j'y ai gagné un fusil.

— Il n'y a que des lâches, répondit Cleveland, qui fassent entrer le péril pour quelque chose dans leurs calculs. Le danger a été le compagnon inséparable de toute ma vie, et il a fait voile avec moi dans mille voyages bien plus importans. — Quant aux fusils, je n'en manque pas, et vous pourrez voir, quand cela vous plaira, lequel de nous sait le mieux s'en servir.

Il y avait dans le ton dont ces paroles furent prononcées quelque chose qui frappa Mordaunt, et elles semblaient couvrir quelques intentions hostiles. Cleveland vit sa surprise, et, s'approchant de lui, il lui dit à l'oreille : — Écoutez-moi, mon jeune camarade, je vais vous faire connaître nos usages. Quand, nous autres aventuriers, nous donnons la chasse au même navire, et que nous cherchons à prendre l'avantage du vent l'un sur l'autre, une distance d'environ soixante pas sur le bord du rivage, et deux bons fusils, sont une manière toute simple d'arranger l'affaire.

— Je ne vous comprends pas, capitaine, dit Mordaunt.

— Je le crois, et je n'espérais pas que vous me comprendriez, répondit Cleveland; alors, tournant sur ses talons avec un sourire tenant du mépris, il rejoignit la compagnie qui retournait à Burgh-Westra. Mordaunt le vit bientôt auprès de Minna dont les regards animés semblaient le remercier de la générosité qu'il venait de montrer.

— Si ce n'était pour Brenda, pensa Mordaunt, je voudrais presque qu'il m'eût laissé dans le lac, car personne ne semble s'inquiéter si je suis mort ou vivant. — Soixante pas sur le bord du rivage et deux bons fusils? — Oui ; c'est cela qu'il veut dire. — Eh bien! nous pouvons en faire l'épreuve, mais ce ne sera pas le jour où il m'a sauvé la vie!

Pendant qu'il faisait ces réflexions, Eric Scambester disait à Halcro : — Si ces deux jeunes gens ne se portent pas malheur l'un à l'autre, je ne me nomme pas Eric. — Mordaunt sauve la vie à Cleveland : fort bien ; et, pour l'en récompenser, Cleveland lui coupe l'herbe sous le pied à Burgh-Westra. Or ce n'est pas peu de chose que de perdre les bonnes grâces d'une maison où la bouilloire à punch ne se refroidit jamais. — Aujourd'hui Cleveland à son tour est assez fou pour aller pêcher Mordaunt dans le voe :

qu'il y prenne garde! Mordaunt pourra bien lui donner des sillochs pour sa morue.

— Bon, bon, dit le poète, ce ne sont là que des rêveries de vieilles femmes, mon ami Eric; que dit le glorieux Dryden John, digne d'être canonisé[1]?

> La bile qui nourrit vos âmes insensées,
> En peignant tout en jaune, engendre ces pensées.

— Saint John et même saint James peuvent bien s'être trompés sur ce point, répondit Eric, car je crois que ni l'un ni l'autre n'a jamais demeuré dans nos îles. Tout ce que je dis, c'est que ces deux jeunes gens se porteront malheur l'un à l'autre, ou il ne faut plus croire à rien. Or, si cela arrive, je souhaite que le guignon soit pour Mordaunt Mertoun.

— Et pourquoi, Eric, demanda Halcro avec vivacité et même avec aigreur, pourquoi souhaitez-vous du malheur à ce pauvre jeune homme qui vaut cinquante fois mieux que l'autre?

— Chacun juge à sa manière, répondit Eric. Votre M. Mordaunt ne songe qu'à l'eau comme son vieux chien barbet de père, au lieu que le capitaine Cleveland lève son verre en homme bien né et bien élevé.

— Excellent raisonnement! s'écria Halcro, et qui sent bien tes fonctions. — Après ces mots, le poète, rompant l'entretien, rejoignit les hôtes de Magnus, qui, alors à peu de distance de Burgh-Westra, s'occupaient, chemin faisant, à discuter les divers incidents de leur attaque inutile contre la baleine.

— J'espère, dit l'Udaller, que le capitaine Donderdrecht, de Rotterdam, n'entendra jamais parler de cette aventure, car il dirait en jurant par tous les tonnerres du ciel, que nous ne sommes bons qu'à pêcher des carrelets.

---

(1) *Sainted.* — Le mot anglais prête à une équivoque. Eric croit qu'Halcro parle de saint Jean. — Tr.

CHAPITRE XVIII.

« Ouf! respirons. J'ai, je crois, pris des ailes
« Pour t'apporter d'excellentes nouvelles;
« Pour t'annoncer quels sont les prix courans,
« Et qu'on va voir revenir le bon temps. »
Le vieux Pistol.

La fortune, qui semble quelquefois avoir de la conscience, devait à l'Udaller le dédommagement du mauvais succès de la pêche. Elle s'acquitta envers lui dans la soirée du jour même, en amenant à Burg-Westra un nouveau personnage. C'était le colporteur, ou, suivant le titre qu'il se donnait, le marchand forain Bryce Snailsfoot, qui arriva en grande pompe, juché lui-même sur un bidet, et suivi d'un autre conduit par un enfant à tête et pieds nus, et chargé d'une balle de marchandise deux fois plus gonflée que de coutume.

Bryce s'étant annoncé comme porteur d'importantes nouvelles, on le fit entrer dans la salle à manger; et suivant la simplicité primitive de ce siècle où l'on ne faisait pas acception de personnes, on le fit asseoir devant une table placée à l'un des angles de l'appartement, où on lui fournit abondamment tout ce dont pouvait avoir besoin un voyageur. L'hospitalité attentive du maître du logis ne permit pas qu'on lui fît aucune question avant qu'il eût complètement apaisé sa soif et son appétit. Alors il annonça avec cet air de suffisance que prend un voyageur arrivé d'une contrée éloignée, qu'il était venu la veille à Lerwick, après avoir fait un voyage à Kirkwall, capitale des Orcades, et qu'on l'aurait vu à Burgh-Westra dès le jour précédent, sans l'ouragan qu'il y avait eu à la hauteur du promontoire de Fitful-Head.

— Un ouragan! dit Magnus. Nous n'avons pas eu ici un souffle de vent.

— En ce cas, reprit le colporteur, il y a quelqu'un qui n'a pas passé tout son temps à dormir, et son nom commence par un N. Mais Dieu est au-dessus de tout.

— Mais quelles nouvelles dans les Orcades, Bryce? contez-nous-les : cela vaudra mieux que de nous parler d'un coup de vent.

— Des nouvelles, telles qu'on n'en a pas appris depuis trente ans, — depuis le temps de Cromwell.

— Est-ce qu'il y a une autre révolution? demanda Claude Halcro. Le roi Jacques est-il revenu comme autrefois le roi Charles?

— Ce sont des nouvelles, répondit le colporteur, qui valent vingt rois et autant de royaumes. Car, quel bien les *évolutions* nous ont-elles jamais fait? Et j'ose dire que nous en avons vu une douzaine, tant grandes que petites.

— Est-il arrivé quelque bâtiment de la compagnie des Indes? demanda Magnus Troil.

— Vous êtes plus près du but, Fowde, répondit Snailsfoot; mais ce n'est pas un bâtiment de la compagnie des Indes; c'est un bel et bon vaisseau armé en guerre, encombré de marchandises de toute espèce, et qu'on y vend à un prix si raisonnable, qu'un honnête homme comme moi peut procurer à tout le pays l'occasion de faire d'excellens marchés : vous en conviendrez quand je vous aurai fait voir ce que contient cette balle, car je réponds qu'elle sera plus légère quand je m'en irai que quand je suis arrivé.

— Oui, oui, dit l'Udaller, il faut que vous ayez fait de bons marchés, si vous en faites faire aux autres. Mais quel est ce vaisseau?

— Je ne puis vous le dire exactement. — Je n'ai parlé qu'au capitaine, qui est un homme fort discret. Mais il faut qu'il ait été à la Nouvelle-Espagne, car il est chargé de soieries, de satins, de vins, de sucre, de poudre d'or, et l'on n'y manque ni d'or ni d'argent monnayé.

— Mais à quoi ressemble ce bâtiment? demanda Cleveland, qui paraissait l'écouter avec beaucoup d'attention. Est-ce une frégate, une corvette?

— C'est un vaisseau très fort, très bien construit, une espèce de schooner ou de sloop qui, dit-on, fend l'eau comme un dauphin. Il porte douze pièces de canon, et il est percé pour vingt.

— Savez-vous quel est le nom du capitaine? demanda Cleveland d'un ton un peu plus bas que de coutume.

— Je ne l'ai entendu nommer que capitaine; et je me suis fait une règle de ne jamais demander le nom de ceux avec qui je fais des affaires de commerce : car, je vous en demande pardon, capitaine Cleveland, mais il y a plus d'un honnête capitaine qui ne se soucie pas d'attacher son nom à ce titre; et pourvu que nous sachions quelle affaire nous faisons, qu'importe que nous sachions à qui nous avons affaire?

— Bryce Snailsfoot est un homme prudent, dit l'Udaller en riant : il sait qu'un sot peut faire des questions auxquelles un sage ne se soucie pas de répondre.

— J'ai fait des affaires avec plus d'un commerçant dans ma vie, répliqua le colporteur, et je n'ai jamais vu d'utilité à mettre le nom d'un homme au bout de chaque phrase. Tout ce que je puis dire, c'est que ce capitaine est un galant homme, et qu'il ne manque pas de bontés pour ses gens, car ils sont aussi bien vêtus que lui-même. Les simples matelots ont des écharpes de soie, et j'ai vu maintes dames en portant de moins belles, qui se croyaient bien huppées. Quant aux boucles d'argent, et à d'autres vanités semblables, c'est à n'en pas finir.

— Les idiots! dit Cleveland entre ses dents. Puis il ajouta en élevant la voix : — Et je suppose qu'ils vont souvent à terre pour faire parade de leur magnificence devant les jeunes filles de Kirkwall?

— Pas du tout. Le capitaine ne permet à personne de descendre à terre sans que le maître d'équipage soit de la compagnie; et celui-ci est un gaillard comme il n'en fut jamais sur le tillac d'un navire. Vous trouveriez un chat sans griffes plus aisément que vous ne le verriez sans son coutelas et sa double paire de pistolets à sa ceinture. Tout l'équipage le craint autant que s'il était le commandant.

— Il faut que ce soit le diable ou Hawkins, s'écria Cleveland.

— Que ce soit l'un ou l'autre ou un composé de tous les deux, je vous prie de faire attention, capitaine, que c'est vous qui lui donnez ce nom, et que je n'y suis pour rien.

— Capitaine Cleveland, dit l'Udaller, il est possible que ce soit le même navire-matelot dont vous nous parliez.

— En ce cas, il faut qu'il ait joué de bonheur, car il semble en meilleure fortune que lorsque je m'en suis séparé. — Les avez-vous entendus parler d'un bâtiment qui faisait voile avec eux, Snailsfoot?

— Oui, vraiment, — c'est-à-dire qu'ils ont dit quelques mots d'un navire qu'ils croient avoir fait naufrage dans ces parages.

— Et leur avez-vous dit ce que vous en saviez? demanda l'Udaller.

— Du diable si j'ai été si sot! — S'ils avaient su ce qu'est devenu le navire, ils auraient voulu savoir ce qu'est devenue la cargaison; et vous n'auriez pas voulu que j'attirasse sur la côte un vaisseau armé pour tourmenter de pauvres gens pour quelques rogatons jetés par la mer sur le sable.

— Indépendamment de ce qu'on aurait pu trouver dans votre balle, coquin que vous êtes! dit l'Udaller; observation qui excita de grands éclats de rire. Magnus lui-même ne put s'empêcher de partager un instant la gaieté qu'inspirait son sarcasme; mais reprenant sur-le-champ son air sérieux, il ajouta d'un ton grave :

— Vous pouvez rire, mes amis, mais c'est un usage qui est la honte de votre pays, et qui attire sur lui la malédiction du ciel; et jusqu'à ce que nous apprenions à respecter les droits des malheureux qui font naufrage sur nos côtes, nous mériterons d'être vexés et opprimés comme nous l'avons été et comme nous le sommes encore par des étrangers.

Cette espèce de réprimande fit baisser la tête à toute la compagnie. Peut-être quelques uns des convives entendaient-ils la voix de leur conscience qui leur faisait elle-même quelques reproches, mais tous sentaient qu'ils ne réprimaient pas d'une manière assez efficace la soif du pillage qui dévorait les classes inférieures. Cleveland prenant la parole dit avec gaieté : — Si ces braves gens sont mes camarades, je puis garantir qu'ils n'inquièteront jamais aucun habitant de ce pays pour quelques caisses, quelques hamacs et autres bagatelles semblables que le naufrage de mon pauvre sloop a jetés sur cette côte. Qu'importe que la mer ou Snailsfoot en ait profité? — Ouvre donc ta balle, Bryce; montre ta cargaison à ces dames; peut-être y trouverons-nous quelque chose qui leur plaira.

— Ce ne peut être le second vaisseau de Cleveland, dit Brenda à sa sœur à voix basse, il aurait montré plus de joie en apprenant son arrivée.

— Il faut que ce soit ce vaisseau, répondit Minna, car j'ai vu ses yeux briller à l'idée de rejoindre les compagnons de ses dangers.

— Ils peuvent avoir brillé, reprit Brenda en songeant qu'il pourrait profiter de cette occasion pour quitter ces îles; un œil qui brille ne peut pas toujours faire juger des sentimens du cœur.

17

— Au moins, répliqua Minna, vous pouvez ne pas interpréter défavorablement les pensées d'un ami. Alors, si vous vous trompez dans votre opinion, vous n'aurez rien à vous reprocher.

Pendant que ce dialogue avait lieu *à parte* entre les deux sœurs, Snailsfoot s'occupait d'ouvrir sa balle couverte d'une enveloppe de peau de veau marin, qui se fermait par le moyen de boucles et de courroies. Ce travail fut interrompu plusieurs fois par l'Udaller et plusieurs autres qui lui faisaient diverses questions relativement au navire nouvellement arrivé à Kirkwall.

— Les officiers allaient-ils souvent à terre? demanda Magnus. Comment étaient-ils reçus par les habitans?

— Parfaitement bien, répondit le marchand forain. Le capitaine et un ou deux de ses gens ont été au bal et autres vanités de la ville; mais on a dit quelques mots sur les douanes et les droits à payer au roi, et quelques uns des premiers de la ville qui ont voulu parler haut en qualité de magistrats ou autrement se sont pris de querelle avec le capitaine. Celui-ci a refusé de se soumettre à ce qu'on lui demandait, de sorte qu'il était naturel qu'on le reçût ensuite avec plus de froideur, et il parlait de conduire son vaisseau à Stromnell ou à Langhope, car il est à l'ancre sous les canons de la batterie de Kirkwall. Mais je crois que, malgré tout cela, il restera dans cette rade jusqu'après la grande foire d'été.

— Les habitans des Orcades, dit Magnus, semblent toujours chercher à serrer encore davantage le collier que la tyrannie des Écossais leur a mis autour du cou. N'est-ce pas assez que nous payions le scat et le watle, seuls droits exigés sous notre ancien gouvernement norse, sans qu'on vienne encore nous parler de douanes et de droits du roi? Il est du devoir d'un honnête homme de résister à ces exactions. Je l'ai fait toute ma vie, et je le ferai jusqu'à la fin de mes jours.

Cette déclaration de Magnus Troil excita l'enthousiasme et lui valut les applaudissemens des convives, dont la plupart lui savaient plus de gré de ses principes relâchés relativement au paiement des droits formant le revenu public, qu'ils n'avaient été satisfaits de la rigueur de sa décision relativement aux effets jetés sur la côte par suite de naufrages. Ces sentimens étaient très naturels chez des insulaires vivant dans des parages si écartés et soumis à maintes exactions arbitraires.

Mais l'inexpérience de Minna l'entraîna encore plus loin que son père ; et elle dit à l'oreille à Brenda, non sans que Cleveland l'entendît, que c'était le défaut d'énergie des habitans des Orcades qui seul les avait empêchés de s'affranchir de la domination écossaise.

— Pourquoi, ajouta-t-elle, n'avons-nous pas profité des révolutions nombreuses qui ont eu lieu depuis un certain temps, pour secouer un joug qui nous a été injustement imposé, et nous remettre sous la protection du Danemarck le pays de nos pères ? Pourquoi avons-nous hésité à le faire, si ce n'est parce que les habitans des Orcades ont contracté tant d'alliances avec nos oppresseurs, qu'ils sont devenus insensibles à l'impulsion du sang norse qu'ils tenaient des héros leurs ancêtres ?

La dernière partie de ce discours patriotique arriva jusqu'aux oreilles surprises de notre ami Triptolème, qui, ayant un dévouement sincère pour la succession protestante établie par la révolution, ne put retenir l'exclamation : — Le jeune coq apprend à chanter comme le vieux !
— Pardon, miss, j'aurais dû dire la jeune poule, et je vous prie de m'excuser si j'ai dit quelque chose qui ne soit pas à propos, dans un genre ou dans l'autre. Mais c'est un heureux pays que celui où le père se déclare contre les droits dus au roi, tandis que la fille parle contre sa couronne ! A mon jugement, cela ne peut finir que par l'arbre et le chanvre.

— Les arbres sont rares dans nos îles, dit Magnus ; quant au chanvre, nous en avons besoin pour faire des voiles, et il n'en reste pas pour faire des cravates.

— Et quiconque prend ombrage de ce que dit cette jeune dame, s'écria Cleveland, agirait plus prudemment en cherchant une autre occupation pour sa langue et pour ses oreilles.

— Oui, oui, reprit Triptolème, à quoi bon dire des vérités qui ne plaisent pas davantage que du trèfle mouillé à une vache, dans un pays où les jeunes gens sont prêts à dégaîner leur rapière si une jeune fille regarde quelqu'un de travers ? Mais comment espérer de trouver de bonnes manières dans un pays où l'on appelle un soc de charrue un *markal* ?

— Maître Yellowley ! dit le capitaine, j'espère que ce n'est pas de mes manières que vous parlez, et que vous ne les placez pas au nombre des abus que vous venez réformer ici. Toute expérience à ce sujet pourrait être dangereuse, je vous en avertis.

— Et difficile en même temps, répondit sèchement Triptolème. Mais ne craignez pas mes remontrances, capitaine ; mes travaux ont pour objet les hommes et les choses de la terre, et non les hommes et les choses de la mer : — vous n'êtes pas de mon élément.

— Eh bien, soyons donc amis, mon vieil assemble-mottes, dit Cleveland.

— Assemble-mottes ! reprit le facteur qui, pour faire une repartie, s'avisa de mettre à profit les études classiques de sa jeunesse. Ce mot composé me rappelle le Νεφη-γερέτα Ζεὺς. Peut-être y pensiez-vous vous-même. Dans quel pays avez-vous attrapé cette locution toute grecque [1] ?

— J'ai voyagé dans les livres aussi bien que sur la mer, répondit le capitaine ; mais mes dernières croisières ont

---

(1) Il y a dans le texte une équivoque intraduisible sur les mots *clod-compeller* et *cloud-compeller*, *assemble-mottes* et *assemble-nuages*. — Éd.

été de nature à me faire oublier mes anciens voyages dans les connaissances classiques. — Eh bien, Bryce, es-tu venu à bout de désarrimer ta cargaison. Allons, fais-nous voir si tu as quelque chose qui mérite qu'on y jette les yeux.

Le rusé colporteur, d'un air content de lui-même, et avec un sourire malin, étala un assortiment de marchandises fort supérieures à celles qui se trouvaient ordinairement dans sa balle, notamment des étoffes rares et précieuses garnies de franges, brodées en fleurs sur des modèles arabesques, et travaillées avec tant d'art et de magnificence, que la vue en aurait ébloui une société plus habituée au luxe que les simples enfans de Thulé. Chacun restait plongé dans le silence de l'admiration, tandis que mistress Baby Yellowley, levant les mains vers le ciel, s'écriait que c'était un péché que de regarder seulement de telles extravagances, et que ce serait un crime pire qu'un meurtre que d'en demander le prix.

D'autres eurent pourtant plus de courage. Le marchand forain devait avoir fait lui-même une excellente affaire, à en juger par la modération du prix qu'il demanda, en déclarant qu'il exigeait tout juste un peu plus que rien, pour dire que la marchandise n'était pas tout-à-fait donnée. Le bon marché fut cause d'un débit rapide; car, dans les îles Shetland comme ailleurs, on achète souvent les objets par le désir de profiter d'une occasion qui paraît avantageuse, plutôt que par un besoin véritable. Ce fut d'après ce principe que lady Glowrowrum, faisant emplette de sept jupons et de douze corsets, fut imitée par plusieurs autres matrones prudentes, dans ce trait de prévoyante économie. L'Udaller acheta aussi différentes choses. Mais la meilleure pratique de Snailsfoot fut le capitaine Cleveland: en effet, il achetait tout ce qui paraissait fixer les yeux des dames pour leur en faire présent. Nous n'avons pas besoin d'ajouter qu'il n'oublia ni Minna ni Brenda.

— Je crains, capitaine, dit Magnus, que ces dames ne

doivent regarder tous ces présens comme des souvenirs que vous voulez leur laisser, et que votre libéralité ne soit un signe assuré que nous sommes sur le point de vous perdre.

Cette phrase parut embarrasser celui à qui elle était adressée.

— Je ne sais pas trop, dit-il après avoir hésité un instant, si le bâtiment dont on vient de parler est celui qui faisait voile de conserve avec moi ; il faut que je fasse une excursion à Kirkwall pour m'en assurer ; mais dans tous les cas j'espère revenir vous faire mes adieux à tous.

— Eh bien, reprit l'Udaller, je crois que je puis vous y conduire. Il faut que j'aille à la foire de Kirkwall pour régler avec les marchands entre les mains de qui j'ai consigné mon poisson, et d'ailleurs j'ai souvent promis à Minna et à Brenda de la leur faire voir. Il est possible aussi que ce bâtiment, que ce soit le vôtre ou non, ait des marchandises qui me conviennent. Si j'aime à contempler mon magasin garni de danseurs, j'ai presque autant de plaisir à le voir plein de provisions de toute espèce. Nous irons aux Orcades dans mon brick, et je puis vous y offrir un hamac si vous le désirez.

L'offre parut si agréable à Cleveland, qu'après s'être épuisé en remerciemens, il parut décidé à donner des preuves du plaisir qu'il éprouvait en épuisant aussi sa bourse pour faire de nouveaux présens. L'air d'indifférence avec lequel il faisait passer des sommes assez considérables de sa poche dans celle du marchand forain, annonçait le dissipateur le plus prodigue, ou un homme dont la richesse était inépuisable, et mistress Baby dit tout bas à son frère — qu'il fallait que ce jeune homme, malgré le naufrage de son vaisseau, eût fait un voyage plus heureux que tous les capitaines de Dundee, arrivés sans accident dans leur port depuis un an.

Le ton d'aigreur avec lequel elle faisait cette remarque

fut pourtant bien adouci quand Cleveland, dont le but semblait être ce soir d'acheter l'opinion favorable de tout le monde, s'approcha d'elle avec un vêtement qui, pour la forme, ressemblait au plaid d'Ecosse, mais dont le tissu était d'une laine si fine et si douce au toucher, qu'on l'aurait pris pour de l'édredon. — C'était, lui dit-il, une partie du costume des dames d'Espagne qu'elles nommaient *mantilla*; et, comme il allait parfaitement à la taille de mistress Yellowley, et qu'il convenait on ne pouvait mieux au climat des îles Shetland, il la priait de vouloir bien le porter pour l'amour de lui. La dame, avec autant de douceur et de condescendance que ses traits pouvaient en exprimer, non seulement consentit à accepter cette marque de galanterie, mais permit même au donateur d'arranger la mantilla sur les os saillans de ses larges épaules, où, dit Claude Halcro, elle pourrait rester suspendue jusqu'au jugement dernier, aussi sûrement que si elle était accrochée à deux branches de portemanteau.

Tandis que Cleveland faisait ce trait de galanterie, au grand amusement de toute la société, ce qui était probablement son principal but, Mordaunt achetait une petite chaîne d'or, dans le dessein de l'offrir à Brenda quand il en trouverait l'occasion. Le prix en fut fixé et la chaîne mise à part. Claude Halcro montra aussi quelque désir de se rendre acquéreur d'une boîte d'argent de forme antique destinée à contenir du tabac à fumer dont il avait l'habitude d'user avec profusion. Mais le barde avait rarement de l'argent comptant; et, dans le fait, grâce à son genre de vie errante, il était encore plus rare qu'il en eût besoin. Bryce, ce soir-là, qui n'avait encore rien vendu qu'au comptant, protesta qu'il faisait un si modique profit qu'il ne pouvait accorder de crédit à aucun acquéreur. Mordaunt devina le sujet de leur conversation, par leurs gestes, le poète avançant avec un air d'envie le pouce et l'index vers la boîte, sur laquelle le colporteur appuyait le poids de toute sa main, comme s'il eût craint qu'elle pût trouver des ailes tout-à-coup pour voler dans la poche de Claude Halcro. Mordaunt, en ce moment, souhaitant que les désirs de son vieil ami fussent satisfaits, jeta sur la table le prix de la boîte, et dit qu'il ne souffrirait pas que M. Halcro achetât cette boîte, attendu qu'il avait déjà conçu le projet de le prier de l'accepter en présent.

— Je ne veux pas aller sur vos brisées, mon cher jeune ami, dit le barde, — mais le fait est que cette boîte me rappelle celle du glorieux John Dryden, dans laquelle j'eus l'honneur de prendre une prise de tabac au café de Will, ce qui fait que j'ai plus de considération pour le pouce et l'index de ma main droite, que pour aucune autre partie de mon corps : seulement, il faut que vous me permettiez de vous en rendre le prix quand mon poisson salé d'Urkaster aura été vendu.

— C'est une affaire à régler entre vous, dit le colporteur en prenant l'argent de Mordaunt, la boîte est vendue et payée.

— Et comment osez-vous vendre une seconde fois ce que vous m'avez déjà vendu? — s'écria Cleveland en s'avançant tout-à-coup vers eux.

Tout le monde fut surpris de cette question faite avec une sorte de précipitation par Cleveland, qui, en finissant la toilette de mistress Baby, avait vu, non sans émotion, l'objet qu'il s'agissait de vendre. A cette demande, qui fut faite d'un ton bref et arrogant, le colporteur, qui ne se souciait pas d'indisposer contre lui une si bonne pratique, se borna à répondre que Dieu savait qu'il n'avait nullement dessein de l'offenser.

— Comment, s'écria le marin en avançant la main vers la boîte et la chaîne, vous n'avez pas dessein de m'offenser, et vous vendez ce qui m'appartient! Rendez à monsieur son argent, et tâchez de maintenir votre barque sous le méridien de l'honnêteté.

Snailsfoot, confus, tira à contre-cœur sa bourse de cuir pour rendre à Mordaunt ce qu'il en avait reçu; mais celui-ci refusa de reprendre son argent.

— Vous avez dit vous-même, en présence de M. Halcro, dit-il, que la marchandise était vendue et payée, et je ne souffrirai pas que personne s'empare de ce qui m'appartient.

— Ce qui vous appartient, jeune homme! s'écria Cleveland; ces objets sont à moi. J'en avais parlé à Bryce un instant avant de quitter la table.

— Je... je... je ne vous avais pas bien compris, dit le colporteur, qui désirait évidemment ne mécontenter ni l'un ni l'autre.

— Allons, allons, dit l'Udaller, je ne veux point entendre de querelles pour de semblables babioles : il est temps de passer dans la salle de bal. — C'était le nom qu'il donnait au magasin. — Et il faut que chacun y arrive de bonne humeur. Bryce conservera ces colifichets jusqu'à demain matin, et alors je déciderai moi-même à qui ils doivent appartenir.

Les lois de l'Udaller dans sa maison étaient aussi absolues que celles des Mèdes. Les deux jeunes gens se retirèrent de différens côtés en se lançant un regard de ressentiment.

Il est rare que le second jour d'une fête soit aussi amusant que le premier. L'esprit se ressent de la fatigue du corps, et ni l'un ni l'autre ne se trouve capable de recommencer ce qu'il a fait la veille. Le bal de Burgh-Westra n'offrit donc pas tout-à-fait la gaieté qui y avait régné la soirée précédente; et il n'était qu'une heure du matin quand Magnus Troil, après s'être plaint de la dégénération des temps, et avoir regretté de ne pouvoir transmettre aux modernes Hialtlandais une partie de la vigueur qui l'animait encore, se vit forcé de donner à contre-cœur le signal d'une retraite générale.

Précisément en ce moment, Halcro prenant Mordaunt à part, lui dit qu'il avait un message pour lui de la part du capitaine Cleveland.

— Un cartel, sans doute, dit Mordaunt dont le cœur battait en prononçant ce mot.

— Un cartel! répéta Halcro : qui jamais a entendu parler d'un cartel dans ces îles paisibles? D'ailleurs me trouvez-vous l'air d'un homme qui se charge de porter des cartels? — Et à vous surtout? Je ne suis pas du nombre de ces *fous qui se battent*, comme dit le glorieux John, et ce n'est pas même tout-à-fait un message dont je suis chargé. Tout ce que je désire vous dire, c'est que je vois que le capitaine Cleveland a fort à cœur d'avoir les objets dont vous aviez aussi envie.

— Et je vous jure qu'il ne les aura pas.

— Écoutez-moi donc, Mordaunt. Il paraît qu'il a reconnu par des armoiries ou quelques autres marques qui se trouvent sur ces bijoux, qu'ils lui ont appartenu. Or, si vous me faisiez présent de la boîte, comme vous en aviez intention, je vous déclare que je ne l'accepterais que pour la lui rendre.

— Et Brenda en ferait peut-être autant, pensa Mordaunt. A présent que j'y ai mieux réfléchi, mon ancien ami, dit-il, je consens que le capitaine Cleveland ait les objets auxquels il attache tant d'importance, mais ce ne sera qu'à une seule condition.

— Vous gâterez tout, avec vos conditions; car, comme le dit fort bien le glorieux John, les conditions ne sont que...

— Écoutez-moi bien : cette condition, c'est qu'il les recevra en échange du fusil que j'ai accepté de lui, et par ce moyen nous n'aurons aucune obligation l'un à l'autre.

— Je vois où vous voulez en venir. Voilà bien Sébastien et Dorax [1] ! — Eh bien, vous direz au colporteur qu'il peut remettre ces deux bijoux au capitaine, et moi j'informerai Cleveland des conditions auxquelles il peut se les procurer. Sans cela, Bryce serait homme à en recevoir le paiement deux fois, et je crois que sa conscience ne l'étoufferait pas pour cela.

A ces mots Halcro le quitta pour chercher Cleveland, et Mordaunt voyant au bout de la salle de danse Bryce Snailsfoot qui était une espèce d'être privilégié pour avoir ses entrées partout, il alla le trouver, et lui donna ordre de remettre au capitaine Cleveland, à la première occasion, les objets en litige.

— Vous avez raison, M. Mordaunt, dit le colporteur, vous êtes un jeune homme qui avez de la prudence et du bon sens : une réponse faite avec calme détourne la colère; et moi-même je serai charmé de vous rendre service en tout ce qui concerne mon petit ministère. Entre l'Udaller de Burgh-Westra et ce capitaine Cleveland, un homme se trouve comme entre le diable et la mer. Or il est probable, au bout du compte, que l'Udaller aurait prononcé en votre faveur, car il aime la justice.

— Et il paraît que vous n'en faites pas grand cas, maître Snailsfoot, sans quoi il n'y aurait point eu de dispute. Le droit était si clairement de mon côté, que vous n'aviez besoin que de rendre témoignage à la vérité.

— Je dois convenir, M. Mordaunt, qu'il y avait de votre côté une ombre et une apparence de justice; mais la justice dont je me mêle n'a rapport qu'aux affaires de mon commerce, comme par exemple celle de donner la juste mesure à mes étoffes, à moins que l'aune dont je me sers ne soit un peu usée par un bout, attendu que je n'ai pas d'autre canne quand je voyage; d'acheter et de vendre à juste poids, vingt-quatre marcs pour un lispund; mais ce n'est pas mon

---

(1) Allusion à deux personnages de la tragédie de *Don Sébastien*, par Dryden. — Ép.

affaire de rendre justice d'homme à homme comme un fowde ou un jurisconsulte des anciens *Lawtings* [1].

— C'est ce que personne ne vous demandait ; mais vous pouviez rendre témoignage conformément à votre conscience, dit Mordaunt, qui n'était content ni du rôle que le colporteur avait joué pendant la contestation, ni de la manière dont il interprétait ses motifs pour céder à Cleveland la possession des objets contestés.

Mais Snailsfoot avait sa réponse prête.

— Ma conscience, M. Mordaunt, répliqua-t-il, est aussi délicate que celle d'aucun homme de ma profession, mais elle est un peu timide, elle n'aime pas le bruit ; et quand elle entend quelqu'un parler bien haut, elle parle si bas, si bas, que c'est tout au plus si je puis l'entendre.

— Et vous n'êtes guère dans l'habitude de l'écouter, dit Mordaunt.

— Vous avez là, dit Bryce en lui mettant la main sur le cœur, ce qui vous prouve le contraire.

— Dans mon cœur ! dit Mordaunt avec surprise ; que voulez-vous dire ?

— Je ne dis pas dans votre cœur, M. Mordaunt, mais par-dessus. Je suis sûr que personne ne verra le gilet qui vous couvre la poitrine, sans convenir que le marchand qui ne vous l'a vendu que quatre dollars avait de la justice, de la conscience, et de l'amitié pour vous, qui plus est. Ainsi vous ne devriez pas être fâché contre moi et me chercher querelle, parce que je n'ai pas voulu prendre parti dans une dispute qui ne me regardait pas.

— Fâché contre vous ! vous êtes fou. Je ne vous cherche pas querelle.

— J'en suis bien aise, car jamais je n'aurai de querelle avec personne de mon plein gré, surtout avec une ancienne pratique ; et si vous voulez m'en croire, vous n'en aurez

---

(1) Le *Lawting* était le concile ou la cour suprême des îles Orcades et de Shetland, dont la constitution offrait le germe imparfait d'un parlement. Éd.

point avec le capitaine Cleveland. Il ressemble à ces tapageurs qui viennent d'arriver à Kirkwall, et qui ne se feraient pas plus de scrupule de couper un homme par morceaux, que nous ne nous en faisons de dépecer une baleine. C'est leur métier de se battre, et ils ne vivent que de cela. Ils auraient donc tout l'avantage sur un jeune homme qui, comme vous, ne se bat qu'à la passade et par forme d'amusement, quand il n'a rien de mieux à faire.

Presque toute la compagnie était déjà dispersée ; Mordaunt ayant souhaité le bonsoir au marchand forain, en riant de son avis prudent, se retira dans l'appartement qui lui avait été assigné par Eric Scambester qui remplissait à Burgh-Westra les fonctions de chambellan comme celles de sommelier. Cet appartement ne consistait qu'en une petite chambre située dans un des bâtimens extérieurs, et où il n'avait d'autre lit qu'un hamac de matelot.

CHAPITRE XIX.

« Passant, comme la nuit, de rivage en rivage,
« D'un étrange pouvoir le ciel m'a fait le don.
« Parmi les étrangers venant en ce canton,
« Je reconnais celui qu'il faut que je poursuive,
« Et qui doit me prêter une oreille attentive. »
La ballade du Vieux marin, par COLERIDGE.

Les filles de Magnus Troil partageaient le même lit, dans une chambre qui avait été celle de leurs parens avant la mort de leur mère. Magnus, profondément affligé par ce cruel décret de la Providence, n'avait pu se résoudre à habiter plus long-temps la chambre nuptiale, et l'avait abandonnée aux gages qui lui restaient de la tendresse de son épouse. Minna n'avait encore que quatre à cinq ans quand sa mère était morte. Cet appartement qu'elles habitaient depuis leur enfance, et que leur goût avait décoré aussi bien qu'il était possible de le faire en ce pays, avait continué depuis ce temps à leur servir de chambre à coucher.

Cette chambre avait toujours été témoin de toutes leurs confidences, si l'on peut appeler confidence ce qu'avaient à se dire deux sœurs qui, dans le fait, n'avaient pas le moindre secret à se confier. Quoi qu'il en soit, pas une pensée ne prenait naissance dans le cœur de l'une qu'elle ne passât au même instant dans le sein de l'autre. Mais depuis l'arrivée de Cleveland à Burgh-Westra, chacune de ces aimables sœurs avait de ces pensées qu'on ne se décide pas facilement à communiquer, à moins que celle qui les a conçues ne soit bien assurée que celle à qui elle a dessein de faire cette communication ne la prendra pas en mauvaise part. Minna avait remarqué que Cleveland n'occupait pas dans l'estime de sa sœur un rang aussi élevé que dans la sienne; des gens moins intéressés qu'elle à cette observation n'auraient peut-être pas pu s'en apercevoir. Brenda, de son côté, pensait que Minna avait adopté trop promptement et mal à propos les préventions défavorables qu'on avait inspirées à leur père contre Mordaunt Mertoun. Chacune d'elles sentait que sa sœur n'avait plus la même confiance en elle, et cette conviction pénible aggravait encore les autres appréhensions qu'elles nourrissaient intérieurement. A en juger par les apparences, et par tous les petits soins qui sont autant de preuves de tendresse, elles étaient en quelque sorte plus affectueuses que jamais l'une envers l'autre, comme si, sentant que leur réserve intérieure était une brèche à leur union, elles se fussent efforcées de la réparer en redoublant ces marques extérieures d'attention qu'elles auraient pu omettre sans conséquence dans un temps où elles n'avaient rien à se cacher réciproquement.

La nuit dont il s'agit, les deux sœurs s'aperçurent plus que jamais combien était diminuée la confiance qui avait autrefois existé entre elles. Le voyage à Kirkwall dont il avait été question, et cela à l'époque de la foire, c'est-à-dire dans un moment où presque tous les habitans de ces îles s'y rendaient, soit pour s'y occuper d'affaires, soit pour s'y livrer au plaisir, devait être un incident important dans une vie aussi simple et aussi uniforme que la leur, et quelques mois auparavant Minna et Brenda auraient passé la moitié de la nuit à s'entretenir de tout ce qui pouvait avoir rapport à un évènement si intéressant. Pourtant à peine en dirent-elles un seul mot, comme si elles eussent craint que ce sujet ne manifestât quelque différence d'opinion entre elles, ou ne les obligeât à s'expliquer sur leurs secrètes pensées plus qu'elles n'avaient dessein de le faire.

Cependant la nature leur avait donné un caractère si bon et si franc, que chaque sœur s'accusait d'être la cause du changement survenu dans leur manière d'agir l'une envers l'autre. Quand après avoir fait leur prière du soir, et s'être placées dans la couche qui leur était commune, elles se serrèrent dans les bras l'une de l'autre, le baiser de sœur qu'elles se donnèrent sembla demander et obtenir un pardon mutuel, sans qu'elles prononçassent un seul mot qui pût y avoir rapport. Elles ne tardèrent pas à goûter ce repos léger, quoique profond, que le sommeil n'accorde qu'à la jeunesse et à l'innocence.

Pendant la nuit dont nous parlons, chacune d'elles fit un rêve, et quoique ces rêves différassent entre eux autant que le caractère et les goûts de nos belles dormeuses, ils avaient pourtant quelques traits de ressemblance fort étranges.

Minna rêva qu'elle était sur une des parties les plus solitaires de l'île, nommée Swartaster, où le travail continuel des vagues, rongeant un rocher de pierre calcaire, avait creusé un profond *halier*, mot qui signifie dans ces îles une caverne souterraine dans laquelle la marée entre, et d'où elle se retire tour à tour. Il en existe plusieurs dont l'étendue est très considérable, et dont on ne connaît pas la profondeur. C'est le séjour des veaux marins et des cormorans, qui s'y trouvent en sûreté, parce qu'il n'est ni prudent ni facile de les y poursuivre. De tous ces haliers celui de Swartaster passait pour être le plus inaccessible, et ni chasseurs ni pêcheurs n'osaient s'y hasarder, tant à cause des angles aigus que présente le rocher dans l'intérieur, que parce que des rocs cachés sous les eaux en rendent la navigation fort dangereuse. De l'issue sombre et ténébreuse de cette caverne, Minna, dans son rêve, vit sortir une sirène, non couverte des vêtemens classiques d'une néréide, tels que Claude Halcro les avait représentés dans la mascarade qu'il avait dirigée, mais tenant en main un peigne et un miroir, et battant les eaux avec cette longue queue couverte d'écailles, qui, suivant la tradition du pays, forme un contraste si effroyable avec le joli visage, la longue chevelure et le sein séduisant d'une beauté terrestre. Elle semblait appeler Minna à elle, tandis que d'une voix lugubre elle chantait des vers qui lui annonçaient des malheurs et des calamités.

Le rêve de Brenda était d'un genre différent, quoique également mélancolique. Il lui semblait qu'elle était assise au milieu de ses meilleurs amis, parmi lesquels son père se trouvait, et Mordaunt n'était pas oublié. On la pria de chanter, et elle fit choix d'une ballade qui était son triomphe, et qu'elle chantait avec une gaieté si naïve et si naturelle, qu'elle ne manquait jamais d'exciter un rire général et de vifs applaudissemens : ceux qui l'entendaient étaient irrésistiblement entraînés à en répéter le refrain, qu'ils sussent chanter ou non. Mais, dans son rêve, il lui sembla que sa voix refusait de lui prêter son secours ordinaire, et que, comme si elle eût été incapable de faire entendre l'air qu'elle avait si souvent chanté, elle produisait ces sons bizarres, sauvages et mélancoliques, accompagnemens ordinaires des vers runiques que Norna débitait, et semblables au chant des anciens prêtres païens, quand on attachait sur l'autel de Thor ou d'Odin la victime, qui était trop souvent une victime humaine.

Les deux sœurs s'éveillèrent en sursaut en même temps, et, poussant un cri de terreur, elles se jetèrent dans les bras l'une de l'autre. Leur imagination ne les avait pas tout-à-fait abusées; les sons qu'elles avaient cru écouter ou produire pendant leur rêve se faisaient entendre dans leur appartement. Elles connaissaient parfaitement la voix, et cependant leur surprise et leur crainte ne furent pas moindres en voyant Norna de Fitful-Head assise près de la cheminée, dans laquelle il y avait toujours en été une lampe, et en hiver un feu de bois ou de tourbe.

Enveloppée dans sa grande et longue mante de wadmaal, étoffe fabriquée dans le pays, elle se balançait avec un mouvement monotone à la pâle lueur d'une petite lampe de fer qu'elle venait d'allumer, en chantant les vers suivans sur un ton lent et mélancolique, et avec un accent qui ne semblait pas appartenir à ce monde.

> Par mer j'arrive sans effroi ;
> Je ne crains pas sa violence.
> Ses flots s'abaissent devant moi :
> L'Océan connaît ma puissance.
>
> Un mot, un geste de ma main,
> Et la mer a calmé sa rage ;
> Mais le cœur humain, plus sauvage,
> Ne veut reconnaître aucun frein.
>
> Je n'ai qu'une heure dans l'année
> Pour le récit de mes chagrins ;
> Et cette lampe est destinée
> A régler mes tristes destins.
>
> Je puis vous parler sans rien craindre
> Tant que sa clarté brillera :
> L'instant qui la verra s'éteindre
> Au silence me réduira.

> Je viens vous confier ma plainte :
> Salut, ô filles de Magnus !
> Ma lampe luit, ne dormez plus !
> Encore une heure, elle est éteinte.

Norna était bien connue aux filles de Troil, mais ce ne fut pas sans une émotion différente pour chacune d'elles, d'après la différence de leurs caractères, qu'elles la virent paraître si inopinément à une pareille heure. Au fond, leur opinion relativement au pouvoir surnaturel que cette femme s'attribuait était loin d'être la même.

Minna, avec une imagination peu ordinaire, et quoique douée de plus de talens que sa sœur, avait plus de plaisir à écouter des histoires merveilleuses; elle allait elle-même au-devant des impressions qui mettaient en jeu toutes les facultés de son esprit, sans examiner si la cause qui les faisait naître avait la moindre réalité. Brenda, au contraire, avait dans sa gaieté un léger penchant à la satire, et elle était souvent tentée de rire des histoires sur lesquelles l'imagination de Minna aimait à se reposer. De même que tous ceux qui préfèrent saisir le côté plaisant des choses, elle ne s'en laissait pas facilement imposer, dans la double acception du mot, par de pompeuses prétentions de quelque espèce qu'elles fussent. Mais, comme sa sensibilité était plus irritable que celle de sa sœur, elle payait souvent un hommage involontaire de crainte aux idées que sa raison désavouait; aussi Claude Halcro avait-il coutume de dire, en parlant de traditions superstitieuses adoptées dans les environs de Burgh-Westra, que Minna y croyait sans trembler, et que Brenda en tremblait sans y croire. Dans notre siècle plus éclairé il est peu de gens doués cependant d'un courage naturel, et dont l'âme s'élève au-dessus du doute, qui n'aient pas éprouvé parfois l'enthousiasme de Minna ; mais peut-être en est-il encore moins qui, dans un moment ou dans un autre, n'aient pas été, comme Brenda, surpris d'une involontaire terreur que leur raison désavouait.

Les deux sœurs étaient donc également émues en ce moment, mais par des sentimens bien différens. Minna, après le premier moment de surprise, se disposait à descendre de son lit pour aller trouver Norna dont elle regardait l'arrivée comme occasionée par un ordre du destin; tandis que Brenda, ne voyant en elle qu'une femme dont la raison s'égarait quelquefois, mais qui la subjuguait cependant par ses manières étranges, sans qu'elle pût se rendre raison à elle-même de sa terreur, retenait sa sœur par le bras, et la suppliait à voix basse d'appeler quelqu'un auprès d'elles. Mais Minna regardait cet instant comme la crise de son destin, et son imagination était trop fortement exaltée pour qu'elle pût prêter l'oreille aux craintes de sa sœur. S'arrachant des bras de Brenda, elle passa à la hâte une robe de nuit, et, agitée par l'enthousiasme plutôt que par la frayeur, elle adressa la parole d'une voix ferme à celle qui venait leur faire une visite si irrégulière.

— Norna, si votre mission nous regarde, comme vos paroles semblent l'annoncer, parlez. Une de nous au moins saura vous écouter avec respect, quoique sans crainte.

La tremblante Brenda, ne se trouvant pas en sûreté dans son lit quand Minna l'eut quittée, l'avait suivie, comme des fuyards se traînent sur les traces d'une armée, parce qu'ils n'osent rester derrière, et, à demi cachée par sa sœur, la tenait fortement par la robe : — Norna, ma chère Norna, dit-elle, quoi que vous puissiez avoir à nous dire, attendez jusqu'à demain matin. Je vais appeler Euphane Fea, notre femme de charge, et elle vous donnera un lit pour la nuit.

— Un lit pour moi! s'écria Norna; non : le sommeil ne saurait y fermer les yeux de Norna, ils sont ouverts sur tout ce qui se passe entre Burgh-Westra et les Orcades; — ils ont vu le roc d'Hoy disparaître comme enfoncé dans le sein des mers, et le pic d'Engeliff en sortir; — cependant ils n'ont pris aucun repos, ils n'en prendront aucun jusqu'à ce que ma tâche soit terminée. Asseyez-vous donc, Minna; et vous aussi qui tremblez sans sujet : couvrez-vous de vos robes, car l'histoire est longue, et avant qu'elle soit finie, vous frissonnerez, mais ce frisson sera pire que celui qui est produit par le froid.

— Pour l'amour du ciel! ma chère Norna, dit Brenda, attendez donc la lumière du jour; l'aurore ne tardera pas long-temps à paraître. Si votre récit est effrayant, ne nous le faites pas à la pâle lueur de cette lampe.

— Patience, folle, répondit Norna. Ce n'est point à la lumière du jour que Norna peut faire un récit qui ferait fuir le soleil du firmament, et qui détruirait l'espérance de cent barques que l'aurore de demain verra partir, et dont cent familles attendraient vainement le retour pour commencer la pêche en pleine mer. — Il faut que le démon que les sons de ma voix ne manqueront pas d'éveiller, déploie ses ailes noires sur une mer où il ne se trouve ni vaisseaux ni barques, quand il prendra son vol du haut de sa montagne pour venir se repaître des accens d'horreur qu'il aime tant à entendre.

— Ayez pitié de la faiblesse de Brenda, ma bonne Norna, dit la sœur aînée, et remettez ce récit terrible à un autre lieu et à une autre heure.

— Non, jeune fille, non, répliqua Norna d'une voix ferme; ce récit ne peut être fait que la nuit et pendant que dure la clarté de cette lampe dont les matériaux sont dérobés au gibet du cruel lord de Wodensvoe, l'assassin de son frère, et dont le liquide qui l'alimente n'a été produit ni par un poisson ni par un fruit. — Voyez! la flamme s'en affaiblit déjà, et mon récit doit finir avec elle; asseyez-vous en face de moi, et je placerai ma lampe entre nous, car le démon n'oserait se hasarder dans le cercle que sa lueur éclaire.

Les deux sœurs obéirent. Minna tourna lentement la tête autour d'elle d'un air qui annonçait l'inquiétude de la curiosité plutôt que celle de la crainte, comme si elle eût voulu voir l'être qui, d'après les paroles un peu équivoques de Norna, devait être dans leur voisinage ; Brenda annonçait par ses regards une frayeur qui n'était pas sans mélange d'impatience et de colère. Norna n'y fit aucune attention, et commença son récit :

— Vous savez, mes filles, dit-elle, que votre sang est allié au mien, mais vous ignorez à quel degré ; car dès le berceau il exista des sentimens d'hostilité entre votre aïeul et l'homme qui fut assez malheureux pour me nommer sa fille. Je ne lui donnerai que son nom de baptême, le nom d'Erlend, car je n'oserais lui donner celui qui indique son degré de parenté avec moi. Votre aïeul Olave était frère d'Erlend. Mais, quand les immenses possessions de leur père Wolfe Troil, le plus riche des descendans des anciens rois norses, furent partagées entre les deux frères, le fowde adjugea à Erlend les biens que son père possédait dans les Orcades, et réserva pour Olave ceux des îles Hialtland. La discorde divisa les deux frères, car Erlend prétendit qu'il était lésé ; et quand la législature et les anciens du pays eurent confirmé ce partage, il se retira aux Orcades, dans son ressentiment, maudissant les îles Hialtland et ceux qui les habitaient, — maudissant son frère et toute sa race.

— Mais l'amour des rochers et des montagnes restait encore gravé dans le cœur d'Erlend. Il ne fixa sa demeure ni sur les collines fertiles d'Ophir ni dans les plaines verdoyantes de Gramesey ; il s'établit dans l'île sauvage et montagneuse d'Hoy [1] dont le sommet s'élève jusqu'au firmament comme les rochers de Foulah et de Féroe. Il pos-

---

(1) Suivant le géographe Bleau, du haut de la montagne d'Hoy on peut voir le soleil à minuit pendant le solstice d'été. Mais, d'après le docteur Wallace, ce ne peut être le disque véritable du soleil qui soit visible ; et ce qu'on aperçoit n'est que son image réfléchie sur l'horizon par quelque nuage chargé d'eau.

sédait, ce malheureux Erlend, toute la science contenue dans les légendes que les scaldes et les bardes nous ont laissées, et la principale occupation de sa vieillesse fut de me transmettre ces connaissances qui devaient nous coûter si cher à tous deux. J'appris à visiter tous ces sépulcres solitaires reconnaissables par les monticules de terre et de pierres qui les couvrent, et à apaiser par des vers à sa louange l'esprit du fier guerrier qui en habitait l'intérieur. Je savais où se faisaient autrefois les sacrifices à Thor et à Odin; — sur quelles pierres coulait le sang des victimes, — quelle était la place du prêtre au front pensif, — celle des chefs belliqueux qui venaient consulter l'idole, — et plus loin celle des adorateurs d'un rang inférieur qui assistaient aux sacrifices avec respect et terreur. Les lieux d'où le paysan timide n'osait approcher n'avaient rien d'effrayant pour moi; je me promenais dans le cercle construit par les fées, et je dormais paisiblement sur le bord de la source magique.

— Mais, pour mon malheur, j'aimais surtout les environs d'un reste remarquable d'antiquité, appelé *Dwarfiestone*[1], que les étrangers regardent avec curiosité, et les naturels du pays avec une crainte religieuse. C'est un énorme fragment de roc qui se trouve dans une vallée sauvage remplie de pierres et de précipices, au bas de la montagne de Ward, dans l'île d'Hoy. Dans l'intérieur de cette pierre sont deux couches qu'une main mortelle n'a jamais taillées, et séparées l'une de l'autre par un passage étroit. L'entrée en est maintenant ouverte, mais on voit à côté la grosse pierre qui, par le moyen de rainures encore visibles, servait autrefois de porte à cette habitation extraordinaire[2] que Trolld, nain fameux dans les sagas du Nord,

---

(1) Le roc du Nain. — ÉD.

(2) Le docteur Wallace donne les détails suivans sur ce monument curieux. On voit dans l'île d'Hoy, entre deux montagnes, un fragment de rocher, nommé le Rocher du Nain, qui a trente-six pieds de longueur, dix-huit de largeur et neuf de hauteur. L'intérieur en a été creusé par les mains de quelque

a, dit-on, préparée pour en faire son séjour favori. Le villageois évite cet endroit, parce que trois fois le jour, le matin, à midi, et au coucher du soleil, on peut voir la figure du nain hideux, assis sur son rocher. Je ne craignais pas cette apparition, Minna, car alors mon cœur était pur comme le vôtre, et votre main n'est pas plus innocente que ne l'était la mienne. Au courage de ma jeunesse il ne se mêlait que trop de présomption ; une soif insatiable pour ce que je ne pouvais obtenir me conduisit, comme notre première mère, au désir d'augmenter mes connaissances, même par des voies illicites. Je brûlais de posséder le même pouvoir que les *voluspas* et les devineresses de notre antique race ; de commander comme elles aux élémens ; d'évoquer de leurs sépulcres les ombres des héros effacés depuis long-temps du livre des vivans, pour leur faire redire leurs exploits glorieux et les forcer de me révéler leurs trésors cachés. Souvent, lorsque j'étais près du Rocher du Nain, les yeux fixés sur la montagne de Wart, qui s'élève au-dessus de cette sombre vallée, j'ai distingué, parmi les noirs rochers, cette merveilleuse escarboucle qui brille comme une fournaise aux yeux de ceux qui la voient d'en bas, mais qui est toujours devenue invisible pour celui dont le pied hardi a bravé tous les dangers pour s'élever jusqu'au pic d'où part sa splendeur [1]. Mon jeune

maçon ; car on voit encore les marques du fer en quelques endroits. L'entrée n'a qu'environ deux pieds de hauteur, et à côté est une pierre de taille qui paraît avoir servi de porte. A une extrémité, dans l'intérieur, on a taillé dans le roc un lit assez grand pour deux hommes, et il s'en trouve un second à l'autre extrémité. Au milieu est un foyer, et une ouverture pour la fumée est pratiquée au-dessus. C'est un lieu désert, situé à plus d'un mille de toute habitation, et dans les environs duquel il ne croît que des bruyères. On pense que quelque ermite y a fait sa triste demeure. (*Description des Orcades.*)

(1) A l'ouest du Rocher du Nain est une très haute montagne fort escarpée, nommée le Wart, près du sommet de laquelle, dans les mois de mai, de juin et de juillet, on voit, vers minuit, quelque chose qui brille souvent de fort loin. L'éclat n'en est plus aussi brillant qu'autrefois ; et quoique bien des gens aient gravi la montagne pour chercher à découvrir la cause de cette lueur, aucun n'y a réussi. Le peuple l'attribue à une escarboucle enchantée. Je crois

cœur plein de vanité brûlait de pénétrer ce mystère et cent autres célébrés dans les sagas que je lisais ou qu'Erlend m'apprenait, et dont je ne trouvais nulle part l'explication ; et mon esprit audacieux osa évoquer le maître du rocher du Nain pour qu'il m'aidât à acquérir des connaissances inaccessibles aux simples mortels.

— Et le mauvais esprit entendit-il votre invocation? dit Minna dont le sang se glaçait dans ses veines.

— Chut! répondit Norna en baissant la voix, ne lui donnons pas de noms qui l'offensent : il est avec nous, il nous écoute.

Brenda tressaillit sur sa chaise.

— Je vais trouver Euphane Fea dans sa chambre; je vous laisse, Minna et Norna, achever tout à loisir vos histoires de farfadets et de nains, je m'en soucie fort peu en aucun temps; mais je ne les écouterai pas davantage à minuit, et à la pâle clarté de cette lampe.

Elle se leva, et elle se disposait à quitter la chambre, quand sa sœur la retint.

— Est-ce là, dit Minna, le courage de celle qui reste incrédule à tout ce que nos pères nous ont transmis sur les évènemens surnaturels? Ce que Norna va nous raconter intéresse peut-être la destinée de notre père et de sa maison. Si je puis l'écouter, dans la confiance que Dieu et mon innocence me protégeront contre toute influence funeste; vous, Brenda, qui ne croyez pas à cette influence, vous n'avez nul motif de trembler. Souvenez-vous qu'il n'y a rien à craindre pour l'innocence.

— Il peut bien n'y avoir aucun danger, répondit Brenda incapable de résister à son goût naturel pour la plaisanterie; mais, comme dit le vieux livre des bons mots, il y a beaucoup de peur. Cependant, Minna, je resterai avec

---

plutôt qu'elle est causée par quelque filet d'eau qui coule sur la surface unie du rocher, lorsqu'elle est frappée par la réflexion d'un rayon du soleil. (*Description des Orcades.*)

vous ; d'autant plus volontiers, ajouta-t-elle à demi-voix, que je craindrais de vous laisser seule avec cette femme effrayante, et que j'aurais un noir escalier à monter et un long corridor à traverser pour arriver à la chambre d'Euphane Fea, — sans cela elle serait ici avant cinq minutes.

— N'appelle personne ici, au risque de ta vie, jeune fille, dit Norna, et n'interromps plus mon histoire, car je ne pourrais la continuer quand une fois cette lumière enchantée se sera éteinte.

—Dieu soit loué! pensa Brenda, l'huile commence à s'épuiser : je serais tentée de la souffler ; mais Norna resterait seule avec nous dans les ténèbres, ce qui serait encore pire.

Après cette réflexion, elle se soumit à sa destinée, et s'assit, résolue d'écouter le reste de l'histoire de Norna avec toute la fermeté dont elle serait capable.

Alors Norna poursuivit dans les termes suivans :

— Il arriva un jour d'été, environ à l'heure de midi, que j'étais assise près du Rocher du Nain, les yeux fixés sur la montagne d'où la mystérieuse escarboucle jetait un éclat plus brillant que jamais ; je gémissais dans mon cœur des barrières imposées à notre ardeur pour la science, et enfin je ne pus m'empêcher de m'écrier en empruntant les termes d'un antique saga :

> Habitans de ces monts, répondez à ma voix,
> O vous par qui jadis une femme timide
> A des peuples guerriers pouvait dicter des lois !
> A son bras tout-puissant toi qui servais de guide
> Quand des flots en courroux il suspendait le cours,
> Roi des noirs ouragans qui troublent les beaux jours,
> De ces rochers obscurs déité solitaire,
> Nain Trolld, es-tu muet ? n'as-tu plus le savoir
> Que les enfans d'Odin t'attribuaient naguère ?
> Ton nom ne serait-il qu'un vain nom sans pouvoir ?

— J'avais à peine proféré ces paroles, continua Norna, que le ciel s'obscurcit autour de moi, comme si l'heure de minuit avait soudain remplacé celle du milieu du jour.

Un seul éclair me montra dans son ensemble le tableau désert des bruyères, des marécages, de la montagne et de ses précipices : un coup de tonnerre réveilla tous les échos de Ward-Hill dont la voix se prolongea tellement qu'il semblait qu'un rocher arraché de la cime du mont par la foudre roulait de précipice en précipice dans la vallée. Immédiatement après il tomba une pluie si abondante que je fus obligée de me réfugier dans l'intérieur du rocher mystérieux.

Je m'assis sur la plus large des deux couches taillées dans le roc, à l'extrémité la plus éloignée de la grotte, fixant mes regards sur l'autre, et passant d'une conjecture à une autre sur l'origine et la destination de cette singulière habitation. Était-ce réellement l'ouvrage de ce puissant Trolld auquel l'attribuent les poésies des scaldes? Était-ce la sépulture de quelque chef scandinave enseveli avec ses armes et ses richesses, peut-être même avec sa femme immolée, afin que celle qu'il chérissait le plus pendant sa vie ne fût pas séparée de lui après sa mort? Était-ce l'asile où la pénitence avait conduit un pieux anachorète dans des temps plus modernes? Enfin n'était-ce que l'ouvrage de quelque ouvrier errant que le hasard, le caprice ou un long loisir avaient engagé à se construire une habitation si bizarre? Je vous dis les pensées qui occupaient mon esprit, afin que vous sachiez que ce qui suivit ne fut pas la vision d'une imagination prévenue, mais une apparition aussi réelle que terrible.

Le sommeil s'était peu à peu emparé de moi pendant mes rêveries, lorsque je fus réveillée par un second coup de tonnerre ; et, à mon réveil, à travers la sombre clarté que laissait pénétrer l'ouverture supérieure de la caverne, j'aperçus le nain Trolld assis vis-à-vis de moi sur la couche plus petite de l'autre extrémité, que sa taille difforme semblait remplir entièrement. Je tressaillis, mais sans effroi, car le sang ardent de l'antique race de Lochlin circulait dans mes veines. Le nain parla, mais ses paroles étaient dans le dialecte norse le plus ancien, et peu de personnes autres que mon père ou moi auraient pu le comprendre ; c'était la langue parlée dans ces îles avant qu'Olave eût planté la croix sur les ruines du paganisme. Le sens en était obscur comme les oracles que les prêtres païens rendaient au nom de leurs idoles, aux tribus assemblées au pied de l'Helgafels. Voici ce que signifiaient ses paroles :

> L'hiver a mille fois répandu ses frimas
> Depuis qu'une prêtresse, en cherchant ma présence,
> Pour reconnaître ma puissance,
> Vers ma grotte a porté ses pas.
> Vierge au hardi maintien, au cœur plein de courage,
> Que la soif de t'instruire a conduite en ces lieux,
> Tu n'en sortiras pas sans voir combler tes vœux,
> Sans recevoir le prix de ton courage :
> Oui, je prétends t'armer du suprême pouvoir
> Sur tous les élémens soumis à mon empire :
> Que la mer devant toi s'avance ou se retire ;
> Que l'air calme s'agite au gré de ton vouloir ;
> Que la tempête t'obéisse ;
> Qu'à ta voix la terre frémisse ;
> Qu'un signe de ta main,
> Pour nos rochers, pour nos montagnes,
> Pour nos lacs, nos voes, nos halliers, nos campagnes,
> Devienne un ordre souverain.
> Mais, avant de jouir de ta toute-puissance,
> Il faut, c'est du destin l'irrévocable loi,
> Que l'auteur de ton existence,
> Du présent qu'il te fit soit dépouillé par toi.

Je lui répondis aussitôt en rimant ; car l'esprit des anciens scaldes de notre race était avec moi ; et loin de craindre le fantôme avec lequel je me voyais dans une enceinte si étroite, je sentis l'impulsion de ce grand courage qui donna aux champions anciens et aux druidesses l'audace de déclarer la guerre au monde invisible, lorsqu'ils pensèrent que la terre ne contenait plus d'ennemis dignes d'être domptés par eux.

Je répondis donc comme il suit :

> Sombre habitant de ce roc écarté,
> Dans ta prédiction sévère
> Il règne autant d'obscurité
> Qu'en ta demeure solitaire :
> Mais apprends que la crainte est au-dessous de moi.
> Je t'ai cherché sans éprouver l'effroi ;
> Rien ne m'en peut inspirer sur la terre.
> Je saurai défier le sort.
> Qu'est la vie, après tout ? une fièvre éphémère
> Dont le remède est dans la mort.

Le démon fronça le sourcil, comme irrité et maîtrisé à la fois, puis se réduisant à une épaisse vapeur sulfureuse, il disparut du lieu où il s'était assis. Je n'avais pas encore jusqu'alors éprouvé l'influence de la terreur, mais soudain elle s'empara de moi. Je m'élançai vers l'air libre ; la tempête avait cessé, le ciel était pur et serein. Après un moment de repos pour reprendre haleine, car je me sentais oppressée, je me rendis à la hâte auprès de mon père, méditant en chemin les paroles du fantôme. Comme il arrive plus d'une fois, je n'aurais pu alors les rappeler à ma mémoire aussi distinctement que j'ai été depuis en état de le faire.

Il peut paraître étrange qu'une telle apparition se soit effacée de mon esprit comme une vision de la nuit, mais c'est ce qui arriva. Je parvins à me persuader à moi-même que c'était un rêve de l'imagination. Je crus avoir trop vécu dans la solitude, et trop écouté les sentimens inspirés par mes études favorites. Je les abandonnai pendant quelque temps, et fréquentai la jeunesse de mon âge. Dans une visite que je fis à Kirkwall, je fis connaissance avec votre père que ses affaires y avaient amené. Il trouva facilement accès auprès de la parente chez qui j'étais venue, et qui aurait volontiers tout fait pour étouffer la haine qui divisait nos familles. Mes filles, les années ont plus émoussé la sensibilité de votre père qu'elles ne l'ont changé. Il avait les mêmes formes mâles, la même franchise norse, le même cœur, le même courage et la même sagesse réunis à l'ingénuité de la jeunesse, à un vif désir de plaire et d'être recherché, et à une vivacité qui ne survit pas à nos jeunes ans.

Mais quoiqu'il fût digne d'être aimé, quoique Erlend m'écrivît pour m'autoriser à recevoir ses avances, il existait un étranger, Minna, un fatal étranger, habile dans les arts qui nous sont inconnus, rempli de ces grâces qu'on ignorait parmi nos simples aïeux, et qui vivait au milieu de nous comme un être descendu d'une sphère supérieure.

Vous me regardez comme si vous trouviez étonnant que j'aie pu régner sur le cœur d'un tel amant ; mais vous ne voyez en moi rien qui puisse vous rappeler que Norna de Fitful-Head fut jadis aimée et admirée lorsqu'elle était Ulla Troil. Le changement qui survient entre le corps animé et le cadavre après la mort n'est guère plus frappant que celui que j'ai éprouvé en restant encore sur cette terre. Regardez-moi, jeunes filles, regardez-moi à cette triste lueur ; pouvez-vous croire que ces traits hagards et hâlés par l'intempérie de l'air, ces yeux qui ont été presque convertis en pierre à force de se fixer sur des objets de terreur, ces cheveux gris flottans sur mes épaules comme les voiles déchirées d'un vaisseau qui va être englouti ; pouvez-vous croire que tous ces charmes flétris et celle à qui ils appartiennent aient jadis inspiré l'amour ? Mais la lampe pâlit et va s'éteindre. Ah ! qu'elle s'éteigne pendant que je fais l'aveu de ma honte !

Nous nous aimions en secret, nous nous vîmes en secret jusqu'à ce que j'eusse donné la dernière preuve d'une passion fatale et coupable ! Et maintenant brille, lampe magique, brille quelques instans, flamme si puissante dans ta mourante clarté. Dis à celui qui plane non loin de nous qu'il n'étende pas ses ailes sur le cercle que tu éclaires !

accorde-moi encore un moment de sursis jusqu'à ce que j'aie dévoilé les replis les plus sombres de mon cœur; et alors perds-toi dans des ténèbres aussi profondes que ma faute et ma douleur.

Pendant qu'elle parlait ainsi, Norna pencha la lampe pour réunir le liquide aliment de sa flamme, qu'elle raviva par ce moyen, et d'une voix creuse et en phrases coupées elle continua son récit.

— Je ne dois pas perdre de temps en vaines paroles. Mon amour fut découvert, mais non mon crime. Erlend arriva furieux à Pomone, et me ramena dans notre solitaire demeure de l'île d'Hoy; il me défendit de revoir mon amant, et m'ordonna de regarder comme mon futur époux Magnus, en qui il voulait pardonner les torts de son père. Hélas! je ne méritais plus son attachement, mon seul désir était de fuir la maison paternelle pour cacher ma honte dans les bras de mon amant. Je dois lui rendre justice, il fut fidèle, trop, trop fidèle; sa perfidie m'eût privée de la raison, mais les fatales conséquences de sa fidélité me coûtèrent dix fois plus.

Norna s'arrêta, et reprit avec l'accent du délire : — C'est à cette fidélité que je dois la terrible prérogative d'être la puissante et malheureuse souveraine des mers et des vents.

Elle garda de nouveau le silence après cette exclamation, mais elle reprit bientôt son récit d'un ton plus calme.

— Mon amant vint en secret à Hoy pour se concerter avec moi sur ma fuite; je consentis à lui donner rendez-vous pour fixer le temps où son navire entrerait dans le détroit, je quittai la maison à minuit.

Ici Norna parut accablée par ses angoisses, et ne continua plus son récit que par des phrases sans liaison et interrompues.

— Je quittai la maison à minuit. Je devais passer devant la chambre de mon père, et je m'aperçus qu'elle était ouverte; je crus qu'il m'épiait, et, de peur que le bruit de mes pas ne troublât son sommeil, je fermai la porte fatale : action bien insignifiante, bien peu importante en apparence ; mais, Dieu du ciel ! quelles en furent les conséquences !

Le matin suivant, la chambre était remplie d'une vapeur suffocante. Mon père était mort ! mort par ma désobéissance ! mort par suite de mon déshonneur ! Tout ce qui suit n'est plus que nuages et ténèbres ! Une noire vapeur enveloppa tout ce que je fis, tout ce que je vis depuis, jusqu'à ce que je devins assurée que mon sort était accompli, et que j'étais enfin l'être calme et terrible que vous voyez devant vous, la reine des élémens, partageant le pouvoir des êtres qui se font de l'homme et de ses passions un jeu comparable à celui que se fait le pêcheur des tortures de ce poisson auquel il crève les yeux, et qu'il rejette dans son élément natal pour le voir traverser les vagues, aveugle et expirant. Jeunes filles, celle que vous voyez devant vous est impassible aux folies dont vos esprits subissent les illusions. Je suis celle qui a fait son offrande ; celle qui a privé l'auteur de ses jours du don de la vie qu'elle lui devait. L'oracle obscur fut interprété par cet acte criminel. Je ne fais plus partie de l'humanité. Je suis devenue un être tout-puissant, souverainement malheureux.

Elle parlait encore, lorsque la lumière, long-temps vacillante, s'élança un instant au-dessus de la lampe et sembla près d'expirer. Norna s'interrompant dit tout-à-coup :

— C'est assez... il vient... il vient... il suffit que vous me connaissiez, et que vous sachiez quel droit j'ai acquis de vous donner des avis et des ordres. — Approche maintenant, esprit superbe, si tu veux.

A ces mots elle éteignit elle-même la lampe, sortit de l'appartement avec sa démarche habituelle de dignité, comme Minna put s'en assurer en écoutant le bruit mesuré de ses pas.

CHAPITRE XX.

« Où sont-ils donc ces instans pleins de charmes,
« Où, confondant nos plaisirs et nos larmes,
« Nos cœurs cherchaient querelle au temps jaloux
« Qui séparait deux sœurs dont la tendresse
« Etait alors le trésor le plus doux? »
SHAKSPEARE, *le Songe d'une nuit d'été.*

L'ATTENTION de Minna était entièrement occupée de cet horrible récit, qui expliquait plusieurs révélations incomplètes sur Norna, qu'elle avait entendu faire à son père et à d'autres parens. Elle resta quelque temps plongée dans une telle surprise mêlée d'horreur, qu'elle n'essaya pas même d'adresser la parole à sa sœur Brenda. Lorsqu'enfin elle l'appela par son nom, elle ne reçut aucune réponse, et, lui touchant la main, elle s'aperçut qu'elle était aussi froide que la glace.

Alarmée autant qu'on peut l'être, elle ouvrit la fenêtre et les volets, pour laisser pénétrer dans la chambre l'air et la pâle clarté d'une nuit hyperboréale. Elle reconnut alors que Brenda était évanouie. Norna, son effrayante histoire, ses rapports mystérieux avec le monde invisible, tout ce qui venait de frapper vivement Minna, s'évanouit dans ses pensées. Elle courut à la hâte jusqu'à la chambre de la vieille femme de charge pour implorer son secours, sans réfléchir un instant à ce qu'elle pourrait rencontrer dans de sombres corridors.

La vieille Euphane accourut au secours of Brenda, et eut aussitôt recours aux remèdes que lui suggéra son expérience; mais la pauvre fille avait eu les nerfs tellement ébranlés par ce qu'elle venait d'entendre, que, revenue de son évanouissement, tous les efforts qu'elle fit pour calmer son esprit ne purent prévenir un accès hystérique de quelque durée. Cet accident fut encore calmé, grâces à l'expérience de la vieille Euphane Fea, versée dans la simple pharmacie en usage dans les îles Shetland, et qui, après avoir administré à la malade une potion calmante composée de plantes et de fleurs sauvages distillées, la vit enfin céder au sommeil.

Minna se coucha près de sa sœur, lui baisa les joues et essaya d'appeler le sommeil à son tour; mais plus elle l'invoquait, plus il semblait fuir ses paupières; et, si par momens elle se sentait disposée à goûter le repos, la voix de la parricide involontaire semblait retentir à son oreille et la faisait tressaillir.

L'heure témoin de leur lever, habituellement matinal, trouva les deux sœurs dans un état différent de ce qu'on aurait pu attendre. Un profond sommeil avait rendu à la légère Brenda toute la vivacité de ses regards, les roses de ses joues et le sourire de ses lèvres; l'indisposition passagère de la nuit précédente avait laissé sur son visage aussi peu de traces que les terreurs fantastiques du récit de Norna sur sa mobile imagination. Les regards de Minna, au contraire, étaient mélancoliques, abattus, et leur feu visiblement épuisé par la veille et l'anxiété.

Elles se parlèrent d'abord très peu et comme effrayées d'aborder un sujet qui leur avait causé tant d'émotion la nuit précédente. Ce ne fut qu'après leurs prières habituelles que Brenda, en laçant le corset de sa sœur, car elles se rendaient réciproquement les petits services de la toilette, s'aperçut de la pâleur de Minna; et, s'étant assurée, par un coup d'œil jeté dans le miroir, que ses traits n'offraient pas la même altération, elle baisa sa sœur sur la joue et lui dit affectueusement :

— Claude Halcro avait raison, ma sœur, quand son délire poétique nous donna les deux noms du Jour et de la Nuit.

— Et pourquoi me rappeler ces noms maintenant? dit Minna.

— Parce que chacune de nous est plus courageuse pendant les heures dont nous tirons nos noms. J'ai été effrayée à en mourir en entendant, la nuit dernière, cette histoire que vous avez écoutée avec une fermeté si constante; maintenant qu'il est grand jour, je puis y penser avec sang-froid, tandis que vous paraissez aussi pâle qu'un esprit surpris par le retour du soleil.

— Vous êtes heureuse, Brenda, lui dit sa sœur gravement, de pouvoir oublier sitôt un récit si horrible et si merveilleux.

— Ce qu'il y a d'horrible, répondit Brenda, ne saurait être oublié, à moins qu'on ne pût espérer que l'imagination exaltée de la pauvre femme, si active à conjurer des apparitions, lui eût seule imputé un crime sans réalité.

— Vous ne croyez donc pas à son entrevue avec le nain de la caverne de Dwarfiestone, ce lieu merveilleux dont on fait tant d'histoires, et qui, pendant une si longue suite de siècles, a été révéré comme l'ouvrage d'un démon et comme sa demeure?

— Je crois, dit Brenda, que notre malheureuse parente ne peut pas jouer le rôle des fourbes. Je crois donc qu'elle s'est trouvée à Dwarfiestone pendant un orage, qu'elle est entrée dans la grotte pour y chercher un abri, et que, pendant un évanouissement, ou en dormant peut-être, elle y fit quelque rêve en rapport avec les traditions populaires dont elle ne cessait de s'occuper; mais voilà tout ce que j'en puis croire.

— Et néanmoins, dit Minna, l'évènement répondit à l'obscure prédiction de la vision.

— Pardonnez-moi, dit Brenda, je pense plutôt que le rêve n'aurait jamais pris un corps, jamais peut-être ne s'en serait-elle souvenue, sans l'évènement. Elle nous a dit elle-même qu'elle avait presque oublié la vision jusqu'après la mort terrible de son père. Et qui nous garantira que tout ce qu'elle crut se rappeler alors ne fut pas l'œuvre de son imagination naturellement dérangée par cet horrible évènement? Si elle avait vu en réalité le nain magicien, ou si elle avait conversé avec lui, elle se serait probablement souvenue long-temps de l'entretien. Du moins, pour ma part, je ne l'aurais pas oublié de sitôt.

— Brenda, reprit Minna, vous avez entendu dire au pieux ministre de l'église Sainte-Croix que la sagesse humaine était pire que la folie quand on l'appliquait à des mystères au-dessus de son intelligence ; si nous ne croyons que ce que nous comprenons, ajoutait-il, nous nous révolterons contre l'évidence de nos sens, qui à chaque pas nous offre des choses aussi certaines qu'elles sont incompréhensibles.

— Vous êtes trop instruite vous-même, ma sœur, répondit Brenda, pour avoir besoin du pieux ministre de Sainte-Croix ; mais je crois que son précepte n'avait rapport qu'aux mystères de notre religion, qu'il est de notre devoir de croire sans examen et sans aucun doute ; mais pour ce qui est des actions ordinaires de la vie, comme Dieu nous a doués de raison, nous ne pouvons mal faire en nous en servant. Vous avez, ma chère Minna, une imagination plus ardente que la mienne, et vous vous prêtez à recevoir comme des vérités ces merveilleuses histoires, parce que vous aimez à rêver aux sorciers, aux nains, aux esprits des eaux ; et vous désireriez beaucoup peut-être avoir à vos ordres une fée ou un lutin, comme les appellent les Écossais, avec un manteau vert et des ailes aussi brillantes que les couleurs qui forment le collier du sansonnet.

— Cela vous épargnerait du moins la peine de lacer mon corset, répondit Minna, et de le lacer de travers, car dans la chaleur de vos argumens vous avez sauté deux œillets.

— Cette faute sera bientôt réparée, répondit Brenda; et, comme dirait un de nos amis, je serrerai les cordages. Mais vous respirez avec tant de peine, que ce n'est pas une besogne facile.

— Je soupirais, dit Minna un peu confuse, en pensant que vous êtes bien prompte à parler légèrement des infortunes de cette femme extraordinaire, et à les tourner en ridicule.

— Je ne les tourne pas en ridicule, Dieu le sait, reprit Brenda avec un peu de dépit. C'est vous, Minna, qui attribuez de mauvaises intentions à tout ce que je dis avec candeur et franchise. Je regarde Norna comme une femme dont les talens supérieurs sont souvent unis à une espèce de délire, et je la crois plus habile dans la connaissance du temps qu'aucune femme des îles Shetland. Mais qu'elle ait le moindre pouvoir sur les élémens, c'est ce que je ne crois pas plus que les contes que nous faisaient nos nourrices sur le roi Eric, qui, dit-on, faisait souffler le vent où il voulait en tournant la pointe de son chapeau.

Minna, un peu piquée de l'opiniâtre incrédulité de sa sœur, reprit aigrement :

— Et cependant, Brenda, cette femme, cette femme à demi folle, qui cherche à en imposer, est la personne dont vous suivez les avis sur la chose qui intéresse le plus votre cœur en ce moment.

— Je ne sais ce que vous voulez dire, répondit Brenda en rougissant et voulant faire quelques pas en s'écartant de sa sœur. Mais, comme c'était son tour d'être lacée, Minna la retint par le cordon de soie avec lequel elle attachait son corset, et la frappa sur le cou de manière à y produire une légère teinte d'écarlate et à provoquer chez elle une petite confusion. Alors Minna ajouta plus doucement :

— N'est-il pas étrange, Brenda, que, traitées comme nous l'avons été par l'étranger Mordaunt Mertoun, que son assurance a amené dans une maison où il n'est ni invité ni reçu avec plaisir; n'est-il pas étrange que vous le regardiez encore de bon œil? Certes cela devrait suffire pour vous prouver qu'il est des *sorts* et des charmes dans nos îles, et que vous êtes vous-même sous l'influence d'une de ces puissances secrètes. Ce n'est pas pour rien que Mordaunt porte une chaîne d'or enchantée; prenez-y garde, Brenda, et soyez prudente pendant qu'il est encore temps.

— Je n'ai rien de commun avec Mordaunt Mertoun, répondit d'abord sans hésiter la pauvre Brenda; je me soucie fort peu de ce que ce jeune homme ou tout autre porte suspendu à son cou; je l'ignore même; je pourrais voir les chaînes d'or de tous les baillis d'Edimbourg dont parle tant lady Glowrowrum, sans devenir pour cela amoureuse de ceux qui les portent.

Ayant ainsi obéi à la loi que lui imposait son sexe de nier toujours de pareilles accusations, Brenda ajouta d'un ton différent :

— Mais, à vous dire vrai, Minna, je pense que vous n'êtes pas la seule qui avez trop inconsidérément jugé ce jeune ami qui a été si long-temps notre plus intime compagnon. Faites bien attention que Mordaunt Mertoun n'est pas plus pour moi que pour vous; et vous savez mieux que personne qu'il ne faisait aucune différence entre nous, et que, chaîne ou non chaîne, il vivait avec nous comme un frère avec deux sœurs. Cependant vous renoncez à son amitié, parce qu'un marin vagabond que nous ne connaissons nullement, et un colporteur que nous connaissons pour un voleur, un fripon et un menteur, ont tenu des propos et fait des contes à son désavantage! Je ne crois pas qu'il ait jamais dit qu'il ne tenait qu'à lui de choisir entre nous, et qu'il n'attendait pour le faire que de savoir qui de nous deux aurait Burgh-Westra et le voe de Bredness. Je ne crois pas qu'il ait jamais dit rien de semblable, ni qu'il ait même pensé à choisir entre nous.

— Peut-être, dit Minna froidement, avez-vous des motifs pour savoir que son choix est déjà fait.

— Je ne souffrirai pas cela, dit Brenda donnant un libre cours à sa vivacité naturelle; et, s'échappant des mains de sa sœur, elle se tourna et la regarda en face, tandis qu'à la rougeur de ses joues venait se joindre celle qui colorait tout ce que le corset à demi lacé permettait de voir de son cou et de son sein.

— Je ne le souffrirai pas même de vous, Minna, dit-elle; vous savez que toute ma vie j'ai dit la vérité, et que j'aime la vérité; je vous déclare donc que jamais de sa vie Mordaunt Mertoun ne mit de différence entre vous et moi, jusqu'à ce que.... Une espèce de remords de conscience l'arrêta, et sa sœur lui dit avec un sourire :

— Jusqu'à quand, Brenda? Il semblerait que votre amour pour la vérité est étouffé par la phrase que vous alliez faire entendre.

— Jusqu'à ce que vous eussiez cessé de lui rendre justice, reprit Brenda avec plus de fermeté, puisqu'il faut que je parle. Je ne doute pas qu'il renonce bientôt à l'amitié qu'il a pour vous, si vous en faites si peu de cas.

— Soit, vous êtes à l'abri de ma rivalité pour son amour ou son amitié. Mais pensez-y mieux, Brenda, tout ceci n'est pas une médisance de Cleveland; Cleveland est incapable de médire. Ce n'est point un mensonge de Bryce Snailsfoot; il n'est aucun de nos amis ou des personnes de notre connaissance qui ne dise que c'est le bruit de toute l'île, que les filles de Magnus Troil attendaient patiemment le choix de Mordaunt Mertoun, de cet étranger sans nom et sans naissance. Est-il convenable qu'on parle ainsi de nous, les descendantes d'un comte norwégien, les filles du premier Udaller des îles Shetland? Serait-il décent pour de jeunes filles de le souffrir sans ressentiment, quand nous serions les dernières des laitières?

— Les propos des fous ne blessent point, reprit vivement Brenda. Je ne renoncerai jamais à la bonne opinion que j'ai d'un ami, pour croire aux caquets de l'île, qui donnent toujours l'interprétation la plus perfide aux actions les plus innocentes.

— Écoutez seulement ce que disent nos amies, Brenda; écoutez seulement lady Glowrowrum, écoutez Maddie et Clara Groatsettars.

— Si j'écoutais lady Glowrowrum, j'écouterais la plus mauvaise langue de l'île; et quant à Maddie et à Clara Groatsettars, elles étaient toutes deux fort heureuses avant-hier d'avoir Mordaunt assis à dîner entre elles, comme vous l'auriez observé vous-même si votre oreille n'avait été occupée ailleurs plus agréablement.

— Vos yeux n'étaient guère mieux occupés, Brenda, puisqu'ils étaient fixés sur un jeune homme qui a parlé de nous avec la présomption la plus impertinente, comme chacun le croit, excepté vous; et, serait-il accusé faussement, lady Glowrowrum dit qu'il n'est pas bien à vous de regarder de son côté, puisque cela peut confirmer de tels discours.

— Je regarderai de tel côté que bon me semblera, dit Brenda aigrie de plus en plus. Lady Glowrowrum ne gouvernera ni mes pensées, ni mes paroles, ni mes yeux. Je tiens Mordaunt Mertoun pour innocent. Je le regarderai comme tel, je parlerai de lui comme tel, et si je ne lui ai rien dit à lui-même, si j'ai changé de conduite envers lui, c'est pour obéir à mon père, et non à cause de ce que lady Glowrowrum et toutes ses nièces, en eût-elle vingt au lieu de deux, peuvent dire et chuchoter, avec leurs airs précieux, sur un sujet qui ne les regarde pas.

— Hélas! Brenda, répondit Minna avec calme, cette vivacité va bien loin pour la défense d'un simple ami. Prenez garde, celui qui détruisit à jamais la paix de Norna était un étranger aimé d'elle contre la volonté de sa famille.

— C'était un étranger, reprit Brenda avec emphase, non seulement par sa naissance, mais par ses manières; elle n'avait pas été élevée avec lui depuis son enfance; elle n'avait pas connu la douceur, la franchise de son caractère, grâce à une intimité de plusieurs années. C'était en effet un étranger par son caractère, ses goûts, son pays, ses mœurs, sa façon de penser; quelque aventurier peut-être que le hasard ou la tempête avait jeté dans ces îles, et qui avait l'art de cacher un cœur perfide sous le masque de la sincérité. Ma bonne sœur, prenez pour vous votre avis : il y a d'autres étrangers à Burgh-Westra que ce pauvre Mordaunt Mertoun.

Minna parut un moment accablée par la volubilité avec laquelle sa sœur repoussa son soupçon et son avis; mais sa fierté naturelle la rendit encore capable de répliquer avec un calme affecté :

— Si je voulais, Brenda, vous traiter avec la même méfiance que vous me montrez, je pourrais vous dire que Cleveland n'est pas plus à mes yeux que Mordaunt, le jeune Swaraster, Laurent Erickson, ou tout autre ami de mon père; mais je dédaigne de vous tromper, ou de déguiser ma pensée; j'aime Clément Cleveland!

— Ne dites pas cela, ma chère sœur, s'écria Brenda oubliant tout-à-coup le ton d'aigreur qu'avait amené la conversation, et jetant les bras autour du cou de sa sœur avec l'air et l'accueil de la plus tendre affection; — ne dites pas cela, je vous en conjure; je renoncerai à Mordaunt Mertoun, je jurerai de ne plus lui parler; mais ne me répétez pas que vous aimez ce Cleveland!

— Et pourquoi ne le répéterais-je pas? dit Minna en se dégageant peu à peu de l'embrassement de sa sœur; pourquoi n'avouerais-je pas un sentiment dont je fais gloire? La hardiesse et l'énergie de son caractère habitué à commander et ignorant la crainte, ces mêmes qualités qui vous alarment pour mon bonheur, sont celles qui l'assurent,

Souvenez-vous, Brenda, que lorsque vos pas préféraient le sable uni des bords de la mer pendant un temps calme, les miens cherchaient avec transport le sommet des rochers aux heures de la tempête.

— Et c'est ce que je redoute, dit Brenda, c'est cette humeur aventureuse qui vous pousse maintenant sur les bords d'un précipice plus dangereux que le voisinage des côtes inondées par une haute marée. Cet homme... Ne froncez pas le sourcil, je ne dirai rien qui sente la médisance. Mais n'est-il pas, même à vos yeux prévenus, sévère et tyrannique, accoutumé à commander, comme vous le dites, et par cette raison commandant où il n'a aucun droit de commander, et conduisant ceux qu'il lui conviendrait mieux de suivre, se précipitant au-devant du danger pour le danger même plutôt que pour un objet aimé? Et pourrez-vous penser à vous unir à un homme d'un caractère si inquiet et si turbulent, dont la vie s'est passée jusqu'ici sur un théâtre de mort et de périls, et qui, même assis à votre côté, ne peut déguiser son impatient désir de s'y trouver de nouveau? Un amant, il me semble, devrait aimer sa maîtresse plus que sa vie; mais le vôtre, ma chère Minna, aimera moins la sienne que le plaisir de donner la mort à ses semblables.

— Et c'est pour cela que je l'aime, dit Minna. Je suis une fille des antiques héroïnes de la Norwège, qui envoyaient avec un sourire leurs amans au combat, et les immolaient de leurs propres mains s'ils revenaient flétris par le déshonneur. Mon amant doit mépriser les vains exercices dans lesquels notre race dégénérée cherche à se distinguer, ou il ne s'y livrera que par délassement et comme à l'image des plus nobles dangers. Je ne veux pour amant ni chasseur aux baleines, ni dénicheur d'oiseaux; le mien doit être un roi des mers, ou porter le titre moderne qui approche le plus de ce noble titre.

— Hélas! ma sœur, dit Brenda, c'est maintenant que je

pourrais commencer à croire sérieusement à la force des sorts et des charmes. Vous me rappelez l'histoire espagnole que vous m'avez enlevée, il y a déjà quelque temps, parce que je disais que dans votre admiration de la chevalerie des anciens Scandinaves, vous le disputiez au héros en extravagance. Ah! Minna, votre rougeur prouve que la conscience vous fait des reproches et vous rappelle le livre dont je veux parler. Est-il plus sage, croyez-vous, de prendre un moulin pour un géant, que le commandant d'un petit bâtiment corsaire pour un Kiempe ou un Viking?

Minna devint rouge de colère à cette dernière phrase, dont elle sentait peut-être la vérité jusqu'à un certain point.

— Vous avez le droit de m'insulter, dit-elle, parce que vous êtes maîtresse de mon secret.

Le cœur tendre de Brenda ne put résister à cette accusation. Elle conjura sa sœur de lui pardonner, et la bonté naturelle de Minna céda à ses prières.

— Nous sommes malheureuses, dit-elle en essuyant les larmes de Brenda, de ne pas voir avec les mêmes yeux. Ne nous rendons pas plus malheureuses encore par des reproches mutuels. Vous avez mon secret; il cessera peut-être bientôt d'en être un, car j'aurai pour mon père la confiance à laquelle il a droit, aussitôt que certaines circonstances me le permettront. En attendant, je le répète, vous avez mon secret, et je soupçonne que j'ai le vôtre en échange, quoique vous refusiez de l'avouer.

— Comment, Minna, voudriez-vous que je vous avouasse que j'éprouve pour quelqu'un les sentimens auxquels vous faites allusion, avant d'avoir entendu sortir de sa bouche le moindre mot qui puisse justifier un pareil aveu?

— Non sans doute; mais un feu caché se découvre autant par la chaleur que par la flamme.

Brenda baissa la tête et s'efforça en vain de réprimer la

tentation à la repartie qu'excitait en elle la remarque de sa sœur.

— Vous vous connaissez à ces signes, dit-elle ; mais tout ce que je puis répondre, c'est que, si j'aime jamais, ce ne sera qu'après qu'on m'aura demandé mon amour une ou deux fois au moins, et c'est ce qu'on n'a pas encore fait. Ne recommençons pas notre querelle, et cherchons quel motif avait Norna pour nous raconter son horrible histoire, et quelle conséquence elle en attend.

— Elle aura voulu nous donner un avertissement, reprit Minna, un avertissement que notre situation, et, je ne le dissimulerai pas, la mienne surtout, paraissait rendre nécessaire ; mais je suis forte de mon innocence et de l'honneur de Cleveland.

Brenda aurait volontiers répliqué qu'elle comptait moins sur cette dernière sécurité que sur la première ; mais elle était prudente et ne voulait pas réveiller une discussion pénible. Aussi dit-elle seulement :

— Il est étrange que Norna ne nous ait rien dit de plus de son amant ; assurément il ne pouvait l'abandonner dans la situation malheureuse où il l'avait réduite.

— Il peut exister, dit Minna après une pause, des angoisses par lesquelles le cœur est si déchiré qu'il cesse de répondre même aux sentimens qui l'ont le plus occupé. Son malheureux amour a pu se perdre dans l'horreur et le désespoir.

— Peut-être aussi son amant s'enfuit-il de nos îles, de peur de la vengeance de notre père, dit Brenda.

— Si la crainte ou le manque de courage, répondit Minna en levant les yeux au ciel, l'ont décidé à fuir le spectacle des malheurs qu'il avait lui-même causés, j'espère qu'il a subi depuis long-temps le châtiment que le ciel réserve aux traîtres et aux lâches... Allons, ma sœur, venez, nous sommes attendues pour le déjeuner.

Elles descendirent en se tenant par le bras, et avec plus

de confiance qu'elles ne s'en étaient témoigné depuis longtemps. La petite querelle qui venait de s'apaiser avait été comme ces bourrasques ou ces coups de vent qui, dissipant les nuages et les vapeurs, laissent le beau temps après leur passage.

En se rendant à la salle du déjeuner, elles convinrent qu'il n'était pas nécessaire, et qu'il pourrait même être imprudent de parler à leur père de la visite nocturne qu'elles avaient reçue, ou de lui laisser connaître qu'elles avaient appris quelque chose de plus sur la triste histoire de Norna.

CHAPITRE XXI.

« Je vous ai perdus pour jamais,
« Plaisirs que l'enfance voit naître,
« Que la raison fait disparaître,
« Et que le temps rend sans attraits.
« De Phœbé la pâle lumière
« N'éclaire plus les revenans;
« Des fantômes du cimetière
« Je ne vois plus les linceuls blancs. »
CRABBE, *la Bibliothèque.*

LE poète moraliste auquel nous empruntons l'épigraphe de ce chapitre, a traité un sujet qui fait vibrer quelques cordes dans le cœur de beaucoup de nos lecteurs, sans qu'ils s'en aperçoivent. La superstition, quand elle n'était pas entourée de l'appareil de toutes ses horreurs, et qu'elle ne faisait que poser doucement la main sur la tête de celui qui reconnaissait son empire, avait des charmes qu'il est difficile de ne pas regretter, même de nos jours, où son influence a été presque entièrement dissipée par les lumières de la raison et de la science. Du moins dans les temps où le règne de l'ignorance n'était pas encore terminé, son système de terreurs imaginaires avait quelque chose d'intéressant pour des esprits qui ne possédaient que peu de moyens d'exaltation. Cela est encore plus particulièrement vrai de ces légères modifications d'idées et de pratiques superstitieuses qui se mêlent aux amusemens des siècles peu éclairés, et qui, comme les présages de la veille de la Toussaint en Écosse, étaient en même temps un objet de divertissement et de prédictions sérieuses. Et c'est par suite de semblables impressions que, de notre temps, des gens qui ont même reçu une éducation passable se rendent dans le grenier d'une diseuse de bonne aventure, pour s'amuser, disent-ils, mais souvent assez portés à ne pas douter entièrement des réponses qu'ils en obtiennent.

Lorsque les sœurs de Burgh-Westra arrivèrent dans l'appartement où était préparé un déjeuner aussi copieux que celui de la veille, dont nous avons donné la description, l'Udaller leur fit en badinant quelques reproches sur leur arrivée tardive. En effet, le repas était presque terminé, et la compagnie se disposait à se livrer à une ancienne pratique norwégienne de l'espèce de celles dont nous venons de parler.

Elle paraît avoir été empruntée de ces poëmes des scaldes, où l'on représente si souvent les champions et les héroïnes comme cherchant à connaître leur destinée en consultant quelque sorcière ou pythonisse qui, comme dans la légende de Gray intitulée *la Descente d'Odin*, forçait le destin, par la puissance de la poésie runique, à lui révéler ses arrêts, et rendait des oracles souvent ambigus, mais qu'on regardait alors comme soulevant au moins en partie le voile qui couvre l'avenir.

Une vieille sibylle, Euphane Fea, la femme de charge dont nous avons déjà parlé, était installée dans l'embrasure d'une grande croisée; rendue obscure par des peaux d'ours et d'autres draperies de toute espèce, de manière à ressembler à la hutte d'un Lapon. Une petite ouverture, comme celle d'un confessionnal, permettait à la personne qui y était assise d'entendre sans voir. La voluspa, ou sibylle, devait écouter les questions qui lui étaient faites en vers, et y répondre de même en impromptu. La draperie était censée l'empêcher de voir les individus qui la consultaient, et le rapport accidentel ou prétendu que pouvait avoir sa réponse avec les affaires du questionneur, donnait souvent matière à rire, et quelquefois à faire de plus sérieuses réflexions. La sibylle était ordinairement choisie parmi les femmes qui possédaient le talent d'improviser en langue norse, talent peu difficile, attendu que chaque insulaire avait la mémoire chargée d'une foule de vieux vers, et que les règles de la versification norse étaient infiniment simples. Les questions devaient aussi se faire en vers; mais comme ce don d'improvisation poétique, quoique assez commun, ne pouvait être supposé universel, il était permis à celui qui voulait en adresser une, de se servir d'un interprète, et cet interprète, debout près du sanctuaire de la sibylle, tenant par la main celui qui avait dessein de consulter l'oracle, était chargé de rimer sa demande.

En cette occasion, le suffrage universel déféra à Claude Halcro les fonctions d'interprète; et après avoir secoué la tête, et murmuré quelques excuses sur la perte de sa mémoire et l'affaiblissement de ses talens poétiques, assertion que contredisaient son sourire de confiance et les acclamations de toute la compagnie, le joyeux vieillard consentit à jouer son rôle dans le divertissement qui allait commencer.

Mais en ce moment il survint un singulier changement dans les arrangemens qui venaient d'être faits. Norna de Fitful-Head, que chacun, excepté les deux sœurs, croyait à plusieurs milles de distance, entra tout-à-coup dans l'appartement sans saluer personne, s'avança majestueusement vers le tabernacle en peau d'ours, et fit signe à la sibylle qui y était assise de sortir du sanctuaire. La vieille

Fea obéit en branlant la tête, et paraissant interdite de frayeur. A dire vrai, peu de personnes dans la compagnie avaient vu avec sang-froid l'arrivée inattendue d'une femme aussi connue et aussi généralement redoutée que Norna.

Elle s'arrêta un moment à l'entrée de cette espèce de tente, et soulevant la peau qui en fermait la porte, elle leva les yeux du côté du nord, comme si elle y eût cherché des inspirations. Faisant signe ensuite aux spectateurs surpris qu'ils pouvaient s'approcher tour à tour du sanctuaire dans lequel elle allait s'installer, elle entra dans la tente, et laissant retomber la peau qui en formait l'entrée, elle disparut à leurs yeux.

Le divertissement prenait un aspect tout différent de celui auquel la compagnie s'attendait, et la plupart de ceux qui en faisaient partie semblaient y trouver un sujet de sérieuses réflexions plutôt que de plaisanteries; aussi ne marquait-on aucun empressement à consulter l'oracle. Le caractère et les prétentions de Norna paraissaient à presque tous les spectateurs d'une nature trop grave pour le rôle qu'elle voulait jouer; les hommes se parlaient à voix basse, et les femmes, suivant l'expression du glorieux John Dryden,

Serraient leurs rangs en frémissant d'horreur.

Le silence fut interrompu par la voix mâle et sonore de l'Udaller. — Eh bien, mes maîtres, pourquoi le divertissement ne commence-t-il pas? Avez-vous quelques craintes parce que ma parente va être notre voluspa? Nous devons lui savoir gré de vouloir bien jouer pour nous un rôle dont personne dans nos îles ne pourrait s'acquitter aussi bien qu'elle. Faut-il pour cela renoncer à nos amusemens? Au contraire, nous devons nous y livrer avec plus de gaieté.

Personne ne répondit à ce discours, et Magnus Troil ajouta : — Il ne sera pas dit que ma parente restera assise dans sa tente sans qu'on lui adresse une question, parce que vous manquez de courage. Je la consulterai le premier, mais les vers ne se présentent pas à mon imagination aussi facilement que lorsque j'avais une vingtaine d'années de moins. Claude Halcro, venez avec moi.

Ils approchèrent, en se tenant par la main, du sanctuaire de la sibylle prétendue, et après un instant de consultation, l'Udaller, qui, comme tant d'autres personnages importans des îles Shetland, se mêlait de commerce et de navigation, et avait un intérêt assez considérable sur un bâtiment alors en mer, occupé de la pêche de la baleine, chargea Halcro de lui demander si cette entreprise réussirait, ce que le poète fit ainsi qu'il suit :

> Mère qu'ici chacun révère,
> Toi qui d'un seul coup d'œil peux voir
> Tout ce que le soleil éclaire,
> Tu dois sans doute apercevoir
> Au milieu de l'humide plaine,
> Malgré les glaces et le vent,
> Un vaisseau chassant la baleine
> Sur les côtes du Groënland.
> Toi que chacun craint et révère,
> Dis-nous si de ce bâtiment
> Le voyage sera prospère.

La plaisanterie semblait prendre un caractère sérieux, et chacun alongea le cou pour écouter Norna, dont la voix, perçant les peaux dont elle était entourée, fit entendre au même instant la réponse suivante :

> A quoi pense un vieillard ? toujours à s'enrichir.
> Si ses haras sont pleins, si son troupeau prospère,
> S'il voit d'orge et de blé ses greniers se remplir,
> Il a tout ce qu'au ciel demande sa prière.
> Qu'il tremble ! il peut ainsi voir combler tous ses vœux,
> Et dans son désespoir s'arracher les cheveux.

Elle se tut un instant, ce qui donna à Triptolème le temps de dire à voix basse : — Quand dix sorcières et autant de sorciers me le jureraient, je ne croirai jamais qu'un homme de bon sens puisse s'arracher les cheveux tant qu'il voit ses greniers bien remplis.

Mais la voix de la pythonisse interrompit les commentaires, et elle ajouta d'un ton lent et monotone :

> Oui, je vois ce vaisseau dans les mers de l'Islande,
> Sur son mât orgueilleux j'aperçois la guirlande [1];
> Il est favorisé par la mer et le vent.
> Jouissez, il a fait un complet chargement.
> De l'avide armateur récompensant les peines,
> Il va rentrer au port chargé de sept baleines.

— Que le ciel jette sur nous un regard de miséricorde et de protection! s'écria Bryce Snailsfoot, car ce n'est pas la langue d'une femme qui vient de prononcer ces paroles. J'ai vu à North-Ronaldsha des gens qui ont rencontré en mer le bâtiment d'Olave de Lerwick, dans lequel notre digne patron a un intérêt si considérable qu'on pourrait presque l'en regarder comme le propriétaire ; et, aussi sûr qu'il y a des étoiles dans le ciel, ils ont appris par le balai de ce bâtiment [2] qu'il avait pris sept baleines, exactement comme Norna vient de nous le dire.

— Oh! justement sept? dit le capitaine Cleveland ; et vous l'avez appris à North-Ronaldsha? et sans doute vous avez répandu cette bonne nouvelle dans le pays en venant ici?

— Ma bouche ne s'est pas ouverte une seule fois pour en parler, capitaine. J'ai connu bien des marchands et des colporteurs qui négligeaient leurs affaires pour s'occuper de bavardages ; mais, quant à moi, j'aime mieux débiter mes marchandises que des nouvelles. En vérité, je ne

---

(1) La guirlande est une couronne de rubans faite par les jeunes femmes qui prennent intérêt à un bâtiment partant pour la pêche de la baleine, ou à son équipage. On la suspend toujours à quelqu'un des agrès, et on la conserve avec grand soin pendant tout le voyage. — Ed.

(2) Les bâtimens baleiniers sont convenus entre eux d'une sorte de signaux télégraphiques, qu'ils font par le moyen d'un balai, pour s'apprendre mutuellement le nombre des baleines qu'ils ont prises. — Ed.

crois pas, depuis que j'ai passé l'eau à Dunrossness, avoir dit à trois personnes que l'Olave a fini son chargement.

— Mais si l'une de ces trois personnes s'est amusée à en parler à son tour, et l'on peut parier deux contre un que cela est arrivé, la vieille dame prophétise sur le velours.

C'était à Magnus Troil que Cleveland parlait ainsi, et l'Udaller ne l'écouta pas d'un air d'approbation. Le respect qu'il avait pour sa patrie s'étendait jusqu'à ses superstitions. Il prenait un intérêt véritable à sa malheureuse parente ; et s'il ne rendait pas publiquement hommage aux connaissances surnaturelles qu'elle prétendait avoir, il n'aimait pas à les lui entendre contester par d'autres.

— Norna, ma cousine, dit-il en appuyant sur ce mot, n'a aucune relation avec Bryce Snailsfoot ou ses connaissances. Je ne prétends pas savoir de quelle manière elle obtient les informations qu'elle possède, mais j'ai toujours remarqué que les Ecossais, et en général tous les étrangers venus dans les îles Shetland, sont souvent prêts à vouloir expliquer des choses qui paraissent passablement obscures à ceux dont les ancêtres y ont demeuré pendant des siècles.

Le capitaine Cleveland se tint la chose pour dite, et fit un signe d'acquiescement, sans chercher à défendre son scepticisme.

— Maintenant en avant, mes braves amis, dit Magnus, et puissiez-vous tous recevoir des réponses aussi favorables ! Combien de tonneaux d'huile sept baleines doivent-elles rapporter ? Voyons, il faut que j'en fasse le calcul.

Parmi toute la compagnie, personne ne montrait d'empressement à consulter l'oracle.

— Il y a des gens à qui de bonnes nouvelles font toujours plaisir, leur fussent-elles annoncées par le diable, dit Baby Yellowley en s'adressant à lady Glowrowrum;

car des dispositions à peu près semblables, sous bien des rapports, avaient fait naître une sorte d'intimité entre elles ; mais je crois, milady, qu'il y a dans tout ceci trop de sorcellerie pour que de bonnes chrétiennes comme vous et moi, milady, puissent l'approuver.

— Il peut y avoir du vrai dans ce que vous dites, dame Yellowley, répondit la bonne lady Glowrowrum ; mais nous autres Shetlandais nous ne sommes pas tout-à-fait comme les autres ; et comme cette femme, si elle est sorcière, n'en est pas moins amie et proche parente du fowde, il prendra de l'humeur si nous ne nous faisons pas dire notre bonne fortune comme le reste de la compagnie : je crois même qu'il faudra que mes nièces sautent le pas à leur tour. Et que leur en arrivera-t-il, après tout? elles sont jeunes, comme vous le voyez; suivant le cours ordinaire des choses, elles auront le temps de s'en repentir s'il y a du mal à cela.

Tandis que les autres spectateurs restaient de même dans un état d'indécision causé par la crainte, Halcro, qui voyait le vieil Udaller froncer le sourcil et remuer le pied droit de l'air d'un homme qui a bonne envie d'en frapper violemment la terre, en conclut que la patience était près de lui manquer, et déclara bravement qu'il allait faire une question à la pythonisse en son propre nom, et non comme fondé de pouvoirs d'un autre. Il réfléchit quelques minutes pour rassembler ses rimes, et débita ensuite les vers suivans :

> Toi que chacun craint et révère,
> Qui par le pouvoir de tes chants
> Sais commander aux élémens,
> Dis-moi ce qu'il faut que j'espère.
> Quand Halcro n'existera plus,
> Ses vers qu'aujourd'hui l'on admire
> Seront-ils encore entendus?
> Sont-ils capables de conduire
> Son nom à l'immortalité?
> Pourra-t-il, avec sa musette,

Vivre dans la postérité
Comme le glorieux poète¹ ?

La voix de la sibylle se fit aussitôt entendre du fond de son sanctuaire :

L'enfant se plaît au bruit de son humble hochet ;
Le vieillard, autre enfant, de même a son jouet.
Mais la harpe ne peut avoir de mélodie
Si la main qui la tient n'en tire l'harmonie.
L'aigle en son vol hardi s'élève au firmament ;
Mais l'oison plus pesant doit se trouver content
Si, restant terre à terre en quelque marécage,
Il peut du veau marin obtenir le suffrage.

Halcro se mordit les lèvres et leva les épaules ; mais reprenant sur-le-champ sa bonne humeur, et profitant du talent que l'habitude lui avait donné pour improviser en vers médiocres, il répliqua :

Consolons-nous d'être un oison.
De mon chalumeau l'humble son
Sur les bords d'une obscure crique
Peut-être du moins s'entendra :
Et là, jamais de la critique
Le sifflet ne me poursuivra.
Des vagues le bruit redoutable
Accompagnera mes accens,
Et leurs affreux mugissemens
Feront paraître plus aimable
La simple douceur de mes chants.

Le petit poète se retira d'un pas agile et d'un air satisfait de lui-même ; et le bon esprit qu'il venait de montrer en se soumettant avec gaieté au destin auquel la sibylle l'avait condamné, en le mettant de niveau avec un oison, lui valut des applaudissemens universels. Mais la résignation et le courage que lui avait inspirés sa soumission à son patron n'eurent le pouvoir de déterminer personne à consulter la redoutable Norna.

— Les lâches poltrons ! dit l'Udaller ; et vous, capitaine

---

(1) Le glorieux John Dryden. — ÉD.

Cleveland, craignez-vous aussi d'interroger une vieille femme ? Demandez-lui quelque chose. Demandez-lui si le vaisseau de douze canons arrivé à Kirkwall est votre vaisseau-matelot.

Cleveland jeta les yeux sur Minna, et croyant voir qu'elle était curieuse de savoir ce qu'il répondrait à son père, il dit après un moment d'hésitation :

— Ni homme ni femme ne m'ont jamais effrayé.

M. Halcro, vous avez entendu la question que notre hôte désire que je fasse ; faites-la en mon nom, de telle manière que vous le voudrez. Je ne me pique pas d'être plus savant en poésie qu'en sorcellerie.

Halcro n'eut pas besoin d'y être invité deux fois. Il prit la main du capitaine Cleveland, suivant la forme usitée dans cet amusement, et fit la demande suggérée par l'Udaller, dans les termes ci-après :

>   Toi, dont chacun redoute l'ire,
>   Dans la rade il est un navire
>   Arrivé d'un pays lointain.
>   Par des bras vaillans dirigée,
>   Et par maints canons protégée,
>   Cette barque offre dans son sein
>   Une cargaison précieuse
>   Et des lingots d'or et d'argent.
>   Dis-nous, femme mystérieuse,
>   Si l'étranger ici présent
>   A des droits sur ce bâtiment.

La pythonisse fit attendre son oracle un peu plus long-temps que de coutume, et elle le prononça d'une voix plus basse, quoique d'un ton aussi décidé que les précédens :

>   L'or est un métal pur, sans aloi, généreux ;
>   Le sang est pourpre, noir..., à voir il est affreux.
>   J'ai porté ce matin mes regards vers la rade ;
>   Un perfide faucon était en embuscade...
>   Il fondit sur sa proie, et lui perçant le flanc,
>   Ses serres et son bec se teignirent de sang.
>   Toi qui viens en ce jour m'interroger, prends garde;

> Tu répondras toi-même. Etends la main, regarde;
> Elle est souillée encor du sang qu'elle a versé!
> Va joindre un compagnon de te voir empressé.

Cleveland sourit d'un air de dédain, et étendit la main. — Peu de gens, dit-il, ont abordé aussi souvent que moi dans la Nouvelle-Espagne, sans avoir eu affaire plus d'une fois aux *Guarda-Costas*, mais jamais il n'a existé sur ma main une tache qu'un peu d'eau et une serviette ne pussent en faire disparaître.

L'Udaller ajouta d'une voix forte : — Il n'y a jamais de paix avec les Espagnols au-delà de la ligne. Je l'ai entendu dire cent fois au capitaine Tragendeck et au vieux commodore Rummelaer, qui tous deux avaient été dans la baie de Honduras et dans tous les parages de la même latitude. Je déteste tous les Espagnols depuis qu'ils sont venus ici en 1558, et qu'ils enlevèrent tous les vivres qui se trouvaient à Belle-Ile. J'ai entendu mon grand-père en parler, et il doit y avoir chez moi une vieille histoire écrite en hollandais, qui prouve tout ce qu'ils ont fait dans les Pays-Bas depuis long-temps. Ils n'ont ni foi ni merci.

— C'est la vérité, mon vieil ami, dit Cleveland, la pure vérité. Ils sont jaloux de leurs possessions d'outre-mer, comme un vieux mari l'est de sa jeune épouse; et s'ils trouvent le moyen de s'emparer d'un ennemi, il est claquemuré pour la vie dans leurs mines. Aussi nous les combattons le pavillon cloué au haut du mât.

— Et c'est ce qu'il faut faire! s'écria Magnus. Le vieux marin anglais ne le baisse jamais. Quand je pense à ces murailles de bois, je me croirais presque Anglais, si ce n'était trop ressembler aux Ecossais mes voisins. Messieurs, je n'entends offenser personne; nous sommes tous amis, et vous êtes tous les bien-venus ici. Allons, Brenda, c'est votre tour; interrogez la sibylle; vous savez assez de vers norses, personne ne l'ignore.

— Mais je ne me souviens d'aucuns qui conviennent

à la circonstance, répondit Brenda en reculant quelques pas.

— Mauvaise excuse! répliqua son père en la poussant en avant, tandis qu'Halcro lui prenait la main presque malgré elle ; une modestie déplacée ne doit jamais nuire à une gaieté honnête. Parlez pour Brenda, Halcro ; c'est à un poète qu'il appartient d'interpréter les pensées d'une jeune fille.

Le barde salua la jolie Brenda avec l'ardeur d'un poète et la galanterie d'un voyageur ; et lui ayant rappelé à voix basse qu'elle n'était nullement responsable des sottises qu'il allait dire, il garda le silence quelques instans, les yeux levés vers le ciel, sourit avec complaisance, comme s'il eût été satisfait de l'idée qui se présentait à lui, et déclama enfin les vers qui suivent :

>   Toi que chacun craint et révère,
>   Ce que la beauté veut celer,
>   Tu sais que ta tâche ordinaire
>   Doit être de le révéler.
>   Que le miel le plus doux arrose
>   Les mots que tu vas prononcer ;
>   Empreins du parfum de la rose
>   Le destin que tu vas tracer.
>   Nous désirons ici connaître
>   Si l'Amour se rendra le maître
>   Du cœur de l'aimable Brenda,
>   Et si ce dieu, souvent un traître,
>   De son bonheur s'occupera.

La pythonisse répondit presque immédiatement :

>   De la beauté qu'un tendre amant adore,
>   Mais ingénue et résistant encore,
>   Le cœur enfin quelque jour cèdera.
>   Telle est la neige qui couronne
>   La cime altière du Rona,
>   Quand l'hiver y place son trône ;
>   Mais un rayon du soleil la fondra ;
>   Un ruisseau soudain en naîtra...
>   La fraîcheur du gazon trahit dans la prairie

> Le cours bienfaisant de ses eaux :
> Il va réjouir les troupeaux,
> Et d'un heureux berger la demeure embellie.

— Voilà une doctrine consolante, et il est impossible de parler plus sensément, dit l'Udaller en saisissant le bras de Brenda qui rougissait et qui cherchait à s'échapper. Il ne faut pas rougir pour cela, mon enfant ; devenir maîtresse de la maison d'un homme honnête, servir à perpétuer le nom de quelque ancienne famille norse, avoir le moyen de faire le bonheur de ses voisins, de soulager le pauvre, de rendre service aux étrangers, c'est le sort le plus honorable que puisse désirer une jeune fille, et je le souhaite de tout mon cœur à toutes celles qui sont ici. Allons, qui va parler maintenant ? Il pleut de bons maris. Maddie Groatsettars, ma gentille Clara, venez ici, et prenez-en votre part.

— Je ne sais trop, dit lady Glowrowrum en branlant la tête d'un air d'embarras, si je dois tout-à-fait approuver...

— Suffit, suffit, dit Magnus, je ne force personne ; mais le divertissement continuera jusqu'à ce qu'on en soit las. Venez, Minna, vous êtes à mes ordres, vous : approchez. Il ne faut pas s'effaroucher d'une plaisanterie innocente ; il y a bien d'autres choses dont on devrait plutôt rougir. Allons, je me charge de porter la parole pour vous, quoique je sois un peu brouillé avec la rime.

Une rougeur légère colora un instant les joues de Minna, qui, reprenant aussitôt son sang-froid, se tint debout près de son père, de l'air d'une femme qui se met au-dessus de toutes les petites plaisanteries auxquelles pouvait donner lieu la situation où elle se trouvait.

Son père, après avoir passé plusieurs fois la main sur son front et avoir fait quelques autres efforts pour exciter sa verve, accoucha enfin des vers suivans :

> Réponds, mère Norna, sans trop de verbiage,

> Soit par un non, soit par un oui.
> Cette beauté voudrait tâter du mariage.
> L'hymen sera-t-il son partage?
> Et le bonheur viendra-t-il avec lui?

On entendit la pythonisse soupirer profondément dans son tabernacle, comme si elle eût regretté d'être obligée de répondre à la question qui lui était faite. Elle prononça enfin son oracle :

> Le cœur de la vierge innocente
> Que n'a séduite aucun mortel
> Est comme la neige éclatante
> Qui couronne ce mont si rapproché du ciel ;
> Mais un amour fatal est comme la tempête,
> Dont le souffle brûlant vient souiller sa blancheur.
> A peine a-t-on le temps de détourner la tête,
> Le charme a disparu ; — d'un torrent destructeur
> Les flots précipités des flancs de la montagne
> Vont exercer au loin leur terrible fureur :
> Tout est flétri dans la campagne.

L'Udaller entendit cette réponse avec un profond ressentiment. — Par les reliques du saint martyr dont je porte le nom! s'écria-t-il en rougissant de colère, c'est abuser de ma courtoisie, et si toute autre que vous avait accouplé le nom de ma fille avec le mot destruction, cette audace ne resterait pas impunie. Mais, allons, sors de ta cabane, vieux dragon, ajouta-t-il en souriant, j'aurais dû savoir que tu ne peux prendre part long-temps à tout ce qui sent la gaieté ; que Dieu te protége!

Ne recevant aucune réponse, il reprit la parole au bout de quelques instans. — Allons, cousine, il ne faut pas m'en vouloir, quoique je t'aie parlé un peu brusquement. Tu sais que je ne veux de mal à personne, et moins à toi qu'à qui que ce soit; ainsi, viens, et donne-moi la main. Tu aurais pu me prédire le naufrage de mon vaisseau et une mauvaise pêche, sans que j'eusse dit un seul mot; mais quand il s'agit de Minna ou de Brenda, tu sens que cela me touche de plus près. Allons, je te le répète, donne-moi la main, et qu'il n'en soit plus question.

Norna était toujours muette, et les spectateurs commençaient à se regarder les uns les autres avec quelque surprise, quand l'Udaller ayant levé la peau qui fermait l'entrée du sanctuaire, on vit que l'intérieur était vide. L'étonnement devint alors universel, et il n'était pas sans mélange de crainte, car il paraissait impossible que Norna en fût sortie sans que personne l'eût aperçue. Il était pourtant bien certain qu'elle n'y était plus; et Magnus, après un moment de réflexion, laissa retomber la peau qu'il avait soulevée.

— Mes amis, dit-il d'un air enjoué, il y a long-temps que nous connaissons ma parente, et nous savons que ses manières ne ressemblent en rien à celles des habitans ordinaires de ce monde; mais elle veut du bien à son pays; elle a pour moi et pour les miens l'amitié d'une fille, et je garantis qu'aucun de mes hôtes n'a rien à craindre d'elle; je serais même surpris si elle ne revenait pas dîner avec nous.

— A Dieu ne plaise! dit Baby Yellowley à lady Glowrowrum; car, pour vous dire la vérité, milady, je n'aime pas les commères qui peuvent venir et s'en aller comme un rayon de soleil ou un coup de vent.

— Parlez plus bas, dit lady Glowrowrum, parlez plus bas, et rendez grâce au ciel de ce qu'elle n'a pas emporté la maison avec elle. Il y a des sorcières qui ont joué de plus mauvais tours; et c'est ce qui lui est arrivé à elle-même, quand elle n'avait pas quelque raison de n'en rien faire.

Tous les spectateurs tenaient en chuchotant à peu près les mêmes propos; mais enfin l'Udaller faisant entendre sa voix de stentor, et prenant un ton d'autorité, invita toute la société à le suivre, ou plutôt il donna l'ordre de venir assister au départ des barques qui allaient pêcher en pleine mer.

— Le vent a été contraire depuis le lever du soleil, dit-il, ce qui a retenu les barques dans la baie ; mais en ce moment il devient favorable, et elles vont mettre à la voile à l'instant.

Ce changement subit dans le temps occasiona plus d'un clin d'œil et plus d'un chuchotement parmi la compagnie, assez disposée à lier cette circonstance avec la disparition soudaine de Norna. Personne ne se permit pourtant des observations qui auraient été désagréables au maître de la maison. Il s'avança d'un pas majestueux vers le rivage, et ses hôtes le suivirent avec un air de soumission respectueuse, comme un troupeau de daims suit celui qui lui sert de chef.

CHAPITRE XXII.

« Le sourire infernal qui brillait dans ses yeux
« Excitait à la fois la crainte et la colère.
« Osait-on l'irriter, malheur au téméraire !
« Son regard faisait fuir la pitié vers les cieux !»
LORD BYRON, *le Corsaire.*

La pêche est la principale occupation des habitans des îles Shetland, et c'était autrefois sur elle que comptaient les riches pour augmenter leurs revenus, et les pauvres pour s'assurer des moyens d'existence. La saison de la pêche y est donc ce qu'est celle de la moisson dans un pays agricole, c'est-à-dire l'époque la plus importante comme la plus animée de l'année.

Dans chaque district, les pêcheurs se rassemblent à des rendez-vous désignés, y conduisent leurs barques, et y réunissent leurs équipages. Ils construisent sur le rivage, pour leur habitation temporaire, de petites huttes en terre couvertes de gazon, et des skeows ou hangars pour faire sécher le poisson ; de sorte que la côte solitaire prend tout-à-coup l'air d'une ville indienne. Les points où ils se rendent pour pêcher en pleine mer sont souvent à plusieurs milles du lieu où l'on fait sécher le poisson, de sorte qu'ils sont toujours absens vingt ou trente heures, souvent davantage; et, s'ils ont le malheur d'avoir contre eux le vent ou la marée, ils restent en mer deux ou trois jours, avec une très petite provision de vivres, et sur des barques de construction très fragile. Il arrive même quelquefois qu'on n'en entend plus parler. Le départ des pêcheurs éveille donc des idées de dangers et de peines qui ennoblit leur état; et les inquiétudes des femmes qu'on voit, sur le rivage, suivre les barques des yeux, ou cherchant à les découvrir de loin lors de leur retour, ajoute un vif intérêt à cette scène.

Tout était donc vie et activité sur le rivage, quand l'Udaller et ses amis y arrivèrent. Les équipages d'une trentaine de barques, composés chacun de trois à six hommes, ayant pris congé de leurs femmes et de leurs parens, sautaient à bord de leurs longues barques norwégiennes, où leurs lignes et leurs filets étaient déjà préparés. Magnus n'était pas spectateur oisif de cette scène; allant sans cesse de l'un à l'autre, il s'informait de l'état de leurs provisions pour le voyage et de leurs préparatifs pour la pêche. De temps en temps il proférait quelque gros jurement en norse ou en hollandais, appelait les pêcheurs des nigauds qui allaient se mettre en mer dans des barques mal avitaillées; mais il finissait toujours par ajouter à leurs provisions un gallon de genièvre, un lispund de viande salée, ou quelque autre chose qui pouvait leur être utile. Les braves pêcheurs, en recevant ses présens, lui adressaient leurs remerciemens avec cette brièveté brusque qui plaisait à Magnus; mais la reconnaissance des femmes était plus bruyante, et il était obligé de leur imposer silence en donnant au diable toutes les langues femelles, depuis celle de notre mère Eve.

Enfin tous se trouvèrent à bord ; les voiles furent déployées, et l'on donna le signal du départ. En s'éloignant du rivage, les rameurs semblaient se disputer à qui arriverait le premier à la pêcherie pour y tendre ses lignes avant les autres, exploit auquel l'équipage de la barque qui en venait à bout n'attachait pas peu d'importance.

Tandis qu'on pouvait encore les entendre du rivage, ils chantèrent une ancienne chanson norse arrangée pour cette occasion, et dont Halcro avait fait la traduction littérale qui va suivre :

> Adieu, jeunes filles,
> Fraîches et gentilles ;
> Divertissez-vous,
> Mais dansez sans nous.

> Pour nous plus de danse,
> Tout sera souffrance
> Sur le sein des mers ;
> Les vents qui frémissent,
> Les flots qui mugissent,
> Seront nos concerts.

> Adieu, jeunes filles,
> Fraîches et gentilles ;
> Divertissez-vous,
> Mais dansez sans nous.

> Mais pourquoi nous plaindre ?
> Partons sans rien craindre
> En chantant gaiement :
> Marin qui s'embarque
> Doit-il dans sa barque
> Gémir un moment ?

> Adieu, jeunes filles,
> Fraîches et gentilles ;
> Divertissez-vous,
> Mais dansez sans nous.

> Sus, qu'on se dépêche ;
> Voici pour la pêche
> L'instant de partir.
> Partons tout de suite,
> Nous pourrons plus vite
> Ici revenir.

Adieu, jeunes filles,
Fraîches et gentilles ;
Divertissez-vous,
Mais dansez sans nous.

En quittant la rade,
Pour dernière aubade,
Chantons en chorus :
Que le ciel envoie
Santé, vie et joie
Au noble Magnus.

Adieu, jeunes filles,
Fraîches et gentilles ;
Divertissez-vous,
Mais dansez sans nous.

La voix bruyante des pêcheurs fut bientôt étouffée par le bruit des vagues, mais on put reconnaître quelque temps l'air qu'ils chantaient, au milieu des sifflemens du vent et des mugissemens des ondes ; et les barques semblaient déjà converties en points noirs perdus peu à peu dans l'horizon, que l'oreille pouvait encore distinguer des voix humaines au milieu du tumulte des élémens.

Les femmes des pêcheurs restèrent sur le rivage jusqu'à ce que les barques de leurs maris eussent totalement disparu ; après quoi, se retirant à pas lents, les yeux baissés et l'inquiétude peinte sur le visage, elles se rendirent dans les hangars construits près de la côte, afin d'y faire les arrangemens nécessaires pour préparer et sécher le poisson qu'elles espéraient que leurs époux, leurs parens, leurs amis, ne tarderaient pas à rapporter. Çà et là on voyait une vieille sibylle déployer toute son importance en prédisant, d'après l'état apparent de l'atmosphère, que le vent serait contraire ou favorable, tandis que d'autres recommandaient de vouer une offrande à l'église de Saint-Ninian pour la sûreté des pêcheurs et de leurs barques, ancienne superstition catholique qui n'est pas encore entièrement abolie. Enfin d'autres, d'une voix basse et d'un ton craintif, regrettaient que Norna de Fitful-Head fût partie mécontente le matin de Burgh-Westra, tandis que, de tous les jours de l'année, celui de l'ouverture de la pêche était celui où l'on aurait surtout dû prendre garde de la mécontenter.

Les hôtes de Magnus Troil ayant aussi passé quelque temps à regarder la petite flotte, et causer avec les pauvres femmes des pêcheurs, commencèrent à se diviser en différens groupes. Ils marchèrent en diverses directions, ne suivant que leur fantaisie pour guide, afin de jouir de ce qu'on peut appeler le clair-obscur d'un beau jour d'été dans les îles Shetland. Si l'on y manque de ce brillant éclat du soleil des climats plus doux, l'aspect de ce pays a un caractère mélancolique qui lui appartient exclusivement. Les paysages n'y sont pas sans agrément, quoique leur nudité, leur solitude et leur monotonie aient quelque chose de sauvage en harmonie avec leur stérilité.

Dans un des endroits les plus solitaires de la côte, une vaste ouverture dans les rochers offrait à la marée le moyen d'entrer dans la caverne, ou, comme on l'appelait dans le pays, dans l'halier de Swaraster; Minna Troil s'y promenait avec le capitaine Cleveland. Ils avaient sans doute choisi ce local, parce qu'il était probable qu'ils seraient moins interrompus que partout ailleurs, car la force de la marée rendait l'accès difficile aux barques, et la plupart des habitans craignaient même d'en approcher, attendu qu'on supposait qu'il servait d'habitation à une sirène, race à laquelle la superstition norwégienne prêtait des connaissances magiques et des inclinations malfaisantes. Ce fut donc le lieu que choisit Minna pour sa promenade avec son amant.

Un petit tapis de sable blanc comme le lait, qui s'étendait sous une roche du rivage, leur offrait un sol ferme de trois cents pas de longueur environ, où l'on pouvait marcher à pied sec. Il se terminait à une extrémité par un renfoncement subit de la baie, où la mer, à peine effleurée par les vents, polie comme une glace, se montrait entre deux rochers qui formaient les deux extrémités de la petite crique, et dont les sommets se rapprochaient l'un de l'autre comme s'ils eussent voulu se joindre au-dessus de l'onde. La promenade était bornée à l'autre extrémité par un roc sourcilleux, domicile presque inaccessible de plusieurs centaines d'oiseaux de mer de diverses espèces, et dans les flancs duquel s'ouvrait la vaste caverne, ou l'halier, abîme profond dans lequel la marée semblait se précipiter et s'engloutir. L'entrée de cette caverne ne consistait pas en une seule arche, comme c'est l'ordinaire; elle était divisée par un énorme pilier qui n'était autre chose qu'un rocher s'élançant du fond de la mer jusqu'au faîte, et qui, paraissant en soutenir la partie supérieure, formait ainsi un double portail auquel les pêcheurs et les paysans avaient donné le nom bizarre de *Narines du diable*. Cleveland s'était déjà plus d'une fois promené avec Minna Troil dans ce lieu sauvage et solitaire, où l'on n'était troublé que par les cris des oiseaux de mer : elle en faisait sa promenade favorite. Les objets qui s'y présentaient à sa vue flattaient le goût qu'elle avait pour tout ce qui était romanesque, sombre et extraordinaire. Mais l'entretien qui l'occupait vivement alors était de nature à détourner son attention et celle de son compagnon du spectacle qu'ils avaient sous les yeux.

— Vous ne pouvez le nier, dit-elle, vous avez conçu contre ce jeune homme des impressions qui annoncent la prévention et l'injustice! Il n'a rien fait qui doive vous prévenir défavorablement contre lui, et vous vous êtes livré à son égard à une violence aussi imprudente qu'impossible à justifier.

— J'avais cru, répondit Cleveland, que le service que je lui ai rendu hier m'aurait mis à l'abri d'une telle accusation. Je ne parle pas du risque que j'ai couru, j'ai toujours vécu au milieu des dangers, et je les aime. Cependant peu de gens se seraient hasardés si près de l'animal furieux, pour sauver un homme qui leur aurait été complètement étranger.

— Il est bien vrai que tout le monde n'en aurait pas fait autant, répliqua Minna d'un air grave ; mais quiconque a du courage et de la générosité en aurait donné la même preuve. Claude Halcro, cette tête éventée, n'eût pas hésité si ses forces eussent été égales à son courage, — et mon père lui-même, quoiqu'il ait un juste sujet de ressentiment contre ce jeune homme que la vanité a porté à abuser de son hospitalité. Ne vous vantez donc pas trop de votre exploit, mon ami, si vous ne voulez me donner à penser qu'il vous a coûté de grands efforts. Je sais que vous n'aimez pas Mordaunt Mertoun, quoique vous ayez exposé votre vie pour sauver la sienne.

— Et ne pardonnerez-vous donc rien aux maux qu'il m'a fait souffrir si long-temps, quand le bruit général m'apprenait que ce jeune dénicheur d'oiseaux était une barrière qui s'élevait entre moi et ce que je désirais le plus obtenir sur la terre : la tendresse de Minna Troil !

Il parlait d'un ton aussi passionné qu'insinuant, et ses manières, autant que ses expressions, formaient un contraste frappant avec les discours et les gestes d'un marin sans éducation, dont il cherchait ordinairement à se donner la tournure. Mais son apologie ne parut pas satisfaisante à Minna.

— Vous avez su, dit-elle, peut-être trop tôt et trop clairement, combien peu vous aviez à craindre, si effectivement vous l'avez craint, que ce Mertoun, ou tout autre, eût trouvé le chemin du cœur de Minna... Trève de remerciemens et de protestations : la meilleure preuve de reconnaissance que vous puissiez me donner, c'est de vous réconcilier avec ce jeune homme, ou du moins d'éviter toute querelle avec lui.

— Que nous soyons jamais amis, Minna, c'est ce qui est absolument impossible. Tout l'amour que j'ai pour vous, et c'est la plus puissante émotion que mon cœur ait jamais éprouvée, ne saurait même opérer ce miracle.

— Et pourquoi, s'il vous plaît? Bien loin de vous être jamais nui l'un à l'autre, vous vous êtes rendu des services réciproques; pourquoi donc ne pouvez-vous être amis? J'ai plusieurs motifs pour le désirer.

— Et pouvez-vous oublier ce ton de légèreté avec lequel il a parlé de Brenda, de vous-même, de la maison de votre père?

— Je puis tout pardonner. N'en pouvez-vous faire autant, vous qui n'avez jamais été offensé?

Cleveland baissa les yeux, garda un instant le silence, et levant ensuite la tête : — Je pourrais vous tromper, Minna, dit-il, je pourrais vous promettre ce qu'il me serait, — je le sens, — impossible d'exécuter; mais si je suis forcé de recourir à tant de détours avec les autres, je ne veux en employer aucun avec vous. Je ne puis être ami de ce jeune homme. Il existe entre nous une antipathie naturelle, et une aversion d'instinct qui nous rendent odieux l'un à l'autre. — Interrogez-le lui-même, il vous dira qu'il pense de même à mon égard. Le service qu'il m'avait rendu servait de frein à mon ressentiment, mais cette contrainte me dépitait à un tel point, que j'aurais rongé le mors jusqu'à m'ensanglanter les lèvres.

— Vous avez porté si long-temps ce que vous avez coutume d'appeler votre masque de fer, que vos traits gardent l'impression de sa dureté, même quand il est ôté.

— Vous êtes injuste, Minna, et vous me faites des reproches parce que je vous parle avec franchise et vérité. Je vous dirai pourtant franchement encore que je ne puis être l'ami du jeune Mertoun ; mais ce sera sa faute et non la mienne si je deviens jamais son ennemi. Je ne cherche pas à lui nuire, mais n'exigez pas que je l'aime. Soyez même assurée que cet effort, si j'en étais capable, serait inutile; car je suis certain que plus je ferais d'avances pour obtenir son amitié, plus j'éveillerais sa haine et ses soupçons. Laissez-nous donc le libre exercice de nos sentimens naturels; et comme ils nous éloigneront certainement l'un de l'autre de plus en plus, il est probable que nous n'aurons jamais aucune occasion de querelle. Cela vous satisfait-il?

— Il le faut bien, puisque vous m'assurez que c'est un mal sans remède. Mais à présent, dites-moi pourquoi vous aviez l'air si pensif quand vous avez appris l'arrivée de votre vaisseau-matelot, car je ne doute pas que ce soit lui qui vient d'entrer dans le port de Kirkwall.

— Je crains les conséquences de l'arrivée de ce bâtiment et de son équipage; je crains qu'il n'en résulte la ruine de mes plus chères espérances. J'avais fait quelques progrès dans les bonnes grâces de votre père; avec le temps j'aurais pu en faire davantage, et voici Allured et Hawkins qui arrivent pour détruire à jamais cet espoir. Je vous ai dit de quelle manière nous nous sommes séparés. Je commandais alors un navire plus fort et mieux armé que le leur; j'avais un équipage qui, au premier de mes signes, aurait attaqué une légion de démons armés de leur terrible élément; à présent, je suis seul, isolé, dépourvu de tous moyens pour les retenir et leur en imposer, et ils ne tarderont pas à donner de telles preuves de leur caractère désordonné et de la licence qui leur est habituelle, qu'ils entraîneront probablement leur ruine et la mienne.

— Ne craignez rien : mon père ne peut être assez injuste pour vous rendre responsable des fautes des autres.

— Mais que dira Magnus Troil des miennes, belle Minna? demanda Cleveland en souriant.

— Mon père est Norwégien, répondit Minna; il descend d'une race opprimée; et il s'inquiètera fort peu que vous ayez combattu les Espagnols, qui sont les tyrans du Nouveau-Monde, ou les Hollandais et les Anglais, qui leur ont succédé dans leurs domaines usurpés. Ses propres ancêtres ont maintenu la liberté des mers sur ces vaillantes flottes dont l'étendard était l'épouvante de toute l'Europe.

— Je crains néanmoins, dit Cleveland en souriant, que le descendant d'un de ces anciens rois de la mer ne pense qu'un forban moderne n'est pas une connaissance digne de lui. Je ne vous ai pas caché que j'ai lieu de craindre les lois anglaises, et Magnus, quoique grand ennemi des taxes et des impôts, a des idées un peu rétrécies sur d'autres matières. Il attacherait volontiers une corde à la grande vergue pour y pendre un malheureux flibustier.

— Gardez-vous bien de le croire. Il souffre trop lui-même de l'oppression des lois tyranniques de nos orgueilleux voisins d'Ecosse. J'espère qu'il sera bientôt en état d'y opposer une résistance ouverte. Nos ennemis, car c'est ainsi que je veux les appeler, sont maintenant divisés entre eux; chaque vaisseau qui arrive sur nos côtes apporte l'avis de quelque nouvelle commotion : les montagnards s'arment contre les habitans des basses-terres, les Williamites contre les Jacobites, les Whigs contre les Torys, et, pour couronner le tout, l'Angleterre contre l'Ecosse. Qu'y a-t-il donc, comme Claude Halcro nous l'a fort bien fait entendre, qui puisse nous empêcher de profiter des querelles de ces brigands, pour nous rétablir dans l'indépendance dont ils nous ont privés?

— D'arborer l'étendard du corbeau sur le château de Scalloway, dit Cleveland en imitant le ton et l'emphase de Minna; — de proclamer votre père le comte Magnus Ier.

— Le comte Magnus VII, s'il vous plaît, répliqua Minna en l'interrompant; car six de ses ancêtres ont porté la couronne de comte avant lui. Vous pouvez rire de mon enthousiasme, mais qu'y a-t-il qui puisse empêcher tout cela?

— Rien ne l'empêchera, parce que jamais on n'essaiera

de réaliser ce rêve : pour l'empêcher il ne faudrait que la chaloupe d'un vaisseau de ligne anglais.

— Vous nous traitez avec mépris, monsieur ; vous devriez pourtant savoir par expérience ce que peut faire une poignée d'hommes déterminés.

— Mais il faut qu'ils aient des armes, Minna, et la volonté de risquer leur vie dans chaque entreprise hasardeuse qu'ils tentent. Ne pensez pas à de telles visions. Le Danemarck a été réduit à devenir un royaume de second ordre, hors d'état de rendre une seule bordée à l'Angleterre ; et dans ces îles l'amour de l'indépendance a été étouffé par un long assujettissement, ou il ne se manifeste que par quelques murmures de mécontentement qui n'osent se faire entendre qu'à l'aide de la bouteille. Mais quand tous les habitans auraient l'esprit aussi guerrier que leurs ancêtres, que pourraient faire les équipages sans armes de quelques barques de pêcheurs contre la marine britannique ? N'y pensez plus, chère Minna, c'est un rêve ; et je dois le nommer ainsi, quoique ce rêve ajoute à l'éclat de vos regards et vous donne une démarche si imposante.

— Oui, sans doute, c'est un rêve, dit Minna en baissant les yeux, et il ne convient pas à une fille d'Hialtland de vouloir lever la tête et de marcher en femme libre. Nos regards doivent se fixer sur la terre, et nos pas doivent être lents et mesurés comme ceux de l'homme qui obéit à un maître.

— Il existe, répliqua Cleveland, des contrées où l'œil peut planer sur des bosquets de palmiers et de cocotiers, où le pied peut se mouvoir avec la célérité d'un bâtiment à toutes voiles, sur des savanes, des champs tapissés de fleurs, où l'odorat respire les plus doux parfums, et où l'on ne connaît d'autre asservissement que celui du brave au plus brave, et de tous les cœurs à la plus belle.

— Non, Cleveland, répondit Minna après un moment de silence ; mon pays natal, quelque sauvage que vous le trouviez, et quelque opprimé qu'il soit véritablement, a pour moi des charmes que ne peut m'offrir aucune autre contrée de l'univers. Je m'efforce en vain de me faire une idée de ces arbres et de ces bosquets que mes yeux n'ont jamais vus; mon imagination ne peut concevoir dans toute la nature un spectacle plus sublime que ces vagues quand elles sont agitées par une tempête, ou plus majestueux que ces ondes quand elles s'avancent, comme en ce moment, dans un calme profond vers le rivage. Les plus beaux lieux sur une terre étrangère, le rayon du soleil le plus brillant sur le plus riche paysage, ne pourraient détourner mes pensées un seul instant de ce rocher majestueux, de cette montagne qui se perd dans les nuages, et de ce vaste Océan. L'Hialtland est la patrie où mes ancêtres sont morts, où mon père vit encore; c'est là que je veux vivre et mourir.

— Eh bien! et moi aussi, je veux vivre et mourir dans l'Hialtland. Je n'irai point à Kirkwall; je ne ferai point connaître mon existence à mes camarades, parce qu'il me serait difficile de leur échapper. Votre père a de l'amitié pour moi, Minna: qui sait si mes soins, mes attentions, le temps, ne pourront pas le déterminer à me recevoir dans sa famille? Qui pourrait s'inquiéter de la longueur d'un voyage dont le bonheur est le but?

— C'est encore un rêve, dit Minna; n'y songez pas, c'est une chose impossible. Tant que vous demeurerez chez mon père, qu'il pourra vous être utile, que vous prendrez place à sa table, vous trouverez en lui un ami généreux, un hôte hospitalier; mais parlez-lui de ce qui touche son nom et sa famille, et le franc et cordial Udaller ne sera plus pour vous que le fier descendant d'un comte norwégien. Jugez-en vous-même: ses soupçons sont tombés un instant sur Mordaunt Mertoun, et il a retiré son amitié au jeune homme qu'il chérissait comme un fils. Personne ne peut prétendre à s'allier à sa famille, s'il ne descend d'une race du Nord, sans tache et sans reproche.

— Et qui m'assure que la mienne n'en est pas?

— Comment! avez-vous quelque raison pour croire que vous descendez d'une famille norse?

— Je vous ai déjà dit, belle Minna, que ma famille m'est entièrement inconnue. J'ai passé mon enfance dans la solitude, sur une habitation de la petite île de la Tortue, élevée par mon père, qui était alors bien différent de ce que je l'ai vu depuis. Nous fûmes pillés par les Espagnols, et réduits à une telle détresse que mon père, par désespoir et par soif de vengeance, prit les armes; et, ayant été reconnu pour chef par quelques individus dans les mêmes circonstances que lui, il devint ce qu'on appelle un boucanier, croisa contre les Espagnols avec diverses vicissitudes de bonne et de mauvaise fortune; et enfin, ayant voulu réprimer quelque acte de violence de ses compagnons, périt sous leurs coups, sort assez commun de ces capitaines de forbans. Mais d'où venait mon père, et quel était le lieu de sa naissance, c'est ce que j'ignore, et je n'ai jamais éprouvé la moindre curiosité pour l'apprendre.

— Au moins votre infortuné père était Anglais?

— Je n'en doute nullement. Son nom, que j'ai rendu trop formidable pour jamais le prononcer, est anglais, et la connaissance qu'il avait de la langue et même de la littérature anglaise, jointe aux peines qu'il prenait, avant notre ruine, pour me rendre aussi savant que lui à cet égard, prouvait clairement qu'il était né en Angleterre. Si le caractère de rudesse dont je me revêts, quand l'occasion l'exige, n'est pas celui qui m'est naturel, c'est à mon père que je le dois, Minna; c'est lui qui m'a transmis des idées et des principes qui, jusqu'à un certain point, peuvent me rendre digne de votre estime et de votre approbation. Et cependant il me semble quelquefois que j'ai deux caractères, car je puis à peine croire que le Cleveland qui se promène en ce moment sur ce rivage solitaire avec l'aimable Minna Troil, et à qui il est permis de lui parler de la passion qu'il a conçue pour elle, soit le chef entreprenant de cette bande audacieuse dont le nom était aussi terrible qu'une tourmente.

— Il ne vous eût pas été permis de parler ainsi à la fille de Magnus Troil, si vous n'eussiez été le chef brave et intrépide qui, avec de si faibles moyens, a rendu son nom si redoutable. Mon cœur, comme celui d'une damoiselle des anciens temps, veut être gagné, non par des douceurs, mais par des actions héroïques.

— Hélas! ce cœur, dit Cleveland en soupirant, que puis-je faire pour le mettre dans mes intérêts comme je le désirerais?

— Rejoindre vos amis, suivre la fortune, et laisser au destin le soin du reste. Si vous reveniez ici chef d'une flotte formidable, qui sait ce qui pourrait arriver?

— Et qui m'assurera qu'à mon retour, si je reviens jamais, je ne trouverai pas Minna Troil fiancée ou épouse? Non, Minna, je ne confierai pas au destin le seul objet digne de mes désirs que le voyage orageux de ma vie m'ait encore offert.

— Écoutez-moi, Cleveland; je m'engagerai, si vous osez accepter un tel engagement, par la promesse d'Odin, par le plus sacré des rites du Nord encore en usage parmi nous, à ne jamais épouser un autre que vous, avant que vous ayez renoncé aux droits que je vous aurai donnés. Cela vous satisfera-t-il? Je ne puis ni ne veux vous promettre autre chose.

— Il faut donc bien que je m'en contente, répondit Cleveland après un moment de silence; mais souvenez-vous que c'est vous qui me forcez à reprendre une vie que les lois d'Angleterre déclarent criminelle, et que les passions violentes des hommes audacieux qui s'y consacrent ont rendue infâme.

— Je suis supérieure à de tels préjugés, dit Minna. Tandis que vous combattez l'Angleterre, je regarde ses lois du même œil que je regarderais la déclaration d'un ennemi orgueilleux qui menacerait de n'accorder aucun quartier : un homme brave n'en combat pas moins avec courage. Quant à vos camarades, pourvu que leur manière de vivre ne corrompe pas la vôtre, pourquoi leur mauvaise réputation s'attacherait-elle à vous?

Tandis qu'elle parlait ainsi, Cleveland la regardait avec surprise et admiration ; mais la simplicité de Minna lui arrachait en même temps un sourire qu'il pouvait à peine déguiser.

— Je n'aurais jamais cru, dit-il, que tant de courage eût pu se trouver joint à tant d'ignorance du monde, tel qu'il existe aujourd'hui. Quant à moi, ceux qui me connaissaient conviendront que j'ai fait tous mes efforts, au risque de ma popularité et même de ma vie, pour adoucir la férocité de mes compagnons. Mais comment donner des leçons d'humanité à des gens dévorés de la soif de la vengeance contre le monde qui les a proscrits? Comment leur apprendre à mettre de la modération dans les plaisirs que le hasard seul peut leur offrir pour jeter un peu de variété sur une vie qui, sans cela, ne serait qu'une suite continuelle de privations et de dangers? Mais cette promesse, Minna, cette promesse qui est la seule récompense que je doive recevoir du plus fidèle attachement, je ne dois pas perdre de temps pour la réclamer.

— Ce n'est point ici, c'est à Kirkwall qu'elle doit être faite ; il faut que nous invoquions, que nous prenions à témoin de cet engagement l'esprit qui préside à l'antique cercle de Stennis. Mais vous craignez peut-être de nommer l'ancien père de ceux qui ont péri dans les combats, le Sévère, le Terrible?

Cleveland sourit.

— Rendez-moi la justice de croire, aimable Minna, que

je suis peu disposé à craindre ce qui pourrait être une cause véritable de terreur; et quant à ce qui n'existe que dans l'imagination, je suis impassible.

— Vous n'y croyez donc pas? En ce cas, vous feriez mieux d'être l'amant de Brenda que le mien.

— Je croirai tout ce que vous croyez, Minna. Les habitans de Walhalla, dont je vous ai entendu parler si souvent avec ce fou de poète Claude Halcro, seront pour moi des êtres véritables : je puis être crédule jusqu'à ce point; mais ne demandez pas que je les craigne.

— Que vous les craigniez! non vraiment : jamais les héros de ma race intrépide n'ont reculé d'un pas quand Thor ou Odin leur ont apparu armés de toutes leurs terreurs. Mais en faisant ici parade de votre bravoure, songez que vous défiez un ennemi tel que vous n'en avez pas encore rencontré.

— Au moins dans ces latitudes septentrionales, dit Cleveland en souriant; car j'ai fait face, dans mes voyages, aux démons de la ligne équinoxiale; et nous autres forbans nous les supposons tout aussi puissans et aussi méchans que ceux du Nord.

— Avez-vous donc vu ces merveilles qui sont au-delà du monde visible? demanda Minna, non sans quelque émotion de terreur.

— Quelque temps avant la mort de mon père, répondit Cleveland en tâchant de prendre un air sérieux, j'obtins, quoique alors bien jeune, le commandement d'un sloop monté de trente hommes résolus s'il en fut jamais. Nous croisâmes long-temps sans succès, ne prenant que de misérables petites barques occupées à la pêche de la tortue, ou dont la cargaison ne valait pas la peine d'être changée de bord. J'eus beaucoup de difficulté à empêcher mes camarades de se venger de notre mauvaise fortune sur l'équipage de ces petits bâtimens; enfin, par un coup de désespoir, nous fîmes une descente, et nous attaquâmes un village où l'on nous avait dit que nous trouverions des mulets chargés d'or appartenant à un gouverneur espagnol. Nous réussîmes à nous emparer de la place; mais tandis que je m'efforçais de sauver les habitans de la fureur de mes gens, les muletiers, les mulets et leur charge précieuse s'échappèrent dans les bois. Cela combla la mesure du mécontentement. Mes compagnons, qui n'avaient jamais été très soumis, se révoltèrent ouvertement; ils s'assemblèrent en conseil-général, prononcèrent ma destitution, et me condamnèrent, comme ayant trop peu de bonheur et trop d'humanité pour la profession que j'avais embrassée, à être abandonné dans une de ces petites îles boisées et sablonneuses qui ne sont fréquentées que par les tortues et les oiseaux de mer, et qu'on suppose habitées, les unes par les démons qu'adoraient les anciens habitans, les autres par les esprits des caciques que les Espagnols ont fait périr dans les tortures pour les forcer à leur livrer leurs trésors; d'autres enfin par les différens spectres auxquels les marins de toutes les nations ajoutent foi. Le lieu de mon bannissement, nommé Coffin-Key, à environ deux lieues et demie au sud-est des Bermudes, avait tellement la réputation d'être hanté par des êtres surnaturels, que je crois que tous les trésors du Mexique n'auraient pas suffi pour déterminer le plus brave des coquins qui m'y conduisirent à y passer une heure, même en plein jour. Après m'avoir mis à terre, ils s'éloignèrent en ramant de toutes leurs forces, sans oser jeter un regard en arrière, me laissant le soin de pourvoir à ma subsistance comme je le pourrais, sur une petite île sablonneuse et stérile, entourée par le vaste océan Atlantique, et habitée, comme ils le supposaient, par des esprits malfaisans.

— Et qu'en résulta-t-il? demanda Minna avec empressement.

— Je prolongeai mes jours aux dépens des oiseaux de mer, assez sots pour me laisser approcher d'eux pour les tuer à coups de bâton; et ensuite par le moyen d'œufs de tortue, quand ces pauvres habitans des airs connurent mieux les dispositions malfaisantes de l'espèce humaine, et prirent leur vol dès qu'ils me voyaient avancer.

— Et les esprits dont vous parliez?

— J'avais mes craintes secrètes à ce sujet. En plein jour, et dans de profondes ténèbres, je ne les craignais guère; mais matin et soir, à travers les vapeurs, je vis des spectres de bien des espèces pendant la première semaine de ma résidence dans cette île. Ils ressemblaient les uns à un Espagnol enveloppé dans sa *capa*, et ayant sur la tête son grand *sombrero*, aussi large qu'un parapluie; les autres, à un matelot hollandais avec son grand bonnet et ses pantalons; quelques uns, à un cacique indien avec sa couronne de plumes et sa longue lance de canne.

— Vous en êtes-vous approché quelquefois? Leur avez-vous jamais parlé?

— Je m'en suis toujours approché, mais je suis fâché de tromper votre attente, ma belle amie; car en avançant vers le fantôme, je l'ai toujours vu se métamorphoser en un buisson, en un tronc d'arbre, en une pointe de rocher, ou en quelque autre production de la nature, qui de loin me faisait illusion. Enfin l'expérience m'apprit à ne plus croire de pareilles visions, et je continuai à vivre solitaire dans l'île de Coffin-Key, sans concevoir plus d'alarmes que si j'eusse été sur le pont d'un bâtiment de haut bord avec une vingtaine de compagnons autour de moi.

— Vous vous amusez à mes dépens, Cleveland, en me faisant un conte qui n'aboutit à rien. Mais combien de temps restâtes-vous dans cette île?

— J'y traînai pendant un mois une misérable existence. Enfin je fus délivré par l'équipage d'un bâtiment qui y avait abordé pour chercher des tortues. Cependant cette retraite ne me fut pas tout-à-fait inutile. Ce fut là, sur ce sol stérile et sablonneux, que je trouvai le *masque de fer* qui a été depuis ce temps ma garantie contre la trahison et la mutinerie de mes gens. Ce fut là que je résolus de paraître n'avoir ni plus de sensibilité ni plus de connaissances, de n'être ni plus humain ni plus scrupuleux que ceux avec qui le destin m'associerait. Je méditai sur tout ce qui m'était arrivé, et je reconnus qu'en me montrant plus brave, plus habile et plus entreprenant que les autres, j'avais acquis leur respect et le droit de les commander, et qu'en paraissant mieux élevé et plus civilisé, je m'étais attiré l'envie et la haine, comme si j'eusse été d'une espèce différente de la leur. Je me promis donc que, puisque je ne pouvais me dépouiller de la supériorité que me donnaient mon intelligence et l'éducation que j'avais reçue, je ferais de mon mieux pour les déguiser, et ne montrer que l'extérieur grossier d'un marin, sans mélange de sentimens et de principes plus policés. Je prévis alors ce qui m'est arrivé depuis, que cette apparence de dureté sauvage me donnerait sur mes gens une autorité dont je pourrais faire usage, tant pour le maintien de la discipline que pour le soulagement des malheureux qui tomberaient entre nos mains. Je vis, en un mot, que pour arriver au commandement il fallait ressembler, au moins à l'extérieur, à ceux qui me seraient soumis. La nouvelle du sort de mon père, quand je l'appris, en m'enflammant du désir de la vengeance, me confirma dans ma résolution. Il avait aussi été victime de la supériorité que son cœur, ses mœurs et ses manières lui donnaient sur ceux qu'il commandait. Ils avaient pris l'habitude de le nommer *le monsieur*, et ils pensaient sans doute qu'il attendait une occasion favorable pour se réconcilier, peut-être à leurs dépens, avec la société, dont les usages et les formes paraissaient convenir à ses habitudes naturelles, ce qui probablement les décida à l'assassiner. La nature et la justice m'appelaient également à le venger. Je fus bientôt à la tête d'un nouveau corps de ces aventuriers, dont le nombre est si grand dans ces îles. Je ne recherchai pas ceux qui m'avaient condamné moi-même à périr dans une île déserte, je ne songeai qu'à rejoindre les meurtriers de mon père. J'y réussis, et ma vengeance fut si terrible, que ce seul trait suffisait pour me donner la réputation de cette inexorable férocité que je désirais qu'on me supposât, et qui peut-être s'introduisait par degrés dans mon cœur. Je parus si changé dans mes manières, dans mes discours et dans ma conduite, que ceux qui m'avaient connu autrefois étaient disposés à en attribuer la cause au commerce que j'avais eu avec les démons de Coffin-Key. Quelques uns même étaient assez superstitieux pour croire que j'avais fait un pacte avec eux.

— Je tremble d'entendre le reste, s'écria Minna ; n'êtes-vous pas devenu le monstre de courage et de cruauté dont vous aviez pris le masque ?

— Si j'ai échappé à ce destin, c'est vous, belle Minna, qui avez opéré ce miracle. Il est vrai que j'ai toujours cherché à me distinguer plutôt par les actes de la valeur la plus intrépide que par des projets de vengeance et de pillage ; quelquefois je sauvais, par une plaisanterie grossière, une vie qui aurait été sacrifiée ; et, par la cruauté excessive des mesures que je proposais, j'engageais quelques uns de ceux qui servaient sous mes ordres à intercéder en faveur des prisonniers ; de sorte que la sévérité apparente de mon caractère a mieux servi l'humanité, que si je m'étais ouvertement dévoué à sa cause.

— Il cessa de parler, et Minna ne prononçant pas une parole, ils gardèrent le silence quelques instants. Ce fut Cleveland qui le rompit de nouveau.

— Vous ne me dites rien, miss Troil ? je me suis fait tort dans votre opinion par la franchise avec laquelle je vous ai dévoilé mon caractère. Je ne puis pourtant dire que mes penchans naturels ont été contrariés plutôt que changés par les circonstances fâcheuses qui m'ont conduit dans la situation où je me trouve.

— Je ne sais trop, répondit Minna après un moment de réflexion ; mais vous seriez-vous montré aussi sincère, si vous n'aviez pas su que je pourrais bientôt voir vos camarades, et que leur conversation et leurs manières m'apprendraient ce que vous m'auriez volontiers caché sans cette raison ?

— Vous êtes injuste, Minna, cruellement injuste. Dès l'instant que vous avez appris que j'étais un marin de fortune, un aventurier, un boucanier, un PIRATE, s'il faut lâcher le mot, ne deviez-vous pas vous attendre à tout ce que je vous ai dit ?

— Il n'est que trop vrai ; je devais prévoir tout cela, et je ne sais comment je pouvais espérer autre chose. Mais il me semblait qu'une guerre contre les cruels et superstitieux Espagnols avait quelque chose qui justifiait, qui ennoblissait la profession à laquelle vous venez de donner son véritable nom, son nom redoutable. Je pensais que les guerriers indépendans de l'Océan occidental, se levant en quelque sorte pour venger tant de tribus pillées et massacrées, devaient avoir cette grandeur d'âme que montrèrent les enfans du Nord quand, arrivant sur leurs longues galères, ils vengèrent sur tant de côtes les oppressions de Rome dégénérée. Voilà ce que je pensais ; c'était un beau rêve, et je regrette de me réveiller pour être détrompée. Je ne vous accuse pourtant pas de l'erreur de mon imagination. Adieu, il faut maintenant que nous nous séparions.

— Dites-moi du moins que vous ne me regardez pas avec horreur parce que je vous ai dit la vérité.

— Il me faut du temps pour réfléchir et pour bien peser tout ce que vous m'avez dit, avant que je puisse bien m'expliquer à moi-même quels sont mes sentimens. Cependant ce que je puis vous dire dès à présent, c'est que celui qui se livre à un infâme pillage à force de cruautés et en répandant le sang, et qui est obligé de voiler les remords qu'il éprouve sous l'affectation d'une scélératesse plus profonde, n'est pas, ne peut pas être l'amant que Minna Troil espérait trouver en Cleveland; et si elle l'aime encore, ce ne peut être qu'à cause de son repentir, et non à cause de ses exploits.

En parlant ainsi elle retira sa main qu'il cherchait à retenir dans la sienne, et s'échappa en lui faisant un signe pour lui défendre de la suivre.

— La voilà partie, dit Cleveland en la regardant s'éloigner. Quelque visionnaire et quelque bizarre qu'elle soit, je n'étais pas préparé à cela. Le nom de la profession périlleuse que j'exerce ne l'a pas fait frémir, et cependant elle ne s'attendait pas à tout ce qui en est la suite naturelle. Tout ce que j'avais gagné par ma ressemblance avec un champion norse ou avec un roi de la mer va se perdre en un instant, parce qu'une bande de pirates ne ressemble pas à un chœur d'archanges. Je voudrais que Rackam, Hawkins et tous les autres fussent au fond de l'Océan, et que le courant de Pentland les eût conduits aux enfers au lieu de les amener aux Orcades. Quoi que puissent faire tous les démons, je ne quitterai pas la piste de cet ange. J'irai aux Orcades; il faut que j'y aille avant que Magnus y fasse son voyage. Tout borné qu'est son esprit, il pourrait prendre l'alarme en voyant ma rencontre avec mes compagnons. Du reste, grâce au ciel, dans ce pays sauvage on ne connaît la nature de notre commerce que par ouï-dire, ou par le canal des Hollandais, et ces bons amis ont grand soin de ne jamais dire de mal de ceux qui peuvent leur faire gagner de l'argent. Eh bien! si la fortune voulait me favoriser près de cette belle enthousiaste, je ne poursuivrais plus sa roue sur le sein des mers; je m'établirais au milieu de ces rochers, et m'y trouverais aussi heureux que sous des bosquets de palmiers et de bananiers.

LE PIRATE.

L'imagination remplie de ces pensées, que ses lèvres n'exprimaient que par boutades et indistinctement, le pirate Cleveland retourna à Burgh-Westra.

CHAPITRE XXIII.

> « On s'embrassait, on se donnait la main,
> « Et tous les cœurs étaient dans le chagrin,
> « Parce qu'après avoir fait bonne chère
> « Il ne restait que des adieux à faire.
> « J'appelai l'hôte, et demandai combien
> « Il lui fallait. Il me répondit : Rien. »
>
> *Lilliput*, poème.

Nous ne nous étendrons pas sur tous les divertissemens par lesquels on célébra cette journée, attendu qu'ils n'offriraient rien qui pût intéresser particulièrement nos lecteurs. La table gémit à l'ordinaire sous le poids des mets; les convives firent honneur au repas avec leur appétit accoutumé; les hommes burent à longs traits; les femmes rirent à gorge déployée; Claude Halcro débita des vers, fit des jeux d'esprit, et donna, suivant son usage, maintes louanges à Dryden; l'Udaller porta des santés et entonna des chansons bachiques qu'il fallait qu'on répétât en chœur; enfin la soirée se termina, selon la coutume, dans le grand magasin qu'il plaisait à Magnus de nommer la salle de bal.

Ce fut là que Cleveland, s'approchant de l'Udaller assis entre ses deux filles, lui annonça son intention de partir pour Kirkwall sur un petit brick que Bryce Snailsfoot, qui avait débité ses marchandises avec une rapidité sans exemple, avait frété pour aller en chercher de nouvelles.

Magnus, accueillant cette résolution soudaine avec surprise, et même avec quelque mécontentement, demanda à Cleveland d'un ton un peu aigre depuis quand il préférait la compagnie de Bryce Snailsfoot à la sienne. Cleveland lui répondit avec le ton de brusquerie franche d'un marin, que le vent et la marée n'attendaient personne, et qu'il avait des raisons particulières pour se rendre à Kirkwall plus tôt que l'Udaller n'avait dessein d'y aller; qu'il espérait le voir ainsi que ses filles à la grande foire, et que peut-être il lui serait possible de les accompagner à leur retour.

Tandis qu'il parlait ainsi, Brenda eut toujours les yeux fixés sur sa sœur, autant qu'elle pouvait le faire sans attirer sur elle l'attention générale. Elle remarqua que les joues de Minna pâlirent encore davantage pendant que Cleveland parlait, et qu'elle semblait serrer les lèvres et froncer légèrement les sourcils, comme si elle eût voulu concentrer en elle-même une forte émotion. Cependant Minna garda le silence, et quand Cleveland, après avoir pris congé de l'Udaller, s'approcha d'elle pour l'embrasser, comme c'était sa coutume, elle reçut ses adieux sans oser se fier assez à elle-même pour essayer de lui répondre.

Le moment approchait où Brenda allait aussi avoir son épreuve à subir. Mordaunt Mertoun, naguère le favori de son père, faisait alors ses adieux à Magnus, qui les reçut de l'air le plus froid, et sans lui accorder un seul regard d'amitié. Il y avait même une sorte de sarcasme dans le ton avec lequel, lui souhaitant un bon voyage, il lui recommanda, si par hasard il rencontrait chemin faisant quelque jolie fille, de ne pas s'imaginer qu'elle en fût amoureuse parce qu'elle aurait ri avec lui un instant. Mordaunt rougit en entendant ce propos, qui lui parut une insulte, quoiqu'il ne le comprît qu'à demi; mais il songea à Brenda, et ne témoigna aucun ressentiment. Il prit ensuite congé des deux sœurs. Minna, dont le cœur s'était considérablement adouci en sa faveur, le reçut avec un certain intérêt; mais celui que Brenda prenait à lui était si évident par la manière dont elle l'accueillit et par les larmes qui lui remplirent les yeux, que l'Udaller lui-même le remarqua, et s'écria avec un peu d'humeur : — C'est tout naturel, mon enfant, c'est une ancienne connaissance; mais souvenez-vous que la connaissance est finie; telle est ma volonté.

Mordaunt, qui sortait de l'appartement à pas lents, entendit la moitié de cette réprimande, et se trouvant mortifié, il se retourna pour en demander raison. Mais il manqua de résolution quand il vit que Brenda avait été obligée d'avoir recours à son mouchoir pour cacher son émotion; et l'idée que son départ était la cause de cette affliction effaça de son souvenir les paroles désobligeantes que Magnus venait de prononcer. Il se retira; les autres convives suivirent son exemple, et la plupart firent leurs adieux dans la soirée comme Mordaunt et Cleveland, afin de pouvoir se mettre en route le lendemain de bonne heure.

La nuit suivante, chacune des deux sœurs avait ses chagrins, et si l'affliction ne put faire disparaître entièrement la réserve qu'elles avaient eue depuis peu l'une envers l'autre, elle en écarta du moins la froideur. Elles pleurèrent dans les bras l'une de l'autre; et, sans se parler, elles sentirent qu'elles s'aimaient plus que jamais, parce qu'elles savaient que la douleur qui faisait couler leurs larmes avait la même source dans chacune d'elles.

Il est probable, malgré les pleurs que Brenda versait avec plus d'abondance, que le chagrin de Minna était plus profond, car long-temps après que la plus jeune des deux sœurs se fut endormie à force de pleurer, comme le fait un enfant, la tête appuyée sur le sein de Minna, celle-ci veillait encore; et les larmes qui s'amassaient lentement dans ses yeux coulaient le long de ses joues quand elles devenaient trop pesantes pour pouvoir être retenues par les longs cils de ses paupières. Tandis qu'elle se livrait ainsi à ses pensées douloureuses, elle fut surprise d'entendre sous la fenêtre des sons harmonieux. Elle supposa d'abord que c'était un caprice de Claude Halcro, dont l'humeur fantasque se permettait quelquefois de pareilles sérénades; mais l'instrument dont elle entendait les sons n'était pas le güe du vieux ménestrel; c'était une guitare, et personne n'en jouait dans l'île que Cleveland, qui, ayant vécu souvent avec les Espagnols de l'Amérique méridionale, savait en pincer avec un vrai talent. Peut-être était-ce aussi dans le même climat qu'il avait appris la chanson qu'il chantait alors sous la croisée d'une jeune fille de Thulé, car elle ne pouvait avoir été composée pour une habitante d'un climat si rigoureux, puisqu'elle parlait de productions naturelles inconnues aux Orcades.

> Tandis que la beauté sommeille,
> L'amour qui veille
> Verse des pleurs.
> Sur sa couche semant des fleurs,
> Puisse un doux songe,
> Heureux mensonge,
> De son sein bannir les douleurs!
>
> Sous les palmiers de ce bocage,
> Quel doux ombrage!
> Les vers luisans
> Eclairent les pas des amans;
> Et sur ses ailes,
> Roses nouvelles,
> Zéphir porte vos dons charmans.
>
> Ecoute un amant qui t'adore :
> Dormir encore
> C'est cruauté.
> Couronne sa fidélité.
> Le plus doux songe
> N'est qu'un mensonge
> Auprès de la réalité.

La voix de Cleveland était belle, sonore, et avait beaucoup d'étendue; elle convenait admirablement à l'air espagnol qu'il chantait, et dont les paroles avaient probablement été traduites de cette langue. Son invocation n'aurait certainement pas été infructueuse, si Minna avait pu se lever sans éveiller sa sœur. Mais cela était impossible; car Brenda, qui, comme nous l'avons déjà dit, avait versé des larmes amères avant de céder au sommeil, tenait un bras passé autour d'elle, dans l'attitude d'un enfant qui vient de s'endormir en pleurant sur le sein de sa nourrice. Minna ne pouvait donc se dégager sans éveiller sa sœur, et il fallût qu'elle renonçât au projet qu'elle formait de passer une robe à la hâte, et d'ouvrir la fenêtre pour parler à Cleveland, amené sans doute par le désir d'avoir une dernière entrevue avec elle. La contrainte où elle se trouvait était assez contrariante, puisqu'elle l'empêchait de recevoir les adieux de son amant. Mais en rendre témoin Brenda, Brenda qui semblait depuis peu avoir conçu des sentimens défavorables pour Cleveland, c'était à quoi elle ne pouvait se résoudre.

Quelques instans se passèrent ainsi. Minna, aussi doucement qu'il était possible, réitéra plusieurs tentatives pour se débarrasser du bras de sa sœur, mais à chaque fois Brenda faisait entendre un son grondeur, comme un enfant qu'on trouble dans son sommeil, ce qui lui fit croire que si elle persistait à vouloir se lever, elle l'éveillerait infailliblement.

Minna fut donc obligée, à son grand regret, de rester immobile et silencieuse. Cependant son amant, comme s'il eût voulu essayer de l'attendrir par une musique d'un autre genre, se mit à chanter les couplets ci-après :

Adieu! la voix que vous venez d'entendre,
Pour la dernière fois soupire un chant d'amour.
Le cri de guerre aura bientôt son tour,
Le signal du combat d'un seul mot va dépendre.

Au lieu des vœux d'un amour trop timide,
Qu'à peine, hélas! ma bouche osait vous exprimer,

Je ne dois plus songer qu'à rallumer
La torche des combats, désormais mon seul guide.

L'œil que sur vous j'osais lever à peine,
Sans se troubler verra tomber plus d'un guerrier ;
Et j'armerai du glaive meurtrier
Cette main qu'à la vôtre un doux serment enchaîne.

Adieu, bonheur ! adieu, vaine espérance !
Il ne me reste rien à craindre, à désirer.
Adieu, doux nœuds, que j'ai cru voir serrer ;
Je perds tout, excepté souvenir et constance.

Il se tut, et celle à qui il adressait ses chants essaya encore de se lever sans éveiller sa sœur, mais toujours inutilement. La chose lui paraissait impossible. Il ne lui restait donc qu'à songer douloureusement que Cleveland se retirait désolé de n'avoir pu obtenir d'elle un mot, pas même un regard, lui dont le caractère était si impétueux, et qui pourtant en enchaînait la violence avec tant d'attention pour tout ce qu'elle pouvait désirer ! Si elle avait pu dérober un instant seulement pour lui dire adieu ; pour lui recommander de ne pas avoir de nouvelles querelles avec Mordaunt ; pour le conjurer d'abandonner des camarades tels que ceux dont il lui avait tracé le portrait ! Peut-être de telles prières, de tels avis, à l'instant de son départ, auraient pu produire quelque impression sur lui, et avoir même une influence sur le reste de sa vie.

Tourmentée par de telles pensées, Minna allait risquer un dernier effort, quand elle entendit, sous la croisée, des voix qu'elle crut reconnaître pour celles de Cleveland et de Mordaunt. On parlait avec vivacité, mais comme si l'on eût craint d'être entendu. Son alarme ajouta au désir qu'elle avait déjà de se lever, et, ne ménageant plus rien, elle fit ce qu'elle avait tant de fois inutilement tenté, et écarta le bras de sa sœur, sans troubler son sommeil. Brenda prononça quelques mots sans suite, ou plutôt fit entendre une espèce de murmure inintelligible, mais elle ne s'éveilla pas.

Cependant Minna se couvrait à la hâte d'une robe, dans l'intention d'ouvrir ensuite la fenêtre, quand elle entendit la conversation devenir une querelle : des paroles on en vint aux coups, et le tout se termina par un profond gémissement.

Effrayée par ce dernier symptôme qui annonçait quelque malheur, Minna courut à la fenêtre et s'efforça de l'ouvrir, car les personnes qu'elle désirait voir étaient si près de la muraille, qu'elle ne pouvait les apercevoir qu'en passant la tête par la croisée. Or le ressort était rouillé, et l'empressement avec lequel elle voulait l'ouvrir rendait, comme c'est l'ordinaire, cette opération encore plus difficile. Enfin quand elle eut réussi, et qu'elle eut passé la moitié du corps hors de la croisée, ceux qui lui avaient causé tant d'alarmes étaient devenus invisibles. Cependant le clair de lune lui fit voir une ombre, et le corps qui la projetait sans doute devait en ce moment tourner le coin d'un mur. Cette ombre, qui s'avançait lentement, paraissait celle d'un homme qui en portait un autre sur ses épaules, circonstance qui mit le comble aux angoisses de Minna; elle n'hésita pas à descendre par la croisée, heureusement fort basse, pour se mettre à la poursuite de ceux qui lui causaient tant de terreur.

Mais quand elle arriva au coin du bâtiment d'où l'ombre avait semblé se projeter, elle ne découvrit rien qui pût lui indiquer le chemin qu'avait pris celui qu'elle cherchait. Indépendamment des angles multipliés de cette antique maison, indépendamment des celliers, des écuries, des étables, des serres et des bâtimens de toute espèce qui, épars çà et là sans plan et sans ordre, opposaient des obstacles presque insurmontables à ses recherches, le jardin était bordé jusqu'à la baie par une chaîne de petits rochers, continuation des rocs plus élevés de la côte. Plusieurs de ces rochers étaient séparés par de petits défilés; il s'y trouvait un grand nombre de cavernes et d'ouvertures, et le corps auquel l'ombre appartenait avait pu s'y réfugier avec son fardeau funeste, car tout portait la fille de Magnus à croire qu'elle pouvait lui donner cette épithète.

Un moment de réflexion convainquit Minna qu'elle ferait une folie en continuant sa poursuite. Sa seconde pensée fut de donner l'alarme dans la maison; mais quel récit allait-elle être obligée de faire, et qui fallait-il qu'elle accusât? Cependant il était peut-être encore possible de secourir le blessé, si toutefois il n'était que blessé, et s'il ne l'était pas mortellement. Cette réflexion la décida, et elle allait élever la voix quand elle entendit celle de Claude Halcro qui paraissait revenir de la baie, et qui chantait le fragment suivant d'une vieille ballade norse, qu'on peut traduire ainsi qu'il suit :

> A ceux qui viendront au festin,
> Quand je serai dans mon drap mortuaire,
> Vous aurez soin, ma bonne mère,
> D'offrir du pain blanc et du vin.
>
> Vous prendrez soin de mes chevaux,
> De mes faucons, de mes chiens, de ma terre,
> Sans oublier, ma bonne mère,
> D'entretenir mes neuf châteaux.
>
> Pourquoi vouloir venger ma mort?
> Mon âme au ciel va s'élever, j'espère;
> Rendez mon corps, ma bonne mère,
> A la poussière dont il sort.

Le rapport singulier qu'avaient ces vers avec la situation dans laquelle Minna se trouvait, lui parut un avis du ciel. Nous parlons ici d'un pays superstitieux, où l'on avait foi aux présages, et à peine pouvons-nous espérer d'être entendu par ceux dont l'imagination bornée ne peut concevoir combien ces causes ont d'influence sur l'esprit humain, à une certaine époque de l'état de société. Un vers de Virgile, sur lequel on tombait par hasard, était considéré à la cour d'Angleterre, dans le dix-septième siècle, comme une prophétie des évènemens futurs. Est-il donc étonnant qu'une jeune fille née dans les îles Shetland, séparées du reste de l'univers, ait regardé comme une injonction du ciel des vers dont l'analogie était si frappante avec ce qui venait d'arriver.

— Je garderai le silence, dit-elle à demi-voix ; je fermerai mes lèvres ; et elle répéta ces vers :

> Mon âme au ciel va s'élever, j'espère ;
> Rendez mon corps, ma bonne mère,
> A la poussière dont il sort.

— Qui est-ce qui parle ? s'écria Claude Halcro d'un ton qui annonçait quelque alarme ; car dans ses voyages dans les pays étrangers il n'avait nullement réussi à se débarrasser des superstitions de son pays natal.

Dans l'état où la crainte et l'horreur l'avaient réduite, Minna fut d'abord hors d'état de lui répondre, et les yeux d'Halcro rencontrant la figure d'une femme vêtue en blanc, qu'il ne voyait qu'imparfaitement, attendu que l'ombre de la maison la couvrait, et qu'il régnait un brouillard fort sombre, il employa, pour la conjurer, d'anciens vers norses offrant une combinaison de sons qui semblaient appartenir à des habitans d'un autre monde, et qu'on ne peut espérer de retrouver dans la traduction suivante :

> Par saint Magnus, martyr par trahison,
> Par saint Ronan, avec rime et raison,
> Par saint Martin et par sainte Marie,
> Eloigne-toi, ma voix te congédie.
> Es-tu quelque esprit bénin ?
> Va, que le ciel te bénisse !
> Es-tu quelque esprit malin ?
> Pars, que l'enfer te maudisse !
> Habites-tu les airs ? rentre dans ce brouillard.
> Fixes-tu ton séjour au centre de la terre ?
> Regagne ta caverne avant qu'il soit trop tard.
> Habites-tu les flots ? va boire l'onde amère.
> Habites-tu le feu ? cherche quelque autre endroit ;
> Que peux-tu venir faire en un climat si froid ?

> Es-tu la dépouille mortelle
> De quelque habitant des tombeaux ?
> Au ver jaloux va donc rendre tes os.
> Fuis vite loin d'ici ; ton cercueil te rappelle
> Jusqu'à ce que du ciel le dernier jugement
> Prononce ton triomphe ou bien ton châtiment.
> Pars, au nom de la croix! retire-toi, recule,
> Disparais! J'ai fini ma magique formule.

— C'est moi, Halcro, répondit Minna d'un ton si bas, d'une voix si faible, que le poète aurait pu croire que c'était le fantôme qu'il venait de conjurer qui lui répondait.

—. Vous! s'écria Halcro dont l'alarme se changea en surprise; vous ici! par ce clair de lune, et quand elle est près de se coucher! C'est pourtant bien vous! Qui se serait attendu, ma charmante Nuit, à vous trouver ainsi errante dans votre ténébreux royaume? Mais je suppose que vous les avez vus aussi bien que moi? On peut dire que vous ne manquez pas de courage, puisque vous les avez suivis.

— Vu qui? suivi qui? demanda Minna espérant obtenir quelque éclaircissement sur ce qui lui causait tant d'inquiétude et de crainte.

— Les cierges funéraires qui dansaient dans la baie, répondit Halcro ; et je vous garantis qu'ils ne vous présagent rien de bon. Vous savez ce que disent les vieux vers :

> Quand le cierge funéraire
> Danse le jour ou la nuit,
> Soyez bien sûr qu'il s'ensuit
> Un corps pour le cimetière.

J'ai été jusqu'à la baie pour les voir, mais ils avaient disparu. Je crois pourtant que j'ai vu une barque prendre le large, quelque pêcheur qui allait en pleine mer sans doute. Je voudrais que nous eussions de bonnes nouvelles de ceux qui sont partis. Norna, qui nous a quittés si brusquement, et puis ces cierges funéraires... Au surplus, que Dieu veille sur nous! Je suis un vieillard, et je ne puis que faire des vœux pour qu'il n'arrive pas de malheur. Mais comment, ma charmante Minna, des larmes dans vos yeux! Et à présent que la lune vous éclaire, par saint Magnus! je vois que vous avez les pieds nus! Est-ce qu'il n'y a pas dans nos îles de bas d'une laine assez fine et assez douce pour ces jolis pieds qui paraissent si blancs au clair de lune? Eh bien! vous gardez le silence! mes balivernes vous fâchent peut-être? Fi donc, jeune fille, ajouta-t-il d'un ton sérieux, songez que je suis assez vieux pour être votre père, et que je vous ai toujours aimée comme si vous étiez mon enfant.

— Je ne suis pas fâchée, répondit Minna en faisant un effort pour parler. Mais n'avez-vous rien entendu? N'avez-vous rien vu? ils doivent avoir passé près de vous.

— *Ils!* répéta Halcro; qu'entendez-vous par *ils?* Voulez-vous dire les cierges funéraires? Non, ils n'ont point passé près de moi; mais je crois qu'ils ont passé près de vous, et qu'ils exercent sur vous leur funeste influence, car vous êtes pâle comme un spectre. Allons, allons, Minna, ajouta-t-il en ouvrant une porte du côté de la maison, ces promenades au clair de lune sont plus convenables à un vieux poète qu'à une jeune fille vêtue à la légère comme vous voilà! Mon enfant, il faut prendre garde de vous exposer à la fraîcheur de la nuit dans nos îles, car elle porte sur ses ailes plus de neige et de pluie que de parfums. Allons, jeune fille, rentrez; car, comme le dit le glorieux John Dryden, ou comme il ne le dit pas, ne pouvant me rappeler ses vers, mais comme je le dis moi-même dans un très joli poème composé quand ma muse était encore adolescente :

> Fille ne doit ouvrir les yeux
> Et quitter le lit qui la couvre
> Que quand Phœbus, du haut des cieux,
> A baisé la fleur qui s'entr'ouvre;

> Et l'on ne doit sur le gazon
> Voir sa jambe fine et jolie
> Que quand du soleil un rayon
> En a rendu l'herbe fleurie.

Mais chut, que vient-il ensuite? — Voyons.

Quand le démon de la poésie s'emparait de Claude Halcro, il oubliait le temps et les lieux, et malgré le froid il aurait tenu sa compagne en plein air pendant une demi-heure, en lui donnant des raisons poétiques pour lui prouver qu'elle aurait dû être dans son lit. Mais elle l'interrompit pour lui faire une question qu'elle prononça avec vivacité, quoique d'une voix à peine articulée, appuyant en même temps sa main tremblante sur le bras du poète, avec un mouvement convulsif comme de peur de tomber.

— Avez-vous vu quelqu'un dans la barque qui vient de prendre le large?

— Quelle demande! comment aurais-je pu voir quelqu'un, quand la lumière et la distance me permettaient seulement de distinguer que c'était une barque et non une baleine?

— Mais il devait y avoir quelqu'un dans cette barque? ajouta Minna, sachant à peine ce qu'elle disait.

— Cela me paraît certain, car il est rare qu'une barque marche contre le vent de son plein gré. Allons, tout cela n'est que folie; ainsi, comme dit la Reine dans une ancienne pièce que l'ingénieux William Davenant a remise au théâtre : — Au lit! au lit! au lit!

Ils se séparèrent, et Minna, le cœur déchiré d'inquiétude, se traîna avec difficulté, après avoir traversé divers corridors, jusque dans sa chambre, où elle se coucha avec précaution à côté de sa sœur qui dormait encore.

Qu'elle eût entendu Cleveland, elle en était certaine; les paroles qu'il avait chantées ne lui laissaient aucun doute à ce sujet. Si elle n'était pas également sûre d'avoir reconnu la voix du jeune Mertoun se querellant vivement avec son amant, l'impression qu'elle avait reçue à cet égard approchait bien de la certitude. Le gémissement effrayant par lequel la lutte semblait s'être terminée, l'ombre qui avait paru lui indiquer que le vainqueur se retirait chargé du corps de sa victime, tout tendait à prouver qu'un évènement fatal avait mis fin au combat. Et lequel de ces malheureux avait succombé? lequel avait reçu une mort prématurée? lequel avait remporté une fatale et sanglante victoire? Cependant, au milieu de toutes ses incertitudes, d'après le caractère, les mœurs et les habitudes de Cleveland, il lui semblait, quoiqu'elle osât à peine se l'avouer, que c'était lui qui était sorti victorieux de cette querelle. Cette réflexion fut pour elle un motif de consolation involontaire, ce qu'elle se reprocha bien amèrement quand elle songea que le crime que Cleveland venait de commettre détruisait à jamais tout espoir de bonheur pour Brenda.

— Sœur innocente! sœur malheureuse! pensa-t-elle; tu vaux cent fois mieux que moi, car tes vertus ne t'inspirent ni présomption ni orgueil. Comment est-il possible que j'aie cessé un instant de sentir la douleur d'une blessure qui ne doit se fermer dans mon cœur que pour s'ouvrir dans le tien!

Tandis que ces pensées cruelles agitaient son esprit, elle ne put s'empêcher de serrer tendrement sa sœur contre son sein, et Brenda s'éveilla en poussant un profond soupir.

— Est-ce vous, ma sœur? s'écria-t-elle. Je rêvais que j'étais sur un de ces monumens dont Claude Halcro nous a fait la description, et sur lesquels est sculptée l'effigie de celui qu'ils couvrent. Il me semblait qu'une de ces statues de marbre était couchée près de moi, et que s'animant tout-à-coup elle me serrait contre son sein glacé. Et c'est le vôtre, Minna! D'où vient ce froid extraordinaire? Vous êtes certainement malade, ma chère sœur; laissez-moi me lever et appeler Euphane Fea. Qu'avez-vous donc? Norna est-elle encore venue ici?

— N'appelez personne, lui répondit Minna en la retenant. Mes souffrances sont de nature à ne pouvoir être soulagées par qui que ce soit. Je suis poursuivie par la crainte de quelque malheur plus grand que tous ceux que Norna elle-même pourrait vous prédire. Mais Dieu est tout-puissant, ma chère Brenda; adressons-nous à lui; prions-le de changer en biens tous nos maux, car lui seul en a le pouvoir.

Elles répétèrent ensemble une prière pour demander au ciel sa protection et la force qui leur était nécessaire, et cherchèrent ensuite à s'endormir quand elles l'eurent finie; — Que Dieu soit avec vous! se dirent-elles, consacrant ainsi au ciel leurs dernières paroles, si la fragilité humaine ne leur permettait pas de commander à leurs dernières pensées. Brenda s'endormit la première, et Minna, étouffant enfin à demi ses noirs pressentimens, fut assez heureuse pour en faire autant.

La tempête que craignait Halcro commença au point du jour : c'était une bourrasque accompagnée de pluie et de vent, telle qu'on en éprouve souvent sous cette latitude, même pendant la plus belle saison de l'année. Le sifflement des vents, et le bruit de la pluie tombant avec force sur le toit des pêcheurs, éveillèrent leurs pauvres femmes, qui, appelant leurs enfans, leur dirent de lever vers le ciel leurs mains innocentes, et tous adressèrent au ciel de ferventes prières pour le supplier de protéger leurs époux, leurs pères, alors à la merci des élémens en courroux. A Burgh-Westra, le vent retentissait dans toutes les cheminées et ébranlait toutes les croisées; les solives, dont la plupart avaient été faites avec des débris de bâtimens naufragés, semblaient gémir comme si elles eussent craint d'être encore une fois dispersées par la tempête. Cependant les deux filles de Magnus continuèrent à dormir aussi tranquillement que si la main de Chantry les eût formées de marbre de Carrare. L'ouragan s'apaisa enfin, et les rayons du soleil, dissipant les nuages que le vent chassait vers la pleine mer, brillaient à travers la croisée, quand Minna s'éveilla la première du sommeil profond que l'épuisement de ses forces lui avait procuré. S'appuyant sur un bras, elle commença à se rappeler les évènemens qui, après le repos qu'elle venait de goûter, lui paraissaient ressembler aux visions mensongères de la nuit. Elle doutait même si les horreurs qui avaient précédé l'instant où elle s'était levée n'étaient pas l'illusion d'un songe occasioné peut-être par quelque bruit extérieur.

— Il faut que je voie Claude Halcro à l'instant, se dit-elle; puisqu'il était levé alors, il doit avoir entendu quelque chose de ce que j'ai cru entendre.

Elle sauta hors du lit; mais à peine était-elle debout dans la chambre, que sa sœur s'éveillant, s'écria : — Juste ciel, Minna, que vous est-il arrivé? Regardez donc vos pieds !

Minna y porta les yeux, et vit avec une surprise qui se changea un instant en consternation, que ses deux pieds étaient couverts de taches ressemblant à des traces non récentes de sang.

Sans songer à répondre à Brenda, elle courut à la fenêtre et jeta un coup d'œil de désespoir sur le gazon qui croissait au bas. Mais les torrens de pluie qu'y avaient jetés les nuages et surtout le toit de la maison, avaient fait disparaître toutes les traces du crime, s'il en avait jamais existé. La verdure brillait de fraîcheur, et chaque brin d'herbe, chargé d'une goutte de rosée, semblait un diamant exposé aux rayons du matin.

Tandis que Minna, d'un air égaré, fixait sur ce spectacle ses yeux effarés, Brenda était arrivée près d'elle, et la pressait vivement de lui dire où, quand et comment elle s'était blessée.

— Un morceau de verre a coupé mon soulier, répondit Minna cherchant quelque excuse pour satisfaire sa sœur; à peine m'en suis-je aperçue dans le moment.

— Et cependant, voyez comme vous avez saigné, répliqua sa sœur. Ma chère Minna, ajouta-t-elle en s'approchant avec une serviette mouillée, permettez-moi d'essuyer le sang; la blessure peut être plus considérable que vous ne pensez.

Elle s'apprêtait à joindre l'action aux paroles; mais Minna, ne trouvant aucun autre moyen pour l'empêcher de découvrir que ce sang n'avait jamais coulé dans ses veines, la repoussa d'un air d'impatience et de mécontentement. La pauvre Brenda, ne sachant en quoi elle pouvait avoir offensé sa sœur, recula quelques pas en voyant ses offres de service si durement rejetées, et regarda Minna d'un air qui annonçait plus de surprise et de regret que de dépit, mais laissant percer aussi un déplaisir assez naturel en cette circonstance :

— Ma sœur, dit-elle, je croyais que nous étions convenues hier soir que, quoi qu'il pût nous arriver, nous nous aimerions toujours...

— Il peut arriver bien des choses entre le soir et le matin, répondit Minna : et ces paroles lui étaient arrachées par sa situation, plutôt qu'elles n'étaient les véritables interprètes de ses pensées.

— Oui, sans doute, répliqua Brenda, il peut être arrivé bien des choses dans une nuit si orageuse. Voyez, le vent a renversé le mur qui entourait le potager d'Euphane. Mais ni le vent, ni la pluie, ni rien au monde ne peut refroidir notre affection, Minna.

— Mais il peut survenir, dit Minna, des évènemens qui la changent en...

Le reste de cette phrase fut murmuré d'un ton si bas et si peu distinct, qu'il fut impossible de l'entendre; et pendant ce temps elle essuyait les taches de sang qui couvraient ses pieds et son talon gauche. Brenda, toujours debout et la regardant à quelque distance, chercha en vain à prendre un ton qui pût rétablir en elle la confiance et l'amitié.

— Vous aviez raison, Minna, lui dit-elle, de ne pas vouloir que je vous aidasse à panser une si légère égratignure ; de l'endroit où je suis, à peine est-elle visible.

— Les blessures les plus cruelles, répondit Minna, sont celles qui ne paraissent pas à l'extérieur. Êtes-vous bien sûre que vous la voyez?

— Sans doute, dit Brenda, croyant que cette réponse satisferait sa sœur, je vois une petite égratignure. Ah! à présent que vous tirez votre bas, je ne puis plus rien voir.

— Le fait est que vous ne voyez rien, répliqua Minna d'un air égaré ; mais patience, avec le temps tout se verra, tout se saura, oui, tout.

En parlant ainsi, elle finissait de s'habiller à la hâte, et elle descendit ensuite, suivie de sa sœur, dans l'appartement où la société était déjà réunie pour déjeuner. Elle prit à table sa place ordinaire, mais elle avait le visage si pâle et l'air si hagard, ses discours étaient si incohérens, et ses manières si étranges, qu'elle fixa l'attention sur elle, et causa de vives inquiétudes à son père. Chacun fit ses conjectures sur l'état où on la voyait, résultat de quelque cause morale plutôt que d'une souffrance physique. Les uns pensèrent qu'un mauvais œil s'était arrêté sur elle; les autres en accusèrent tout bas Norna de Fitful-Head; quelques uns songèrent au départ du capitaine Cleveland, et dirent à demi-voix qu'il était honteux qu'une jeune fille se montrât si éprise d'un vagabond que personne ne connaissait. Cette épithète méprisante fut particulièrement appliquée au capitaine par Baby Yellowley, tandis qu'elle couvrait ses épaules saillantes du beau schall dont il lui avait fait présent. Le vieille lady Glowrowrum était partie d'une autre supposition, et elle en fit part à mistress Yellowley, après avoir rendu grâce à Dieu de n'être parente de la famille de Burgh-Westra que par la mère des deux jeunes filles, qui était une brave Écossaise comme elle-même.

— Quant à ces Trolls, dame Yellowley, ils ont beau lever la tête, on sait qu'il y a une guêpe sous leur bonnet. Cette Norna, ainsi qu'ils l'appellent, car ce n'est pas son véritable nom, il s'en faut quelquefois de beaucoup qu'elle soit dans son bon sens; et ceux qui en connaissent la cause disent que, de manière ou d'autre, le fowde n'y est pas étranger, car jamais il ne veut en entendre mal parler. Mais j'étais alors en Écosse, sans quoi je saurais tout. Quoi qu'il en soit, il est certain qu'il y a un grain de folie dans leur sang. Vous savez que les fous ne peuvent souffrir qu'on les contredise; eh bien! dans toutes les îles Shetland, il n'y a personne qui supporte une contradiction plus difficilement que le fowde. Mais jamais il ne sera dit que j'aie mal parlé d'une famille à laquelle je suis alliée de si près. Seulement, dame Yellowley, faites attention que c'est par les Saint-Clairs que nous sommes parens, et non par les Trolls; et que les Saint-Clairs sont connus en tout pays pour une famille remarquable par son bon sens. Mais je vois qu'on verse le coup de l'étrier.

— Je ne sais, dit Baby à son frère dès que lady Glowrowrum eut le dos tourné, pourquoi cette vieille femme ne m'appelle que dame, dame, et toujours dame. Elle devrait savoir que le sang des Clinkscales vaut bien celui des Glowrowrums.

Cependant tous les hôtes de Magnus partaient successivement, sans qu'il y fît grande attention; car il était tellement préoccupé de l'état dans lequel il voyait Minna, que, contre son usage constant, à peine songea-t-il à les saluer. Ce fut ainsi que se termina cette année, au milieu de l'inquiétude et du chagrin, la célébration de la fête de saint Jean-Baptiste à Burgh-Westra; nouvelle preuve de la vé-

LE PIRATE. 355

rité de ce que disait l'empereur d'Éthiopie : — Que l'homme ne peut raisonnablement compter sur les jours qu'il destine au bonheur.

CHAPITRE XXIV.

« Au mal qui semble ainsi la tourmenter
« Ne cherchez pas de cause naturelle ;
« C'est dans son cœur, on n'en saurait douter,
« Que gît le mal de cette damoiselle :
« Quelque sorcière ou quelque esprit malin
« Aura jeté ce trouble dans son sein. »
SPENCER, *la Reine des Fées*, liv. III, chant 3.

IL y avait déjà plusieurs jours que le terme auquel Mordaunt avait promis de revenir chez son père était passé. Ce retard en tout autre temps, n'aurait causé que peu de surprise et donné aucune inquiétude ; car la vieille Swertha, qui se chargeait de penser et de tirer des conjectures pour tous les autres habitans de la maison, aurait conclu qu'il était resté à Burgh-Westra plus long-temps que les autres hôtes, pour quelque partie de plaisir. Mais elle savait que depuis un certain temps Mordaunt avait perdu les bonnes grâces de Magnus Troil, et que d'ailleurs il avait dessein de ne faire qu'un séjour très court chez l'Udaller, attendu le mauvais état de la santé de son père, pour qui il ne se relâchait jamais dans ses soins, malgré le peu d'encouragement que recevait de lui sa piété filiale. Cette double circonstance fit naître des inquiétudes dans l'esprit de Swertha. Elle épiait les regards de son maître ; mais Mertoun, enveloppé dans une sombre indifférence, offrait à l'observation des traits impénétrables, qu'on aurait pu comparer à la surface d'un lac dans une nuit sans étoiles. Ses études, ses repas solitaires, ses promenades dans des lieux déserts et écartés, se succédaient invariablement, et l'absence de Mordaunt ne semblait pas occuper une seule de ses pensées.

Enfin tant de bruits, partant de différens côtés, arrivèrent aux oreilles de Swertha, qu'il lui devint absolument impossible de cacher l'agitation qui la tourmentait, et, au risque d'essuyer toute la fureur de son maître, et peut-être même de perdre la place qu'elle occupait dans sa maison, elle résolut de le forcer à donner quelque attention à ses inquiétudes. Il fallait que la bonne humeur et la bonne mine de Mordaunt eussent fait une bien forte impression sur le cœur flétri et égoïste de cette pauvre vieille pour la déterminer à hasarder une entreprise si hardie, et dont son ami le Rauzellaer essaya en vain de la détourner. Cependant, sachant que si elle ne réussissait pas, ce serait pour elle non seulement une honte, mais une perte incalculable, elle se promit d'apporter dans cette grande affaire autant de prudence et de circonspection que les circonstances pouvaient en exiger.

Nous avons déjà dit qu'un des traits caractéristiques de cet homme insociable et bizarre, au moins depuis sa retraite dans la solitude d'Iarlshof, était de ne permettre à personne d'entamer avec lui aucun sujet de conversation, ou de lui faire aucune question sans une nécessité urgente et absolue. Swertha sentit que, pour préparer les voies à l'entretien qu'elle voulait avoir avec son maître, il fallait qu'elle l'obligeât à l'ouvrir lui-même.

Pour accomplir ce dessein, en mettant la table pour le dîner simple et solitaire de M. Mertoun, elle y plaça deux couverts, et fit tous ses petits préparatifs d'usage comme si un autre convive eût été attendu.

Ce stratagème réussit, car Mertoun, en sortant de son cabinet, ne vit pas plus tôt le second couvert sur la table, qu'il demanda à Swertha si Mordaunt était revenu de Burgh-Westra.

Cette question était précisément ce que désirait Swertha, qui attendait l'effet de sa ruse comme le pêcheur attend celui de l'appât dont il a amorcé son hameçon, et elle lui répondit d'un ton d'inquiétude et de tristesse moitié affectée, moitié réelle : — Non ! non ! rien de pareil n'a passé par la porte. Ce serait une trop bonne nouvelle que celle qui nous apprendrait que M. Mordaunt est revenu sain et sauf, le pauvre jeune homme !

— Et pourquoi lui avoir mis un couvert, puisqu'il n'est pas de retour, vieille folle ? s'écria son maître d'un ton qui était bien fait pour arrêter la vieille dans ses plans. Mais elle lui répliqua hardiment qu'il fallait bien que quelqu'un songeât à M. Mordaunt ; que tout ce qu'elle pouvait faire était de tenir une chaise et une assiette prêtes pour lui quand il arriverait ; mais qu'elle croyait que le pauvre jeune homme était déjà bien loin, et que si elle devait dire tout ce qu'elle pensait, elle avait des craintes qu'il ne revînt jamais.

— Des craintes ! s'écria Mertoun, ses yeux s'enflammant comme dans des instans où il se laissait emporter par un accès irrésistible de colère. Est-ce à moi que vous parlez de vos sottes craintes, à moi qui sais que tout ce qui n'est pas folie, sottise, égoïsme et vanité dans votre sexe, n'est qu'un composé de vapeurs, de craintes puériles et de frivoles inquiétudes ! Et que m'importent vos craintes, vieille folle ?

Ce qu'on ne saurait trop admirer dans les femmes, c'est que, lorsqu'elles voient violer les lois de l'affection naturelle, tout le sexe est sous les armes. Que le bruit se répande dans une rue qu'un père a maltraité son enfant, ou qu'un enfant a insulté son père, et toutes les femmes qui l'entendront prendront fait et cause pour la partie souffrante. Je ne dis rien des voies de fait entre époux, car en ce cas la compassion peut avoir pour base l'intérêt personnel. Swertha, quoique avare et intéressée, n'était pas étrangère à ce sentiment généreux qui fait tant d'honneur à son sexe, et en cette occasion elle fut tellement entraînée par son impulsion, qu'elle osa faire face à son maître, et lui reprocher son indifférence et sa dureté de cœur avec une hardiesse dont elle fut elle-même étonnée.

— Bien certainement, dit-elle, ce n'est pas moi qui devrais concevoir des craintes pour mon jeune maître, M. Mordaunt, quoiqu'il soit bien vrai qu'il est le bijou de mon cœur; mais tout autre père que Votre Honneur aurait fait faire des recherches après le pauvre garçon, puisque voilà huit jours qu'il est parti de Burgh-Westra, et que personne ne peut dire ce qu'il est devenu. Il n'y a pas un enfant dans le village qui ne crie après lui, car c'était lui qui, avec son couteau, leur faisait leurs petits bateaux; et s'il lui arrivait malheur, il ne resterait pas deux yeux secs dans toute la paroisse, à moins que ce ne soient ceux de Votre Honneur.

Mertoun avait été frappé de l'insolente volubilité de sa femme de charge qui se mettait en insurrection contre lui, et sa surprise l'avait même réduit au silence. Mais à ce dernier sarcasme, il lui ordonna de se taire d'un ton courroucé, et accompagna cet ordre d'un des regards les plus terribles que ses yeux noirs et ses traits sévères eussent jamais lancés. Mais Swertha qui, comme elle le dit ensuite au Rauzellaer, se sentait soutenue pendant toute cette scène par une force surnaturelle, ne se laissant pas intimider par la voix irritée et le regard furieux de son maître, continua à lui parler sur le même ton.

— Votre Honneur a fait bien du bruit, dit-elle, parce que de pauvres gens avaient ramassé sur le rivage quelques tonneaux et quelques caisses qui ne pouvaient servir à personne, et voilà le plus brave garçon du pays qui est disparu, évanoui pourrait-on dire, sans que vous demandiez seulement ce qu'il est devenu.

— Et que voulez-vous qu'il soit devenu, vieille folle? s'écria M. Mertoun. Il est bien vrai qu'au milieu des folies dans lesquelles il passe son temps il ne peut devenir rien de bon.

En parlant ainsi, son ton annonçait la dérision plutôt que la colère, et Swertha, une fois dans la partie difficile de cette conversation, résolut de ne pas la laisser tomber, maintenant que le feu de son adversaire commençait à se ralentir.

— Il est bien vrai que je suis une vieille folle, j'en conviens; mais si M. Mordaunt est par malheur au fond du Roost; — plus d'une barque a fait naufrage pendant la tempête de l'autre matin; — heureusement elle a été courte, sans quoi rien ne lui aurait résisté; — ou s'il s'est noyé dans un lac en revenant ici à pied; — si le pied lui a manqué sur un rocher, et tout le monde sait combien il était hard. à les gravir; qui sera le vieux fou alors? — Que Dieu protège le pauvre enfant qui n'a plus de mère! ajouta-t-elle avec un accent pathétique. Si M. Mordaunt avait encore eu la sienne, on n'aurait pas attendu si longtemps pour le faire chercher partout!

Ce dernier sarcasme produisit sur Mertoun un effet terrible. Ses lèvres tremblèrent, ses joues pâlirent, et il dit à Swertha d'entrer dans son cabinet, où elle avait rarement la permission de mettre le pied, et d'aller lui chercher une bouteille dont il lui indiqua la place.

— Oh! oh! pensa-t-elle en se hâtant d'exécuter cet ordre, il paraît que mon maître sait où trouver au besoin de quoi faire passer toute l'eau qu'il avale.

Elle trouva dans son cabinet une petite caisse contenant quelques bouteilles, mais la poussière et les toiles d'araignées qui les couvraient prouvaient qu'on n'y avait pas touché depuis plusieurs années. Ce ne fut pas sans peine qu'elle parvint à en déboucher une à l'aide d'une fourchette, car il n'existait pas un seul tire-bouchon à Iarlshof; et après s'être assurée par l'odorat et par le goût, de crainte de méprise, qu'elle contenait de l'eau des Barbades, elle la porta dans la salle à manger, où son maître luttait contre une faiblesse qu'il ne pouvait vaincre. Elle lui en versa une dose modérée dans le premier verre qu'elle put trouver, jugeant prudemment que cette petite quantité suffirait pour produire un grand effet sur un homme si peu habitué à l'usage des liqueurs spiritueuses. Mais Mertoun lui fit signe, d'un air d'impatience, de remplir le verre, qui pouvait tenir le tiers d'une pinte, mesure d'Angleterre [1], et l'ayant rempli jusqu'au bord, elle fut bien surprise de le lui voir vider d'un seul trait.

— Que tous les saints du paradis nous protègent! pensa Swertha; il va devenir aussi ivre qu'il est fou ; il ne voudra plus écouter personne.

Cependant les joues de Mertoun reprirent leurs couleurs, il parut respirer plus librement, et ne montra aucun symptôme d'ivresse. Au contraire, Swertha dit ensuite à ses amis que quoiqu'elle eût toujours eu une ferme confiance en l'efficacité d'un bon verre de liqueur, elle n'avait jamais vu ce spécifique opérer un pareil miracle. Jamais non plus elle n'avait entendu son maître parler si raisonnablement depuis qu'elle était à son service.

— Swertha, dit-il, vous avez raison pour aujourd'hui, et c'est moi qui avais tort. Courez sur-le-champ chez le Rauzellaer, et dites-lui de venir me parler sans perdre un instant, et de m'informer du nombre de barques et d'hommes qu'il peut me procurer. Je les emploierai tous à cette recherche, et ils seront récompensés amplement.

Stimulée par l'aiguillon qui, suivant le proverbe, met au trot les vieilles femmes, Swertha courut au hameau avec tout le reste de vitesse que douze lustres lui avaient laissé. Elle voyait d'ailleurs avec quelque plaisir que le sentiment auquel elle s'était abandonnée allait trouver sa récompense. Sa compassion désintéressée avait déter

---

(1) Plus petite que celle de Paris de près de moitié. — Ed.

miné une recherche qui promettait d'être lucrative ; mais elle se proposait de ne pas perdre sa part du profit. Chemin faisant, et long-temps avant qu'on pût l'entendre, elle appelait à grands cris Neil Ronaldson, Sweyn Erickson, et les autres amis confédérés qui devaient être intéressés à l'objet de sa mission. Pour dire la vérité, quoique la bonne dame prît véritablement un vif intérêt à Mordaunt, et que son absence lui causât de réelles inquiétudes, rien ne l'aurait peut-être plus contrariée que de le voir paraître en ce moment sain et sauf devant elle ; car en ce cas adieu les recherches qui allaient avoir lieu, et la récompense avec elles.

Swertha ne fut pas long-temps à s'acquitter de sa commission, et à régler avec les sénateurs du hameau la portion qui lui serait attribuée dans le marc la livre des profits. Elle retourna sur-le-champ à Iarlshof, accompagnée de Neil Ronaldson, et ne manqua pas de lui donner toutes les instructions qu'elle crut nécessaires, attendu le caractère de son maître.

— Par-dessus tout, lui dit-elle, ne lui faites jamais attendre une réponse, et parlez haut et distinctement, comme s'il s'agissait de héler une barque ; car il n'aime pas à dire deux fois la même chose. S'il vous interroge sur les distances, vous pouvez lui donner les milles pour les lieues, car il ne connaît rien au pays qu'il habite ; et s'il vous parle d'argent, vous ne risquez rien de lui demander des dollars au lieu de shillings, attendu qu'il n'en fait pas plus de cas que si c'étaient des pierres d'ardoise.

Ayant fait ainsi sa leçon à Neil Ronaldson, elle l'introduisit en présence de son maître. Mais le Rauzellaer fut confondu en voyant qu'il ne pouvait suivre le système de déception qui venait d'être convenu. Quand il essaya, en exagérant les distances et les dangers, de faire hausser le loyer des barques et le salaire des hommes, car on devait faire des recherches sur mer et sur terre, il se trouva coupé court par Mertoun, qui lui prouva qu'il connaissait aussi parfaitement qu'il était possible, non seulement tout l'intérieur du pays et les distances d'un lieu à l'autre, mais encore les marées, les courans et tout ce qui pouvait avoir rapport à la navigation de ces mers, quoiqu'il eût paru jusqu'alors complètement étranger à tous ces détails. Ronaldson trembla donc quand il fut question du salaire à payer à ceux qui s'occuperaient de cette recherche, car il était assez vraisemblable que Mertoun ne serait pas moins instruit sur ce sujet que sur les autres, et qu'il saurait fort bien ce qu'il convenait de payer à cet égard. Le Rauzellaer n'avait pas oublié la tempête qu'avait excitée la fureur de Mertoun quand, peu de temps après son arrivée à Iarlshof, il avait chassé de sa présence Swertha et Sweyn Erickson. Comme cependant il hésitait encore entre la crainte de demander trop et celle de ne pas exiger assez, Mertoun lui ferma la bouche et mit fin à son embarras en lui promettant une récompense au-dessus de tout ce qu'il aurait osé demander, et même une gratification additionnelle s'il lui rapportait l'heureuse nouvelle que son fils était en sûreté.

Quand ce point important eut été réglé, Neil Ronaldson, en homme consciencieux, commença à récapituler avec attention les divers endroits où l'on pouvait faire des enquêtes sur le jeune Mordaunt, tant dans l'île de Main-land que dans celles qui en étaient voisines, et il promit qu'on n'en oublierait pas un seul.

Mais après tout, ajouta-t-il, si Votre Honneur me permet de parler, il y a une personne, à peu de distance, qui, si quelqu'un osait lui faire une question, et qu'elle voulût y répondre, pourrait nous en dire sur M. Mordaunt plus que qui que ce soit. — Vous savez qui je veux dire, Swertha, celle qui était ce matin à la baie. — Et il conclut en jetant un coup d'œil mystérieux sur la femme de charge, qui y répondit en secouant la tête d'un air significatif.

— Que voulez-vous dire? s'écria Mertoun ; expliquez-vous clairement et brièvement : de qui parlez-vous?

— C'est de Norna de Fitful-Head que parle le Rauzellaer, dit Swertha, car elle est allée ce matin à l'église de Saint-Ringan pour quelque affaire qui ne regarde qu'elle.

— Et que peut-elle savoir de mon fils? D'après ce que j'ai entendu dire, c'est une folle, une femme qui vit d'impostures, qui court le pays.

— Si elle court le pays, dit Swertha, ce n'est pas pour vivre aux dépens des autres, car, indépendamment de ce qu'elle a par elle-même, il y a ici le fowde qui ne la laisserait manquer de rien.

— Mais quel rapport tout cela a-t-il avec mon fils?

— Je n'en sais rien, répondit Swertha, mais elle a paru aimer M. Mordaunt dès le premier moment qu'elle l'a vu, et elle lui a toujours fait de temps à autre quelque présent, sans parler de la belle chaîne d'or qu'il porte à son cou. Il y a des gens qui disent qu'elle a été travaillée par des fées. Je ne connais pas la valeur de l'or, mais Bryce Snailsfoot prétend qu'elle vaut cent livres sterling d'Angleterre ; et ce ne sont pas des coquilles de noix.

— Ronaldson, s'écria Mertoun, allez ou envoyez quelqu'un me chercher cette femme, si vous croyez qu'il est possible qu'elle sache quelque chose sur mon fils.

— Elle sait tout ce qui arrive dans ces îles, répondit le Rauzellaer, avant que personne en soit informé, et c'est la vérité de Dieu. Mais, pour aller la chercher dans l'église ou dans le cimetière, c'est ce que personne au monde ne fera ni pour or ni pour argent ; et ce que je vous dis là est encore la vérité de Dieu.

— Poltron superstitieux ! s'écria Mertoun ; Swertha, donnez-moi mon manteau. Cette femme a été à Burgh-Westra ; elle est parente de la famille Troil ; elle peut savoir quelque chose sur la cause de l'absence de Mordaunt.

J'irai la chercher moi-même. Elle est à l'église de la Croix, dites-vous?

— Non pas à l'église de la Croix, mais à la vieille église de Saint-Ringan, répondit Swertha; il y a un bon bout de chemin, et l'endroit n'est pas en très bonne odeur. Si Votre Honneur voulait m'en croire, il attendrait qu'elle en sortît, et ne la troublerait pas dans un moment où, autant que nous pouvons le savoir, elle est plus occupée des morts que des vivans. Les gens comme elle ne se soucient pas d'avoir les yeux des autres fixés sur eux, Dieu nous protège! quand ils s'occupent de leurs affaires.

Mertoun ne répondit rien, mais s'enveloppant de son manteau, car il tombait alors un brouillard fort épais, et marchant d'un pas plus rapide que son pas accoutumé, il prit le chemin qui conduisait à l'église en ruines, située, comme il le savait fort bien, à trois ou quatre milles de sa demeure.

Le Rauzellaer et Swertha le suivirent des yeux jusqu'à ce qu'ils l'eussent perdu de vue; et dès qu'ils furent sûrs qu'il ne pouvait plus les entendre, se regardant l'un l'autre d'une manière qui annonçait qu'ils n'auguraient pas bien de cette démarche, chacun d'eux fit sa remarque en même temps.

— Les fous courent toujours vite, et n'écoutent rien, dit Swertha.

— Les gens qui sont *fey*, dit le Rauzellaer, sont toujours les plus pressés, et nous ne pouvons fuir notre destin. J'ai connu des personnes qui ont tâché d'arrêter des gens fey; vous avez entendu parler d'Hélène Emborson de Camsey; elle avait fermé toutes les fenêtres et toutes les lucarnes de sa maison, afin que son mari ne vît pas la lumière du jour, et ne se levât pas pour aller pêcher en pleine mer, parce qu'elle craignait un gros temps. Eh bien! la barque sur laquelle il devait partir périt dans le Roost. Elle revint chez elle bien joyeuse d'avoir empêché son mari de s'embarquer; mais comment éviter son destin? elle le trouva noyé dans sa mare, près de sa propre maison. Il y a ensuite...

Swertha interrompit Neil Ronaldson, pour lui rappeler qu'il fallait se rendre à la baie pour faire partir les barques; car, lui dit-elle, d'une part je suis inquiète pour ce pauvre garçon; et de l'autre je crains qu'il n'arrive de lui-même avant qu'on soit parti pour aller le chercher. Or, comme je vous l'ai déjà dit, mon maître sait conduire, mais il ne veut pas tirer; et si vous n'exécutez pas ses ordres en partant sur-le-champ, vous pouvez dire adieu au loyer des barques, je vous en réponds.

— Eh bien! eh bien! répondit le Rauzellaer, nous partirons le plus tôt possible. Par bonheur, la barque de Clawson et celle de Pierre Grot n'ont pas quitté le rivage ce matin, parce que, comme ils se rendaient sur le bord de la mer, un lapin a passé devant eux; et ils sont retournés dans leur maison en hommes prudens, sachant qu'ils auraient autre chose à faire dans la journée. On ne peut penser sans étonnement, Swertha, combien il reste peu de gens judicieux dans ce pays. Notre grand Udaller est assez bien quand il a toute sa tête, mais il fait trop de voyages dans son vaisseau et dans la pinasse pour la conserver long-temps; et maintenant on dit que sa fille, miss Minna, n'est pas dans son bon sens. Norna sait plus de choses que personne au monde, mais on ne peut la citer comme une tête saine. Voici M. Mertoun! son esprit a une voie d'eau sous la quille, à coup sûr; et quant à son fils, c'est une vraie tête éventée. En un mot, parmi les gens d'importance de ces environs, il y en a bien peu, à l'exception de moi, bien entendu, et peut-être de vous, Swertha, qu'on ne puisse, d'une manière ou d'une autre, regarder comme des fous.

— Cela peut être, Neil Ronaldson, répondit Swertha; mais si vous ne vous hâtez d'aller bien vite à la baie, vous perdrez la marée; et, comme je le disais à mon maître il n'y a pas long-temps, qui sera le fou alors?

CHAPITRE XXV.

> « . . . . J'aime ces vieilles ruines.
> « Aux yeux des curieux le passé renaissant
> « Y montre à chaque pas un fait intéressant.
> « Peut-être en cette cour, exposée au ravage
> « Du temps, des élémens et d'un peuple sauvage,
> « Gisent les ossemens de maint homme pieux
> « Qui, sans peine oubliant ses arrière-neveux,
> « Et les déshéritant pour enrichir l'Eglise,
> « Espérait que sa tombe, à si grands frais acquise,
> « Sous les voûtes du chœur, à tout évènement,
> « Resterait jusqu'au jour du dernier jugement.
> « Mais tout passe ici-bas, églises comme villes;
> « Elles sont, comme nous, mortelles et fragiles. »
> WEBSTER, *la Duchesse de Malfy.*

L'ÉGLISE en ruines de Saint-Ninian avait joui dans son temps d'une grande célébrité; car la superstition, qui avait jeté ses racines dans toute l'Europe, n'avait pas manqué de les étendre jusque dans cet archipel si éloigné. Les îles Shetland, dans le temps du catholicisme, avaient leurs saints, leurs chapelles, leurs reliques; et quoiqu'on les connût fort peu dans le reste du monde, c'étaient des objets qui attiraient l'hommage et commandaient le respect des simples habitans de Thulé. Ils avaient une dévotion toute particulière pour cette église de Saint-Ninian, ou, comme on la nommait dans tout le district, de Saint-Ringan. L'origine de cette dévotion superstitieuse venait de ce que cet édifice était situé sur le bord de la mer, et servait souvent aux pêcheurs de point de reconnaissance, quand ils étaient en mer sur leurs barques. La crédulité y ajoutait tant de cérémonies superstitieuses, que le clergé de la réforme crut devoir solliciter un ordre des cours ecclésiastiques pour défendre d'y célébrer le service religieux, attendu qu'il ne servait qu'à entretenir parmi des paysans grossiers et ignorans le culte des saints et autres doctrines erronées de l'Eglise romaine.

Quand, l'église de Saint-Ringan étant ainsi dénoncée comme un séjour d'idolâtrie, on eut rempli les formalités nécessaires pour en annuler la consécration, et pour transférer le culte public dans un autre édifice, le plomb et les solives du toit furent arrachés, et ce petit bâtiment gothique, d'une structure aussi ancienne que grossière, fut abandonné et laissé à la merci des élémens. Le sol en cet endroit ressemblait beaucoup à celui d'Iarlshof dont nous avons fait la description; et la fureur des vents qui mugissaient, sans rencontrer d'obstacle, le long de cette plaine de sables mouvans, en remplit bientôt la nef et les ailes; du côté du nord-ouest, qui était le plus exposé au vent, les sables s'amoncelèrent contre les murs extérieurs jusqu'à moitié de leur hauteur, et la nudité effrayante de ces ruines n'était variée que par la vue des poutres découvertes de la toiture et du petit beffroi qui les couronnait.

Et cependant, tout abandonnée qu'elle était, l'église de Saint-Ringan conservait encore quelques restes des hommages qu'on lui rendait autrefois. Les pêcheurs ignorans de Dunrossness observaient une pratique dont ils avaient eux-mêmes presque oublié l'origine, et dont le clergé protestant s'efforçait en vain de les détourner. Lorsque leurs barques se trouvaient en grand danger, c'était un usage commun parmi eux de vouer une offrande à saint Ringan; et quand le péril était passé, ils ne manquaient jamais d'accomplir ce vœu, en se rendant seuls et secrètement à l'ancienne église. Là, ôtant leurs souliers et leurs bas à l'entrée du cimetière, ils faisaient trois fois le tour des ruines, en prenant bien garde de suivre le cours du soleil. Quand le troisième tour était terminé celui qui avait fait le vœu jetait l'offrande ordinaire d'une petite pièce d'argent, à travers les barreaux d'une fenêtre percée à l'une des ailes, après quoi il se retirait en ayant grand soin de ne pas regarder derrière lui avant d'être hors de l'enceinte de ce qui avait été autrefois un terrain consacré, car on croyait que le squelette du saint recevait l'offrande dans sa main décharnée, et montrait son épouvantable tête de mort à la fenêtre.

Dans le fait, cette scène devenait d'autant plus effrayante pour des esprits faibles et ignorans, que les mêmes tourbillons impétueux qui, d'un côté de l'église, menaçaient d'en enterrer les ruines sous le sable, en ayant déjà peu à peu amoncelé une quantité prodigieuse de manière à cacher presque entièrement la muraille avec les arcs-boutans qui la soutenaient, ils semblaient avoir le projet de découvrir la sépulture des morts qui reposaient depuis long-temps du côté du sud-est; et après un ouragan, les cercueils, et quelquefois même les cadavres enterrés sans être placés dans des caveaux bien scellés en maçonnerie, se montraient aux yeux épouvantés des vivans.

C'était dans ce lieu, jadis consacré au culte, et devenu désert, que se rendait alors Mertoun, quoique sans aucun des sentimens religieux ou superstitieux avec lesquels on s'approchait ordinairement de l'église de Saint-Ringan. Il était complètement étranger aux craintes que la superstition faisait concevoir à presque tous les habitans du pays, et même sa vie solitaire et retirée, et le soin qu'il prenait de fuir la société des hommes quand ils se réunissaient pour adorer la Divinité dans son temple, le faisaient regarder comme un homme qui, bien loin de donner dans une crédulité excessive, tombait dans une erreur encore plus fatale en doutant des dogmes reçus et enseignés par l'Eglise.

En arrivant près de la petite baie où sur le rivage, à

peu de distance, étaient situées les ruines, il s'arrêta un instant et ne put s'empêcher de reconnaître que ce lieu, si propre à produire une vive impression sur la pensée, avait été choisi très judicieusement pour y consacrer un édifice à la religion Il était situé en face de la mer, dans laquelle deux promontoires, rochers noirs et lugubres qui formaient les extrémités de la baie, avançaient leurs têtes gigantesques. Sur la partie supérieure de leurs flancs, des mouettes et d'autres oiseaux de mer paraissaient comme des flocons de neige, tandis que plus bas, de longues lignes de cormorans, placés à côté les uns des autres, semblaient des soldats rangés en bataille. C'étaient les seuls êtres vivans que l'œil pût apercevoir. La mer n'était pas en ce moment soulevée par une tempête, mais les flots en étaient assez agités pour venir se briser sur ces deux caps avec un bruit semblable à celui d'un tonnerre lointain, et les vagues, soulevées en nappes écumantes jusqu'à moitié de la hauteur de ces rochers noirs comme l'ébène, formaient un contraste frappant de couleurs.

Le jour où cette scène se présentait aux yeux de Mertoun, le ciel, entre ces deux promontoires, était couvert de nuages épais, amoncelés en si grand nombre que l'œil ne pouvait pénétrer plus avant. C'était une représentation assez fidèle de la mer dans la vision de Mirza [1], où son étendue est cachée par des vapeurs, des brouillards et des nuages. Le terrain, qui, à partir du rivage, s'élevait graduellement jusqu'à une hauteur considérable, ne permettait pas d'apercevoir l'intérieur du pays, et semblait dévoué à une éternelle stérilité. On n'y voyait végéter que quelques touffes d'herbe rabougrie, et cette espèce de jonc qui croît sur les terres sablonneuses. Sur une colline située en face de la baie, et qui n'était éloignée de la mer qu'autant qu'il le fallait pour ne pas avoir à en crain-

---

(1) *Vision orientale* du *Spectateur*.

dre les vagues, s'élevaient les ruines à demi enterrées dans le sable dont nous avons déjà fait la description, entourées par un mur tombant en poussière et auquel le temps avait fait bien des brèches, mais marquant encore l'étendue du cimetière. Les marins qu'un gros temps forçait à entrer dans cette baie prétendaient qu'on voyait quelquefois des lumières dans l'église, et cette circonstance était pour eux le présage d'une tempête ou de quelque autre accident.

Mertoun, en approchant de l'église, prit insensiblement, et peut-être sans y penser, des précautions pour éviter d'être aperçu avant qu'il fût arrivé sous les murs du cimetière. Le hasard fit qu'il y arriva du côté où le vent, chassant le sable, mettait à découvert les tombeaux des morts, comme nous l'avons déjà dit.

En regardant à travers une des brèches de la muraille, il vit la personne qu'il cherchait. Elle était occupée d'un travail qui s'accordait parfaitement avec les idées qu'on avait généralement conçues de cette femme, déjà assez extraordinaire par elle-même.

Elle était accroupie près d'un monument ancien dont un côté représentait un chevalier grossièrement sculpté, et l'autre un écu dont les armoiries étaient dégradées au point d'être méconnaissables. Cet écu était placé horizontalement; ce qui est contraire à l'usage moderne plus commun de le placer droit. Au pied de ce monument reposait, ainsi que Mertoun l'avait entendu dire autrefois, la dépouille mortelle de Ribolt Troil, un des ancêtres de Magnus, homme devenu fameux par ses exploits et son caractère entreprenant, dans le quinzième siècle. Norna de Fitful-Head semblait travailler à découvrir cette tombe, et cette occupation n'avait rien de bien pénible, puisqu'elle n'était couverte que de sables mouvans. Il paraissait donc évident qu'elle accomplirait facilement cette tâche déjà commencée par les vents, et qu'elle mettrait bientôt au grand jour ce qui restait du guerrier enseveli. Elle accompagnait ce travail d'une chanson, car jamais les habitans du Nord ne se livraient à une pratique superstitieuse sans y joindre un chant runique. Nous n'avons peut-être conservé ici que trop de ces incantations, mais nous ne pouvons nous refuser à traduire encore celle qui suit :

>Guerrier qui par plus d'un exploit
>Rendis illustre ta carrière,
>Il ne te reste en cet endroit
>Que du sable et de la poussière.
>Nul chevalier, de ton vivant,
>N'eût osé toucher ton armure;
>Et maintenant une femme, un enfant,
>Peut violer ta sépulture.

>Je ne viens pas pour t'insulter
>Sur le monument que j'entr'ouvre;
>D'ici je ne veux emporter
>Qu'un morceau du plomb qui te couvre.
>J'ai de ce fer armé ma main
>Pour ce mystérieux ouvrage !
>De l'approcher aussi près de ton sein,
>Qui jadis eût eu le courage?

>Grand merci, Ribolt, grand merci,
>Je te promets en récompense
>Que les vents et les flots d'ici
>Seront bannis par ma puissance.
>C'est Norna qui te le promet,
>Norna puissante et misérable;
>Et l'on verra s'accomplir ce décret,
>En dépit du sort qui l'accable.

Pendant la première strophe de cette incantation Norna découvrit le cercueil de plomb qui contenait les restes du guerrier. En chantant la seconde, elle coupa un morceau de ce métal avec beaucoup de précaution et d'un air qui annonçait un recueillement religieux. Enfin, pendant la troisième, elle rejeta le sable sur le cercueil, et il ne resta plus aucune trace qui indiquât que le secret du tombeau avait été violé.

Mertoun, caché derrière le mur du cimetière, eut les yeux fixés sur cette femme pendant toute la cérémonie, non qu'il eût la moindre vénération pour elle ou pour les rites qu'elle célébrait, mais parce qu'il crut qu'interrompre une folle dans un acte de folie ne serait pas un bon moyen pour obtenir d'elle les renseignemens qu'elle pouvait lui donner. Cependant il eut tout le loisir de considérer sa taille, mais sa figure était presque entièrement cachée par ses cheveux épars, et par le capuchon d'une mante de couleur sombre ; aussi rappelait-elle l'idée d'une druidesse pendant la célébration de ses mystères. Mertoun avait souvent entendu parler de Norna ; il est même probable qu'il avait déjà pu la voir plusieurs fois dans les environs d'Iarlshof depuis qu'il y demeurait. Mais les histoires absurdes qui circulaient sur son compte l'empêchaient d'accorder aucune attention à une femme qu'il regardait comme attaquée de folie ou coupable d'imposture, ou peut-être même folle et fourbe à la fois. Mais en ce moment où les circonstances le forçaient à lui donner plus d'attention, il ne put s'empêcher de convenir qu'elle était sincèrement enthousiaste, ou qu'elle jouait son rôle si admirablement, qu'aucune pythonisse ancienne n'aurait pu la surpasser. Son air de dignité quand elle se leva, la solennité de tous ses gestes, l'accent sonore et expressif de sa voix quand elle s'adressait au guerrier dont elle osait troubler les dépouilles mortelles, ne pouvaient manquer de faire impression sur M. Mertoun, quelque indifférence qu'il montrât en général pour tout ce qui se passait autour de lui. Mais elle n'eut pas plus tôt terminé sa singulière occupation, qu'entrant dans le cimetière, en passant non sans difficulté par-dessus les débris de la muraille, il se montra aux yeux de Norna. Bien loin de tressaillir, ou de témoigner la moindre surprise en voyant paraître quelqu'un dans un endroit si solitaire, elle lui dit d'un ton qui semblait annoncer qu'elle l'attendait : — Ainsi donc vous m'avez cherchée à la fin?

— Et je vous ai trouvée, — répondit Mertoun, jugeant que le meilleur moyen d'arriver aux questions qu'il voulait lui faire était de lui répondre sur le même ton qu'elle venait de prendre.

— Oui, dit-elle, vous m'avez trouvée, et dans l'endroit où tous les hommes doivent se retrouver, au milieu des tabernacles des morts.

— Il est bien vrai, répliqua Mertoun en jetant les yeux sur cette scène de désolation où les principaux objets qui frappaient ses regards étaient des pierres sépulcrales, les unes à demi cachées par le sable, les autres arrachées, par la violence du vent, de l'endroit qu'elles étaient destinées à couvrir, et sur la plupart desquelles on avait gravé des inscriptions ou sculpté des emblèmes de mortalité. — Il est bien vrai, c'est ici le rendez-vous général des hommes. Heureux ceux qui entrent le plus tôt dans un port si paisible !

— Celui qui ose désirer d'entrer dans ce port, reprit Norna, doit avoir bien gouverné sa barque dans le voyage de la vie. Je n'ose m'attendre à le trouver si paisible. Et toi, oses-tu l'espérer? La route que tu as suivie t'en donne-t-elle le droit?

— Ce n'est pas ce dont il s'agit en ce moment. Je viens vous demander si vous pouvez me donner quelques nouvelles de mon fils Mordaunt?

— Un père demande à une étrangère si elle peut lui donner des nouvelles de son enfant ! Et comment en saurais-je? Le cormoran demande-t-il au héron : — Où sont mes petits?

— Mettez de côté cette inutile affectation de mystère, elle peut produire de l'effet sur le vulgaire, mais avec moi c'est peine perdue. On m'a dit à Iarlshof que vous savez ou que vous pouvez savoir ce qu'est devenu Mordaunt Mertoun, qui n'est pas revenu chez moi après la célébration de la fête de saint Jean-Baptiste chez votre parent Magnus Troil. Dites-moi ce que vous en savez, si toutefois vous en savez quelque chose, et je vous récompenserai aussi bien que mes moyens me le permettront.

— L'univers ne contient rien qui mérite à mes yeux le nom de récompense pour une parole que je perdrais en la faisant entendre à l'oreille d'un mortel. Mais quant à ton fils, si tu veux le revoir vivant, rends-toi à la foire de Kirkwall dans les Orcades.

— Et pourquoi m'y rendrais-je? je sais qu'il n'avait pas dessein d'aller de ce côté.

— Nous suivons le courant du destin sans rame et sans gouvernail. Vous n'aviez pas dessein ce matin de venir dans l'église de Saint-Ringan, et cependant vous y voici. Vous n'aviez pas le dessein, il y a une minute, d'aller à la foire de Kirkwall, et cependant vous en ferez le voyage.

— Je ne le ferai pas, à moins que vous ne m'en expliquiez plus clairement le motif. Ne pensez pas que je sois du nombre de ceux qui vous croient douée de pouvoirs surnaturels.

— Vous le croirez avant que nous nous séparions. Vous ne me connaissez guère, quant à présent, et vous ne me connaîtrez pas davantage. Mais je vous connais bien, et je pourrais vous en convaincre en prononçant un seul mot.

— Prononcez-le donc, car, à moins que je ne sois convaincu, il n'y a pas d'apparence que je suive vos conseils.

— Écoutez donc bien ce que j'ai à vous dire relativement à votre fils; sans quoi ce que j'ai à vous dire relativement à vous-même bannira de votre mémoire toute autre pensée. Vous irez à la foire qui va avoir lieu à Kirkwall, et le cinquième jour, à l'heure de midi, vous entrerez dans l'aile gauche de la cathédrale de Saint-Magnus. Là vous trouverez une personne qui vous donnera des nouvelles de votre fils.

— Il faut me parler plus clairement, dit Mertoun avec le ton du mépris, si vous voulez que je suive vos avis. Je me suis, dans ma jeunesse, plus d'une fois laissé tromper par les femmes, mais jamais aussi grossièrement que vous paraissez vouloir le faire.

— Écoute-moi donc, s'écria la vieille sibylle, le mot que je vais prononcer concerne le secret le plus important de ta vie. Il fera tressaillir tous tes nerfs, et pénètrera jusqu'à la moelle de tes os.

Elle se pencha vers lui, et lui dit à l'oreille un mot qui parut produire un effet magique. Mertoun resta immobile de surprise, tandis que Norna, étendant le bras d'un air de triomphe et de supériorité, se retira, et tournant le coin d'une vieille muraille disparut au milieu des ruines.

Mertoun n'essaya point de suivre ses traces. — C'est en vain que nous voulons fuir notre destinée ! dit-il en reprenant sa présence d'esprit, et il sortit des ruines et du cimetière. Lorsqu'il arriva sur une élévation d'où il pouvait encore voir l'église, il se retourna pour y jeter un dernier coup d'œil, et aperçut Norna sur le sommet de la vieille tour, enveloppée de sa mante et agitant en l'air quelque chose qui ressemblait à un pavillon blanc. Une sensation d'horreur, semblable à celle qu'avaient fait naître en lui ses dernières paroles, lui glaça une seconde fois les sens, et il marcha avec une rapidité qui ne lui était pas ordinaire, jusqu'à ce qu'il eût laissé bien loin derrière lui l'église de Saint-Ringan et sa baie de sable.

Lorsqu'il arriva à Iarlshof, il s'était opéré un tel changement dans tous ses traits, que Swertha présuma qu'il allait tomber dans un de ces accès de mélancolie qu'elle nommait son heure noire.

— Et ne fallait-il pas s'y attendre, pensa-t-elle, puis

qu'il a osé aller trouver Norna de Fitful-Head quand elle était dans l'église de Saint-Ringan, séjour de tant d'esprits de toute espèce?

Cependant sans montrer d'autres symptômes d'aliénation qu'une mélancolie sombre et profonde, son maître l'informa de son projet d'aller à la foire de Kirkwall, projet si contraire à toutes ses habitudes, que la femme de charge eut peine à en croire ses oreilles. Peu de temps après il apprit, avec un air d'indifférence, que de tous ceux qui étaient partis pour aller, par terre et par mer, chercher des nouvelles de Mordaunt, pas un seul n'en avait pu obtenir. Le calme qu'il montra en apprenant le manque de succès de leurs recherches acheva de convaincre Swertha que, dans son entrevue avec Norna, la sibylle qu'il était allé consulter lui avait prédit que leurs efforts n'auraient pas d'autre résultat.

Les habitans du village furent encore bien plus surpris quand ils virent M. Mertoun, comme poussé par une résolution soudaine, faire ses préparatifs pour aller à Kirkwall pendant la foire, quoiqu'il eût soigneusement évité jusqu'alors tous les lieux de réunion publique. En vain Swertha fit tous ses efforts pour pénétrer ce mystère, elle ne put en venir à bout, et elle en conçut de nouvelles inquiétudes sur le destin de son jeune maître. Cependant son chagrin s'adoucit un peu à la vue d'une somme d'argent que son maître lui remit entre les mains, et qui, quoique modique en elle-même, lui parut un trésor. Il l'informa en même temps qu'il avait loué, pour se rendre à Kirkwall, une petite barque appartenant au propriétaire de l'île de Mousa.

CHAPITRE XXVI.

« Elle ne pleurait plus, ses yeux étaient sans larmes ;
« Le désespoir avait remplacé ses alarmes,
« Et son cœur resserré prétendait être heureux...
« Heureux ! mais la langueur flétrissait son visage
« Pâle comme le lis frappé par un orage. »
Suite du vieux Robin Gray.

La situation de Minna ressemblait beaucoup à celle où se trouve l'héroïne villageoise dans la charmante ballade de lady Anne Lindsay. La fermeté d'âme qui lui était naturelle l'empêcha de succomber sous le poids de l'horrible secret qui la tourmentait quand elle était éveillée, et qui, lorsqu'elle pouvait jouir de quelques instans d'un sommeil interrompu, la poursuivait jusque dans ses rêves. Les chagrins les plus cruels sont ceux qu'on est obligé de concentrer en soi-même, et pour lesquels on ne peut ni désirer ni demander de consolations ; et si l'on y ajoute le sentiment pénible d'un mystère coupable pesant sur un cœur innocent, on ne sera pas surpris que la santé de Minna souffrît de cette réunion de circonstances.

Son caractère, ses manières, ses habitudes, parurent tellement changés à ceux qui vivaient avec elle, qu'il n'est pas surprenant que quelques uns l'aient attribué aux effets de la sorcellerie, et quelques autres aux premiers symptômes de la démence. La solitude, qui avait pour elle tant de charmes, lui devint insupportable, et cependant, quand elle se trouvait en société, elle ne prenait aucune part et ne donnait aucune attention à tout ce qui se passait. En général, elle semblait enfoncée dans de sombres et lugubres réflexions ; mais, si par hasard on prononçait le nom de Cleveland ou celui de Mordaunt, elle paraissait s'éveiller comme d'un profond sommeil, et elle tressaillait avec ce mouvement d'horreur qu'on éprouverait en voyant approcher une mèche enflammée d'une traînée de poudre destinée à faire sauter une mine. Puis, quand elle reconnaissait que le terrible secret n'était pas encore découvert, bien loin que ce fût pour elle une consolation, elle aurait voulu que tout fût déclaré, plutôt que d'endurer davantage l'angoisse prolongée de l'incertitude.

Sa conduite envers sa sœur était si variable, et pourtant si pénible pour le bon cœur de Brenda, qu'elle semblait à tous ceux qui en étaient témoins un des symptômes les plus effrayans de sa maladie. Quelquefois elle recherchait la compagnie de sa sœur, comme si elle y eût été portée par le sentiment intime que toutes deux devaient être frappées du même coup, quoiqu'elle seule connût toute l'étendue du malheur qui les attendait; et soudain, sentant vivement la blessure que recevrait le cœur sensible de Brenda quand elle apprendrait le crime qu'elle supposait commis par Cleveland, il lui devenait impossible de soutenir sa présence; elle s'arrachait aux consolations que sa sœur, trompée sur la cause de ses chagrins, s'efforçait de lui prodiguer. Souvent aussi il arrivait que Brenda, en conjurant sa sœur de se consoler, touchait, sans le savoir, quelque corde dont les vibrations se faisaient sentir jusqu'au fond de l'âme de Minna, de sorte que celle-ci, hors d'état de déguiser l'angoisse qu'elle éprouvait, courait se cacher dans son appartement. Cette conduite, aux yeux de ceux qui n'en connaissaient pas la véritable cause, ne pouvait être regardée que comme les caprices d'un cœur qui avait cessé d'aimer une sœur naguère si chérie; et cependant Brenda la souffrait avec tant de patience et de douceur, que Minna se trouvait quelquefois émue jusqu'à verser des larmes d'attendrissement sur son sein; et peut-être ces momens, quoique rendus bien amers par le souvenir que son fatal secret devait détruire le bonheur de Brenda comme le sien, étaient encore ceux qui lui paraissaient le plus supportables, à cette malheureuse époque de sa vie, parce qu'ils étaient adoucis par l'affection qu'elle ne cessait d'éprouver pour Brenda.

L'effet de ces alternatives de sombre mélancolie et de sensibilité maladive se fit bientôt remarquer dans les traits amaigris et pâles de la pauvre Minna. Ses yeux perdirent ce regard tranquille que donnent l'innocence et le bonheur, et il devint tour à tour morne ou égaré, suivant la sensation que lui faisait éprouver sa malheureuse situation ou quelque paroxysme plus aigu de douleur. En société, elle était sombre et silencieuse ; et quand elle était seule, les personnes qui la surveillaient remarquèrent qu'elle se parlait souvent à elle-même.

Le père de Minna, dévoré d'inquiétude, eut recours en vain à toute la pharmacie des îles Shetland. Ce fut inutilement qu'il appela des adeptes des deux sexes, instruits des propriétés salutaires des plantes et des paroles magiques qui en augmentent la vertu. Ne sachant plus que faire, il résolut de demander les avis de sa parente, Norna de Fitful-Head, quoique, d'après des circonstances mentionnées dans le cours de cette histoire, ils n'eussent pas alors une liaison bien intime. La première demande qu'il lui adressa fut inutile. Norna était alors dans sa demeure ordinaire sur le bord de la mer, près du promontoire dont elle avait pris le nom ; et, quoique Eric Scambester se fût chargé lui-même de ce message, elle refusa positivement de le voir et de lui faire aucune réponse.

Magnus fut mécontent du peu d'égards qu'elle avait montré pour son messager ; mais l'inquiétude que lui causait la situation de Minna, l'espèce de respect que lui inspiraient les infortunes réelles de Norna et la puissance qu'on lui attribuait, l'empêchèrent en cette occasion de s'abandonner, suivant son usage, à l'irascibilité de son caractère. Au contraire, il résolut d'aller faire lui-même une visite à sa parente. Il n'informa pourtant personne de ce projet, se bornant à dire à ses filles de se disposer à rendre avec lui une visite à une parente qu'il n'avait pas vue depuis quelque temps; et il leur recommanda en même temps d'emporter quelques provisions, attendu qu'elle demeurait assez loin, et qu'il était possible que son garde-manger ne fût pas très bien garni.

Peu accoutumée à demander à son père des explications sur ses ordres, et présumant que l'exercice et la distraction occasionée par ce petit voyage pourraient être utiles à sa sœur, Brenda, qui alors était chargée seule de tous les détails de l'intérieur de la maison, fit sur-le-champ les préparatifs nécessaires, et dès le lendemain ils se mirent en route, tantôt côtoyant le bord de la mer, tantôt traversant des marais, et ne trouvant d'autres variétés dans les divers sites que quelques pièces de terre ensemencées en orge et en avoine, vers l'extrémité nord-ouest de Mainland, qui se termine par un promontoire comme Fitful-Head, ainsi que la pointe de la même île au sud-ouest se termine par celui de Sumburgh.

L'Udaller montait un beau palefroi de Norwège, aussi vigoureux, mais un peu plus haut de taille que les chevaux ordinaires du pays. Minna et Brenda, qui parmi tous leurs talens comptaient celui de conduire parfaitement un cheval, avaient deux de ces petits animaux qui, ayant été élevés avec plus de soin qu'on n'a coutume de leur en donner, prouvaient, par la grâce de leurs formes et par leur vivacité, que cette race si honteusement négligée est susceptible de s'améliorer, et peut acquérir de la grâce, sans rien perdre de son feu et de sa vigueur. Ils étaient accompagnés par quatre domestiques, dont deux à cheval et deux à pied. Ceux-ci ne pouvaient retarder leur marche, attendu qu'il y avait tant de montagnes à gravir, tant de marécages à traverser, qu'on était obligé d'aller presque toujours au pas; et quand un espace de terrain sec et uni permettait de prendre le trot pendant un certain temps, les deux piétons n'avaient que l'embarras de s'emparer de deux chevaux sur la première prairie où ils en rencontraient.

La gaieté ne paraissait pas s'être mise en voyage avec eux, et ils cheminaient la plupart du temps dans un profond silence. Cependant l'Udaller, pressé par l'impatience, faisait quelquefois prendre à son palefroi une allure plus vive; mais bientôt, se rappelant le mauvais état de la santé de Minna, il en ralentissait le pas, demandait à sa fille comment elle se trouvait et si elle n'était pas trop fatiguée. A midi on songea à s'arrêter pour prendre des rafraîchissemens dont on avait fait ample provision, et l'on fit halte près d'une fontaine dont l'eau pure et limpide ne séduisit pas le palais de l'Udaller; mais il finit par la trouver plus agréable en y ajoutant une bonne dose d'excellente eau-de-vie. Après avoir vidé une seconde et même une troisième fois un grand gobelet d'argent, sur lequel on voyait relevés en bosse un Cupidon allemand fumant sa pipe, et un Bacchus vidant son flacon dans la gueule d'un ours, il commença à devenir plus communicatif qu'il ne l'avait été depuis qu'ils étaient en route.

— Eh bien! dit-il à ses filles, nous ne sommes qu'à une lieue ou deux de la demeure de Norna. Nous verrons comment la vieille sibylle nous recevra.

Minna interrompit son père par une exclamation proférée d'une voix faible, et Brenda, dans sa surprise, s'écria :
— Est-ce donc à Norna que nous allons rendre cette visite? A Dieu ne plaise!

— Et pourquoi à Dieu ne plaise? dit l'Udaller en fronçant les sourcils. Je voudrais bien voir pourquoi il ne plairait pas à Dieu que j'allasse visiter une parente dont les connaissances peuvent être utiles à votre sœur? Il n'y a dans toutes nos îles ni homme ni femme plus capables. Vous êtes une folle, Brenda; votre sœur a plus de bon sens que vous. Courage! Minna, courage! Je me souviens que, quand vous n'étiez encore qu'un enfant, vous aviez du plaisir à entendre les chansons et les histoires de Norna; vous étiez pendue à son cou, tandis que Brenda s'enfuyait en criant comme un vaisseau marchand espagnol devant un corsaire hollandais.

— Je désire qu'elle ne m'effraie pas autant aujourd'hui, mon père, répondit Brenda, voulant laisser à sa sœur le moyen de se livrer à la taciturnité qui semblait avoir des charmes pour elle, et en même temps plaire à son père en soutenant la conversation. J'ai entendu dire tant de choses sur son habitation, que l'idée de me présenter chez elle sans y avoir été invitée ne laisse pas de me causer quelque alarme.

— Vous êtes une folle, répondit Magnus, de penser que la visite de bons parens puisse déplaire à un cœur franc et généreux, à un cœur d'Hialtland, comme celui de ma cousine Norna. Et maintenant que j'y pense, je suis sûr que je devine pourquoi elle n'a pas voulu recevoir Eric Scambester. Il y a bien des années que je n'ai vu le feu de sa cheminée, et jamais je ne vous ai conduites chez elle. Elle a donc quelque droit de se plaindre de moi. Mais je lui dirai la vérité, et cette vérité, c'est que, quoique ce soit l'usage, je ne crois pas qu'il convienne d'aller mettre à contribution une femme vivant seule, comme nous le faisons à l'égard de nos confrères les Udallers, quand nous allons de maison en maison pendant l'hiver, de sorte que nous formons une boule de neige qui grossit en roulant.

— A cet égard, dit Brenda, il n'y a pas de danger que nous soyons à charge à Norna. Nous avons une ample provision de tout ce qui peut nous être nécessaire, du poisson, du lard, du mouton salé, des oies fumées, en un mot de quoi vivre pendant une semaine, et du vin et de l'eau-de-vie plus que vous n'en pourrez boire, mon père.

— Fort bien, ma fille, fort bien. Vaisseau bien avitaillé

fait un bon voyage. Ainsi nous n'aurons à demander à Norna que le couvert, et un lit pour vous deux; car, quant à moi, mon manteau de voyage et de bonnes planches de Norwège me conviennent mieux que vos matelas de laine et d'édredon. Norna aura donc le plaisir de nous voir sans qu'il lui en coûte seulement un *stiver*.

— Je souhaite que ce soit un plaisir pour elle, mon père.

— Que veut-elle dire? au nom du saint martyr dont je porte le nom! s'écria Magnus. Vous imaginez-vous que ma parente soit une païenne, qu'elle n'ait pas de plaisir à voir sa chair et son sang? Je voudrais être aussi sûr que la pêche sera bonne cette année. Non! non! toute ma crainte, c'est de ne pas la trouver chez elle; car elle court souvent le pays, pensant toujours à ce qui est sans remède.

Minna fit entendre en ce moment un profond soupir.

— Il ne faut pas soupirer pour cela, mon enfant, reprit l'Udaller : c'est une faute que commet la moitié du monde; mais gardez-vous d'en faire jamais autant, Minna.

Un second soupir, qu'elle s'efforça inutilement de retenir, annonça que cet avis venait trop tard.

— Je crois que ma cousine vous fait autant de peur qu'à Brenda, dit Magnus en jetant un coup d'œil sur le visage pâle et défait de sa fille aînée; si cela est, dites un mot, et nous nous en retournerons aussi vite que si nous avions le vent en poupe, et que nous filions quinze nœuds de ligne.

— Parlez, ma sœur, s'écria Brenda d'un air suppliant, parlez, pour l'amour du ciel! Vous savez... vous vous souvenez... vous êtes bien sûre que Norna ne peut rien faire pour vous soulager.

— Il n'est que trop vrai, répondit Minna d'une voix faible; mais je ne sais... elle peut répondre à une question, à une question que le misérable seul peut adresser au misérable.

— Ma cousine n'est pas dans la misère, s'écria l'Udaller, attachant au mot misérable un autre sens que celui dans lequel sa fille venait de l'employer. Elle a un très joli revenu, tant ici que dans les Orcades, et elle reçoit tous les ans je ne sais combien de lispunds de beurre. Mais les pauvres en ont la meilleure part, et malheur au Shetlandais qui ne l'imite pas en cela. Le reste, elle le dépense dans ses courses, je ne sais comment. Mais vous rirez quand vous verrez sa maison, et Nick Strumpfer, qu'elle appelle Pacolet. Bien des gens pensent que Nick est le diable, mais je vous réponds qu'il est de chair et d'os aussi bien que nous. Son père demeurait à Grœmsay. Je serai charmé de revoir Nick.

Tandis que l'Udaller parlait ainsi, Brenda, qui, si elle avait l'imagination moins brillante que sa sœur, était douée d'un bon sens plus qu'ordinaire, réfléchissait en elle-même sur l'effet que cette visite pourrait produire sur l'esprit de Minna. Elle en vint enfin à prendre la résolution de parler en particulier à son père au premier instant qu'elle en trouverait l'occasion pendant le voyage. Elle se décida à lui conter tous les détails de leur entrevue nocturne avec Norna, entrevue à laquelle, entre autres causes qui avaient pu agiter l'esprit de sa sœur, elle attribuait surtout l'accablement de Minna. Alors il jugerait lui-même s'il devait persister à aller voir cette femme singulière, et exposer sa fille au coup fatal que sa vue pourrait lui porter.

Comme elle venait de tirer cette conclusion, son père, secouant d'une main les miettes qui étaient tombées sur sa veste galonnée, et recevant de l'autre un verre d'eau et d'eau-de-vie, but avec dévotion au succès de leur voyage, et ordonna qu'on se préparât à se mettre en marche. Pendant qu'on sellait les chevaux, Brenda réussit, non sans difficulté, à faire comprendre à son père qu'elle désirait lui parler en particulier, à la grande surprise de l'honnête Udaller, qui, quoique discret comme le tombeau relativement au petit nombre de choses qu'il regardait comme des secrets d'importance, était si loin d'aimer le mystère, qu'il parlait ouvertement de toutes ses affaires à sa famille, même en présence de ses domestiques.

Mais son étonnement fut bien plus grand encore quand, étant resté à dessein un peu en arrière avec sa fille Brenda, pendant la marche, il en apprit la visite nocturne de Norna à Burgh-Westra, et le récit qu'elle avait fait à ses filles interdites. Il n'interrompit Brenda que par quelques interjections; et quand elle eut fini de parler, il se soulagea en donnant mille malédictions à la folie de sa cousine, qui était venue conter à ses filles une histoire si horrible.

— J'ai toujours entendu dire, ajouta-t-il, qu'avec toute sa science et sa connaissance des saisons elle est véritablement folle, et, de par les reliques du saint martyr mon patron! je commence à le croire. A présent je ne sais pas plus comment gouverner ma barque que si j'avais perdu ma boussole. Si j'avais su tout cela avant de partir, je crois que nous serions restés à Burgh-Westra; mais à présent que nous sommes si avancés, et que Norna nous attend...

— Nous attend! mon père; comment cela est-il possible?

— Je... je n'en sais trop rien. Mais puisqu'elle sait de quel côté le vent doit souffler, elle doit savoir aussi où nous avons dessein d'aller. Il ne faut pas lui donner de l'humeur. Elle a peut-être joué ce mauvais tour à ma famille parce que nous avons eu castille ensemble relativement à ce jeune Mordaunt Mertoun; et si cela est, elle peut y remédier, et elle y remédiera, ou elle me dira pourquoi. Mais il faut d'abord tenter les voies de douceur.

Voyant que son père était décidé à faire la visite projetée, Brenda chercha ensuite à apprendre de lui si tout ce que Norna leur avait dit était fondé sur la vérité. Magnus secoua la tête, poussa un profond soupir, et lui dit en peu de mots que tout ce qui concernait son intrigue avec un étranger, et la mort de son père, dont elle était la cause accidentelle et très innocente, était une vérité aussi triste qu'incontestable. — Quant à son enfant, ajouta-t-il, jamais je n'ai pu savoir ce qu'il était devenu.

— Son enfant! s'écria Brenda; elle ne nous en a pas dit un seul mot.

— En ce cas, je voudrais que ma langue eût été paralysée quand je vous en ai parlé. Je vois qu'il est aussi difficile à un homme, qu'il soit vieux ou qu'il soit jeune, de vous cacher un secret à vous autres femmes, qu'à une anguille de s'échapper d'un nœud coulant de crin. Quand une fois le pêcheur le lui a passé autour du corps, il faut qu'elle saute hors de l'eau.

— Mais cet enfant, mon père, dit Brenda, insistant pour savoir les détails de cette histoire extraordinaire, on ne sait donc pas ce qu'il est devenu?

— Je suppose qu'il a été enlevé par ce coquin de Vaughan, dit l'Udaller avec un air d'humeur qui faisait voir assez clairement que ce sujet lui déplaisait.

— Par Vaughan! l'amant de la pauvre Norna, sans doute? Quelle espèce d'homme était-ce, mon père?

— Un homme de l'espèce des autres, je suppose. Je ne l'ai vu de ma vie. Il visitait beaucoup les familles écossaises de Kirkwall; et moi, de même que tous les bons anciens Norses... Ah! si Norna n'avait jamais vu que ses compatriotes, et qu'elle n'eût pas fait société avec ces Écossais, elle n'aurait jamais connu Vaughan, et son sort aurait été tout différent. Mais moi alors, Brenda, je n'aurais jamais connu votre mère, ajouta-t-il, — une larme brilla dans ses grands yeux bleus, — cela m'aurait sauvé de longs regrets précédés d'un bonheur bien court.

— Soit comme compagne, soit comme amie, dit Brenda

en hésitant un peu, Norna aurait bien mal rempli la place que ma mère occupait près de vous, du moins si j'en juge d'après tout ce que j'ai entendu dire.

Mais Magnus, dont l'impétuosité naturelle se trouvait adoucie en ce moment par le souvenir d'une épouse chérie, lui répondit avec plus d'indulgence qu'elle ne s'y attendait.

— A cette époque, dit-il, je me serais décidé à épouser Norna. Ce mariage devait être la pacification d'une vieille querelle, un baume versé sur une ancienne plaie. Tous nos parens le désiraient, et dans la situation où je me trouvais, n'ayant surtout pas encore vu votre bienheureuse mère, je n'avais pas de raison pour le refuser. Il ne faut pas que vous jugiez de Norna et de moi par ce que nous sommes à présent. Elle était jeune et belle, et moi j'étais léger comme un daim des montagnes, m'inquiétant peu dans quel port entrerait ma barque ; car, comme je le pensais, j'en avais plus d'une sous le vent. Mais Norna accorda la préférence à ce Vaughan, et, comme je vous l'ai déjà dit, ce fut peut-être la plus grande preuve d'affection qu'elle pût me donner.

— Pauvre parente ! dit Brenda. Mais croyez-vous, mon père, à la puissance surnaturelle qu'elle s'attribue? Croyez-vous à la vision mystérieuse du nain qu'elle dit lui être apparu dans...?

Son père l'interrompit. Il était évident que ces questions lui déplaisaient.

— Je crois, Brenda, dit-il, à tout ce qu'ont cru mes ancêtres. Je ne prétends pas être plus sage qu'ils ne l'ont été. Or, ils ont tous cru que lorsqu'un être, n'importe son sexe, souffrait une grande détresse, la Providence lui ouvrait les yeux de l'esprit, et lui accordait de connaître l'avenir. La pauvre Norna a eu assez d'afflictions pour mériter les dons qu'elle a pu recevoir au milieu de ses calamités. Ses connaissances lui sont aussi pénibles qu'une couronne d'épines le serait à son front, quand cette couronne serait en même temps celle de l'empire de Danemarck. Quant à vous, Brenda, ne cherchez pas à être plus sage que vos ancêtres. Votre sœur Minna, quand elle était bien portante, avait autant de vénération pour tout ce qui était écrit en langue norse que si c'eût été une bulle du pape; et après tout, une bulle n'est écrite qu'en latin.

— Pauvre Norna! répéta Brenda, et son enfant n'a jamais été retrouvé?

— Qu'importe son enfant? répondit l'Udaller d'un ton plus brusque qu'auparavant; tout ce que je sais, c'est que Norna fut fort mal avant et après lui voir donné la naissance, quoique nous eussions recours à la flûte et à la harpe pour la distraire. Quant à l'enfant, il vint au monde avant l'époque fixée par la nature, et il est probablement mort depuis long-temps. Mais vous n'entendez rien à tout cela, Brenda; marchez donc en avant, et cessez de me faire des questions sur des objets qui ne doivent pas vous occuper.

En finissant ces mots, l'Udaller donna le coup d'éperon à son palefroi, et marchant au grand trot sans s'inquiéter si le chemin était bon ou mauvais, tandis que l'instinct du petit cheval de Brenda savait choisir tous les endroits où il pouvait avoir le pied ferme, il se plaça bientôt à côté de la mélancolique Minna, et adressa indifféremment la parole à ses deux filles. Brenda chercha à se consoler, en pensant que la maladie de sa sœur paraissant avoir son siége dans l'imagination, les remèdes de Norna seraient peut-être efficaces, puisqu'ils opèreraient sur l'imagination.

Ils avaient jusqu'alors marché à peu près en ligne droite à travers des marais et des terrains couverts de mousse, sauf divers circuits qu'ils étaient souvent obligés de faire pour tourner ces longues lagunes communiquant avec la mer, qu'on appelle voes dans ces îles, et qui se prolongent si avant dans le pays que, quoique Main-land ait une largeur de trente milles et même plus, il ne se trouve aucune partie de cette île où l'on soit à plus de trois milles de distance de l'eau salée. Mais en ce moment ils approchaient de l'extrémité située au nord-ouest, et ils avaient à gravir une chaîne immense de rochers qui, depuis des siècles, bravent les efforts des vents et de l'océan du Nord, dont les vagues impuissantes viennent se briser à leurs pieds.

— Voici la demeure de Norna, s'écria enfin Magnus en s'adressant à ses filles. Regardez, ma chère Minna; si cela ne vous fait pas rire, rien n'y réussira. Quel autre être qu'une orfraie pourrait se construire un pareil nid? Par les reliques de mon saint patron! jamais créature vivante, sans ailes, et ayant l'usage de la raison, n'a pu vivre dans pareille demeure, à moins que ce ne soit sur le Fraw-Stack de Papa, où la fille d'un roi de Norwège fut enfermée pour être mise à l'abri de ses amans, si l'histoire qu'on raconte à ce sujet est vraie [1]. Et si je vous en parle, mes enfans, c'est parce que je suis bien aise que vous sachez qu'il est difficile d'empêcher le feu de prendre aux étoupes.

CHAPITRE XXVII.

« Trois fois du sombre souterrain
« Sa voix fit retentir l'enceinte :
« Entre, ma fille, entre sans crainte,
« Et viens me conter ton chagrin. »
MICKLE.

CE n'était pas sans quelque raison que Magnus avait comparé l'habitation de Norna à l'aire d'une orfraie, ou

---

(1) Le Fraw-Stack, ou le Rocher de la Vierge, est un rocher inaccessible séparé de l'île de Papa par un bras de mer fort étroit. On voit sur le sommet quelques ruines sur lesquelles il court une tradition à peu près semblable à l'histoire de Danaé. — ÉD.

aigle de mer. Mais il n'y avait qu'un Shetlandais, familier depuis son enfance avec la vue des rochers de toute espèce, qui pouvait trouver quelque chose pour rire dans une pareille demeure. Elle était petite, et c'était un de ces édifices qu'on appelle dans les îles de Shetland *burgh* ou *maison des Pictes*, et *duns* en Écosse et dans les îles Hébrides. Il semble que ce soit le premier effort de l'architecture, le moyen terme entre le terrier creusé par un renard dans un cairn composé de pierres accumulées, et une demeure d'homme; en un mot, une informe habitation, achevée, sans employer ni mortier ni ciment d'aucune espèce, sans le secours du bois de construction, sans voûte et sans escalier, comme on peut le voir d'après leurs restes. Quoi qu'il en soit, ces restes sont très nombreux, car on en trouve sur tous les promontoires, dans toutes les petites îles, sur tous les points qui pouvaient fournir aux habitans des moyens naturels de défense; preuve que l'ancien peuple par qui ces burgh furent construits était une race nombreuse, et que ces îles avaient alors une population beaucoup plus considérable que d'autres circonstances ne pourraient nous porter à le croire.

Le burgh dont nous parlons avait été réparé et augmenté, à une époque moins reculée, probablement par quelque petit despote ou quelque écumeur de mer épris de la sécurité que lui offrait cette situation qui occupait la totalité d'une pointe avancée de rocher, séparé de la terre par un précipice de peu de largeur, mais assez profond. Quelques additions avaient été faites dans le style le plus grossier des fortifications gothiques : on avait garni l'intérieur de terre et de chaux, et percé quelques fenêtres pour y laisser entrer l'air et la lumière. Enfin, en y ajoutant un toit, et en le divisant en étages par le moyen de pièces de bois provenant de bâtimens naufragés, le dernier propriétaire en avait fait une tour, ressemblant à un pigeonnier en pyramide, formée par un double mur contenant encore dans son épaisseur ces galeries circulaires qui caractérisent tous les forts de cette construction primitive et qui semblent avoir été le seul abri de leurs premiers habitans.

Cette singulière habitation, construite avec les pierres détachées qu'on trouvait éparses de tous côtés, et exposée depuis des siècles aux vicissitudes des élémens, était de la même couleur que le roc sur lequel elle s'élevait, et dont il n'était pas facile de la distinguer, tant elle ressemblait, par l'irrégularité de sa forme, à un fragment de rocher.

L'indifférence avec laquelle Minna voyait depuis quelque temps tout ce qui se passait autour d'elle disparut un instant à la vue d'une demeure qui, à une époque plus heureuse de sa vie, aurait excité à la fois sa curiosité et son admiration. Même alors Minna, dont la crédulité s'accordait avec les prétentions de Norna, semblait contempler avec intérêt cette habitation singulière, et elle se souvint que celle à qui elle servait d'asile alliait le malheur et la folie au privilége de commander aux élémens, et à la faculté d'avoir des communications avec le monde invisible.

— Notre parente, dit-elle à demi-voix, ne pouvait mieux choisir sa demeure. Il ne s'y trouve pas plus de terrain qu'il n'en faut à l'oiseau de mer pour s'y reposer. De toutes parts on ne voit que vagues écumantes et tempêtes. Le désespoir et le pouvoir magique ne sauraient avoir une retraite plus convenable.

D'une autre part, Brenda frémissait chaque fois qu'elle levait les yeux en s'avançant par un sentier difficile et dangereux, qui quelquefois, à sa grande terreur, s'approchait du bord du précipice. Toute Shetlandaise qu'elle était, et quoiqu'elle eût raison d'avoir toute confiance dans la sagacité de sa monture, à peine fut-elle maîtresse de sa frayeur, lorsque, marchant à la tête des autres, et tournant un angle du rocher, ses pieds appuyés sur un des côtés de son cheval se trouvèrent un instant au-delà du bord du précipice, de sorte qu'il n'existait qu'un vide effrayant entre sa chaussure et l'Océan agité dont les vagues mugissaient en écumant à cinq cents pieds au-dessous. Ce qui aurait occasioné un accès de délire à une jeune fille d'un autre pays, ne lui causa pourtant qu'une inquiétude momentanée, et cette inquiétude disparut à l'instant devant l'espérance de voir une semblable scène produire une impression favorable sur les organes de sa sœur.

Elle ne put s'empêcher de regarder en arrière pour voir comment Minna passerait cet endroit périlleux, et elle ne put entendre la voix forte de l'Udaller, qui, quoique aussi tranquille lui-même que sur le terrain le plus assuré, s'écriait d'un ton qui annonçait quelque alarme : — Prenez garde, ma chère ! à l'instant où Minna, les yeux enflammés, et laissant échapper la bride qu'elle tenait en main, étendit les bras et avança même le corps au-dessus du précipice, dans l'attitude du cygne sauvage quand, se balançant et étalant ses larges ailes, il se prépare à s'élancer du haut d'un rocher dans le sein des airs. Brenda sentit en cet instant une angoisse de terreur inexprimable, et qui lui laissa une forte impression, même quand elle vit l'instant d'après sa sœur remise d'aplomb sur la selle. L'animal qui la portait avait franchi d'un pas agile et sûr l'endroit dangereux, mettant fin à la tentation, si Minna en avait éprouvé une, et faisant disparaître l'occasion d'y céder.

Ils arrivèrent alors à un espace du terrain plus uni et plus découvert ; c'était le plateau d'un isthme se rétrécissant jusqu'à l'extrémité, où il se terminait par l'étroit précipice qui séparait la portion de roc occupée par l'habitation de Norna, du corps principal du rocher. Ce fossé naturel, qui paraissait l'ouvrage de quelque convulsion de la nature, était sombre, profond et irrégulier. Il était plus étroit vers le fond et plus large dans la partie supérieure. On aurait dit que la partie du rocher sur lequel le burgh avait été construit avait été arrachée de l'isthme qu'elle terminait ; idée que favorisait l'angle qu'elle formait en s'écartant de la terre et en s'avançant vers la mer, sur laquelle elle était suspendue avec la maison qui s'y trouvait.

Cet angle de projection était si considérable, qu'il fallait une certaine force d'esprit pour écarter l'idée que cette partie de rocher, si loin de garder une ligne perpendiculaire, était sur le point de se précipiter dans la mer avec la vieille tour qui la couvrait. Des gens timides auraient hésité à y mettre le pied, de peur que l'addition du poids de leur corps, quelque peu considérable qu'il fût, ne hâtât une catastrophe qui semblait menacer à chaque instant.

Inaccessible à de pareilles craintes, l'Udaller s'avança bravement vers la tour, mit pied à terre ainsi que ses filles, et ordonna aux domestiques de décharger les provisions et de conduire les chevaux dans l'endroit le plus voisin qui pourrait leur fournir quelque pâturage. Ils avancèrent ensuite vers la porte, qui semblait avoir communiqué autrefois avec l'autre partie du rocher par un pont-levis grossier dont on voyait encore quelques restes, mais remplacé depuis long-temps par un pont stationnaire fort étroit et sans garde-fous, où l'on ne pouvait passer qu'à pied, et qui était formé de douves de tonneau couvertes de gazon, soutenues par une espèce d'arche construite avec la mâchoire d'une baleine. L'Udaller traversa ce pont redoutable du pas majestueux qui lui était habituel, et son poids menaça de causer la destruction de ce soutien fragile et la sienne ; ses filles le suivirent d'un pas plus léger, et se trouvèrent devant la porte basse et étroite de l'habitation de Norna.

— Si pourtant elle n'y était pas, dit Magnus en frappant à coups répétés à la porte de bois de chaîne noir. — Eh bien ! en ce cas, nous attendrons son retour pendant vingt-quatre heures, et nous ferons payer ce retard à Nick Strumpfer en bland et en eau-de-vie.

Comme il parlait ainsi, la porte s'ouvrit, et Minna ne fut pas moins surprise que Brenda ne fut alarmée en voyant paraître un nain d'une carrure remarquable, ayant environ quatre pieds cinq pouces, une tête d'une grosseur prodigieuse et des traits qui y répondaient, c'est-à-dire une bouche énorme, un nez monstrueux garni de larges narines noires fendues de haut en bas, des lèvres plus grosses que celles d'un nègre, et de gros yeux louches et vairons qui grimaçaient tandis qu'il regardait l'Udaller d'un air de connaissance, sans prononcer un seul mot. Les deux sœurs pouvaient à peine se persuader qu'elles n'avaient pas devant les yeux en propre personne le démon Trolld qui figurait d'une manière si remarquable dans le récit que leur avait fait Norna. Leur père, en adressant la parole à cet être extraordinaire, prit ce ton de condescendance familière qu'on emploie envers un inférieur quand on a quelque secret motif pour le ménager ou le mettre dans ses intérêts; ton qui pourtant, par sa familiarité même, devrait offenser autant que si l'on faisait sentir toute sa supériorité.

— Ah! Nick, honnête Nick, dit l'Udaller, vous voilà donc! Toujours aussi vif et aussi aimable que saint Nicolas votre patron, tel qu'on le voit taillé à coups de hache pour orner la proue de quelque bâtiment hollandais. Comment vous portez-vous, Nick, ou Pacolet, si ce nom vous plaît davantage? Voici mes deux filles, Nicolas; presque aussi jolies que vous, comme vous le voyez.

Nick fit une grimace en s'inclinant d'un air gauche par manière de politesse; mais ses membres mal formés, placés sur le seuil de la porte, continuèrent à en obstruer l'entrée.

— Mes enfans, dit l'Udaller qui semblait avoir ses raisons pour parler à ce cerbère de façon à gagner ses bonnes grâces, vous voyez Nick Strumpfer que sa maîtresse appelle Pacolet, et certainement, pour un nain, il n'est pas mal fait. Il est aussi léger que celui qui traversait les airs sur son cheval de bois, comme vous l'avez vu, Minna, dans l'histoire de Valentin et Orson que vous lisiez dans votre enfance. Je vous assure qu'il sait garder les secrets de sa maîtresse, et que jamais il n'en a dit un seul. Ha! ha! ha!

Le nain difforme fit une grimace encore plus hideuse; et, comme s'il eût voulu donner l'explication de la plaisanterie de Magnus, il ouvrit son immense mâchoire, rejetant sa tête en arrière de manière à faire voir qu'il ne restait dans l'immense cavité de sa bouche qu'un tronçon ridé de langue qui pouvait peut-être l'aider à avaler sa nourriture, mais qui n'était pas capable de former des sons articulés. Etait-ce la maladie ou la cruauté qui l'avait réduit en cet état, c'était ce qu'on ne pouvait savoir; mais puisqu'il jouissait du sens de l'ouïe, il était évident qu'il n'était pas né muet. Après avoir donné cet horrible spectacle, il paya l'Udaller en sa propre monnaie par un éclat de rire épouvantable, et d'autant plus hideux qu'il semblait excité par sa situation déplorable. Les deux sœurs se regardèrent d'un air interdit, et Magnus lui-même parut un peu déconcerté.

— Mais, mon ami Nick, dit-il après un instant de silence, combien y a-t-il de temps que tu n'as rincé avec un verre de bonne eau-de-vie ce gosier aussi large que le frith de Pentland? Ah! ah! j'en ai apporté de la bonne, mon garçon.

Le nain fronça ses sourcils touffus, secoua son énorme tête, et leva sa main droite au-dessus de son épaule, dirigeant le pouce du côté de la maison.

— Quoi! dit l'Udaller qui comprit fort bien ce signe, ma cousine a de l'humeur? Ne t'en inquiète pas, je te laisserai un flacon pour te régaler en son absence. Sans pouvoir parler, des lèvres et un gosier peuvent avaler.

Une nouvelle grimace du nain annonça qu'il reconnaissait la vérité de cette proposition.

— Maintenant, Pacolet, dit Magnus, fais-moi place, et laisse-moi conduire mes filles à leur parente. Par les os de saint Magnus! tu ne t'en repentiras point. Ne secoue pas la tête, mon garçon, car si ta maîtresse est chez elle, il faut que nous la voyions.

Le nain lui fit entendre de nouveau qu'il était impossible qu'on entrât; se servant en partie de signes, et en partie de sons discordans et inarticulés.

— Ta, ta, ta, dit l'Udaller dont le sang commençait à s'échauffer, ne m'ennuie pas davantage de ton baragouin, et fais-nous place, j'en prends le blâme sur moi.

Et en même temps il saisit d'une main vigoureuse le collet du gilet bleu du nain, et, sans avoir l'air d'user de violence, il le força d'abandonner son poste, le poussa doucement de côté, et entra suivi de ses filles qui se tenaient le plus qu'elles pouvaient rapprochées de leur père. Elles concevaient des craintes de tout ce qu'elles voyaient et entendaient. Un passage tortueux et obscur dans lequel Magnus les fit entrer, n'était que faiblement éclairé par une barbacane, probablement destinée autrefois à commander l'entrée par le moyen d'une coulevrine. A mesure qu'ils avançaient, car ils étaient obligés de marcher à pas lents et presque à tâtons, les ténèbres s'épaississaient, et la lumière finit par disparaître tout-à-coup presque entièrement. Brenda, levant les yeux pour en reconnaître la cause, tressaillit en apercevant la figure pâle de Norna. Il était assez naturel que la maîtresse de la maison voulût voir ceux qui avaient forcé la consigne pour se présenter devant elle avec si peu de cérémonie; mais la pâleur de ses traits, que les ténèbres paraissaient encore augmenter, ses yeux fixes et immobiles, son air froid et sévère qui ne promettait pas un accueil gracieux, son morne silence, l'apparence étrange de tout ce qu'on pouvait apercevoir dans sa demeure, tout augmentait l'étonnement craintif de Brenda. Magnus Troil et Minna marchaient en avant, et n'avaient pas aperçu leur singulière hôtesse.

CHAPITRE XXVIII.

> « Levant d'un bras flétri sa baguette magique,
> « La sorcière, dont l'œil semblait armé d'éclairs,
> « Se mit à procéder à son charme mystique. »
> MICKLE.

— C'est là que doit être l'escalier, dit l'Udaller en heurtant dans l'obscurité contre quelques marches de hauteur et de forme inégales; oui, ce doit être là, à moins que la mémoire ne me manque. Et voici, ajouta-t-il en s'arrêtant à une porte entr'ouverte, voici où elle s'assied avec tout son attirail autour d'elle, et aussi affairée que le diable dans un ouragan.

Après avoir fait cette comparaison peu respectueuse, il entra suivi de ses filles dans l'appartement ténébreux où Norna était assise au milieu de maints objets que le vulgaire regarde comme des attributs des sciences maudites de Dieu, tels qu'un amas confus de livres écrits en différentes langues, des morceaux de parchemin, des fragmens de marbre et de pierres sur lesquels étaient gravés les caractères droits et angulaires de l'alphabet runique, etc., etc. On voyait dans un coin de la chambre une vieille cotte de mailles et un casque. Au-dessus d'une antique cheminée mal construite, étaient suspendues la hache et la lance qui avaient fait partie de la même armure; sur une table étaient rangées en bon ordre quelques unes de ces haches de pierre en granit vert qu'on trouve assez souvent dans ces îles, où le peuple, qui les nomme trait de tonnerre, les garde comme un charme servant de préservatif contre la foudre. On y remarquait aussi un couteau à sacrifice en pierre, qui peut-être avait servi à immoler des victimes humaines, et un ou deux de ces instrumens de bronze nommés *celts*, dont la destination a troublé le repos de bien des antiquaires. Beaucoup d'autres objets auxquels on ne pourrait assigner un nom, et qu'il serait même impossible de décrire, étaient épars confusément dans l'appartement; et sur un tas d'herbes marines sèches jetées dans un coin était un animal qu'on aurait d'abord pris pour un grand chien difforme, mais qui, dans le fait, était un jeune veau marin que Norna s'était amusée à apprivoiser.

En voyant entrer tant d'inconnus, ce charmant favori hérissa ses poils avec la même vivacité qu'aurait pu montrer un chien terrestre en semblable occasion; mais Norna resta immobile. Elle était assise devant une table de granit brut, soutenue par deux blocs de même pierre. Elle semblait occupée à lire un vieux livre, et près d'elle, sur la table, étaient une cruche d'eau et un de ces pains sans levain qui font la nourriture des pauvres habitans de Norwège.

Magnus Troil resta une minute en silence, les yeux fixés sur sa parente. La singularité de cette habitation frappait Brenda d'une nouvelle crainte; et Minna, malgré son état habituel de mélancolie et de distraction rêveuse, ne put se défendre d'un sentiment d'intérêt mêlé de respect. L'Udaller fut le premier à rompre le silence. D'une part il ne voulait pas donner à sa parente sujet de s'offenser; de l'autre, il désirait lui prouver qu'il n'était pas intimidé par l'accueil singulier qu'il en recevait : il ouvrit donc la conversation ainsi qu'il suit :

— Bonjour, cousine Norna. Mes filles et moi nous venons de bien loin pour vous voir.

Norna leva un instant les yeux sur lui et les laissa retomber sur le livre qui semblait fixer toute son attention.

— Ne vous gênez pas, cousine, dit Magnus, ce que nous

avons à vous dire peut attendre votre loisir. — Venez ici, Minna; quelle belle vue on a du cap à un quart de mille environ! Voyez ces vagues qui viennent s'y briser à la hauteur d'un grand mât. Et le veau marin de notre parente donc, savez-vous qu'il est joli! Ici, mon garçon; ici! hou! hou! hou!

Le veau marin ne répondit aux avances de l'Udaller qu'en grondant.

— Il n'est pas aussi bien élevé, continua l'Udaller en affectant un air d'aisance, que celui de Pierre Mac Raw, le vieux joueur de cornemuse de Stornoway. Celui-là remuait la queue quand il entendait l'air de *Caberfae*, et il ne faisait attention à aucun autre. — Eh bien, cousine, ajouta-t-il en voyant Norna fermer son livre, allez-vous enfin nous dire que nous sommes les bienvenus, ou faut-il que nous allions chercher un autre gîte que la demeure de notre parente, quand la soirée est déjà bien avancée?

— Génération à cœur dur et froid, aussi sourde que l'aspic l'est à la voix de celle qui le charme, que me voulez-vous? dit enfin Norna. Vous avez méprisé tous les avis que je vous avais donnés des maux qui vous menaçaient, et maintenant qu'ils sont arrivés, vous venez me demander mes conseils désormais inutiles.

— Je vous dirai, cousine, répondit l'Udaller avec le ton de franchise et de hardiesse qui lui était ordinaire, que votre politesse n'est pas de l'espèce la plus raffinée. Je ne puis dire que j'aie jamais vu un aspic, attendu qu'il n'y en a point dans ce pays, mais, autant que je puis en juger, voyez-vous, il me semble qu'il ne peut servir convenablement de terme de comparaison avec mes filles et moi. A cause de notre ancienne connaissance, et de certaines autres raisons, je ne sors pas à l'instant de votre maison; mais comme je me suis présenté ici avec amitié et civilité, je demande à y être reçu de même, sinon nous partons en laissant la honte sur votre toit inhospitalier.

— Comment! dit Norna, osez-vous tenir ce langage audacieux dans la maison d'une femme dont tout le monde sollicite les avis et la protection, — et que vous venez solliciter vous-même? Ceux qui parlent à la Reim-Kennar doivent baisser la voix en s'adressant à celle devant qui se taisent les vents et les vagues.

— Les vents et les vagues peuvent se taire s'ils le veulent, répondit l'Udaller d'un ton décidé; quant à moi, je ne me tairai point. Je parle dans la maison d'un ami comme si j'étais dans la mienne, et je ne baisse pavillon devant personne.

— Espérez-vous par ce ton grossier me forcer à répondre à vos questions?

— Cousine, reprit Magnus avec fermeté, je ne connais pas aussi bien que vous les antiques sagas norses; mais ce que je sais fort bien, c'est que nos ancêtres, quand ils allaient consulter les interprètes du sort, arrivaient la hache sur l'épaule, l'épée nue à la main, et forçaient la puissance qu'ils invoquaient à les écouter et à leur répondre : — oui, fût-ce Odin lui-même.

— Cousin Magnus, dit Norna en se levant et en avançant vers lui, tu as parlé à propos pour toi et pour ta fille, car si tu étais sorti de chez moi sans m'obliger à te faire une réponse, le soleil ne se serait pas levé demain sur vos têtes. Les esprits qui me servent sont jaloux. Ils ne veulent être employés à rien qui puisse être utile à l'humanité, à moins qu'ils n'y soient forcés par les importunités audacieuses de l'homme libre et brave. Parle maintenant, que veux-tu de moi?

— La santé de ma fille que rien n'a pu lui rendre jusqu'ici.

— La santé de ta fille! Et quelle est sa maladie?

— C'est au médecin à la nommer. Tout ce que je puis dire, c'est que...

— Ne me dis rien. Je sais tout ce que tu peux me dire,

et beaucoup plus encore. Asseyez-vous tous; et toi, jeune fille, dit-elle à Minna en lui montrant la place qu'elle venait de quitter, assieds-toi sur ce siége; c'était autrefois celui de Giervada, à la voix de qui les étoiles se dépouillaient de leurs rayons et la lune même pâlissait.

Minna s'avança d'un pas lent et tremblant vers le siége indiqué. C'était un fauteuil en pierre grossièrement taillée par la main de quelque ancien artiste goth.

Brenda, qui se tenait toujours le plus près possible de son père, s'assit, ainsi que lui, sur un banc de pierre placé à quelque distance de Minna, ayant toujours les yeux fixés sur elle, avec un mélange d'inquiétude, de crainte et de pitié. Il serait presque impossible de décrire les émotions qui agitaient en ce moment le cœur de cette fille aussi affectueuse qu'elle était aimée. N'ayant pas cette imagination exaltée qui était la qualité dominante de sa sœur, et par conséquent n'ajoutant que peu de foi au merveilleux, elle ne pouvait cependant s'empêcher de concevoir pour elle-même quelques craintes vagues et sans objet déterminé sur ce qui allait suivre. Mais ces appréhensions disparaissaient en grande partie devant celles qu'elle éprouvait pour sa sœur, si faible et si susceptible d'émotion. Minna était assise d'un air pensif, résignée à tout ce que voudrait lui prescrire une femme dont la magie prétendue pouvait produire un effet si pernicieux sur une jeune fille ainsi disposée. Sa belle taille et les contours délicats de tous ses membres formaient un contraste frappant avec les angles irréguliers et la masse informe du siége où elle était assise. Ses joues et même ses lèvres étaient pâles comme de la craie, ses yeux levés vers le ciel exprimaient un mélange de résignation et d'enthousiasme, résultat de l'état où elle se trouvait et de son caractère. Norna, se parlant à elle-même à voix basse et d'un ton monotone, allait prendre en différens endroits divers objets qu'elle plaçait l'un après l'autre sur la table. Brenda, témoin de tous ces préparatifs, jeta les yeux sur son père pour tâcher d'apprendre, par l'expression de sa physionomie, s'il partageait ses craintes. Mais Magnus regardait d'un air calme et tranquille tous les préparatifs de Norna, et semblait attendre l'évènement avec le sang-froid d'un homme qui, plein de confiance dans l'habileté d'un chirurgien prêt à faire une opération importante et douloureuse, le voit s'y préparer avec tout l'intérêt que peuvent inspirer les liens de la nature ou ceux de l'amitié.

Cependant Norna continuait ses apprêts. Elle plaça sur la table un petit réchaud plein de charbon de terre, un creuset et un morceau de plomb laminé. — Il est fort heureux, dit-elle ensuite à voix haute, que j'aie su que vous viendriez ici. Oui, je l'ai su long-temps avant vous-mêmes; sans cela, comment aurais-je pu me préparer à ce qu'il s'agit de faire? — Jeune fille, ajouta-t-elle en s'adressant à Minna, où est votre mal?

Minna ne répondit qu'en posant la main sur son côté gauche.

— C'est cela, dit Norna; c'est cela même. C'est le siége de tout bien et de tout mal. Et vous son père, et vous sa sœur, ne vous imaginez pas que ce soient là les vains propos d'une femme qui parle au hasard. Si je puis dire quel est le mal, peut-être serai-je en état de calmer les douleurs que tous les secours du monde ne peuvent guérir. Le cœur, oui, le cœur, blessez-le, et l'œil s'obscurcit, le pouls bat plus faiblement, le sang s'arrête dans les veines, et tous les membres se flétrissent comme l'herbe marine sous les rayons du soleil : le bonheur de l'existence est anéanti; il ne reste que l'ombre de ce qu'on a perdu, et la crainte d'un mal inévitable. Mais la Reim-Kennar va se mettre à l'ouvrage; il est fort heureux que je me sois procuré d'avance les moyens de réussir.

Se dépouillant de sa longue mante de couleur brune, elle ne garda que sa robe courte d'un bleu pâle bizarrement garnie en velours noir, et fixée à sa ceinture par une chaîne d'argent d'un travail singulier. Elle détacha le réseau qui retenait ses cheveux gris, et les laissa flotter sur ses épaules et sur sa figure, de manière qu'ils cachaient presque entièrement ses traits. Elle plaça alors un petit creuset sur le réchaud dont nous avons déjà parlé ; versa sur le charbon quelques gouttes d'une liqueur contenue dans une petite fiole, et, trempant l'index de sa main droite dans un autre liquide, elle en toucha le charbon, et dit d'une voix forte : — Feu, fais ton devoir. Elle n'eut pas plus tôt prononcé ces mots que, sans doute par l'effet d'une préparation chimique inconnue aux spectateurs, le charbon placé dans le réchaud s'alluma peu à peu, tandis que Norna, comme si ce délai l'eût impatientée, secoua la tête, et rejeta ses cheveux en arrière. La lueur rougeâtre du feu qui s'allumait se réfléchit sur ses traits, et ses yeux brillèrent comme ceux d'un animal sauvage dans son antre, pendant qu'elle soufflait pour donner plus d'activité à la flamme. Cessant un moment ce travail, elle murmura à voix basse que l'esprit de cet élément devait être remercié, et chanta les vers suivans sur un ton monotone et bizarre.

>Esprit puissant, redouté, nécessaire,
>Dont l'aile est pourpre, et dont la tête altière
>Cherche toujours à s'élever aux cieux ;
>   Toi dont le souffle salutaire
>Fond les frimas du Nord pour empêcher ces lieux
>   De devenir une vaste glacière ;
>   Toi qui réchauffes la chaumière,
>   Qui détruis l'orgueilleux palais,
>Qui seul as droit d'appeler à la vie
>Tout ce qui fut, est et sera jamais,
>   De tes secours Norna te remercie.

Elle coupa alors un morceau du plomb laminé qui était sur la table, le plaça dans le creuset, le soumit à l'action du feu, et pendant qu'il fondait elle prononça les vers ci après :

Des bienfaits qu'en ce jour tu daignes m'accorder,
O terre! il faut aussi que je te remercie,
Toi dont le sein profond nourrit et vivifie
Tout ce que la nature a voulu féconder.
D'une mine du Nord sort ce métal mystique
Qui, rentré dans tes flancs une seconde fois,
Couvrit un chevalier fameux par ses exploits,
Et se trouve en mes mains pour aider l'art magique.

Prenant ensuite la cruche sur la table, elle versa de l'eau dans un gobelet, et la remua avec le bout de sa baguette, en chantant ce qui suit :

Et toi, ceinture de nos îles,
Elément dont l'affreux pouvoir
Ruine les champs et les villes,
Contre nous quel est ton espoir?
En vain, contre notre rivage
Tu t'élances avec courroux,
Nos rocs, en dépit de ta rage,
Le protègent contre tes coups.
Reconnais la voix qui t'appelle;
Quand Norna t'invoque aujourd'hui,
Garde-toi bien d'être rebelle,
Et viens lui prêter ton appui.

Prenant alors des pincettes, elle ôta le creuset de dessus le réchaud, et versa le plomb fondu dans le gobelet rempli d'eau en disant :

Elémens, en cette rencontre,
Je vous défends des combats superflus.
Il faut que chacun de vous montre
Et son pouvoir et ses vertus.

Le plomb fondu, tombant dans l'eau en frémissant, y prit, comme c'est l'ordinaire, cette variété de formes irrégulières que connaissent tous ceux qui ont fait cette expérience dans leur jeunesse, et où chacun trouve une ressemblance avec ce qu'il veut y voir. Norna avait l'air fort occupée à examiner la masse de plomb tombée au fond du vase; elle en détacha quelques fragmens, parut les considérer avec beaucoup d'attention; mais elle n'y trouva pas d'abord ce qu'elle cherchait.

Enfin, murmurant à voix basse, et s'adressant la parole à elle-même plutôt qu'à ceux qui étaient témoins de cette scène extraordinaire : — Celui qu'on ne peut voir, dit-elle, ne veut pas être oublié. Il réclame son tribut, même dans un ouvrage pour lequel il ne donne rien. Eh bien! fier maître des nuages, tu entendras aussi la voix de la Reim-Kennar.

En parlant ainsi, Norna rejeta le plomb dans le creuset; le métal mouillé, touchant le vase rougi par le feu, se mit de nouveau à frémir, et fut bientôt réduit une seconde fois en état de fusion. Cependant la sibylle, allant vers un coin de son appartement, ouvrit le volet d'une fenêtre donnant du côté du nord-ouest, et l'on y vit entrer tout-à-coup la lumière du soleil, alors presque de niveau avec l'horizon, et à demi couvert de gros nuages rouges qui semblaient l'annonce d'une tempête. Se tournant alors de ce côté d'où soufflait une brise assez forte dont on entendait le sourd mugissement, Norna s'adressa à l'esprit des vents, d'une voix parfaitement digne de répondre à ses accens.

> Toi qui fais sans danger voguer sur l'Océan
> L'audacieux pêcheur dans son humble nacelle,
> Quand les flots mugissans que ton souffle amoncelle
> Dévorent le vaisseau qui brave l'ouragan,
> Te crois-tu négligé quand j'honore tes frères ?
> Vois donc ces cheveux gris par ma main arrachés,
> Et pour toi sans regret de mon front détachés :
> Les vents, les cieux en vont être dépositaires.
> Prends ce qui t'appartient, esprit trop exigeant;
> Ecoute enfin ma voix, et deviens indulgent.

Norna accompagna ces paroles de l'action qu'elles décrivaient. Elle arracha avec violence une mèche de cheveux de sa tête, et les abandonna au gré des vents pendant qu'elle finissait de déclamer ses vers. Elle ferma ensuite le volet, et la chambre ne fut plus éclairée que par ce demi-jour qui convenait à son caractère et à l'occupation à laquelle elle se livrait. Le plomb fondu fut une seconde fois jeté dans l'eau, et les formes bizarres qu'il y prit furent de nouveau examinées avec une scrupuleuse attention. Enfin la voix et les gestes de la sibylle semblèrent annoncer que son charme avait réussi. Elle choisit, dans le métal mis en fusion et refroidi, un morceau qui avait quelque ressemblance avec un cœur humain, et dit à Minna en s'approchant d'elle :

>Fille qui va s'asseoir près du puits enchanté
>Doit s'attendre souvent à quelque maléfice;
>Celle qui va chercher un rivage écarté
>Ne trouve pas toujours la sirène propice;
>Et celle qui s'endort dans la grotte du Nain,
>A des maux bien cuisans expose son destin.
>Mais ce n'est ni le puits, ni la grotte, ni l'onde,
>Qui des maux de Minna fut la source féconde.

Minna, dont l'attention avait été un peu distraite par les réflexions qu'elle faisait sur ses chagrins secrets, la retrouva tout-à-coup, et ses yeux reprirent une partie de leur éclat tandis qu'elle les fixait sur Norna, dans l'attente d'en apprendre quelque chose de bien intéressant pour elle. Pendant ce temps, la sibylle perçait le morceau de plomb qui avait la forme d'un cœur, après quoi elle y passa un anneau d'or qui pouvait servir à le suspendre à une chaîne ou à un collier. Elle continua ensuite ses vers :

>Un démon exerça sur toi son influence;
>Heims est bien moins rusé, Trolld a moins de puissance.
>La sirène n'a point un chant si séducteur;
>Nul esprit, comme lui, ne torture le cœur;
>Il dessèche le sang qui coule dans les veines :
>Il tarit dans les yeux des larmes qui sont vaines.
>— Mais veux-tu que mon charme ait toute sa vertu?
>Jeune fille, avant tout, réponds-moi : m'entends-tu?

Minna lui répondit en employant le même rhythme, qui ne lui était pas étranger :

>Continuez vos chants, je les entends, ma mère;
>C'est à moi de tâcher d'en percer le mystère.

— Que le ciel et que tous les saints du ciel soient bénis ! s'écria Magnus Troil ; voilà les premières paroles qu'elle ait prononcées à propos depuis bien des jours.

— Et ce seront les dernières qu'elle prononcera d'ici à bien des mois, s'écria Norna courroucée de cette interruption, si vous arrêtez encore les progrès de mon charme. Tournez-vous tous deux du côté de la muraille, et ne regardez pas en arrière, sous peine de tout mon déplaisir. Vous, Magnus Troil, par votre audace présomptueuse, et vous, Brenda, par votre incrédulité pour tout ce qui surpasse votre intelligence, vous êtes indignes de voir cette œuvre mystérieuse, et vos regards affaiblissent mes conjurations, car les puissances que j'invoque ne pardonnent pas le doute.

Peu accoutumé à s'entendre parler d'un ton si impérieux, Magnus avait grande envie de répliquer vertement ; mais réfléchissant qu'il s'agissait de la santé de Minna, et que celle qui lui parlait ainsi était une femme qui avait eu de grands chagrins, il triompha de ce mouvement de colère, baissa la tête, non sans lever les épaules, et, obéissant aux ordres de la sibylle, tourna le dos à la table et le visage du côté du mur. Brenda en fit autant au premier signe de son père, et tous deux gardèrent un profond silence.

Alors Norna adressa de nouveau la parole à Minna.

> Ecoute-moi : ce que je vais te dire
> Va de tes maux te présager la fin.
>   L'espoir à tes yeux peut reluire ;
>   Que la paix rentre dans ton sein.
>   Porte ce cœur, sois confiante,
> Tes anciennes couleurs renaîtront sur ton teint,
>   Quand à Kirkwall, dans l'église d'un saint,
> Le pied sanglant pourra trouver la main sanglante.

Minna rougit, tandis que Norna prononça les derniers vers ; car elle ne manqua pas d'en conclure, comme ils le donnaient à entendre, que Norna connaissait la cause secrète de son chagrin. La même conviction la porta à espérer qu'il arriverait des évènemens aussi favorables que la sibylle venait de le prédire; et n'osant pas exprimer ses sentimens d'une manière plus intelligible, elle pressa la main flétrie de Norna, avec toute la chaleur de l'affection, d'abord contre son sein et ensuite contre ses lèvres, en l'arrosant en même temps de ses larmes.

Norna dégagea sa main de celle de la jeune fille dont les pleurs coulaient en abondance, et avec une espèce de sensibilité qui ne lui était pas ordinaire, et plus de tendresse qu'elle ne lui en avait marqué, elle attacha une chaîne d'or au cœur de plomb, et le suspendit au cou de Minna, en lui disant en même temps :

> Songe à t'armer de patience,
> Patience est un talisman;
> Contre tous les dangers elle est notre défense,
> Comme un manteau dans un jour d'ouragan.
> La chaîne que tu vois d'une fée est l'ouvrage,
> Et prouve que Norna t'a dit la vérité.
> Que ce bijou soit donc par toi porté,
> Mais que nul œil ne l'envisage
> Jusqu'à ce que le temps, de son autorité,
> Vienne confirmer mon présage.

Norna alors arrangea la chaîne autour du cou de Minna, et la cacha dans son sein de manière que personne ne pût l'apercevoir.

Ainsi finit la cérémonie magique, et cette cérémonie, au moment où j'en fais la description, est encore pratiquée dans les îles Shetland quand quelque personne des classes inférieures voit sa santé se détériorer sans cause apparente, ce qu'elle ne manque pas d'attribuer à l'opération d'un démon qui lui a pris le cœur; or cela ne peut se réparer qu'en fournissant au malade un cœur de plomb préparé avec les cérémonies que nous venons de décrire, et qui ont encore été mises en usage il n'y a que quelques années. Dans un sens métaphorique on peut regarder cette maladie comme endémique dans toutes les parties du monde ; mais comme ce remède, aussi simple qu'original, est particulier aux habitans des îles de Thulé, il eût été impardonnable de ne pas en faire mention dans un ouvrage qui a des rapports avec l'histoire des anciennes mœurs d'Ecosse.

Norna avertit de nouveau Minna que, si elle montrait ce don des fées, ou même qu'elle en parlât à qui que ce fût, toute la vertu en serait détruite : croyance si générale, qu'elle fait partie des superstitions de toutes les nations. Enfin, déboutonnant le collet qu'elle venait de fermer, elle dit à Minna de regarder avec attention quelques chaînons de la chaîne d'or qu'elle lui montra, et Minna reconnut aussitôt celle que Norna avait donnée autrefois à Mordaunt Mertoun, ce qui lui parut annoncer qu'il vivait encore, et qu'il était sous la protection de Norna. Elle leva les yeux sur elle avec l'air de la plus vive curiosité : mais la sibylle mit un doigt sur ses lèvres pour lui ordonner le silence, et cacha de nouveau la chaîne sous le tissu par lequel la pudeur voilait un des plus beaux seins et un des cœurs les plus tendres que la nature eût jamais formés.

Norna éteignit alors le charbon embrasé avec l'eau qui était dans le gobelet, et tandis que le feu s'éteignait en frémissant dans l'eau, elle dit à Magnus et à Brenda qu'ils pouvaient se retourner, et que sa tâche était terminée.

CHAPITRE XXIX.

« Voyez-vous cette femme? on la craint en secret,
« Mais à la crainte aussi l'on unit le respect.
« On veut la consulter, la foule court chez elle.
« Ma maîtresse, dit l'un, sera-t-elle fidèle?
« Qui m'a volé, dit l'autre, un gobelet d'argent?
« L'un s'en va tout joyeux, et l'autre en s'affligeant.
« Elle est folle, archi-folle. — Oui, mais à sa folie
« Elle a l'art d'ajouter adresse et fourberie.
« Elle a tiré de vous le secret important
« Que vous reprenez d'elle, et pour argent comptant.»
Ancienne comédie.

Norna semblait avoir un droit véritable à la reconnaissance de l'Udaller, pour l'effet salutaire qu'elle venait de produire sur la santé de sa fille. Elle rouvrit le volet, et Minna s'essuyant les yeux et s'avançant vers son père avec un air de confiance et de tendresse, se jeta à son cou, et lui demanda pardon du chagrin qu'elle lui avait occasioné. Il est inutile d'ajouter que ce pardon, quoique exprimé avec la brusque franchise de l'Udaller, fut accordé à Minna avec tout l'élan de la tendresse paternelle : Magnus l'embrassa, aussi joyeux que s'il la voyait sortir du sein du tombeau. Des bras de son père, elle se précipita dans ceux de sa sœur, et lui témoigna par ses pleurs et ses caresses plus que par ses paroles, le regret que lui inspirait la conduite bizarre qu'elle avait tenue à son égard depuis quelque temps. Magnus jugea alors qu'il devait des remercîmens à Norna, dont la science s'était trouvée si efficace. Mais à peine avait-il commencé à dire : — Très respectée parente, je ne suis qu'un vieux Norse... qu'elle l'interrompit en mettant un doigt sur ses lèvres.

— Il y a autour de nous, dit-elle, des êtres à qui une voix mortelle est importune, et qui n'aiment point à voir sacrifier aux sentimens humains. Quelquefois même ils se révoltent contre moi, moi leur souveraine maîtresse, parceque je suis encore couverte de l'enveloppe de l'humanité. Craignez donc, et gardez le silence. Moi que mes actions ont élevée au-dessus de l'humble vallée de la vie, asile de l'indigence et de la charité ; moi qui ai dépouillé le donateur du don qu'il m'avait fait ; moi qui me suis placée à une hauteur incommensurable ; qui ne tiens à la terre que par la petite portion qu'en touchent mes pieds, je suis seule en état de lutter contre ces êtres terribles. Ne craignez rien cependant, mais gardez-vous d'être téméraire, et que cette nuit soit pour vous une nuit de prières et de jeûne.

Si, dès le commencement de l'opération, l'Udaller n'avait pas été disposé à résister aux ordres de la sibylle, on peut bien croire qu'il en avait encore moins l'envie après le succès qu'elle avait obtenu ; il resta donc assis en silence, et s'empara d'un volume près de lui, comme par un effort de désespoir pour chasser l'ennui ; car on ne pourrait citer aucun motif qui décidât jamais Magnus à ouvrir un livre. Le hasard voulut que celui-ci fût de son goût ; — c'était l'ouvrage bien connu d'Olaüs Magnus sur les anciennes nations du Nord. Malheureusement ce livre est écrit en latin, langue avec laquelle l'Udaller était moins familier qu'avec le norse et le hollandais. Mais c'était la belle édition enrichie de gravures représentant les guerres, les pêches, les exercices et les occupations domestiques des Scandinaves, de sorte que cet ouvrage s'adressait à ses yeux, s'il ne disait rien à son esprit : et les vieillards comme les enfans savent fort bien que cette circonstance est loin de diminuer l'amusement qu'un livre peut procurer.

Cependant Minna et Brenda, telles que deux fleurs nées sur une même tige, étaient assises, chacune d'elles passant un bras sur l'épaule de l'autre, comme si elles eussent craint que quelque nouvelle cause de froideur ne vînt s'insinuer entre elles, et détruire l'harmonie qui venait d'y être si heureusement rétablie. Norna avait repris sa place, tantôt lisant le gros volume couvert en parchemin qu'elle tenait en main lors de l'arrivée de Magnus et de ses deux filles, tantôt regardant les deux sœurs d'un air qui annonçait qu'elle prenait à elles un tendre intérêt, sentiment rare chez elle, et qui semblait troubler la dignité sévère de sa physionomie. Tout était tranquille et silencieux comme la mort, et l'émotion de Brenda, qui commençait à se calmer, ne lui avait pourtant pas encore permis de s'informer si le reste de la soirée devait se passer de la même manière, quand cette scène solennelle fut interrompue par l'arrivée du nain Pacolet, ou, comme le nommait l'Udaller, Nicolas Strumpfer.

Norna jeta un regard courroucé sur cet intrus, qui sembla conjurer son ressentiment en levant en l'air ses deux mains, et en faisant entendre un son inarticulé. Recourant ensuite à son mode ordinaire de conversation, il fit à sa maîtresse une multitude de signes avec ses doigts. Norna lui répondit de la même manière, et les deux sœurs, qui n'avaient jamais entendu dire qu'on pût exprimer ses idées par un pareil moyen, et qui le voyaient mettre en usage par deux êtres si singuliers, crurent presque qu'ils ne pouvaient s'entendre que par l'effet d'un enchantement.

Quand cet entretien fut terminé, Norna se tourna vers Magnus, et lui dit avec hauteur : — Comment, mon parent, est-il possible que vous vous soyez oublié au point d'apporter une nourriture terrestre dans la maison de la Reim-Kennar, et que vous ayez fait des apprêts pour changer la demeure de la puissance et du désespoir en une salle de festin et de réjouissance ? — Ne parlez pas, ne me répondez pas. La durée de la cure qui vient d'être opérée dépend de votre silence et de votre obéissance. Échangez avec moi un mot, un seul regard, et cette jeune fille va retomber dans un état pire que celui dont je l'ai tirée.

Cette menace fut un charme qui opéra à l'instant sur l'Udaller, et qui lui fit garder le silence, malgré le désir qu'il avait de se justifier.

— Suivez-moi tous, dit Norna en s'avançant vers la porte de cet appartement, et ne regardez pas en arrière ; nous ne laissons pas cette chambre vide, quoique nous autres, enfans de la poussière, nous en sortions.

Elle sortit, et Magnus fit signe à ses filles de la suivre et d'obéir à ses ordres. La sibylle descendit, beaucoup plus vite que ses hôtes, les marches inégales méritant à peine le nom d'escalier qui conduisaient à la salle du rez-de-chaussée. Quand Magnus y arriva avec ses deux filles, il y trouva ses domestiques interdits et consternés en voyant la nouvelle opération dont s'occupait déjà Norna de Fitful-Head.

Ils avaient pris soin de disposer sur une table de pierre les provisions qu'ils avaient apportées, de manière que l'Udaller pût trouver un repas préparé quand il sentirait les premières atteintes de son appétit, besoin aussi régulier chez lui que le flux et le reflux de la mer. Mais quelle fut leur surprise quand ils virent Norna saisir successivement tous les comestibles que leur prévoyance avait apprêtés, et, secondée par le zèle actif de Pacolet, les jeter les uns après les autres par l'ouverture qui servait de fenêtre, dans la mer, dont les vagues se brisaient au pied du rocher sur lequel l'ancien burgh avait été construit ! Le bœuf salé, le lard et les jambons volaient dans les airs ; les oies fumées et le poisson salé étaient rendus à leur élément pour lequel ils n'étaient plus faits. La disparition de tous ces comestibles fut si rapide que l'Udaller eut à peine le temps de sauver du naufrage son grand gobelet d'argent, tandis que la grande bouteille de cuir, contenant son breuvage favori, allait rejoindre le reste des provisions lancées dans le sein des mers par les mains de Pacolet. Ce petit monstre en même temps regardait l'Udaller consterné, en lui faisant une grimace malicieuse, comme si, malgré le goût naturel qu'il avait lui-même pour ce liquide, il semblait jouir en voyant la contrariété de Magnus, plus qu'il ne l'aurait fait en partageant le breuvage avec lui.

La perte de sa bouteille d'eau-de-vie épuisa la patience de l'Udaller, qui s'écria du ton du mécontentement : — Eh mais, cousine, c'est une rage de destruction qui vous saisit! où voulez-vous que nous soupions maintenant, et avec quoi?

— Où vous voudrez, répondit Norna, et avec ce qu'il vous plaira. Mais ce ne sera pas avec les alimens par lesquels vous avez profané ce lieu. Partez tous, et ne troublez pas plus long-temps mon esprit. Vous n'êtes restés ici que trop long-temps pour moi, et peut-être pour vous-mêmes.

— Comment! cousine, répliqua Magnus, pourriez-vous nous renvoyer de chez vous aux approches de la nuit? Un Ecossais même ne fermerait pas sa porte à un étranger en pareille occasion. Songez quelle honte ce serait pour notre lignage si vous nous obligiez ainsi à couper le câble et à nous mettre en mer sans biscuit.

— Silence, dit Norna, et retirez-vous. Qu'il vous suffise d'avoir obtenu ce que vous désiriez. De simples mortels ne peuvent être mes hôtes, et je n'ai pas de provisions pour satisfaire les besoins des hommes. Au pied du rocher est un sable de la plus grande beauté; vous y trouverez un ruisseau dont l'eau est aussi pure que celle de Kildinguie; la *dulse* [1], qui croît dans les fentes du rocher, est aussi salubre que celle de Guydin; et vous savez que l'eau du puits de Kildinguie et la dulse de Guydin guérissent toutes les maladies, excepté la mort [2].

---

(1) Herbe à laquelle on attribue des vertus médicinales.
(2) Au moins cela est passé en proverbe dans les îles Shetland. — Ed.

— Et je sais aussi, s'écria l'Udaller, que je mangerais des herbes marines putréfiées, comme un étourneau ; de la chair de veau marin salé, comme les habitans de Burra-Forth ; et des rats, des limaçons et des lamproies, comme les pauvres misérables de Stroma, plutôt que de rompre un morceau de bon pain blanc et de boire un verre d'excellent vin rouge dans une maison où on me le reprocherait... J'ai tort, cousine, ajouta-t-il d'un ton radouci, j'ai grand tort : je devrais vous remercier de ce que vous avez fait, au lieu de vous blâmer d'agir à votre manière. Mais je vois que vous êtes impatiente ; nous allons mettre à la voile. Et vous autres coquins, dit-il à ses domestiques, vous qui vous êtes tous pressés de faire votre service avant qu'on vous le commandât, décampez à l'instant, et tâchez de rattraper bien vite nos chevaux, car je vois qu'il faut que nous cherchions un autre asile cette nuit, si nous ne voulons pas nous coucher, l'estomac vide, sur un lit de pierres.

Les domestiques, que la violence de Norna avait déjà suffisamment alarmés, attendirent à peine la fin des ordres impérieux de leur maître pour évacuer ces lieux en toute hâte ; et l'Udaller, prenant ses filles sous le bras, se disposait à les suivre, quand Norna s'écria avec un ton d'emphase : — Attendez !

Ils s'arrêtèrent et se retournèrent vers elle. Elle présenta la main à Magnus, et le bon Udaller, étranger à la rancune, la lui serra sur-le-champ avec cordialité.

— Magnus, lui dit-elle, nous nous quittons par nécessité, et, à ce que j'espère, sans ressentiment.

— Je n'en ai aucun, cousine, répondit l'Udaller en hésitant un peu ; je n'en ai pas le moindre. Jamais je n'ai de ressentiment contre personne, et j'en puis avoir encore moins contre mon propre sang, contre une femme dont les avis m'ont conduit à travers plus d'une bourrasque de la vie, aussi sûrement que le meilleur pilote de Swarna à

Stroma pourrait conduire une barque dans le courant et les tourbillons du frith de Pentland.

— C'en est assez, dit Norna ; maintenant, retirez-vous avec la seule bénédiction que j'ose vous donner. Pas un mot de plus ! jeunes filles, approchez-vous, et que je vous baise le front.

Les deux sœurs obéirent à la sibylle, Minna avec une sorte de respect religieux, et Brenda avec une crainte involontaire ; l'une subjuguée par sa propre imagination, l'autre maîtrisée par sa timidité naturelle. Norna prit alors congé de ses hôtes, et deux minutes après le père et les deux filles se trouvaient sur la plate-forme de rocher faisant face à l'habitation que cette femme singulière s'était choisie.

La nuit était tombée, mais elle était d'une beauté peu ordinaire. Un superbe crépuscule s'étendait au loin sur la surface de la mer, et dédommageait de la courte absence du soleil d'été. La mer semblait sommeiller, car à peine entendait-on le bruit des vagues qui s'avançaient paisiblement l'une après l'autre jusqu'au pied du rocher. En face s'élevait l'antique forteresse, qui semblait aussi antique, aussi informe, aussi massive que le granit sur lequel elle avait été construite. Ni la vue ni l'oreille n'indiquaient dans les environs une habitation humaine. On voyait seulement sortir d'une ouverture, servant de fenêtre à la tour, une faible lueur produite par la lampe à la clarté de laquelle la sibylle se livrait sans doute à ses études nocturnes et mystérieuses, et qui traçait dans le crépuscule, avec lequel elle se confondait bientôt, une ligne de lumière pâle, ressemblant à celle de l'atmosphère, de même que la vieille femme et son nain, seuls habitans de ce désert, ressemblaient à la solitude au milieu de laquelle ils vivaient.

Pendant quelques minutes, Magnus et ses filles que Norna venait de congédier subitement et contre leur attente, de l'asile dans lequel ils avaient compté passer la nuit, restèrent en silence, chacun livré à ses réflexions. Minna, fixant toutes ses pensées sur les consolations mystérieuses qu'elle avait reçues, cherchait en vain à trouver dans les expressions que Norna avait employées un sens plus intelligible. L'Udaller n'était pas encore bien remis de sa surprise et du dépit qu'il avait été obligé d'étouffer en recevant de Norna un accueil que son caractère hospitalier lui faisait regarder comme d'autant plus insultant ; il se sentait même encore disposé à se mettre en colère ; mais le moment en était passé, et il ne savait plus comment s'y prendre.

Brenda fut la première qui rompit le silence en demandant où ils iraient, et où ils passeraient la nuit. Cette question, faite d'un ton à la simplicité duquel il se mêlait quelque chose de mélancolique, changea sur-le-champ le cours des idées de son père. Leur situation inattendue et embarrassante le frappant alors sous un point de vue comique, il partit d'un grand éclat de rire qui fit retentir tous les rochers ; et les oiseaux de mer, éveillés par cet accès de gaieté bruyante, s'envolèrent avec effroi.

Les deux filles de l'Udaller représentèrent vivement à leur père le risque qu'il courait de déplaire à Norna en se permettant de rire de la sorte, et unirent leurs efforts pour l'entraîner plus loin de l'ancien burgh. Quoique leurs forces réunies ne fussent pas bien considérables, Magnus y céda, privé des siennes par son accès de rire, et il se laissa traîner jusqu'à une assez grande distance. Enfin étant parvenu à se tirer des mains de ses filles, et s'asseyant ou plutôt se laissant tomber sur une grosse pierre qui se trouvait là fort à propos pour le recevoir, il poussa de nouveaux éclats de rire si bruyans et si long-temps prolongés, que les deux sœurs commencèrent à craindre qu'il n'y eût quelque chose de surnaturel dans ces espèces de convulsions.

Enfin cette envie de rire s'épuisa d'elle-même, il poussa un long gémissement, s'essuya les yeux, et dit, non sans quelque envie de recommencer : — Par les reliques de saint Magnus, mon patron et l'un de mes ancêtres, on croirait que se trouver expulsé d'une maison à une telle heure de la nuit n'est rien qu'une excellente plaisanterie, car j'en ai ri à m'en tenir les côtés. Voyez un peu, nous étions là assis bien tranquillement, comptant avoir un abri pour la nuit, et je me croyais aussi certain de faire un bon souper, et d'avoir mon verre d'eau-de-vie, que je l'ai jamais été de ma vie ; mais point du tout, on nous chasse, et voilà que Brenda me demande d'une voix dolente et lamentable ce que nous ferons et où nous irons coucher ! Par ma foi, à moins que quelqu'un de ces coquins qui ont jugé à propos de tourmenter la pauvre femme en faisant des préparatifs pour un repas dont on n'avait pas encore besoin, ne fasse amende honorable en nous conduisant dans quelque port voisin, nous n'avons autre chose à faire que de cingler vers Burgh-Westra, en profitant du crépuscule, et de tâcher d'y arriver comme nous le pourrons. J'en suis fâché pour vous, mes enfans ; quant à moi, j'ai fait plus d'une croisière avec une ration aussi courte que celle à laquelle il est probable que nous allons être réduits. Je voudrais avoir sauvé du naufrage un morceau à manger pour vous, et un coup à boire pour moi, car alors nous ne serions pas trop à plaindre.

Les deux sœurs assurèrent leur père qu'elles se passeraient de souper sans le moindre inconvénient.

— Tant mieux, dit l'Udaller. En ce cas je ne me plaindrai pas de mon appétit, quoiqu'il soit en ce moment meilleur que je ne le voudrais. Et ce misérable Nicolas Strumpfer, quelle grimace le coquin m'a faite en jetant à la mer ma bonne bouteille d'eau-de-vie ! Si ce n'eût été la crainte de mécontenter ma parente Norna, j'aurais envoyé son corps contrefait tenir compagnie à ma bouteille, aussi vrai que les reliques de saint Magnus sont à Kirkwall.

Les domestiques arrivèrent en ce moment avec les chevaux, qui s'étaient laissé reprendre sans difficulté. Ces pauvres animaux, ne trouvant rien de bien attrayant dans le maigre pâturage où, suivant l'usage, on les avait laissés errer en liberté, n'avaient pas vu un grand inconvénient à reprendre le mors et la bride. Une bonne nouvelle fut annoncée alors à Magnus. Un petit panier de provisions avait échappé à la rage de Norna et de Pacolet, grâce à la rapidité avec laquelle, en ce moment critique, un des domestiques s'en était saisi et l'avait emporté. Le même homme, garçon alerte et intelligent, dit aussi qu'il avait remarqué sur le rivage, à environ trois milles du vieux burgh, un skeow, c'est-à-dire une hutte de pêcheurs que personne ne paraissait habiter; et comme cette chaumière n'était guère qu'à un quart de mille de la route directe qu'on devait suivre, il proposa d'y passer le reste de la nuit, pour que les jeunes dames fussent à l'abri de l'air froid et humide, et que les chevaux pussent se reposer.

Lorsque nous nous trouvons délivrés d'un grand danger, nous sommes ou nous devons être graves et sérieux en proportion du péril auquel nous avons échappé, et de notre reconnaissance pour la Providence qui nous a protégés. Mais rien ne nous inspire une gaieté plus franche et plus innocente que d'être tirés tout-à-coup d'un de ces légers embarras auxquels nous sommes quelquefois exposés dans le cours de la vie. Or telle était en ce moment la situation de l'Udaller et de ses deux filles. Magnus, ne craignant plus pour elles les inconvéniens de la fatigue, ni pour lui-même ceux d'un trop bon appétit en présence du trop peu de nourriture, se mit à chanter des airs norses, tout en pressant les flancs de son coursier, avec autant de gaieté que si ce voyage nocturne eût été une partie de plaisir plutôt qu'une nécessité. Brenda l'accompagnait quelquefois de sa voix, et les refrains étaient répétés en chœur par tous les domestiques, qui, dans l'état de simplicité où la société était encore dans ce pays, ne croyaient pas manquer de respect à leur maître en joignant leurs voix à la sienne.

Minna n'était pas encore en état de faire un tel effort; elle tâchait pourtant de prendre quelque part à l'enjouement général, et agissant d'une manière toute différente de la conduite qu'elle avait tenue depuis la nuit fatale qui avait terminé la célébration de la fête de Saint-Jean, elle semblait prendre intérêt à tout ce qui se passait autour d'elle, et répondait avec empressement, et d'un air de bonne humeur, aux questions multipliées que l'Udaller, interrompant ses chants, lui faisait à chaque instant sur sa santé.

Ainsi se faisait leur voyage nocturne, et ils se trouvaient tous dans une situation bien plus heureuse que lorsqu'ils avaient fait la même route pendant la matinée précédente. Les obstacles que leur opposait le chemin étaient devenus des sujets de plaisanterie. La hutte indiquée n'était pas loin : elle allait offrir aux voyageurs repos et solitude. Mais le destin de l'Udaller était, pour ce jour-là, de se tromper plus d'une fois dans ses calculs.

— Et de quel côté est cette chaumière que vous avez aperçue, Laurence? demanda-t-il au domestique dont nous avons déjà parlé.

— Elle doit être là-bas, répondit Laurence Scholey, sur le bord du voe; mais, sur ma foi, si je ne me trompe pas, il y a des gens qui en ont pris possession avant nous. Fasse le ciel que ce soient des habitans de ce monde!

Effectivement une lumière assez vive perçait à travers les planches mal jointes de la hutte; elle était même assez brillante pour qu'on eût pu, pendant la nuit, prendre cette cabane pour une forge. Les idées superstitieuses des Shetlandais se réveillèrent aussitôt.

— Ce sont des trows, dit un des domestiques.

— Ou des sorcières, ajouta un autre.

— Ce sont des sirènes, dit un troisième : n'entendez-vous pas leurs voix étranges ?

On fit halte pour écouter, et effectivement quelques sons de musique se firent entendre ; et Brenda, d'une voix un peu tremblante, mais dans laquelle on remarquait le désir de tourner en ridicule la frayeur des autres, dit que ce n'était pas autre chose que le son d'un violon.

— N'importe ! dit Magnus, qui, s'il croyait aux apparitions comme les gens de sa suite, du moins n'en avait pas peur ; que ce soient des musiciens de ce monde ou des esprits de l'autre, je veux que le diable m'engloutisse si je me laisse voler par une autre sorcière ce qui me reste de mon souper !

En parlant ainsi, il descendit de cheval, saisit d'une main ferme son fidèle bâton, et s'avança vers la hutte, suivi seulement de Laurence, les autres domestiques restant sur le rivage avec les chevaux, ainsi que les deux sœurs.

CHAPITRE XXX.

« Arrivez, mes amis, chantons avec gaîté,
« Imitons les lutins et leur légèreté,
« Tels que les voit, le soir, sur la verte prairie,
« Le moine qui revient un peu tard d'une orgie.
« Le papelard tressaille et cherche un *oremus*,
« Mais il ne peut trouver qu'un refrain de Momus. »
Ancienne comédie.

L'UDALLER ne laissa pas que de s'approcher de pied ferme de la cabane dans laquelle on voyait toujours de la lumière, et d'où il entendait alors très distinctement sortir les sons d'un violon. Mais si ses pas étaient également assurés, ils se succédaient l'un à l'autre un peu plus lentement que de coutume ; car, en général prudent quoique brave, Magnus désirait reconnaître son ennemi avant de l'attaquer. Le fidèle Laurence Scholey, qui suivait son maître pas à pas, lui dit alors à l'oreille : — Dieu me soit en aide ! monsieur; si c'est un esprit qui s'amuse à jouer ainsi du violon, il faut que ce soit l'esprit de Claude Halcro, car jamais archet n'imita mieux son air favori de *Belle et riche*.

Magnus était à peu de chose près de la même opinion, car il savait par cœur tous les airs du petit vieillard, et il l'appela d'une voix de stentor. Halcro reconnut sur-le-champ la voix qui l'appelait, y répondit à l'instant même, et arriva sans tarder près de son ancien ami.

L'Udaller fit signe à sa suite d'avancer, et après avoir secoué cordialement la main du poète : — Comment diable, lui dit-il, vous amusez-vous à jouer vos vieux airs dans ce séjour de désolation, comme un hibou qui crie après la lune?

— Mais, dites-moi plutôt, fowde, répondit Claude Halcro, comment il se fait que vous soyez à portée de m'entendre, et avec vos deux charmantes filles, encore? Minna et Brenda, soyez les bienvenues sur ces sables jaunes, et donnez-moi la main, comme le dit le glorieux John Dryden, ou quelque autre poète, en semblable occasion. Comment vous trouvez-vous ici, faisant le jour de la nuit, et changeant en argent tout ce que vous foulez aux pieds?

— Vous saurez tout cela dans un moment, dit Magnus; mais avec qui êtes-vous dans cette chaumière? Il me semble que j'y entends parler?

— Ce n'est, répondit Halcro, que cette pauvre créature, le facteur, et mon petit drôle, Giles. Je... Mais entrez, entrez donc. Nous nous consolons de mourir de faim, grâce à la musique, car nous n'avons pas pu seulement trouver quelques sillochs pour amour ni pour argent.

— On peut y remédier en partie, dit l'Udaller, car, quoique le meilleur de notre souper ait été jeté du haut de Fitful-Head dans la mer pour nourrir les requins et les veaux marins, il nous reste encore quelques bribes. Laurence, apportez les provisions.

— J'y vais, j'y cours, répondit Laurence; et il se hâta d'aller chercher le panier échappé au naufrage, tandis que Magnus et ses deux filles entraient dans la cabane.

Dans cette chaumière, dont l'odeur annonçait qu'on y avait fait sécher du poisson, et dont les murs et le plafond étaient complètement noircis par la fumée, ils trouvèrent le malheureux Triptolème Yellowley assis près d'un feu entretenu par des herbes marines sèches, des tourbes et des morceaux de bois, débris de naufrages. Son seul compagnon était un jeune Shetlandais à cheveux roux et les pieds nus, dont Claude Halcro se servait comme d'une espèce de page pour porter son violon, seller son cheval, et lui rendre d'autres services de même nature. Le cultivateur désolé, au moins d'après ce qu'annonçait sa physionomie, ne montra guère de surprise et encore moins de satisfaction en voyant arriver l'Udaller et sa compagnie; mais, quand toute la société se fut rangée autour du feu que l'humidité de l'air de la nuit ne rendait nullement désagréable, quand les provisions furent apportées, quand il vit sortir du panier une quantité raisonnable de pain, de bœuf salé, avec une bouteille d'eau-de-vie d'une moindre capacité, hélas! que celle dont la main de l'infatigable Pacolet avait fait un sacrifice à l'Océan; — lorsqu'il conçut l'espoir de faire un souper passable, son front s'éclaircit, il se frotta les mains, s'efforça de sourire, et demanda comment se portaient ses respectables amis de Burgh-Westra.

Quand on eut pris les rafraîchissemens dont on avait besoin, l'Udaller demanda de nouveau à Claude Halcro, et plus particulièrement encore au facteur, par quel hasard ils se trouvaient rassemblés, à une pareille heure, dans un endroit si éloigné de leurs habitations respectives.

— M. Magnus Troil, dit Triptolème quand un second verre lui eut donné le courage de raconter son histoire lamentable, je ne voudrais pas que vous crussiez qu'il ne faut que peu de chose pour me déconcerter. Je suis de ce grain qu'un grand vent peut seul abattre. J'ai, depuis que je suis au monde, vu bien des Saint-Martin et bien des Pentecôte : ce sont les époques les plus scabreuses pour les gens de ma profession, et j'ai toujours su faire contre mauvaise fortune bon cœur; mais je crois que je suis venu m'enterrer tout-à-fait dans votre maudit pays. Dieu me pardonne de jurer! mais mauvaise compagnie ne donne pas de bonnes manières.

— Mais qu'a-t-il donc? au nom du ciel! s'écria l'Udaller. Si vous mettez la charrue dans une terre neuve, il faut vous attendre à rencontrer une pierre de temps en temps. Vous devez nous donner l'exemple de la patience, puisque vous êtes venu ici pour travailler à notre amélioration.

— Et le diable était dans mes jambes quand j'y suis venu. J'aurais mieux fait de chercher à améliorer les pierres du Clochnaben.

— Mais, après tout, que vous est-il arrivé? De quoi vous plaignez-vous?

— De tout ce que j'ai éprouvé depuis que j'ai mis le pied dans cette île, qui, je crois, a été maudite dès l'instant de la création, et destinée à former une habitation convenable pour des mendians, des voleurs, des filles de joie (je demande pardon à ces dames), des sorcières et des esprits malfaisans.

— Sur ma foi, voilà une belle liste; et j'ai vu le temps où, si je vous en avais entendu dire la moitié, je me serais occupé moi-même d'amélioration, et j'aurais tâché de vous apprendre à vivre avec le bâton.

— Ayez un peu de patience avec moi, M. le fowde, M. l'Udaller, ou quel que soit le titre qu'on vous donne; plus vous êtes fort, plus vous devez être compatissant;

mais faites attention au malheureux sort d'un homme sans expérience qui arrive dans votre paradis terrestre : il demande à boire, on lui présente du petit lait aigre : cela ne fait aucun tort à votre eau-de-vie, M. Magnus, elle est excellente ; il demande à manger, et on lui apporte du poisson si sur, que Satan lui-même ne pourrait l'avaler. Vous appelez vos laboureurs, et vous leur dites de travailler, mais c'est la fête de saint Magnus, ou de saint Ronan, ou de quelque autre saint infernal ; ou bien il peut se faire qu'ils soient descendus de leur lit le pied gauche le premier, qu'ils aient vu un hibou, qu'un lapin ait traversé leur chemin, ou qu'ils aient rêvé d'un cheval à la broche : en un mot, il n'y a rien à faire. Mettez-leur en mains une bêche, et ils travailleront comme si elle leur brûlait les doigts : mais parlez-leur de danser, et vous verrez s'ils se lasseront de sauter et de pirouetter.

— Et pourquoi s'en lasseraient-ils, dit Claude Halcro, tant qu'ils ont de bons violons pour leur marquer la mesure?

— Oui, oui, répondit Triptolème en secouant la tête, vous êtes précisément l'homme qu'il faut pour les entretenir dans cette humeur ; mais continuons : je laboure une pièce de ma meilleure terre : vient un hardi mendiant qui veut y avoir un enclos pour y faire un potager ; il en établit un beau au milieu de mon champ, sans plus se gêner que s'il en était le propriétaire ou le locataire ; et j'ai beau dire, il faut qu'il y plante ses choux. Je m'assieds pour faire mon pauvre dîner, espérant au moins jouir pendant ce temps du calme et du repos ; mais voilà qu'il m'arrive un, deux, trois, quatre, une demi-douzaine de grands gaillards qui viennent de se divertir d'un côté ou d'un autre, qui me disent des injures parce que ma porte est fermée, et qui avalent la moitié de ce qu'a préparé pour mon dîner la providence de ma sœur, providence dont la main est assez serrée ; vient ensuite une sorcière, une baguette à la main, qui commande aux vents de souffler ou de se taire, comme cela lui passe par la tête; qui veut gouverner dans ma maison, comme si elle en était la maîtresse; puis, quand elle est partie, il faut que je remercie le ciel de ce qu'elle n'en a pas emporté la moitié avec elle.

— Mais tout cela ne répond pas à ma question, dit l'Udaller : comment se fait-il que je vous trouve à l'ancre dans cette rade?

— Patience, mon digne monsieur, répliqua le facteur affligé; écoutez ce que j'ai à vous dire, car je crois que je ferai aussi bien de vous conter l'histoire tout au long. Il faut que vous sachiez que je crus une fois avoir trouvé un petit don de Dieu qui m'aurait fait supporter plus aisément tous ces inconvéniens.

— Comment! un don de Dieu! s'écria Magnus; est-ce à dire que vous avez pillé quelques malheureux naufragés? Fi! M. le facteur, fi! vous qui auriez dû donner de bons exemples aux autres!

— Il ne s'agit pas de naufrage, dit Triptolème, vous allez voir. Ayant besoin d'une pierre pour battre mon orge, ma sœur me fit penser que nous avions bien assez d'une cheminée; je levai donc une grande pierre formant le foyer d'une vieille chambre de Stour-Burgh; or, qu'y trouvai-je? — une corne remplie de monnaies de toute espèce, la plupart d'argent, mais on y voyait aussi çà et là briller une pièce d'or. Eh bien, il me sembla que c'était un joli don du ciel, et Baby pensa de même, de sorte que nous n'en fûmes que plus disposés à supporter les inconvéniens d'un endroit où l'on trouvait de tels œufs à faire couver. Nous replaçâmes donc avec grand soin la pierre par-dessus la corne, qui me parut être la véritable *cornu copiæ*, ou corne d'abondance, et pour plus de sécurité, Baby allait visiter cette chambre au moins vingt fois par jour, et moi-même j'allais y faire un tour de temps en temps.

— Et, sur ma parole, c'est un très joli amusement, dit Claude Halcro, que d'aller visiter une corne pleine d'or et d'argent qui vous appartient. Je doute que le glorieux John Dryden ait jamais eu un tel passe-temps dans toute sa vie; quant à moi, j'avoue qu'il m'est inconnu.

— Fort bien, Halcro, dit l'Udaller, mais vous oubliez que le facteur n'était que dépositaire de cet argent pour le lord chambellan. Lui qui connaît si bien tous les droits de Sa Seigneurie sur les baleines et les effets provenans de naufrages, il ne peut avoir oublié ses droits sur les trésors trouvés.

Triptolème eut en ce moment un cruel accès de toux.

— Hem! hem! sans doute, sans doute, les droits de milord auraient été considérés, d'autant plus que l'argent était, je puis le dire moi-même, entre les mains d'un homme aussi juste que qui que ce soit dans le comté d'Angus. Mais écoutez ce qui m'est arrivé dernièrement. Un jour j'allai voir si ce trésor était bien à sa place et en sûreté, et je voulais compter la part qui devait appartenir à Sa Seigneurie, car tout ouvrier mérite son salaire, et certes celui qui trouve un trésor peut être comparé à l'ouvrier. Des hommes prétendent même que celui qui le trouve représente le *dominus* ou seigneur, si la totalité lui appartient. Mais laissons cela comme une question chatouilleuse *in apicibus juris*, comme nous le disions à l'université de Saint-André. Eh bien, messieurs et mesdames, lorsque j'entrai dans cette chambre, que croyez-vous que j'y trouvai? Un nain hideux et contrefait tenant en main la corne précieuse, et occupé à compter l'argent. Je ne suis pas un homme peureux, M. le fowde, mais, jugeant qu'il fallait agir avec précaution dans une telle affaire, car j'avais quelque raison pour croire qu'il s'y trouvait de la diablerie, j'apostrophai le nain en latin, qui est la langue la plus convenable pour parler à un être d'une nature différente de la nôtre. Je le conjurai donc *in nomine Pa-*

tris, etc., employant tous les mots que ma pauvre mémoire put me suggérer tout-à-coup, et qui n'étaient peut-être pas d'aussi bon latin que si j'eusse passé plus de temps au collége et moins d'années à la charrue. Eh bien, il tressaillit d'abord comme un être qui entend des choses auxquelles il ne s'attend pas; mais, se remettant bientôt, il fixa sur moi ses yeux gris, semblables à ceux d'un chat sauvage, ouvrit une énorme bouche, semblable à la gueule d'un four, car du diable si j'y pus rien voir qui eût l'air d'une langue, et il donna à toute sa hideuse personne l'air de fureur d'un boule-dogue, tel que j'en ai vu lâcher contre les ours dans les foires. Tout cela me décontenança un peu, et je me retirai pour appeler ma sœur Baby, qui ne craint ni chiens ni diables quand il s'agit d'argent; et véritablement elle a alors autant de bravoure que j'en ai vu aux Lindsays et aux Ogilvies, quand Donald Mac-Donnoch, ou quelque autre, faisait une descente des montagnes d'Ecosse sur les basses-terres. Mais une vieille servante qui n'est bonne à rien, nommée Tronda Dronsdaughter, se jeta sur le chemin de ma sœur en aboyant, jappant et hurlant comme si elle eût eu une meute dans le corps. Je fus donc obligé d'attendre prudemment que ma sœur s'en fût débarrassée, et quand cela fut fait et que nous fûmes arrivés dans l'appartement où nous aurions dû trouver ledit nain, le diable ou quelque apparition, — nain, corne, argent, tout avait disparu, comme si le chat eût léché la place où je les avais vus.

Ici Triptolème fit une pause, et, tandis que les autres se regardaient d'un air surpris en entendant ce récit extraordinaire, l'Udaller dit à demi-voix à Claude Halcro : — De par le ciel! il faut que ce soit le diable ou Nicolas Strumpfer; et, si c'est ce dernier, il est plus sorcier que je ne l'imaginais, et je lui rendrai plus de justice à l'avenir. S'adressant ensuite au facteur, — Savez-vous, lui demanda-t-il, comment ce nain est sorti de chez vous?

— Non, en conscience, répondit Triptolème en jetant autour de lui un regard inquiet, comme si le souvenir de cette scène l'eût encore intimidé. Ni moi, ni Barbara, qui avait mieux gardé son sang-froid, nous ne pûmes découvrir par quel moyen ni de quelle manière il était parti. Il est bien vrai que Tronda nous dit qu'elle l'avait vu sortir par une fenêtre, monté sur un dragon; mais comme on assure que le dragon est un animal fabuleux, je dois regarder son assertion comme uniquement fondée sur une *deceptio visûs*, une erreur de la vue.

— Mais ne pouvons-nous pas vous demander encore, dit Brenda, qui désirait s'instruire plus à fond de tout ce qui pouvait avoir rapport à sa cousine Norna, quel rapport il y a entre cette aventure et votre présence ici à une heure si peu convenable?

— L'heure est très convenable, miss Brenda, dit Halcro, qui s'ennuyait de garder si long-temps le silence, et dont l'esprit marchait plus vite dans ses conceptions que le cerveau pesant du cultivateur; elle est le plus convenable possible, puisqu'elle nous a procuré votre aimable compagnie. Pour vous dire la vérité, miss Brenda, c'est moi qui suis cause que votre ami le facteur se trouve ici. Le hasard a voulu que j'arrivasse chez lui à l'instant où cet évènement venait d'avoir lieu; et, soit dit en passant, j'y fus assez mesquinement reçu, sans doute à cause du trouble qui régnait alors dans la maison. Jugeant d'après certains détails de l'histoire, — mon ami Magnus me comprendra, — que ceux qui ont fait une contusion doivent connaître le remède, je l'engageai à faire une visite à notre amie de Fitful-Head. Et comme le facteur, attendu quelques incartades qu'il a essuyées, ne se souciait pas de monter un de nos petits chevaux...

— Qui sont de vrais diables incarnés! s'écria Triptolème en ajoutant entre ses dents : — comme tous les êtres vivans que j'ai trouvés dans ce chien de pays.

— Je me chargeai donc, continua Halcro, de le conduire à Fitful-Head dans une barque, que Giles et moi nous sommes en état de gouverner aussi bien que le serait une barge d'amiral par son équipage au complet. M. Triptolème Yellowley vous dira si jamais pilote aurait pu le faire entrer avec plus d'adresse dans le petit havre qui est à un quart de mille de l'habitation de Norna.

— Je voudrais, dit Triptolème, que vous m'eussiez de même reconduit chez moi sans accident.

— Oui, reprit le vieux poète, j'en conviens, et je puis dire avec le glorieux John Dryden :

> Je puis braver, pilote audacieux,
> L'ire des vents, de la mer et des cieux ;
> Je brille alors : mais qu'un calme survienne ;
> Que voulez-vous que ma gloire devienne?
> Il faut chercher, tout en me désolant,
> Quelques écueils pour montrer mon talent.

— Quant à moi, dit Triptolème, j'ai montré peu d'esprit en me confiant à vous ; et pour vous, je ne sais pas ce que vous aviez fait de votre adresse quand vous avez fait chavirer votre barque en entrant dans le voe, comme vous appelez un lac ; témoin ce pauvre enfant qui a failli être submergé. Encore vous disait-il que vous portiez trop de voiles. Mais non, vous ne vouliez pas être obligé de prendre la rame, afin de pouvoir jouer du violon.

— Ce n'est pas là agir en bon marin, Claude Halcro, dit l'Udaller.

— Et qu'en est-il arrivé? reprit l'agriculteur ; c'est que le premier coup de vent, et l'on n'est jamais long-temps sans en avoir dans votre pays, nous a roulés comme une bonne femme roulerait une boule. M. Halcro n'a songé qu'à sauver son violon ; ce pauvre enfant nageait comme un barbet, et sans une rame qui m'a soutenu, j'aurais été au fond de l'eau : nous sommes restés ici sans secours et sans consolation, jusqu'à ce qu'un bon vent vous ait amenés ; car nous n'avions entre nous trois qu'un morceau de pain noir et dur de Norwège, dans lequel il entre, je crois, plus de sciure de bois que de farine de seigle, et qui sent la térébenthine plus qu'autre chose au monde.

— Il nous semblait en approchant d'ici, dit Brenda, que vous étiez en grande gaieté.

— Vous avez entendu un violon, miss Brenda, répondit le facteur, et où une jeune fille entend le son du violon, elle s'imagine qu'on ne saurait manquer de rien. Mais il faut songer que c'était celui de M. Claude Halcro, et je crois qu'il en raclerait près du lit de mort de son père, et même sur le sien, tant que ses doigts pourraient tenir l'archet. Ce n'était pas une petite addition à mes infortunes que de l'entendre jouer des airs norses et écossais, anglais et italiens à mes oreilles, comme s'il ne nous était rien arrivé, tandis que nous étions dans une telle détresse.

— Ne vous ai-je pas dit que le chagrin ne remettrait jamais la barque à flot? répliqua l'insouciant ménestrel. J'ai fait tous mes efforts pour vous égayer, et si je n'y ai pas réussi, ce n'est ni ma faute ni celle de mon violon. J'en ai joué devant le glorieux John Dryden lui-même.

— Je ne veux pas entendre vos histoires du glorieux John Dryden, s'écria l'Udaller, qui redoutait les narrations d'Halcro autant que Triptolème craignait sa musique. — Je vous ai dit que je n'en veux qu'une par trois bowls de punch. Vous savez que c'est notre ancienne convention. Mais au lieu de cela, contez-moi ce que vous a dit Norna relativement à l'objet sur lequel vous alliez la consulter.

— Oui, c'est encore un bel exploit, s'écria Yellowley : elle n'a voulu ni nous regarder ni nous écouter. Seulement notre connaissance que voici, Claude Halcro, qui s'attendait à faire une longue conversation avec elle, s'est vu accablé de je ne sais combien de questions sur votre famille, M. Magnus Troil; et quand elle a eu tiré de lui tout ce qu'elle voulait savoir, j'ai vu le moment qu'elle l'aurait jeté du haut de son rocher dans la mer, comme une cosse de pois vide.

— Et que vous a-t-elle dit à vous-même? demanda Magnus.

— Elle n'a pas seulement voulu écouter un seul mot de ce que j'avais à lui dire, répondit Triptolème; et c'est une leçon pour ceux qui ont recours aux sorcières et aux esprits familiers.

— Vous n'aviez pas besoin d'avoir recours à la science de Norna, M. Yellowley, dit Minna, qui n'était peut-être pas fâchée de mettre un terme aux plaintes qu'il faisait contre une femme qui venait de lui rendre un service dont elle était reconnaissante. Le plus jeune enfant de nos îles vous aurait dit qu'un trésor donné par les fées ne tarde jamais à disparaître, quand celui qui l'a reçu ne s'en sert pas d'une manière utile pour les autres et pour lui-même.

— Je suis votre très humble serviteur, miss Minna, répondit le facteur; je vous remercie de ce que vous me donnez à entendre, et je suis charmé de voir que vous avez retrouvé votre esprit; je vous demande pardon, c'est votre santé que je veux dire. Pour le trésor, je n'en ai ni usé, ni abusé, et quiconque vivrait sous le même toit que ma sœur Baby trouverait qu'il n'est pas facile de faire l'un ou l'autre. Et quant à ce qui est d'en parler, ce qui, dit-on, offense ces êtres que nous appelons en Ecosse *les bons voisins*, et que vous appelez ici des drows, l'effigie des anciens rois norses qui se trouve sur les pièces d'or et d'argent peut en avoir dit à ce sujet autant que moi.

— C'est la vérité, dit Claude Halcro, qui n'était pas fâché de saisir cette occasion pour se venger du peu de cas que Triptolème semblait faire de ses talens en musique et en marine; notre ami le facteur a été si scrupuleux sur ce point, qu'il n'a pas même voulu dire un mot de sa trouvaille à son maître le lord chambellan. Mais à présent que l'affaire est éventée, il aura probablement à lui rendre compte de ce qui ne se trouve plus en sa possession ; car le lord chambellan ne sera probablement pas très empressé de croire à l'histoire du nain. Je ne pense même pas, ajouta-t-il en faisant un signe des yeux à Magnus, que Norna ait cru un seul mot d'un conte si bizarre ; et j'ose dire que c'est pour cela qu'elle nous a reçus, je dois en convenir, d'une manière si sèche. Je suis porté à croire qu'elle savait que notre ami Triptolème avait caché l'argent dans quelque autre endroit, et que l'histoire du nain était entièrement de son invention. Quant à moi, je ne croirai jamais qu'il existe un être semblable à celui dont il nous a fait la description, avant de l'avoir vu de mes propres yeux.

— Eh bien ! ouvrez-les donc, s'écria Triptolème en se levant avec un mouvement d'horreur, car le voilà lui-même.

Tous les yeux prirent à l'instant la direction indiquée par le geste qu'avait fait le cultivateur, et l'on aperçut la figure difforme de Pacolet, qui avait les yeux fixés sur eux, à travers la fumée dont la hutte était remplie. Il était entré pendant leur conversation sans être aperçu, et était resté immobile et en silence jusqu'au moment où le facteur avait par hasard jeté un regard de son côté. Son arrivée inattendue et son aspect hideux firent tressaillir l'Udaller lui-même, à qui sa figure était familière. Assez mécontent de son émotion involontaire, et peu satisfait du nain qui l'avait occasionée, Magnus lui demanda assez brusquement quelle affaire l'amenait. Pacolet lui répondit en lui remettant une lettre, et en proférant un son inarticulé ressemblant au mot *shogh*.

— C'est un mot du langage des montagnards, dit l'Udaller. Est-ce que tu as appris cette langue, Nicolas, après avoir perdu la tienne ?

Pacolet remua la tête d'un air affirmatif, et lui fit signe de lire la lettre.

— Cela n'est pas facile à la lumière du feu, dit Magnus ;

cependant il faut essayer : cela peut concerner Minna.

Brenda offrit de lire.

— Non, non, répondit son père ; non, mon enfant, les lettres de Norna doivent être lues par ceux à qui elles sont adressées. Pendant ce temps, donnez un coup à boire à ce drôle de Strumpfer, quoiqu'il ne le mérite guère; car j'ai encore sur le cœur la grimace qu'il a faite en jetant à la mer une bouteille d'excellente eau-de-vie, comme si c'eût été de l'eau puisée dans un fossé.

— Voulez-vous être son échanson... son Ganymède, demanda Halcro à Triptolème, ou faut-il que je me charge de ce rôle?

Cependant l'Udaller essuyait avec grand soin ses lunettes, qu'il avait tirées d'un grand étui de cuivre, et les plaçant sur son nez, il se mit à étudier l'épître de Norna.

— Je ne voudrais ni toucher ce petit monstre, ni approcher de lui pour toutes les terres de Gowries, répondit le facteur; car il s'en fallait que ses craintes fussent entièrement dissipées, quoiqu'il vît que le reste de la compagnie regardait le nain comme une créature de chair et d'os. Mais obligez-moi de lui demander ce qu'il a fait de mes pièces d'or et d'argent.

Le nain, qui avait entendu cette question, pencha la tête en arrière, et ouvrit son énorme bouche, en la montrant avec un doigt.

— S'il les a avalées, dit le facteur, il n'y a plus rien à dire. Seulement j'espère qu'elles lui profiteront comme la luzerne mouillée profite à une vache. Il paraît qu'il est au service de Norna. Tel valet, telle maîtresse! Mais si l'on ne punit dans cette île ni le vol ni la sorcellerie, le chambellan peut chercher un autre facteur, car j'ai été habitué à vivre dans une contrée où l'on protège les propriétés des hommes contre les entreprises des brigands, et leurs âmes immortelles contre les griffes du diable et de ses commères. Que Dieu veille sur nous!

L'agriculteur exhalait son humeur avec d'autant moins de contrainte, que l'Udaller en ce moment ne pouvait l'entendre, parce qu'il avait attiré Claude Halcro dans un autre coin de la chambre.

— Maintenant, l'ami Halcro, dit Magnus, apprenez-moi donc quel motif vous a conduit à Fitful-Head; car j'ai peine à croire que ce soit uniquement le plaisir d'accompagner un pareil oison.

— La vérité est, répondit le poète, que j'y suis allé pour consulter Norna sur vos affaires.

— Sur mes affaires ! et sur quelles affaires ?

— Sur la santé de votre fille. J'avais appris que Norna avait refusé de recevoir votre message, et n'avait pas voulu voir Eric Scambester. Or, je n'avais plus de plaisir à rien depuis que la gentille Minna était malade, et je puis dire, à la lettre comme au figuré, que je n'avais eu que des jours et des nuits de chagrin. Je pensai donc que je pouvais avoir sur Norna plus de crédit qu'un autre, attendu qu'on a toujours regardé les scaldes et les femmes inspirées comme étant de la même famille; de sorte que j'entrepris ce voyage avec l'espoir qu'il pourrait ne pas être tout-à-fait inutile à mon ancien ami et à sa fille.

— C'est une preuve d'amitié dont je vous sais le meilleur gré, mon cher Claude. J'ai toujours dit qu'au milieu de toutes vos folies on reconnaissait en vous le cœur d'un ancien Norse. Ne vous fâchez pas de ce que je vous dis ; on doit être bien aise d'avoir le cœur meilleur que la tête. Eh bien ! vous n'avez pas obtenu de réponse de Norna, j'en réponds.

— Aucune qui me satisfît du moins ; car au lieu de répondre à mes questions, elle s'est mise à m'en faire sur la santé de Minna, et je lui contai comment je l'avais rencontrée hors de chez vous pendant la nuit par un mauvais temps, et comment Brenda m'avait dit que sa sœur s'était blessée au pied ; enfin je lui dis tout ce que je savais.

— Et même quelque chose de plus, à ce qu'il paraît; car du moins je n'ai jamais entendu dire que Minna se fût blessée.

— Oh! ce n'est rien, rien qu'une égratignure; mais cela m'effrayait, je craignais qu'elle n'eût été mordue par un chien ou piquée par quelque animal venimeux. Au surplus, je contai tout à Norna.

— Et que répondit-elle?

— Elle me dit d'aller à mes affaires, et que tout s'éclaircirait à la foire de Kirkwall. Elle a fait la même réponse à ce benêt de facteur, et c'est tout ce que nous avons eu pour nos peines.

— Cela est étrange. Ma parente m'écrit dans cette lettre de ne pas manquer d'y aller avec mes filles. Il faut que cette foire l'occupe sérieusement. Et cependant je ne sache pas qu'elle ait rien à y acheter ni à y vendre. Ainsi donc vous vous en êtes allé aussi savant que vous étiez arrivé, et vous avez fait chavirer votre barque dans le voe?

— Comment aurais-je pu l'en empêcher? le vent de terre s'est levé tout-à-coup; l'enfant était au gouvernail, et je ne pouvais baisser les voiles et jouer du violon en même temps. Mais qu'importe? l'eau salée ne nuit jamais au Shetlandais, quand il peut s'en tirer; et, grâce à Dieu, nous étions près du rivage, et l'eau n'était pas profonde. Ayant aperçu ce skeow abandonné, nous nous sommes estimés fort heureux d'y avoir un abri et de pouvoir y faire du feu. — Grâce à votre compagnie et à vos provisions, il ne nous y manque plus rien. Mais il se fait tard, et vos deux aimables filles doivent avoir sommeil; minuit n'est pas arrivé pour rien. A côté de cette chambre, il y en a une autre où les pêcheurs couchaient. Elle sent un peu le poisson, mais c'est une odeur saine. Les deux sœurs n'ont qu'à s'y retirer avec les manteaux que vous pouvez avoir à leur donner; et quant à nous, nous boirons un verre d'eau-de-vie, je vous réciterai quelques strophes du glorieux John ou quelques vers de ma façon, et nous dormirons ensuite comme des savetiers.

— Deux verres d'eau-de-vie si vous le voulez, s'écria l'Udaller, si toutefois nous ne sommes pas à sec; mais pas une strophe du glorieux John ni de qui que ce soit pour cette nuit.

Cette convention fut conclue et exécutée conformément aux conditions formelles de l'Udaller. On ne songea plus ensuite qu'à dormir, et le lendemain on se mit en route chacun de son côté. Il fut arrêté, avant le départ, que Claude Halcro accompagnerait Magnus Troil et ses filles à la foire de Kirkwall.

CHAPITRE XXXI.

> « Par cette main, tu me crois aussi bien noté que
> « Falstaff et toi sur le livre du diable, pour cause
> « d'obstination et d'impertinence. Que l'homme soit
> « jugé par sa fin... quoique je puisse te le dire à toi
> « (comme à celui que je veux bien appeler mon ami,
> « faute d'un meilleur), j'en serais fâché, et très fâché
> « même! »
>
> SHAKSPEARE, *Henri IV*, partie II.

Il faut que nous passions maintenant des îles Shetland dans les Orcades, et nous prions nos lecteurs de vouloir bien nous suivre jusqu'aux ruines d'un édifice ancien, mais élégant, qu'on appelle le *Palais du Comte*. Les restes, quoique dans un état de grande dilapidation, en existent encore dans le voisinage de la vénérable église que la dévotion norwégienne a dédiée à saint Magnus le martyr. Comme ce palais touche à celui de l'évêque, qui tombe aussi en ruines, ces lieux font une vive impression sur l'imagination, en rappelant les changemens survenus et dans le culte et dans la situation politique des îles Orcades, moins exposées aux révolutions et aux dangers que tant d'autres pays du monde. On pourrait, avec quelques modifications convenables, choisir plusieurs parties de ces bâtimens ruinés comme des modèles d'habitations gothiques, pourvu que les architectes voulussent bien se contenter d'imiter ce qui est véritablement beau dans ce genre de construction, au lieu de faire une alliance des caprices de cet ordre d'architecture, en confondant au hasard les différens styles de construction civile, ecclésiastique et militaire de tous les siècles, pour y ajouter les fantaisies et les combinaisons de leur propre cerveau.

Le Palais du Comte couvre trois côtés d'un carré long, et paraît, même dans ses ruines, un édifice élégant qui réunit les caractères distinctifs des habitations des princes dans les siècles de la féodalité, c'est-à-dire la magnificence d'un palais et la force d'un château. Une grande salle à manger, communiquant avec les appartemens des tours, et ayant à chaque extrémité une cheminée immense, atteste l'hopitalité des anciens comtes des Orcades. De là on entre, presqu'à la manière moderne, dans un salon ou plutôt une galerie de même grandeur, d'où l'on passe également dans les chambres pratiquées dans les tourelles extérieures. Cette salle est éclairée par une grande fenêtre gothique qui en occupe toute une extrémité, et l'on y arrive par un grand et bel escalier divisé en trois paliers. Les ornemens et tous les détails de cet antique édifice sont aussi de fort bon goût; mais aujourd'hui personne n'en prenant soin, ces restes de la pompe et la magnificence des anciens comtes, qui se donnaient les airs et les licences de petits souverains, se dégradent de plus en plus, et ce bâtiment a considérablement souffert depuis l'époque à laquelle se passa notre histoire.

Les bras croisés et la tête baissée, le pirate Cleveland se promenait à pas lents dans la salle que nous venons de décrire, où il s'était rendu probablement parce qu'il espérait y trouver une solitude complète. Ses vêtemens n'étaient pas les mêmes que ceux qu'il avait dans les îles Shetland. Il portait une espèce d'uniforme richement galonné et chargé de broderies. Un chapeau à plumet, et une épée dont la garde était supérieurement travaillée, compagnons fidèles, à cette époque, de quiconque s'attribuait le titre de gentilhomme, annonçaient ses prétentions à cette qualité. Mais si son costume avait gagné, il ne paraissait pas qu'on pût en dire autant de sa santé. Il était pâle, il avait perdu le feu de ses yeux et la vivacité de sa démarche; sa physionomie annonçait des souffrances physiques ou des chagrins, et peut-être même un mélange des uns et des autres.

Tandis qu'il se promenait dans ce palais en ruines, l'escalier fut gravi rapidement par un jeune homme d'une taille svelte et légère, qui semblait avoir donné beaucoup de soin à sa toilette, mais avec plus d'ostentation que de goût; ses manières offraient une affectation de l'air d'aisance auquel on reconnaissait les roués de cette époque, et sa physionomie avait une expression de vivacité mêlée de quelque effronterie. Il entra dans la salle et se présenta devant Cleveland, qui, se contentant de faire un léger mouvement de tête, enfonça son chapeau sur ses yeux, et continua, d'un air d'humeur, sa promenade solitaire.

L'étranger ajusta son chapeau, inclina la tête à son tour, prit du tabac, avec l'air d'un petit-maître, dans une boîte d'or, et en offrit à Cleveland en passant devant lui. Celui-ci l'ayant refusé avec froideur, sans prononcer un seul mot, il remit sa tabatière dans sa poche, croisa les bras à son tour, s'arrêta devant lui, et eut l'air d'étudier avec attention tous les mouvemens de celui dont il interrompait la solitude.

Paraissant s'impatienter d'être l'objet de cet examen, Cleveland s'arrêta à son tour, et s'écria d'un ton brusque:
— Ne puis-je donc parvenir à jouir d'une demi-heure de tranquillité? Que diable me voulez-vous?

— Je suis charmé que vous ayez parlé le premier, dit l'étranger d'un ton d'insouciance. J'avais résolu de savoir si vous êtes Clément Cleveland, ou seulement son esprit, car on dit que les esprits n'adressent jamais la parole les premiers aux gens à qui ils se montrent. Maintenant je suis convaincu que c'est vous-même en chair et en os. Vous avez découvert un endroit qui conviendrait parfaitement à un hibou pour s'y cacher en plein midi, ou à un esprit pour s'y promener à la pâle lueur de la lune, comme dit le divin Shakspeare.

— Eh bien, reprit Cleveland avec un air d'humeur, voilà votre bordée de plaisanterie lâchée ; avez-vous à présent quelque chose de sérieux à me dire ?

— Je vous dirai très sérieusement que je crois que vous devez savoir que je suis votre ami.

— Je veux bien le supposer.

— C'est plus qu'une supposition. — Je vous en ai donné des preuves ; — je vous en ai donné ici et ailleurs.

— Soit : je conviens que vous avez toujours été bon camarade. — Qu'en résulte-t-il ?

— Ah ! qu'en résulte-t-il ? — Voilà une singulière manière de faire des remerciemens. — Savez-vous bien, capitaine, que c'est moi, Benson, Barlow, Dick Fletcher, et quelques autres qui vous sommes attachés, qui avons déterminé votre ancien camarade, le capitaine Goffe, à croiser dans ces parages pour vous y chercher, tandis qu'Hawkins, la plus grande partie de l'équipage et le capitaine lui-même, auraient voulu faire voile pour la Nouvelle-Espagne, afin d'y continuer notre ancien métier ?

— Plût au ciel que vous vous fussiez occupés de vos affaires, et que vous m'eussiez abandonné à ma destinée !

— Qui aurait été d'être dénoncé et pendu la première fois qu'un de ces coquins de Hollandais ou d'Anglais que vous avez débarrassés de leurs cargaisons, aurait jeté les yeux sur vous ; et il n'existe pas dans tout l'univers un endroit où l'on rencontre plus de marins que dans ces îles. C'est pour vous sauver d'un tel risque que nous avons perdu un temps précieux dans ces parages, dont les habitans sont devenus fort exigeans : quand nous n'aurons plus ni marchandises à leur vendre, ni argent à dépenser parmi eux, ils voudront jeter le grappin sur le vaisseau.

— Et pourquoi donc ne partez-vous pas sans moi ? Nous avons fait un partage équitable ; chacun a eu sa part, que chacun fasse comme bon lui semble. D'ailleurs j'ai perdu mon vaisseau ; et après avoir été capitaine, je ne me mettrai pas en mer sous le commandement de Goffe ou de qui que ce soit. De plus vous devez savoir qu'Hawkins et lui ne m'ont jamais pardonné de les avoir empêchés de couler à fond ce brick espagnol, avec les pauvres diables de nègres qui étaient à bord.

— Que diable voulez-vous dire ? Etes-vous Clément Cleveland, notre brave et intrépide capitaine ? Avez-vous peur d'Hawkins, de Goffe, et d'une vingtaine de pareils coquins, quand vous êtes sûr d'être appuyé par moi, par Barlow, par Dick Fletcher ? Vous avons-nous jamais abandonné, soit dans le conseil, soit dans le combat ? Pourquoi supposez-vous que nous puissions vous abandonner aujourd'hui ? Vous parlez de servir sous Goffe, mais est-ce donc une chose nouvelle que de voir de braves gens qui tentent la fortune, changer de capitaine ? Soyez bien tranquille, c'est vous qui nous commanderez. Que le tonnerre m'écrase si je sers dorénavant sous ce coquin de Goffe ! Il faut que mon capitaine ait quelque chose qui sente le gentilhomme. D'ailleurs vous savez que c'est vous qui m'avez trempé les mains dans l'eau salée, et qui, de comédien ambulant sur terre, m'avez fait devenir écumeur de mer.

— Hélas ! mon pauvre Bunce, c'est un service pour lequel vous ne me devez pas de grands remerciemens.

— C'est selon que vous l'entendez. Quant à moi, je ne

vois pas plus de mal à lever des contributions sur le public d'une manière que de l'autre. Mais je vous ai déjà prié d'oublier ce nom de Bunce, et de m'appeler Altamont. Il me semble qu'un homme qui fait notre métier a le droit de se choisir un nom tout aussi bien qu'un comédien ambulant; et jamais je n'ai monté sur les planches sans porter tout au moins celui d'Altamont.

— Eh bien, soit, Jack Altamont, puisque Altamont est celui...

— Oui, capitaine, Altamont, bien ! Mais Jack n'est pas un prénom convenable. — Jack Altamont ! c'est un habit de velours avec un galon de papier doré. — Prenons Frédéric, capitaine. Frédéric et Altamont iront parfaitement ensemble.

— De tout mon cœur. Mais, dites-moi, lequel de ces noms sonnera le mieux quand on criera dans les rues : — Aveux et dernières paroles de Jack Bunce, autrement dit Frédéric Altamont, qui a été pendu ce matin pour avoir commis le crime de piraterie en pleine mer?

— En conscience, capitaine, je ne puis répondre à cette question sans un verre de *grog*. Accompagnez-moi chez Bet Haldane, sur le quai, et je réfléchirai à cette affaire, à l'aide de la meilleure eau-de-vie que vous ayez jamais goûtée. J'en ferai remplir un bowl qui tient un gallon, et je connais quelques jolies filles qui nous aideront à le vider. — Mais vous branlez la tête ; vous n'êtes donc pas en train? Eh bien, je reste avec vous ; car, de par cette main ! Cleveland, vous ne m'échapperez pas. Mais je veux vous tirer de cet amas de vieilles pierres où vous êtes enterré comme un blaireau, et vous conduire en bon air et à la lumière du soleil. — Où irons-nous?

— Où vous voudrez, pourvu que nous n'y rencontrions aucun de nos coquins, ni même qui que ce soit.

— Eh bien, allons sur la montagne de Whiteford, qui domine la ville ; nous nous y promènerons aussi gravement et aussi honnêtement qu'un couple de procureurs bien occupés.

Comme ils sortaient des ruines du château, Bunce se retourna pour l'examiner. — Savez-vous quel a été le dernier oiseau qui a chanté dans ce vieux poulailler? demanda-t-il à son compagnon.

— Un comte des Orcades, à ce qu'on assure, répondit Cleveland.

— Et savez-vous quel a été son genre de mort? J'ai entendu dire qu'il est mort d'un tour de gorge trop serré..., d'une fièvre de chanvre..., ou quelque maladie de ce genre.

— On dit que Sa Seigneurie, il y a quelques centaines d'années, eut le malheur de faire connaissance avec un nœud coulant, et d'apprendre à faire un saut en l'air.

— Eh bien, il y avait quelque honneur, dans ce temps-là, à être pendu en compagnie si respectable.

— Et qu'avait fait Sa Seigneurie pour mériter une situation si élevée?

— Il avait pillé, blessé, tué les loyaux et fidèles sujets de Sa Majesté.

— De la famille des gentilshommes pirates! s'écria Bunce; et faisant à l'édifice ruiné un salut respectueux d'un air théâtral : — Très puissant, très grave et très vénérable seigneur comte, ajouta-t-il, permettez-moi de vous appeler mon cher cousin, et de vous faire un adieu cordial; je vous laisse en bonne compagnie avec les souris et les rats, et j'emmène avec moi un honnête homme qui, depuis un certain temps, n'ayant pas plus de cœur qu'une souris, voudrait quitter sa profession et fuir ses amis comme un rat, et qui par conséquent serait un digne habitant de votre antique palais.

— Mon cher ami Frédéric Altamont ou Jack Bunce, je vous conseille de ne pas avoir le verbe si haut. Quand vous étiez sur les tréteaux, vous pouviez crier aussi fort que bon vous semblait; mais dans votre profession actuelle, qui a pour vous tant de charmes, on ne doit jamais parler qu'avec la crainte de la grande vergue et du nœud coulant devant les yeux.

Les deux amis sortirent en silence de la petite ville de Kirkwall, et gravirent la montagne de Whiteford, dont la cime aride et stérile s'élève au nord de l'ancien Burgh de Saint-Magnus. La plaine située au pied de cette montagne était déjà remplie d'une foule de gens y faisant des préparatifs pour le lendemain, jour de la foire de Saint-Olla, rendez-vous des habitans de toutes les Orcades, et même d'un grand nombre de personnes qui y viennent de l'archipel plus éloigné des îles Shetland. C'est, pour nous servir des termes de la proclamation d'usage, — une foire et un franc marché tenu dans le bon bourg de Kirkwall, le 3 août, jour de Saint-Olla. Cette foire se continue ensuite pendant un temps indéterminé, de trois jours à une semaine, et quelquefois davantage. Elle remonte à une grande antiquité, et tire son nom d'Olaüs, Olave, ou Olaw, célèbre roi de Norwège, qui introduisit le christianisme dans ces îles par la force du glaive plutôt que par les argumens d'une douceur persuasive, et respecté comme patron de Kirkwall avant de partager cet honneur avec saint Magnus.

Cleveland n'avait nullement envie de se mêler dans la scène bruyante qu'il avait sous les yeux; et les deux compagnons, faisant un détour sur la gauche pour gravir la montagne, se trouvèrent bientôt dans une solitude absolue, si ce n'est qu'ils voyaient souvent partir devant eux quelque compagnie de *grouses*, dont le nombre est peut-être plus considérable dans les Orcades que dans aucune autre partie des domaines britanniques. Ayant presque atteint le sommet de cette montagne de forme conique, tous deux se retournèrent comme d'un commun accord, pour jouir de la perspective qu'ils voyaient au-dessous d'eux.

Les diverses occupations auxquelles on se livrait dans

la plaine située entre la ville et la base de la montagne, animaient cette partie de la scène et y jetaient de la variété. Plus loin on voyait la ville, du sein de laquelle s'élevait, comme une grande masse qui semblait plus considérable que tout le reste de Kirkwall, l'antique cathédrale de Saint-Magnus, de l'ordre le moins élégant de l'architecture gothique, mais qui offrait pourtant un monument imposant et majestueux, ouvrage d'un siècle bien éloigné et d'une main habile. Le quai donnait une nouvelle vie à cette scène; et non seulement toute la baie située entre les promontoires d'Inganes et de Quanterness, au fond de laquelle Kirkwall est situé, mais toute la mer, aussi bien qu'on pouvait la voir, et notamment tout le détroit qui sépare l'île de Shapinsha de celle de Pomone, la plus grande des Orcades, étaient couvertes d'une multitude de barques et de petits bâtimens de toute espèce arrivant de différentes îles pour amener des passagers ou apporter des marchandises à la foire de Saint-Olla.

Parvenus au site le plus favorable pour jouir de toute cette scène, les deux étrangers, suivant l'usage des marins, eurent recours à leur lunette d'approche pour considérer les navires et la baie de Kirkwall. Mais l'attention de chacun d'eux semblait fixée sur un objet différent. Celle de Bunce ou d'Altamont, comme il préférait s'appeler, avait pour objet unique le sloop armé qui, remarquable par son port supérieur, et par le pavillon anglais qu'on avait eu soin d'arborer, était à l'ancre parmi les bâtimens marchands, et s'en distinguait par le bon état et l'excellente tenue de tous ses agrès, comme on remarque un soldat vétéran au milieu d'une troupe de recrues.

— Le voilà, dit Bunce; plût à Dieu qu'il fût dans la baie de Honduras, que vous en fussiez le capitaine, que je fusse votre lieutenant, que Fletcher fût votre quartier-maître, et que nous eussions avec nous une cinquantaine de braves garçons! Il se passerait bien du temps avant que je désirasse revoir ces bruyères rabougries et ces vilains rochers. Et vous serez notre capitaine. — Cette vieille brute de Goffe s'enivre tous les jours comme s'il était un lord; il fait blanc de son épée; il attaque les hommes de son propre équipage, le sabre ou le pistolet à la main; enfin il a eu de si abominables querelles avec les habitans, qu'à peine veulent-ils apporter de l'eau et des vivres à bord, et nous nous attendons à une rupture ouverte un de ces jours.

Bunce, ne recevant aucune réponse de son compagnon, se tourna tout-à-coup vers lui, et voyant son attention dirigée d'un autre côté : — Que diable avez-vous donc? s'écria-t-il : quel charme trouvez-vous dans cette misérable petite barque qui n'est chargée que de stockfish, de poisson salé, d'oies fumées et de barils d'un beurre pire que du suif? toute la cargaison n'en vaudrait pas l'amorce d'un pistolet. Non, non, donnez-moi à chasser un bâtiment espagnol! que j'aperçoive du haut du grand mât, à la hauteur de l'île de la Trinité, *le Don* tirant de l'eau autant qu'une baleine, pesamment chargé de rum, de sucre, de tabac, de lingots d'argent, de poudre d'or! Alors toutes voiles au vent; débarrassez le tillac, chacun sous les armes, arborez le *Joyeux Roger* [1]. Nous en approchons, nous voyons que l'équipage est nombreux, qu'il est bien armé...

— Vingt canons sur le pont, dit Cleveland.

— Quarante, si vous voulez, répliqua Bunce; et nous n'en avons que dix, mais qu'importe? — *Le Don* lâche sa bordée. — Moquez-vous-en, camarades, placez-vous bord à bord; maintenant à l'abordage. — C'est cela! A l'ouvrage, à présent; faites jouer les grenades, les pistolets, les haches, les sabres. — *Le Don* crie *Misericordia!* et nous

---

(1) Nom que donnaient alors les pirates au pavillon noir qu'ils arboraient pour intimider ceux qu'ils attaquaient. — Ed.

le déchargeons de sa cargaison sans lui dire : *Con licen
cia, senor* [1].

— Sur mon honneur, dit Cleveland, vous prenez le métier tellement à cœur, que chacun conviendra que quand vous vous êtes fait pirate, la société n'a pas éprouvé une grande perte. Mais vous ne me déterminerez pas à marcher plus long-temps avec vous sur une route tracée par le diable. Vous savez vous-même que ce qu'il donne ne profite pas. Au bout d'une semaine ou d'un mois, il n'y a plus ni sucre ni rum, le tabac s'est réduit en fumée, les lingots d'argent et la poudre d'or ont passé de nos mains en celles de ces gens honnêtes et consciencieux qui demeurent à Port-Royal et en d'autres endroits. Ils ferment les yeux sur notre commerce tant que nous avons de l'argent, et deviennent des lynx quand nous n'en avons plus. Alors on ne nous fait plus qu'un froid accueil, et il arrive même quelquefois qu'on donne un avis secret au juge prevôtal : quand nos poches sont vides, ces bons amis, plutôt que de se passer d'argent, cherchent à s'en procurer aux dépens de nos têtes. Alors viennent le gibet et le licou ; et ainsi finit le gentilhomme pirate. — Je veux quitter ce métier, je vous le dis. Quand je promène les yeux d'une de ces barques à l'autre, je consentirais à ramer toute ma vie sur la plus mauvaise, plutôt que de continuer à être ce que j'ai été. Ces bonnes gens ne vont sur la mer que pour y chercher des moyens honnêtes de subsistance, et pour ouvrir une communication amicale d'une île à l'autre, pour l'utilité mutuelle de leurs habitans ; mais nous, nous ne la traversons que pour ruiner les autres, et nous perdre nous-mêmes dans ce monde et dans l'éternité. — Je ne veux plus mener une pareille vie ; je suis déterminé à devenir honnête homme.

— Et où votre honnêteté fixera-t-elle son domicile, s'il

---

(1) Avec votre permission, monsieur. — Éd.

vous plaît? lui demanda Bunce. Vous avez enfreint les lois de toutes les nations, et la main de la justice vous saisira et vous anéantira partout où vous croirez trouver un refuge. — Cleveland, je vous parle plus sérieusement que je n'ai coutume de le faire. J'ai aussi fait des réflexions, et quoiqu'elles n'aient duré que quelques minutes, elles ont été assez amères pour empoisonner des semaines entières de plaisir. — Mais voici le dilemme embarrassant : à moins que nous n'ayons envie de servir d'ornement à quelque fourche patibulaire, quel parti pouvons-nous prendre, sinon celui de continuer à vivre comme nous avons vécu jusqu'ici?

— Nous pouvons, répondit Cleveland, réclamer le bénéfice de la proclamation faite en faveur des hommes de notre profession qui y renoncent et se livrent volontairement.

— Oui, répondit son compagnon d'un ton sec; l'époque du temps de grâcee est déjà passé depuis quelque temps; et l'on peut aujourd'hui punir ou pardonner à volonté. Si j'étais à votre place, je ne mettrais pas ainsi mon cou à l'aventure.

— Il en est qui ont obtenu leur grâce tout récemment, répliqua Cleveland; pourquoi serais-je plus malheureux?

— Il est vrai, on a épargné Harry Glasby et quelques autres; mais Glasby s'était rendu ce qu'on appelle utile; il avait trahi ses camarades; il avait aidé à reprendre *la Fortune*, et c'est ce que vous ne voudriez pas faire ; non, pas même pour vous venger de cette brute de Goffe.

— J'aimerais mieux mourir mille fois, s'écria Cleveland.

— J'en ferais serment. — Quant aux autres, ce n'étaient que des hommes d'équipage, des coquins valant à peine la corde qui les aurait pendus. Mais votre nom a fait trop de bruit pour que vous puissiez vous tirer d'affaire si aisément. Vous êtes le chef du troupeau, et vous serez marqué en conséquence.

— Et pourquoi, je vous prie? vous savez assez comme je me suis toujours conduit, Jack.

— Frédéric, s'il vous plaît.

— Au diable ta folie! Fais trève d'esprit, et parlons sérieusement.

— Pour un moment, soit; car je sens l'esprit d'Altamont qui s'empare de moi. Voilà déjà dix minutes que je parle en homme grave.

— Eh bien, tâchez de parler sur ce ton quelques minutes encore. — Je sais, Jack, que vous m'êtes véritablement attaché; et puisque j'ai entamé ce sujet, je me confierai à vous entièrement. Dites-moi donc pourquoi on me refuserait le bénéfice de cette bienheureuse proclamation. J'ai pris un extérieur dur, comme vous le savez, mais, en cas de besoin, je pourrais prouver à combien de personnes j'ai sauvé la vie; combien de fois j'ai fait rendre aux propriétaires des marchandises que, sans mon intercession, on aurait détruites pour le seul plaisir de mal faire. En un mot, Bunce, je puis prouver...

— Que vous êtes un brigand aussi honnête que Robin Hood même; et c'est pour cela que Fletcher, moi et ceux d'entre nous qui ne sont pas tout-à-fait des vauriens, nous vous sommes sincèrement attachés, parce que vous empêchez qu'un caractère absolu de réprobation ne s'attache au nom de pirate. — Eh bien, supposons que votre pardon vous soit accordé : que deviendrez-vous ensuite, quelle classe de la société voudra vous recevoir, où pourrez-vous trouver des amis? Drake, sous Elisabeth, a pillé le Mexique et le Pérou, sans avoir seulement une lettre de marque à montrer; et, bénie soit la mémoire de cette reine! elle l'a fait chevalier à son retour. Dans le temps du joyeux roi Charles, le Gallois Hal Morgan a rapporté chez lui tout ce qu'il avait gagné sur mer, a acheté un domaine, un château; et qui l'a jamais inquiété? Mais ce n'est plus la même chose aujourd'hui. Soyez pirate un jour, et vous êtes proscrit à jamais. Le pauvre diable peut aller vivre dans quelque port bien obscur, évité et méprisé par tout le monde, avec la portion de ses épargnes que la justice veut bien lui laisser, car un pardon n'est pas scellé pour rien; et quand il va se promener sur la jetée, si un étranger demande quel est cet homme à teint basané, qui marche les yeux baissés, d'un air mélancolique, à qui tout le monde fait place comme s'il avait la peste, on lui répond : C'est un tel, le pirate amnistié. Pas un homme honnête ne lui parlera ; pas une femme ayant une bonne réputation ne lui accordera sa main.

— Les couleurs de votre tableau sont bien rembrunies, Jack, s'écria Cleveland en interrompant son ami ; il y a des femmes, — il y en a une au moins, qui serait fidèle à son amant, quand même il réunirait tous les traits de votre description.

Bunce garda le silence un moment, et resta les yeux fixés sur son ami. — Sur mon âme, dit-il enfin, je commence à croire que je suis sorcier. Quelque peu vraisemblable que cela fût, je n'ai pu m'empêcher, dès le commencement, de soupçonner qu'il y avait une fille dans cette affaire. C'est, ma foi, pire que le prince Volcius amoureux. Ha ! ha ! ha !

— Riez tant qu'il vous plaira, c'est la vérité. Il existe une jeune personne qui daigne m'aimer, tout pirate que je suis; et je vous l'avouerai franchement, Jack, quoique j'aie bien des fois maudit notre vie de forban, et que je me sois détesté moi-même pour l'avoir embrassée, je doute que j'eusse jamais eu assez de courage pour exécuter la résolution que j'ai prise, sans l'espoir de mériter celle que j'aime.

— Les choses étant ainsi, il est inutile de parler raison à un homme qui a perdu l'esprit. — L'amour, dans notre métier, capitaine, ne vaut guère mieux que la manie d'un lunatique. Il faut que cette fille soit une créature d'une espèce rare, pour qu'un homme sage risque de se faire pendre pour ses beaux yeux. Mais dites-moi donc, son esprit n'est-il pas en voyage comme le vôtre? N'y a-t-il pas à cet égard une sorte de sympathie entre vous? Car je suppose que ce n'est pas une de ces belles qui font profession de nous charmer, et que nous aimons tant que cela nous convient. C'est sans doute une fille d'une conduite exemplaire, d'une réputation sans tache?

— C'est la créature la plus vertueuse, comme la plus belle, qu'un œil mortel ait jamais aperçue.

— Et elle vous aime, noble capitaine, sachant que vous êtes à la tête d'une troupe de ces gentilshommes de fortune que le vulgaire nomme pirates?

— Oui, j'en suis assuré.

— En ce cas, elle est décidément folle, comme je le disais tout à l'heure, ou elle ne sait pas ce que c'est qu'un pirate.

— Vous avez raison sur ce dernier point. Elle a été élevée dans la retraite avec tant de simplicité, dans une ignorance si complète du mal, qu'elle compare notre occupation à celle des anciens Norses qui couvraient la mer de leurs galères victorieuses, fondaient des colonies, conquéraient des royaumes, et prenaient le titre de rois de la mer.

— C'est un titre vraiment qui sonne mieux que celui de pirate; mais j'ose dire qu'au fond c'est à peu près la même chose. — Cette fille doit être une femme de courage. Pourquoi ne pas l'amener à bord? Pourquoi ne pas lui passer cette fantaisie?

— Croyez-vous donc que je veuille jouer le rôle d'un esprit de ténèbres au point de profiter de son erreur et de son enthousiasme pour conduire un ange de beauté et d'innocence dans un enfer semblable à celui qui existe, comme vous le savez, à bord de notre infâme bâtiment? Je vous dis, mon cher ami, que mes autres crimes seraient doubles et deux fois plus odieux qu'ils le sont, ils ne seraient plus rien à côté d'une telle lâcheté !

— Eh bien donc, capitaine, il me semble que vous avez fait une folie en venant dans les Orcades. Quelque jour la nouvelle se répandra que le sloop *la Vengeance*, commandé par le fameux pirate Cleveland, s'est brisé sur les rochers de Main-land, et y a péri corps et biens. Vous auriez donc pu y rester ignoré de vos amis et de vos ennemis, épouser votre jolie Shetlandaise, changer votre écharpe en filet, votre épée en harpon, et chercher à pêcher en pleine mer, non des florins, mais des poissons.

— Et tel était mon dessein ; mais un misérable colporteur, — un coquin de marchand forain, se mêlant de tout ce qui ne le regarde en rien, a apporté dans les îles Shetland la nouvelle de votre arrivée ici, et je me suis vu dans la nécessité de partir, afin de m'assurer si c'était véritablement le navire-matelot dont j'avais déjà parlé avant d'avoir pris la résolution de renoncer au métier.

— Au fond, je crois que vous avez bien fait ; comme vous avez appris à Main-land notre arrivée à Kirkwall, de même nous aurions bientôt connu votre séjour dans les îles Shetland ; et quelques uns de nous, les uns par amitié, les autres par haine, plusieurs peut-être de crainte que vous n'eussiez la fantaisie de jouer le rôle d'Harry Glasby, n'auraient pas manqué de s'y transporter pour vous ramener parmi nous.

— Je m'y attendais, et c'est ce qui m'a décidé à refuser l'offre obligeante que m'avait faite un ami de m'amener ici à cette époque. Mais indépendamment de cette raison, Jack, je me suis souvenu que le scel de mon pardon coûtera quelque argent, comme vous le disiez tout à l'heure, et mes fonds étant bas, car, comme vous le savez, je ne m'en suis jamais montré avare, j'ai voulu...

— Venir chercher votre part du gâteau... Vous avez bien fait, et vous la trouverez ; car, il faut en convenir,

Goffe a agi honorablement en cela, et il a exécuté nos conventions. Mais qu'il ne soupçonne rien de votre dessein de nous quitter, car je craindrais qu'il ne vous jouât quelque tour. Il se regardait comme sûr de la part qui vous appartient; il vous croyait mort, et il aura de la peine à vous pardonner d'être ressuscité pour venir le désappointer.

— Je ne le crains pas, s'écria Cleveland, et il le sait fort bien. Je voudrais n'avoir pas plus à redouter les conséquences des relations que nous avons eues ensemble, que je ne crains celles de sa haine. Mais une autre circonstance me cause quelques alarmes. Dans une malheureuse querelle qui eut lieu pendant la nuit qui précéda mon départ de Main-land, je blessai un jeune homme qui a été mon tourment depuis que je suis dans ce pays.

— Est-il mort? lui demanda Bunce. Cette question est plus sérieuse ici que dans les îles Bahama, où l'on peut coucher par terre dans la matinée trois ou quatre impertinens, sans que personne y songe davantage que si c'étaient des pigeons ramiers. Mais ici tout est différent. J'espère donc que vous n'avez pas rendu votre ami immortel.

— Je l'espère aussi, quoique ma colère ait été fatale à ceux qui m'en ont donné moins de cause. Cependant je dois avouer que j'en fus fâché pour ce jeune homme, d'autant plus que je me trouvai obligé de le laisser en folle compagnie.

— En folle compagnie! que voulez-vous dire?

— Je vais vous l'expliquer. D'abord il faut que vous sachiez que, tandis que je cherchais à séduire l'oreille de ma maîtresse pour en obtenir un moment d'entretien avant mon départ, et lui expliquer mes projets, ce jeune homme survint près de moi. Or me trouver interrompu en un pareil moment...

— Cette interruption méritait la mort, par toutes les lois de l'amour et de l'honneur.

— Trêve à vos phrases de tragédies Jack ; écoutez-moi. Ce jeune homme, qui est d'un caractère fort vif, jugea à propos de me répondre quand je lui ordonnai de se retirer. Vous savez que je ne suis pas doué d'une grande patience. J'appuyai mon ordre d'un coup, qu'il me rendit avec usure ; nous luttâmes quelques instans, et je pensai enfin qu'il était temps de mettre fin au combat, ce que je ne pus faire que par le moyen du poignard que, suivant mon ancienne coutume, je porte toujours sur moi, comme vous le savez. A peine l'eus-je frappé que je m'en repentis ; mais je ne pouvais plus alors que songer à m'échapper et à me cacher : car, si l'on s'était aperçu dans la maison de ce qui venait de se passer, j'étais perdu. Le chef de la famille, vieillard sévère et inflexible, m'aurait livré à la justice, quand j'aurais été son frère. Je chargeai sur mes épaules le corps de mon adversaire, et je me rendis sur le bord de la mer, dans le dessein de le jeter dans quelque précipice où il aurait pu rester bien long-temps avant qu'on l'y découvrît. Cela fait, j'avais intention de me mettre à bord du canot que j'avais loué pour me rendre à Kirkwall, et qui m'attendait près du rivage, et de prendre le large sur-le-champ ; mais, comme j'arrivais près du bord de la mer, j'entendis mon jeune homme pousser un gémissement qui m'apprit que je ne lui avais pas donné la mort. J'étais en ce moment hors de la portée de tous les yeux, au milieu des rochers ; mais, bien loin de songer à consommer mon crime, je déposai par terre mon antagoniste, et je cherchai à étancher le sang qui coulait de sa blessure : en ce moment une vieille femme se présenta devant moi. Je l'avais vue plusieurs fois dans cette île ; c'est une femme à qui les naturels font l'honneur de la regarder comme sorcière, de même que celles que les nègres nomment *oby*. Elle m'ordonna de lui laisser le blessé, et le temps me pressait trop pour que j'hésitasse d'obéir à cet ordre. Elle allait m'en dire davantage, quand nous entendîmes la voix d'un vieillard, espèce d'original ami de la famille, qui chantait à quelque distance. Elle mit un doigt sur ses lèvres, comme pour recommander le secret, siffla d'un ton fort bas, et aussitôt je vis arriver un nain difforme et hideux, à l'aide duquel elle emporta le blessé dans une des cavernes dont il se trouve un grand nombre en cet endroit. Quant à moi, je gagnai la mer à la hâte, je me jetai dans mon canot, et je mis à la voile. Si cette vieille coquine a réellement du crédit auprès du monarque des vents, comme on le prétend, il est constant qu'elle m'a joué un tour de son métier; car jamais aucun des *tornados* que nous avons essuyés ensemble dans les Indes occidentales ne m'a écarté de ma route autant que l'ouragan épouvantable qui se déclara immédiatement après mon départ. Si je n'avais pas eu par hasard sur moi une boussole de poche, jamais je n'aurais pu toucher à Belle-Ile, où je trouvai un brick qui me conduisit ici. Que la vieille femme me voulût du mal ou du bien, me voici donc bien en sûreté contre les périls de la mer, mais en proie à des inquiétudes, et tourmenté par des difficultés de plus d'une espèce.

— Au diable soit le promontoire de Sumburgh, ou n'importe quel nom on donne au maudit rocher contre lequel vous avez brisé notre incomparable *Vengeance*.

— Ne dites pas que je l'ai brisée! Si les poltrons ne se fussent pas jetés dans leur chaloupe, quoique je les avertisse qu'ils seraient tous engloutis par les vagues, ce qui leur arriva avant qu'ils fussent à une portée de canon du bâtiment, *la Vengeance* serait encore à flot en ce moment. S'ils étaient restés avec moi, ils auraient sauvé leur vie et le vaisseau; et si je les avais accompagnés, j'aurais péri avec eux. Qui peut dire ce qui aurait été le plus heureux pour moi?

— Eh bien, je connais votre affaire maintenant, et il m'en sera plus facile de vous donner aide et conseil. Je vous serai fidèle, Cleveland, comme la lame l'est à la poignée. Mais je ne puis consentir que vous nous quittiez, et comme dit la vieille ballade écossaise :

Malheur à moi si nous nous séparons.

Quoi qu'il en soit, vous viendrez à bord aujourd'hui?

— Je n'ai pas d'autre lieu de refuge, répondit Cleveland en soupirant.

Il tourna encore une fois les yeux sur la baie, dirigea sa lunette d'approche sur plusieurs des barques qui traversaient, sans doute dans l'espoir d'y découvrir Magnus Troil, et enfin il suivit en silence son compagnon.

CHAPITRE XXXII.

« Je suis comme un vaisseau que la marée entraîne,
« Et dont contre les flots la résistance est vaine,
« Si quelque vent heureux ne vient à son secours.
« De mes vices je veux triompher tous les jours,
« Mais la tentation, mais mainte circonstance,
« Mais l'habitude enfin, gardent leur influence.
« Sans un souffle du ciel, hélas! dois-je espérer
« Que mon faible vaisseau dans le port puisse entrer?»
On en voit rarement deux pareils.

CLEVELAND et son confident marchèrent quelque temps en silence. Ce fut Bunce qui, le premier, renoua l'entretien.

—Vous prenez trop à cœur la blessure de ce jeune drôle, capitaine; je vous ai vu en faire davantage et y penser moins.

— Jamais avec si peu de provocation, Jack. D'ailleurs, il m'avait sauvé la vie. Il est vrai que je lui avais rendu ensuite le même service; mais n'importe, ce n'était pas ainsi que nous aurions dû nous rencontrer. J'espère que les talens de cette vieille femme lui seront utiles. Certainement elle a d'étranges connaissances en simples.

— En simples de plus d'une espèce, capitaine, et il faudra que je vous range dans cette classe si vous pensez davantage à elle. Qu'une jeune fille vous ait fait tourner la tête, c'est le cas de plus d'un homme d'honneur; mais vous troubler le cerveau des momeries d'une vieille femme, c'est une folie trop complète pour qu'un ami puisse vous la permettre. Parlez-moi de votre Minna, puisque tel est son nom, tant que vous le voudrez ; mais vous n'avez pas le droit de rompre les oreilles de votre fidèle écuyer à propos d'une vieille sorcière. — A présent que nous voilà revenus au milieu des tentes et des boutiques que ces bonnes gens préparent, voyons si nous n'y trouverons pas de quoi rire et nous amuser un moment. Dans la joyeuse Angleterre, nous verrions en pareille occasion deux ou trois troupes de comédiens ambulans, autant de mangeurs de feu et de devins, et je ne sais combien de ménageries d'animaux étrangers ; mais chez ces graves insulaires, tout est sérieux, on ne pense qu'à l'utile ; je n'ai pas même la consolation d'entendre la moindre querelle entre mon gai compère Polichinelle et Jeanne sa chère moitié.

Tandis que Bunce parlait ainsi, Cleveland jeta les yeux sur une boutique décorée avec plus de soin que les autres, devant laquelle était placé en étalage un habit complet, remarquable par son élégance, avec quelques belles étoffes. Une grande enseigne peinte sur toile contenait, d'un côté, le détail des marchandises que Bryce Snailsfoot y exposait en vente, ainsi que le prix de chaque article ; de l'autre on voyait l'image de nos premiers parens, couverts du vêtement qu'ils tirèrent du règne végétal pour couvrir leur nudité, et au-dessous on lisait les vers suivans :

> Les malheureux pêcheurs que trompa le serpent,
> De leurs fautes confus, de feuilles se couvrirent.
>   Vous ne pouvez en faire autant ;
>   Car nos îlots jamais ne produisirent
>   Ni feuille, ni même arbrisseau.

Mais nous avons du chanvre, de la laine ;
Et dans mon magasin chaque jour plus nouveau,
Messieurs, vous trouverez sans peine
De quoi plaire à tous les chalands.
Du *premier août* [1], jeunes galans,
Du premier août amenez-moi les filles :
A cette foire il n'est pas de marchands
Mieux assortis en pacotilles.

Tandis que Cleveland lisait ces vers, qui rappelèrent à son souvenir Claude Halcro, le poète lauréat de ces îles, dont la muse était au service des petits comme des grands, et qui en était probablement l'auteur, le digne propriétaire de la boutique l'ayant aperçu, se hâta de détacher d'une main tremblante l'habit en étalage, et qu'il y avait sans doute mis plutôt pour lui faire prendre l'air que pour attirer l'admiration des spectateurs, puisque la vente ne devait commencer que le lendemain.

— Sur mon âme, capitane, dit Bunce à voix basse à Cleveland, il faut que vous ayez déjà tenu ce gaillard-là dans vos serres, et qu'il craigne d'être déplumé une seconde fois. A peine a-t-il jeté un coup d'œil sur vous, et le voilà qui se dépêche de mettre en sûreté ses marchandises.

— *Ses* marchandises ! s'écria Cleveland en regardant avec plus d'attention ce que faisait le marchand forain ; de par le ciel ! cet habit est à moi : je l'ai laissé dans une caisse à Iarlshof, après le pillage de *la Vengeance*. — Hé ! Bryce Snailsfoot, impudent voleur, que veut dire ceci ? N'est-ce pas assez de nous avoir vendu bien cher ce que vous aviez acheté bon marché ? faut-il encore que vous vous soyez emparé de ma malle et de mes vêtemens ?

Bryce Snailsfoot aurait probablement désiré de ne pas

---

(1) C'était autrefois la coutume, à la foire de Saint-Olla, à Kirkwall, parmi les classes inférieures, que les jeunes gens des deux sexes s'associassent par couple pour tout le temps de la foire, et l'on nommait ces couples *frère et sœur du premier août* (*lambmas*). Il est aisé de concevoir que la familiarité résultant de cet usage donnait lieu à des abus, ce qui arrivait d'autant plus souvent qu'on faisait fort peu d'attention aux faux pas qui en étaient la suite. — Ed.

se trouver obligé de reconnaître son ami le capitaine ; mais il y fut forcé par la vivacité avec laquelle Cleveland lui parla. Faisant un signe à l'enfant qui, comme nous l'avons déjà dit, lui servait en quelque sorte de garçon de boutique : — Cours à la maison du conseil de la ville, lui dit-il à l'oreille, et dis au prevôt et aux baillis d'envoyer ici sur-le-champ quelques uns de leurs officiers de police car il va y avoir du bruit dans la foire.

Ayant parlé ainsi, et donné plus de force à ses ordres en poussant vigoureusement son petit messager par les épaules, ce qui le fit partir au pas redoublé, il se tourna vers son ancienne connaissance, et avec cette profusion de paroles ampoulées et de gestes exagérés qu'on emploie en Ecosse pour ce qu'on y appelle faire une phrase, il s'écria : — Que le ciel soit mille fois béni ! c'est véritablement le digne capitaine Cleveland que je revois, lui qui nous a causé tant d'inquiétudes, lui pour qui mes paupières ont été mouillées si souvent ! et il porta un mouchoir à ses yeux. — Que mon cœur est soulagé ! ajouta-t-il ; que je suis heureux de vous voir rendu à vos amis affligés !

— Mes amis affligés ! misérable ! dit Cleveland ; je vous donnerai un meilleur sujet d'affliction que je ne vous en ai jamais causé, si vous ne me dites à l'instant où vous avez volé mes vêtemens.

— Volé ! dit Bryce en levant les yeux au ciel ; que la miséricorde de Dieu veille sur nous ! Le pauvre capitaine a perdu la raison dans la tempête qu'il a essuyée en partant de Main-land.

— Impertinent coquin ! dit Cleveland en frappant la terre de la canne qu'il tenait en main, croyez-vous m'en imposer par votre impudence ? Si vous désirez conserver votre tête en bon état sur vos épaules, et n'avoir pas vos os brisés, dites-moi sur-le-champ où vous avez volé mes habits.

— Volé! répéta une seconde fois Snailsfoot; que le ciel me protège! — Mais connaissant le caractère impétueux de Cleveland, et craignant qu'il ne passât trop promptement des menaces aux gestes, il jetait un regard inquiet du côté de la ville, pour épier l'arrivée du secours, trop lent à son gré, qu'il attendait.

— Il me faut une réponse à l'instant, s'écria le capitaine en levant la canne, ou je vous aplatis comme une momie, et je renverse toute votre friperie.

Jack Bunce s'amusait beaucoup de cette scène, et la colère de Cleveland lui paraissait une excellente plaisanterie. Il le saisit par le bras, sans aucune envie de l'empêcher d'exécuter ses menaces, mais uniquement pour prolonger une discussion qui le divertissait.

— Laissez parler cet honnête homme, mon cher ami, lui dit-il; il a la face la plus hypocrite qui se soit jamais trouvée sur les épaules d'un fripon, et il possède cette éloquence qui permet au marchand de donner un pouce de moins qu'il ne faut à chaque aune de drap. Faites attention d'ailleurs que vous exercez tous deux à peu près le même métier; il mesure ses marchandises à l'aune, et vous à l'épée. Je ne souffrirai donc pas que vous lui lâchiez une bordée avant qu'il soit prêt à vous la rendre.

— Vous êtes fou, s'écria Cleveland en cherchant à dégager son bras; laissez-moi, car, de par le ciel! je veux lui rompre les os.

— Tenez-le bien, mon cher monsieur, dit le colporteur à Bunce; tenez-le bien, je vous en prie.

— Eh bien! répondez-lui donc, voyons, dites quelque chose, sans quoi je le lâche sur vous.

— Il m'accuse d'avoir volé ces marchandises, répondit Bryce, qui se trouvait pressé de si près qu'il jugea qu'il fallait bien en découdre; et le fait est que je les ai bien et légitimement achetées.

— Achetées! misérable vagabond, s'écria Cleveland;

et de qui avez-vous eu l'audace d'acheter mes habits? qui a eu l'impudence de vous les vendre?

— Mistress Swertha, digne femme de charge à Iarlshof, agissant comme votre exécutrice testamentaire; et elle avait le cœur bien gros en me les vendant.

— Et sans doute elle avait envie aussi de grossir sa bourse. Mais comment a-t-elle osé vendre les objets qui lui avaient été confiés?

— Elle a fait pour le mieux, la digne femme, répondit Snailsfoot, qui désirait prolonger la discussion jusqu'à ce qu'il lui arrivât main-forte; et si vous voulez entendre raison, je suis prêt à vous rendre compte de la malle et de tout ce qu'elle contenait.

— Eh bien! parlez donc, dit le capitaine, et point de maudites évasions. Si vous montrez la moindre volonté d'être tant soit peu honnête une fois dans votre vie, je vous promets de ne pas vous étriller.

— Eh bien! noble capitaine, dit le marchand forain, — et il s'interrompit pour marmotter entre ses dents : Que la peste étouffe Pate Paterson! c'est sûrement ce maudit boiteux qui les fait attendre; et s'adressant de nouveau à Cleveland : — Vous voyez, continua-t-il, que tout le pays est dans de grandes inquiétudes, — dans de très grandes, dans de véritables inquiétudes. Votre Honneur, que chacun aime et respecte, qu'on croyait au fond de la mer, dont on n'avait aucune nouvelle, que tout le monde regrettait, qu'on regardait comme perdu... mort... défunt... trépassé.

— Je vous ferai sentir que je suis encore vivant! s'écria l'irritable capitaine.

— Un moment de patience. Vous ne me laissez pas le temps de parler. — Il y avait aussi le jeune Mordaunt Mertoun.

— Ah! eh bien, qu'est-il devenu?

— C'est ce que personne ne peut dire. Il est disparu,

perdu, évanoui. On présume qu'il est tombé du haut d'un rocher dans la mer, car c'était un jeune homme fort aventureux. — J'ai fait des affaires avec lui pour des fourrures et des plumes qu'il me donnait en échange contre de la poudre et du plomb. Eh bien! le voilà on ne sait où : il n'en reste pas la valeur de la bouffée de tabac d'une vieille femme.

— Mais quel rapport tout cela a-t-il avec les habits du capitaine? demanda Bunce; je me chargerai moi-même de vous caresser les épaules si vous ne venez pas au fait.

— Un moment, un moment; vous en aurez toujours le temps. — Si bien donc, voilà, comme je le disais, deux personnes qui avaient disparu, — sans parler de la détresse qui existait à Burgh-Westra, à l'occasion de miss Minna...

— Prends garde à toi, drôle, s'écria le capitaine d'un ton de colère concentrée : si tu n'en parles pas avec tout le respect qui lui est dû, je te coupe les oreilles, et je te les fais avaler à l'instant.

— Hé! hé! hé! dit le colporteur en tâchant de rire, vous voulez vous amuser; c'est une excellente plaisanterie. Mais, pour ne point parler de Burgh-Westra, il y avait au vieux château d'Iarlshof M. Mertoun, le père de Mordaunt, qu'on y croyait aussi fermement enraciné que le rocher de Sumburgh; eh bien! le voilà perdu comme les autres. Enfin, voilà Magnus Troil, — je n'en parle qu'avec respect, — qui monte à cheval; M. Claude Halcro qui prend sa barque, et il n'y a personne dans toutes les îles Shetland si peu en état d'en gouverner une, parce que son esprit est toujours occupé à chercher des rimes; — et le facteur qui s'embarque avec lui, — le facteur écossais, cet homme qui parle toujours de fossés, de dessèchemens, et de pareils travaux qui ne rapportent aucun profit; — les voilà tous courant les champs, de sorte qu'on pourrait dire que la moitié des habitans est occupée à chercher l'autre. — Ce sont des temps bien terribles!

Le capitaine s'était rendu assez maître de lui-même pour écouter la tirade du digne marchand, sinon sans impatience, au moins avec l'espérance d'entendre à la fin quelque chose qui eût rapport à lui. Mais c'était le tour de son compagnon de s'impatienter. — Aux habits! s'écria-t-il, aux habits! aux habits! aux habits! Et à chacune de ces exclamations il faisait voltiger sa canne autour des épaules du colporteur, avec assez d'adresse pour lui causer plus de peur que de mal, car il ne le toucha pas une seule fois.

Snailsfoot, à qui la frayeur faisait faire mainte contorsion, s'écriait pendant ce temps : — Mais, monsieur, — mon bon monsieur, — mon digne monsieur, — eh bien oui, les habits, écoutez-moi. Je trouvai la digne dame dans un grand chagrin à cause de son vieux maître, de son jeune maître et du digne capitaine Cleveland, à cause de l'affliction qui régnait dans la famille du digne fowde, à cause du digne fowde lui-même, de M. Claude Halcro, du facteur, et à cause de plusieurs autres causes. Si bien que nous mêlâmes ensemble nos chagrins et nos larmes; nous eûmes recours à une bouteille pour nous conseiller, comme dit l'Écriture, et nous appelâmes à la délibération le Rauzellaer, un digne homme nommé Neil Ronaldson, et qui jouit d'une bonne réputation.

Ici la canne recommença son exercice, et elle serrait le colporteur de si près qu'elle lui toucha l'oreille. Notre ami Bryce recula d'un pas, et la vérité, ou ce qu'il voulait faire passer pour la vérité, partit sans plus de circonlocution, comme un bouchon, pressé et poussé par le pouce, part d'une bouteille de bière mousseuse.

— Et que diable voulez-vous que je vous dise de plus? Elle m'a vendu la caisse d'habits; j'en ai payé le prix, par conséquent ils m'appartiennent, et c'est ce que je soutiendrai jusqu'à la mort.

— Ce qui veut dire, reprit Cleveland, que la vieille sorcière a eu l'impudence de vendre ce qui ne lui appartenaît pas ; et que vous, honnête Bryce Snailsfoot, vous avez eu l'audace d'en être l'acquéreur.

— Mais, digne capitaine, dit le consciencieux colporteur, que vouliez-vous que fissent deux pauvres gens comme nous ? Vous qui en étiez le propriétaire, vous étiez disparu ; M. Mordaunt, qui en était le gardien, était disparu pareillement ; les habits prenaient l'humidité, et couraient risque de se pourrir ; de sorte...

— De sorte, dit Cleveland, que la vieille les vendit, et que vous les achetâtes uniquement pour les empêcher de se gâter.

— Voilà, noble capitaine, dit le marchand forain, ce qui s'appelle expliquer raisonnablement les choses.

— Eh bien, impudent coquin, écoutez-moi donc ; je ne veux pas me salir les doigts en vous touchant, ni troubler ici le repos public ; je...

— Il y a de bonnes raisons pour cela, capitaine, dit Snailsfoot d'un air significatif.

— Je vous brise les os, si vous prononcez un mot de plus. — Faites attention. — Rendez-moi le portefeuille de cuir noir fermant à clef, la bourse de doublons, quelques vêtemens dont j'ai besoin, et je vous abandonne tout le reste.

— Des doublons ! répéta le colporteur en criant assez haut pour faire croire qu'il éprouvait la plus grande surprise ; je ne sais ce que vous voulez dire ; j'ai acheté des habits et non des doublons ; s'il y en avait dans la caisse, Swertha les garde sans doute pour Votre Honneur. Vous savez que les doublons ne craignent pas l'humidité.

— Rends-moi mon portefeuille et tout ce qui m'appartient, coquin, s'écria Cleveland, ou, sans prononcer un mot de plus, je te fais sortir la cervelle du crâne.

Le rusé marchand jeta les yeux autour de lui, et vit s'approcher le secours qu'il attendait ; c'étaient six officiers de police, car plusieurs querelles qui avaient eu lieu entre l'équipage du pirate et les habitans avaient appris aux magistrats qu'il était nécessaire de renforcer les patrouilles toutes les fois qu'il s'agissait de ces étrangers.

— Honorable capitaine, répliqua Snailsfoot enhardi par la vue du renfort qui lui arrivait, vous feriez mieux de garder pour vous-même le terme de voleur. Qui sait comment vous vous êtes procuré toutes ces belles nippes?

Il prononça ces mots d'un ton si goguenard, et en les accompagnant d'un regard si malin, que Cleveland n'attendit pas plus long-temps; mais, le saisissant par le collet, il le fit sauter par-dessus la table qui lui servait de comptoir, la renversa avec toutes les marchandises qui s'y trouvaient, et tenant le marchand d'une main, il lui infligea de l'autre avec sa canne un châtiment sévère. Son mouvement fut si prompt, et la colère lui donnait une telle énergie, que Bryce Snailsfoot, quoique assez vigoureux, surpris par la vivacité de cette attaque, n'eut pas le temps de se mettre en défense, et se contenta de crier au secours, — en beuglant comme un taureau.

Le renfort, qui s'avançait à pas lents, arriva enfin, et les officiers de police, réunissant leurs efforts, obligèrent Cleveland à lâcher le marchand pour songer à se défendre lui-même. Il le fit avec autant de vigueur et de dextérité que de courage, puissamment secondé par son ami Jack Bunce, qui avait vu avec grand plaisir la bastonnade infligée au colporteur, et qui combattit alors avec résolution pour sauver son compagnon des suites que cette correction pouvait avoir. Mais comme, depuis un certain temps, l'animosité entre les habitans de la ville et l'équipage du pirate avait toujours été en augmentant, les premiers, courroucés de la conduite impertinente de ces marins, s'étaient promis de se soutenir désormais les uns les autres, et de prêter main-forte à l'autorité civile toutes les fois qu'il surviendrait quelque querelle. Un grand nombre de spectateurs prirent donc parti pour les constables, et

Cleveland, après avoir bravement combattu, fut enfin terrassé et fait prisonnier. Son compagnon, plus heureux que lui, avait cherché sa sûreté dans ses jambes, dès qu'il avait vu qu'il était impossible que le champ de bataille leur restât.

Le cœur fier de Cleveland, qui, même au milieu de la dépravation de ses principes, avait toujours conservé quelque chose de sa noblesse primitive, fut prêt à se briser quand il se vit renversé dans cet ignoble combat, traîné comme prisonnier dans la ville, et forcé d'en traverser les rues pour comparaître devant les magistrats alors assemblés dans la salle de leurs délibérations. La probabilité d'un emprisonnement et les conséquences qui pouvaient en résulter se présentèrent à son esprit, et il maudit cent fois la folie qu'il avait faite en risquant de se mettre dans une situation si dangereuse, pour le plaisir de châtier un fripon.

Mais, comme ils arrivaient près de la porte de l'hôtel-de-ville, un nouvel incident vint changer la face des choses d'une manière aussi soudaine qu'inattendue.

En faisant une retraite précipitée, Bunce avait eu dessein de la rendre aussi utile à son ami qu'à lui-même. Il avait couru sur le port, où était la chaloupe du pirate, et se mettant à la tête des hommes de l'équipage qui s'y trouvaient, il les conduisit au secours de Cleveland; on vit donc paraître sur la scène une douzaine de gaillards déterminés, comme doivent l'être les gens de leur profession, et le teint bronzé par le soleil des tropiques, sous lequel ils l'exerçaient habituellement. Ils se jetèrent à travers la foule, qu'ils écartèrent à grands coups de bâtons, et s'étant frayé un chemin jusqu'à Cleveland, ils l'eurent bientôt tiré des mains des officiers qui ne s'attendaient nullement à cette attaque, aussi furieuse que subite. Ils l'emmenèrent en triomphe vers le quai; quelques uns d'entre eux faisaient de temps en temps volte-face pour intimider la populace qui les suivait, mais qui ne fit aucune tentative pour reprendre le prisonnier : — la vue des pistolets et des sabres dont les pirates étaient armés suffisait pour la tenir en respect, quoiqu'ils n'eussent fait usage jusqu'alors que d'armes moins meurtrières.

Ils regagnèrent donc leur barque sans qu'on s'y fût opposé, et y firent entrer Cleveland, à qui les circonstances ne laissaient pas d'autre refuge. Prenant alors la rame en main, ils cinglèrent vers leur bâtiment qui était dans la baie, en chantant en chœur une vieille chanson dont les habitans de Kirkwall, assemblés sur le rivage, ne purent entendre que ce premier couplet :

> Arborez le pavillon noir,
> Dit à ses gens le capitaine ;
> Que l'ennemi puisse le voir,
> Et que jamais nul ne l'amène.
> Feu de bâbord et de tribord,
> L'Océan est notre domaine ;
> Feu de bâbord et de tribord,
> A nous la victoire, ou la mort.

Le chœur sauvage de leurs voix se fit entendre encore long-temps après que les paroles qu'ils chantaient étaient devenues inintelligibles, — et ce fut ainsi que Cleveland trouva presque involontairement replacé parmi des compagnons dont il avait si souvent résolu de se séparer.

CHAPITRE XXXIII.

> « Quoi de plus fort, ami, que l'amour d'une mère ?
> « C'est un charme semblable à l'appât du chasseur,
> « Qui peut, du haut des airs, ramener sur la terre
> « Le génie orgueilleux d'un savant enchanteur ?
> « Prospero ne perdit sa puissance secrète
> « Que lorsque Miranda lui ravit sa baguette. »
> *Ancienne comédie.*

Il faut maintenant que notre histoire rétrograde encore, et que nous transportions nos lecteurs près de Mordaunt Mertoun.

Nous l'avons laissé dans la situation périlleuse d'un homme dangereusement blessé. Nous le retrouverons maintenant convalescent, encore pâle et faible à la vérité par suite d'une grande perte de sang et d'une fièvre qui y avait succédé, mais assez heureux pour que la lame du poignard, ayant glissé sur ses côtes, eût seulement occasioné une blessure peu dangereuse. Il était donc à peu près guéri, grâce aux baumes et aux vulnéraires de la savante Norna de Fitful-Head.

La matrone et son malade étaient alors dans une île plus éloignée. Pendant sa maladie, et avant qu'il eût parfaitement recouvré l'usage de ses sens, Mordaunt avait été transporté dans la singulière habitation de Norna, à Fitful-Head, et de là dans une autre île, par le moyen d'une barque de pêcheurs de Burgh-Westra. Cette femme avait obtenu un tel ascendant sur le caractère superstitieux de ses concitoyens, que jamais elle ne manquait d'agens fidèles pour exécuter ses ordres, quels qu'ils pussent être; et comme elle leur enjoignait en général le secret le plus absolu, il en résultait qu'ils étaient réciproquement étonnés d'évènemens dont ils étaient eux-mêmes la cause, et qui leur eussent paru moins merveilleux, si chacun avait librement fait part à son voisin de tout ce qu'il savait.

Mordaunt était alors assis au coin du feu, dans un appartement passablement meublé, tenant en main un livre sur lequel il portait les yeux de temps en temps d'un air d'ennui et d'impatience, sentimens auxquels il finit par se livrer. Il jeta le livre sur la table, et fixa ses regards sur le feu, dans l'attitude d'un homme occupé de réflexions peu agréables.

Norna, qui, assise en face de lui, semblait travailler à la composition de quelque médicament, se leva d'un air d'inquiétude, et s'approchant de Mordaunt, lui tâta le pouls, le questionna du ton le plus affectueux sur sa santé, lui demandant s'il éprouvait quelque douleur subite, et où en était le siége. La réponse de Mordaunt, quoique conçue en termes destinés à exprimer sa reconnaissance, et quoiqu'elle annonçât qu'il n'éprouvait aucune indisposition, ne parut pas satisfaire la pythonisse.

— Jeune ingrat, lui dit-elle, vous pour qui j'ai tant fait, vous que ma science et mon pouvoir ont ramené des portes du trépas, êtes-vous déjà si las de ma présence, que vous ne puissiez vous empêcher de faire voir que vous désireriez passer loin de moi les premiers jours d'une vie que j'ai sauvée?

—Vous ne me rendez pas justice, répondit Mordaunt; je sais que vous m'avez sauvé la vie, et j'en suis plein de reconnaissance; je ne suis point las de votre société, mais j'ai des devoirs à remplir.

— Des devoirs! et quels devoirs peuvent l'emporter sur la gratitude que vous me devez? — Des devoirs! Vous pensez à votre fusil; à gravir les rochers pour y poursuivre les oiseaux de mer. — Vos forces ne vous permettent pas encore cet exercice, quoique vous soyez si pressé d'accomplir ces devoirs.

— Cette pensée ne m'occupe nullement, ma bonne bienfaitrice; mais, pour vous citer un seul des devoirs qui m'obligent à vous quitter, il me suffira de vous parler de ce qu'un fils doit à son père.

— A son père! s'écria Norna avec un rire sardonique; oh! vous ne savez pas comment nous pouvons, dans ces îles, nous affranchir tout d'un coup de ces devoirs! — Mais, quant à votre père, ajouta-t-elle d'un ton plus calme, qu'a-t-il fait pour mériter que vous remplissiez à son égard les devoirs dont vous parlez? n'est-ce pas lui qui, comme vous me l'avez dit il y a bien long-temps, vous a abandonné dans votre enfance à des soins étrangers, pourvoyant à peine à vos besoins, ne s'informant même pas si vous étiez mort ou vivant, et se bornant à vous envoyer de temps en temps quelques légers secours, comme on jette une aumône à un lépreux avec qui on craint de se mettre en contact? Et depuis ce petit nombre d'années pendant lesquelles il a fait de vous le compagnon de sa misanthropie, il vous a tour à tour, et au gré de son caprice, instruit et tourmenté; mais jamais, Mordaunt, jamais il n'a été votre père.

— Il y a quelque chose de vrai dans ce que vous dites; mais si la tendresse de mon père n'est pas démonstrative, je n'en ai pas moins éprouvé les heureux effets. Il est du devoir d'un fils d'être reconnaissant des bienfaits que lui accorde un père même indifférent. C'est au mien que je dois toutes les instructions que j'ai reçues, et je suis persuadé qu'il m'aime. D'ailleurs les hommes ne peuvent commander à leurs affections; il est malheureux, et quand même il ne m'aimerait pas...

— Et il ne vous aime pas, s'écria Norna avec vivacité; jamais il n'a aimé rien, aimé personne que lui-même. — Il est malheureux, mais il n'a que trop mérité son malheur. — Mais, ô Mordaunt, si vous n'avez pas de père, il vous reste une mère, une mère qui vous chérit plus que l'air qu'elle respire.

— Une mère? s'écria Mordaunt avec l'accent de l'incrédulité; hélas! il y a bien long-temps que je n'ai plus de mère.

— Vous vous trompez, vous vous trompez, dit Norna d'un ton de profonde sensibilité; votre malheureuse mère n'est pas morte. Plût au ciel qu'elle le fût! mais elle ne l'est pas. — Cette mère vous chérit avec une tendresse sans égale, et... c'est moi, Mordaunt, ajouta-t-elle en se jetant à son cou, c'est moi qui suis cette malheureuse... non, cette heureuse mère.

Elle le serra dans ses bras avec un mouvement convulsif, en versant des larmes, les premières peut-être qu'elle eût versées depuis bien des années. Étonné de ce qu'il venait d'entendre, de ce qu'il voyait, de ce qu'il éprouvait; ému lui-même par l'agitation de Norna, et cependant porté à attribuer ses transports à un égarement d'esprit, Mordaunt chercha en vain à rappeler le calme dans l'âme de cette femme extraordinaire.

— Fils ingrat! s'écria-t-elle, quelle autre qu'une mère aurait veillé sur toi comme je l'ai fait? Dès l'instant que je vis ton père, il y a quelques années, quand il ne se doutait guère quelle était la femme qui l'observait, je le reconnus sur-le-champ. Je te vis alors bien jeune, mais la voix de la nature, parlant à mon cœur, m'assura que tu étais le sang de mon sang et les os de mes os. Souviens-toi combien de fois tu as été surpris de me trouver, quand tu t'y attendais le moins, dans les endroits où tu te rendais pour prendre de l'exercice ou chercher quelque amusement; souviens-toi combien de fois j'ai veillé sur toi quand tu gravissais les rochers, en prononçant les charmes par lesquels on chasse ces démons qui se montrent au hardi chasseur dans les endroits les plus périlleux, et le rendent victime d'un mouvement de frayeur! N'est-ce pas moi qui ai suspendu à ton cou, pour garantie de ta sûreté, cette chaîne d'or qu'un roi magicien donna aux fondateurs de notre race? Aurais-je fait un présent si précieux à tout autre qu'à un fils chéri? — Mordaunt, mon pouvoir a fait pour toi des choses auxquelles une autre mère ne pourrait penser sans frémir. A minuit, j'ai conjuré la Sirène pour que ta barque fût en sûreté sur les mers. — J'ai fait taire les vents et rendu des flottes immobiles sur l'Océan, pour que tu pusses chasser sans danger sur les montagnes.

Mordaunt, voyant que l'imagination de Norna semblait s'égarer de plus en plus, chercha à lui faire une réponse qui pût la satisfaire, et calmer les transports auxquels elle se livrait.

— Ma chère Norna, dit-il, j'ai bien des raisons pour vous donner le nom de mère, à vous qui m'avez rendu tant de services, et vous trouverez toujours en moi l'affection et le respect d'un fils; — mais la chaîne dont vous me parlez n'est plus à mon cou; je ne l'ai pas revue depuis que j'ai été blessé.

— Hélas! dit Norna d'un ton douloureux, est-ce à cela que vous devriez penser en un pareil moment! Mais, soit. C'est moi qui vous l'ai reprise pour la passer au cou de celle qui vous est chère, afin que votre union, union qui a été le seul désir terrestre que j'aie formé, puisse s'accomplir, comme elle s'accomplira, quand l'enfer même voudrait y mettre obstacle.

— Hélas! dit Mordaunt en soupirant, vous ne faites pas attention à la distance qui me sépare d'elle. Son père est riche et d'une ancienne famille.

— Il n'est pas plus riche, répondit la pythonisse, que ne le sera l'héritier de Norna de Fitful-Head. Son sang n'est ni plus pur ni plus noble que celui qu'a fait couler dans vos veines votre mère, qui descend des mêmes comtes et des mêmes rois de la mer auxquels Magnus doit son origine. Croyez-vous, comme les étrangers fanatiques venus parmi nous, que votre sang soit déshonoré parce que mon union avec votre père n'a pas reçu la sanction d'un prêtre? Apprenez donc que nous nous mariâmes suivant les anciens rites des Norses. Nous nous donnâmes la main dans le cercle d'Odin, en prononçant des vœux si solennels de fidélité, que même les lois des usurpateurs écossais les auraient jugés aussi valables qu'une bénédiction reçue au pied des autels. Magnus n'a aucun reproche à faire au fils issu d'une telle union. —Je fus faible, criminelle, mais la naissance de mon fils ne fut pas accompagnée d'infamie.

Le ton calme et suivi dont Norna s'exprimait commença à insinuer dans l'esprit de Mordaunt un commencement de croyance à ce qu'elle lui disait. Elle ajouta tant de détails et tant de circonstances liées entre elles, qu'il lui était difficile de conserver l'idée que cette histoire n'était que la production de cet égarement d'esprit qu'on remarquait quelquefois dans ses discours et dans ses actions.

Mille idées confuses se présentèrent à la fois à son imagination, quand il commença à regarder comme possible que la malheureuse femme qu'il avait sous les yeux eût véritablement le droit de réclamer de lui le tribut de tendresse et de respect qu'un fils doit à sa mère. Il ne put les bannir qu'en occupant son esprit d'un sujet différent et qui ne l'intéressait guère moins, se réservant intérieurement de prendre le temps de la réflexion avant de reconnaître le titre auquel Norna prétendait, ou de se refuser à y croire. Au surplus, elle était sa bienfaitrice; il n'accomplissait qu'un devoir en lui témoignant, en cette qualité, tout le respect et toute l'affection qu'un fils doit à sa mère; d'ailleurs, par cette conduite, il pouvait satisfaire Norna sans se compromettre aucunement.

— Et croyez-vous réellement, ma mère, puisque vous m'ordonnez de vous donner ce nom, dit Mordaunt, qu'il y ait quelque moyen de faire revenir Magnus Troïl des préventions qu'il a conçues contre moi depuis quelque temps, et de l'engager à consentir à mon union avec Brenda?

— Avec Brenda! répéta Norna; qui parle de Brenda? c'était de Minna que je vous parlais.

— Mais c'était à Brenda que je pensais, — c'est à elle que je pense, — c'est à elle seule que je penserai toujours.

— Impossible, mon fils; vous ne pouvez avoir l'esprit assez aveugle, le cœur assez faible, pour préférer la gaieté puérile d'une jeune fille, qui n'est propre qu'à s'occuper des soins du ménage, aux sentimens élevés et à la tête exaltée de la noble Minna? Qui voudrait se baisser pour cueillir l'humble violette, quand il n'a qu'à avancer la main pour s'emparer de la rose éblouissante?

— Il est des gens qui pensent que les fleurs les plus humbles sont celles qui répandent la plus douce odeur, et je veux vivre et mourir dans cette idée.

— Osez-vous me parler ainsi! s'écria Norna avec violence ; mais changeant tout-à-coup, et lui prenant la main de la manière la plus affectueuse : — Non, non, mon fils, lui dit-elle, vous ne pouvez vouloir briser le cœur de votre mère à l'instant même où, pour la première fois, elle vient de vous nommer son fils. — Ne me répondez pas, mais écoutez-moi. Il faut que vous épousiez Minna : j'ai attaché à son cou le talisman dont le Destin a voulu que dépendît votre bonheur commun. Tous mes travaux, depuis bien des années, se sont dirigés vers ce but. Rien ne peut changer cet arrêt du sort. Minna doit être l'épouse de mon fils.

— Mais Brenda ne vous touche-t-elle pas d'aussi près? Ne vous est-elle pas aussi chère?

— Elle me touche d'aussi près par le sang ; mais elle ne m'est pas si chère, mon cœur l'aime moins de moitié. L'âme docile, mais exaltée et réfléchie de Minna, la rend une compagne convenable pour un être dont les voies sont, comme les miennes, bien loin des sentiers vulgaires de ce monde. Brenda est une jeune fille jetée dans le monde commun, ne songeant qu'à rire et à railler, confondant la science avec l'ignorance, et qui désarmerait la puissance même, en refusant de croire, et en tournant en ridicule tout ce qui se trouve hors de l'atteinte de son intelligence étroite et bornée.

— Il est vrai qu'elle n'est ni superstitieuse ni enthousiaste, et je ne l'en aime que mieux. Mais faites aussi attention, ma mère, qu'elle me rend l'affection que j'ai pour elle, et que si Minna en éprouve pour quelqu'un, c'est pour cet étranger, ce Cleveland.

— Non. Elle ne l'aime pas, elle n'oserait l'aimer ! Lui-même n'oserait solliciter sa main. Je lui ai dit, à son arrivée à Burgh-Westra, que je vous la destinais.

— C'est donc à cette déclaration imprudente que je dois la haine que cet homme m'a vouée, la blessure que j'ai reçue, et presque la perte de ma vie. — Vous voyez, ma mère, où vos intrigues nous ont déjà conduits; au nom du ciel! n'en suivez pas le fil davantage.

Ce reproche parut frapper Norna avec la vivacité de l'éclair et la force de la foudre. Elle porta la main à son front, et parut sur le point de se laisser tomber de sa chaise. Mordaunt, effrayé, se hâta de la retenir dans ses bras, et, presque sans savoir ce qu'il disait, essaya de prononcer quelques mots incohérens.

— Épargne-moi, juste ciel, épargne-moi! s'écria-t-elle après quelques instans de silence. Si tu veux punir mon crime, ne le charge pas de la vengeance. — Oui, jeune homme, vous avez osé me dire ce que je n'osais me dire à moi-même. — Vous m'avez adressé un langage que je ne puis entendre sans cesser de vivre, si c'est celui de la vérité.

Ce fut en vain que Mordaunt s'efforça de l'interrompre en l'assurant qu'il ne savait comment il avait pu l'offenser ou lui causer quelque peine, et il lui en témoigna tout son regret. Elle continua d'une voix tremblante d'émotion:

— Oui, vous avez éveillé ce noir soupçon qui empoisonne le sentiment intime de ma puissance, — le seul don qui m'ait été accordé en échange de mon innocence et de la paix de mon cœur. Votre voix se joint à celle de ce démon qui, à l'instant même où les élémens me reconnaissent pour leur maîtresse, me dit tout bas : — Norna, tout ceci n'est qu'illusion; votre pouvoir n'est appuyé que sur la sotte crédulité des ignorans, aidée par mille petits artifices auxquels vous avez recours. — Voilà ce que vous voudriez dire; et quelque faux que cela soit, il existe dans ce cerveau exalté, ajouta-t-elle en plaçant un doigt sur son front, des pensées rebelles qui, comme la révolte dans une contrée envahie, se lèvent pour prendre parti contre leur souveraine attaquée. — Épargnez-moi, mon fils, continua-t-elle d'un ton suppliant, épargnez-moi L'empire dont vos discours me priveraient n'est pas une grandeur à laquelle on doive porter envie. Bien peu de gens désireraient régner sur des esprits indociles, sur des vents mugissans, sur des courans furieux. Mon trône est un nuage, mon sceptre un météore, et mon royaume n'est peuplé que de fantômes. Mais il faut que je cesse d'exister, ou que je continue à être la plus puissante comme la plus misérable des créatures.

— Ne tenez pas des discours si sombres, ma chère et malheureuse bienfaitrice, dit Mordaunt fort affecté ; je croirai de votre pouvoir tout ce que vous voudrez que j'en croie. Mais, par intérêt pour vous-même, contemplez les choses sous un autre point de vue. Détournez vos pensées de ces études mytérieuses, qui vous causent tant de trouble, renoncez à ces sujets bizarres de contemplation ; donnez un meilleur cours à vos idées ; la vie vous offrira encore des charmes, et la religion des consolations.

Elle l'écouta d'un air calme, comme si elle eût été occupée à peser ses avis, et qu'elle eût désiré en faire la règle de sa conduite ; mais dès qu'il eut cessé de parler, elle secoua la tête, et s'écria :

— Cela ne se peut. Il faut que je continue à être la redoutable, la mystérieuse Reim-Kennar, la souveraine des élémens, ou que je cesse d'exister. Il n'est pour moi ni alternative, ni terme moyen. Mon poste doit être sur le rocher inaccessible que le pied d'un mortel n'a jamais touché, si ce n'est le mien ; ou je dois m'endormir au fond du redoutable Océan, dont les vagues écumantes rugiront en roulant mon cadavre insensible. La parricide ne sera jamais dénoncée comme coupable aussi d'imposture.

— La parricide ! répéta Mordaunt en reculant d'horreur.

— Oui, mon fils, répondit Norna avec un calme plus effrayant que l'impétuosité à laquelle elle s'était livrée quelques instans auparavant. C'est dans ces murs funestes que mon père a trouvé la mort, et c'est moi qui en ai été la cause. C'est dans cette chambre même qu'on le trouva froid, livide et sans vie. — Enfans, craignez la désobéissance à vos parens; tels en sont les fruits amers!

A ces mots, elle se leva et sortit de l'appartement, où Mordaunt resta seul, libre de réfléchir à loisir sur les étranges détails qu'il venait d'entendre. Son père lui avait appris à ne pas croire aux superstitions des Shetlandais, et il voyait maintenant que Norna, tout en réussissant si bien à tromper les autres, ne pouvait parvenir tout-à-fait à se tromper elle-même. C'était une circonstance très forte qui semblait prouver qu'elle n'avait pas l'esprit égaré. Mais, d'une autre part, l'imputation de parricide dont elle s'accusait elle-même était si étrange, si improbable, qu'elle suffisait pour faire douter Mordaunt de toutes ses autres assertions.

Il avait assez de loisir pour se livrer à ses réflexions sur ce qu'il devait croire et rejeter; car personne n'approchait de la demeure solitaire dont Norna, son nain et lui, étaient les seuls habitans. L'île dans laquelle elle était située était inculte, et fort élevée au-dessus du niveau de la mer. Pour mieux dire, ce n'était qu'une seule montagne s'élevant jusqu'aux nues par trois sommets différens divisés par des fentes, des précipices et des vallées, qui descendaient depuis leurs cimes jusqu'à la mer, tandis que leurs crêtes, formées de rochers presque inaccessibles, fendaient les nuages que le vent amenait de l'océan Atlantique, et devenaient souvent invisibles. C'était la sombre retraite des aigles, des faucons et des autres oiseaux de proie, que personne ne songeait à y poursuivre.

Le climat de cette île était froid; le sol, humide et stérile, offrait à l'œil un aspect de désolation, et ne produisait que de la mousse, à l'exception des rives de petits ruisseaux descendans de la montagne, où l'on voyait quelques bouquets de bouleaux et de noisetiers nains, et quelques groseilliers assez grands pour mériter le nom d'arbres dans ce pays sauvage.

Mais les bords de la mer, qui devinrent la promenade favorite de Mordaunt quand sa convalescence lui permit de prendre de l'exercice, le dédommageaient de l'aspect aride de l'intérieur. Un large et beau détroit sépare cette île solitaire de celle de Pomone; au centre de ce détroit est située, semblable à une table d'émeraude, la petite île verdoyante de Gramsay. Plus loin on voit dans l'île de Pomone la ville ou le village de Stromness, dont l'excellence du havre est prouvée par le grand nombre de vaisseaux toujours à l'ancre dans la rade. La baie, se rétrécissant ensuite, s'avance dans l'intérieur de l'île, et y forme cette belle nappe d'eau nommée le lac de Stennis.

C'était sur cette côte que Mordaunt allait passer des heures entières; et ses yeux n'étaient pas insensibles à la belle vue qu'ils découvraient, quoique ses pensées fussent toujours occupées des réflexions les plus embarrassantes sur sa situation. Il était résolu à quitter cette île aussitôt que le rétablissement de sa santé le lui permettrait; cependant sa reconnaissance pour Norna, dont il était le fils, sinon par le sang, au moins par l'adoption, ne lui permettait pas de partir sans sa permission, quand même il pourrait trouver des moyens de départ, ce qui ne paraissait guère vraisemblable. Ce ne fut qu'à force d'importunités qu'il en arracha la promesse que, s'il voulait consentir à régler sa conduite d'après les avis qu'elle lui donnerait, elle se chargerait elle-même de le conduire dans la capitale des îles Orcades, lors de la foire de Saint-Olla, dont l'époque n'était pas éloignée.

CHAPITRE XXXIV.

« L'insulte au front altier, l'amère raillerie,
« La rage sous les traits de la plaisanterie,
« La menace au blasphème unissant ses fureurs,
« La vengeance aiguisant ses poignards destructeurs :
« Des brigands, à ces traits, on reconnaît l'asile ;
« S'ils se battent entre eux, l'honnête homme est tranquille. »
La Captivité, poème.

Lorsque Cleveland, arraché des mains des officiers de justice qui l'avaient arrêté à Kirkwall, fut porté ensuite en triomphe sur le navire des pirates, une grande partie des hommes de l'équipage célébrèrent sa bienvenue par de grands cris de joie, et s'approchèrent de lui pour lui prendre la main et le féliciter sur son retour ; car le grade de capitaine parmi des corsaires ne l'élevait que très peu au-dessus des autres, et chacun, en tout ce qui ne concernait pas le service, se croyait le droit de le traiter en égal.

Quand sa faction, car on peut donner ce nom à ses amis, eut exprimé d'une manière bruyante la satisfaction qu'elle éprouvait de le revoir, on le conduisit vers la poupe, où Goffe, commandant actuel du vaisseau, était assis sur un canon, écoutant d'un air sombre et mécontent les acclamations joyeuses qui annonçaient l'arrivée de Cleveland. C'était un homme entre quarante et cinquante ans, d'une taille au-dessous de la moyenne, mais tellement robuste, que son équipage avait coutume de le comparer à un vaisseau de soixante-quatre rasé. Il avait les cheveux noirs, le cou d'un taureau, les sourcils épais ; son air féroce et ses formes à la fois sans grâce, mais annonçant la vigueur, contrastaient avec l'air mâle et la physionomie ouverte de Cleveland, que même son infâme profession n'avait pu entièrement dépouiller de l'air d'aisance et de noblesse qui se faisait remarquer naturellement dans ses gestes comme dans ses discours.

Les deux capitaines pirates se regardèrent quelque temps en silence, tandis que les partisans respectifs se rangeaient en cercle autour de leur personne. Parmi les hommes de l'équipage, les plus âgés étaient les principaux adhérens de Goffe; les jeunes gens, entre lesquels Jack Bunce se montrait comme un chef de bande excitant les autres, étaient la plupart attachés à Cleveland.

Goffe parla le premier. — Vous êtes bien accueilli à bord, capitaine Cleveland. — Nom d'une poupe! je suppose que vous vous croyez encore commodore; mais, de par Dieu! tout est dit; quand vous avez perdu votre bâtiment, votre rang de commodore est allé à tous les diables.

Et ici, une fois pour toutes, nous ferons remarquer que l'usage de ce digne commandant était de mettre dans tous ses discours une proportion à peu près égale de juremens et d'autres expressions analogues, — ce qu'il appelait *lâcher sa bordée*. Comme nous n'avons pas un goût bien décidé pour les décharges d'artillerie de ce genre, nous indiquerons seulement par des traits comme ceux-ci ——— les endroits de ses discours qu'il enrichissait de cet ornement. Par ce moyen, si le lecteur nous pardonne une mauvaise pointe, ces canons tirant la bordée du capitaine Goffe ne seront chargés qu'à poudre.

Au reproche qu'il était venu à bord dans le dessein de reprendre le commandement en chef, Cleveland répondit qu'il ne le désirait ni ne l'accepterait; que tout ce qu'il demandait au capitaine Goffe, c'était de lui prêter sa chaloupe pour le conduire dans une île, attendu qu'il ne voulait ni le commander, ni servir sous ses ordres.

— Et pourquoi ne pas servir sous mes ordres? demanda Goffe d'un ton d'humeur; ——— êtes-vous trop gros seigneur ——— pour servir sous moi? ——— je commande ici à des gens ———— qui sont vos anciens, et meilleurs marins que vous ne l'êtes ————.

— Je voudrais savoir, répondit Cleveland avec le plus grand sang-froid, quel est celui de ces bons marins qui a placé ce bâtiment sous le feu de cette batterie de six pièces de canon; n'a-t-il pas vu qu'on pourrait le couler à fond, si on en avait envie, avant que vous eussiez seulement le temps de couper le câble pour prendre le large? Des marins plus anciens et meilleurs que moi peuvent trouver bon de servir sous un pareil bélître; mais quant à moi, capitaine, je ne m'en soucie pas, et c'est tout ce que j'ai à vous dire.

— De par Dieu! je crois que vous êtes fous tous les deux, dit Hawkins, le maître d'équipage. Une rencontre au sabre ou au pistolet peut avoir son mérite quand on n'a rien de mieux à faire; mais où diable serait notre sens commun, si des gens de notre profession s'amusaient à se quereller ensemble pour donner à ces canards d'insulaires l'occasion de nous attaquer?

— C'est bien parler, mon vieil Hawkins, dit Derrick, le quartier-maître, officier de grande importance parmi ces forbans; si nos deux capitaines ne peuvent s'accorder ensemble, et s'entendre pour la défense du vaisseau, que diable! il n'y a qu'à les déposer tous les deux, et en choisir un autre.

— Vous, par exemple, digne quartier-maître, dit Jack Bunce; mais cela ne prendra pas. Il faut que celui qui doit commander à des gentilshommes en soit un lui-même, et je donne ma voix au capitaine Cleveland, parce que c'est le plus brave et le plus digne gentilhomme qui ait jamais marché sur un tillac.

— Vous vous donnez donc pour un gentilhomme? répliqua Derrick; en vérité, un tailleur en ferait un meilleur avec les plus mauvaises guenilles qui vous restent de votre garde-robe de théâtre. — C'est une honte pour des gens de cœur comme nous, que de servir avec un rebut de coulisse, un vagabond !

Jack Bunce fut si courroucé de s'entendre traiter ainsi, qu'il mit sans hésiter la main sur la poignée de son sabre ; mais le maître d'équipage et le charpentier se jetèrent entre les deux antagonistes ; celui-ci jurant qu'il fendrait la tête d'un coup de hache au premier qui porterait un coup, celui-là leur rappelant que, d'après leurs règlemens, il était expressément défendu de se quereller et surtout de se battre à bord ; que ceux qui avaient un différend à vider devaient se rendre à terre, et se faire raison, le sabre ou le pistolet à la main, en présence de deux camarades.

— Je n'ai de querelle avec personne ———, dit Goffe d'un air d'humeur ; le capitaine Cleveland s'est amusé à se promener dans ces îles ———, et nous avons perdu notre temps ——— à le chercher et à l'attendre, quand nous aurions pu ajouter vingt ou trente mille dollars à la bourse commune. Au surplus ——— je veux tout ce que voudra le reste de l'équipage.

— Je propose, dit Hawkins, que le conseil général s'assemble, conformément à nos règlemens, afin de délibérer sur le parti à prendre dans cette affaire.

La proposition du maître d'équipage fut accueillie à l'unanimité, car chacun trouvait son compte à ces conseils généraux, où le dernier homme de l'équipage avait le droit de voter aussi bien que le capitaine. La plupart ne faisaient cas de cette prérogative que parce que, dans ces occasions solennelles, l'eau-de-vie était distribuée à discrétion ; droit dont ils ne manquaient pas d'user dans toute son étendue, pour disposer leur esprit à délibérer. Mais quelques uns de ces aventuriers, qui joignaient quelque jugement au caractère entreprenant et déterminé des gens de leur profession, avaient soin de ne pas sortir des bornes d'une sobriété relative, et ceux-là, sous la forme d'une décision du conseil général, déterminaient de fait tout ce qui avait rapport à leurs croisières et à leurs expéditions ; les autres, quand ils sortaient de leur état d'ivresse, se persuadaient aisément que la résolution adoptée avait été le fruit légitime de la sagesse combinée de tout ce sénat.

En cette occasion, l'eau-de-vie coula à si grands flots, que l'ivresse se montra sous toutes les formes les plus dégoûtantes, — proférant les plus horribles blasphèmes, — faisant, de gaieté de cœur, les plus affreuses imprécations, — chantant des chansons obscènes et impies. Au milieu de cet enfer terrestre, les deux capitaines, avec un ou deux de leurs principaux adhérens, le charpentier et le maître d'équipage, qui prenaient toujours le dé dans ces occasions, formaient entre eux une espèce de conseil privé, ou un *pandemonium*, pour considérer ce qu'il y avait à faire ; car, comme Hawkins le fit observer par métaphore, ils naviguaient dans un canal étroit, et il convenait de marcher la sonde à la main.

Quand ils commencèrent à délibérer, les amis de Goffe remarquèrent, à leur grand déplaisir, qu'il n'avait pas eu la sage précaution dont nous parlions il n'y a qu'un instant ; mais qu'en voulant noyer le chagrin que lui avaient causé le retour de Cleveland et l'accueil qu'il avait reçu, le vieux capitaine avait fait faire naufrage à sa raison. La sombre taciturnité qui lui était naturelle avait empêché qu'on ne le remarquât avant le commencement de la délibération, mais alors il devint impossible de le cacher.

Cleveland fut le premier qui parla, et ce fut pour dire que, bien loin de désirer le commandement du vaisseau, la seule faveur qu'il demandât, c'était qu'on le jetât sur quelque île, ou quelque rocher à une certaine distance de Kirkwall, et qu'on lui laissât ensuite le soin de se tirer d'affaire.

Le maître d'équipage se récria vivement contre cette résolution. — Chacun de nous, dit-il, connaît le capitaine

Cleveland, et sait qu'il peut avoir confiance en son expérience comme en son courage. D'ailleurs jamais le grog ne mouille sa poudre; son génie est toujours prêt à faire feu au besoin; et, quand il est sur un vaisseau, on est sûr du moins que dans tous les cas il s'y trouve quelqu'un en état de le gouverner et de commander la manœuvre. Quant au capitaine Goffe, il est aussi brave que qui que ce soit qui ait jamais mangé du biscuit; mais, je le dirai en sa présence, quand il a une fois du grog dans ses agrès, il devient si querelleur, qu'il n'y a plus moyen de vivre avec lui. Vous vous souvenez tous qu'il a manqué de briser ce bâtiment sur le maudit rocher qu'on appelle *le Cheval de Copinsha*, uniquement par entêtement; et qu'une autre fois, croyant faire une plaisanterie, pendant que nous étions assemblés en conseil, il tira un coup de pistolet par-dessous la table, et cassa une jambe à ce pauvre diable de Jack Jenkins.

— Jenkins n'y a rien perdu, s'écria le charpentier; je lui ai coupé la jambe avec ma scie aussi proprement qu'aurait pu le faire un chirurgien; j'ai cautérisé la plaie avec ma hache rougie au feu, et je lui ai fait ensuite une jambe aussi belle et aussi bonne que celle qu'il avait perdue, et qui lui sert tout autant.

— Oh! vous êtes un homme habile, dit le contre-maître, diablement habile! et cependant je ne me soucierais pas de vous voir employer sur mes membres votre scie et votre hache; vous avez de quoi occuper ces outils sur le vaisseau. Mais ce n'est pas là ce dont il s'agit. La question est de savoir si nous nous séparerons du capitaine Cleveland que voici, homme également bon pour le conseil et pour l'action. A mon avis, ce serait jeter le pilote à la mer quand le vent pousse le navire à la côte. J'ajouterai que ce ne serait pas le trait d'un cœur de marin, que d'abandonner ainsi ses camarades qui ont perdu leur temps à le chercher et à l'attendre, de sorte que nos provisions sont presque épuisées, et que nous allons nous trouver sans eau. Nous ne pouvons mettre à la voile sans être ravitaillés, et nous ne pouvons nous ravitailler sans l'aide des habitans de Kirkwall. Si nous nous amusons ici plus long-temps, nous courons le risque de voir tomber sur nous la frégate *l'Alcyon*, qu'on a vue il y a deux jours à la hauteur de Peterborough, et en ce cas nous ferons une belle garniture de gibet. Or le capitaine Cleveland nous ôtera du cou le nœud coulant, si quelqu'un peut y réussir. Il prendra ces gens de Kirkwall par la douceur, leur donnera de belles paroles, et, s'il le faut, il saura leur montrer les dents.

— Et que voulez-vous donc faire du brave capitaine Goffe? demanda un vieux pirate à qui il ne restait qu'un œil. Je sais qu'il a ses caprices, et je les ai éprouvés tout comme un autre; mais, au bout du compte, jamais plus brave homme n'a monté un corsaire, et je le soutiendrai tant que je verrai de ma dernière lanterne.

— Vous ne voulez pas m'écouter jusqu'au bout, répliqua Hawkins; autant vaudrait parler à des nègres. Ce que je propose, c'est que Cleveland soit capitaine depuis une heure après midi jusqu'à cinq heures du matin, attendu que c'est le temps pendant lequel Goffe est toujours ivre.

Goffe donna en ce moment une preuve de la vérité de cette accusation, en essayant de prononcer quelques mots inarticulés, et en menaçant d'un pistolet Hawkins, qui jouait le rôle de médiateur.

— Voyez-vous? dit Derrick, quel bon sens peut-on attendre d'un homme qui, même pendant une assemblée du conseil, s'enivre comme le dernier de nos matelots?

— Oui, dit Bunce; ivre comme la truie de Davy[1] en face de l'ennemi, de la tempête et du sénat.

— Cependant, continua Derrick, deux capitaines dans

---

(1) Un Gallois nommé David avait une truie qui faisait l'admiration de ses voisins, et une femme adonnée à la boisson : un jour que celle-ci était ivre, craignant la colère de son mari, elle lâcha la truie et se coucha à sa place. Le

un même jour, cela n'ira jamais. Je suis d'avis que chacun ait sa semaine, et que Cleveland commence.

— Il y en a ici qui les valent bien, dit Hawkins; au surplus, je n'ai pas d'objection à faire contre le capitaine Cleveland. Je pense qu'il peut nous donner un coup de main tout aussi bien qu'un autre.

— Oui, oui, s'écria Bunce, et il fera meilleure figure que son ivrogne de prédécesseur, pour faire entendre raison à ces coquins de Kirkwall. Ainsi donc, vive le capitaine Cleveland!

— Un moment, messieurs, dit Cleveland, qui avait gardé le silence jusqu'alors; j'espère que vous ne me nommerez pas capitaine sans mon consentement.

— Et pourquoi non, par la voûte des cieux! répondit Bunce, si c'est *pro bono publico?*

— Mais du moins écoutez-moi. Je consens à prendre le commandement du vaisseau, parce que vous le désirez, et parce que je vois que sans moi vous vous tireriez difficilement d'embarras...

— Hé bien, je répète donc vive le capitaine Cleveland!

— Je t'en supplie, mon cher Bunce, mon honnête Altamont, un moment de raison. — Je consens à ce que vous désirez, camarades, à condition que lorsque j'aurai fait ravitailler le vaisseau, et que je l'aurai mis en état de mettre à la voile, vous rendrez le commandement au capitaine Goffe, et vous me mettrez à terre dans quelque île des environs. — Vous ne pouvez pas craindre que je vous trahisse, puisque je resterai avec vous jusqu'au dernier moment.

— Et encore un peu plus long-temps, j'espère, murmura Bunce entre ses dents.

La nomination fut mise aux voix, et tout l'équipage

---

mari voulut justement montrer ce jour-là sa truie à des voisins, qui, reconnaissant la femme dans la loge, reportèrent partout que jamais ils n'avaient vu *de truie soûle comme la truie de David.* — Éd.

avait tant de confiance dans les talens de Cleveland, supérieurs à ceux de Goffe sous tous les rapports, que la déposition de celui-ci ne souffrit pas d'opposition, même de la part de ses partisans, qui dirent assez raisonnablement : — Pourquoi s'est-il enivré? c'était à lui à défendre ses propres intérêts. Au surplus, il s'occupera demain de se faire rendre justice, si bon lui semble.

Mais quand le lendemain arriva, la partie de l'équipage que l'ivresse avait empêchée de prendre part à la délibération, ayant appris ce qui avait été décidé par le conseil général, applaudit de si bon cœur au choix qui avait été fait, que Goffe, tout mécontent qu'il était, jugea à propos de comprimer son ressentiment jusqu'à des circonstances plus favorables pour lui. Il se soumit donc à une dégradation qui n'était nullement extraordinaire parmi des pirates.

De son côté, Cleveland résolut de s'acquitter avec zèle et sans perdre de temps de la tâche qu'il venait d'entreprendre, de tirer l'équipage de la situation dangereuse où il se trouvait. Dans ce dessein, il ordonna qu'on mît la chaloupe en mer, afin de se rendre lui-même à Kirkwall avec douze hommes, qu'il choisit parmi les plus braves et les plus vigoureux de la troupe, presque aussi bien vêtus que leurs officiers, grâces à leurs heureuses rencontres; tous bien armés de sabres et de pistolets, et quelques uns même de haches et de poignards.

Cleveland se distinguait pourtant parmi eux par l'élégance de son costume; il avait un habit de velours bleu, doublé en soie cramoisie, et galonné en or; un gilet et des culottes de velours cramoisi; un bonnet de même étoffe, richement brodé, et surmonté d'une plume blanche; des bas de soie blancs et des souliers à talons rouges, ce qui était le *nec plus ultrà* du bon ton pour les petits-maîtres du jour. Un sifflet d'or, marque de sa dignité, était attaché à une chaîne de même métal, qui passait plusieurs fois autour de son cou. Il portait en outre une décoration particulière à ces audacieux pirates qui, peu contens d'avoir à leur ceinture une ou deux paires de pistolets, en portaient deux autres paires, d'un travail riche et précieux, suspendues à une espèce d'écharpe en ruban cramoisi qui leur passait par-dessus l'épaule. La poignée de l'épée du capitaine était aussi riche que le reste de son équipement, et sa bonne mine lui donnait d'ailleurs un tel avantage sur ses compagnons, que lorsqu'il se montra sur le tillac, il fut accueilli par des acclamations universelles, suivant l'usage du peuple, qui juge souvent par les yeux.

Cleveland mit son prédécesseur Goffe au nombre de ceux qui devaient l'accomagner. L'ex-capitaine était aussi très richement vêtu; mais n'ayant pas l'extérieur avantageux de son successeur, il avait l'air d'un paysan habillé en petit-maître, ou plutôt d'un voleur de grands chemins revêtu des dépouilles du voyageur qu'il vient d'assassiner, et dont le droit aux vêtemens qu'il porte paraît douteux aux yeux de tous ceux qui le regardent, attendu le caractère de gaucherie, d'impudence, de cruauté et quelquefois même de remords, visiblement gravé sur tous ses traits. Cleveland voulut probablement emmener Goffe avec lui à Kirkwall, afin de l'empêcher de profiter de son absence pour débaucher l'équipage, et lui faire oublier la fidélité promise au nouveau capitaine. Ils quittèrent le vaisseau, accompagnant le mouvement des rames d'un chant en chœur auquel le bruit des vagues servait à son tour d'accompagnement, et ce fut ainsi qu'ils arrivèrent sur le quai de Kirkwall.

Pendant ce temps, le commandement du vaisseau avait été confié à Jack Bunce, sur le zèle et la fidélité duquel Cleveland savait qu'il pouvait compter; et dans une assez longue conversation qu'ils eurent enssemble, celui-ci donna à son jeune ami des instructions sur ce qu'il devait faire dans diverses circonstances qui pouvaient survenir.

Ces arrangemens étant terminés, et Bunce ayant été averti à plusieurs reprises de se tenir en garde contre les adhérens de Goffe sur le navire, et contre toute attaque qu'on pourrait tenter du rivage, la chaloupe partit enfin. En approchant du havre, Cleveland fit arborer un pavillon blanc, et remarqua que son arrivée paraissait causer beaucoup de mouvemens et d'alarmes. On voyait un grand nombre d'habitans de côté et d'autre, plusieurs même semblaient se mettre sous les armes. On envoya à la hâte du monde à la batterie de six pièces de canon, et l'on arbora le pavillon anglais. Ces symptômes ne laissèrent pas d'être inquiétans, d'autant plus que Cleveland savait que, quoiqu'il n'y eût pas d'artilleurs à Kirkwall, il s'y trouvait plusieurs marins qui connaissaient parfaitement le service d'une pièce de canon, et qui seraient très disposés à s'en charger dans la crise actuelle.

Attentif à ces démonstrations hostiles, mais ne laissant paraître dans ses traits ni crainte ni inquiétude, Cleveland ordonna qu'on se dirigeât en droite ligne vers le quai. Le rivage était bordé d'une foule d'habitans qui, armés de mousquets, de fusils de chasse, de demi-piques et de grands couteaux à dégraisser les baleines, paraissaient assemblés dans le dessein de s'opposer à son débarquement. Il semblait pourtant qu'ils n'avaient pas pris à ce sujet une résolution positive, car dès que la barque toucha le rivage ils reculèrent, et souffrirent que Cleveland et les gens de sa suite descendissent à terre, sans chercher à y mettre obstacle. Les pirates se rangèrent en bon ordre sur le quai, à l'exception de deux qui restèrent dans la chaloupe, et qui se retirèrent à quelque distance du rivage. Cette manœuvre, en mettant cette barque, la seule qui fût sur le vaisseau, hors de danger d'être saisie, indiquait de la part de Cleveland et de ses gens une sorte de confiance et d'insouciance qui était faite pour intimider leurs adversaires.

Les habitans de Kirkwall prouvèrent pourtant qu'il restait encore dans leurs veines quelque chose du sang des anciens guerriers du Nord. Ils demeurèrent fermes en face des pirates, l'arme sur l'épaule, et leur barrèrent l'entrée de la rue qui conduit dans la ville.

Les deux partis se regardèrent en silence pendant quelques instans. Cleveland prit enfin la parole :

— Que veut dire ceci, messieurs? leur demanda-t-il ; les habitans des Orcades sont-ils devenus des montagnards d'Ecosse? Pourquoi êtes-vous tous sous les armes ce matin de si bonne heure? Vous seriez-vous rassemblés sur le quai pour me faire l'honneur de célébrer par un salut mon retour au commandement de mon navire?

Les habitans se regardèrent les uns les autres, et l'un d'eux se chargeant de lui répondre : — Nous ne savons qui vous êtes ; c'était cet homme-là, dit-il en montrant Goffe, qui se disait capitaine quand il venait à terre.

— C'est mon lieutenant, et il commande en mon absence. Mais ce n'est pas ce dont il s'agit ; je désire parler à votre lord-maire, au chef de vos magistrats, quel que soit le nom que vous lui donniez.

— Le prevôt et les magistrats sont assemblés.

— Cela n'en vaut que mieux. Et où sont-ils assemblés?

— A l'hôtel-de-ville.

— Faites-nous donc place, messieurs, car mes gens et moi nous avons besoin de nous y rendre.

Les habitans se consultèrent un moment à voix basse, mais la plupart n'étaient nullement d'avis de s'exposer au risque d'un combat peut-être inutile contre des hommes déterminés ; et ceux qui avaient plus de résolution réfléchirent qu'on viendrait plus aisément à bout de ces étrangers, soit dans l'hôtel-de-ville, soit dans les rues étroites, que sur un grand terrain où ils pouvaient se défendre avec beaucoup plus d'avantage. Ils ne mirent donc aucun obstacle à leur passage, et Cleveland s'avança au petit pas, tenant ses gens ramassés en peloton, ne laissant approcher personne des flancs de son petit détachement, et ordonnant aux quatre hommes qui composaient son arrière-garde de se retourner de temps en temps pour faire face à ceux qui le suivaient; il réussit, par toutes ces précautions, à rendre fort difficile la tâche que se seraient imposée ceux qui auraient voulu l'attaquer.

Ils traversèrent ainsi la rue étroite qui conduisait à l'hôtel-de-ville, où les magistrats étaient assemblés, comme on en avait informé Cleveland. Là, les habitans commencèrent à les serrer de plus près, dans le dessein de faire foule à l'entrée, de séparer les pirates les uns des autres, et d'en arrêter autant qu'ils le pourraient dans un endroit où ils se trouveraient trop serrés pour se servir de leurs armes. Mais Cleveland avait prévu ce danger, et, avant d'entrer dans l'hôtel-de-ville, il ordonna qu'on en dégageât la porte, fît marcher quatre hommes en avant pour faire reculer ceux qui l'avaient précédé, ordonna à quatre autres de faire face à la foule qui suivait; et les bons bourgeois battirent en retraite en voyant l'air farouche et déterminé de ces forbans, leur teint brûlé par le soleil, leurs bras nerveux et leurs armes redoutables. Cleveland entra alors dans l'hôtel-de-ville avec sa troupe, arriva dans la salle où les magistrats délibéraient sans avoir auprès d'eux aucune force armée. Ils se trouvaient même séparés par ces aventuriers des citoyens qui attendaient leurs ordres, et ils étaient peut-être plus complètement à la merci de Cleveland, que celui-ci et sa petite poignée d'hommes ne l'étaient à celle de la multitude derrière eux.

Les magistrats semblèrent sentir leur danger, car ils se regardèrent les uns les autres d'un air inquiet, tandis que Cleveland leur adressait la parole dans les termes suivans :

— Bonjour, messieurs. — J'espère qu'il n'existe aucune mésintelligence entre nous. — Je viens me concerter avec vous sur les moyens d'obtenir des rafraîchissemens pour mon vaisseau qui est à l'ancre dans votre rade; nous ne pouvons mettre à la voile sans cela.

— Votre vaisseau, monsieur? dit le prevôt, qui ne manquait ni de bon sens ni de courage; comment pouvons-nous savoir que vous en êtes le capitaine?

— Regardez-moi, répondit Cleveland, et je crois que vous ne me ferez pas la même question une seconde fois.

Le magistrat le regarda, et effectivement il ne jugea pas à propos de poursuivre le même interrogatoire; et prenant le fait pour constant : — Puisque vous êtes le capitaine de ce vaisseau, dit-il, apprenez-moi de quel port il est parti, et quelle est sa destination. Vous ressemblez à un officier d'un vaisseau de guerre plus qu'au capitaine d'un bâtiment marchand, et nous savons que vous n'appartenez pas à la marine anglaise.

— Le pavillon de la marine anglaise, répondit Cleveland, n'est pas le seul qui flotte sur les mers. Mais en supposant que je commande un bâtiment contrebandier ayant une cargaison de tabac, d'eau-de-vie, de genièvre et d'autres marchandises de cette espèce, que nous sommes disposés à échanger pour les provisions dont nous avons besoin, je ne vois pas pourquoi les marchands de Kirkwall nous en refuseraient.

— Il faut que vous sachiez, capitaine, dit le clerc de ville, que nous ne cherchons pas à y regarder de trop près. Quand des bâtimens de l'espèce du vôtre viennent nous rendre visite, autant vaut, comme je le disais au prevôt, faire ce que fit le charbonnier quand il rencontra le diable, c'est-à-dire agir envers eux comme ils agissent envers nous; et voici quelqu'un, ajouta-t-il en montrant Goffe, qui était capitaine avant vous... et qui le sera peut-être après.

——, murmura Goffe entre ses dents, le coquin dit vrai en cela.

— Il n'ignore pas, continua le clerc de ville, comme

nous l'avons bien accueilli lui et ses hommes, jusqu'à ce qu'ils aient commencé à se conduire comme des diables incarnés. — En voici un autre — là — qui arrêta l'autre soir ma servante, marchant devant moi avec une lanterne, et qui l'insulta en ma présence.

— N'en déplaise à Votre Honneur, dit Derrick que le clerc avait désigné du doigt, ce n'est pas moi qui ai fait feu sur cette petite barque de fille qui portait une lanterne en poupe; c'était un homme qui ne me ressemble nullement.

— Qui était-ce donc? demanda le prévôt.

— S'il plaît à Votre Honneur, répondit Derrick en le saluant d'une manière grotesque, et en faisant la description du magistrat, c'était un homme d'un certain âge, — une espèce de bâtiment hollandais ayant la poupe ronde, — portant une perruque poudrée et ayant le nez rouge; — fort semblable à Votre Majesté, à ce qu'il me semble. — Dis donc, Jack, demanda-t-il à un de ses camarades, ne trouves-tu pas que ce drôle qui voulait embrasser l'autre soir une jeune fille portant une lanterne, ressemblait beaucoup à Son Honneur.

— De par Dieu! Derrick, je jugerais que c'est lui-même.

— C'est une insolence dont nous pouvons vous faire repentir, messieurs, dit le magistrat, justement irrité de leur effronterie. Vous vous êtes conduits dans cette ville comme si vous étiez au milieu d'une peuplade de sauvages à Madagascar. Vous-même, capitaine, si vous l'êtes réellement, vous avez causé une émeute pas plus tard qu'hier. Nous ne vous fournirons aucune provision que nous ne sachions mieux qui vous êtes; et ne croyez pas nous insulter impunément. Je n'ai qu'à faire flotter ce mouchoir par la fenêtre qui est à mon côté, et votre navire est coulé à fond. Souvenez-vous qu'il est sous le feu d'une batterie de six pièces.

— Et combien de ces pièces sont en état de service? demanda Cleveland. Il avait fait cette question par hasard; mais il vit sur-le-champ, à un air de confusion que le prevôt chercha en vain à cacher, que l'artillerie de Kirkwall n'était pas dans le meilleur ordre.

— Allons, allons, M. le prevôt, ajouta-t-il, nous ne nous effrayons pas plus aisément que vous. Nous savons que vos canons seraient plus dangereux pour les pauvres gens qui en feraient le service que pour notre bâtiment. Mais si nous entrions dans le port pour lâcher une bordée contre la ville, la vaisselle de vos femmes courrait quelques risques. — Reprocher à des marins quelques traits de gaieté quand ils sont à terre! Les pêcheurs du Groënland qui viennent vous visiter ne sont-ils pas quelquefois de vrais diables? Les matelots hollandais eux-mêmes ne font-ils pas des cabrioles dans les rues de Kirkwall, comme des marsouins dans la mer agitée? On m'a assuré que vous êtes un homme de bon sens, et je suis sûr que vous et moi nous arrangerions cette affaire en cinq minutes.

— Eh bien, monsieur, dit le prevôt, j'écouterai ce que vous avez à me dire, si vous voulez me suivre.

Cleveland l'accompagna dans un appartement qui était à la suite du premier. — Monsieur, dit-il en y entrant, je vais quitter mes pistolets, pour peu qu'ils vous effraient.

— Au diable vos pistolets, s'écria le prevôt; j'ai servi le roi, et je ne crains pas plus que vous l'odeur de la poudre.

— Tant mieux, dit Cleveland, vous m'en écouterez avec plus de sang-froid. — Maintenant, monsieur, supposons que nous soyons ce que vous nous soupçonnez d'être, — tout ce qu'il vous plaira. Mais, au nom du ciel, que pouvez-vous gagner à nous retenir ici? Des coups et du sang répandu; et croyez-moi, nous y sommes mieux préparés que vous ne pouvez prétendre l'être. — La question est bien simple; vous désirez être débarrassés de nous, et nous désirons nous en aller. Fournissez-nous donc les moyens de partir, et nous vous quittons à l'instant.

— Ecoutez-moi, capitaine, répondit le prevôt, je n'ai soif du sang de personne. Vous êtes un beau garçon, comme il y en avait plus d'un de mon temps parmi les boucaniers ; et je ne crois pas vous insulter en vous souhaitant un meilleur métier. Nous vous donnerions bien pour votre argent les provisions qui vous manquent, afin de délivrer nos mers de votre présence ; mais voici la difficulté : on attend ici très incessamment la frégate *l'Alcyon*; dès qu'elle entendra parler de vous elle vous donnera la chasse, car un bâtiment corsaire est souvent une bonne prise, vous êtes rarement sans une cargaison de dollars ; eh bien, *l'Alcyon* arrive, vous met sous le vent...

— Nous fait sauter en l'air, s'il vous plaît, dit Cleveland.

— Non, ce sera, s'il vous plaît, vous-même, répondit le prevôt ; mais alors que deviendra la bonne ville de Kirkwall, qui aura favorisé les ennemis du roi en leur fournissant des provisions? on la condamnera à une amende, et le prevôt ne se tirera peut-être pas d'affaire fort aisément.

— Je vois où le soulier vous blesse, dit Cleveland. Supposons donc que je double votre île, et que j'aille dans la rade de Stromness, on peut nous y apporter tout ce dont nous avons besoin, sans que le prevôt et la ville de Kirkwall y paraissent tremper en rien. D'ailleurs, si l'on avait quelque soupçon, notre force supérieure et le manque de moyens de résistance seraient votre justification.

— Cela peut être, dit le prevôt : mais si je vous laisse quitter notre rade, il me faut une garantie que vous ne dévasterez pas le pays.

— Et il nous en faut une aussi, dit Cleveland, pour être assurés que vous ne chercherez pas à prolonger notre approvisionnement jusqu'à ce que *l'Alcyon* arrive. Je consens à rester moi-même avec vous comme un otage, pourvu que vous me donniez votre parole de ne pas me trahir, et que vous envoyiez à bord de mon vaisseau un magistrat, ou quelque homme d'importance, dont la personne répondra de la mienne.

Le prevôt secoua la tête, et lui fit entendre qu'il serait difficile de trouver quelqu'un qui voulût servir d'otage avec tant de risque ; mais il finit par lui dire qu'il proposerait cet arrangement à ceux des membres du conseil auxquels on pouvait confier une affaire d'une telle importance.

CHAPITRE XXXV.

« Pour sillonner la mer j'ai quitté ma charrue. »
DIBDIN.

QUAND le prevôt fut de retour avec Cleveland dans la salle du conseil, il réunit ceux des magistrats à qui il jugeait convenable de faire part des propositions du pirate, et se retira de nouveau avec eux dans la seconde chambre. Tandis qu'ils s'occupaient de cette discussion, on offrit à Cleveland et à ses gens des rafraîchissemens de la part du prevôt. Il permit à sa troupe d'en profiter, mais non sans prendre des précautions contre toute surprise, et la moitié du détachement restait sous les armes tandis que les autres étaient à table.

Pendant ce temps, il se promenait en long et en large dans l'appartement, causant de différens objets avec les diverses personnes présentes, en homme parfaitement à son aise.

Il fut un peu surpris d'y rencontrer Triptolème Yellowley, qui, se trouvant par hasard à Kirkwall, avait été invité par les magistrats de se rendre à l'assemblée, comme représentant, jusqu'à un certain point, le lord chambellan. Cleveland renouvela sur-le-champ la connaissance qu'il avait faite avec lui à Burgh-Westra, et lui demanda quelle affaire l'avait amené dans les Orcades.

— J'y suis venu, répondit l'agriculteur, pour voir comment vont quelques uns de mes petits plants. Je suis las d'être livré aux bêtes à Ephèse; je les combats inutilement, et je voulais savoir si mon verger, que j'ai planté à quatre ou cinq milles de Kirkwall, il y a environ un an, promettait de prospérer, et ce qu'avaient fait mes abeilles, dont j'avais apporté neuf essaims pour les naturaliser dans ce pays, et pour changer en miel et en cire les fleurs des bruyères.

— Et j'espère qu'elles réussissent, dit Cleveland, qui, quelque peu d'intérêt qu'il prît à cette conversation, était bien aise de l'entretenir pour rompre le silence sombre et glacial que gardait toute la compagnie.

— Si elles réussissent! répondit Triptolème; elles vont comme tout va en ce pays, c'est-à-dire à reculons.

— C'est faute de soin, je suppose, dit Cleveland.

— C'est tout le contraire, monsieur, précisément tout le contraire, répondit le facteur. Mes ruches ont péri parceque nous en avons pris trop de soin, comme les poulets de la mère Christie.—Je demandai à voir les ruches, et le drôle qui devait en avoir soin paraissait rayonnant de joie et bien content de sa personne. — Vous auriez bien pu voir les ruches, me dit-il; mais, si je n'y eusse pris garde, vous n'y auriez pas trouvé plus de mouches que d'oies sauvages. Je les veillais de près, et un beau matin qu'il faisait soleil, je vis qu'elles s'en allaient toutes par de petits trous au bas de leurs ruches, — vite je me dépêchai de les boucher avec de la terre glaise. Sans cela, du diable s'il serait resté une mouche, une abeille, ou n'importe ce qu'elles sont, dans vos *skeps*[1], comme vous les appelez.— En un mot, monsieur, il avait muré les ru-

---

(1) Mot écossais, *Ruche*. — Ed.

ches comme si les pauvres bêtes avaient eu la peste, et mes abeilles étaient mortes, comme si on les eût enfumées. Ainsi finissent mes espérances *generandi gloria mellis*, comme dit Virgile.

— Adieu donc votre hydromel, dit Cleveland; mais avez-vous quelque espoir de faire du cidre? comment va le verger?

— Hélas! capitaine, ce même Salomon de l'Ophir des Orcades, — car ce n'est pas ici qu'il faut envoyer chercher des talens d'or ni des talens d'esprit; — cet homme sage, dis-je, avait tant de tendresse pour mes jeunes pommiers, qu'il les a arrosés avec de l'eau chaude, et tout est mort, branches et racines. — Mais à quoi bon se plaindre? j'aimerais mieux que vous m'apprissiez, capitaine, pourquoi j'entends ces bonnes gens tant parler de pirates, et qui sont tous ces hommes de mauvaise mine, armés jusqu'aux dents comme des montagnards écossais, que je vois dans cette salle; car j'arrive à l'instant de l'autre côté de l'île, et je n'ai rien de bien clair sur tout cela? Et maintenant que je vous regarde vous-même, capitaine, il me semble que vous avez autour de vous plus de pistolets qu'un honnête homme n'en a besoin dans un temps de paix et de tranquillité.

— Et je pense de même, dit le vieux Haagen, triton pacifique qui jadis avait marché, un peu à contre-cœur, à la suite de l'entreprenant Montrose: si vous aviez été dans le vallon d'Eddera-Chyllis, où nous avons été si bien frottés par sir John Worry [1]...

— Vous avez oublié toute l'affaire, voisin Haagen, dit le facteur; sir John Urry combattait avec vous; et la preuve, c'est qu'il fut fait prisonnier avec Montrose, et décapité.

— Le croyez-vous? reprit le triton; je crois que vous

---

(1) Jeu de mots intraduisible sur *Worry*, qui se prononce à peu près comme *Urry*. — Tr.

pouvez bien avoir raison, car il a si souvent changé de parti, qu'on ne peut trop dire pour lequel il est mort. Mais une chose certaine, c'est qu'il était à cette bataille, et que j'y étais aussi. — Quelle bataille! je n'ai, ma foi, pas envie d'en voir une semblable.

L'arrivée du prevôt interrompit cette conversation. — Nous avons décidé, capitaine, dit-il, que votre navire se rendra dans la rade de Stromness ou de Scalpa-Flow pour s'y ravitailler, afin qu'il n'y ait plus de querelle entre les gens de votre équipage et nos habitans. Et, comme vous désirez rester à Kirkwall pour voir la foire, nous avons dessein d'envoyer à bord de votre bâtiment un homme respectable qui aidera vos gens de ses conseils pour doubler le promontoire et gagner la rade de Stromness, attendu que la navigation dans ces parages n'est pas sans dangers?

— C'est parler en magistrat de bon sens et pacifique, M. le prevôt, dit Cleveland, et je n'attendais pas moins de vous. — Mais quel est l'homme respectable qui doit honorer mon bord de sa présence pendant que j'en serai absent?

— C'est ce que nous avons aussi décidé, capitaine. Vous devez bien penser que nous désirions tous, à l'envi les uns des autres, faire un voyage si agréable et en si bonne compagnie; mais, attendu la foire, la plupart de nous ont des affaires qui y mettent obstacle. Quant à moi, ma place me retient nécessairement à Kirkwall; la femme du plus ancien de nos baillis vient d'accoucher; le trésorier ne peut supporter la mer; deux autres baillis ont la goutte; les autres sont absens de la ville, et quinze membres du conseil sont tous retenus par des affaires particulières.

— Tout ce que je puis vous dire, M. le prevôt, dit Cleveland en élevant la voix, c'est que j'espère...

— Un moment de patience, s'il vous plaît, capitaine, dit le prevôt. — Si bien donc que nous avons résolu et arrêté que, vu son poste honorable, le digne M. Triptolème Yellowley, qui est facteur du lord chambellan de ces îles, aura l'honneur et le plaisir de vous accompagner.

— Moi. s'écria Triptolème fort étonné; et pourquoi diable irais-je avec vous? mes affaires sont en terre ferme.

— Ces messieurs ont besoin d'un pilote, lui dit le prevôt à demi-voix, et nous ne pouvons nous dispenser de leur en donner un.

— Ont-ils donc besoin de se briser sur la côte? demanda Triptolème. Comment diable pourrais-je leur servir de pilote? je n'ai de ma vie touché un gouvernail.

— Paix! paix! silence! dit le prevôt; si nos habitans vous entendaient, vous perdriez à l'instant tout le respect et toute la considération que chacun a pour vous. Nous autres insulaires, nous ne faisons cas d'un homme qu'autant qu'il sait parfaitement gouverner et manœuvrer un navire.—D'ailleurs ce n'est qu'une affaire de forme; nous vous donnerons pour second le vieux Pate-Sinclair. Vous n'aurez rien à faire que boire, manger et vous divertir.

— Boire et manger! dit le facteur, qui ne comprenait pas bien pourquoi on le chargeait si soudainement de ce rôle, et qui pourtant n'était pas en état de se tirer des filets du prevôt, plus rusé que lui; — boire et manger, c'est fort bien; mais, à vous dire la vérité, la mer ne me convient pas mieux qu'au trésorier, et j'ai toujours meilleur appétit à terre.

— Paix donc! prenez garde, lui dit le prevôt à voix basse, avec le ton et l'accent du plus vif intérêt; voulez-vous vous perdre à jamais de réputation? — Un facteur du lord grand chambellan des Orcades et des îles Shetland, à qui la mer ne conviendrait pas! Autant vaudrait dire que vous êtes montagnard d'Ecosse, et que vous n'aimez pas le whisky.

— Il faut que cela se termine de manière ou d'autre, messieurs, dit Cleveland; nous devrions déjà avoir levé l'ancre. — M. Triptolème Yellowley, consentez-vous à honorer mon bord de votre compagnie?

— Bien certainement, capitaine Cleveland, bégaya le facteur, je n'aurais aucune répugnance à aller partout avec vous; seulement...

— Il n'a aucune objection, dit le prevôt l'interrompant au premier membre de sa période, sans attendre le second.

— Il n'a aucune objection, s'écria le trésorier.

— Il n'a aucune objection, répétèrent en chœur les quatre baillis et les quinze conseillers, chacun variant cette exclamation par l'addition de quelques mots en l'honneur de Triptolème, comme : le digne homme! — l'homme respectable! — le brave patriote! la ville lui sera éternellement obligée. — Où trouver un pareil facteur?

Étourdi et confus des éloges dont il était accablé de toutes parts, et ne concevant rien à la nature de l'affaire dont il s'agissait, l'agriculteur, interdit, se trouva incapable de refuser de jouer le rôle de Curtius de Kirkwall, dont on avait la malice de le charger. Le capitaine Cleveland le remit donc entre les mains des pirates qui lui avaient servi d'escorte, en leur enjoignant très strictement de le traiter avec égards et respect. Goffe et ses compagnons se disposèrent alors à se mettre en marche et à l'emmener avec eux, au milieu des applaudissemens de toute l'assemblée, de même que jadis on ornait de guirlandes, en poussant des cris de joie, la victime sacrifiée par les prêtres pour le salut de l'état. Ce fut pendant qu'on le conduisait ainsi, moitié de gré, moitié de force, hors de l'appartement, que le pauvre Triptolème, fort alarmé et voyant que Cleveland, en qui il avait quelque confiance, ne l'accompagnait pas, essaya, à l'instant où il allait passer la porte, de faire quelques représentations.

— Mais, prevôt, capitaine, baillis, trésorier, conseillers, écoutez-moi donc! Si le capitaine Cleveland n'est pas à bord pour me protéger, il n'y a rien de fait. — Je ne m'y rendrai pas, à moins qu'on ne m'y traîne avec des traits de charrue.

Cette protestation ne fut pas entendue. Elle fut noyée dans le torrent d'éloges dont les magistrats et les conseillers continuaient à l'accabler, vantant son esprit public, le remerciant de son dévouement, lui souhaitant un bon voyage, offrant des vœux au ciel pour son prompt et heureux retour. Étourdi, déconcerté, et réfléchissant, si toutefois il pouvait réfléchir en ce moment, que toutes remontrances seraient inutiles, puisque, amis et étrangers, tous semblaient d'accord dans leur détermination, Triptolème se laissa conduire dans la rue sans faire aucune résistance. Alors le détachement de pirates, le plaçant au centre, se mit en marche à pas lents vers le quai ; un grand nombre d'habitans de la ville suivaient par curiosité. Cependant personne ne tenta d'inquiéter les audacieux forbans dans leur marche, car le compromis pacifique que le premier magistrat venait de conclure avec tant de finesse avait obtenu l'approbation universelle, et chacun pensait qu'un tel arrangement à l'amiable valait beaucoup mieux que tout autre qu'on aurait pu obtenir par la voie toujours douteuse d'un appel aux armes.

Tout en s'avançant vers le quai, Triptolème, qui eut le temps d'examiner la physionomie, l'air et le costume des gens entre les mains de qui on venait de le livrer, commença à croire qu'il voyait dans leurs yeux non seulement une expression générale de scélératesse, mais des intentions sinistres contre sa personne. Il était particulièrement alarmé des regards féroces de Goffe : celui-ci lui tenait le bras d'une main qui, pour la délicatesse, pouvait être comparée à la tenaille d'un forgeron, et lui lançait des regards obliques, semblables à ceux que l'aigle jette sur la proie qu'il tient dans ses serres avant de la déchirer. Enfin la crainte de Yellowley l'emporta sur sa prudence, et, d'une voix lamentable et étouffée par ses alarmes, il demanda à son terrible conducteur : — Est-ce que vous m'emmenez pour me tuer, capitaine, contre toutes les lois de Dieu et des hommes?

— Taisez-vous, si vous êtes sage, répondit Goffe, qui avait ses raisons pour chercher à augmenter la terreur panique de son prisonnier ; il y a trois mois que nous n'avons tué personne : ————, pourquoi nous y faites-vous penser?

— J'espère que vous ne faites que plaisanter, bon et digne capitaine, répliqua Triptolème. Ceci est pire que les sorcières, les nains, les baleines et les barques chavirées tout ensemble. — C'est de bon blé coupé en vert, sur ma conscience! — Au nom du ciel! quel bien vous reviendra-t-il de ma mort?

— C'est toujours un passe-temps, répondit Goffe. Regardez en face ces braves gens ———— et cherchez-en un parmi eux qui n'aime mieux tuer un homme que de rester à rien faire. — Mais, ———— nous parlerons de cela plus au long quand vous aurez tâté de la cale, à moins que vous ne vous présentiez avec une bonne poignée de dollars du Chili pour votre rançon.

— Aussi vrai que je vis de pain, capitaine, dit le facteur, ce scélérat de nain contrefait a emporté tout l'or et l'argent que j'avais dans une corne.

— Neuf lanières de bon cuir attachées à un manche vous le feront retrouver, répliqua Goffe avec un sourire féroce : c'est une recette infaillible. ———— Une bonne corde serrée autour du crâne jusqu'à ce que les yeux sortent à moitié de la tête est encore un assez bon moyen.

— Capitaine, s'écria Yellowley avec force, je n'ai pas d'argent. — Il est rare que ceux qui s'occupent d'améliorations en aient. Nous changeons les prairies en terres à labour, l'orge en avoine, les bruyères en pâturages; nous changeons en champs productifs les misérables *yarphas*, comme on appelle dans ce pays d'aveugles les tourbières et les fondrières, mais rarement tous ces changemens-là font entrer quelque chose dans notre poche. Les outils et les ouvriers prennent tout, mangent tout, et le diable n'en oublie pas sa part.

— Eh bien, dit Goffe, si vous êtes réellement un pauvre diable comme vous le prétendez... je serai votre ami. Et, levant la tête pour approcher les lèvres de l'oreille du facteur qui l'écoutait à demi mort d'inquiétude : — Si vous aimez la vie, ajouta-t-il, ne mettez pas le pied dans notre barque.

— Mais comment puis-je m'échapper? demanda Triptolème, vous me tenez le bras si serré, que je ne pourrais le dégager quand il s'agirait de la récolte d'une année de toute l'Écosse.

— Écoutez-moi, goujon, répondit Goffe : quand nous serons au bord de la mer, et que vous verrez mes camarades sauter dans la barque et prendre leurs rames, je vous lâcherai le bras ; alors virez de bord ——— et mettez votre salut dans vos jambes.

Triptolème ne manqua pas de suivre ce conseil. Goffe tint sa promesse, et le facteur ne se sentit pas plus tôt délivré de la main formidable qui le serrait, qu'il partit comme une balle à laquelle un bras vigoureux vient de donner l'impulsion. Il traversa toute la ville de Kirkwall avec une rapidité qui étonna tous ceux qui le virent, et dont il fut surpris lui-même. Il fit sa retraite avec un tel élan d'impétuosité que, comme s'il eût vu les tenailles du pirate prêtes à s'ouvrir pour le saisir de nouveau, il ne s'arrêta qu'après être sorti de la ville, et quand il se trouva en pleine campagne. Ceux qui, le voyant sans sa cravate et sans son chapeau, perdus dans sa fuite précipitée, eurent ainsi occasion de comparer sa taille ronde et ses jambes courtes avec la rapidité de sa course, durent convenir que, si la fureur donne des armes, la frayeur prête des ailes.

LE PIRATE. 505

On ne se mit pas à la poursuite du fuyard ; un ou deux mousquets se préparaient bien à lui dépêcher un messager qui, quoique d'un métal pesant, l'aurait gagné de vitesse ; mais Goffe, jouant pour la première fois de sa vie le rôle de pacificateur, exagéra tellement les dangers qui résulteraient d'une infraction à la trève conclue avec les habitans de Kirkwall, qu'il détermina ses camarades à s'abstenir de toute hostilité ; et ils ne songèrent plus qu'à retourner au vaisseau en toute hâte.

Les bourgeois, qui regardaient la fuite de Triptolème comme un triomphe qu'ils avaient remporté sur les pirates, leur firent des adieux insultans, en poussant trois acclamations de joie quand ils les virent s'éloigner du rivage. Cependant les magistrats n'étaient pas sans inquiétude sur cette espèce de violation d'un des articles du traité conclu; et il est probable que, s'ils avaient pu arrêter sans bruit le fugitif, au lieu de célébrer par un banquet civique l'agilité qu'il venait de déployer, ils auraient remis l'otage entre les mains de ses ennemis. Mais il leur était impossible de donner publiquement leur sanction à un tel acte de violence, et ils se contentèrent de faire veiller de près Cleveland, qu'ils résolurent de rendre responsable de tout acte d'agression que les pirates pourraient commettre. Cleveland, de son côté, conjectura aisément que c'était pour le laisser exposé à toutes les conséquences, que Goffe avait laissé échapper l'otage dont il était chargé. Quoiqu'il se fiât à l'intelligence et à l'attachement de son ami et de son partisan Jack Bunce, autrement dit Frédéric Altamont, plus qu'à toute autre chose, il attendit pourtant les évènemens avec beaucoup d'inquiétude, puisque les magistrats, tout en continuant à le traiter avec civilité, lui avaient déclaré très clairement que son sort dépendrait de la manière dont se conduirait son équipage, quoiqu'il ne le commandât plus.

Il n'avait véritablement pas tort de compter sur le dévouement et la fidélité de Bunce; car celui-ci n'eut pas plus tôt appris de l'équipage de la chaloupe la fuite de Triptolème, qu'il en conclut sur-le-champ que Goffe l'avait favorisée dans l'espoir que Cleveland étant mis à mort ou jeté en prison, il pourrait reprendre le commandement du vaisseau.

— Si le vieil ivrogne ne manque pas son coup, dit Bunce à son ami Fletcher, je consens à perdre le nom de Frédéric Altamont, et à n'être jusqu'à la fin de mes jours que Jack Bunce, ou tout ce que vous voudrez.

En conséquence, mettant en œuvre tous les ressorts d'une éloquence navale parfaitement adaptée aux dispositions de ses auditeurs, il représenta à ses camarades, de la manière la plus énergique, la honte dont ils se couvriraient s'ils souffraient que leur capitaine fût retenu à terre sans qu'ils eussent aucun otage pour répondre de sa sûreté; et il y réussit au point qu'indépendamment du mécontentement qu'il excita contre Goffe, il fit décider par tout l'équipage qu'on s'emparerait du premier bâtiment de quelque importance qu'on rencontrerait, et que le navire, la cargaison, l'équipage et les passagers répondraient du traitement qu'on pourrait faire subir à Cleveland. On résolut aussi de mettre à l'épreuve la bonne foi des habitans de Kirkwall, en quittant leur rade pour se rendre dans celle de Stromness, où, d'après l'accord fait entre le prevôt Torf et le capitaine Cleveland, leur sloop devait être avitaillé. Il fut arrêté aussi que, pendant l'intérim, et jusqu'à ce que Cleveland pût reprendre les fonctions de capitaine, le commandement du navire serait confié à un comité composé de Goffe, d'Hawkins et de Bunce.

Toutes ces résolutions ayant été proposées et adoptées, on leva l'ancre et l'on mit à la voile sans que la batterie de six pièces cherchât à y mettre aucun obstacle; ce qui les délivra d'une autre crainte, résultat du danger de leur situation.

CHAPITRE XXXVI.

« . . . . Lâchez une bordée ;
« Une seconde ! — Bien ! ce vaisseau se rendra
« Ou, criblé par nos coups, la mer l'engloutira. »
SHAKSPEARE.

Un fort joli brick qui appartenait, ainsi que plusieurs autres bâtimens, à Magnus Troil, le principal Udaller des îles Shetland, avait reçu à bord ce magnat lui-même, et ses deux filles. Le facétieux Claude Halcro, par amitié pour le vieux Chef, et par l'amour que la profession de poète inspire toujours pour la beauté, les accompagnait dans leur voyage à la capitale des îles Orcades, lieu où Norna leur avait annoncé que ses oracles mystérieux recevraient enfin une explication satisfaisante. Ils passèrent à quelque distance des rochers énormes de cette île solitaire appelée Belle-Ile, et située à une distance égale des deux archipels, au milieu de la mer par laquelle les îles Shetland sont séparées des Orcades. Après avoir éprouvé quelques vents qui les contrarièrent, ils aperçurent le Start de Sanda. A la hauteur du promontoire de ce nom ils rencontrèrent un courant très violent, bien connu de ceux qui fréquentent ces mers, et qu'on appelle le Roost du Start. Ce courant les écarta considérablement de leur route, et un vent contraire s'y étant joint, ils furent obligés de se porter à l'est de l'île de Stronsa, et enfin de passer la nuit à l'ancre dans la baie de Papa ; car la navigation, pendant l'obscurité ou le brouillard, n'était ni agréable ni sûre au milieu de tant d'îles basses qui couvrent cette mer.

Le lendemain matin ils se remirent en route sous des auspices plus favorables ; et ayant côtoyé l'île de Stronsa, dont les rives sont verdoyantes et fertiles, si on les compare aux îles des mêmes parages, ils doublèrent le cap de Lamb-Head, et cinglèrent vers Kirkwall.

Ils étaient à peine en vue de la jolie baie qui est entre Pomone et Shapinsha, et les deux sœurs admiraient l'église massive de Saint-Magnus, qu'on voyait de loin s'élever au-dessus des autres bâtimens de Kirkwall, quand les yeux de Magnus et de Claude Halcro furent attirés par un objet qui leur parut plus intéressant. C'était un sloop armé, avec toutes ses voiles déployées, venant de quitter son ancrage dans la baie, et à qui le vent était favorable, tandis qu'il était contraire pour celui de l'Udaller.

— Par les reliques de mon saint patron! s'écria Magnus, voilà un joli navire, mais je ne puis dire de quel pays, car il est sans pavillon. Je le croirais de construction espagnole.

— Oui, oui, dit Claude Halcro, il en a tout l'air. Il n'a besoin que de suivre le cours du vent contre lequel nous avons à lutter. Mais c'est ainsi que va le monde. Comme dit le glorieux John :

> Avec un ample pont et des canons terribles,
> Citadelle flottante, elle semble à mes yeux
> Une guêpe de mer sur les flots écumeux.

Quand Halcro eut répété cette strophe avec enthousiasme, Brenda ne put s'empêcher de lui dire : — Quoique la description de Dryden ait plutôt rapport à un vaisseau de ligne qu'à un sloop semblable à celui que nous avons sous les yeux, la comparaison avec une guêpe ne me paraît applicable ni à l'un ni à l'autre.

— Une guêpe! dit Magnus en voyant avec surprise le sloop changer de direction et arriver sur le brick; de par Dieu! je souhaite que nous n'en sentions pas l'aiguillon.

L'Udaller comptait faire une plaisanterie; mais il avait deviné, car presque au même instant le sloop, sans arborer de pavillon et sans avoir hélé le brick, tira contre lui deux coups de canon à boulet, dont l'un, effleurant la surface de l'eau, passa à une toise de l'avant du bâtiment, et l'autre traversa la grande voile. Magnus prit un porte-voix, héla le sloop, lui demanda qui il était, et quelle était la cause de cet acte d'hostilité que rien n'avait provoqué. — Amenez pavillon, lui répondit-on, carguez la grande voile, et vous allez savoir qui nous sommes.

Il n'y avait aucun moyen de refuser d'obéir à cet ordre, dont l'inexécution les aurait exposés à recevoir une bordée; et au milieu des alarmes de Claude Halcro et des deux sœurs, de la surprise et de la fureur de l'Udaller, le brick fut obligé d'attendre les ordres du sloop. Ils arrivèrent bientôt; le sloop mit en mer sa chaloupe; et six hommes armés, commandés par Jack Bunce, y étant descendus, s'avancèrent vers leur prise. Comme ils en approchaient, Claude Halcro dit à l'oreille de l'Udaller : — Si ce qu'on dit des boucaniers est vrai, ces hommes, avec leurs écharpes et leurs vestes de soie, en ont bien la mine.

— Et mes filles! mes filles! s'écria Magnus avec une angoisse qu'un père seul pouvait éprouver. Descendez sous le pont, mes chers enfans, et cachez-vous pendant que je...

Il jeta son porte-voix et saisit un petite pique, tandis que ses filles, plus effrayées des suites que pouvait avoir son caractère irascible que de toute autre chose, le serraient dans leurs bras, et le conjuraient de ne faire aucune résistance. Claude Halcro joignait ses prières aux leurs, et ajouta : — Le mieux est de tâcher de les prendre par la douceur; c'est peut-être un corsaire de Dunkerque; peut-être aussi est-ce un vaisseau de guerre dont l'équipage insolent veut s'amuser.

— Non, non, répondit Magnus, c'est le sloop dont Bryce Snailsfoot nous a parlé. Mais je suivrai votre avis; je m'armerai de patience à cause de mes deux filles, et cependant...

— Il n'eut pas le temps d'en dire davantage, car Bunce

sauta à bord en ce moment avec ses gens, tira son sabre, en frappa le grand mât, et déclara qu'il prenait possession du bâtiment.

— De quel droit et en vertu de quels ordres nous arrêtez-vous en pleine mer? lui demanda Magnus.

— Des ordres? répondit Bunce en lui montrant les pistolets attachés à sa ceinture et à son écharpe, suivant un usage des pirates dont nous avons déjà parlé; en voici une demi-douzaine, vieillard; choisissez celui qu'il vous plaira, et je le ferai lire.

— Cela veut dire que vous avez dessein de nous dépouiller, dit Magnus; soit, nous n'avons aucun moyen de résistance : ayez des égards pour nos femmes, et prenez tout ce qui vous conviendra. Vous ne trouverez pas grand'chose; mais si vous nous traitez convenablement, je vous promets que vous n'y perdrez rien.

— Des égards pour les femmes! s'écria Fletcher, qui faisait partie de ce détachement, et quand est-ce que nous en avons manqué? Oui, oui, nous serons pleins d'égards, et même de galanterie, qui plus est. — Eh! regarde donc, Jack; quel joli petit minois! De par le ciel! elle fera une croisière avec nous, n'importe ce que deviendra le vieux papa.

En parlant ainsi, il saisit d'une main Brenda, dont la frayeur était extrême, et de l'autre tira en arrière le capuchon de sa mante dont elle s'était caché le visage.

— Au secours, mon père! — Au secours, Minna! s'écria la pauvre fille épouvantée, mais sans songer qu'il n'était pas en leur pouvoir de lui en donner aucun.

Magnus leva la pique contre Fletcher, mais Bunce lui retint le bras. — Prenez garde, papa, lui dit-il, ou vous vous ferez de mauvaises affaires; et vous, Fletcher, lâchez cette fille.

— Et pourquoi diable la lâcherais-je?

— Parce que je vous le commande, Fletcher, et que si

vous n'obéissez pas, nous aurons une querelle. — Et maintenant, mes charmantes, dites-moi laquelle de vous porte ce drôle de nom païen de Minna, pour lequel j'ai une sorte de vénération.

—C'est une preuve incontestable, monsieur, dit Claude Halcro, qu'il y a de la poésie dans votre cœur.

— Du moins, il y en a eu assez dans ma bouche; mais ce temps-là est passé, mon vieux. — Il faut pourtant que je sache laquelle des deux se nomme Minna.—Découvrez-vous un peu la figure, jeunes filles, et ne craignez rien, mes charmantes Lindamires, personne ici ne vous insultera. — Sur mon âme, voilà deux jolies créatures! je me contenterais, ma foi, de la moins gentille; si je mens, je consens à être exposé à une tempête dans une coquille d'œuf. — Eh bien, mes anges! laquelle de vous trouverait agréable d'être bercée dans le hamac d'un pirate? — Sur mon honneur, vous y récolteriez des œufs d'or.

Les deux sœurs se serrèrent l'une contre l'autre, et pâlirent en entendant les propos familiers et licencieux du jeune libertin.

— Oh! ne craignez rien; personne ne sert sous le noble Altamont que volontairement; nous ne connaissons pas la presse. Mais allons, n'ayez pas l'air si effarouchées, comme si je vous parlais de choses dont vous n'eussiez jamais entendu parler. L'une de vous, tout au moins, connaît le capitaine Cleveland, le pirate?

Brenda pâlit encore davantage; mais le sang monta au visage de Minna quand elle entendit si inopinément prononcer le nom de son amant; car, dans la confusion de cette scène, l'Udaller était le seul à l'esprit duquel s'était présentée l'idée que ce sloop pouvait être celui dont Cleveland avait parlé à Burgh-Westra.

— Je vois ce que c'est, dit Bunce d'un air familier, et j'agirai en conséquence.—Ne craignez rien, papa, ajouta-t-il en s'adressant à Magnus; j'ai fait payer le tribut à plus d'une jolie fille ; mais les vôtres retourneront à terre sans avoir à acquitter de taxe d'aucune espèce.

— Si vous m'assurez de cela, s'écria l'Udaller, je vous offre ce bâtiment et sa cargaison avec autant de plaisir que j'aie jamais offert à qui que ce soit un bowl de punch.

— Et ce ne serait, ma foi, pas une mauvaise chose qu'un verre de punch, dit Bunce, si nous avions ici quelqu'un qui sût le préparer.

— Je m'en charge, dit Halcro, et je ne crains personne qui ait jamais pressé un citron : — à l'exception toutefois d'Erick Scambester, le faiseur de punch de Burgh-Westra.

— Et il n'est qu'à distance de grappin, dit Magnus. Mes filles, descendez sous le pont, et envoyez-nous le bowl et le faiseur.

— Le bowl ! s'écria Fletcher ; du diable ! dites donc le baquet. Parlez d'un bowl à bord d'un misérable bâtiment marchand ; mais avec des gens comme nous !...

— Et j'espère que ces deux jolies filles reviendront sur le pont et rempliront mon verre, dit Jack Bunce ; il me semble que je suis assez généreux pour qu'elles fassent quelque chose pour moi.

— Et elles rempliront le mien aussi, ajouta Fletcher. Elles l'empliront jusqu'au bord, et elles auront un baiser pour chaque goutte qu'elles y verseront.

— Cela ne sera pas vrai, s'écria Bunce. Je veux être damné si vous en faites rien. Il n'y a qu'un seul homme qui donnera un baiser à Minna, et ce ne sera ni vous, ni moi. Et quant à sa sœur, elle ne paiera point d'écot, parce qu'elle se trouve en sa compagnie. — Que diable ! on ne manque pas de filles de bonne volonté dans les Orcades. — Et à présent que j'y réfléchis, elles n'ont qu'à rester sous le pont et à s'enfermer dans la chambre, tandis que nous prendrons le punch sur le tillac, *al fresco*, comme le papa le propose.

— En vérité, Jack, dit Fletcher, vous ne savez ce que

vous voulez, et cela me désole. Voilà deux ans que je suis votre camarade et que je vous suis attaché; mais je veux être écorché comme un bœuf sauvage si vous n'êtes pas fantasque comme un singe. — Que nous restera-t-il ici pour nous divertir, à présent que vous avez renvoyé ces jeunes filles?

— Quoi! répondit Bunce en montrant Halcro, nous aurons M. le faiseur de punch que voici: il nous proposera des toasts, il nous chantera des chansons. — Et en attendant, vous allez commander la manœuvre pour faire marcher le bâtiment. — Quant à vous, pilote, si vous voulez conserver votre cervelle dans votre crâne, ayez soin de maintenir le brick sous la poupe du sloop; car si vous essayez de nous jouer quelque tour, je vous coule à fond comme une vieille carcasse.

Le brick mit à la voile, et s'avança lentement, en se tenant dans les eaux du sloop, comme on en était convenu auparavant. Les pirates se dirigeaient, non vers la baie de Kirkwall, mais vers une excellente rade nommée la baie d'Inganess, formée par un promontoire qui s'étend à l'est, à deux ou trois milles de la métropole des Orcades. Là les deux bâtimens pouvaient rester commodément à l'ancre, tandis que les forbans auraient avec les magistrats de Kirkwall les communications que le nouvel état des choses semblait exiger.

Pendant ce temps, Claude Halcro avait déployé tous ses talens pour préparer aux pirates un énorme baquet de punch. Ils le buvaient dans de grands verres que les simples matelots, aussi bien que Bunce et Fletcher qui avaient rang d'officier, y plongeaient sans cérémonie, tout en s'occupant de leur besogne. Magnus craignait par-dessus tout que cette liqueur n'éveillât les passions brutales de ces hommes qu'il regardait comme capables de tout; il fut donc étonné de la quantité qu'ils en burent sans que leur raison en parût affectée le moins du monde, et il ne put s'empêcher d'en témoigner sa surprise à Bunce lui-même. Celui-ci, malgré son air libre et familier, paraissait de beaucoup le plus civil et le plus sociable de toute la bande. Peut-être Magnus songeait-il à se le concilier par un compliment dont tous les bons buveurs connaissent le mérite.

— Par les reliques de saint Magnus! lui dit-il, je me croyais en état de tenir tête à qui que ce fût ! mais en voyant vos gens avaler coup sur coup, capitaine, on serait tenté de croire que leur estomac n'a pas plus de fond que le trou de Laifell à Foulah, que j'ai moi-même inutilement sondé jusqu'à cent brasses de profondeur.

— Dans notre genre de vie, monsieur, répondit Bunce, il n'y a que la voix du devoir ou la fin de la liqueur qui puissent mettre des bornes à notre soif.

— En vérité, monsieur, dit Claude Halcro, je crois qu'il n'y a pas un de vos gens qui ne fût en état de vider la grande jarre de Scapa qu'on était dans l'usage de présenter à l'évêque des Orcades, pleine jusqu'au bord, de la meilleure bière qu'on pût trouver.

— S'il ne s'agissait que de bien boire pour être évêque, répondit Bunce, j'aurais un équipage de prélat; mais comme ils n'ont pas d'autres qualités cléricales, je ne veux pas qu'ils s'enivrent aujourd'hui, et c'est pourquoi nous allons faire succéder au verre une chanson.

— Et de par Dieu, c'est moi qui la chanterai, s'écria Dick Fletcher; et il commença sur-le-champ une vieille chanson de matelot.

> Je montais un fier navire,
> Tout frais sorti des chantiers;
> Nous étions, pour le conduire,
> Cent cinquante mariniers.

— Je préfèrerais qu'on me mît à la cale, s'écria Bunce, plutôt que d'entendre cette chanson. Que l'enfer confonde votre gosier! jamais vous ne pouvez en tirer autre chose.

—Je chanterai ma chanson, qu'elle vous plaise ou non, reprit Fletcher; et il entonna le second couplet d'une voix qu'on pouvait comparer au sifflement du vent du nord-est, accompagné de grésil et de frimas.

> Nous avions pour capitaine
> Le plus brave des marins :
> Nous allions mettre à la chaîne
> Des esclaves africains.

—Je vous dis encore une fois, s'écria Bunce, que je ne veux pas de votre musique de hibou. Je veux être damné si je souffre que vous restiez assis avec nous pour faire ce tapage infernal.

— Eh bien, dit Fletcher, je chanterai en me promenant, et j'espère que vous n'y trouverez pas à redire, Jack Bunce.

Et se levant effectivement, il se promena en long et en large sur le pont, tout en beuglant sa longue et lamentable ballade.

— Vous voyez comment je les mène, dit Bunce d'un air content de lui-même; laissez prendre un pied à ce drôle, et vous en ferez un mutin pour toute sa vie. Mais je le serre de près, et il m'est attaché comme l'épagneul l'est à son maître après qu'il en a été battu à la chasse. — Et maintenant, monsieur, dit-il à Halcro, votre toast et votre chanson. — Mais non, non, seulement une chanson; je me charge de porter un toast, et le voici : Succès aux armes des pirates, et confusion aux honnêtes gens !

— C'est un toast auquel je ne ferai pas raison, dit Magnus Troil, si je puis m'en dispenser.

— Sans doute parceque vous vous comptez au nombre des honnêtes gens. Mais voyons quel est votre métier, et je dirai ce que j'en pense. Quant à notre faiseur de punch que voici, il ne m'a fallu qu'un coup d'œil pour juger que c'est un tailleur, et par conséquent il ne doit pas avoir plus de prétentions à être honnête qu'à ne pas avoir de démangeaison aux doigts; et vous, je garantis que vous êtes un armateur hollandais, qui foule aux pieds la croix quand il commerce avec le Japon, et qui renie sa religion par cupidité.

— Vous vous trompez; je suis un habitant des îles Shetland.

— Oh! oh! vous êtes de cet heureux pays où le genièvre ne se vend qu'un groat la bouteille, et où il fait toujours clair?

— A votre service, capitaine, répondit l'Udaller, qui réprima, non sans peine, l'envie qu'il avait de se mettre en colère à quelque risque que ce fût, en entendant railler sur son pays.

— A mon service! oui, s'il y avait un câble étendu depuis mon navire échoué jusqu'à vos côtes, vous seriez à mon service pour le couper, afin de faire de mon bâtiment une épave; et je serais bien heureux si vous ne me donniez pas sur la tête un bon coup du revers de votre hache. Mais n'importe, j'avale mon toast. — Et vous, monsieur le maître des modes, chantez-moi une chanson, et tâchez qu'elle soit aussi bonne que votre punch.

Halcro, priant intérieurement le ciel de lui accorder, comme au Timothée du glorieux John [1], le pouvoir de donner aux cœurs telles impressions qu'il voudrait, commença une chanson dont il présuma que l'effet serait d'attendrir celui du pirate.

> Jeunes filles, dont la fraîcheur
> Egale la plus fraîche rose,
> Ecoutez...

— Et moi je n'écoute rien, s'écria Bunce; je ne veux ni jeunes filles ni roses, cela me rappelle quelle espèce de cargaison nous avons sur ce bâtiment; et, de par Dieu! je veux être fidèle à mon camarade, à mon capitaine, aussi

---

[1] Allusion à la fameuse ode pour le jour de Sainte-Cécile, par Dryden, et qui est un des chefs-d'œuvre de la poésie lyrique. — Ed.

long-temps que je le pourrai. — Et à présent que j'y pense, je ne boirai plus de punch. — Ce dernier verre a fait sur ma tête une innovation, et je ne veux pas jouer aujourd'hui le rôle de Cassio [1]. — Mais si je ne bois plus, personne ne boira.

A ces mots, il renversa d'un coup de pied le baquet de punch, encore à moitié plein, quoiqu'on y eût prodigieusement puisé; il se leva, secoua ses jambes pour se remettre d'aplomb, disait-il, fixa son chapeau sur l'oreille, et marcha sur le tillac avec un air de dignité, donna de vive voix et par signal l'ordre de jeter l'ancre, ordre qui fut exécuté par les deux vaisseaux, Goffe étant alors, suivant toute probabilité, hors d'état d'en donner aucun.

Pendant ce temps, l'Udaller faisait avec Halcro des doléances sur leur situation. — Elle est assez fâcheuse, disait-il; car ces gens-là sont de francs coquins; et cependant, sans mes deux filles, ils ne me feraient pas peur. Ce jeune homme qui se donne des airs, et qui paraît les commander, n'est, certes, pas aussi diable qu'il semble noir.

— Son humeur est singulière, dit Halcro; et je voudrais que nous en fussions débarrassés. Renverser le meilleur punch du monde, et me couper la parole au troisième vers de la plus jolie chanson que j'aie faite de ma vie! c'est bien être voisin de la folie, et je ne sais à quoi nous devons nous attendre.

Lorsque les deux bâtimens furent bien assurés sur leurs ancres, le vaillant lieutenant Bunce appela Fletcher, et vint se rasseoir près de ceux que nous pouvons nommer leurs captifs.

— Je vous montrerai, leur dit-il, le message que je vais envoyer à ces coucous de Kirkwall, attendu que cela vous concerne un peu. Je le ferai au nom de Dick Flet-

---

(1) Dans l'*Othello* de Shakspeare. — TR.

cher comme au mien, parce que j'aime à donner de temps en temps un peu d'importance au pauvre garçon. N'est-il pas vrai, Dick?—Eh bien, me répondrez-vous, âne bâté?

— Oui, Jack Bunce, oui, répliqua Dick, je ne puis en disconvenir; mais vous me rudoyez toujours de manière ou d'autre. Cependant, voyez-vous...

— Assez! assez! Dick; ménagez vos mâchoires, dit Bunce. Il se mit à écrire, après quoi il lut à voix haute la lettre qui suit :

Aux Prevôt et Aldermen de Kirkwall.

« Messieurs,

« Attendu qu'au mépris de la parole que vous aviez
« donnée, vous ne nous avez pas envoyé à bord un otage
« pour la sûreté de notre capitaine, qui est resté à terre à
« votre requête, cette lettre a pour but de vous informer
« que nous ne sommes pas des gens dont on puisse se jouer.
« Nous nous sommes emparés d'un brick à bord duquel se
« trouve une famille de distinction, et elle sera traitée, sous
« tous les rapports, comme vous traiterez notre capitaine.
« C'est notre premier acte d'hostilité, et soyez bien assurés
« que ce ne sera pas le dernier dommage que nous ferons
« supporter à votre ville et à votre commerce, si vous ne
« renvoyez notre capitaine, et si vous ne faites avitailler
« notre bâtiment, conformément au traité.

« Fait à bord du brick *le Mergoose de Burgh-Westra*, à
« l'ancre dans la baie d'Inganess.

« *Signé*, le commandant de *la Favorite de la Fortune.* »

Après avoir fait cette lecture, il signa Frédéric Altamont, et passa la lettre à Fletcher pour qu'il la signât à son tour. Fletcher lut cette signature avec beaucoup de difficulté; mais ce nom lui parut ronflant, il l'admira beaucoup, jura qu'il voulait aussi en prendre un nouveau, celui de Fletcher étant le plus difficile à écrire et à orthographier de tout le dictionnaire. En conséquence il signa Timothée Tugmutton.

— N'ajouterez-vous pas quelques lignes pour ces sots de Kirkwall? demanda Bunce à Magnus.

— Pas un mot, répondit l'Udaller, inébranlable dans ses idées du juste et de l'injuste, malgré le danger. — Les magistrats de Kirkwall connaissent leur devoir; et si j'étais à leur place... Ici le souvenir que ses filles étaient à la merci de ces forbans fit pâlir son visage intrépide, et ne lui laissa pas la force de terminer la phrase qu'il avait commencée.

— Dieu me damne! dit Bunce, qui conjectura aisément ce qui se passait dans l'esprit de son prisonnier, cette réticence aurait produit un effet admirable au théâtre; par Dieu! elle aurait terrassé le parterre, les galeries et les loges, comme dit Bayes [1].

— Qu'on ne me parle pas de Bayes! s'écria Claude Halcro, dont la tête était un peu échauffée par le punch; c'est une impudente satire contre le glorieux John! Mais il a chatouillé comme il faut Buckingham en retour :

> Entre eux, au premier rang, on distinguait Zimri [2];
> Astucieux Protée...

— Paix! s'écria Bunce en étouffant la voix de l'admirateur de Dryden par la sienne montée sur un ton beaucoup plus élevé; paix! la *Répétition* est la meilleure farce qui existe au théâtre; et si quelqu'un ose le nier, je le forcerai à embrasser la fille de notre canonnier.—Dieu me damne! j'étais le meilleur prince Prettyman qu'on ait jamais vu sur les planches [3].

> Prince aujourd'hui, demain fils d'un pêcheur.

Mais, continua Bunce en s'adressant à Magnus, parlons

---

(1) C'est le poète ridicule de la *Répétition* : le duc de Buckingham en avait fait une satire personnelle contre Dryden. — Éd.
(2) Dans la satire d'Absalon et Achitophel. — Éd.
(3) Dans la *Répétition*. — Éd.

d'affaires. Écoutez-moi, vieux papa : il y a en vous une sorte d'humeur sombre et bourrue pour laquelle bien des gens de ma profession vous couperaient les oreilles, et vous les feraient griller pour votre dîner avec du poivre rouge. C'est ainsi que j'ai vu Goffe agir à l'égard d'un pauvre diable qui montrait de l'humeur en voyant couler à fond son bâtiment, à bord duquel était son fils unique. Mais je ne suis pas un esprit de la même trempe ; si vos filles et vous n'êtes pas bien traités, ce sera la faute des gens de Kirkwall, et non la mienne, cela est juste. — Ainsi donc vous feriez bien de leur faire connaître la situation et les circonstances dans lesquelles vous vous trouvez. — Et cela est juste aussi.

D'après cette exhortation, Magnus prit la plume et essaya d'écrire ; mais la fierté de son âme luttait tellement contre les inquiétudes paternelles, que sa main lui refusait son service. — Je ne saurais qu'y faire, dit-il après avoir essayé deux ou trois fois de tracer des caractères, qui se trouvaient toujours illisibles ; quand toutes nos vies en dépendraient, je ne puis former une lettre.

Il eut beau s'efforcer de maîtriser l'émotion convulsive qui l'agitait, il ne put y réussir. Le saule qui plie échappe à la violence de l'ouragan plus aisément que le chêne qui résiste : de même, dans de grandes calamités, il arrive souvent que les êtres légers et frivoles retrouvent leur énergie et leur présence d'esprit plus promptement que ceux qui sont doués d'un caractère plus élevé. Heureusement Claude Halcro, en cette occasion, se trouva en état d'exécuter la tâche que les sensations plus vives de son ami ne permettaient pas à celui-ci de remplir. Il prit la plume, et expliqua, le plus brièvement possible, la situation dans laquelle ils se trouvaient, et les risques auxquels ils étaient exposés ; faisant entendre en même temps, avec beaucoup de délicatesse, que les magistrats du pays devaient attacher plus d'importance à la vie et à l'honneur de leurs concitoyens qu'à l'arrestation et à la punition des coupables. Il eut pourtant soin de revêtir cette dernière idée d'une circonlocution, de crainte de donner de l'ombrage aux pirates.

Bunce lut la lettre, et elle eut le bonheur d'obtenir son approbation ; mais quand il vit au bas le nom de Claude Halcro, il fit une exclamation de surprise, qu'il accompagna de quelques interjections que leur énergie nous empêche de rapporter ici : — Quoi ! dit-il, seriez-vous le petit homme qui jouait du violon dans la troupe du vieux directeur Gadabout à Hogs-Norton, lorsque j'y débutai ? J'aurais dû vous reconnaître à votre refrain du glorieux John.

En toute autre circonstance, cette reconnaissance n'aurait pas été très agréable à l'orgueil du poète ; mais dans la circonstance où il se trouvait, la découverte d'une mine d'or ne l'aurait pas rendu plus heureux. Il se rappela sur-le-champ le jeune acteur qui, en débutant dans *Don Sébastien* [1], avait donné de si grandes espérances, et il ajouta très judicieusement que la muse du glorieux John n'avait jamais été si bien secondée pendant tout le temps qu'il avait été premier violon — il aurait pu dire unique violon dans la compagnie de M. Gadabout.

— Oui, dit Bunce, vous avez raison ; je crois que j'aurais pu figurer sur la scène aussi bien que Booth et Betterton [2] ; mais j'étais destiné à me montrer sur d'autres planches (ajouta-t-il en frappant du pied sur le tillac) — et je crois qu'il faut que j'y reste jusqu'à ce que je n'en trouve plus pour me soutenir [3] ; mais à présent, mon ancienne connaissance, je veux faire quelque chose pour vous. —

(1) Tragédie de Dryden. — Ed.
(2) Acteurs fameux du temps. — Ed.
(3) Allusion à la manière dont on pend en Angleterre. Le coupable est debout sur un échafaud ; à un signal donné, une trappe s'ouvre sous ses pieds, qui, par ce moyen, n'ont plus de soutien. — Tr.

Approchez un peu de ce côté, il faut que je fasse avec vous un *à parte*. Ils s'appuyèrent sur le couronnement de la poupe, et Bunce commença à lui parler à demi-voix d'un ton plus sérieux qu'il n'avait coutume de le faire. — J'en suis fâché pour ce vieux et honnête pin de Norwège, dit-il; Dieu me damne, si je ne dis pas vrai, — et pour ses filles aussi, d'autant plus qu'il y en a une que j'ai des raisons particulières pour protéger. — Je puis faire le vert galant avec une beauté complaisante; mais avec des créatures si honnêtes, si innocentes, je suis Scipion à Numance, Alexandre sous la tente de Darius. Vous souvenez-vous comment je déclamais ces vers dans *Alexandre* [1] :

>De la nuit du tombeau l'amant le plus fidèle
>Sort pour sauver l'objet d'un éternel amour.
>Contre moi du tonnerre armez-vous en ce jour;
>Avancez : qui pourrait m'arracher la victoire,
>Quand la beauté m'appelle et que j'entends la gloire ?

Claude Halcro ne manqua pas d'accorder les éloges obligés à sa déclamation, et l'assura, foi d'honnête homme, qu'il avait toujours pensé que M. Altamont donnait à cette tirade beaucoup plus de feu et d'énergie que Betterton.

Bunce ou Altamont lui serra tendrement la main. — Ah! mon cher ami, s'écria-t-il, vous me flattez. — Mais pourquoi le public n'est-il pas doué de votre jugement? je ne serais pas ce que vous me voyez. — Le ciel sait, mon cher Halcro, le ciel sait avec quel plaisir je vous garderais à bord avec moi, pour avoir un ami qui aime à entendre les plus beaux passages de nos meilleurs auteurs dramatiques, comme j'aime à les déclamer. La plupart des nôtres sont des brutes. — Et quant à mon otage pour la ville de Kirkwall, il me traite, de par Dieu! comme je traite Fletcher; et plus je fais pour lui, plus il devient hargneux. Comme il serait délicieux pour moi, par une belle nuit entre les tropiques, pendant qu'une brise favorable enfle-

---

[1] Pièce de Dryden et de Lee. — Éd.

rait nos voiles, de déclamer le rôle d'Alexandre à un ami qui serait pour moi galeries, parterre et loges en même temps !—Je me souviens que vous êtes un nourrisson des muses ; qui sait si vous et moi nous ne réussirions pas à inspirer à nos compagnons, comme Orphée et Eurydice, un goût plus pur, des mœurs plus douces, des sentimens plus relevés ?

Il parlait avec tant d'onction, qu'Halcro commença à regretter d'avoir fait son punch trop fort, et d'avoir mêlé des ingrédiens trop enivrans à la dose de flatterie qu'il venait de lui administrer, redoutant que le pirate sentimental, excité par l'influence réunie de cette double potion, n'eût le projet de réaliser les scènes que son imagination lui offrait, en retenant son admirateur auprès de lui. La conjoncture était pourtant trop délicate pour qu'Halcro osât se permettre de faire la moindre tentative de réparer son imprudence ; il se borna donc à presser à son tour la main de son ami, et à prononcer l'exclamation : — Hélas ! du ton le plus pathétique possible.

Bunce reprit la parole sur-le-champ. — Vous avez raison, mon ami, ce sont là de vains rêves de bonheur, et il ne reste au malheureux Altamont qu'à servir l'ami auquel il faut qu'il fasse ses adieux. — J'ai résolu de vous faire conduire à terre avec les deux jeunes filles. Fletcher vous servira d'escorte. Appelez-les donc, et qu'elles partent avant que le diable prenne possession de moi ou de quelque autre. Vous porterez ma lettre aux magistrats ; vous l'appuierez de votre éloquence, et vous les assurerez bien que, si l'on arrache un cheveu de la tête de Cleveland, ils auront bien le diable à peigner.

Très soulagé par la conclusion imprévue de la harangue de Bunce, Halcro descendit par l'écoutille deux échelons à la fois, frappa à la porte de la chambre, et, dans le transport qui l'agitait, put à peine expliquer aux deux sœurs ce dont il s'agissait. Leur joie, en apprenant qu'on allait les conduire à terre, fut aussi grande qu'elle était inattendue. Elles se couvrirent à la hâte de leurs mantes; et, quand elles apprirent que la barque était en mer, elles se hâtèrent de monter sur le pont, où elles apprirent, pour la première fois, et à leur grande consternation, que leur père devait rester à bord du pirate.

— Nous resterons avec lui, s'écria Minna, quelque risque que nous puissions courir. Nous pouvons lui être de quelque secours, ne fût-ce que pour un instant. — Nous voulons vivre et mourir avec lui.

— Nous lui serons plus utiles, dit Brenda qui comprenait mieux que sa sœur leur véritable situation, en travaillant à engager les magistrats de Kirkwall à faire ce que ces messieurs leur demandent.

— C'est parler en ange d'esprit et de beauté, s'écria Bunce; et maintenant dépêchez-vous de partir; car, Dieu me damne! je suis comme s'il y avait une mèche allumée dans la sainte-barbe. — Ne dites plus un seul mot, sans quoi je ne sais si je pourrai me décider à vous laisser partir.

— Partez, au nom du ciel! mes chères filles, dit Magnus. Je suis entre les mains de Dieu; quand vous serez parties, je n'aurai plus guère d'inquiétudes pour moi, et je penserai et je dirai toute ma vie que ce bon jeune homme mérite de faire un autre métier. Partez, répéta-t-il, — partez sur-le-champ. — Car elles semblaient vouloir retarder l'instant de leur séparation.

— Point de baisers d'adieu, s'écria Bunce, de par le ciel! je serais tenté d'en demander ma part. — Vite, vite, dans la barque. — Un moment pourtant. Il prit à part les trois captifs à qui il allait rendre la liberté. — Fletcher, leur dit-il, me répondra des hommes de l'équipage, et vous descendra en sûreté sur la côte; mais qui me répondra de Fletcher? je n'en vois qu'un moyen, c'est d'offrir à M. Halcro cette petite garantie.

Et en même temps il lui présenta un petit pistolet à

deux coups, en l'assurant qu'il était chargé à balles. Minna vit la main du ménestrel trembler quand il l'avança pour recevoir ce présent. — Donnez-moi cette arme, monsieur, dit-elle à Bunce en prenant le pistolet, et fiez-vous à moi pour me défendre ainsi que ma sœur.

— Bravo! bravo! s'écria Bunce; c'est parler en femme digne de Cleveland, du roi des pirates!

— Cleveland? dit Minna; voici la seconde fois que je vous l'entends nommer. Le connaissez-vous donc?

— Si je le connais! s'écria Bunce; existe-t-il quelqu'un qui connaisse mieux l'homme le plus brave et le plus déterminé qui se soit jamais trouvé entre une poupe et une proue? Quand il sera hors d'embarras, et je me flatte que ce ne sera pas long, je compte vous voir venir sur notre bord, et y régner souveraine de toutes les mers sur lesquelles nous naviguerons. Vous tenez votre petit protecteur, et je suppose que vous connaissez la manière de vous en servir. Si Fletcher se conduit mal envers vous, vous n'avez qu'à tirer avec le pouce ce morceau de fer, — comme cela; — et, s'il persiste, il n'y a plus qu'à placer ainsi l'index de votre jolie main, lui faire faire ce mouvement, et je perdrai le meilleur camarade que j'aie eu. Au surplus, si le coquin désobéit à mes ordres, il aura mérité la mort.

— Maintenant, dans la chaloupe. — Mais un instant! Un baiser de chacune de vous, pour l'amour de Cleveland.

Brenda, frappée d'une terreur mortelle, n'osa refuser ce tribut à la politesse; mais Minna, reculant avec un air de dédain, lui présenta la main. Bunce se mit à rire, et baisa, en prenant une attitude théâtrale, la belle main qu'elle lui offrait comme une rançon pour ses lèvres. Enfin les deux sœurs et Halcro descendirent dans la chaloupe dont Fletcher avait le commandement, et qui s'éloigna aussitôt du navire.

Bunce resta sur le tillac, et fit un soliloque à la manière de son ancienne profession.

— Si on contait aujourd'hui pareille chose à Port-Royal, ou dans l'île de la Providence, ou au Petit-Goave, que dirait-on de moi? que je suis un benêt, un nigaud, un âne. Eh bien! à la bonne heure! J'ai fait assez de mal dans ma vie pour y songer; je puis bien faire une fois une bonne action, ne fût-ce que pour la rareté du fait. Cela vous réconcilie avec vous-même. — Se tournant alors vers Magnus : — De par le ciel! dit-il, quels anges vous avez pour filles! l'aînée ferait sa fortune sur un théâtre de Londres. Quelle attitude éblouissante elle avait en prenant mon pistolet! Dieu me damne! les applaudissemens auraient fait crouler les murailles. Quelle Roxelane la commère aurait faite! (Car, dans ses discours, Bunce, comme Thomas Cécial, le compère de Sancho, était assez porté à employer le mot le plus énergique qui se présentait à lui, sans trop examiner s'il était convenablement employé.) Je donnerais ma part de la première prise que nous ferons pour l'entendre déclamer :

> Va-t'en! retire-toi! fais place à l'ouragan,
> Ou mon souffle vengeur te réduit en poussière.
> Va-t'en! Qu'est la folie auprès de la colère?

Et ensuite, cette petite nymphe tremblante, si douce, si timide, que je voudrais l'entendre dire comme *Statira* :

> Il fait tant de sermens, jure avec tant de grâce,
> Unit si bien l'amour, le respect et l'audace,
> Que, même en vous trompant, il vous ouvre le ciel.

Quelle pièce nous aurions pu monter! — J'ai été un sot de ne pas y penser avant de les laisser partir. — Moi, *Alexandre*; Claude Halcro, *Lysimaque*; et mon vieil otage aurait été un digne représentant de *Clytus*. — J'ai été un idiot de ne pas y penser!

Il y avait dans cette tirade beaucoup de choses qui auraient déplu à l'Udaller; mais le fait est qu'il n'y fit aucune attention. Bientôt il eut recours à la lorgnette, et ses yeux s'occupaient à suivre ses filles dans leur voyage. Il les vit débarquer avec Halcro et un autre homme, sans doute Fletcher ; ensuite gravir une colline et prendre la route de Kirkwall ; il distingua même Minna qui, comme si elle se fût crue chargée de veiller à la sûreté générale, marchait seule à quelques pas de distance, semblant en garde contre toute surprise, et prête à agir suivant l'occasion. Enfin, à l'instant où il allait les perdre de vue, il eut la satisfaction de voir qu'ils s'arrêtaient, et qu'après une pause probablement destinée aux adieux, le pirate reprit le chemin du rivage. Rendant de ferventes actions de grâces au souverain Etre qui le délivrait ainsi des plus cruelles inquiétudes qu'un père puisse éprouver, le digne Udaller, à compter de ce moment, attendit avec résignation le sort qui pouvait lui être réservé.

CHAPITRE XXXVII.

« Gravissez les rochers les plus inaccessibles,
« Sondez la profondeur des mers,
« Elevez-vous au sein des airs,
« Pénétrez des tombeaux les ténèbres terribles,
« L'amour pour vous y suivre a cent chemins divers. »
Ancienne chanson.

Ce qui détermina Fletcher à se séparer de Claude Halcro et des deux sœurs qu'il accompagnait, ce fut, au moins en partie, la vue d'un détachement d'hommes armés qu'il aperçut à quelque distance, et qui venaient du côté de Kirkwall. L'Udaller ne put les voir, parce qu'ils lui étaient cachés par une hauteur ; mais ils étaient visibles pour le pirate, et il se détermina à pourvoir à sa sûreté en retournant promptement vers sa chaloupe. Il allait partir, quand Minna occasiona le court délai que son père avait remarqué.

— Arrêtez, lui dit-elle, je vous l'ordonne. — Dites à

votre chef de ma part que, quelle que soit la réponse qu'il recevra de Kirkwall, il n'en conduise pas moins son vaisseau dans la rade de Stromness; qu'il y jette l'ancre, et qu'il envoie une barque à terre pour prendre le capitaine Cleveland quand il verra de la fumée s'élever du pont de Broisgar.

Fletcher avait grande envie d'imiter son camarade Bunce, et de demander un baiser à chacune des deux jolies sœurs en récompense de la peine qu'il avait prise de les escorter; et ni la crainte de la troupe qu'il voyait avancer, ni celle du pistolet dont Minna était armée, ne l'auraient peut-être empêché d'être insolent. Mais le nom de son capitaine, et surtout le ton d'autorité et l'air de dignité que prit Minna, lui en imposèrent. Il la salua, lui promit d'avoir l'œil au guet, retourna à sa barque, et porta à bord du vaisseau le message dont elle l'avait chargé.

Tandis qu'Halcro et les deux sœurs s'avançaient vers le détachement qu'ils avaient aperçu sur la route de Kirkwall, et qui de son côté avait fait halte comme pour les observer, Brenda, qui jusqu'alors avait gardé un morne silence, soulagée enfin des craintes que lui inspirait la présence de Fletcher, s'écria : — Ciel miséricordieux ! ô Minna ! dans quelles mains nous avons laissé notre père !

— Dans les mains d'hommes braves, répondit Minna avec fermeté ; je ne crains rien pour lui.

— Braves, si vous voulez, dit Claude Halcro ; mais ce n'en sont pas moins de très dangereux coquins. — Je connais ce drôle d'Altamont, comme il se fait appeler, quoique ce ne soit pas son véritable nom. Jamais coquin plus enragé n'a hurlé des vers dans une grange. Il a débuté par Barnwell [1], et chacun croyait qu'il finirait par la potence, comme dans *Venise sauvée* [2].

(1) Tragédie bourgeoise de Lillo. — Ed.
(2) D'Otway. — Ed.

— Peu importe, répondit Minna; plus les vagues sont furieuses, plus la voix qui leur commande est puissante. Le nom seul de Cleveland inspire le respect au plus féroce d'entre eux.

— Si tels sont les compagnons de Cleveland, dit Brenda, j'en suis fâchée pour lui. Mais son sort m'inquiète fort peu, en comparaison de celui de mon père.

— Réservez votre compassion pour ceux qui en ont besoin, dit Minna, et ne craignez rien pour notre père. Dieu sait que chacun des cheveux blancs de sa tête m'est plus précieux que tous les trésors contenus dans la mine la plus riche; mais je sais qu'il ne court aucun danger sur ce vaisseau, et qu'il sera bientôt en sûreté sur le rivage.

— Je voudrais déjà l'y voir, dit Claude Halcro; mais je crains que les magistrats de Kirkwall, en supposant que Cleveland se trouve être ce que je crains qu'il ne soit, n'osent ordonner son échange contre l'Udaller. Les lois écossaises sont fort sévères contre la piraterie, comme on appelle le métier de ces gens-là.

— Mais qui sont, demanda Brenda, ces hommes arrêtés là-bas sur la route, et qui semblent nous regarder avec tant d'attention?

— C'est une patrouille de miliciens, répondit Claude Halcro. — Le glorieux John les traite un peu sévèrement dans les vers suivans, mais Dryden était jacobite:

> Bouches sans bras, qu'on nourrit à grands frais,
> Nuls dans la guerre, et fort à charge en paix,
> Un jour par mois ayant l'air militaire,
> Et toujours prêts quand on n'en a que faire.

Je présume qu'ils ont fait halte quand ils nous ont aperçus sur le haut de la colline, de crainte que nous ne fussions un détachement de l'équipage du sloop; mais à présent qu'ils peuvent distinguer vos jupons, les voilà qui avancent bravement.

Ils ne tardèrent pas à arriver, et, comme Halcro l'avait

deviné, c'était une patrouille de milice chargée de surveiller les mouvemens des pirates, et de les empêcher de faire quelque descente pour ravager le pays.

Ils félicitèrent cordialement Claude Halcro, connu de plusieurs d'entre eux, sur sa délivrance de captivité; et le commandant, après avoir offert aux deux sœurs tous les secours dont elles pourraient avoir besoin, leur témoigna tout son regret de la malheureuse position dans laquelle se trouvait leur père, ne pouvant s'empêcher de leur faire pressentir, quoique d'une manière délicate et avec l'apparence du doute, que bien des difficultés pourraient mettre obstacle à sa mise en liberté.

Lorsqu'elles furent arrivées à Kirkwall, et qu'elles eurent obtenu une audience du prevôt et de quelques magistrats, ces difficultés leur furent indiquées d'une manière plus positive. — La frégate *l'Alcyon* est à la côte, dit le prevôt, on l'a vue à la hauteur du promontoire de Dunscansbay; et, quoique j'aie le plus profond respect pour M. Troil, de Burgh-Westra, je m'exposerais à une grande responsabilité, si je relâchais de prison le capitaine d'un tel vaisseau, par considération pour la sûreté de quelque individu que ce fût. Chacun sait maintenant que ce Cleveland est le bras et l'âme de ces boucaniers. Puis-je donc le renvoyer sur son bord, pour qu'il aille piller le pays, et peut-être livrer combat à un vaisseau du roi? car il a assez d'impudence pour tout entreprendre.

— Vous voulez dire assez de courage, M. le prevôt, dit Minna, incapable de dissimuler son mécontentement.

— Vous y donnerez le nom qu'il vous plaira, miss Troil, répondit le magistrat; mais, à mon avis, le courage qui porte à se battre un contre deux n'est véritablement autre chose qu'une sorte d'impudence.

— Mais notre père, s'écria Brenda d'un ton suppliant, notre père qui est l'ami, je puis dire le père de tout son pays, qui y répand tant de bienfaits; notre père de qui tant de gens dépendent pour leur existence, dont la perte serait comme l'extinction d'un phare dans une tempête, pourriez-vous hésiter à le délivrer des dangers qu'il court, quand il ne s'agit pour cela que d'une bagatelle, de laisser sortir de prison un infortuné, et de l'abandonner ensuite à sa destinée?

— Miss Brenda a raison, dit Claude Halcro; mais n'y aurait-il pas moyen d'arranger les choses? Qu'est-il besoin d'un mandat de mise en liberté? Voulez-vous suivre l'avis d'un cerveau un peu timbré, prevôt? Que le geôlier oublie de fermer le verrou, ou bien qu'il laisse un coin de croisée entr'ouverte : nous serons débarrassés du forban, et nous aurons d'ici à cinq heures un des plus dignes habitans des îles Shetland et des Orcades attablé avec nous autour d'un bowl de punch.

Le prevôt lui répondit toujours dans les mêmes termes, ou à peu près, qu'il avait le plus grand respect pour M. Magnus Troil, de Burgh-Westra, mais que sa considération pour un individu, quel qu'il pût être, ne pouvait l'empêcher d'accomplir ses devoirs.

Minna s'adressa alors à sa sœur d'un ton plein de sarcasme, et qui annonçait son mécontentement. — Vous oubliez, Brenda, lui dit-elle, à qui vous parlez de la sûreté d'un pauvre et obscur Udaller des îles Shetland, et que le personnage à qui vous vous adressez n'est rien moins que le premier magistrat de la métropole des Orcades. Pouvez-vous vous attendre qu'un homme si important daigne descendre jusqu'à un objet si peu digne de l'occuper? Le prevôt acceptera les propositions qui lui sont faites, il faudra bien qu'il les accepte; mais il prendra du temps pour y songer, jusqu'à ce que la cathédrale de Saint-Magnus lui tombe sur les oreilles.

— Vous êtes fâchée contre moi, ma jeune et jolie demoiselle, lui répondit le prevôt d'un ton de bonne humeur, mais je ne me fâcherai pas contre vous. L'église de

Saint-Magnus est solidement établie sur ses fondemens; ses murs existent depuis de longues années, et je crois qu'ils existeront long-temps encore après vous et moi, et surtout après une bande de coquins à pendre. Indépendamment de ce que votre père est presque mon compatriote, puisqu'il a des propriétés et des parens parmi nous, je puis vous assurer que je rendrais service à un habitant des îles Shetland avec autant de plaisir qu'à un citoyen des Orcades, à l'exception, bien entendu, des natifs de Kirkwall, qui, sans contredit, ont droit à quelque préférence. — Si vous voulez toutes deux accepter un logement chez moi, ma femme et moi nous tâcherons de vous prouver que vous êtes les bienvenues à Kirkwall, comme si vous arriviez à Lerwick ou à Scalloway.

Minna ne daigna pas répondre à cette obligeante invitation. Brenda la refusa avec civilité, en faisant valoir la nécessité où sa sœur et elle se trouvaient de prendre leur logement chez une de leurs parentes, riche veuve de Kirkwall, qui les attendait.

Halcro fit encore une tentative pour émouvoir le prevôt, mais il le trouva inébranlable. — Le receveur des douanes, répondit le magistrat, l'avait déjà menacé de le dénoncer pour avoir fait, avec ces étrangers, un traité qu'il appelait une collusion, quoiqu'il n'eût pris ce parti que parce qu'il l'avait regardé comme le seul moyen d'éviter une effusion de sang dans la ville. Si maintenant il ne profitait pas de l'avantage que donnaient l'emprisonnement de Cleveland et l'évasion du facteur, il pourrait s'exposer à quelque chose de pire que la censure. Au total, il avait pour refrain qu'il en était fâché pour l'Udaller, qu'il en était même fâché pour Cleveland, parce que cet homme ne paraissait pas dénué de tout sentiment d'honneur; mais que son devoir était impérieux, et qu'il était obligé de l'accomplir. Il mit fin à la conférence en disant qu'il allait s'occuper d'une autre affaire qui concernait aussi un habitant des îles Shetland. Un M. Mertoun, demeurant à Iarlshof, avait fait une plainte contre Snailsfoot, marchand forain, qu'il accusait de s'être emparé frauduleusement, de concert avec une de ses servantes, de divers objets qui lui avaient été remis en dépôt. Il allait donc faire une information à ce sujet, afin de faire restituer ces effets à M. Mertoun, qui en était responsable envers le propriétaire légitime.

Dans tous ces détails, il n'y avait d'intéressant pour les deux sœurs que le nom de Mertoun, nom qui fut un coup de poignard pour le cœur de Minna, en lui rappelant les circonstances de la disparition de Mordaunt; et qui, faisant naître dans le cœur de Brenda une émotion de tristesse, quoique bien moins pénible, rendit ses joues plus vermeilles et ses yeux un peu humides. Mais il était évident qu'il était question de Mertoun père et non de Mordaunt; et, comme cette affaire n'avait aucun intérêt pour les filles de Magnus, elles prirent congé du prevôt pour se rendre chez leur parente.

Dès qu'elles y furent arrivées, Minna chercha à connaître, par les questions qu'elle put faire sans exciter de soupçon, quelle était la situation de l'infortuné Cleveland; et elle apprit bientôt qu'elle était excessivement dangereuse. Le prevôt, à la vérité, ne l'avait pas mis au cachot, comme Claude Halcro l'avait supposé, se rappelant sans doute les circonstances favorables avec lesquelles il s'était livré entre ses mains, et éprouvant une sorte de répugnance à lui manquer tout-à-fait de foi avant le moment de la dernière nécessité. Mais, quoiqu'il fût en apparence en liberté, il était strictement surveillé par des gens bien armés, chargés d'employer la force pour le retenir, s'il tentait d'outre-passer les étroites limites qui lui avaient été fixées. On l'avait logé dans ce qu'on appelait le Château-du-Roi. Pendant la nuit, la porte de sa chambre était fermée aux verrous, afin qu'il ne pût en sortir, et l'on prenait même la précaution d'y placer une garde. Il jouissait donc tout juste de cette liberté que le chat, dans ses jeux cruels, veut bien quelquefois donner à la souris qu'il a prise. Cependant telle était la terreur qu'inspiraient les ressources, le courage et la férocité qu'on supposait au capitaine pirate, que le receveur des douanes et beaucoup d'autres prudens citoyens de Kirkwall blâmaient le prevôt de ne point le tenir plus resserré.

On peut croire que, dans de telles circonstances, Cleveland n'avait aucune envie de se montrer en public, convaincu comme il l'était qu'il n'y serait qu'un objet de curiosité et de terreur. Sa promenade favorite était donc dans les ailes de la cathédrale de Saint-Magnus, dont l'extrémité située du côté de l'orient était seule destinée à l'exercice du culte public. Cet antique et vénérable édifice, ayant échappé aux ravages qui accompagnèrent les premières convulsions de la réforme, conserve encore aujourd'hui quelques restes de grandeur épiscopale. L'endroit qui sert au culte est séparé par une grille de la nef et de la partie occidentale, et tout le bâtiment est maintenu dans un état de décence et de propreté qui pourrait servir d'exemple aux édifices superbes de Westminster et de Saint-Paul.

C'était dans cette partie de l'église, qui n'était plus destinée au culte, que Cleveland pouvait se promener avec d'autant plus de liberté, que ses gardes, en veillant sur la seule porte ouverte par où l'on pouvait y entrer, avaient le moyen assez facile d'empêcher son évasion. Cet endroit convenait parfaitement par lui-même à la situation mélancolique de Cleveland. La voûte s'élève sur des rangs de piliers massifs d'architecture saxonne, dont quatre, encore plus massifs que les autres, soutenaient autrefois le clocher, qui, ayant été renversé par accident il y a déjà long-temps, a été reconstruit sur un plan tronqué et hors de proportion avec le reste de l'édifice. La lumière, du côté de l'orient, entre par une grande fenêtre gothique, richement ornée et bien proportionnée, et le sol est couvert d'inscriptions en différentes langues qui signalent les tombeaux des nobles habitans des îles Orcades, ensevelis, à différentes époques, dans cette enceinte.

C'était là que se promenait Cleveland, réfléchissant aux évènemens d'une vie mal employée, qui allait probablement se terminer d'une manière honteuse et violente, lorsqu'il était encore dans la fleur de la jeunesse. — Bientôt je serai compté parmi ces morts, disait-il en regardant le marbre sur lequel il marchait; mais un saint homme ne prononcera pas une bénédiction sur ma dépouille mortelle; la main d'un ami ne gravera pas une inscription sur ma tombe; l'orgueil d'une famille ne fera pas sculpter des armoiries sur le monument du pirate Cleveland. Mes ossemens blanchis, suspendus par des chaînes à un gibet sur quelque rive déserte ou sur le rocher d'un cap solitaire, en feront un lieu de mauvais augure qui attirera la malédiction sur ma mémoire. Le vieux marin qui passera dans ces eaux secouera la tête en apprenant mon nom à ses jeunes compagnons, et leur contera mon histoire pour qu'ils y puisent une leçon. — Mais Minna! — Minna! — quelles seront tes pensées quand tu apprendras mon sort? Plût au ciel que cette nouvelle fût engloutie dans le plus profond des gouffres entre Kirkwall et Burgh-Westra, avant qu'elle frappe ton oreille! — Plût au ciel que nous ne nous fussions jamais vus, puisque nous ne devons plus nous revoir!

Tout en parlant ainsi, il leva les yeux, et Minna Troil était devant lui. Malgré la pâleur de son visage, malgré sa chevelure en désordre, son regard était ferme et tranquille, et sa physionomie avait son expression habituelle de mélancolie et de fierté. Elle était encore enveloppée de la grande mante qu'elle avait prise en quittant le sloop. La première émotion de Cleveland fut celle de la joie;

la seconde une surprise mêlée d'une sorte de crainte. Il allait s'écrier, — il allait se jeter à ses pieds ; mais elle calma ses transports et lui imposa silence en levant un doigt, et en lui disant à voix basse, mais d'un ton d'autorité : — Soyez prudent, — on nous observe, — il y a du monde à la porte ; — on ne m'a laissée entrer qu'avec difficulté. Je n'ose rester long-temps, on pourrait croire... on croirait... O Cleveland, j'ai tout hasardé pour vous sauver.

— Pour me sauver! Hélas! pauvre Minna, me sauver est impossible. — C'est bien assez pour moi d'avoir pu vous revoir, ne fût-ce que pour vous faire d'éternels adieux.

— Il n'est que trop vrai, Cleveland ; il faut nous dire adieu. Votre destin et vos crimes nous ont séparés pour toujours. — J'ai vu vos compagnons. Ai-je besoin de vous en dire davantage? Ai-je besoin de vous dire que je sais maintenant ce qu'est un pirate?

— Vous auriez été en leur pouvoir! s'écria Cleveland en tressaillant avec une émotion de douleur ; les scélérats auraient-ils osé...

— Non, Cleveland, ils n'ont rien osé. Votre nom a été un talisman dont le pouvoir en a imposé à ces bandits féroces ; et c'est par là que je me suis rappelé les qualités que j'avais crues autrefois appartenir à Cleveland.

— Oui, dit Cleveland avec orgueil, mon nom leur en impose, il leur en imposera au milieu même de leurs plus grands excès. S'ils vous avaient insultée par une seule parole, ils auraient vu... Mais où me laissé-je emporter ? — Je suis prisonnier.

— Vous allez cesser de l'être. Votre sûreté, celle de mon père, tout exige que vous soyez libre à l'instant. J'ai conçu un projet pour vous mettre en liberté, et, en l'exécutant avec hardiesse, il ne peut échouer. — Le jour est tombé. — Enveloppez-vous de cette mante, et vous passe-

LE PIRATE. 537

rez sans peine au milieu de vos gardes. Je leur ai donné les moyens de se divertir, et ils ne pensent pas à autre chose. — Hâtez-vous de vous rendre sur les bords du lac de Stennis, et cachez-vous jusqu'au point du jour. Alors allumez un feu qui produise beaucoup de fumée, à l'endroit où la terre, s'avançant de chaque côté dans le lac, se divise presque en deux parties au pont de Broisgar. Votre vaisseau, qui n'en est pas bien loin, vous enverra une chaloupe. — N'hésitez pas un instant!

— Mais vous, Minna, si ce projet bizarre réussissait, que deviendriez-vous?

— Quant à la part que j'aurai prise à votre évasion, la pureté de mes intentions, — oui, leur pureté me justifiera en face du ciel; et la sûreté de mon père, dont le destin dépend du vôtre, sera mon excuse envers les hommes.

Elle lui fit alors en peu de mots l'histoire de leur captivité et des conséquences dont elle avait été suivie. Cleveland leva les yeux et les mains vers le ciel pour lui rendre des actions de grâce de ce qu'il n'avait pas permis que les deux sœurs fussent insultées par ses compagnons, et il ajouta à la hâte : — Oui, Minna, vous avez raison ; il faut tout risquer pour tenter de fuir; la sûreté de votre père l'exige. Nous allons donc nous séparer, mais j'espère que ce ne sera pas pour toujours.

— Pour toujours ! répéta une voix qui semblait sortir du fond des sépulcres.

Ils tressaillirent, jetèrent les yeux autour d'eux, et se regardèrent ensuite l'un l'autre. Ils auraient pu croire que les échos des voûtes avaient répété les dernières paroles de Cleveland ; mais le ton d'emphase avec lequel ces deux mots avaient été prononcés ne permettait pas cette supposition.

— Oui, pour toujours, dit Norna de Fitful-Head, qui s'avança de derrière un des piliers massifs de cette cathédrale. — Le pied sanglant et la main sanglante se sont rencontrés ici. — Il est heureux pour tous deux que la blessure d'où ce sang a coulé se soit fermée, — surtout pour celui qui l'a versé. — Oui, vous vous êtes rencontrés ici, et c'est pour la dernière fois.

— Non, dit Cleveland qui semblait se disposer à prendre la main de Minna ; tant que je vivrai, notre séparation ne peut être prononcée que par elle.

— Renoncez à cette vaine folie, dit Norna en se plaçant entre eux. Ne nourrissez pas l'espérance inutile de vous revoir un jour. — C'est ici que vous vous séparez, et c'est pour toujours. — Le faucon ne prend pas la colombe pour compagne. — Le crime ne peut s'allier à l'innocence. — Minna Troil, vous voyez pour la dernière fois cet homme audacieux et criminel. — Cleveland, vous voyez pour la dernière fois Minna Troil.

— Et vous imaginez-vous, s'écria Cleveland avec l'accent de l'indignation, que ce ton d'oracle m'en impose ? Croyez-vous que je sois du nombre de ces insensés qui voient dans votre prétendue puissance autre chose que de la fourberie ?

— Silence, Cleveland, silence ! dit Minna, dont la crainte, mêlée d'un respect religieux que lui inspirait Norna, était encore augmentée en ce moment par son apparition soudaine. — Prenez bien garde ! Elle est puissante ! — Elle n'est que trop puissante ! — Et vous, Norna, songez que de la sûreté de Cleveland dépend celle de mon père.

— Il est heureux pour Cleveland que je m'en sois souvenue, répliqua la pythonisse, et que, pour l'amour de Magnus, je sois ici pour les sauver tous deux. — Quel projet ridicule que celui de vouloir faire passer pour une jeune fille un homme de cette taille ! Quel en aurait été le résultat ? des chaînes et des verrous. — C'est moi qui le sauverai. C'est moi qui le placerai en sûreté à bord de son navire. Mais qu'il renonce à jamais à ces parages ! Qu'il

porte dans d'autres contrées la terreur de son pavillon noir et de son nom plus noir encore! Si le soleil se lève deux fois et le trouve encore à l'ancre, que son sang retombe sur sa tête!—Oui, regardez-vous encore une fois; c'est le dernier regard que je permets à l'affection de deux faibles créatures; et dites, si vous avez la force de le dire :
— Adieu, pour toujours!

— Obéissez-lui, s'écria Minna; point de remontrances; obéissez-lui.

Cleveland lui saisit la main, la baisa avec ardeur, et lui dit d'une voix si basse qu'elle seule put l'entendre : — Adieu, Minna; mais non pas pour toujours!

— Maintenant, jeune fille, dit Norna, retirez-vous, et laissez à la Reim-Kennar le soin du reste.

— Un mot encore, et je vous obéis, répondit Minna. Dites-moi si je vous ai bien comprise. Mordaunt Mertoun est-il vivant? N'est-il plus en danger?

— Il vit, il est en sûreté, répondit Norna, sans quoi malheur à la main qui a répandu son sang!

Minna regagna à pas lents la porte de la cathédrale, et se retourna plusieurs fois pour regarder Norna et Cleveland. — Elle les vit se mettre en marche. Cleveland suivait la pythonisse, qui s'avançait avec une démarche solennelle vers le fond d'une des ailes de l'église. Quand elle se retourna pour la troisième fois, il n'était plus possible de les apercevoir. Elle chercha à recouvrer son sang-froid, et s'approcha de la porte située vers l'orient, par où elle était entrée. Elle s'y arrêta un instant, et entendit un des gardes qui étaient en dehors prononcer ces paroles :

— Cette jeune fille des îles Shetland reste bien longtemps avec ce coquin de pirate. J'espère qu'il n'est question entre eux que de la rançon du père.

— Ah! ah! répondit un autre, les jeunes filles ont plus de pitié pour un beau jeune homme, tout pirate qu'il est, que pour un vieux bourgeois qui va mourir dans son lit.

Ici leur conversation fut interrompue par l'arrivée de celle dont ils parlaient ; et, comme s'ils se fussent sentis pris sur le fait, ils ôtèrent leur chapeau, saluèrent d'un air gauche, et parurent un peu confus.

Minna retourna à la maison où elle logeait, fort affectée, mais après tout satisfaite du résultat de son expédition, qui semblait mettre son père hors de danger, lui garantir l'évasion de Cleveland, et l'assurer que Mordaunt vivait encore. Elle se hâta de faire part de ces nouvelles à Brenda, qui se joignit à elle pour rendre grâce au ciel, et qui se laissa presque persuader de croire elle-même au pouvoir surnaturel de Norna, tant elle était ravie de l'usage qu'elle venait d'en faire.

Elles passèrent quelque temps à se féliciter mutuellement, et l'espérance leur arracha encore des larmes ; car elle n'était pas sans mélange de crainte, lorsqu'à une heure assez avancée, elles furent interrompues par Claude Halcro, qui, d'un air d'importance mêlée de crainte, venait les informer que le prisonnier Cleveland avait disparu de la cathédrale, où on lui avait laissé la liberté de se promener, et que le prevôt, ayant été prévenu que Minna avait favorisé son évasion, était en route pour venir l'interroger sur cet évènement.

Quand le magistrat fut arrivé, Minna ne lui cacha point le désir qu'elle avait que Cleveland s'échappât, attendu qu'elle ne voyait aucun autre moyen pour sauver son père des dangers qui le menaçaient ; mais elle nia positivement qu'elle eût le moins du monde facilité sa fuite, et elle déclara qu'elle avait laissé Cleveland dans la cathédrale, il y avait plus de deux heures, avec une autre personne dont elle ne se croyait pas obligée de lui dire le nom.

— Cela n'est pas nécessaire, miss Minna Troil, répondit le prevôt Torf ; car, quoiqu'on n'ait vu entrer ce soir que vous et Cleveland dans l'église de Saint-Magnus, nous n'ignorons pas que votre cousine, la vieille Ulla Troil, que vous autres Shetlandais appelez Norna de Fitful-Head, a croisé dans nos parages par terre, par mer, et peut-être à travers les airs, à cheval, en barque ou sur un manche à balai. On a vu aussi son Drow muet, aller, venir, et espionner de côté et d'autre tout ce qui se passait; et c'est un excellent espion, car il entend tout, et ne dit rien, si ce n'est à sa maîtresse. Nous savons en outre qu'elle peut entrer dans l'église quand toutes les portes en sont fermées, car on l'y a vue plus d'une fois, Dieu nous sauve du malin esprit ! Ainsi, sans vous en demander davantage, je conclus que c'est la vieille Ulla que vous avez laissée dans l'église avec ce garnement, et en ce cas, les attrape qui pourra. Cependant, miss Minna, je ne puis m'empêcher de dire que vous autres Shetlandais, vous semblez oublier l'Évangile aussi bien que les lois humaines, quand vous avez recours à la sorcellerie pour tirer d'une prison des coupables légalement détenus ; et le moins que vous puissiez faire, votre cousine, votre père et vous, c'est d'employer toute votre influence sur ce mécréant pour l'engager à s'éloigner d'ici le plus tôt possible, sans nuire à notre ville ni à notre commerce. En ce cas, il n'y aura pas grand mal à tout ce qui s'est passé, car Dieu sait que je ne désirais pas la mort de ce pauvre diable, pourvu qu'on n'eût rien à me reprocher à son sujet ; et j'étais encore bien plus éloigné de souhaiter que son emprisonnement pût avoir des suites fâcheuses pour le digne Magnus Troil de Burgh-Westra.

— Je vois où votre soulier vous blesse, M. le prevôt, dit Claude Halcro ; je puis vous assurer, pour mon ami Magnus Troil et pour moi-même, que nous dirons et ferons tout au monde pour engager ce Cleveland à s'éloigner de nos côtes sur-le-champ.

— Et je suis si convaincue, ajouta Minna, que ce que

vous désirez à cet égard est ce qui convient le mieux à toutes les parties, que ma sœur et moi nous partirons demain matin de bonne heure pour le château de Stennis, si M. Halcro veut bien nous y escorter, pour y recevoir mon père à son débarquement, afin de l'informer de ce que vous souhaitez, et de l'engager d'employer tout le crédit qu'il peut avoir sur cet infortuné pour obtenir de lui qu'il quitte le pays.

Le prevôt Torf la regarda d'un air de surprise. — Il n'y a pas beaucoup de jeunes filles, dit-il, qui voudraient faire huit milles pour se rapprocher d'une bande de pirates.

— Nous ne courons aucun risque, dit Claude Halcro : le château de Stennis est bien fortifié, et mon cousin, à qui il appartient, ne manque ni d'hommes ni d'armes pour le défendre. Ces jeunes demoiselles y seront aussi en sûreté que dans la ville de Kirkwall, et il peut résulter beaucoup de bien d'une prompte entrevue entre Magnus Troil et ses filles. Relativement à vous, mon bon et ancien ami, je suis charmé de voir, comme le dit le glorieux John,

> En cette occasion, après quelque débat,
> Que l'homme ait à la fin vaincu le magistrat.

Le prevôt sourit, fit un signe de tête, et indiqua, autant qu'il crut pouvoir le faire décemment, combien il s'estimerait heureux si *l Favorite de la Fortune*, emmenant son équipage de bandits, quittait les îles Orcades sans qu'on en vînt à des actes de violence de part ni d'autre. Il ne pouvait, ajouta-t-il, donner aucune autorisation pour qu'on fournît des provisions à ce navire; mais il était sûr que, de manière ou d'autre, il pourrait s'en procurer à Stromness.

Le pacifique magistrat prit alors congé d'Halcro et des deux sœurs. Celles-ci se proposaient de se rendre le lendemain matin au château de Stennis, situé sur les bords du lac d'eau salée qui porte le même nom, et qui est à environ quatre milles de la rade de Stromness, où *la Favorite* était à l'ancre.

CHAPITRE XXXVIII.

« Fuyez, Flence, fuyez ! — il en est temps encore. »
MACBETH.

Un des nombreux moyens dont Norna se servait pour soutenir ses prétentions à un pouvoir surnaturel, était dû à la connaissance qu'elle avait acquise, soit par l'effet du hasard, soit à l'aide de la tradition, de passages ignorés et d'issues secrètes qui lui donnaient la facilité de faire des choses en apparence inexplicables. C'était ainsi qu'elle avait disparu de l'espèce de tente sous laquelle elle jouait le rôle de sibylle à Burgh-Westra, en profitant d'un passage ouvert en cet endroit dans la muraille, et dans lequel on entrait par un panneau de boiserie qui glissait sur celui dont il était voisin. Ce secret n'était connu que d'elle et de Magnus, et elle était bien sûre qu'il ne la trahirait pas. Sa fortune, qui était considérable, lui servait à se procurer les premiers avis de tout ce qu'elle désirait savoir, et tous les secours qui pouvaient lui être nécessaires pour l'exécution de ses plans. Cleveland, en cette occasion, eut tout lieu d'admirer sa sagacité et l'étendue de ses ressources.

En pressant fortement un ressort caché, elle ouvrit une porte secrète pratiquée dans la boiserie qui divise l'aile orientale du reste de la cathédrale. Cette porte, que Cleveland ferma au signe qu'elle lui en fit, conduisait dans un long passage dont elle traversa les obscurs détours, suivie par Cleveland, tantôt montant, tantôt descendant en silence des marches dont elle lui annonçait toujours le nombre. On y respirait plus facilement qu'il ne l'aurait cru ; car ce passage était ventilé par diverses ouvertures cachées avec soin, et ingénieusement pratiquées pour y laisser entrer l'air extérieur. Enfin ils en sortirent par le moyen d'un panneau glissant sur un autre, qui, s'ouvrant derrière un de ces lits de bois qu'on appelle en Ecosse *lits en caisse*, leur donna entrée dans un appartement qui avait l'air fort misérable, dont le toit était en voûte, et éclairé par une fenêtre grillée. Les seuls ornemens étaient, d'un côté du mur, une couronne de rubans fanés, semblable à celles dont on a coutume de décorer les bâtimens occupés à la pêche de la baleine; et de l'autre un écusson portant des armoiries et une couronne de comte, avec les emblèmes ordinaires de la tombe. Une pioche et une pelle dans un coin de la chambre, et la vue d'un vieillard couvert d'un chapeau à larges bords et revêtu d'un habit noir à qui le temps avait donné une couleur de rouille, annonçaient qu'ils étaient dans la demeure du sacristain ou du fossoyeur, et en présence de ce respectable fonctionnaire.

Il lisait devant une table; quand il entendit le bruit que fit le panneau en glissant, il se leva, et montrant beaucoup de respect, mais sans aucun signe de surprise, il ôta le grand chapeau qui cachait un reste de cheveux gris, et demeura devant Norna avec un air d'humilité profonde.

— Soyez fidèle, dit Norna au vieillard, et gardez-vous bien de montrer à aucun mortel le chemin secret qui conduit au sanctuaire.

Le bedeau inclina la tête en signe de soumission et de reconnaissance, car, tout en parlant ainsi, Norna lui avait mis de l'argent dans la main. Il lui dit ensuite d'une voix tremblante, qu'il espérait qu'elle n'oublierait pas son fils, parti pour le Groënland, et qu'elle ferait en sorte que sa pêche fût heureuse comme l'année précédente, quand il avait rapporté cette guirlande, ajouta-t-il en montrant la couronne de rubans.

— Je ferai bouillir mon chaudron, et je prononcerai des charmes en sa faveur, répondit Norna; mais Pacolet m'attend-il avec les chevaux?

Le vieux bedeau répondit affirmativement, et la pythonisse, commandant à Cleveland de la suivre, sortit par une porte de derrière donnant dans un petit jardin dont l'aridité inculte répondait à la tristesse de l'appartement qu'ils quittaient. Les brèches que le temps avait faites aux murs de clôture leur permirent de passer aisément dans un autre jardin beaucoup plus grand, mais aussi mal tenu, et une porte fermée au loquet les conduisit dans une rue longue et étroite qu'ils traversèrent à grands pas, Norna ayant dit tout bas à son compagnon que c'était le seul endroit où ils courussent quelque danger. Cette rue n'était habitée que par des gens du peuple déjà rentrés dans leurs pauvres demeures. Ils n'aperçurent qu'une femme sur le seuil de sa porte, et qui rentra dans sa maison avec précipitation dès qu'elle aperçut Norna s'avancer à grands pas. Cette rue aboutissait à la campagne, où le nain muet de Norna les attendait avec trois chevaux cachés derrière le mur d'un bâtiment abandonné. Norna sauta à l'instant sur l'un, Cleveland monta sur le second, et Pacolet sur le troisième. Ces chevaux avaient de l'ardeur; ils étaient d'une taille un peu plus élevée que celle de la race ordinaire des îles Shetland; aussi marchèrent-ils grand train, en dépit de l'obscurité.

Norna servait de guide, et après une bonne heure de course, ils s'arrêtèrent devant une chaumière, si misérable en apparence, qu'on l'aurait prise pour une étable à bestiaux plutôt que pour une habitation destinée à l'espèce humaine.

— Il faut que vous restiez ici jusqu'à ce qu'au retour du jour, votre signal puisse être aperçu de votre vaisseau, dit Norna à Cleveland; — et chargeant Pacolet d'avoir soin des chevaux, elle fit entrer le capitaine dans ce taudis, en allumant une petite lampe de fer qu'elle portait ordinairement sur elle. C'est une pauvre retraite, lui dit-elle, mais elle est sûre : si sûre, que si nous étions poursuivis jusqu'ici, la terre s'ouvrirait pour nous recevoir dans son sein. Car sachez que ce lieu est consacré au dieu du Walhalla. — Et maintenant, dites-moi, homme de crime et de sang, êtes-vous ami ou ennemi de Norna, la seule prêtresse qui reste à ces divinités détrônées?

— Comment serait-il possible que je fusse votre ennemi? La reconnaissance...

— La reconnaissance n'est qu'un mot, et des mots sont la monnaie que les fous reçoivent de ceux qui les dupent. Ce sont des faits, des sacrifices que Norna exige.

— Parlez, que demandez-vous de moi?

— Votre promesse de ne jamais revoir Minna Troïl, et de vous éloigner de nos côtes sous vingt-quatre heures.

— Il est impossible que je me procure en si peu de temps les provisions dont mon navire a indispensablement besoin.

— Vous n'en manquerez pas, — je veillerai à ce que vous n'en manquiez pas. D'ailleurs, il n'y a pas loin d'ici à Caithness et aux Hébrides, et vous pouvez partir si vous le voulez.

— Et pourquoi partirais-je si ce n'est pas ma volonté?

— Parce que votre séjour ici met d'autres personnes en danger, et causera votre propre perte. Écoutez-moi avec attention. Dès le premier instant que je vous vis étendu sans connaissance sur le sable au bas des rochers de Sumburgh, je découvris sur votre physionomie des traits qui liaient votre destinée à la mienne et à des destinées non moins chères à mon cœur; mais il ne me fut pas permis de voir s'il en résulterait du bien ou du mal. J'aidai à sauver votre vie, à conserver ce qui vous appartenait. Je secondai en cela ce jeune homme même que vous avez traversé dans ses plus chères affections en répandant contre lui des calomnies qui...

— Moi j'aurais calomnié Mordaunt Mertoun! De par le ciel! à peine ai-je prononcé son nom à Burgh-Westra, si c'est là ce que vous voulez dire. Mais ce coquin de colporteur, ce Bryce Snailsfoot, voulant sans doute me rendre un bon office, parce qu'il espérait gagner davantage avec moi, rapporta, à ce qu'on m'a dit depuis, des propos vrais ou faux au vieillard, qui en trouva la confirmation dans le bruit général. Quant à moi, je le regardais à peine comme mon rival, sans quoi j'aurais pris des moyens plus honorables pour m'en débarrasser.

— La pointe de votre poignard à double tranchant, dirigée contre le cœur d'un homme sans armes, était-elle destinée à être un de ces moyens plus honorables?

La voie de la conscience se fit entendre à Cleveland, et il garda le silence quelques instans. — J'en conviens, dit-il enfin, j'ai eu tort; mais, grâce au ciel, il est guéri; et s'il désire satisfaction, je suis prêt à la lui donner.

— Cleveland! s'écria la pythonisse, non! L'esprit malin dont vous êtes l'instrument est puissant, mais il ne réussira pas contre moi. Vous possédez ce caractère que les intelligences malfaisantes désirent trouver dans ceux qu'elles choisissent pour leurs agens; vous êtes audacieux, fier, inaccessible à la crainte, dépourvu de tout principe, guidé par le seul sentiment d'orgueil indomptable que les hommes qui vous ressemblent appellent de l'honneur. Voilà ce que vous êtes, et voilà ce qui a influé sur toute votre vie. Vous avez toujours été volontaire et impétueux, sanguinaire, ne connaissant aucun frein. — Vous en recevrez pourtant un de moi, ajouta-t-elle en étendant sa baguette et prenant une attitude d'autorité; — oui, quand même le démon qui préside à votre destinée se montrerait à mes yeux avec toutes ses horreurs.

— Bonne mère, dit Cleveland en souriant dédaigneusement, gardez un pareil langage pour l'ignorant marin qui vous demande un vent favorable, ou pour le pauvre pêcheur qui vous prie de porter bonheur à ses lignes et à ses filets. Je suis aussi inaccessible à la superstition qu'à la crainte. Appelez votre démon, si vous en avez quelqu'un à vos ordres, et faites-le paraître devant moi ; l'homme qui a passé des années dans la compagnie de diables incarnés ne redoutera guère la présence d'un esprit.

Il prononça ces mots avec un air d'insouciance et un ton d'amertume dont l'énergie fut trop puissante pour que les illusions que causait à Norna une espèce de délire pussent y résister ; et ce fut d'une voix tremblante qu'elle lui demanda : — Pour qui donc me prenez-vous, si vous me refusez la puissance que j'ai achetée si cher?

— Vous avez des connaissances, bonne mère, répondit Cleveland ; vous avez de l'adresse, et l'adresse conduit à la puissance. Je vous regarde comme une femme qui sait parfaitement naviguer sur le courant des évènemens, mais je nie que vous ayez le pouvoir d'en changer le cours. Ne faites donc pas une dépense inutile de paroles en cherchant à m'inspirer une terreur que je ne puis ressentir, et dites-moi plutôt pourquoi vous désirez que je parte.

— Parce que je veux que vous ne voyiez plus Minna, — parce que Minna est destinée à devenir l'épouse de celui que les hommes appellent Mordaunt Mertoun ; — parce que, si vous ne partez pas sous vingt-quatre heures, votre perte est certaine. — C'est vous parler en termes bien clairs ; maintenant répondez-moi de même.

— Je vous dirai donc aussi clairement que je ne quitterai pas ces parages avant d'avoir revu Minna, et que votre Mordaunt ne l'épousera jamais tant que j'existerai.

— Écoutez-le, grand Dieu ! s'écria Norna : écoutez un mortel rejeter les moyens qui lui sont offerts pour sauver sa vie ; un pécheur refuser le temps que le destin consent à lui accorder pour faire pénitence et travailler au salut de son âme immortelle ? Voyez-le plein d'audace et de confiance en sa jeunesse, sa force et son courage ! — Mes yeux, si peu accoutumés à pleurer, mes yeux qui ont si peu de motifs pour pleurer sur lui, se mouillent de larmes, quand je songe à ce qu'il sera demain.

— Bonne mère, répondit Cleveland d'un ton ferme, mais que trahissait quelque émotion, je comprends en partie vos menaces. Vous savez mieux que nous où se trouve *l'Alcyon;* peut-être avez-vous les moyens de le diriger dans sa croisière de manière à ce qu'il nous rencontre, car je conviens que vous faites preuve quelquefois de combinaisons merveilleuses. Mais la crainte de ce danger ne changera rien à ma résolution. Si la frégate me poursuit ici, j'ai la ressource de me jeter dans des eaux trop basses pour qu'elle puisse m'y suivre; car je ne crois pas qu'ils osent nous attaquer avec des barques, comme si nous étions un chebec espagnol. Je suis donc déterminé à arborer encore une fois le pavillon sous lequel j'ai toujours croisé; à profiter des mille hasards qui nous ont tirés d'affaire dans des périls plus imminens; au pis-aller, à combattre jusqu'à la dernière extrémité; et quand toute résistance sera impossible, il ne s'agit que de tirer un coup de pistolet dans la sainte-barbe, et nous mourrons comme nous avons vécu.

Ici Cleveland se tut un instant. Norna gardait le silence, et il reprit la parole d'un ton plus doux.

—Vous avez entendu ma réponse, bonne mère, terminons donc cette discussion; mais séparons-nous en bonne intelligence. Je voudrais vous laisser un souvenir qui vous empêchât d'oublier un pauvre diable à qui vous avez rendu service, et qui vous quitte sans vous en vouloir, quoique vous soyez contraire à ses plus chers intérêts. — Ne refusez pas d'accepter cette bagatelle, ajouta-t-il en lui mettant dans la main, presque de force, la petite boîte d'argent qui avait autrefois occasioné une querelle entre lui et Mordaunt; — je ne vous l'offre point à cause du prix de la matière, je sais que vous ne faites aucun cas du métal, mais seulement comme un objet qui vous rappellera que vous avez vu celui dont on racontera par la suite des histoires bien étranges sur toutes les mers qu'il a traversées.

— J'accepte votre présent, dit Norna, comme une preuve que si j'ai contribué à accélérer votre destin, je n'ai été que l'agent involontaire d'autres pouvoirs. Vous aviez bien raison de dire que nous ne pouvons changer le cours des évènemens. Ils nous entraînent, ils rendent tous nos efforts inutiles, de même que le tourbillon de Tuftiloe engloutit le vaisseau le plus solide, en l'entraînant, sans qu'il puisse trouver de secours dans ses voiles ni dans son gouvernail. — Pacolet! — holà! Pacolet! répéta-t-elle d'une voix plus haute.

Une grosse pierre qui reposait contre un des murs de la chaumière tomba tandis qu'elle parlait ainsi, et Cleveland fut très surpris, s'il n'éprouva pas un mouvement de crainte, en voyant ce nain difforme sortir en rampant, comme un reptile, d'un passage souterrain dont cette pierre cachait l'entrée.

Norna, comme si ce que Cleveland lui avait dit relativement à ses prétentions à un pouvoir surnaturel eût fait impression sur elle, fut si loin de songer à profiter de cette occasion pour les faire valoir de nouveau, qu'elle se hâta de lui expliquer le phénomène dont il venait d'être témoin.

— On rencontre souvent dans ces îles, lui dit-elle, de semblables passages souterrains dont l'entrée est cachée avec grand soin. C'étaient des lieux de retraite pour les anciens habitans, et ils y trouvaient un refuge contre la rage des Normands, les pirates de ces temps éloignés. C'est afin que vous puissiez profiter de celui-ci, en cas de nécessité, que je vous ai amené ici. Si quelque chose vous faisait craindre d'être poursuivi, vous pourriez rester caché dans les entrailles de la terre jusqu'au départ de vos ennemis, ou vous évader par l'issue voisine du lac, et par où Pacolet y est entré.—A présent je vous fais mes adieux; mais songez à ce que je vous ai dit, car, aussi sûr que vous êtes maintenant en vie, votre sort est irrévocablement fixé, si avant vingt-quatre heures vous n'avez mis à la voile.

— Adieu, bonne mère, répondit Cleveland. — Et elle sortit en jetant sur lui un regard dans lequel il distingua, à la lueur de la lampe, autant de douleur que de mécontentement.

Cette entrevue produisit une impression profonde même sur l'esprit de Cleveland, quelque accoutumé qu'il fût à braver tous les dangers et à y échapper comme par miracle. En vain il essaya de s'en rendre maître; les paroles de Norna avaient fait sur lui d'autant plus d'effet que, vers la fin de l'entretien, elles avaient été dépouillées de ce ton mystique qu'il méprisait. Regrettant plus que jamais d'avoir tardé de jour en jour à exécuter la résolution qu'il avait si souvent prise de renoncer à un métier aussi dangereux que criminel, il forma de nouveau celle de le quitter pour jamais dès qu'il aurait revu encore une fois Minna Troil, ne fût-ce que pour lui faire d'éternels adieux, et dès qu'il aurait tiré ses camarades de leur situation dangereuse. — Je tâcherai alors, se disait-il, d'obtenir mon pardon, et de me distinguer dans la profession des armes d'une manière plus honorable.

Cette résolution, dans laquelle il s'affermit de plus en plus, contribua enfin à tranquilliser son esprit. Il s'enveloppa de son manteau, et goûta quelque temps ce repos imparfait que la nature épuisée exige comme un tribut, même de ceux qui sont exposés au danger le plus prochain et le plus inévitable. Mais en vain l'homme coupable parviendrait-il à étourdir sa conscience et à émousser le sentiment du remords par un repentir conditionnel; c'est une question si, aux yeux du ciel, ce n'est pas plutôt une aggravation présomptueuse de ses fautes, qu'une expiation de ses péchés.

Quand Cleveland s'éveilla, l'aurore commençait déjà à mêler ses teintes au crépuscule d'une nuit des Orcades. Il se trouvait sur le bord d'une belle nappe d'eau qui, près de l'endroit où il était, se divisait en deux parties presque égales, parce que deux langues de terre s'avançant l'une vers l'autre des deux rives opposées, étaient réunies par ce qu'on appelait le pont de Broisgar, longue chaussée dans laquelle de larges ouvertures livrent passage au flux et au reflux. Derrière lui, en face du pont, était ce remarquable demi-cercle d'énormes pierres auquel on ne peut comparer que l'inexplicable monument de Stonehenge. Ces immenses blocs de pierres, qui tous avaient plus de douze pieds de hauteur, et dont quelques uns en avaient quatorze ou quinze, entouraient le pirate dans la lueur du crépuscule, comme autant de géans antédiluviens qui, couverts de vêtemens funéraires, venaient revoir à cette pâle lumière une terre qu'ils avaient tourmentée par leurs vexations et souillée par leurs crimes, au point d'attirer sur eux la vengeance du ciel, trop long-temps outragé.

Ce singulier monument d'antiquité inspira moins d'intérêt à Cleveland que la vue de Stromness, qu'à peine il pouvait encore distinguer dans le lointain. Il ne perdit pas de temps pour allumer du feu à l'aide d'un de ses pistolets, et des tiges de fougère humides lui fournirent le moyen de produire une fumée considérable.

On attendait ce signal avec impatience à bord du sloop, car l'incapacité de Goffe devenait de jour en jour plus évidente, et ses plus zélés partisans convenaient que le meilleur parti à prendre était de se mettre sous le commandement de Cleveland jusqu'à ce qu'ils fussent arrivés dans les Indes occidentales.

Bunce, qui vint avec la chaloupe chercher son capitaine et son ami, cria, jura, sauta et dansa de joie, quand il le vit en liberté. — On a déjà commencé, lui dit-il, à approvisionner *la Favorite*, et nous serions plus avancés sans ce vieux Goffe, qui ne songe qu'à s'enivrer.

Le même enthousiasme inspirait l'équipage de la chaloupe. On fit force de rames ; et quoique la marée fût contraire, et qu'il ne fît pas un souffle de vent, Cleveland se trouva bientôt à bord du bâtiment qu'il avait le malheur de commander.

Le premier usage que le capitaine fit de son autorité fut de faire informer Magnus Troil qu'il lui rendait la liberté de partir ; qu'il était disposé à l'indemniser, autant que cela lui serait possible, du retard apporté à son voyage à Kirkwall, et que le capitaine Cleveland désirait, si M. Magnus Troil voulait bien le lui permettre, d'aller lui rendre ses devoirs à bord de son brick, pour le remercier des services qu'il en avait reçus, et lui faire des excuses de sa détention.

Ce fut Bunce, qu'il regardait comme le plus civilisé de ses compagnons, que Cleveland chargea de ce message; et l'Udaller, toujours aussi franc que peu cérémonieux, lui répondit :

— Dites à votre capitaine que je serais charmé de pouvoir croire qu'aucun de ceux qu'il a arrêtés sur la mer n'a été plus maltraité que moi. Dites-lui aussi que, si nous devons continuer à être amis, ce sera de loin ; car je n'aime pas plus le bruit de ses boulets de canon en mer, qu'il n'aimerait le sifflement de mes balles de fusil sur terre. Dites-lui enfin que je suis fâché de m'être trompé dans l'idée que j'avais conçue de lui, et qu'il aurait mieux fait de réserver pour les Espagnols le traitement qu'il a fait subir à ses concitoyens.

— Et voilà votre message pour mon capitaine, vieux père la Colère ? s'écria Bunce. Que la foudre m'écrase, si je n'ai envie de vous apprendre à montrer plus d'égards aux gentilshommes de la fortune ! Mais je n'en ferai rien, par égard pour vos deux jolies filles, et un peu aussi par considération pour mon ancien ami Claude Halcro, dont la vue a suffi pour me rappeler les changemens de décorations et les moucheurs de chandelles. Ainsi donc, bonsoir, bonnet de veau marin ; tout est dit entre nous.

La barque des pirates n'eut pas plus tôt quitté le brick pour retourner au sloop, que Magnus, pour ne pas accorder plus de confiance qu'il n'était nécessaire à ces aventuriers, fit mettre toutes ses voiles au vent. Une brise favorable commençait à souffler, et il se dirigea vers Scalpa-Flow, dans le dessein d'y débarquer pour se rendre par terre à Kirkwall, où il comptait trouver ses filles et son ami Claude Halcro.

CHAPITRE XXXIX.

« Emma, réfléchis bien, pour la dernière fois,
« Sur ce que tu dois fuir, sur ce que tu veux suivre.
« Le ciel, dont le courroux à nous-mêmes nous livre,
« Entre ces deux partis te laisse encor le choix. »
PRIOR, *Henry et Emma.*

LE soleil était déjà bien élevé sur l'horizon. Un grand nombre de barques de pêcheurs apportaient du rivage de l'eau et des approvisionnemens de toute espèce, et l'équipage s'empressait de les recevoir et de les placer à bord. Chacun travaillait avec la meilleure volonté ; car tous, à l'exception de Cleveland, désiraient s'éloigner d'une côte où le danger augmentait à chaque instant, et où, ce qui paraissait encore plus fâcheux, il n'y avait pas de butin à espérer. Bunce et Derrick étaient chargés des soins de l'approvisionnement, tandis que Cleveland, se promenant sur le tillac, se bornait à donner de temps en temps quelques ordres que les circonstances exigeaient ; et il retombait ensuite dans ses tristes réflexions.

Il y a deux classes d'hommes que, dans des temps de crimes, de terreur et de commotions, on trouve toujours au premier rang. La première se compose d'esprits si naturellement disposés aux forfaits, qu'ils sortent de leurs repaires comme autant de démons empressés à travailler dans leur élément : de ce nombre était l'homme à longue barbe qu'on vit paraître à Versailles à l'époque mémorable du 3 octobre 1789, bourreau volontaire des victimes que lui livrait une populace altérée de sang. Mais Cleveland appartenait à la seconde classe, c'est-à-dire il faisait partie de ces êtres infortunés entraînés au mal par la force des circonstances plutôt que par une inclination naturelle. C'était son père qui lui avait ouvert cette carrière criminelle ; et quand il y rentra par le désir de venger la mort de l'auteur de ses jours, ce sentiment pouvait lui servir d'excuse jusqu'à un certain point. Plus d'une fois ce genre de vie coupable lui avait inspiré de l'horreur ; plus d'une fois il avait formé la résolution d'y renoncer ; mais tous ses efforts pour l'exécuter avaient été inutiles.

Son esprit était en ce moment plus que jamais bourrelé de remords, et l'on peut lui pardonner si le souvenir de Minna venait ajouter encore à leur vivacité. De temps en temps il jetait un regard sur ses compagnons ; et quoiqu'il connût leur scélératesse et leur endurcissement, il ne pouvait supporter l'idée qu'ils eussent à recevoir la punition de leurs crimes. — Nous serons prêts à mettre à la voile avec la marée, se disait-il à lui-même ; pourquoi exposerais-je leur sûreté en retardant leur départ jusqu'à ce que le moment du danger prédit par cette singulière femme soit arrivé ? Quels que soient les moyens qu'elle emploie pour se procurer des nouvelles, il est constant que toutes celles qu'elle annonce se vérifient d'une manière fort étrange ; elle m'a donné cet avis d'un ton aussi solennel que le serait celui d'une mère accablant de reproches un fils coupable, lui annonçant le châtiment prochain de ses crimes. D'ailleurs, quelle probabilité y a-t-il que je puisse revoir Minna ? Elle est sans doute à Kirkwall, et m'y rendre, ce serait vouloir diriger mon navire contre les rochers. — Non, je ne mettrai pas ces pauvres diables en

danger. Je partirai avec la marée. Je me ferai conduire à terre dans une des Hébrides, ou sur la côte nord-ouest d'Irlande, et je reviendrai ici sous quelque déguisement.
— Et pourtant pourquoi y revenir? Est-ce pour y voir Minna épouse de Mordaunt? non. Que le vaisseau parte avec la marée, mais qu'il parte sans moi. Je subirai mon destin.

Ses méditations furent interrompues ici par Jack Bunce, qui, lui donnant le titre de noble capitaine, lui annonça qu'on était prêt à mettre à la voile quand il lui plairait.

— Ce sera quand il vous plaira, Bunce, lui dit Cleveland; car je vais vous laisser le commandement, et me rendre à Stromness.

— De par le ciel! vous n'en ferez rien, s'écria Bunce. Me laisser le commandement, fort bien; mais comment me ferai-je obéir de l'équipage? Dick Fletcher lui-même veut quelquefois raisonner avec moi. Vous devez savoir que sans vous nous nous couperions la gorge dans une demi-heure. Et si nous en venons là, que nous périssions par nos propres mains, ou que nous soyons pris par un vaisseau du roi, il n'y a qu'un bout de corde de différence. Allons, allons, noble capitaine, il ne manque pas de jeunes filles aux yeux noirs dans le monde, mais où trouverez-vous un bâtiment comme notre petite *Favorite*, montée, comme elle l'est, par une troupe d'hommes entreprenans,

> Capables de troubler la paix de l'univers,
> Et de dicter des lois jusqu'au fond des enfers?

— Vous êtes fou, Jack, dit Cleveland presque en colère, et pourtant souriant, en dépit de lui-même, du ton faux et des gestes emphatiques du comédien-pirate.

— Cela est possible, noble capitaine, et il se peut aussi que j'aie plus d'un camarade en folie. Vous, par exemple, qui êtes sur le point de jouer *Tout pour l'amour*, ou *l'Uni-*

vers perdu[1], vous ne pouvez supporter une innocente tirade poétique! — Eh bien! je suis en état de vous parler en prose, car j'ai des nouvelles à vous apprendre, — d'étranges nouvelles, — des nouvelles qui vous surprendront.

— Eh bien, Jack, pour employer ton jargon, je te dirai: Hâte-toi de me les apprendre, et parle-moi en habitant de ce monde[2].

— Les pêcheurs de Stromness ne veulent rien recevoir ni pour leurs peines, ni pour le prix des provisions qu'ils apportent. — N'est-ce pas là du nouveau, du merveilleux?

— Et pour quelle raison? C'est la première fois que je vois refuser de l'argent dans un port de mer.

— C'est la vérité, car on n'y songe ordinairement qu'à nous faire payer toutes choses au double de leur valeur. Mais voici la clef de l'énigme. — Le propriétaire d'un certain brick, le père de votre belle Imoinda, s'est établi quartier-maître payeur, par manière de reconnaissance pour la civilité avec laquelle nous avons traité ses filles, et afin de nous mettre en état de partir, pour que nous ne trouvions pas sur ces côtes ce qui nous y est dû, comme il le dit.

— Je reconnais bien là le bon cœur du vieux Udaller, s'écria Cleveland. Mais il est donc à Stromness? Je le croyais parti pour Kirkwall.

— C'était son dessein, mais le roi Duncan[3] n'est pas le seul qui ne soit pas arrivé où il comptait aller. A peine était-il débarqué qu'il rencontra une vieille sorcière des environs, qui se mêle de tout, qui met le nez dans les affaires de chacun, et, d'après son avis, il a renoncé à aller à Kirkwall. Il a jeté l'ancre, quant à présent, dans cette maison blanche située sur le bord du lac, et que vous pou-

---

(1) Titre d'une tragédie de Dryden, dont le sujet est le même que celui d'*Antoine et Cléopâtre* de Shakspeare. — Ed.

(2) Expression de Shakspeare. — Ed.

(3) Allusion au roi Duncan, dans le Macbeth de Shakspeare. — Ed.

vez voir avec votre lunette d'approche. On assure que cette vieille s'est cotisée avec lui pour payer nos provisions. Je ne puis concevoir pourquoi elle a tant de charité pour nous, à moins qu'elle ne nous regarde comme autant de diables, et qu'en sa qualité de sorcière elle ne croie nous devoir des égards.

— Et qui vous a conté toutes ces nouvelles? lui demanda Cleveland sans paraître prendre grand intérêt à ce que lui disait son camarade, et sans même se donner la peine de lever sa lunette d'approche.

— J'ai fait une excursion à terre ce matin, j'ai rencontré une vieille connaissance, un ami que Magnus Troil avait chargé de veiller à l'envoi des provisions : tout en vidant un flacon, je lui ai tiré les vers du nez, j'ai appris tout ce que je viens de vous dire, et plus que je n'ai envie de vous dire.

— Et qui est cet ami? N'a-t-il pas de nom?

— C'est une espèce de cerveau fêlé, un vieux poète, un musicien nommé Halcro, puisqu'il faut vous le dire.

— Halcro! s'écria Cleveland, les yeux étincelans de surprise; Claude Halcro! Mais on l'a débarqué à Inganess avec Minna et sa sœur. Où sont-elles donc?

— C'est justement ce que je ne me souciais pas de vous dire, mais du diable si je puis m'en empêcher! je ne puis faire manquer une si belle situation; et vous avez tressailli d'une manière qui aurait produit le plus grand effet. — Ah! voilà la lunette braquée sur le château de Stennis, à présent! — Eh bien, elles y sont, il faut en convenir, et elles n'y sont pas trop bien gardées. Quelques affidés de la vieille sorcière y sont venus de cette montagne qu'ils appellent l'île d'Hoy, et le vieux seigneur châtelain a quelques hommes sous les armes. Mais qu'importe, noble capitaine? Dites-moi seulement un mot, et cette nuit nous saisissons les deux péronnelles, nous les mettons sous le pont, et au point du jour nous déployons les voiles, nous levons l'ancre, et nous partons avec la marée du matin.

— Vous me dégoûtez à force d'infamie, dit Cleveland en lui tournant le dos.

— Infamie! — Et je vous dégoûte! — Que vous ai-je donc proposé qui n'ait été exécuté cent fois par de hardis aventuriers comme nous?

— Ne m'en parlez plus! répondit Cleveland. — Il fit un tour sur le tillac, et revenant près de Bunce, il lui prit la main. — Il faut que je la voie encore une fois, dit-il.

— De tout mon cœur, dit Bunce avec humeur.

— Oui, je veux la voir encore une fois, et ce sera pour abjurer à ses pieds ce maudit métier, expier mes crimes...

— Sur un gibet, dit Bunce en achevant la phrase. — De tout mon cœur! De la confession à la potence: c'est un proverbe très respectable.

— Mais, mon cher Jack, dit Cleveland...

— Mon cher Jack!... répéta Bunce avec le même ton d'humeur; vous êtes bien cher aussi au cher Jack. Mais faites ce qu'il vous plaira, je ne m'inquiète plus de vos affaires; je ne veux pas vous dégoûter à force d'infamie.

— Il faut agir avec ce coquin comme avec un enfant gâté, dit Cleveland en parlant à Bunce sans avoir l'air de s'adresser directement à lui; et cependant il a assez de bon sens, de raison et d'amitié, pour savoir que pendant un ouragan on ne songe pas à bien mesurer ses expressions.

— C'est la vérité, Cleveland, dit Bunce, et d'après cela voilà ma main. — Maintenant que j'y pense, vous aurez votre dernière entrevue, car ce n'est jamais moi qui dérangerai une scène d'adieux. — Qu'importe que nous perdions une marée! Nous pouvons partir par celle de demain matin tout aussi bien que par celle-ci.

Cleveland soupira, car la prédiction de Norna se représenta à son esprit. Mais la possibilité d'avoir un dernier entretien avec Minna était une tentation trop forte pour qu'aucune prédiction et aucun pressentiment pussent l'empêcher d'y céder.

— Je vais me rendre à terre dans un instant, dit Bunce; le paiement des provisions me servira de prétexte. Vous pouvez me charger d'un message ou d'une lettre pour Minna, je m'acquitterai de l'un, et je lui ferai tenir l'autre avec la dextérité d'un valet de comédie.

— Mais ils ont des hommes armés, dit Cleveland; vous pouvez courir quelque risque.

— Pas le moindre. — J'ai protégé les filles quand elles étaient entre nos mains, et je garantis que le père, loin de chercher à me nuire, me protégera de tout son pouvoir.

— Vous lui rendez justice, dit Cleveland; il serait contre sa nature d'agir autrement. Mais je vais écrire à l'instant à Minna.

Il descendit dans la cabane, et il y gâta beaucoup de papier avant que son cœur vivement ému et sa main tremblante lui eussent permis de tracer une lettre qu'il pût croire capable de déterminer Minna à lui accorder un rendez-vous le lendemain matin, pour lui faire ses adieux.

Son ami Bunce, pendant ce temps, alla chercher Fletcher, sur qui il comptait toujours pour appuyer toutes les propositions qu'il avait à faire, et, suivi de ce fidèle satellite, il se présenta devant Hawkins, le maître d'équipage, et Derrick, le quartier-maître, qui se régalaient d'un verre de punch pour se délasser du service fatigant qu'ils venaient de faire.

— Le voici qui vient pour nous le dire, s'écria Derrick. Eh bien, M. le lieutenant, car c'est le titre qu'il faut vous donner aujourd'hui à ce que je pense, faites-nous donc connaître un peu vos résolutions. — Quand est-ce que nous levons l'ancre?

— Quand il plaira à Dieu, maître quartier-maître; quant à moi, je n'en sais pas plus à ce sujet que le couronnement de notre poupe.

— Comment diable! s'écria Derrick, est-ce que nous ne mettons pas à la voile par la marée d'aujourd'hui?

— Ou au plus tard par celle de demain matin? dit Hawkins. Qui pourrait en empêcher après avoir fait travailler tout l'équipage comme des nègres pour les provisions?

— Messieurs, dit Bunce, il est bon que vous sachiez que Cupidon a pris notre capitaine sur son bord, qu'il a cloué son esprit sous les écoutilles, et qu'il s'est placé au gouvernail.

— Que signifie cette rapsodie? s'écria Hawkins d'un ton d'humeur. — Qu'avons-nous besoin de ce jargon de comédie? Si vous avez quelque chose à nous dire, ne pouvez-vous parler comme un homme?

— Quoi qu'il en soit, dit Fletcher, je crois que Jack Bunce parle toujours comme un homme et agit de même, ainsi donc...

— Taisez-vous, mon cher et brave Dick, reprit Bunce, taisez-vous. — Messieurs, je vous dirai donc en quatre mots que le capitaine est amoureux.

— Oui-dà! dit Hawkins; qui l'aurait cru? Ce n'est pas que je n'aie été amoureux aussi souvent qu'un autre, quand le navire était à l'ancre et qu'il n'y avait rien à faire.

— Fort bien, dit Bunce; mais enfin le capitaine Cleveland est amoureux. Oui, le prince Volcius est amoureux; et quoique cela prête à rire au théâtre, ce n'est pas ici le cas d'en rire. Il a dessein de voir sa maîtresse demain matin pour lui faire ses adieux; mais nous savons tous qu'une entrevue conduit à une autre, cela peut durer jusqu'à ce que *l'Alcyon* arrive, et alors nous aurons plus de coups que de sous.

— Eh bien, de par Dieu! s'écria Hawkins, il faut nous mutiner et l'empêcher d'aller à terre. — Qu'en dis-tu, Derrick?

— Il n'y a rien de mieux à faire, répondit le quartier-maître.

— Qu'en pensez-vous, Jack Bunce? demanda Fletcher, à qui cet avis paraissait fort sage, mais qui ne voulait pas énoncer son opinion avant de connaître celle de son oracle.

— Quant à moi, messieurs, dit Bunce, je ne veux pas de mutinerie; et, Dieu me damne! je ne souffrirai pas que personne se mutine à bord.

— En ce cas, je ne me mutinerai pas, dit Fletcher, mais cependant qu'allons-nous faire, puisque, quoi qu'il en soit...?

— Mordez-vous la langue, Dick; voulez-vous me faire ce plaisir? dit Jack Bunce. Maintenant, Hawkins, je vous dirai que je suis à peu près de votre avis, et que je pense qu'il faut employer une petite violence salutaire pour ramener notre capitaine à la raison. Mais vous savez tous qu'il a la fierté d'un lion, et qu'il ne fera rien si on ne le laisse agir à sa tête. Eh bien, je vais me rendre à terre, et convenir du rendez-vous; la jeune fille s'y rendra demain matin, et le capitaine ne manquera pas de s'y trouver. Je le conduis à terre dans la chaloupe avec des gens en état de ramer contre vent et marée. A un signal donné, nous tombons sur le capitaine et sa maîtresse, et, bon gré mal gré, nous les amenons à bord. L'enfant gâté ne nous en voudra pas, puisque nous lui laisserons son joujou. Au surplus, s'il avait de l'humeur, eh bien! nous lèverions l'ancre sans ses ordres, et nous lui donnerions le temps de reprendre sa raison, et de rendre justice à ses amis.

— Ce projet ne me déplaît pas, dit Hawkins : qu'en penses-tu, Derrick?

— Jack Bunce a toujours raison, dit Fletcher; mais quoi qu'il en soit, le capitaine brûlera la cervelle à quelques uns de nous.

— Je te dis de te mordre la langue, Dick, dit Bunce. Qui diable s'inquiète si l'on te brûle la cervelle ou si tu es pendu?

— Il est vrai que la différence n'est pas grande, répondit Fletcher, mais quoi qu'il en soit...

— Je vous dis de vous taire et de m'écouter, reprit l'inexorable Bunce. Nous tomberons sur lui à l'improviste, sans lui donner le temps de prendre son sabre ni ses pistolets; et pour l'amitié que je lui porte, je vous promets que je serai le premier à l'étendre sur le dos. — Je vous dirai aussi qu'il y a une jolie petite pinasse qui marche de conserve avec la frégate à laquelle le capitaine donne la chasse, et, si j'en trouve l'occasion, je me propose de la confisquer à mon profit.

— Oui, oui, dit Derrick, on peut s'en rapporter à vous pour cela, vous ne vous oubliez jamais.

— Sur mon honneur, dit Bunce, je ne pense à moi que par occasion; et quand je forme un plan, je ne le dois qu'à mon propre génie. Qui de vous aurait pensé à celui que je viens de vous tracer? Nous conserverons notre capitaine, bras, tête et cœur, et nous aurons une scène digne de figurer au dénouement d'une comédie. — Ainsi donc je vais me rendre à terre pour convenir du rendez-vous; et vous, tâchez de me trouver quelques uns de nos gens qui ne soient pas ivres, et à qui nous puissions sans danger faire confidence de notre dessein.

Bunce se retira avec son ami Fletcher, et les deux pirates vétérans restèrent tête à tête et se regardèrent quelque temps en silence. Hawkins prit la parole le premier.

— Je veux que le tonnerre m'écrase, Derrick, si ces deux jeunes petits maîtres ne me déplaisent pas souverainement; ils ne sont pas du bon bois. Ils ne ressemblent pas plus aux pirates que j'ai connus, que ce sloop ne ressemble à un vaisseau de ligne de premier bord. Te souviens-tu du vieux Sharpe, qui lisait les prières à son équipage tous les dimanches? Qu'aurait-il dit, s'il avait entendu proposer d'amener deux filles à bord?

— Et qu'aurait dit le vieux Barbe-Noire, s'ils avaient

voulu les réserver pour eux seuls? Ils mériteraient qu'on les chassât pour leur impudence, où qu'on les liât dos à dos pour les faire boire à la grande tasse; et le plus tôt serait le mieux.

— Fort bien, Derrick; mais qui commandera le sloop?

— Est-ce que tu as oublié le vieux Goffe.

— Oh, le vieux Goffe! il a tété si long-temps et si souvent sa nourrice, — la bouteille s'entend, — qu'il n'est plus bon à rien. A jeun, il ne vaut pas mieux qu'une vieille femme; et quand il est ivre, c'est un chien enragé.

— Non, non, il ne faut plus penser au vieux Goffe.

— Eh bien, que dis-tu de toi ou de moi? demanda le quartier-maître; je consens à tirer au sort.

— Non, non, répondit Hawkins après un moment de réflexion. Si nous étions à portée des vents alisés, toi et moi nous pourrions suffire à commander la manœuvre; mais pour les gagner nous avons besoin de toute la science de Cleveland. Ainsi donc je crois que, pour le présent, nous n'avons rien de mieux à faire que d'exécuter le projet de Bunce. — Écoute! le voilà qui beugle pour avoir la chaloupe. Il faut que je monte sur le pont, et que je la fasse mettre en mer pour son honneur. — Que le diable l'étouffe!

La chaloupe fut mise en mer, entra dans le lac sans accident, et débarqua Bunce à quelques centaines de pas du vieux château de Stennis. En arrivant en face, il vit qu'on avait pris à la hâte quelques mesures pour le mettre en état de défense. Les fenêtres des étages inférieurs avaient été barricadées, moins les ouvertures réservées pour le service de la mousqueterie. Un canon de marine défendait la porte, gardée en outre par deux sentinelles. Bunce demanda à entrer, ce qui lui fut refusé nettement, et on lui conseilla d'aller à ses affaires, de peur qu'il ne lui arrivât malheur. Comme il continuait à insister pour voir quelqu'un de la maison, en assurant que l'affaire pour laquelle il venait était aussi sérieuse qu'urgente, Claude Halcro parut enfin, et, avec une aigreur qui ne lui était pas ordinaire, cet admirateur du glorieux John lui reprocha sa folie et son opiniâtreté.

— Vous ressemblez, lui dit-il, à ces sots papillons qui voltigent autour d'une chandelle, et qui finissent par s'y brûler.

— Et vous autres, répondit Bunce, vous êtes un tas de bourdons sans aiguillon, que la fumée de cinq ou six grenades ferait fuir de votre ruche, si nous le voulions.

— Enfumez la tête d'un fou, dit Halcro. Suivez mon avis et songez à vos affaires, ou vous trouverez bientôt des gens qui vous enfumeront à votre tour. Partez ou dites-moi en deux mots ce que vous voulez; car vous ne devez vous attendre à être accueilli ici qu'à coups d'arquebuse. Nous avions déjà assez de bras ici, et nous venons d'y voir arriver encore de l'île d'Hoy le jeune Mordaunt Mertoun, que votre capitaine a presque assassiné.

— Allons donc! il n'a fait que lui tirer un peu de mauvais sang.

— Nous n'avons pas besoin ici de pareils phlébotomistes. D'ailleurs il arrive que votre patient va nous appartenir de plus près que ni vous ni nous ne le pensions; ainsi vous pouvez croire que ni votre capitaine, ni les gens de son équipage ne seront vus ici d'un bon œil.

— Mais si j'apporte de l'argent pour payer les provisions?

— Gardez-le jusqu'à ce qu'on le demande. Il y a deux espèces de mauvais payeurs : ceux qui paient trop tôt, et ceux qui ne paient pas du tout.

— Au moins permettez-moi d'offrir nos remercîmens à celui à qui ils sont dus.

— Gardez-les aussi jusqu'à ce qu'on vous les demande.

— Et voilà tout l'accueil que je recevrai d'une ancienne connaissance?

—Mais que voulez-vous que je fasse, M. Altamont? dit Halcro un peu ému; si Mordaunt avait été le maître, il vous aurait reçu bien autrement, ma foi! Pour l'amour de Dieu, retirez-vous; sans quoi il faudra écrire dans la tragédie :—*Des gardes arrivent et saisissent Altamont.*

—Je ne leur donnerai pas cette peine, répondit Bunce, je vais faire ma sortie. — Un instant, — j'allais oublier que j'ai un chiffon de papier pour la plus grande de vos jeunes filles, — Minna, je crois; — oui, Minna est son nom. — Ce sont les adieux du capitaine Cleveland. — Vous ne pouvez refuser de vous en charger.

—Ah! pauvre diable! — Je comprends, je comprends :
—adieu, belle Armide,

> Au milieu des boulets, des tempêtes, des feux,
> Le danger est moins grand que près de vos beaux yeux.

Mais, dites-moi, ce billet contient-il des vers?

— Il en est plein. — Chanson, — sonnet, — élégie. — Mais il faut le lui remettre avec précaution et en secret.

—Vraiment? M'apprendre comment il faut remettre un billet doux! — moi qui ai été membre du club de Will? — moi qui ai vu porter tous les toast du club de Kit-Cat[1]! — Je le remettrai à Minna, par égard pour notre ancienne connaissance, M. Altamont, et un peu aussi par égard pour votre capitaine, qui ne paraît pas tout-à-fait aussi diable que son métier l'exige. — Il ne peut y avoir aucun mal dans une lettre d'adieux.

—Adieu donc, mon vieux camarade, adieu pour toujours, et pour un jour de plus, dit Bunce; et prenant la main du poète, il la lui serra de si bon cœur qu'il le laissa se secouant le bras et hurlant comme un chien sur la patte duquel est tombé un charbon enflammé.

---

(1) Fameux club où se réunissaient les hommes d'esprit et les politiques les plus notables parmi les Whigs : Kit-Cat (Christophe Cat) était le nom d'un pâtissier fameux par ses *pâtés de mouton*, mets obligé d'un repas des membres du club qui prit son nom dudit Kit-Cat. — Éd.

LE PIRATE.

Laissant le pirate retourner à son bâtiment, nous allons rester avec la famille de Magnus Troil, qui se trouvait réunie au château de Stennis, où l'on montait constamment la garde avec le plus grand soin, pour se tenir à l'abri de toute surprise.

Magnus Troil avait reçu Mordaunt Mertoun avec beaucoup de bonté, quand il était venu à son secours à la tête d'une petite troupe levée par Norna, et dont elle lui avait donné le commandement. Il n'avait pas été difficile de convaincre l'Udaller que les rapports que lui avait faits le colporteur n'avaient aucun fondement, et que Snailsfoot, en calomniant Mordaunt, n'avait eu d'autre but que de le perdre dans l'esprit de Magnus pour élever d'autant Cleveland, dont il espérait tirer meilleur parti. Ces rapports, il est vrai, avaient été confirmés par la bonne lady Glowrowrum et par la renommée, à qui il avait plu de représenter Mordaunt Mertoun comme ayant d'arrogantes prétentions aux bonnes grâces des deux aimables sœurs de Burgh-Westra, et hésitant, en vrai sultan, à laquelle il jetterait le mouchoir. Mais Magnus savait que la renommée n'était qu'une menteuse, et il était assez disposé, quand il s'agissait de caquets, à regarder la bonne lady Glowrowrum comme un peu cousine de la renommée. Il rendit donc à Mordaunt ses bonnes grâces, écouta avec beaucoup de surprise le récit que lui fit Norna des droits qu'elle prétendait avoir sur ce jeune homme, et avec non moins d'intérêt la confidence qu'elle lui fit de l'intention où elle était de lui abandonner les biens considérables que son père lui avait laissés en mourant. Il est même probable que, quoiqu'il ne répondît rien à quelques mots qu'elle jeta en avant relativement à une union entre son jeune héritier et l'aînée des filles du magnat, il pensa qu'un tel projet d'alliance méritait quelque attention, tant à cause du mérite personnel du jeune homme, que parce que cette union ferait rentrer dans sa famille la to talité des biens considérables partagés entre son père et celui de Norna. Quoi qu'il en soit, l'Udaller reçut parfaitement son jeune ami, et comme Mordaunt était le plus jeune et le plus actif de tous les hommes qui se trouvaient au château, Magnus et le maître de la maison se réunirent pour le charger de commander la garde pendant la nuit suivante, et de relever les sentinelles aux heures accoutumées.

CHAPITRE XL.

« Aussitôt qu'ils seront saisis,
« Il faut que, sans miséricorde,
« On leur attache au cou la corde :
« Telle est la loi pour les bandits. »
La ballade de la belle Brune.

MORDAUNT avait fait relever bien avant le point du jour les sentinelles qui étaient de garde depuis minuit; et ayant donné ordre qu'on remplaçât les dernières au lever du soleil, il s'était retiré dans une petite salle au rez-de-chaussée; il sommeillait dans un fauteuil, avec ses armes près de lui, quand il sentit qu'on tirait le manteau dans lequel il était enveloppé.

— Le soleil est-il déjà levé? dit-il en s'éveillant; et il vit les premiers rayons de l'aurore qui commençaient à éclairer l'horizon.

— Mordaunt? dit une voix dont les accens firent tressaillir son cœur.

Il jeta les yeux sur la personne qui venait de prononcer son nom, et reconnut Brenda avec autant de plaisir que de surprise. Il allait lui adresser la parole, mais une soudaine terreur le rendit muet, quand il vit ses joues décolorées, ses lèvres tremblantes, ses yeux baignés de larmes; en un mot, quand il remarqua en elle tous les signes du chagrin et de l'inquiétude.

— Mordaunt, lui dit-elle, il faut que vous rendiez un service à Minna ainsi qu'à moi. Il faut que vous nous fournissiez les moyens de sortir du château sans bruit, sans alarmer personne, pour que nous allions jusqu'aux pierres qu'on nomme le cercle de Stennis.

— Que peut signifier cette fantaisie, ma chère Brenda? demanda Mordaunt avec le plus grand étonnement. Il s'agit sans doute de quelque pratique superstitieuse des îles Orcades; mais le moment est trop critique, et les ordres que j'ai reçus de votre père sont trop stricts pour que je vous permette de sortir sans son consentement. Faites attention, ma chère Brenda, que je suis un soldat en faction, et que l'obéissance est mon premier devoir.

— Mordaunt, ceci n'est pas une plaisanterie. La raison de Minna, sa vie même, dépendent de ce que je vous demande.

— Mais apprenez-moi du moins pourquoi elle désire sortir du château.

— Pour un projet bien étrange, bien insensé peut-être; — pour avoir un entretien avec Cleveland.

— Avec Cleveland! s'écria Mordaunt; que le scélérat ose venir à terre, et il y sera accueilli par une grêle de balles. Que je l'aperçoive à cent pas, ajouta-t-il en saisissant son fusil, et voilà ce qui m'acquittera du remerciement que je lui dois.

— Sa mort mettrait Minna au désespoir, et jamais Brenda n'accordera un regard à quiconque aura causé le désespoir de Minna.

— Mais c'est une folie, Brenda, une folie sans égale! songez à notre honneur, à votre devoir.

— Je ne songe qu'au danger de Minna, répondit Brenda en fondant en larmes, sa dernière maladie n'était rien en comparaison de l'état dans lequel elle se trouve en ce moment. Elle tient en main sa lettre, dont le feu plutôt que l'encre semble avoir tracé les caractères, et dans laquelle il la conjure de lui accorder une entrevue pour recevoir ses derniers adieux, si elle veut sauver un corps périssable et une âme immortelle; il lui proteste qu'elle n'a rien à craindre, mais qu'aucun pouvoir ne sera en état de le forcer à s'éloigner de nos côtes avant qu'il l'ait vue. Il faut que vous nous laissiez sortir.

— Cela est impossible, répliqua Mordaunt avec l'air de la plus grande perplexité : ce brigand prodiguera autant de sermens qu'on en voudra, mais quelle autre garantie peut-il nous offrir? — Je ne puis permettre que Minna sorte.

— Je sais, dit Brenda d'un ton de reproche et en essuyant ses larmes tout en sanglotant, que Norna a parlé de quelque chose relativement à vous et à Minna; et c'est sans doute la jalousie qui vous empêche de permettre que cet infortuné puisse même lui parler un seul instant avant de partir.

— Vous êtes injuste, Brenda, répondit Mordaunt blessé, et cependant flatté en même temps de ce soupçon; vous êtes aussi injuste qu'imprudente. Vous savez, — il est possible que vous ne sachiez pas, — que c'est comme votre sœur que Minna m'est particulièrement chère. Dites-moi, Brenda, mais dites-moi avec vérité, si je vous favorise dans l'accomplissement de cette folie, croyez-vous pouvoir parfaitement compter sur la bonne foi du pirate?

— Je le crois. — Si je ne le croyais pas, pensez-vous que je ferais de telles instances? — Il est coupable, il est malheureux, mais je crois que nous pouvons compter sur sa parole.

— Et le rendez-vous doit avoir lieu dans le cercle de Stennis, au lever du soleil?

— Oui, et l'instant en est arrivé. Pour l'amour du ciel, laissez-nous partir.

— Je vais prendre moi-même, pour quelques instans, la place de la sentinelle qui est de garde à la porte, et je vous laisserai passer. — Mais vous ne prolongerez pas cette entrevue si pleine de danger.

— Non. — Mais, de votre côté, vous ne profiterez pas de l'imprudence que commet ce malheureux en se hasardant ici, pour lui nuire, ou pour l'arrêter.

— Comptez sur mon honneur, Brenda, il ne courra aucun risque, si vous n'en courez aucun.

— Je vais donc chercher ma sœur, dit Brenda. Elle le quitta à l'instant.

Mordaunt, après un instant de réflexion, alla trouver la sentinelle qui gardait la porte du château, et lui dit d'aller éveiller tous ses camarades, de leur faire prendre les armes à la hâte, et de venir l'avertir dès qu'ils seraient prêts. — J'occuperai moi-même le poste pendant ce temps, ajouta-t-il.

Pendant l'absence de la sentinelle, la porte s'ouvrit avec précaution, et Mordaunt vit paraître Minna et Brenda, enveloppées dans leurs mantes. La première était appuyée sur le bras de sa sœur, et avait la tête baissée, comme si elle eût eu honte de la démarche qu'elle faisait. Brenda passa près de son amant en silence, mais elle jeta sur lui un regard d'affection et de reconnaissance qui doubla, s'il est possible, le désir qu'il avait de les mettre à l'abri de tout danger.

Lorsque les deux sœurs eurent perdu de vue le château, Minna, dont la démarche avait été jusqu'alors faible et chancelante, releva la tête et se mit en marche d'un pas si assuré et si précipité, que Brenda, qui pouvait à peine la suivre, ne put s'empêcher de lui représenter qu'elle avait tort d'épuiser ainsi ses forces par une hâte qui n'était pas nécessaire.

— Ne craignez rien, ma chère sœur, répondit Minna, la force intérieure dont je me sens animée me soutiendra, j'espère, pendant cette redoutable entrevue. Je ne pouvais marcher que la tête baissée, et la lenteur de ma marche annonçait l'accablement de mon esprit, tant que j'étais exposée aux regards d'un homme qui doit nécessairement me juger digne de sa pitié ou de son mépris. Mais vous savez, ma chère Brenda, et Cleveland saura aussi, que la tendresse que j'avais pour cet infortuné était aussi pure que les rayons du soleil que vous voyez se réfléchir sur la surface de ce lac. Et j'ose attester cet astre glorieux, ce firmament dans lequel il brille, que, sans le désir ardent que j'éprouve de le déterminer à changer de vie, toutes les tentations que le monde peut offrir n'auraient pu me faire consentir à le revoir.

Tandis qu'elle parlait ainsi d'un ton à donner la plus grande confiance à Brenda, les deux sœurs arrivèrent sur le sommet d'une petite hauteur d'où l'on dominait sur le Stonehenge des Orcades, c'est-à-dire sur ce cercle de pierres auxquelles les rayons du soleil levant donnaient déjà une teinte d'un blanc grisâtre, et qui jetaient bien loin à l'ouest leur ombre gigantesque. En tout autre temps, ce spectacle aurait produit un effet puissant sur l'imagination exaltée de Minna, et excité du moins la curiosité de sa sœur, moins susceptible de ces émotions profondes. Mais en ce moment ni l'une ni l'autre n'étaient disposées à recevoir les impressions que ce remarquable monument d'antiquité est si bien fait pour produire sur ceux qui le considèrent, car elles voyaient dans la partie du lac qui est au-delà de ce qu'on appelle le pont de Broisgar, une barque pleine de gens armés et s'approchant du rivage. Un homme seul, enveloppé d'un grand manteau, descendit à terre et se mit en marche vers ce monument circulaire, dont les deux sœurs s'approchaient du côté opposé.

— Ils sont en grand nombre et ils sont armés, dit Brenda d'une voix presque étouffée par la crainte.

— C'est une précaution, répondit Minna. Hélas! leur situation ne la leur rend que trop nécessaire. — Ne craignez pas de trahison de sa part; ce vice, du moins, n'appartient pas à son caractère.

Tout en parlant ainsi, elles arrivèrent au bout de quelques instans au centre du cercle, où, au milieu des énormes pierres brutes rangées tout autour, est une pierre plate, jadis soutenue par de petits piliers, dont on voit encore quelques débris, et qui servait peut-être d'autel.

— C'est ici, dit Minna, que, dans les anciens temps, s'il faut en croire les légendes qui ne m'ont coûté que trop cher, nos ancêtres offraient des sacrifices aux divinités du paganisme; et c'est ici que j'abjurerai les vaines idées que les séductions de la jeunesse et d'une imagination trop romanesque m'avaient fait concevoir, que j'y renoncerai, que je les offrirai en sacrifice à un dieu plus puissant et plus miséricordieux qui leur était inconnu.

Debout devant cette pierre plate, elle vit Cleveland s'avancer vers elle. On ne retrouvait pas en lui son port et son aspect ordinaires. Son pas timide et ses yeux baissés le rendaient aussi différent de lui-même que la tête levée, l'air calme, et l'attitude pleine de dignité de Minna différaient de la démarche chancelante et de l'aspect abattu et humilié qu'on remarquait en elle quand, en sortant du château de Stennis, elle avait eu besoin du secours du bras de sa sœur pour se soutenir. Si ceux qui attribuent aux druides ce singulier monument ne se trompent pas, Minna aurait pu passer pour la Haxa ou grande prêtresse de cet ordre dont quelque champion attendait son initiation. Ou si l'on donne à ce cercle une origine gothique ou scandinave, on aurait pu la prendre pour Freya, épouse du dieu Tonnant, devant laquelle quelque audacieux roi de la mer se prosternait avec une crainte respectueuse qu'aucun être mortel n'aurait pu lui inspirer. Brenda, accablée de craintes et d'inquiétudes, observait avec soin les mouvemens de Cleveland, et nul objet extérieur ne pouvait distraire son attention, uniquement fixée sur lui et sur sa sœur.

Cleveland s'arrêta à environ trois pas de Minna, et la salua en inclinant profondément la tête. Il y eut un silence de quelques instans.— Homme infortuné, dit enfin Minna, pourquoi as-tu désiré cet accroissement à nos peines? Quitte ce pays en paix, et puisse le ciel te conduire dans une meilleure voie que celle où tu as marché jusqu'à présent!

— Le ciel ne m'aidera que par votre voix, répondit Cleveland. J'étais plongé dans les ténèbres quand je suis arrivé dans cette contrée. A peine savais-je que mon métier, mon misérable métier était plus criminel aux yeux de Dieu et des hommes, que celui des armateurs que vos lois autorisent. J'y avais été élevé; et, sans les désirs que vous m'avez encouragé à former, j'y serais peut-être mort dans l'impénitence. — Ne me rejetez pas loin de vous, laissez-moi faire quelque chose qui puisse faire oublier ma conduite passée, et ne laissez pas votre ouvrage imparfait.

— Je ne vous reprocherai pas, Cleveland, d'avoir abusé de mon inexpérience, de m'avoir entourée de ces illusions auxquelles m'exposait la crédulité de ma jeunesse, et qui me portèrent à confondre votre fatale carrière avec la vie glorieuse de nos anciens héros. Hélas! dès que j'ai vu vos compagnons, ces illusions s'évanouirent. Mais je ne vous fais pas un crime de leur existence. Partez, Cleveland; séparez-vous des misérables avec qui vous êtes associé, et, croyez-moi, si le ciel vous accorde la grâce de vous distinguer par une action vertueuse ou glorieuse, il existe dans ces îles solitaires des yeux qui pleureront de joie,— comme ils pleurent de chagrin en ce moment.

— Est-ce là tout? demanda Cleveland. Ne puis-je pas espérer que, si je me détache de mes compagnons actuels, si je mérite mon pardon en montrant autant d'ardeur pour la bonne cause, que j'en ai montré jusqu'ici pour la mauvaise; si, après un terme, — peu m'importe la longueur, — mais du moins après un terme, si je puis me glorifier d'avoir rétabli mon honneur, ne puis-je pas espérer que Minna pourra pardonner ce que Dieu et mon pays m'auront pardonné?

— Non, Cleveland, répondit Minna avec la plus grande fermeté; c'est ici que nous nous séparons, que nous nous séparons pour toujours, et sans conserver aucune espérance. Pensez à moi comme si j'étais morte, si vous continuez à être ce que vous êtes; mais si vous changez de conduite, pensez à moi comme à un être dont les prières s'élèveront matin et soir vers le ciel pour lui demander votre bonheur, quoique le sien soit perdu à jamais. — Adieu, Cleveland.

Il s'agenouilla devant elle, accablé par les plus pénibles émotions, et avança le bras pour prendre la main qu'elle lui offrait.

En ce moment son ami Bunce s'élança de derrière une des grosses pierres qui forment le cercle de Stennis. — Jamais je n'ai vu sur aucun théâtre une scène d'adieux si pathétique, s'écria-t-il les yeux humides de larmes; mais Dieu me damne si je vous laisse faire votre sortie comme vous le pensez.

Tout en parlant ainsi, avant que Cleveland pût faire résistance, ou lui adresser des représentations, et sans lui laisser le temps de se relever, il se précipita sur lui, le renversa sur le dos, et quelques hommes de l'équipage, survenant en ce moment, le saisirent par les bras et par les jambes, et le portèrent du côté du lac. Minna et Brenda poussèrent de grands cris et tentèrent de fuir; mais Derrick enleva la première avec autant de facilité qu'un faucon saisit une colombe, tandis que Bunce s'empara de Brenda en lui adressant quelque jurement par forme de consolation, et toute la troupe courut précipitamment vers la barque laissée sous la garde de deux de leurs compagnons. Mais leur fuite fut interrompue d'une manière aussi inattendue que fatale pour leurs projets criminels.

Lorsque Mordaunt avait fait mettre sous les armes la garde du château, on juge bien que c'était dans le dessein de pourvoir à la sûreté des deux sœurs. Étant sorti à la tête de sa troupe, il avait surveillé avec attention tous les mouvemens des pirates; et, quand il les vit presque tous quitter la barque et prendre le chemin du lieu fixé pour le rendez-vous demandé par Cleveland, il soupçonna naturellement quelque trahison; et, profitant d'un chemin creux, ou, pour mieux dire, d'une ancienne tranchée qui avait peut-être autrefois quelque rapport avec le cercle de Stennis, il se plaça avec ses gens entre la barque et les pirates, sans que ceux-ci pussent les apercevoir. Au premier cri des deux sœurs, ils se montrèrent et marchèrent contre les brigands en les couchant en joue, mais sans oser faire feu, de crainte de blesser leurs captives entre les bras de leurs ravisseurs.

Mordaunt courut avec la légèreté d'un cerf vers Bunce, qui, ne voulant pas lâcher sa proie et ne pouvant se défendre autrement, opposait Brenda comme un bouclier à tous les coups dont son adversaire le menaçait. Ce genre de défense ne pouvait réussir long-temps contre un jeune homme qui avait le pied le plus léger et le bras le plus actif qu'on eût jamais vus dans les îles Shetland; et après une ou deux feintes, Mordaunt renversa le pirate d'un coup de crosse de son fusil, dont il n'osait faire un autre usage. Quelques coups de feu furent tirés par ceux qui n'avaient pas le même motif de crainte, et les pirates qui portaient Cleveland le lâchèrent assez naturellement pour pourvoir à leur sûreté, soit en se défendant, soit par la fuite; mais ils ne firent qu'ajouter au nombre de leurs ennemis. Cleveland, voyant Minna entraînée par Derrick, l'arracha d'une main des bras de ce scélérat, à qui il tira de l'autre un coup de pistolet qui lui fit sauter le crâne. Quelques uns des pirates furent tués ou faits prisonniers; les autres s'enfuirent sur leur barque, et, en prenant le large, ils tirèrent encore sur les amis de Mordaunt quelques coups de fusil qui ne leur firent que peu de mal.

Cependant celui-ci, voyant les deux sœurs libres et fuyant vers le château, s'avança vers Cleveland, le sabre à la main. Le pirate lui montra un pistolet en lui disant : —Mordaunt, je n'ai jamais manqué mon coup : — il le déchargea en l'air, et le jeta ensuite dans le lac. Tirant alors son sabre et le faisant tourner une ou deux fois autour de sa tête, il le fit suivre son pistolet. Telle était pourtant l'opinion générale de la force et des ressources de Cleveland, que Mordaunt crut devoir encore prendre quelques précautions en approchant de lui, et il lui demanda s'il se rendait.

— Je ne me rends à personne, répondit le capitaine pirate, mais vous voyez que j'ai jeté mes armes.

Plusieurs gardes se saisirent de lui sans qu'il fît aucune résistance, et Mordaunt défendit qu'on le maltraitât, et même qu'on le garrottât. Les vainqueurs le conduisirent au château de Stennis, et l'y enfermèrent dans une chambre à l'étage le plus élevé, avec une sentinelle à la porte. Bunce et Fletcher, qu'on avait relevés sur le champ de bataille après l'escarmouche, furent logés dans la même chambre ; et deux autres pirates aussi prisonniers, qui paraissaient d'un rang subalterne, furent enfermés dans un caveau voûté.

Sans vouloir faire la description des transports de joie auxquels se livra Magnus Troil, quand, s'étant éveillé au bruit de la mousqueterie, il vit ses filles en sûreté, et apprit que son ennemi était prisonnier, nous dirons seulement qu'ils furent tels, qu'il en oublia pendant quelque temps de demander par quel concours de circonstances elles s'étaient trouvées en danger ; qu'il serra mille fois Mordaunt entre ses bras, l'appela son sauveur, et jura par les reliques de son saint patron, que, quand il aurait mille filles, un si brave jeune homme, un ami si fidèle, aurait le droit de choisir entre elles, quoi qu'en pût dire lady Glowrowrum.

Une scène toute différente se passait dans la chambre qui servait de prison au capitaine et à ses deux compagnons. Le malheureux Cleveland était assis près de la fenêtre, les yeux fixés sur la mer, qui semblait concentrer son attention au point de lui faire oublier qu'il n'était pas le seul captif dans cet appartement. Jack Bunce cherchait à se rappeler quelques vers qui pussent servir de prélude à sa réconciliation avec son capitaine, car il commençait à sentir que le rôle qu'il avait joué, quoique inspiré par son dévouement à son ami, ne s'était pas terminé heureusement, et n'obtiendrait probablement pas son approbation. Son admirateur, son fidèle partisan Fletcher, avait été jeté sur un lit de camp, et il paraissait dormir, car il n'essaya pas une seule fois de placer un mot dans la conversation qui ne tarda pas à s'engager.

— Allons, Cleveland, parlez-moi, je vous en prie, dit le lieutenant contrit, quand ce ne serait que pour jurer contre ma stupidité.

> L'univers est perdu, si Clifford, en un coin,
> N'a pas pour ses amis un juron au besoin.

— Je vous prie de vous taire et de me laisser, dit Cleveland ; il me reste encore un ami de cœur, et vous me donnez la tentation de m'en servir contre vous ou contre moi-même.

— J'y suis, s'écria Bunce, j'y suis ; et il continua comme le Jaffier de la *Venise sauvée* d'Otway.

> Par l'enfer qui m'attend, je ne te quitte pas,
> Malgré ce ton d'aigreur et cette humeur farouche,
> Avant que mon pardon soit sorti de ta bouche.

— Je vous prie encore une fois de vous taire, s'écria Cleveland ; n'est-ce pas assez de m'avoir perdu par votre trahison, faut-il encore que vous m'ennuyiez de vos bouffonneries ? — Parmi tous les hommes ou tous les diables qui composaient l'équipage de ce bâtiment, ce n'aurait jamais été vous, Jack, vous que j'aurais soupçonné de vouloir lever même un doigt contre moi !

— Moi, lever un doigt contre vous ! répondit Bunce ; tout ce que j'ai fait n'a été que par amitié pour vous, pour vous rendre le plus heureux mortel qui ait jamais marché sur un tillac, ayant votre maîtresse à vos côtés, et cinquante braves gens à vos ordres. Voici Dick Fletcher qui peut rendre témoignage que j'ai tout fait pour le mieux, s'il voulait parler au lieu de rester là étendu comme une pièce de bois qu'on va équarrir. — Levez-vous donc, Dick, et rendez-moi justice.

— Sans doute, Jack Bunce, sans doute, répondit Fletcher d'une voix faible, en se soulevant avec peine, je le ferai, si j'en suis capable. Je sais que vous avez toujours parlé et agi pour le mieux ; mais, quoi qu'il en soit, voyez-vous, cela a mal tourné pour moi cette fois-ci, car je perds tout mon sang, et je crois que je coule à fond.

— Vous n'êtes pas assez âne pour cela, s'écria Bunce en courant à lui ainsi que Cleveland, pour voir s'il était possible de le soulager. Mais tout secours humain était devenu inutile ; Fletcher se laissa retomber sur le lit, et expira au même instant sans pousser un gémissement.

— Je l'ai toujours regardé comme un franc imbécile, dit Bunce en essuyant une larme qui tombait de ses yeux, mais je ne le croyais pas assez sot pour s'envoler ainsi de son perchoir. — J'ai perdu l'homme le plus dévoué... Et il porta encore la main à ses yeux.

— Un boule-dogue de vraie race anglaise ! dit Cleveland, les yeux fixés sur le défunt, dont la mort n'avait pas décomposé les traits, — et qui, avec un meilleur conseiller aurait pu faire une meilleure fin.

— Vous en pourriez dire autant de quelques autres, capitaine, s'il vous plaisait de leur rendre justice.

— Vous avez raison, Jack; je puis le dire de vous-même.

— Eh bien, dites-moi donc : *Jack, je vous pardonne :* — la phrase n'est pas longue, elle sera bientôt prononcée.

— Je vous pardonne de tout mon cœur, Jack, dit Cleveland qui s'était rapproché de la croisée. — Je vous pardonne, et d'autant plus volontiers que la matinée qui devait nous perdre tous est enfin arrivée.

— Quoi! pensez-vous à la prédiction de la vieille femme dont vous m'avez parlé?

— Elle ne tardera pas à s'accomplir. — Venez ici. — Pour quoi prenez-vous ce grand vaisseau que vous voyez doubler le promontoire du côté de l'est, et qui se prépare à entrer dans la baie de Stromness?

— Je ne saurais trop le dire. — Mais voici le vieux Goffe. — Il le prend sans doute pour un bâtiment de la compagnie des Indes chargé de rum et de sucre, car, Dieu me damne! voilà qu'il file le câble pour aller à sa rencontre.

— Au lieu de se jeter dans les eaux basses, ce qui était son seul moyen de salut! s'écria Cleveland; l'imbécile! l'idiot! l'ivrogne! — Qu'il soit tranquille! on va lui servir à boire assez chaud; car c'est *l'Alcyon.* — Voyez, il arbore son pavillon et lâche une bordée. — Adieu *la Favorite de la Fortune!* J'espère seulement qu'ils défendront jusqu'à la dernière planche. Le maître d'équipage avait coutume de montrer de la bravoure, et Goffe aussi, quoique ce soit un diable incarné. — Ah! voilà *la Favorite* qui fait feu en s'éloignant à toutes voiles! cela montre quelque bon sens.

— Ah! dit Bunce, voilà qu'on arbore le Jolly-Roger, le vieux pavillon noir à tête de mort et à horloge de sable! cela montre quelque résolution.

— Notre sable s'écoule grand train, Jack, répliqua

Cleveland ; cela finira mal. — Feu, mes braves! feu! La mer ou les airs, cela vaut mieux qu'un bout de corde.

L'inquiétude fit qu'ils gardèrent le silence pendant quelques instans. Le sloop, quoique serré de près, continuait à tirer des bordées en fuyant, et la frégate lui donnait toujours la chasse, presque sans lui rendre son feu. Enfin les deux vaisseaux furent si proches l'un de l'autre, qu'il fut aisé de voir, par les manœuvres, que *l'Alcyon* avait dessein d'aborder *la Favorite* et non de la couler à fond, probablement pour ne pas perdre le butin qu'on pouvait espérer à bord d'un bâtiment pirate.

— Allons, Goffe, allons, Hawkins, s'écria le capitaine, comme s'ils eussent pu entendre ses ordres ; attention à la manœuvre! une bordée de longueur tandis que vous êtes sous son avant; ensuite virez de bord, et partez comme une oie sauvage.—Ah ! les voiles fasient et le gouvernail est de côté. — Que la mer engloutisse ces marins d'eau douce! ils ont manqué à virer, et voilà la frégate qui les aborde!

Les différentes manœuvres que l'attaque et la défense avaient rendues nécessaires avaient tellement rapproché les deux navires, que Cleveland, à l'aide de sa lunette, put voir l'équipage de *l'Alcyon*, terrible par la force du nombre, monter à l'abordage le sabre nu à la main. En ce moment critique, un épais nuage de fumée s'éleva tout-à-coup à bord du pirate, et enveloppa les deux vaisseaux.

—*Exeunt omnes* [1]! s'écria Bunce en joignant les mains.

— Ainsi finissent *la Favorite* et son équipage ! disait Cleveland en même temps.

Mais la fumée s'étant dissipée, on vit que les deux bâtimens n'avaient souffert qu'un dommage partiel. A défaut d'une quantité suffisante de poudre, les pirates

(1) *Sortie générale*, mots latins dont on se sert pour l'indication des changemens de scène au théâtre. — Ed.

avaient échoué dans le projet que le désespoir leur avait inspiré de faire sauter en même temps leur bâtiment et la frégate.

Peu de temps après la fin de l'action, le capitaine Weatherport, qui commandait *l'Alcyon*, envoya au château de Stennis un officier avec un détachement de soldats de marine, pour demander qu'on lui remît les pirates qui y étaient détenus, et nommément Cleveland et Bunce, qui en étaient le capitaine et le lieutenant.

C'était une demande qu'on ne pouvait se dispenser d'accorder, quoique Magnus Troil eût désiré que le toit sous lequel il se trouvait pût servir d'asile au moins à Cleveland. Mais les ordres de l'officier étaient absolus, l'intention du capitaine Weatherport était d'envoyer ses prisonniers par terre à Kirkwall, sous bonne escorte, pour y subir un interrogatoire préalable devant les autorités civiles, avant leur départ pour Londres, où ils seraient jugés par la haute cour de l'amirauté. Magnus se borna donc à parler à l'officier en faveur de Cleveland, pour que celui-ci fût traité avec égard, et qu'il ne fût ni pillé ni dépouillé, ce que l'officier, frappé de l'air noble et avantageux du capitaine pirate, et touché de la situation dans laquelle il le voyait, lui accorda sans difficulté. L'honnête Udaller aurait bien voulu aussi adresser quelques mots de consolation à Cleveland, mais il ne put trouver d'expressions qui lui convinssent, et il se borna à secouer la tête.

— Mon ancien ami, lui dit Cleveland, vous auriez droit de vous plaindre de moi, et bien loin de triompher de mon malheur, il vous inspire de la compassion! — Par reconnaissance pour vous et pour les vôtres, ma main ne s'armera plus contre personne. — Prenez ceci, c'était mon dernier espoir, ou, pour mieux dire, ma dernière tentation. A ces mots, il tira de son sein un pistolet de poche,

et le remit à Magnus. Rappelez-moi, ajouta-t-il, au souvenir de.., mais non, non, que tout le monde m'oublie!
— Monsieur, dit-il à l'officier, je suis votre prisonnier.

— Et moi aussi, dit Bunce; et, prenant une attitude théâtrale, il débita d'une voix assez assurée la tirade de Pierre [1].

> Vous devez, capitaine, être un homme d'honneur,
> Ecartez donc de moi la canaille en fureur;
> Faites-moi faire place, et pour toute indulgence,
> Que je puisse du moins mourir avec décence.

CHAPITRE XLI.

> « A Londres, mes amis, à Londres! de la joie! »
> SOUTHEY.

La nouvelle de la capture du bâtiment pirate arriva à Kirkwall vers onze heures du matin, et y remplit tout le monde de surprise et de joie. Il se fit ce jour-là peu d'affaires à la foire, car chacun l'abandonna pour courir au-devant des prisonniers qui allaient entrer dans la ville. On triomphait du souvenir de la licence qu'ils se permettaient naguère dans les rues de Kirkwall, où ils se conduisaient à peu près comme dans une ville prise d'assaut. On voyait marcher en avant une troupe de soldats de marine dont les baïonnettes réfléchissaient les rayons du soleil. Venaient ensuite les malheureux captifs, enchaînés deux à deux. Leurs beaux habits, déchirés en partie par leurs vainqueurs, n'étalaient plus aux yeux que des haillons. Les uns étaient blessés et couverts de sang; les autres avaient été noircis et brûlés par l'explosion qui avait eu lieu lorsque les plus déterminés d'entre eux avaient voulu faire sauter le navire. Quelques uns semblaient occupés

---

(1) Bunce fait allusion ici à la situation de Pierre et de Jaffier dans la *Venise sauvée* d'Otway. — ED.

de réflexions convenables à leur situation, mais la plupart paraissaient livrés à une sombre impassibilité; un petit nombre d'entre eux bravaient même leur malheur, en répétant les chansons impies et ordurières dont ils avaient fait retentir les rues de Kirkwall quand ils les parcouraient dans leurs parties de débauches.

Hawkins et Goffe, enchaînés ensemble, s'épuisaient en menaces et en imprécations l'un contre l'autre. Le premier accusait Goffe de ne rien entendre à son métier, et de n'avoir fait que de fausses manœuvres; et celui-ci reprochait à Hawkins de l'avoir empêché de faire sauter *la Favorite* avant d'avoir épuisé toute la poudre en bordées inutiles, et d'envoyer ainsi les deux équipages à tous les diables en même temps.

Cleveland et Bunce fermaient la marche; on leur avait épargné l'humiliation de porter des fers. L'air calme, quoique triste, du capitaine contrastait avec la démarche théâtrale et étudiée du pauvre Jack, qui s'efforçait de cacher ainsi ses émotions involontaires d'un genre un peu moins noble. On regardait Cleveland avec compassion, Bunce avec un mélange de mépris et de pitié, tandis que la plupart des autres inspiraient l'horreur et même encore la crainte par leurs regards et leurs discours.

Il existait à Kirkwall un individu qui, bien loin d'avoir couru avec empressement pour jouir du spectacle qui attirait tous les yeux, n'avait pas même entendu parler de l'évènement qui agitait toute la ville. C'était le vieux Mertoun, qui était à Kirkwall depuis deux ou trois jours, employés par lui en grande partie à s'occuper d'une plainte judiciaire formée contre l'honnête Bryce Snailsfoot. Par suite d'une information qui avait eu lieu, le digne colporteur avait été condamné à remettre à Mertoun la caisse de Cleveland avec les papiers et autres effets qui y étaient contenus, pour rester en sa garde jusqu'à ce qu'il pût les remettre au légitime propriétaire. Mertoun désirait d'abord rejeter sur la justice le soin du dépôt qu'elle était disposée à lui confier; mais, après avoir jeté les yeux sur quelques uns des papiers qui en faisaient partie, il changea d'avis brusquement, consentit à se charger de la caisse, retourna chez lui à la hâte, et s'enferma dans sa chambre pour réfléchir à loisir sur les détails singuliers qu'il venait d'apprendre, et qui augmentèrent au centuple son impatience d'avoir une entrevue avec la mystérieuse Norna de Fitful-Head.

On doit se rappeler que, dans l'entretien qu'elle avait eu avec lui dans le cimetière de l'église en ruines de Saint-Ringan, elle lui avait recommandé de se trouver dans l'aile gauche de la cathédrale de Saint-Magnus à Kirkwall, à l'heure de midi, le cinquième jour de la foire de Saint-Olla, en l'assurant qu'il y trouverait quelqu'un qui lui donnerait des nouvelles de Mordaunt.

— Il faut que ce soit elle, se dit-il à lui-même, et il serait indispensable que je la visse à l'instant même. Mais où la trouver? je l'ignore. D'ailleurs il vaut mieux perdre quelques heures à l'attendre, que de risquer de l'offenser en me montrant devant elle avant l'instant qu'elle a fixé.

Cependant, long-temps avant midi, long-temps avant que la ville de Kirkwall eût été jetée dans l'agitation par la nouvelle des évènemens qui venaient d'avoir lieu de l'autre côté de l'île, Mertoun se promenait dans l'aile solitaire de la cathédrale, attendant avec la plus vive impatience la réalisation des promesses de Norna. La cloche sonna midi; mais la porte de l'église ne s'ouvrit pas, personne n'entra dans son enceinte mystérieuse. Cependant les voûtes retentissaient encore des derniers sons de la cloche, quand Norna, arrivant du fond de ce vaste édifice, parut à ses yeux. Mertoun, sans chercher à pénétrer le mystère qui n'en est pas un pour nos lecteurs, courut à elle sur-le-champ, en s'écriant : — Ulla, Ulla Troil, aidez-moi à sauver notre malheureux fils!

— Je ne réponds pas à ce nom, dit Norna ; je l'ai abandonné aux vents de la nuit qui m'a coûté un père.

— Ne parlez pas de cette nuit d'horreur ; nous avons besoin de toute notre raison : ne rappelons pas des souvenirs qui pourraient nous la faire perdre; mais aidez-moi, si vous le pouvez, à sauver notre infortuné fils.

— Il est déjà sauvé, Vaughan, — sauvé depuis longtemps. Croyez-vous que la main d'une mère, — d'une mère telle que moi, ait attendu votre secours tardif et impuissant? Non, Vaughan, je ne me suis fait connaître à vous que pour vous montrer mon triomphe sur vous. C'est la seule vengeance que la puissante Norna se permette de tirer des injures faites à Ulla Troil.

— L'avez-vous véritablement sauvé? — N'est-il plus avec cette bande d'assassins? — Parlez, dites-moi la vérité. — Je croirai tout, — tout ce que vous voudrez que je croie. — Prouvez-moi seulement qu'il leur a échappé, qu'il est en sûreté?

— Il leur a échappé, il est en sûreté, et c'est grâce à moi. — Oui, il est en sûreté, et certain d'une heureuse et honorable alliance. Oui, homme de peu de foi, oui, infidèle, qui placez toute votre confiance sur vous-même, telles furent les œuvres de Norna. — Il y a bien des années que je vous ai reconnu, mais je n'ai voulu me faire connaître à vous que triomphante de la certitude que j'avais maîtrisé la destinée qui menaçait mon fils. — Tout se combinait contre lui; des planètes lui annonçaient la mort au sein des eaux, d'autres se couvraient de sang. — Mais ma science l'a emporté. J'ai combattu et détruit leur influence. J'ai trouvé, j'ai créé des moyens pour détourner tous les astres. — Et quel est l'infidèle sur la terre, quel est le démon habitant au-delà des limites de ce globe, qui osera désormais nier ma puissance?

L'air d'enthousiasme et de triomphe avec lequel elle s'exprimait ressemblait si bien à l'égarement d'esprit, que

Mertoun lui répondit : — Si vos prétentions étaient moins élevées, si vos discours étaient un peu plus clairs, je serais plus certain de la sûreté de mon fils.

— Continuez donc à douter, vain sceptique, répliqua Norna. — Et cependant sachez que non seulement mon fils est en sûreté, mais que je vais être vengée sans l'avoir cherché, — oui, vengée de l'agent puissant des sombres influences par qui mes projets furent si souvent contrariés : de celui par qui les jours de mon fils furent si souvent mis en danger. — Oui ; et pour preuve de la vérité de mes paroles, apprenez que Cleveland, — le pirate Cleveland, — entre en ce moment dans Kirkwall, prisonnier, et qu'il expiera de sa vie le crime d'avoir versé quelques gouttes d'un sang qui avait pris sa source dans le sein de Norna.

— Quel est celui que tu dis prisonnier? s'écria Mertoun d'une voix de tonnerre. Quel est celui qui doit expier ses crimes de sa vie?

— Cleveland, — le pirate Cleveland, répondit Norna. Et c'est moi, moi, dont il a méprisé les conseils, qui ai permis qu'il subît son destin.

— Eh bien! la plus misérable des femmes! s'écria Mertoun en grinçant des dents, tu as causé la mort de ton fils comme celle de ton père!

— De mon fils! — quel fils? — que voulez-vous dire? s'écria Norna. Mordaunt est votre fils, — votre fils unique. — Ne l'est-il pas? — Répondez-moi vite : — ne l'est-il pas?

— Oui, répondit Mertoun, Mordaunt est mon fils, — du moins la loi lui donne droit à ce titre. — Mais, malheureuse Ulla, Cleveland est votre fils comme le mien, — le sang de notre sang, — la chair de notre chair; et si vous l'avez livré à la mort, je finirai avec lui ma misérable vie.

— Écoutez-moi, Vaughan, écoutez-moi. Je ne suis pas encore vaincue. — Prouvez-moi la vérité de ce que vous me dites, et je trouverai des secours, dussé-je évoquer les enfers! — Mais il me faut des preuves; je ne puis croire à vos paroles.

— Toi le secourir! — Misérable femme! A quoi t'ont servi tes combinaisons, tes stratagèmes, tes intrigues, ton charlatanisme et ta démence? — Et cependant je vous parlerai comme à un être doué de raison; je consens même à vous regarder comme toute-puissante. Écoutez-moi donc, Ulla; vous allez avoir les preuves que vous me demandez; trouvez ensuite un secours, si vous le pouvez.

— Lorsque je m'enfuis des îles Orcades, continua Mertoun après un moment de silence, il y a maintenant vingt-cinq ans, j'emmenai avec moi le malheureux enfant auquel vous aviez donné le jour. Une de vos parentes me l'avait envoyé, en me faisant dire que vous étiez fort mal, et bientôt après le bruit de votre mort se répandit généralement. Il ne servirait à rien de vous dire dans quelle situation d'esprit je quittai l'Europe. Je me réfugiai à Saint-Domingue. Une jeune et belle Espagnole entreprit de me consoler; — je l'épousai, et elle devint mère du jeune homme qui porte le nom de Mordaunt Mertoun.

— Vous l'épousâtes? dit Norna d'un ton de reproche.

— Je l'épousai, Ulla; mais elle prit soin de vous venger. Elle me fut infidèle, et son infidélité me laissa des doutes sur la légitimité de Mordaunt. — Je fus vengé à mon tour.

— Vous la fîtes périr! dit Norna en poussant un cri d'effroi.

— Je fis, dit Mertoun sans répondre directement à sa question, ce qui me força de quitter Saint-Domingue à la hâte. J'emmenai notre fils avec moi à la Tortue, où j'avais une petite habitation; je plaçai à Port-Royal Mordaunt, qui avait trois ou quatre ans de moins que Clément; bien résolu de pourvoir à tous ses besoins, mais de ne jamais le revoir. — Clément avait quinze ans quand notre habitation fut pillée par les Espagnols. Le besoin vint à l'aide du désespoir et d'une conscience bourrelée de remords. Je devins pirate, et j'élevai Clément dans ce détestable métier. Malgré sa grande jeunesse, sa bravoure et les connaissances qu'il ne tarda pas à acquérir lui valurent bientôt le commandement d'un navire. Deux ou trois ans se passèrent; et tandis que mon fils et moi nous croisions de différens côtés, mon équipage se révolta contre moi et me laissa pour mort sur les côtes d'une des îles Bermudes. Je revins pourtant à la vie, et après une longue maladie, mon premier soin fut de chercher des nouvelles de Clément. J'appris que son équipage s'était également révolté contre lui; qu'on l'avait abandonné sur une petite île déserte et stérile, et j'en conclus qu'il y avait péri de faim et de misère.

— Et qui vous assure qu'il n'est pas mort? — Comment pouvez-vous identifier ce Cleveland avec Clément Vaughan?

— Changer de nom est une chose commune parmi ces aventuriers, et Clément avait sans doute pensé que celui de Vaughan était trop connu. Ce changement de nom m'empêcha d'en recevoir aucune nouvelle. Ce fut alors que les remords s'emparèrent de moi, et que, prenant en horreur toute la nature, mais surtout le sexe auquel Louisa appartenait, je résolus de faire pénitence le reste de ma vie dans un désert des îles Shetland. J'aurais pu me soumettre au jeûne et aux mortifications corporelles; — tel avait été l'avis des saints prêtres catholiques que je consultai, mais je trouvai une pénitence plus sévère et plus noble — en amenant avec moi le jeune et malheureux Mordaunt, afin d'avoir toujours sous les yeux un souvenir vivant de mon malheur et de mon crime. J'ai exécuté ce dessein, et je l'ai si bien exécuté, que ma raison a plus d'une fois failli s'égarer. Maintenant, pour me porter à l'excès de la démence, voici mon Clément, ce Clément que je puis appeler mon fils, qui revient à la vie pour subir une mort infâme par les manœuvres de sa propre mère!

—Ha! ha! ha! s'écria Norna avec un rire sinistre, quand il eut cessé de parler; l'histoire est excellente! Elle est parfaitement imaginée par le vieux pirate qui veut me déterminer à secourir par ma puissance le compagnon de ses crimes. — Comment aurais-je pu prendre Mordaunt pour mon fils, s'il existe une différence d'âge telle que vous le prétendez?

—Son teint brun, sa taille avantageuse, peuvent avoir contribué à vous faire illusion. L'imagination aura fait le reste.

— Mais donnez-moi des preuves certaines que ce Cleveland est mon fils, et le soleil se couchera à l'orient avant qu'on puisse lui arracher un cheveu de la tête.

— Ces papiers, ces journaux, dit Mertoun en lui remettant le portefeuille.

—Je ne saurais lire, dit-elle après un effort infructueux, ma vue est troublée.

— Clément aurait pu vous donner encore d'autres preuves; mais ceux qui l'ont fait prisonnier s'en seront sans doute emparés. Il avait, entre autres choses, une chaîne d'or, une boîte d'argent portant une inscription en caractères runiques, dont vous m'aviez vous-même fait présent dans un temps plus heureux

—Une boîte d'argent! s'écria vivement Norna; Cleveland m'en a donné une il n'y a que vingt-quatre heures. Je ne l'ai pas encore regardée.

Elle la prit dans sa poche, l'examina, lut l'inscription gravée sur le couvercle, et s'écria : — C'est maintenant qu'on peut m'appeler la Reim-Kennar [1], car je connais par

---

[1] Ce mot signifie une personne instruite dans la science des vers, ou, pour mieux dire, des charmes qui, d'après la croyance des Norses, s'opéraient par le moyen des vers runiques. — ÉD.

ces vers que je suis la meurtrière de mon fils comme j'ai été celle de mon père.

La conviction de l'illusion qu'elle s'était faite à elle-même l'accabla tellement, qu'elle tomba sans connaissance au pied d'un des piliers. Mertoun cria au secours, sans espérance d'en obtenir. Le vieux bedeau arriva pourtant à ses cris, et le malheureux père, ne comptant pour rien l'aide de Norna, sortit à la hâte de l'église pour aller s'informer du sort de son fils.

CHAPITRE XLII.

> « Partez vite, et tâchez d'obtenir un sursis. »
> Gay, *l'opéra du Gueux.*

Avant l'instant dont nous venons de parler, le capitaine Weatherport s'était rendu lui-même à Kirkwall, où les magistrats assemblés l'avaient accueilli avec autant de joie que de reconnaissance. Le prevôt en particulier lui dit qu'il rendait grâce à la Providence d'avoir amené *l'Alcyon* à l'instant où le pirate ne pouvait lui échapper. Le capitaine le regarda d'un air surpris : — Vous pouvez, monsieur, lui dit-il, en rendre grâce à l'avis que vous m'avez donné vous-même.

— Que je vous ai donné, monsieur! dit le prevôt fort étonné.

— Oui, monsieur; n'êtes-vous pas George Torf, premier magistrat de Kirkwall? N'est-ce pas vous qui m'avez adressé cette lettre?

Le prevôt, plus surpris que jamais, prit la lettre adressée au capitaine Weatherport, commandant *l'Alcyon,* et qui lui annonçait l'apparition des pirates sur la côte, leur force, etc. Mais on y ajoutait qu'ils avaient appris que *l'Alcyon* croisait dans ces parages, et qu'ils avaient dessein d'éviter sa poursuite en se retirant dans des bas-fonds, des détroits qui séparent les îles; qu'au pis-aller, ils étaient assez déterminés pour faire échouer leur sloop, et mettre le feu aux poudres, ce qui ferait perdre un riche butin. On disait ensuite que *l'Alcyon* ferait bien de croiser deux ou trois jours entre le promontoire de Duncansbay et le cap Wrath pour dissiper les alarmes que son voisinage donnait aux pirates, et leur inspirer de la sécurité, d'autant plus que l'auteur de la lettre était assuré que leur intention, si la frégate quittait la côte, était d'entrer dans la baie de Stromness, et de porter leurs canons à terre, afin de faire quelques réparations à leur navire, et même de le radouber. La lettre finissait par assurer le capitaine Weatherport que, si *l'Alcyon* se montrait dans la baie de Stromness dans la matinée du 24 août, il aurait bon marché des pirates; mais que, s'il paraissait plus tôt, il était probable qu'ils lui échapperaient.

— Cette lettre n'est pas de mon écriture, capitaine, dit le prevôt, et cette signature n'est pas la mienne. Je ne me serais pas même hasardé à vous conseiller de tarder si long-temps à venir dans ces parages.

Le capitaine Weatherport fut surpris à son tour.—Tout ce que je sais, dit-il, c'est que je l'ai reçue dans la baie de Thurso, et que j'ai donné cinq shillings à l'équipage de la barque qui me l'a apportée, parce qu'il avait traversé le bras de mer de Pentland par un fort gros temps. Le patron de cette barque était un nain muet, la plus hideuse créature que j'aie jamais vue. — J'admirais l'exactitude des renseignemens que vous vous étiez procurés, M. le prevôt.

— Il est heureux que tout se soit passé ainsi, dit le prevôt, et cependant j'ai dans l'idée que l'auteur de cette lettre aurait voulu que vous trouvassiez le nid froid et les oiseaux envolés.

En parlant ainsi, il passa la lettre à Magnus Troil, qui la lui rendit en souriant, mais sans faire aucune observation, croyant sans doute, comme nos lecteurs, que Norna avait de bonnes raisons pour connaître d'une manière si précise l'instant où la frégate arriverait.

Sans se mettre l'esprit à la torture pour expliquer une circonstance qui paraissait inexplicable, le capitaine Weatherport voulut qu'on procédât à l'interrogatoire des pirates. On amena d'abord Cleveland et Altamont, nom que Bunce avait pris, comme prévenus d'avoir exercé parmi eux les fonctions de capitaine et de lieutenant. On commençait à peine à les interroger, quand, après quelque altercation avec les officiers qui gardaient la porte, Basile Mertoun s'élança dans l'appartement.

— Je vous apporte une victime, s'écria-t-il ; prenez ma vie et épargnez celle de mon fils. — Je suis Basile Vaughan ; et ce nom n'a été que trop connu dans les mers des Antilles.

La surprise fut générale, mais personne n'en éprouva une plus grande que Magnus Troil. Il se hâta d'expliquer aux magistrats et au capitaine Weatherport que l'homme qui venait s'accuser ainsi demeurait depuis bien des années dans la principale des îles Shetland, et y avait toujours vécu d'une manière paisible et irréprochable.

— En ce cas, il n'a rien à craindre, dit Weatherport, car il y a eu depuis ce temps deux proclamations d'amnistie pour tous ceux qui renonceraient à ce métier ; et, sur mon âme ! quand je les vois tous deux s'embrasser si tendrement, je voudrais en pouvoir dire autant du fils.

— Mais que veux dire ceci ? — Comment se peut-il ? demanda le prevôt. Nous avons toujours connu ce vieillard sous le nom de Mertoun, et ce jeune homme sous celui de Cleveland ; et maintenant les voilà qui se nomment tous deux Vaughan !

— Vaughan, dit Magnus, est un nom que j'ai quelques raisons pour me rappeler ; et d'après ce que j'ai appris récemment de ma cousine Norna, ce vieillard a droit de le porter.

— Et ce jeune homme aussi, j'espère, dit Weatherport, qui, pendant ce temps, avait feuilleté un petit registre en forme de portefeuille. — Écoutez-moi un instant, dit-il en s'adressant au jeune Vaughan, que nous avons jusqu'ici nommé Cleveland. — Vous vous nommez, dit-on, Clément Vaughan. Était-ce vous qui, bien jeune encore, commandiez, il y a huit ou neuf ans, une bande de pirates par laquelle fut pillé à cette époque un village nommé Quempoa, situé sur les côtes de la Nouvelle-Espagne?

— Il ne me servirait à rien de le nier, répondit le prisonnier.

— Non, reprit Weatherport; mais il peut vous servir à quelque chose de l'avouer. Revenons-y donc. — Les muletiers se sauvèrent avec le trésor que vous espériez y trouver, pendant que vous étiez occupé à protéger, au risque de votre vie, l'honneur de deux dames espagnoles contre la brutalité de vos gens. — Vous en souvenez-vous?

— A coup sûr, je m'en souviens, s'écria Jack Bunce; car c'est pour cela que les coquins abandonnèrent notre capitaine sur une île déserte, et je manquai de passer par les verges pour avoir pris son parti.

— Ce fait bien établi, reprit Weatherport, la vie du jeune Vaughan est en sûreté. — Les dames qu'il sauva étaient des femmes de la première qualité, filles du gouverneur de la province, et leur père reconnaissant s'adressa, il y a bien long-temps, à notre gouvernement pour obtenir qu'on fît grâce à leur libérateur. J'avais des ordres spéciaux relativement à Clément Vaughan, lorsque je fus chargé de croiser contre les pirates dans les Indes occidentales, il y a six à sept ans; mais le nom de Vaughan n'y était plus connu, et je n'entendais plus parler que de Cleveland. Ainsi donc, jeune homme, si vous êtes Clément Vaughan, je crois pouvoir vous assurer d'un plein pardon quand vous arriverez à Londres.

Cleveland le salua, et le sang lui monta au visage. Mertoun tomba à genoux, et rendit des actions de grâces à la Providence. Tous les spectateurs étaient émus de cette scène attendrissante. Enfin on leur dit de se retirer, et l'on continua l'interrogatoire.

— Et maintenant, monsieur le lieutenant, dit le capitaine Weatherport au ci-devant Roscius, qu'avez-vous à alléguer en votre faveur?

— Peu de chose, ou rien, répondit Bunce, si ce n'est que je voudrais bien que vous trouvassiez mon nom écrit dans le petit livre de merci que vous tenez en main, car j'étais à côté du capitaine Clément Vaughan pendant toute cette affaire de Quempoa.

— Vous vous nommez Frédéric Altamont, dit le capitaine; ce nom ne s'y trouve pas; je n'y vois que celui d'un Jack Boune, ou Bunce, que ces dames recommandèrent aussi à merci.

— Eh mais! c'est moi, capitaine; — c'est moi-même, je puis le prouver; quoique le son de ce nom soit un peu plébéien, c'est une chose décidée, j'aime mieux vivre comme Jack Bunce que d'être pendu comme Frédéric Altamont.

— En ce cas, dit le capitaine, si vous êtes Jack Bunce, je puis vous donner des espérances.

— Grand merci! s'écria Bunce; mais changeant de ton tout-à-coup : Puisqu'un changement de nom a tant de vertu, dit-il, le pauvre Fletcher aurait peut-être pu se tirer d'affaire sous celui de Timothée Tugmutton; mais quoi qu'il en soit, voyez-vous, pour me servir d'une de ses phrases...

— Qu'on fasse sortir le lieutenant, dit Weatherport, et qu'on amène Goffe et ces autres drôles. — Je crois qu'il y en a plus d'un pour qui il faudra faire la dépense d'une corde.

Cette prédiction promettait de se vérifier, tant les preuves de leurs crimes étaient fortes et nombreuses.

Deux jours après, tous les prisonniers furent reconduits à bord de *l'Alcyon*, qui mit à la voile pour les transporter à Londres.

Pendant le temps que l'infortuné Cleveland passa à Kirkwall, il fut traité avec civilité par le capitaine de *l'Alcyon;* et Magnus Troil, qui savait en secret qu'il existait entre eux une assez proche relation de parenté, eut soin qu'il ne manquât de rien, et il lui prodigua toutes sortes d'attentions.

Norna, qui prenait encore un intérêt plus vif au malheureux prisonnier, était alors hors d'état de l'exprimer. Le bedeau l'avait trouvée évanouie sur le marbre ; quand elle revint à elle, elle avait perdu la raison, et l'on fut obligé de placer près d'elle plusieurs personnes pour la surveiller.

Tout ce que Cleveland apprit des deux sœurs de Burgh-Westra, ce fut qu'elles étaient indisposées par la frayeur qu'elles avaient éprouvée ; mais la veille de son départ, on lui remit en secret le billet suivant :

« — Adieu, Cleveland, nous nous séparons pour tou-
« jours, et il est juste que nous nous séparions. — Soyez
« vertueux, soyez heureux ! Les illusions dont m'avaient
« entourée mon éducation solitaire et mon inexpérience
« sont dissipées, et le sont pour toujours. — Mais dans ce
« qui vous concerne, je suis sûre que je ne me suis pas
« trompée en vous regardant comme un homme pour qui
« le bien a naturellement plus d'attrait que le mal ; et que
« la nécessité, l'exemple et l'habitude ont précipité dans la
« funeste carrière que vous avez suivie jusqu'ici. — Pen-
« sez à moi comme à quelqu'un qui n'existe plus, à moins
« que vous ne deveniez digne d'autant d'éloges que vous
« méritez maintenant de reproches. Alors songez à moi
« comme à un être qui s'intéressera toujours à vous, quoi-
« que je ne doive pas vous revoir. »

Ce billet était signé M. T., et Cleveland, avec une émotion portée jusqu'aux larmes, le lut et relut cent fois, et le serra ensuite avec soin dans son sein.

Mordaunt reçut aussi une lettre de son père, mais dans un style tout différent. Basile Mertoun, en lui disant adieu pour toujours, ajoutait qu'il le dispensait à l'avenir de remplir à son égard les devoirs d'un fils, attendu que, malgré des efforts continués pendant bien des années, il n'avait jamais pu lui accorder l'affection d'un père. Il lui faisait connaître une cachette qu'il avait pratiquée dans le vieux château d'Iarlshof, et où il avait déposé une somme considérable en argent comptant et en effets précieux. Vous pouvez, lui disait-il, vous en servir sans scrupule, ce ne sont point des produits de piraterie, et vous ne m'en aurez aucune obligation, car c'est la fortune de votre mère Louisa Gonzago, et par conséquent elle vous appartient de droit. Pardonnons-nous mutuellement nos fautes, en hommes qui ne se reverront plus.

Effectivement, Basile Vaughan, contre qui on n'intenta jamais aucune accusation, disparut aussitôt que le destin de Cleveland fut déterminé. On crut généralement qu'il s'était retiré en pays étranger, et qu'il y était entré dans un couvent.

On fut instruit du sort de Cleveland par une lettre que Minna en reçut deux mois après que *l'Alcyon* eut quitté Kirkwall. Toute la famille était alors réunie à Burgh-Westra, et Mordaunt s'y trouvait aussi, le bon Udaller croyant qu'il ne pourrait jamais lui faire trop bon accueil, après le service qu'il avait rendu à ses filles. Norna, qui commençait à revenir de son aliénation d'esprit, était alors chez Magnus; et Minna, infatigable dans les soins qu'elle prodiguait à cette malheureuse victime de ses propres illusions, était assise près d'elle, voyant avec plaisir les symptômes qui annonçaient le retour de sa raison, quand on lui remit la lettre dont nous venons de parler.

— Minna, disait Cleveland, chère Minna, adieu pour

toujours! — Croyez bien que je n'ai jamais nourri la moindre pensée criminelle contre vous. Du moment que je vous vis, je résolus de me séparer de mes compagnons, et je formai mille projets qui furent aussi vains que je le méritais; car pourquoi le destin d'une créature si aimable, si pure, si innocente, aurait-il été uni à celui d'un être si coupable? — Je ne parlerai plus de ces rêves; mon sort est sévère, mais beaucoup moins rigoureux que je m'y attendais et que je ne l'avais mérité. Le peu de bien que j'avais fait a balancé, dans l'esprit de juges honorables et miséricordieux, beaucoup de mal que j'avais à me reprocher. Non seulement j'ai été soustrait à la mort ignominieuse à laquelle ont été condamnés plusieurs de mes compagnons; mais, comme il paraît que nous allons être en guerre avec l'Espagne, le capitaine Weatherport, qui va croiser dans les mers des Indes occidentales, a généreusement demandé la permission de m'employer sous ses ordres, avec deux ou trois des moins coupables de mes compagnons. Cette mesure lui a été suggérée par une généreuse compassion, et elle a été adoptée, parce qu'on a pensé que nous pourrions nous rendre utiles par la connaissance que nous avons de ces côtes et de ces mers. Nous espérons ne plus en faire usage que pour le service de notre patrie. Minna, si vous entendez jamais désormais prononcer mon nom, ce sera avec honneur. — Si la vertu peut assurer le bonheur, je n'ai pas besoin de faire des vœux pour le vôtre, car vous devez déjà en jouir. — Adieu, Minna, adieu pour toujours.

Minna versa des larmes si amères en lisant cette lettre, qu'elle attira l'attention de Norna, encore convalescente. La vieille Reim-Kennar l'arracha des mains de sa jeune parente, et la lut d'abord avec l'air d'une personne à qui cette lecture n'apprend rien. — Elle la relut, et quelques souvenirs parurent frapper son esprit. — Enfin, à la troisième lecture, la joie et le chagrin semblèrent l'agiter tour à tour, et la lettre lui tomba des mains. Minna la ramassa bien vite, et se retira, avec ce trésor, dans son appartement.

Depuis ce moment, Norna parut prendre un caractère tout différent. Elle quitta les vêtemens qu'elle avait adoptés, et en prit d'un genre plus simple et moins imposant. Elle congédia son nain, après avoir libéralement pourvu à ce qu'il pût vivre à l'abri du besoin. Jamais elle ne montra le désir de reprendre sa vie errante, et elle fit démanteler son observatoire de Fitful-Head, comme on pouvait appeler cette habitation. Elle ne répondit plus au nom de Norna, et ne voulut plus qu'on lui en donnât d'autre que celui qui lui appartenait réellement, le nom d'Ulla Troil. Mais il reste à parler du changement le plus important qui s'opéra en elle. Dans le désespoir auquel l'avaient livrée les circonstances de la mort de son père, elle semblait s'être regardée comme exclue à jamais de la grâce divine; tout occupée des vaines sciences occultes qu'elle prétendait pratiquer, ses études, comme celles du médecin de Chaucer, ne s'étendaient pas jusqu'à la Bible; maintenant ce livre sacré ne la quittait plus; et, quand de pauvres ignorans venaient comme autrefois invoquer son pouvoir sur les élémens, elle leur répondait : — Les vents sont dans la main du Seigneur. Sa conversion ne fut peut-être pas tout-à-fait selon la raison; le désordre d'un esprit dérangé par une complication d'incidens horribles y mettait obstacle; mais elle parut sincère, et elle lui fut certainement utile. Elle parut se repentir profondément de la présomption qui l'avait fait prétendre à diriger le cours des évènemens subordonnés à une main toute-puissante, et elle exprimait un regret véritable quand quelque chose rappelait à son souvenir ses anciennes prétentions. Elle continua à montrer un vif attachement pour Mordaunt, quoique ce fût probablement une habitude, car il n'était pas facile de voir jusqu'à quel point elle se rappelait les évènemens compliqués auxquels elle avait pris part. A sa mort, qui arriva environ quatre ans après les derniers évènemens que nous venons de rapporter, elle légua à Brenda toutes ses propriétés, qui étaient considérables : telle avait été la prière de Minna. Une clause spéciale de son testament ordonnait qu'on livrât aux flammes tous ses livres, tous les instrumens de son laboratoire, en un mot, tout ce qui pouvait avoir rapport à ses anciennes études.

Environ deux ans avant la mort de Norna, Brenda épousa Mordaunt Mertoun, ou, pour mieux dire, Vaughan. Il fallut tout ce temps avant que le vieux Magnus Troil, malgré son affection pour Brenda et son estime pour Mordaunt, pût se résoudre à consentir à ce mariage; mais les bonnes qualités de Mordaunt avaient gagné le cœur de l'Udaller, et le vieillard sentit si bien l'impossibilité de trouver un gendre qui lui convînt mieux, que son sang norse céda enfin aux sentimens de la nature. Il se consola en voyant ce qu'il appelait les usurpations de la petite noblesse écossaise sur *le pays*, car c'est ainsi que les naturels des îles Shetland aiment à nommer leur patrie ; et il pensa qu'il valait autant que sa fille épousât le fils d'un pirate anglais que celui d'un brigand écossais ; allusion méprisante qu'il faisait aux montagnards et aux habitans des frontières d'Ecosse, aux familles desquels les îles Shetland doivent un grand nombre de respectables propriétaires, mais dont les ancêtres étaient généralement plus renommés pour l'ancienneté de leur famille et l'impétuosité de leur courage, que par leurs égards pour les distinctions futiles du *mien* et du *tien*. Le joyeux vieillard vécut jusqu'à un âge très avancé, heureux de voir une famille nombreuse s'élever sous les yeux de sa fille cadette, et ayant sa table alternativement égayée par les chants de Claude Halcro, et éclairée par les doctes élucubrations de Triptolème Yellowley. Celui-ci, renonçant à ses hautes prétentions, connaissant mieux les mœurs des insulaires parmi lesquels il vivait, et se rappelant les divers accidens auxquels l'avaient exposé ses tentatives prématurées de perfectionnement, était devenu un honnête et utile représentant du lord chambellan, et ne se trouvait jamais plus heureux que quand il pouvait échapper au régime rigoureux que lui faisait observer sa sœur, pour aller occuper une place à la table bien servie du digne Udaller. Le caractère de miss Barbara devint pourtant moins aigre, quand elle se revit en possession de la fameuse corne pleine d'anciennes pièces de monnaie d'or et d'argent. C'était à Norna qu'appartenait ce petit trésor, et elle l'avait caché dans l'endroit où il avait été trouvé, par suite de quelques idées superstitieuses, afin de réussir dans quelqu'un de ses plans visionnaires. Mais en le renvoyant à ceux à qui le hasard l'avait fait découvrir, elle eut soin de faire dire à mistress Baby qu'il disparaîtrait de nouveau, si elle n'en employait une portion raisonnable pour les besoins du ménage ; précaution grâce à laquelle Tronda Dronsdaughter, qui avait probablement servi d'agent à Norna dans cette affaire, eut sans doute l'obligation de ne pas mourir lentement d'inanition.

Mordaunt et Brenda furent aussi heureux que le permet notre condition mortelle. Ils s'aimaient, ils vivaient dans l'aisance, ils ne négligeaient aucun des devoirs qu'ils avaient à remplir ; et ayant une conscience aussi pure que la lumière du jour, ils riaient, chantaient, dansaient, heureux l'un par l'autre, sans s'inquiéter du reste du monde.

Mais Minna, Minna dont l'âme était si élevée, dont l'imagination était si vive, douée de tant de sensibilité et d'enthousiasme, et condamnée à voir l'une et l'autre se flétrir dans la fleur de sa jeunesse, parce qu'avec l'ignorance et l'inexpérience d'un caractère romanesque, elle avait construit sur le sable et non sur une base solide l'édifice de son bonheur, était-elle heureuse, pouvait-elle l'être? Oui, lecteur, elle était heureuse; car, quoi qu'en puisse dire le sceptique, à chaque devoir qu'on accomplit est attachée une secrète satisfaction ; et plus la tâche que nous avons à remplir est difficile, plus ce sentiment intérieur nous récompense des efforts qu'elle nous coûte. Le repos du corps qui succède à de pénibles travaux ne peut se comparer au repos dont jouit l'esprit dans de semblables circonstances. Sa résignation, ses attentions constantes pour son père, pour sa sœur, pour la malheureuse Norna, ne furent pourtant ni la seule ni la plus précieuse source de ses consolations. De même que Norna, mais avec un jugement plus éclairé, elle apprit à changer les visions d'un enthousiasme aveugle qui avait égaré son imagination, pour une liaison plus intime et plus pure avec ce monde au-dessus de notre intelligence bornée, que celle qu'auraient pu lui procurer tous les *sagas* des anciens Norses, et les rêveries des bardes plus modernes. Ce fut à cette disposition d'esprit, qu'après avoir été informée à diverses époques de faits honorables et glorieux pour Cleveland, elle dut la force de pouvoir apprendre avec résignation, et même avec un sentiment dont le chagrin n'était pas sans douceur, qu'il avait enfin perdu la vie en conduisant avec bravoure une entreprise importante dont il avait été chargé, et qui réussit par l'intrépidité de ceux à qui son courage avait ouvert le chemin. Bunce, qui le suivait alors dans la carrière des vertus, comme il l'avait suivi autrefois dans celle des vices, rendit compte à Minna de ce triste évènement, dans des termes qui prouvaient que, quoique sa tête fût légère, son cœur n'avait pas été entièrement corrompu par la vie désordonnée qu'il avait menée pendant quelque temps, ou que du moins il s'était amendé. S'étant distingué dans la même action, il avait obtenu de l'avancement, ce qui ne semblait le consoler que bien faiblement de la perte de son ancien capitaine [1]. Minna

---

(1) Nous n'avons pu rien apprendre de certain sur le sort de Bunce; mais notre ami Dryasdust croit qu'on peut l'identifier avec un vieillard qui, au

lut cette nouvelle, et, levant vers le ciel des yeux baignés de larmes, elle lui rendit grâces de ce que Cleveland était mort au champ d'honneur. Elle eut même le courage de lui offrir un tribut de reconnaissance pour avoir soustrait son amant aux tentations qui auraient pu être bien fortes pour un cœur encore si neuf dans la pratique de la vertu. Cette réflexion produisit un tel effet sur elle, que lorsque le premier moment de douleur fut passé, elle montra non seulement autant de résignation, mais plus d'enjouement que jamais. Cependant ses pensées étaient détachées de ce monde, et, semblable à un ange gardien, elle ne les y reportait que par un tendre intérêt pour les parens qu'elle chérissait, ou pour les pauvres qu'elle soulageait.

Ce fut ainsi qu'elle passa toute sa vie, jouissant de l'affection et du respect de tout ce qui l'approchait; et quand ses parens eurent à pleurer sa mort, qui n'arriva qu'à un âge fort avancé, ils se consolèrent en pensant que l'enveloppe mortelle dont elle venait de se dépouiller était la seule chose qui, suivant les paroles de l'Écriture, — l'avait placée un peu au-dessous des anges.

commencement du règne de George Ier, allait régulièrement tous les soirs au café de *la Rose*, et de là au spectacle; qui contait sans merci de longues histoires sur la Nouvelle-Espagne; qui jurait contre les garçons; qui ne payait jamais sans bien examiner la carte; et qui était connu sous le nom de *capitaine Bounce*.

FIN DU PIRATE.

www.ingramcontent.com/pod-product-compliance
Lightning Source LLC
Chambersburg PA
CBHW060257230426
43663CB00009B/1503